全球视野下的
区域与国别史研究

姜守明　主编

Regional and National History Studies
From a Global Perspective

南京师范大学出版社

图书在版编目（CIP）数据

全球视野下的区域与国别史研究 / 姜守明主编. —
南京：南京师范大学出版社，2023.6
ISBN 978-7-5651-5722-6

Ⅰ. ①全…　Ⅱ. ①姜…　Ⅲ. ①世界史－研究　Ⅳ.
①K107

中国国家版本馆 CIP 数据核字（2023）第 051431 号
审图号：GS(2016)1611 号

书　　名	全球视野下的区域与国别史研究
主　　编	姜守明
策划编辑	王雅琼
责任编辑	刘双双
出版发行	南京师范大学出版社
地　　址	江苏省南京市玄武区后宰门西村 9 号（邮编：210016）
电　　话	(025)83598919（总编办）　83376367（营销部）
网　　址	http://press.njnu.edu.cn
电子信箱	nspzbb@njnu.edu.cn
照　　排	南京开卷文化传媒有限公司
印　　刷	江苏凤凰通达印刷有限公司
开　　本	718 毫米×1000 毫米　1/16
印　　张	30.5
字　　数	500 千
版　　次	2023 年 6 月第 1 版　2023 年 6 月第 1 次印刷
书　　号	ISBN 978-7-5651-5722-6
定　　价	128.00 元
出 版 人	张　鹏

前　言

历史是人类的故事。历史是人类古往今来一切世事的总和。

发生的是过去,书写的是历史。

"历史就是我们的一切。"①

中文里的"史"字,初见于殷商甲骨文。汉字书体在经历了先秦大篆、秦小篆的演变后,没有发生实质性变化,其象形表意,一以贯之,均为一只手托举起一个"中"字。故而,"史"字,在古人那里被定义为"持中",如许慎曰:"史,记事者也。从又持中。中,正也。"②所谓的"持中",是指不偏不倚,尊重客观事实。这是史家之素养。司马迁忍辱含垢撰《史记》,凭"史家之绝唱"(鲁迅语),将中华文明史向前推进三千年,功不可没。司马迁作实录,"述往事,思来者"③;"亦欲以究天人之际,通古今之变,成一家之言","其文直,其事核,不虚美,不隐恶"④,堪称治史之典范。

在西方语言中,英文 history 一词源自古希腊语爱奥尼亚方言 ιστορία,罗马化书写为 historía。它有多种含义,如探寻、探索、观察、询问、打听、叙述等,重在"过去",强调对人类过往世事的研究。希罗多德时代,historía 作为一种记叙文学出现,是一种有目的、有意义的探究或探索。希罗多德以 historía 为题撰著,通过对人类的故事即人类活动的研究,以"保存人类的功业"⑤。他认为,"历史"就是记载伟绩的事业。

人类是历史的产物,也是历史的创造者。客观上,存在着两种意义上的历史:一是作为古今世事变迁的历史,二是作为最古老知识领域之一的史学,这就决定了历史必然具有客观与主观的双重属性。一方面,历史的发生不以人的意志为转移,人也无法忽视真历史的客观存在;另一方面,过去虽已发生,但

---

① 《马克思恩格斯全集》第 1 卷,北京:人民出版社 1960 年,第 650 页。

② (汉)许慎:《说文解字》,北京:中华书局 1963 年,第 65 页。

③ 《史记·太史公自序》。

④ 《汉书·司马迁传》。

⑤ [古希腊]希罗多德:《历史》,王以铸译,北京:商务印书馆 1959 年,第 1 页。

并不都能成为历史,只有那些进入史家视野、被记录下来的古今世事,才能构成真历史。是故,史家与历史创造的关系极为密切,他们通过对过往世事的挖掘、梳理、甄别、剔除、扬弃与探究,还原真历史,参与对历史的再创造。

史学是一门既古老又常新的学问,它不断突破既有成果的限制,更趋向真历史,也更接近真理。现代史家克罗齐从当代性特征的视角指出:"历史现在、过去、将来都是一样的,就是我们称之为活历史的,是合乎理想的当代史。"①现在呈现在读者面前的这部论文集,作为学科建设的重要成果,既是我们追求学术、探究真理的见证,也是我们长期立足创新人才培养平台,与南京市宁海中学及鼓楼区教研室开展深度合作,实现"优势互补,协同发展"的产物。

南京师范大学世界史学科,经过长期的建设,在学术研究、人才培养等方面,已经取得了显著的进展,并获得了学校"十四五"重点学科项目经费的支持。尤其近几年,在梯队建设方面,我们的团队不断添增新生力量,来自南京大学、北京大学、北京师范大学、中山大学、东北师范大学的年轻有为的博士们,带来了各地名校的良好学风与研究潜力,他们不仅接连喜获国家社科基金青年项目,而且敢于创新,发表了一批选题广泛、角度新颖、材料翔实和思维活跃的高质量学术论文。这充分表明,年轻人永远是学科发展的希望和未来。

本书以"全球视野下的区域与国别史研究"为主题,收录了在《世界历史》《史学月刊》《学海》《史学集刊》《学术研究》《社会科学战线》《中国农史》《历史教学》等名刊上发表的 32 篇论文,并以"西方国家政治文化史研究""亚欧区域与国际关系史研究""西方经济、医疗与环境史研究""'协同发展'环境下的世界史教学与研究"等主题形式呈现出来,大体上反映了本学科的研究重点、研究方向与特色,也反映了我们还原真历史、追求真理和在科学道路上不畏艰难、勇于创造的探索精神。既然是探索,这些成果难免有不周详、不成熟,或疏漏之处,我们诚恳地欢迎学界同仁、广大读者提出宝贵意见,共同推进史学的进步。

姜守明

写于南京月光书斋

---

① [意]克罗齐:《历史学的理论与实践》,傅任敢译,北京:商务印书馆 1982 年,第 30 页。

目　录

西方国家政治文化史研究

本编作者简介

(1) 姜守明：南京师范大学教授，博士生导师，世界史学科带头人。兼江苏省世界史学会副会长。南京大学博士毕业，曾赴美国进修。长期从事英国史、西方文化史的教学与研究，主持国家社科基金项目和省部级社科基金重点项目，在《世界历史》《社会学研究》《史学月刊》《学海》等刊物发表系列论文；出版专著《英帝国史（第一卷）》《西方文化史》《世界地理大发现》等，其标志性成果《英国通史（第三卷）》获教育部第八届高校优秀成果一等奖。

(2) 刘林：南京师范大学世界史学科讲师。南京大学博士毕业，主要从事世界中世纪史、英国思想史的教学与研究。伦敦大学访学期间，师从玛丽女王学院昆廷·斯金纳教授。主持国家社科基金青年项目，在《学海》《新史学》《经济社会史评论》《中国社会科学报》等刊物发表多篇论文。

(3) 付家慧：南京师范大学世界史学科讲师。南京师范大学本科毕业、南京大学硕士毕业、北京大学博士毕业，主要从事世界中世纪史、德国政治文化史的教学与研究。曾赴英国苏塞克斯大学访学，在《史学月刊》《历史教学》《世界文化》等刊物发表多篇论文。

民族国家形成时期英国殖民扩张特点探析

姜守明

摘　要：民族国家形成之际,也正是英国人大力推进海外贸易和殖民扩张之时。新君主制的巩固、英帝国的萌芽和海外殖民贸易扩张是民族国家形成时期几个重要的互动因素。新君主制和民族国家日益成为新兴市民阶级追求其经济利益的政治保障,市民阶级则构成新君主制和民族国家赖以存在与发展的阶级基础。除了资本原始积累的需要外,传播上帝的福音,对金银财富的追逐,以及民族意识的觉醒和新君主制的建立,也构成英国海外殖民扩张的动因。本文拟选取"民族国家形成时期"这个全新视角,考察现代"民族国家"和"帝国"之间的关系,探讨英帝国形成的内在机制,揭示英国海外殖民贸易扩张的根本特点。

关键词：殖民扩张；民族国家；英帝国

在民族国家形成时期(15—16世纪),英国对海外殖民贸易扩张问题是英国史与英帝国史研究中的一个薄弱环节。英国原本是一个弹丸小国,位于欧洲二流国家的行列,后来却令人不可思议地发展成为一个首屈一指的世界贸易殖民帝国。现有的研究成果或多或少地回避了这样一些问题,诸如:英国殖民扩张的动力和特点是什么? 英国人何以晚到17世纪上半叶才在北美新大陆建立起永久性海外殖民地? 英帝国发轫于何时,什么样的内在机制在帝国形成的过程中起主导作用? 为什么英国能一跃成为无与伦比的泱泱大帝国? 为什么"民族国家"和"帝国"这两个看似矛盾的东西能够在英国特定的历史环境中实现统一? 不论英国史学界还是中国英国史研究专家,对英国海外殖民扩张问题的重视程度都很欠缺。对于上述诸多疑问,学者们要么从英帝国前期的概要过程入手,要么从英帝国崛起后的发展方面把握,很少把关注的重点放在殖民扩张与民族国家之间的联系上,忽视了史学研究中的历史主义。[①] 尤其在讨论早期英帝国史问题时,有的学者停留在对历史事件、历史人物和政府决策的一般描述上;有的文章用情感代替理性,分析问题时不免带有强烈的民族主义情绪;还有的著述回避了殖民扩张对被征服、被殖民地区所造成的消极后果。[②] 由于受原始资料等研究条件的限制,尽管国内发表了不少相近或相关的著述,[③]但它们几乎没有考察民族国家形成时期英国民族意识与帝国思想之间、民族国家形成与帝国萌芽之间的联系,更没有就英国殖民扩张的动因、特征等基本问题作出系统而全面的评价。本文拟选取"民族国家形成时期"这个视角,探析英国海外殖民扩张活动中的经济因素、政治动机、民族意识,以及与其他殖民主义国家之间的关系,试图揭示出英国海外殖民贸易扩张的基本特征。

民族国家形成时期英国殖民扩张的动因

民族国家形成时期(近代早期),英国的商品货币关系发展较快,特别是东南部地区的呢绒制造业等工业生产同欧洲贸易市场已经建立了密切联系,客观上促进了殖民探险活动的开展。英国人地理发现范围扩大,殖民扩张势头强劲,似乎对伊比亚半岛的葡萄牙人和西班牙人所垄断的世界霸权构成挑战之势。那么,除了资本原始积累的需要,还有什么力量推动着英国人跨出国门、积极参与海外殖民扩张呢?

1. 新君主制的推动

新君主制是英国人跨出欧洲,走向海外,从事殖民扩张的政治保障。资

---

① D. B. 奎因编:《英国与美洲的发现》(D. B. Quinn, ed., *England and the Discovery of America*, 1481—1620),伦敦 1974 年。

② 罗杰·洛克耶:《都铎和斯图亚特的英国》(Roger Lockyer, *Tudor and Stuart Britain*, 1471—1714),朗曼出版公司 1984 年。

③ 主要有郭家宏《英国旧殖民体制的特征及其瓦解的原因》(载《史学月刊》2000 年第 6 期)、王助民等《近现代西方殖民主义史(1415—1990 年)》(中国档案出版社 1995 年)、陈曦文《都铎前期的对外贸易和政府的重商政策》和《伊丽莎白时代的商业扩张》,载戚国淦、陈曦文主编《撷英集》(首都师范大学出版社 1994 年);吴于廑主编《十五十六世纪东西方历史初学集》(武汉大学出版社 1985 年)等。

本原始积累时期,重商主义已成为专制君主推行其政治、经济政策的指导性原则,这个原则奠定了英国从弱小走向强大的基础。民族国家形成时期的新君主制是相对于基督教普世主义原则下的封建等级君主制而言的。中世纪欧洲人认同的是封建领主,各世俗王权多有其名而无其实,国王只是众多领主中最大的一个而已,其权力一般不会超出有限的王室领地范围。然而,在新君主制下,王权是至高无上的,它是以近代的民族和国家,而不是以封建的采邑与庄园为基础,所以国王就成为民族的代表和民族国家的象征。

英国的新君主制萌芽于约克王朝,发展、巩固于都铎王朝。随着封建关系的松弛和商品货币关系的加强,财政上本来就难以自给的国王,此时开始对新兴工商业和海外贸易产生较强的依赖性。约克王朝爱德华四世(1461—1485年在位)统治初期,积极实施重商主义政策,寻求个人的商业投机,借以巩固新生的王权,从而使他成为英国历史上第一个著名的"商人国王"。他不仅对商业活动颇感兴趣,而且非常关注本国的贸易交往活动,如1474年向布里斯托尔城所有建造新船的人提供奖赏。1476年奖励了一位自费修造"乔治·科布罕"号船的伦敦布商。爱德华还请求罗马教皇赋予英国人在北非从事贸易活动的权利,默许英国人侵入北非沿岸从事贸易活动。对于英国商人直接进行海外地理探险的航行活动,他也给予必要的鼓励和支持,如1480年授予托马斯·克罗夫特和三个布里斯托尔人特许状,赋予他们"到任何地方"从事三年贸易活动的权利。①

亨利七世在混战中登上王位,认为英国在对外关系上主要不是角逐欧洲霸权,而是谋求扩大海外的实际利益,英国人的未来"必须依赖于贸易和海权"②。他一方面维护都铎王权的合法性,另一方面追随爱德华四世的政治、经济政策,为整个都铎王朝确定了推进工商业、拓展海外探险事业的重商主义的发展方向。所以,他推动实施具有民族主义和重商主义两重性质的《航海法案》,为英国商人顺利进入海外市场创造条件。同时,他还采取积

---

① 查尔斯·罗斯:《爱德华四世传》(Charles Ross, *Edward Ⅳ*),伦敦1983年,第353 - 354页。

② J. A. 威廉森:《都铎时代》(J. A. Williamson, *The Tudor Age*),朗曼出版公司1979年,第36页。

极政策,增加对尼德兰和德国的呢布销售,逐步改变英国商人在对外交往中的不利处境,以提高英国人参与海外贸易与殖民竞争的能力。

新君主制的巩固与殖民活动的加强是民族国家形成和发展中的一个显著特点。以君主专制为核心的都铎新君主制是英国的一种新型国家体制,它把专制王权的功能与民族国家利益结合在一起,从而与中世纪旧的"等级君主制"区别开来。这种新君主制具有两个最基本特征:一方面用"主权在王"的民族国家概念代替"主权在神"的基督教信条,用神权君主代替神化上帝。为了寻求新君主制的合法性,都铎君主依靠民族国家的力量,把民族主义原则作为新生王权合法性的基础。民族统一的愿望与君主权欲的野心奇妙地结合在一起,使专制国王超然于国家之上。另一方面,英国在摆脱封建内讧困扰的基础上,形成了以专制王权为代表的民族国家。

2. 民族意识觉醒和民族国家发展

英国人在海外殖民扩张中遇到很多障碍,主要是来自汉萨同盟①的排挤和西班牙、葡萄牙的遏制,以及罗马教皇的反对。虽然葡、西两国已同意英国进入民族国家状态,它们却从本国利益出发,竭力垄断海外殖民霸权,这完全是由民族国家的利己性和排他性特征所决定的。为了求生存、求发展,英国不甘心屈居二流国家的地位。亨利七世以灵活的外交手段,迅速取得欧洲大国承认;亨利八世采取一切办法,试图打破凌驾于英王之上的各种外来势力;爱德华六世和伊丽莎白女王统治时,英国人追求的也是独立主权和民族国家利益。

随着民族意识的觉醒和民族国家的形成,英国人反对外来势力的斗争日益具有民族的性质和规模。这种强烈的民族倾向,在英国宗教改革时期得到进一步发展,主要体现于1533年议会颁布的"禁止向罗马教廷上诉法案"之中。该法案强调英格兰王国是一个主权独立的民族国家,英国教会是一个独立于罗马教廷的民族教会,它们绝不隶属于任何外来的权威与特权:"英王国就是一个帝国,它已被全世界所承认。英国由一个至高无上的国王

---

① 汉萨同盟是以北德城市为基础、联合其他北欧城市建立起来的、相对松散的中世纪城市同盟。近代民族国家形成时期,它已经失去先前的政治实体优势,既无强有力的王权支持,又无民族国家作后盾,后来在与英国人的斗争中最终败下阵来。

来统治,他拥有相应的至高无上的尊严和王产。"①具有重要意义的是,1534年的《至尊法案》从法律上肯定英王在英王国领土范围内享有至高无上的世俗统治权和宗教管辖权。当英国人第一次把自己的王国称为"帝国"时,"帝国"一词主要不是涉及跨越大西洋、建立海外殖民地的问题,它的特定含义是指英格兰王国就是一个摆脱了教皇控制的独立主权国家;就是一个像西班牙、葡萄牙一样享有均等权利的民族国家。所以,当英国人主张他们有权到伊比利亚势力尚未渗透的地区从事商业贸易和殖民探险活动时,尽管其有着丑恶的动机,但在某些方面,都表现为,向其他民族国家以及教皇权威提出的挑战,都是为了维护航海和贸易自由的民族利益。

"民族国家"与"帝国"这两个看似矛盾的东西,为什么能在英国人的思想中得以统一呢?答案不在历史之外,而在英国民族国家形成的历史之中。长期以来,罗马教皇和哈布斯堡王朝等外部强权始终威胁着英国的独立和主权。一位英国史学者指出:"我们的帝国创立者最先提出了向西拓展的思想。我们不是建立帝国野心的开拓者,哥伦布在寻找通往印度的海道中打开了新大陆之门。西班牙完全以毫无怜悯的残酷方式掠夺了这块新大陆,他们当时是我们民族的敌人。"②英帝国史专家劳埃德教授认为,都铎时代政治家们提出的"单独的英国就是一个帝国"的主张,与其说表明了英国人对外殖民扩张的思想倾向,毋宁说表达了英国是一个独立的主权国家(民族国家)的强烈愿望。③ 我们不同意他为英国人殖民扩张的辩护,但也认为,民族意识觉醒不但造就了一个以新君主制为核心的民族国家,而且参与推动了造就一个帝国。因此,16 世纪英国人争取民族国家独立发展的过程,也部分表现为他们追求拓展海外冒险事业,建立西班牙式和葡萄牙式的殖民帝国

---

① 《王国法令集》(Statutes of the Realm)第 3 卷,引自 H. 吉和 W. 哈迪:《关于英国教会史的文献》(H. Gee & W. Hardy, Documents Illustrative of the History of the English Church),伦敦 1914 年,第 187 页。J . R . 泰勒:《都铎宪法文献:历史评注》(J. R. Tanner, Tudor Constitutional Documents, A. D. 1485—1603, with a Historical Commentary),剑桥大学出版社 1951 年,第 40 页。

② 弗兰克·福克斯爵士:《英帝国》(Sir Frank Fox, The British Empire),伦敦 1929 年,第 30 页。

③ T. O. 劳埃德:《英帝国》(T. O. Lloyd, The British Empire, 1558—1983),牛津大学出版社 1984 年,第 8 页。

的所谓平等权利的过程。

3. 追求金银财富的欲望

殖民扩张运动源于古代世界,或是出于探宝寻物的目的,或是为国内人口压力所迫,或是想夺取其他民族的财富。大陆欧洲旅行家早在 13 世纪就已到达了亚洲,意大利航海家还发现了大西洋中的一些岛屿。近代早期,西方殖民扩张开始于刚刚摆脱阿拉伯人统治的伊比利亚半岛。葡萄牙人和西班牙人奔向海外冒险的最初动机,主要是为了探寻新航路,试图从海路到达遥远的中国,继而发展与东方的贸易关系,获取欧洲人迫切需要的香料、宝石和贵金属;或者兼有寻找传说中"长老普雷斯特·约翰王国""极乐群岛""幸福群岛""七座城岛""黄金国"的目的。[①]

当伊比利亚人从东西印度带回大量金银财富时,英国人对"黄金国"的传说已经深信不疑。于是,到东方和新大陆寻找财富,就成为英国殖民探险活动的重要目的之一。16 世纪 70 年代,马丁·弗罗比歇爵士从北美巴芬岛带回一种黑色而又闪闪发光的石头,立刻在国内掀起一股黄金热。伦敦还成立了一个中国股份公司,准备开发弗罗比歇发现的"金矿"。伊丽莎白女王赐予他"再次发现的特别是在中国发现的一切海洋、湖泊、陆地、海岛、国家和地区的总司令"的头衔。[②] 虽然没有一个人能从弗罗比歇爵士带回的矿石中发现一粒金子,他也没有真正地发现通往中国的新航路。但是,许多冒险家们依然像着了魔似的,在黄金欲的驱使下,踏上了殖民探险之路。女王的宠臣沃尔特·雷利爵士就曾梦想着黄金国,梦想着印度数不尽的财富、墨西哥和秘鲁的大量珍宝,并从女王手中接过特许状,前往西班牙领地佛罗里达以北的"弗吉尼亚"[③]寻找黄金产地,把其所发现的地区命名为"弗吉尼亚"。随着一股股黄金热的到来,英国殖民者考虑建立海外殖民地,并在殖民地上生产在国内无法生产的东西,从而摆脱对大陆欧洲商人的经济依赖。

4. 传播上帝的福音

历史上重大的转折往往伴随着宗教的变迁。在本质上是掠夺殖民地财

---

① [苏]约·彼·马吉多维奇:《世界探险史》,屈瑞、云海译,北京:世界知识出版社 1988 年,第 65 - 67、307 - 308 页。

② 马吉多维奇,前揭书,第 473 页。

③ Virginia 一词源于拉丁文 Virgo,意为处女地,雷利爵士以此纪念终身未婚的女王伊丽莎白一世。

富的西方殖民扩张过程中,宗教因素也起了推波助澜的作用。有的早期殖民探险者不免带着几分虔诚,试图把上帝福音和宗教理想传播到新的土地上。经过文艺复兴的洗礼,当世俗精神终于把商业扩张和宗教热情结合在一起时,欧洲人的殖民冒险活动被罩上了神圣的光环,英国殖民扩张活动也不例外。虽然不能认为宗教是促使他们踏上殖民冒险之路的最主要动力,但他们仍然给追求物质利益的殖民扩张行动涂上了一层宗教色彩。著名殖民扩张鼓动家哈克卢伊特在其《向西殖民论》一文中详尽列举了在美洲建立殖民地的种种好处,诸如有利于工业生产的原料供应和商品销售,促进国内工商业发展;有利于扩张他们的宗教和传播上帝福音;有利于反对西班牙殖民垄断权,增强英国的综合国力;有利于转移国内的过剩人口,为“大量无所事事的人”提供就业机会;有利于推动发现到达亚洲的新航路,寻求新的贸易机会。虔诚的传教士哈克卢伊特在强调殖民扩张重要性时,没有忘记重视对未开化地区移民、扩大传播福音、移植宗教及其信徒的问题。16 世纪的文艺复兴和宗教改革,由思想和精神的自由相伴随,它们已经成为英国人反对旧的世界秩序和普世主义教会权威的旗帜。特别是宗教改革,给英国带来了社会震荡,导致不服从国教的新教徒、天主教徒及清教徒纷纷移民国外,这在客观上推动了海外殖民冒险活动的开展。

英国殖民扩张改变着地缘政治

英国人在民族国家形成时期大力推进海外贸易殖民扩张,这绝不是一种历史的巧合,除了正在兴起的资本主义的强烈要求外,也是民族国家的排他性等内在属性推动的结果。

1494 年意大利著名商人冒险家约翰·卡伯特举家来到英国,请求英王允许他以英国人的名义向西航行,到“大汗的国度”(中国)去探险。[①] 地理大发现时期,“探险者虽然绝大多数是意大利航海冒险家,但他们的资助者都是新兴的民族君主国,而不是他们的家乡、微不足道的城邦,这一点决非偶

---

① 莱斯利·M. 史密斯编:《英国的创造》(Lesley M. Smith, ed., *The Making of Britain: The Middle Ages*),伦敦 1985 年,第 179 页。

然"①。由于没有强大的王权和民族作后盾,意大利人只能以个体方式,把优秀的航海技术服务于其他民族国家。1497 年 5 月,卡伯特以都铎王权和英国民族国家为后盾,率领探险船队朝西北方航行。他以英国人的名义发现、占领了北美的纽芬兰,还插上标有英王亨利七世、教皇亚历山大六世、威尼斯圣马可徽章的旗帜。后来,亨利七世授予他海军上将称号,加赐赏金 10 镑,年金 20 镑。卡伯特的北美之行,给英国人带来了积极进取的新思想和关于航行发现的新知识,为起步不久的英国海外探险活动注入了刺激因素,标志着英国人作为一个海洋民族参与海外殖民贸易竞争的新时代的到来。

英国早期对外贸易多是以规约公司或辛迪加等私人团体形式进行的,商人们冒着被西班牙、葡萄牙和穆斯林海盗攻击的危险,航行到遥远的、未被其他列强殖民的地区从事探险活动。英国私人冒险活动活跃,在促进殖民扩张的过程中发挥了开拓性作用,这是葡萄牙、西班牙人无法相比的。英国商人为了避开危险而走向联合,他们把个人行为变成集体行动。规约公司是受共同规章约束的商人组织,较大的规约公司有羊毛出口贸易商公司、商人冒险家公司和东地公司。商人贸易组织的动力来自对商业利润的追求,他们通过参与海外贸易竞争,加强了民族国家的地位。16 世纪中期以后,推动海外贸易发展的私人组织,是经过都铎政府特许成立的商人股份贸易公司,其中主要有东地公司、土耳其公司、威尼斯公司、几内亚公司、利凡特公司和东印度公司。它们向北开辟东北航线,发展与俄罗斯、波斯等东方国家的贸易往来;向东恢复同东地中海地区的贸易关系,开始在远东地区开展殖民探险活动;向南同非洲大西洋沿岸地区建立商业贸易关系。这些民间性商业冒险活动,为英国海外事业发展奠定了基础。

民族国家形成时期,英国人在恢复个人主义传统和海盗精神的基础上,不懈地追求民族国家利益,民间自发的海盗行为就成为他们寻求这种利益的重要补充手段。西班牙人依靠武力建立起强大的海上霸权,英国人、法国人、尼德兰人也随之走上海上劫掠的道路。虽然英国人暂时无法打破垄断地位,他们要求摆脱外国人束缚的呼声却持续高涨。为了摆脱来自天主教列强的威胁,伊丽莎白女王借助于商人追求财富的冒险精神和高涨的民族

---

① ［美］斯塔夫里阿诺斯:《全球通史:1500 年以前的世界》,吴象婴、梁赤民译,上海:上海社会科学院出版社 1992 年,第 467 页。

情绪,公开地或不公开地支持本国冒险家从事各种合法的和非法的殖民扩张活动。在英国势力尚不足以从根本上摧毁外国人的海上霸权时,海盗冒险家在都铎政府的默许、纵容甚至支持下,"闯入"为葡萄牙和西班牙所垄断的势力范围,公然挑战伊比利亚人的殖民垄断权。

德文郡普利茅斯的霍金斯家族是西部地区重要的海盗势力。16世纪60—70年代,约翰·霍金斯不顾西班牙政府禁令,先后三次从事英国、非洲和西印度间的贩奴"三角贸易"。霍金斯的海盗活动由于受到伊丽莎白的支持,已经超出纯粹的私人冒险范围,具有官方认可的性质,[①]开创了英国史上的黑人奴隶贸易。另一位重要的海盗首领德雷克,他的冒险行动不但获得西部民间团体的支持,也得到了女王本人及其重要廷臣的支持。女王鼓励说:"德雷克,这样我该报西班牙国王多次侮辱之仇了!"1577—1580年,德雷克率领三艘海盗船和两艘补给船,踏上了环球航行的冒险征途。《德雷克传》的作者评论说:"这好像完全是一件国家大事,尽管能够找到借口,正如霍金斯当初到西印度的远征一样。"[②]他抢劫了西班牙船只和西属殖民地城市,带回了大约60万镑的财富。[③]　就在1581年新年那一天,女王头上戴着德雷克赠送的王冠,上面镶嵌着5颗劫来的光彩夺目的绿宝石。她还亲临德特福码头,登上"金鹿"号旗舰,把骑士称号授予德雷克,以此表明:殖民扩张不再仅仅是商人冒险家和航行方案设计者个人的事情,已经变成英国新君主制和民族国家发展的要求。毫无疑问,德雷克的环球航行具有鲜明的官方性质,是海盗活动走向合法化的开始。海盗活动进一步激化了英、西之间的民族矛盾,双方的正面冲突已经不可避免。1588年6—7月,英国人分兵把守南部沿海从普利茅斯至多佛一线各港口,准备迎战随时入侵的西班牙"无敌舰队"。出人意料的是,他们以弱胜强,成功地抵御了自罗马时代以来最强大的军事进攻,打破了西班牙人不可战胜的神话。这"是跨越海洋的

---

① A. L. 罗斯:《伊丽莎白时期的英国扩张》(A. L. Rose, *The Expansion of Elizabethan England*),伦敦1955年,第174页。

② J. A. 威廉森:《德雷克传》(J. A. Williamson, *The Age of Drake*),引自A. L. 罗斯:《伊丽莎白时期的英国扩张》,第182页。

③ J. 霍兰·罗斯,A. P. 牛顿,E. A. 贝尼安斯:《剑桥英帝国史》(J. Holland Rose, A. P. Newton, E. A. Benians, *The Cambridge History of British Empire*)第1卷,剑桥大学出版社1929年,第62-63页。

商业战争中第一次重大的海战"①。它摧毁了西班牙海上霸权,实现了欧洲中心从传统的地中海世界向广阔的大西洋海域的转移,这一后果必将改变西欧各国地缘政治,在英国殖民扩张史上具有重大影响。正是在挑战西班牙殖民贸易垄断权的斗争中,英国人逐步走上世界强国之路。

当然,英国与葡萄牙、西班牙之间的矛盾,实质上是新老殖民主义之间斗争的反映。虽然英国人对外殖民扩张的背景之一是争取所谓的独立发展权和民族平等权,并向欧洲传统的旧秩序提出挑战,但是,我们应当看到,英国人在走上地理探险和殖民扩张之路的过程中,是以牺牲美洲印第安人,以及东方民族的利益为代价的。实际上,对于被殖民和被奴役的各地区、各民族而言,不论是葡萄牙人还是西班牙人,也不论是荷兰人、法国人还是英国人,他们的主观愿望和客观效果都是被殖民地区和被奴役民族所无法接受的。新老殖民主义者从来都不是作为和平使者来到东方的,而是作为征服者来寻找和掠夺财富的。"从征服一开始,殖民主义者即采取了极端野蛮的抢劫方式,攫取了在他们看来一切有足够价值的东西。"②他们所从事的非洲黑人奴隶贸易,和他们不惜以任何手段征服、奴役,甚至杀戮美洲的土著居民一样,③都是不可饶恕的罪行,也是近代早期西方文明史的耻辱。

民族国家形成时期英国殖民扩张的特点

近代早期的欧洲历史,就是一部西方民族国家之间相互冲突、争夺欧洲和世界霸权的历史。在考察英国殖民扩张的特点时,必须结合民族国家形成时期的具体历史条件,充分认识英国殖民扩张的独特性及其对英帝国萌芽的推动作用。

1. 殖民扩张的社会动力主要来自商人和中小贵族

从 15 世纪后半期到 17 世纪初,英国的殖民扩张总体上处于海外探险阶段和尝试建立殖民地阶段。最初的海上冒险者主要是那些为了商业利润铤而走险的商人冒险家,还有包括中小贵族在内的中等阶层,他们共同构成

---

① 蒋孟引主编:《英国史》,北京:中国社会科学出版社 1988 年,第 324 页。

② 李春辉:《拉丁美洲史稿》上册,北京:商务印书馆 1983 年,第 71 页。

③ [苏]斯·尤·阿勃拉莫娃:《非洲:四百年的奴隶贸易》,陈士林、马惠平译,北京:商务印书馆 1983 年,第 18 页。

殖民扩张的基本社会阶层。商人为了积累资本而生存,追逐利润是商人资本家的本质特征。他们敢于冒一切风险,寻找到达富饶东方的财富之路,开辟新的贸易活动场所。16 世纪 50 年代,伦敦商人组织起来向东北方探险,开拓了俄罗斯和波斯等地的贸易就是例证。私人特许商业公司、私人投资、私人冒险,总之,不依赖政府资助是民族国家形成时期英国海外殖民贸易扩张的基本特征。

　　英国殖民贸易扩张的社会动力,首先来源于西部的布里斯托尔、普利茅斯、赫里福德、南安普顿和东部伦敦的商人与商人集团,来自普利茅斯的霍金斯家族、索恩家族、巴洛家族、弗兰普顿家族、帕里家族、安德鲁·贾德爵士和威廉·切斯特,以及莱昂内尔·达克特爵士、托马斯·斯迈思爵士这样的大实业家,他们或者直接参加探险活动,或者为殖民贸易活动提供资金。海外探险和殖民事业激发起每个阶层的人的海外幻想,他们以不同方式表现出对海上活动的热情。资本原始积累时期,贵族阶层虽然高高在上,也能感受到商品货币关系的影响,其中相当一部分人就开始关注自己的经济利益。虽然许多人很少关心前途未卜的海外定居问题,他们却积极资助和投资冒险事业,希望其能为他们带来丰厚的利润回报。像汉弗莱·吉尔伯特爵士、沃尔特·雷利爵士和乔治·卡尔弗特那样热衷于移民与拓展殖民地的贵族毕竟人数很少,像巴尔的摩勋爵那样为了留在殖民地而移民的贵族更是鲜见。①

　　都铎新君主制"给新的中产阶级创造了机会……小土地所有者,他们后来被称为乡绅,在乡村的大土地所有者和城市商人之间搭起一座社会之桥,并和他们两者保持着密切关系。……正是他们将其个人勇气和冒险精神同外国统治对立了起来"②。乡绅的成分十分复杂,大致应包括骑士、缙绅、有绅士称谓的约曼农、富有的农场主,甚至还可包括购置土地的商人等。以乡绅为代表的中等阶层,是一个正在形成中的农业资产阶级,他们积极参与圈地运动,投资工商业,热衷于从事海外冒险事业。由于"乡绅跻身于伦敦和

---

① 约瑟夫·E.伊利克编:《美洲与英国》(Josepher E. Illick, ed., *America and England*, 1558—1776),纽约 1970 年,第 154 - 155 页。

② 洛德·埃尔顿:《帝国共同体》(Lord Elton, *Imperial Commonwealth*),牛津 1946 年,第 14 页。

宫廷上流社会,这些人在价值观念上迥然不同于在乡间过'平淡生活'的人"①,所以,我们不难理解他们为什么在海外殖民扩张活动中扮演着积极参与者的角色。

乡绅中的约曼农是小农场主,英国学者认为约曼农素以勤劳和独立精神而著称,他们朴素大方而又单纯坦率;良好的邻里关系;尊敬上司而不畏惧他们。约曼农是人口稀少、土地资源丰富、封建束缚极少的北美大陆的重要拓荒者。他们是移植到新大陆的英国最大的社会群体,在美洲殖民地的开拓和维持过程中发挥了积极作用。此外,英国广大农民也较早摆脱了封建农奴制束缚,他们所享有的自由是一种后果莫测的自由,从而为他们不顾一切危险移居新世界作好了思想准备,并为北美殖民地的未来开发提供了大量廉价的劳动力资源。

2. 英国海外殖民扩张的私人性、民间性

英帝国史起源于私人性的海上冒险事业,私人殖民冒险活动为英国通向帝国之路奠定了基础,这是英国殖民扩张史同其他大国殖民史的一个重大区别。都铎早期,如果说民间性的殖民冒险同政府之间有什么联系的话,那么,皇室签发给私人的特许状就是这种联系的唯一纽带。特许状上的许诺对于私人探险者来说,具有一种特别的诱惑性,它们足以让那些做黄金梦的冒险者们不顾一切地奔向海外,并让那些怀有各种政治抱负与宗教理想的人跨出国门。发出特许状对于英王而言并非难事,或许还是一件有利可图的事情,这既可以为入不敷出的王室增加财政收入,也可以为专制王权统治下的国家带来荣耀。直到斯图亚特王朝之前,海外殖民扩张依然表现出这种强烈的私人性和民间性特征。

殖民扩张活动是一种必须付出代价的冒险事业,只有在强大王权的保护下,并获得源源不断的经济资助才能取得成功。随着都铎君主制的加强和国内外环境的改变,英国殖民扩张的私人性和民间性特征也在发生变化。最初从事海外活动的人,除了获得英王授予的一纸特许状外,几乎得不到任何来自王室和其他上层人士的赞助。不论早期私人殖民探险活动组织得多么完善,参与者多么勇敢,多么富有智慧,都注定了失败的命运。虽然王室

---

① 〔英〕阿萨·勃里格斯:《英国社会史》,陈叔平等译,北京:中国人民大学出版社 1991年,第 131 页。

和廷臣们多成为私人冒险事业的合伙人，他们也只是以个人的身份，而非以政府的名义介入其中。① 英国海外殖民扩张不自觉地因循了这样的历史轨迹，就是开始于以私人为主的民间冒险行为，发展为民间性与官方性并存的冒险事业，再发展为政府操纵下的民族殖民事业。由于"英国国王财力短绌，不能资助殖民地；个人事业则热衷于快活的冒险，以及劫掠西班牙领地和掳获西班牙船只所得到的稳妥利益。这类活动增强了英国人的信心，也增加了他们对海洋的认识，所以最终还是对帝国的成就有所裨益的"②。伊丽莎白女王后期，王室资助下的霍金斯、德雷克的海盗活动已经具有浓重的官方色彩。尽管女王在公开场合下通常谴责这种行为，她只是在表面上维护着英、西之间尚未公开破裂的所谓"友好"关系。但从 1588 年击溃"无敌舰队"之日起，英国海外殖民贸易扩张加快了从私人性向官方性的根本转变，尽管詹姆士一世继位后这种转变过程一度又放慢了速度。

英国海外殖民扩张活动的私人性、民间性特征决定了英国第一帝国形成中国家行为的相对软弱性、滞后性。从都铎王朝到斯图亚特王朝，政府根本无钱承担或支持殖民探险或建立殖民地所必需的费用，只好采取放任自流态度，让殖民者自力更生、自生自灭。最初的永久性殖民地是由私人性商业冒险公司所建立的，这种皇家特许商业贸易公司却是英国进行殖民扩张的工具。只有当国家的政权力量与私人的民间力量密切结合时，才能真正形成一股向外冲击的强大合力，推进对外殖民贸易扩张活动，殖民主义者才能在条件恶劣的北美大陆立足，建立起永久性的殖民地。不论在个人的动机背后隐藏着什么因素，国家都把支持和鼓励私人殖民探险视为一种手段，就是政府通过装备他们来与外来的敌人进行争夺世界财富与霸权的斗争。17 世纪初，英国商人们还可以获得斯图亚特王朝授予的殖民贸易垄断权，殖民地建立后，特许商业公司实质上起到一种自治政府的作用。直到 1624 年"皇家殖民地"出现之时，民间性特许商业公司在殖民地运作过程中依然占据重要地位。

---

① 姜守明：《从民族国家走向帝国之路》，南京：南京师范大学出版社 2000 年，第 264 页。

② ［美］塞缪尔·埃利奥特·莫里森、亨利·斯蒂尔·康马杰、威廉·爱德华·洛伊希腾堡：《美利坚共和国的成长》上卷，南开大学历史系美国史研究室译，天津：天津人民出版社 1980 年，第 47 页。

　　3. 民族国家时期殖民扩张过程的盲目性

　　殖民探险的私人性、民间性特征决定了英国殖民活动的盲目性、随意性。英国早期殖民扩张构成英帝国的"前史",这是一个漫长而曲折的发展过程。从英帝国形成的角度来看,它根本不是英国政府认真思考和精心策划的结果,①而是英国的商人冒险家在与其他民族国家的竞争中发展起来的。探险家和商人们的最初活动范围,仅限于不列颠群岛和爱尔兰岛附近,以及北海、波罗的海一带的海域;随后由近及远,逐渐扩大到地中海、大西洋西部海域和西班牙、葡萄牙所属的几个群岛区域,最后才转向北大西洋、北冰洋和美洲,乃至亚洲太平洋的广大地区发展。在殖民扩张早期,英国政府并没有制订过哪怕是一项长远计划。殖民探险活动的方向,从约翰·卡伯特起,就尽量绕开伊比利亚人的势力范围,主要集中在北大西洋水域,或者向西北方,或者向东北方。随着哥伦布的发现为世人所知,探索"新大陆"的强烈欲望日益支配着英国人参与争夺海外土地和财富的斗争。他们的行动却是盲目的,因循了一个从无意识到有意识的渐进发展过程:从不自觉到自觉,从民间到政府,从冒险到殖民,从争取独立到对外扩张。但这个过程为资本主义生产积累了雄厚的资本,为英国第一帝国奠定了基础。

　　在殖民扩张过程中,英国人造就了自己的思想家、理论家。托马斯·莫尔爵士的出发点是把建立殖民地作为解决社会问题的一种方法,客观上却成为推动英国人开展殖民活动的最佳缘由之一。伊丽莎白女王继位后,英国人在极为险恶的外部生存环境下,在法国胡格诺教徒北美探险活动的影响下,逐渐找到了突破口,即破坏西班牙海上帝国的美洲生命线,追求自己的经济、政治利益。他们利用海上劫掠和私掠巡航,采取更为积极的海盗行动,挑战老牌殖民主义强权。随着地理大发现时代的演进和海外殖民扩张活动的发展,英国人越来越清楚地认识到,打败伊比利亚人的海上霸权,是英国民族未来的真正价值之所在,所以又明确地把美洲新大陆作为到达亚洲之路的踏脚石。长期的海上实践活动,造就了像霍金斯、德雷克、吉尔伯特、雷利等一大批经验丰富的私人冒险者,他们在谋求

---

　　①　赫里福德·B. 乔治:《不列颠帝国的历史地理学》(Hereford B. George, *The Historical Geography of the British Empire*),伦敦 1919 年,第 1 页。

自身经济利益的同时,挑战了西班牙人和葡萄牙人的殖民霸权,促进了旧殖民体系的瓦解,增强了英国人战胜西班牙帝国的自信心。此时,英国的殖民活动已经有了相对清晰的目标,就是把建立北美殖民地作为实现富国强兵和谋求海外利益的重要手段,最终建立永久性海外殖民地,确立起自己的海上优势地位。

原载《世界历史》2004 年第 2 期

英国民族国家形成过程中的宗教因素

姜守明

摘　要：民族国家是一种以民族为载体，以人文传统为纽带而形成的、享有独立主权的政治共同体，它包括明确的疆界、共同的文化传统、独立行使的最高司法权，以及不可剥夺的公民权等几个基本要素。英国民族国家从中世纪后期开始起步，当时王权倚重于市民阶级的支持，在建立新君主制的基础上，冲破了教权至上的普世主义的束缚，摆脱了教皇和罗马教廷的控制。在 17 世纪的革命中，英国的清教徒秉持信仰自由的宗教信念，披着宗教外衣反抗斯图亚特的专制统治。在英国民族国家形成的过程中，从约翰·威克里夫发动的自下而上的宗教改革，到都铎王朝推动的自上而下的宗教改革，再到 17 世纪的"清教革命"和"光荣革命"，宗教因素长期左右着英国的政治生活。

关键词：英国国教；清教；罗马天主教；民族国家

民族国家是欧洲"基督教大世界"体系瓦解的产物，它是一种新型的政治共同体，与封建主义的传统国家形成鲜明的差别。在中古时代的欧洲，教会在罗马教廷和教皇的主导下，同世俗权力之间维持着错综复杂的关系。著名学者安东尼·吉登斯指出："宗教是思想和社会组织的架构，它能折射出传统国家生活的许多向度，包括它的创造力和分裂力。"①在二元政治体制下，罗马天主教会和各世俗君主国形成的作用力与反作用力，推动着欧洲民

---

① ［英］安东尼·吉登斯：《民族—国家与暴力》，胡宗泽、赵力涛译，北京：生活·读书·新知三联书店 1998 年，第 94 页。

族国家的形成和发展。就英国民族国家进程而论,宗教普世主义对政治生活的影响远远超出已往的认识,如果我们忽视这一现象,就难以准确地把握民族国家的内涵,也无法认清西方制度文化的本质。本文透过中古末期、近代早期发生的几次宗教改革与宗教革命来认识宗教因素在英国民族国家发展过程中的作用。

一、中古王权的限度与教权的扩张性

英国是最早建立的民族国家之一。在民族国家进程启动前,英国的王权面临着国内的封建教俗贵族和以罗马教廷为代表的外来势力的压力。当西班牙、葡萄牙、法兰西等国实现统一时,它们各自的王权已与天主教会结成了政治同盟。英格兰的情形则有所不同,它的王权不是与天主教会结盟,而是与代议制的议会保持着协调关系,形成了混合制的政治传统。①

1. 二元政治体制下王权的限度

在二元政治结构下,欧洲分裂成许多各自为政的封建政治实体,王权无法进行现代意义上的统治。由于"传统国家本质上是裂变性的,其国家机器可以维持的行政权威非常有限。传统国家有边陲(包括次位聚落边陲)而无国界,这一事实表明其体系整合的水平相对有限"②。因而在频频发生的封建混战中,各国的君主既要应付来自世俗贵族分权主义的挑战,又要面对来自罗马教廷和天主教会的教权主义的威胁。

在中世纪的英国,王权跌宕起伏,呈现出"两峰一谷"的马鞍形发展轨迹。"征服者"威廉一世(1066—1087)以武力消灭了英格兰贵族精英后,将大陆欧洲的封建制度嫁接到盎格鲁·撒克逊时代遗留下来的政治传统上。在与基督教会的关系上,威廉一世虽然赞成教会内部的改革,但他无意放弃对教会的控制,目的是"防范教会脱离国王而成为独立的政治力量,并要使教会成为英国王权的一个重要支柱"③。所以,他利用诺曼底贵族来填补英格兰教会的高级职位,如大主教、主教、修道院院长。每当他提名一个新的

---

① [英]屈勒味林:《英国史》上册,钱端升译,北京:中国社会科学出版社 2008 年,第283 页。

② 吉登斯,前揭书,第 63 页。

③ 蒋孟引主编:《英国史》,北京:中国社会科学出版社 1988 年,第 89 - 90 页。

主教,他首先接受主教的臣服与效忠,使其对国王承担相应的封建义务,如提供兵役、祈祷和咨询等服务。然而,罗马教皇格里高利七世(1073—1085)为了使英国王权就范,他重申教会独立和主教首先是宗教领袖的主张,甚至要求英王承认其所占有的英国正是其由教皇处得来的领地。[①] 威廉一世拒绝接受教皇的要求,他还禁止未经国王同意在英国发布教皇的命令,并禁止英国人上诉罗马教廷。

教权与俗权的冲突,一直是中世纪英国政治斗争的重要内容。诺曼王朝时期,英国王权在高级教士究竟是王室官员还是宗教领袖的争论中占据优势。国王威廉二世(c.1056—1100)为了增加王室的财政收入,他不仅侵害伯爵们的领地,也勒索教会的财产。坎特伯雷大主教兰弗朗克去世后,这个职位竟出现了四年(1089—1093)的空缺。由于安塞伦在政治上倾向于罗马教皇,英王逼走了这位新任大主教。亨利一世(1100—1135)在即位仪式上颁布了缓和教权与俗权矛盾的《特权令》,后来还就主教任职问题与罗马教皇之间达成妥协,表示他不坚持世俗的就职仪式,但是仍然要求高级教士为了他们的封地而向国王表示效忠。

亨利二世(1154—1189)因文治武功和继承关系,创建了一个庞大的帝国,统治着英国和法国的大部分,从而将王权推向发展的第一个高峰。强化王权,必然触犯教会与世俗贵族的特权与利益。为了夺取先王斯提芬时期(1135—1154)失去的对教会的控制权,亨利二世于1164年签署《克拉伦敦法令》,该法令划分了国家与教会的权限,中心内容是限制宗教法庭权限:第一,非经国王的同意,不得上诉罗马;第二,债务纠纷案应归国王的法庭处理,宗教法庭不得过问;第三,教皇无权在未经过国王同意的情况下将国王的诸侯及官吏逐出教会;第四,所有被宗教法庭判为有罪的教士,必须交付国王的法庭受刑。当时,坎特伯雷大主教柏克特站在教廷一边,反对《克拉伦敦法令》。柏克特被刺死后,教皇以开除教籍相威胁,迫使亨利二世宣布放弃剥夺"教职人员在俗界的司法豁免权",同时承认英国教会享有向罗马教廷上诉的权利。结果英国在中央集权与地方分权的斗争中,世俗王权开始受制于教权主义。

① [美]罗伯兹:《英国史》上册,贾士衡译,台北:五南图书出版公司1986年,第109－110页。

约翰王和亨利三世统治时期(1199—1272),王权跌入低谷。1205 年沃尔特之死,重新引发了由谁选举坎特伯雷大主教的棘手问题。依照教规及习惯法,高级教士应由天主教牧师会圣徒推选产生,①但长期以来,英王事实上操纵着主教或大主教的选举。坎特伯雷大主教历来兼任王国的监督长,为朝廷重臣,其人选更为英王所重视。在坎特伯雷大主教人选问题上,约翰王希望坎特伯雷的教士选举诺威奇主教,教士们却选举其修道院副院长,这种意见分歧刚好为教皇介入英国事务提供了条件。教皇同时拒绝了两个候选人,并促使当时来到罗马的英格兰教士选举第三个候选人朗顿。约翰王先是接受朗顿,继而反悔,导致朗顿迟迟不得上任。1208 年 3 月,教皇英诺森三世处分英国教会,停止其宗教活动,第二年 9 月又开除约翰王的教籍。约翰王在教皇的压力下屈服,不得不接受朗顿为坎特伯雷大主教,并承认教皇对英国的宗主权,每年向教廷缴纳 700 镑贡金。约翰向教皇称臣纳贡,实现了教皇格里高利七世曾向英王威廉一世提出而未果的要求。

1213 年 8 月 25 日,在圣保罗教堂的贵族集会上,坎特伯雷大主教朗顿大声朗诵亨利一世的加冕宪章,要点是英王承诺遵守法律、公平治国、保护教会和镇压恶人。1215 年 6 月,朗顿又同世俗贵族一起施压,强迫无能的约翰王签署《大宪章》。这个法律文件的主导精神在于,它把王权置于封建习惯的约束下,以保障教会与世俗贵族的特权。如第一条规定:"根据本宪章,英国教会当享有自由,其权利将不受干扰,其自由将不受侵犯。"②1258 年,英国教俗贵族以同样的手段,迫使亨利三世接受《牛津条例》。这也是一个限制王权的封建法律文件,它告诫国王必须遵守传统,要按照"合理的习惯"及与重要大臣协商的原则来治理国家。这样,国王的"越轨"行为受到了制约,被拉回到了封建习惯法所允许的范围内行事,教俗贵族维护了传统的自由(特权)。

2. 基督教普世主义的扩张性

公元初期,基督教产生于罗马帝国统治下的巴勒斯坦地区。它在走向合法化的过程中,经历了几个世纪的苦难历程,许多基督徒为了躲避迫害而

---

①　[美]C.沃伦·霍莱斯特:《欧洲中世纪简史》,陶松寿译,北京:商务印书馆1988 年,第 251 页。

②　郭守田主编:《世界通史资料选辑》中古部分,北京:商务印书馆1964 年,第 180 页。

离开罗马,他们分散到世界各地去传播福音、建立教堂。基督教非但没有在罗马当局的迫害下消失,反而扩大了福音的传播范围,这的确是一个奇妙的悖论。于是到 4 世纪末期,基督教发生了质的变化,它已经从民间宗教演变为官方宗教、从地区性宗教变成世界性宗教。

中古时期,基督教获得了进一步发展的机会,欧洲形成了教会与世俗政府并存的二元政治局面。总体上,教权与俗权之间的关系,早期相对简单,就是相互依存、相互利用;盛期则多呈现相互矛盾、相互冲突的复杂性。在二元政治架构下,宗教普世主义(Universalism)助长了教权主义倾向,并与世俗帝国主义发生冲突。由于"教会和国家,都自认是涵盖一切的最高概念"①,教权与俗权再也无法共存,导致俗权(神圣罗马帝国皇帝)与教权(罗马教皇)之间的矛盾激化,突出地表现在这样两个问题上:一是世俗君主控制教皇和教皇反对控制的斗争。11 世纪前半期,克吕尼修道院高级教士希尔德布兰认为,教权应独立于俗权,并凌驾于俗权之上。由于第一个教皇选举法的制定,教廷成功地抵制了神圣罗马帝国皇帝对教皇选举的操纵。二是皇帝与教皇间关于主教任命权的斗争。希尔德布兰出任教皇(格里高利七世)后,明确反对俗权干预教权,主张教皇有权控制各国的教会和废黜皇帝。其后,教皇英诺森三世进一步强调普世主义的教权至上原则,竭力推崇锡托派修士圣伯那的"双剑说"(宗教权力和世俗权力是上帝赐予教皇的两把剑),并收回了传统上为世俗君主控制的主教任命权和教皇选举权,几乎将"基督教大世界"(Christendom)的统一之梦变成无法挽回的社会现实。

在基督教普世主义扩张性得到加强的同时,西欧各国事实上已经失去其独立性。尽管意大利人、西班牙人、德意志人、法兰西人和英格兰人属于不同的民族,但是,他们都从属于一个由罗马教皇支配的"基督教大世界",都用拉丁文祈祷、用拉丁文传道、用拉丁文唱歌。在各世俗的封建国家内部,人们尚未形成休戚与共的民族情感,以及忠诚与热爱祖国的公民意识。然而物极必反。从 14 世纪起,教皇卜尼法斯八世在与法王菲利普四世的斗争中遭到失败,使教权主义出现了一种无法逆转的颓势。在法王的压力下,法国人波尔多大主教当选为教皇,称克莱门五世。新教皇因意大利内乱从

---

① 〔荷〕彼得·李伯庚:《欧洲文化史》上册,赵复三译,上海:上海社会科学院出版社 2004 年,第 178 页。

未到罗马就任,后来竟把教廷迁到了法国的边境小城亚维农(教皇属地)。随着世俗王权的加强和民族主义的觉醒,从"亚维农之囚"(1308—1378)到"大分裂"(1378—1417),基督教普世主义和教权主义逐渐走上了衰落的不归路。

二、英格兰宗教改革的民族性

长期以来,英国缺乏形成中央集权的政治环境,世俗君主不能完整地行使独立国家的最高司法权,王权既受到地方分权势力的牵制,又受到教权主义的掣肘。由于"历史上世俗性自治和自我管理的能力是一个民族国家独立于罗马司法权的重要标志"[①],未来的英国民族国家发展的根本出路就在于,消除由封建主义造成的政治离心力,克服为罗马教廷所攫取的世俗国家主权。

1. 威克里宗教改革的民族性

民族国家建立的前提是民族主义的发展,而欧洲各地发生的宗教改革运动,不同程度上培育了世俗民族精神,大大加速了基督教大世界解体的进程。教权主义的淫威和罗马教会的专横,加深了人们对整个教士阶层的憎恨,激活了潜在的民族意识。城市兴起以后,各国的市民阶级日益发展成为一支重要的政治力量,他们在反对封建割据和外来势力干涉的斗争中,与世俗王权取得了一致性。虽然天主教会至高无上,但是罗马教廷无法根除以市民阶级为主导的异端活动。恩格斯指出:"新教异端的不可根绝是同正在兴起的市民阶级的不可战胜相适应的;当这个市民阶级已经充分强大的时候,他们从前的主要是同封建贵族进行的地方性斗争便开始采取民族的规模了。"[②]1324 年,意大利医生兼哲学家马西里奥(Marsilius of Padua)在《和平的保卫者》(*The Defender of the Peace*)一书中,大胆提出了世俗权力独立的主张。他曾强调指出,无论城邦、大小王国,以至帝国,都拥有绝对的自主权,[③]"教会应该交出一切政治权力,国家应对所属全体教俗臣民行使统治

---

① 拉努姆编:《近代早期欧洲的民族意识、历史与政治文化》(Orest Ranum, ed., *National Consciousness, History and Political Culture in Early-Modern Europe*),马里兰州巴尔的摩:霍普金斯大学出版社 1975 年,第 109 页。

② 《马克思恩格斯选集》第 4 卷,北京:人民出版社 1972 年,第 251 页。

③ 李伯庚,前揭书,第 179 页。

权,这样,教会在信仰统一的情况下,应从政治上划分为若干国家教会,受国家统治者的约束而不从属于教皇"①。正是在这种社会氛围下,威克里夫推动了反对教权主义的宗教改革运动。

约翰·威克里夫(1320—1384)是牛津大学神学博士和英国市民阶级宗教改革家。他从批判天主教的"变体说"教义入手,反对偶像崇拜,否认耶稣的真实性;坚持以《圣经》为信仰的唯一根据,主张人与上帝之间的直接交往,否认教士的中介作用,反对教皇的宗教权威。他作为"宗教改革运动的晨星",最先提出了较完整的民族教会思想,其要点可以归结如下:首先,"虽然教皇和国王在各自的领域里处于最高地位,每个基督教徒得到的一切并非'直接'来自他们,而是来自上帝。最高的权力在天庭,而不是在罗马"②。其次,《圣经》作为信仰的唯一根据,是联结信徒与上帝的纽带,宗教应当成为一种纯粹的个人内心感悟。再次,腐败而傲慢的教士集团及其绝对权利不符合真正的基督教原则,国王作为受上帝派遣掌管俗界事务的牧师,有权限制教士的奢华。最后,"依《圣经》之言,英格兰王朝是一个整体,而教士、贵族、公众都是它的成员"③。基于上述认识,威克里夫主张取消对教会、教皇的纳贡,仅给教皇以救济金,给英国教会以供养金;取消宗教的教规、惯例、组织以及教会本身,并允许自由传道,由信仰罗马的有形教会变成信仰《圣经》的无形宗教;用英语做礼拜,建立不依附任何外国势力的"廉俭的"民族教会。这样,威克里夫通过对基督教义的重新解释和对罗马教皇的质疑,否定了教会统治的真实性、合法性,宣扬了民族国家观念,弘扬了英格兰民族精神。

14世纪,亚维农教廷的法兰西色彩和教皇作为令人憎恨的外国人的客观事实,引起了英国人的普遍不满。威克里夫的言行绝不仅仅代表个人,他的宗教主张与日渐高涨的反教权主义潮流相结合,反映了觉醒中的民族意识,进一步促进了民族主义的发展。在英王的支持下,英国议会否认了约翰王时期对教皇俯首称臣的承诺,拒绝将英国积欠33年的圣俸上交罗马,拒

① 霍莱斯特,前揭书,第342页。

② [英]温斯顿·丘吉尔:《英语国家史略》上,薛力敏、林林译,北京:新华出版社1985年,第321页。

③ 朱庭光主编:《外国历史名人传·古代部分》下册,北京、重庆:中国社会科学出版社、重庆出版社1983年,第69-70页。

绝接受由教皇任命的英国教会的神职人员,并限制英国人上诉教廷。1374
年,威克里夫代表英王参加对法(百年战争)停战谈判,并在布鲁塞尔与教皇
代表举行谈判。在频繁的对外交往中,他增强了对皇权主义、国家意识的认
同度,追求以民族利益为核心的宗教改革。威克里夫既已成为民族精神的
象征,其改革行动不但受到国王和兰开斯特公爵的保护,而且赢得了伦敦市
民阶级的普遍支持。

　　2. 都铎王朝宗教改革的曲折性

　　宗教改革是近代早期欧洲世俗君主国反对天主教会一统天下、实现民
族国家发展的重要途径。16 世纪 30 年时代,英国爆发了都铎宗教改革运
动,其导火索是教皇迟迟不肯批准英王上诉罗马教廷的离婚案。与一个半
世纪之前自下而上的威克里夫改革相比,都铎英格兰宗教改革是自上而下
进行的,它通过对教皇权威的否定,使英国民族教会脱离了教廷的控制,并
确立起英王在英国国教会中的至尊领袖地位,都铎君主开始成为民族国家
的象征。

　　在二元政治体制下,中古英国的君主所享有的王权是有限的和不充分
的。罗马教皇不但理论上或实践上享有对英国教会的管理权,而且通过天
主教会在英国广占田产、征敛赋税,严重地侵犯了英国的国家主权和经济利
益。这种状况一直延续到都铎王朝初期,当时英国并不具备完全意义上的
民族国家的独立性,它"无力靠政治力量冲破天主教的国际秩序,实现完整
的民族主权,所以,更依赖于宗教的力量,需要通过实行与罗马教会完全决
裂来达到政治上的自立"①。

　　为了改变这一现状,亨利八世毅然走上了反抗教皇权、加强王权的改革
之路。改革初期,他倚重于传统议会的支持,通过立法手段,小心翼翼地限
制英国天主教会的独立性,使其直接受制于王权。改革激发了民族精神,反
过来,民族精神推动着改革向前发展。1531 年 2 月,亨利八世迫使主教会议
接受国王是英国国教会的最高首脑(至尊领袖)的事实。在他的授意下,议
会还相继通过一系列法案,如禁止向教廷上诉法案、教士服从国王法案、根
除罗马主教法案等,强化都铎新君主制。其中,最有影响的是 1534 年颁布
的《至尊法案》,它宣称"国王陛下责无旁贷地担任英格兰国教会的至尊领

---

　　①　柴惠庭:《英国清教》,上海:上海社会科学院出版社 1994 年,第 25 页。

袖,并在教士会议中为本王国土所承认……"①。为了保证该法案的有效实施,议会要求本王国内的一切臣民,尤其僧侣、公务员、律师、学校教师或其他处于敏感职位的人,都必须对国王宣誓效忠。人文主义者托马斯·莫尔爵士因不合时宜地反对宗教改革,坚持拥戴教皇为英国教会的至尊领袖,结果被送上了绞刑架。同时,议会还禁止主教将上任首年俸禄、年贡和什一税上交罗马教廷,割断了英国天主教会同教廷的经济联系。1535 年 1 月,英王宗教事务代理人托马斯·克伦威尔查封了 550 个修道院,又为亨利八世增加了每年 14 万镑的土地收益。②

都铎宗教改革是新旧贵族之间、王权和教廷之间矛盾与冲突的产物。"民族感情激励着这场运动,而独立是其目的。"③亨利八世所感兴趣的只是为收回为罗马教皇所窃取的司法权,而不是什么教义、礼仪之类的改革。其实,如此评价亨利八世与他对待宗教改革的态度相一致。当初,他因猛烈地抨击马丁·路德的新教主张,获得过天主教"信仰的保卫者"的称号。后来,他为了急于解决自己的婚姻大事,迫切希望把教皇势力逐出英格兰,结果走上与罗马教廷相抗衡的道路。现在,当他的个人欲望得到满足时,便恢复了其作为一个正统天主教徒的本来面目。1539 年,亨利八世批准了重申天主教原则的《六信条》,④并于 1540 年把改革家克伦威尔送上断头台,给如火如荼的宗教改革运动蒙上了阴影。

爱德华六世时期(1547—1553),宗教改革在激进派的推动下,开始触及教义和礼仪等实质性问题,从而把天主教初步改造成具有英格兰特色的安立甘宗(英国国教)。但是,玛丽女王时期(1553—1558)的"宗教反复"政策则令人侧目。她不但取消了其异母弟弟爱德华六世时期的改革法令,恢复了天主教的主导地位;而且取消了亨利八世 1529 年以来一切反对教皇权威的改革法令。由于亨利八世曾抛弃了玛丽和她的母亲凯瑟琳,所以,玛丽把

---

① 埃尔顿编:《都铎宪政:文献与评论》(G. R. Elton, *The Tudor Constitution: Documents and Commentary*),剑桥 1982 年,第 348 - 350 页。

② 马吉尔编:《历史大事集:近代欧洲辑》(F. N. Magill, *Great Events from History: Modern European series*),新泽西 1973 年,第 107、112 页。

③ 波拉德:《英国政治史》(A. F. Pollard, *The Political History of England*)第 6 卷,伦敦 1929 年,第 21 - 22 页。

④ 包含变体论、一种形式领取圣餐、教士独身、恪守贞节、内弥撒和秘密忏悔等内容。

她所做的一切都视为对她父亲的报复。然而,她的新教臣民决不允许信奉天主教的西班牙吞并自己的国家,英国议会断然拒绝为她的西班牙丈夫菲利普王子加冕称"英格兰国王"。[①] 历史学家休斯指出:"玛丽的悲剧在于这样一个事实,即她的心中唯有西班牙和天主教,而其臣民的心中却只有英吉利和新教。"[②]的确,嫁给一个外国人和颁布对教皇服从的法案,是玛丽最终失去民心的两个最基本原因。

伊丽莎白继位后,注意汲取历史教训,取消了她的异母姐姐玛丽一世实施的"违反四分之三英格兰人心愿"的宗教迫害政策,毅然断绝了与教廷的官方关系。这样,经过 40 多年(1529—1571)的努力,都铎君主终于排斥了罗马天主教的主导性,并为他们的臣民选择了英国国教。这是一种独特的新教,它一方面否认罗马教廷的宗教权威,认为教皇对英国教会没有任何管辖权;另一方面确认英王的最高管理者地位,拥有至上的权威和权柄。此外,伊丽莎白女王还接受了爱德华时期颁布的"祈祷书",并将《三十九信条》作为基本信条。当然,英国国教还保留着主教制度等天主教成分,这也就为17 世纪的"清教革命"埋下了伏笔。

既然世俗民族主义取代了宗教普世主义,都铎王朝诸"国王成为民族统一的象征、民族抱负的核心和民族尊严的目标"[③],那么,新君主制就成为英格兰宗教改革成功的重要标志。如果说近代民族精神是宗教改革的一面旗帜的话,那么"宗教改革的最高成就就是民族国家"的形成。[④] 通过宗教改革,教皇在英国享有的特权被取消,英王成为英国国教会的至尊管理者,英国实现了以民族主义为精神支柱和以新君主制为政治基础的国家统一。这是英国民族国家发展最初阶段。

---

① ［英］安东尼娅·弗雷泽:《历代英王生平》,杨照明、张振山译,武汉:湖北人民出版社1985 年,第244 页。

② 克莱顿·罗伯茨、戴维·罗伯茨:《英国史》(Clayton Roberts and David Roberts, *A History of England*),新泽西 1980 年,第 285 页。

③ 波拉德:《近代史诸要素》(A. F. Pollard, *Factors in Modern History*),伦敦 1921年,第 68 页。

④ A. W. 沃德,G. W. 普罗瑟罗,S. 利斯编:《剑桥近代史》(*Cambridge Modern History*),剑桥 1907 年,第 736 页。

三、革命年代宗教因素的作用

英国民族国家经历了漫长的形成过程，主要包括启动时期（14 世纪到 16 世纪末）和确立时期（17 世纪末）两个阶段。从 14 世纪 70 年代到 16 世纪 70 年代，英国人花了整整两个世纪的时间，通过自下而上和自上而下的宗教改革，把以罗马教徒为代表的外来教权主义势力赶出了国门。这不仅提升了英国国教的地位，提高了英国人的民族自信心，同时也强化了议会在国家政治生活中的作用，奠定了日后资产阶级推翻封建专制制度的基础。

1. 革命时期"宗教外衣"的实质

英国民族国家的确立过程并不是一帆风顺的，其间所发生的一切远比我们想象的要复杂得多。一方面，由于新君主制并不代表市民阶级（资产阶级前身）的发展方向，都铎王朝只是部分地反映或满足了市民阶级和新贵族的愿望，君主作为封建旧贵族政治利益代言人的角色，不因其实施了一些有利于民族国家发展的政策而发生改变；市民阶级之所以愿意与都铎王权合作，根本原因在于彼此之间存在着共同的政治基础，就是他们都要求消除封建割据、实行政令统一，都反对罗马教廷干涉英国事务。在二元制政治传统和相互需求的前提下，从亨利八世到伊丽莎白一世，都铎王权保持着与议会的协调关系，基本上没有出现专擅的现象。另一方面，自苏格兰的詹姆斯一世继位后，原来王权与议会之间维持的协调关系，现在已经发生了微妙的变化：市民阶级由于其经济力量的上升，从都铎王权同盟者转变为斯图亚特王权的反对者。发生这种变化的原因，主要来自斯图亚特君主对长期以来发生作用的英国政治传统，即"王在法下""王在议会"原则的严重背离，以及他们对英国人民"自古以来"享有的自由传统的侵犯。专制王权与人民的冲突愈演愈烈，最终引发了 17 世纪革命。

伊丽莎白女王去世后，苏格兰来的詹姆斯一世继承了都铎英格兰王位。斯图亚特王朝时期，在统治者与人民之间存在着难以克服的矛盾，主要表现为：其一，英格兰人无法认同"外来的"苏格兰人做他们的君主，因为北方的苏格兰人经常与法兰西人结盟，他们借助于大陆欧洲的力量反对英国，因而与英格兰人结下世仇;其二,詹姆斯一世是苏格兰女王玛丽①的儿子,虽然他有一点都铎血统,但是,英格兰人无法抹去有关于玛丽女王的那段不光彩的记忆,因为他的母亲是被伊丽莎白女王处死的;其三,英国人执着地追求自由,这种传统是与詹姆斯一世坚持的"君权神授"说格格不入的,因而他们之间存在着不可逾越的鸿沟。都铎君主也实行专制,其实是"混合君主制",②而与斯图亚特的君主专制相去甚远。例如,当有人提出废除主教制度的建议时,詹姆斯一世竟然发出了"没有主教就没有国王"的怒吼,其反对清教徒、反对人民自由的暴君形象昭然若揭。

为了表达对专制统治的强烈不满,资产阶级在议会中形成了斯图亚特王权反对派。看上去,英国革命是由外来王朝这个偶然因素促成的,其实,反传统力量与维护传统力量之间的冲突,在相当大的程度上造成了革命与反革命的分野,而这一点往往是易于被人们所忽视的。众所周知,英国是一个极为重视传统的民族,斯图亚特君主推行专制统治,有意突破"王在法下""王在议会"的有限王权传统,而英国人民则固守"自古以来"就享有的自由权利,这种矛盾发展到最极端,于是革命就不可避免地发生了。

然而,人们在讨论17世纪英国革命问题时,由于对革命中宗教因素的重要性认识不足,因而对革命性质的评判难免失之偏颇。在英国民族国家形成过程中,包括情感与理想在内的宗教因素,不仅为英国人民反对专制统治的政治斗争披上了信仰外衣,而且为这场革命深深地打上了宗教的印记。固然,英国人通过宗教改革赶走了教廷势力,但是由于英国国教除了不承认教皇的领袖地位外,与罗马天主教没有太大差别,或者说它们之间保持着千丝万缕的联系。查理一世支持英国国教会中天主教色彩浓厚的"阿米尼安派",而对清教徒与国教徒则予以猛烈的抨击。资产阶级与新贵族在革命中结盟,他们以清教为旗帜,以纯洁教会、信仰自由为诉求,以维护自由传统、实现政治宽容为目标,展开了反抗斯图亚特王朝君主专制制度的斗争。显而易见,宗教因素一定程度上成为区分保皇派与议会反对派的重要标志,因

---

①　即玛丽·斯图亚特(1489—1587)。她是英王亨利八世(1491—1547)的姐姐玛格丽特的孙女,嫁苏格兰的詹姆斯四世,1569年逃往英格兰,后因阴谋推翻伊丽莎白女王(1533—1603)而被处死。

②　埃尔顿:《都铎与斯图亚特时代政治与政府研究》(G. R. Elton, *Studies in Tudor and Stuart Politics and Government*),剑桥:剑桥大学出版社1974年,第235页。

而革命本身也就不可避免地染上了宗教色彩。我们认为,既然资产阶级与新贵族都是披着清教外衣来参加革命的,那么,17世纪中叶的英国革命可以看作对宗教改革传统的回归,或者说是对14世纪威克里夫宗教改革和16世纪都铎宗教改革的发展。在这种意义上,它就是一场宗教革命。难怪英国著名学者希尔带着宗教情结来研究这场革命,而伽狄纳则干脆称其为一场清教革命。① 当然,17世纪革命作为一个重要的历史事件,其意义不在于杀了一个专制君主,或是推翻了一个专制王朝,而在于通过对罗马教皇和天主教的排斥,将英格兰的民族主义由理想变成了现实,促进了英国民族国家的诞生。

2. 光荣革命对天主教的否定

为了强化专制王权,斯图亚特君主破坏二元制的政治传统,剥夺人民"自古就有的权利",结果是搬起石头砸了自己的脚,断送了卿卿性命。然而,野心家克伦威尔之类人钻了革命的空子,他们用护国公制代替君主制,这是革命者所始料不及的,也是与英国人民的政治诉求背道而驰的。"革命以推翻专制为出发点,结果却导致另一种专制";"革命以争取自由为出发点,结果自由似乎和以前一样遥远"。② 实质上,斯图亚特君主和克伦威尔在专制统治上没有根本的不同。

针对17世纪英国革命带来的这个悖论,我国著名史学家钱乘旦先生作了精辟的剖析,他指出:"王权因冲破传统而否定了自由,现在自由也冲破传统而否定王权。""革命把'议会主权'确定为原则,结果连议会能否存在都成了问题。在这种情况下,革命迷航了。二十年中,革命左冲右突,试图找到一条正确的航道;但对抗与冲突未能解决问题,相反却使冲突愈演愈烈。起先是王权压倒自由,随后是自由压倒王权,但谁压倒谁似乎都行不通,只会给国家带来动荡。"③在失望、迷惘的情形下,"革命的"议会不得不作出一项重要的决定,就是放弃革命,回归传统,将政权拱手交还给"国王、贵族和平民",英国革命又回到了它的出发点。

---

① 沈汉:《希尔与英国革命史研究》,载《世界史研究动态》1988年第11期。
② 钱乘旦、陈晓律:《在传统与变革之间——英国文化模式溯源》,杭州:浙江人民出版社1991年,第64、65页。
③ 钱乘旦、陈晓律,前揭书,第60、65页。

然而,我们不必因王朝复辟而对民族国家的前途感到悲观。因为在民族主义和民族意识获得充分发展,民族国家具备初步条件的基础上,英国人民与专制君主之间的对抗是不可调和的;而且,复辟王朝没有、也不可能从先前的失败中接受教训,他们不择手段地冲击自由的传统,甚至不惜求助于天主教信仰的法国人来达到目的,这就昭示着一场新的革命的到来。我们知道,暴君政治和天主教是为英国人最切齿痛恨的两样东西,前者意味着对人民自由权利的侵犯,而后者则是对民族利益的直接伤害。事实上,复辟王朝的致命错误恰恰在于,它追求那不受限制的专制权力和严重威胁民族利益的天主教,表明斯图亚特的暴君政治已经走到了历史的尽头!呜呼,从查理二世到詹姆斯二世,复辟王朝前后维持不到 30 年,即将到来的又一场革命就彻底粉碎了专制王权的梦想,而人民借助于革命,重新赢回了属于自己的自由权利。

1688 年的革命与半个世纪前的革命不是一回事,它是以独特方式进行的,历史学家称其为"不流血的革命"或"光荣革命"。不管如何定性这场革命,笔者认为有一点特别值得思考,就是宗教因素再一次在革命中凸显了它的影响力,其原因究竟何在呢? 长期以来,宗教信仰问题在英国人的思想、生活以及国家的政治中占有非常重要的地位,虽然英国经历了两次宗教改革,实现了政教分离,但在 17 世纪的两次革命中,新教与旧教之间对立依然尖锐,而宗教的分野却在很大程度上决定了人们的政治立场。在两次革命之间,斯图亚特君主顽固地倚重各种天主教势力来强化专制制度。正是"迫于王权的膨胀和天主教在英国复活的现实危险性,议会中的辉格党和托利党联合起来,向荷兰的执政威廉亲王发出邀请,请他到英国来接管王位"①。于是,英国所有反天主教的势力达成共识,发动了反对专制制度、反对天主教的"光荣革命"。

历史学家之所以对这场革命津津乐道,除了它的温和性外,关键在于英国人作为一个富于理性的民族,运用自己的政治智慧,在保留王位这个传统外衣的基础上,消灭了专制的王权或者独立的王权,建立起最符合资产阶级和新贵族意愿的君主立宪制度,也就是"不流血"地实现了对自由、国教等传统的回归。表面上看,来自荷兰的执政威廉亲王是革命的最大受益者,他登

---

① 　钱乘旦、陈晓律,前揭书,第 66 页。

临英国王位真好比是天上掉下了个馅饼。实质上,威廉要君临英国,就必须顺应英国人民的意愿,向英国议会作出最庄严的承诺,就是回归"王在法下""王在议会"的传统,并尊重人民享有的"真正的、古老的、不容置疑的权利"。所以,他不仅接受了《权利法案》,也接受了《王位继承法》,光荣革命的重要成果正是通过这两个宪法文献获得保障的。根据《王位继承法》,以后英国王位不得传给天主教徒,未来的英王必须是英国国教徒;凡非出生英国者,皆不得担任议员和政府官员。随着君主立宪制的建立,英国作为一个整体,它不再属于君主个人,而是属于整个民族。这样,真正意义上的英国民族国家终于确立起来。

原载《世界历史》2008 年第 3 期

徘徊在中庸与极端之间[*]

——16—17 世纪英国宗教政策特点辨析

姜守明

摘　要：在社会矛盾多端、宗教文化纷呈、内部冲突连连的背景下，16—17 世纪英国的宗教政策，明显地因循着从中庸到极端、再从极端到中庸的发展路径。看上去，这种循环没有发展，其实不然。如果深究一下，我们就可以发现，这一时期英国宗教在中庸与极端之间徘徊的奥秘，主要在于民族国家形成这个时代主题发生作用的结果。

关键词：英国宗教政策；中庸之道；极端主义；民族国家形成

16—17 世纪，在从传统向现代转型和民族国家形成的过程中，英国社会由于矛盾错综复杂，既有新君主制与无政府主义的冲突，也有世俗政权与宗教势力的对立，又有民族主义与教权主义的较量，还有君主专制与自由传统的抗衡，因而发生一系列的改革、内战与革命等重大事件，导致了剧烈的震荡。从长时段来审视，宗教问题长期左右英国历史发展进程，从经济到政治、从宗教到文化，可以说社会各个层面无不受到宗教因素的深刻影响。与剧烈的社会震荡相伴随，这一时期英国宗教政策的基本特点是中庸之道与极端主义并存，主要表现为：都铎时代以中庸之道作为宗教政策的主轴，其间偶有激进或极端的做法；斯图亚特早期专制统治和 17 世纪中叶内战与革命的年代，确定了极端主义的宗教政策基调，同时也发生着从极端到中庸的

　＊　本文系国家社会科学基金一般项目"16—17 世纪英国宗教政策研究"(16BSS032)和江苏省社会科学基金重点项目"英国现代化进程中的宗教文化研究"(12LSA002)阶段性成果。

变奏,总趋势则是从专制逐渐走向宽容。透过 16 世纪都铎宗教改革、17 世纪早期斯图亚特王朝专制统治、中后期的内战与革命以及王朝复辟等诸多历史事件,厘清英国宗教政策发展的阶段性及其特点,既有助于我们客观描述社会转型时期英国宗教现代化的发展轨迹,也有助于我们深刻理解现代英国政治文化的独特性。

一、16 世纪都铎宗教政策确立中庸之道的主轴

15 世纪末叶,都铎王朝诞生之际,英国正值硝烟弥漫的玫瑰战争偃旗息鼓之时。那是一场贵族间为争抢王冠而发生的封建内讧,它肇始于金雀花朝理查二世(1377—1399)被废黜、杀害,终止于约克朝理查三世(1483—1485)战死沙场,前后持续 30 年之久。随着兰开斯特家族旁支里奇蒙伯爵亨利·都铎入主伦敦,英国由贵族混战而导致的"无政府"状态也随之结束。不计"九日女王"简·格雷在内,都铎王朝共有五位国王或女王当政,前后延续长达 118 年。这个新政权合法性的基础,不再遵循中世纪的神意和血统原则,而是代之以武力(强权)和公意(经过议会)。所以亨利七世在他召集的第一届议会上就声称,其王位既来自上帝的恩宠,又来自合法的继承权,而他在博斯沃思原野战场上取得对约克家族的胜利,就是这种双重合法性的最佳表征。[1]

都铎王朝开国之君亨利七世赢得的英格兰,是一个长期为百年战争与封建内乱所困扰的王国。他以务实、求稳和谨小慎微的行事风格,通过联姻方式来消除两个王族间的敌对关系,强化都铎国家的政治统一;[2]在此基础上,他对外推动均势外交,积极谋求欧洲大国的外交承认。为了提升都铎英国的国际地位和维护英国人的海外利益,他还确立了重商主义的基本国

---

[1] S. B. Chrimes, *Henry Ⅶ*, London: Methuen, 1972, p.49.

[2] J. R. Green, *A Short History of the English People*, London: Macmillan, 1921, pp.290 - 292; A. F. Pollard, *Henry Ⅷ*, London: Longmans, Green & Co., 1919, pp.33-35; J. D. Mackie, *The Oxford History of England: The Earlier Tudors, 1485—1558*, London: Oxford University Press, 1962, p.23.

策。[①]除了中央集权的新君主制、殷实的府库和相对安定的周边环境外,他在身后为其子孙留下的最重要遗产,就是指明了一条通向和平发展的中庸之道。这也是他对英国历史的最大贡献。

作为第二代都铎君主,亨利八世具有文艺复兴时代个人主义和享乐主义的典型特征。他临朝长达 38 年,大致可分为三个阶段:前期(1509—1529)耽于声色游乐而殆于国事;中期(1529—1539)因离婚案与教皇生出芥蒂,却顺势推动都铎宗教改革;后期(1539—1547)推行模棱两可的宗教政策,但在客观上为其子女和臣民选择了温和而中庸的安立甘教信仰。16 世纪二三十年代,英格兰之所以发生宗教改革,一方面反映了这一时期英国的教俗权力之间和新旧教之间矛盾的激化,另一方面则凸显了文艺复兴以来英吉利民族主义与天主教教权主义的严重对立。亨利八世借助于一场自上而下的改革,取教皇而代之,成为英格兰教会的至尊领袖。但由于缺乏主观上的自觉,亨利八世推动改革的出发点,并不是因神学的目的而改造天主教,而是为了谋取个人私欲,这就决定了都铎宗教改革的世俗色彩与政治诉求远大于其神学意义。随着改革的进展,英王游走在个人利益与民族主义之间,主观为自己、客观为国家,顺应了民族国家的发展趋势。虽然早期都铎王权还带有浓厚的中世纪色彩,他们依然属于封建贵族阶级的代言人,但毫无疑问,此时他们已经成为新君主制的象征和新兴民族国家的化身。

所谓新君主制,就是君主专制或专制主义,又叫绝对主义。与中世纪的等级君主制相区别,新君主制是现代民族国家赖以建立的政治保障。所谓民族国家,就是以新君主制为政治基础、以民族主义为精神支柱的现代主权国家。[②]作为一种新型的政治共同体,现代民族国家是中世纪"基督教大世界"体系瓦解的产物,从而与传统意义上的王朝国家区分开来。由于都铎君主已成为整个王国向心力指向的核心,他们追逐以专制王权为表征的新君主制,就无法回避民族国家形成时期的世俗观念及其对基督教普世主义的冲击问题。虽然都铎王朝实行专制统治,这是事实;但都铎诸君在实施专制

---

① John M. Currin, "England's International Relations, 1485—1509", In Susan Doran & Glenn Richardson, eds., *Tudor England and its Neighbors*, Palgrave Macmillan, 2005, p.15.

② 姜守明:《英国民族国家形成过程中的宗教因素》,载《世界历史》2008 年第 3 期。

统治时,并没有跳出中世纪政治传统的框框,还是依循旧制,利用代议制机构——议会来为专制王权服务。他们在得到议会认可的前提下,用专制主义取代普世主义或无政府主义,既契合久乱思治的英吉利民族心理,也适应欧洲各地新君主国普遍发展的客观趋势。

都铎英格兰民族国家的根本特征,是它以专制主义和民族主义为依恃,实现了专制王权与国家和民族利益的紧密结合;都铎新君主制,属于独具英格兰特色的混合型政体,是日后英国君主立宪制的先导,并因适度性与进步性两个基本特征,成为一种所谓可以接受的专制政体。都铎新君主制的进步性,主要表现为它采取一切手段消除地方诸侯割据势力,促进国家的政治统一,并在反对外敌威胁的斗争中,坚定地维护英吉利民族利益;它的适度性主要体现为,历代都铎君主都通过议会进行统治,没像法国波旁王朝那样撇开三级会议,完全走向绝对君主制。即使是玛丽一世,精神上还停留在中世纪的都铎女王,也不得不给其极端统治披上一层合法外衣:她是在经过议会批准、获得所谓"全国公意"后,才名正言顺地废除了乃父乃兄的宗教改革法,进而正大光明地恢复天主教,使英格兰教会重新投入罗马教廷的怀抱。她还在镇压托玛斯·怀亚特爵士起义后,顺势把自己嫁给了神圣罗马帝国皇帝查理五世之子、天主教西班牙的菲力普二世,并煞有介事地宣称英、西王室间联姻的正当性。下列两个因素决定了玛丽在政治上的叛逆性和在宗教上的极端性:一是父母的离婚案对她的悲观情绪和叛逆行为产生了显著的负面影响;二是在她虔诚的天主教信仰和一半西班牙血统中包含着执拗、反叛和复仇的因子。但是,她怀抱不切实际的天主教理想主义,借力于西班牙人和罗马教皇,通过实施天主教复辟来报复亨利八世,这既不明智、于事无补,又导致她失去其作为一国之君的力量源泉。

反观都铎早期君主,他们在追求个人欲望时,奉行功利主义的新教哲学,坚持民族利益至上。亨利七世放弃金雀花朝以来形成的敌视法国传统,在实现英法两国和平共处的同时,[1]为英国的国家强盛赢得了和平发展的外部环境。亨利八世既可以是教皇认可的"信仰捍卫者",又可以是臣民们认

---

① John M. Currin,"England's International Relations,1485—1509",In Susan Doran & Glenn Richardson,eds.,*Tudor England and its Neighbors*,Palgrave Macmillan,2005,p.15.

同的国教会至尊领袖,唯一不变的则是其个人的贪欲和都铎国家利益。的确,除享乐主义和至尊王权外,似乎没有更重要的东西值得他去珍惜和坚持,甚至包括王后的选择、公主的合法身份、臣民的宗教信仰,还有为专制王权服务的宗教政策,一切都可以随着个人兴趣的转移和王权的意愿而发生变化。民族国家形成时期,君王婚姻的意义,显然已经不同于中世纪王朝国家时代。所以亨利八世的离异与续弦,不再仅仅是他个人或王室的私事,而是攸关民族国家利益的大事。亨利八世是否是一个自觉的民族主义者,虽然我们对此无法作出简单的判定,但是我们可以肯定的是,他的离婚案已经实实在在地与英格兰民族国家利益联系在一起了,而且他无意识中推动了都铎宗教改革,从而事实上使其扮演了英吉利民族代言人和都铎英国民族国家化身的角色。都铎宗教改革的最初动因来自亨利八世的私利或贪欲,这就决定了他不可能发生宗教信仰上的大逆转,同时也决定了 16 世纪英国宗教政策总体上呈现出世俗性、温和性的基本特色。具体来说,他既没有完全抛弃他本人和他的臣民所熟悉并虔诚信仰的天主教,也没有全部接受来自大陆的路德教或加尔文教,而是徘徊在激进的大陆新教与保守的罗马旧教之间,以一种折中的态度,接受了混合着新君主制因素的安立甘教。

第三代都铎首先继承王位的是爱德华六世,其异母姐姐玛丽一世紧随其后,他们统治的时间都不长,前后加起来只有十来年。亨利八世在临终前为爱德华指定了一个摄政会,但萨默塞特和诺森伯兰两公爵辅佐爱德华六世后,将早期都铎君主稳健的传统,尤其中庸、温和的宗教政策抛在一边。由于冒进或极端的宗教政策大行其道,推行触及教义与礼仪等实质内容的神学改革,把 16 世纪 30 年代后期几乎停滞的宗教改革引向发展快车道,使英国迅速转变成为欧洲第一个新教国家。这种激进的宗教政策还没来得及巩固,"血腥者"玛丽上台后,几乎全部推翻了亨利八世以来都铎宗教改革的一切成果,致使国人信仰又重新退回到天主教统治的时代。当然,玛丽时期的天主教复辟只是一种暂时现象,它并不能改变她的臣民对外国人的仇视和对新教信仰的执着。伊丽莎白女王继位后,竭力避免其异母长姊、长兄的极端宗教政策,重拾中庸之道,重建英格兰教会赖以存在的两大支柱《至尊法》和《信仰划一法》,试图打破国际天主教势力的围剿。正因为这样,那些为躲避玛丽宗教迫害而流亡海外的激进新教徒回国后,强烈反对伊丽莎白一世的"宗教和解"政策,他们要求女王把天主教残余从英国国教(新教安立甘宗)中清除出去,由此形成了清教反对派。但是,清教徒要想改变女王的意志,让女王放弃谨慎、稳健的中庸传统,走向宗教极端主义,这只能是无果而终。

二、17 世纪初斯图亚特宗教政策从中庸到极端的转型

伊丽莎白在宗教上的模糊,一如她在婚姻上的暧昧,都促使在英国 16 世纪 70 年代以后逐渐摆脱了内外压力。尤其是 1588 年打败西班牙"无敌舰队"后,伊丽莎白统治下的都铎英国已经站稳了脚跟,并具备和赢得了参与欧洲列强竞争的能力。1603 年 3 月 24 日,她带着"光荣女王"的辉煌,没有留下任何子嗣,孑然一身地走了。从此,英国开始了斯图亚特王朝的统治。

斯图亚特王朝来自苏格兰,詹姆斯是以伊丽莎白姑姑玛格丽特(1489—1541)孙子的资格统治英国的,称为英格兰的詹姆斯一世。在历史上,苏格兰和英格兰本是一对宿敌,詹姆斯之所以能登上英格兰王位,主要是因为封建继承制或血统原则作用的结果。他不仅拥有部分都铎血统,也获得了他表姑伊丽莎白女王遗嘱的确认。此外,詹姆斯还有一个重要筹码,就是他幼年时接受的加尔文教的熏陶,这使他与英国人保持着新教信仰上的外在相似性。当然,詹姆斯对加尔文派教会并无好感,他在政治上又抱残守缺,常常把"君权神授"论挂在嘴边,不仅要向人们证明其作为英格兰和苏格兰两国共主的合法性,还想借此制造舆论,维护专制统治的正当性。每当英国议会开幕时,他都要重复这样的话:"君主为可见之上帝,上帝为不可见之君主。"[①]对此,法国启蒙思想家伏尔泰评论道:"当他被承认为国王以后,他就认为他的君权是神授的。凭这个理由,他以'神圣的国王陛下'自居。"[②]詹姆斯之所以如此这般,主要是想通过神化王权来强化自己的权力,这样他就在他与其臣民之间划出了一条不可逾越的鸿沟。他甚至还像都铎女王玛丽一样停留在过去,幻想把不合时宜的专制主义当作治国理政的法宝,这非但不

---

① Margaret A. Judson, *The Crisis of the Constitution: an Essay in Constitutional and Political Thought in England*, 1630—1645, New Brownnsvic, 1949, p.179, 引自阎照祥:《英国政治思想史》,北京:人民出版社 2010 年,第 57 页。

② [法]伏尔泰:《风俗论》下册,谢戊申等译,北京:商务印书馆 1997 年,第 334 页。

能紧随时代向前的脚步,而且在统治英国的 22 年间,可谓是处处碰壁,根本无法开启英国人所企盼的新时代。只不过詹姆斯还算不上是一个顽固的、迂腐至极的统治者,不论对天主教还是对清教,他都没走极端。当他面对议会的不满和抗议时,他能适时作出某种退让。这种善于妥协的处事风格表明,他在一定程度上承袭了前朝中庸稳健的宗教政策,或者说他不自觉地扮演了都铎政治文化传承者的角色。

詹姆斯从伊丽莎白手中接过的英格兰,不仅是一个日渐强大起来的民族国家,也是一个宗教矛盾错综复杂的新教国度。在人文主义思想的启发下,16—17 世纪的英国已经开始了反对专制统治、争取自由权利的思想启蒙。特别是经过都铎宗教改革,英格兰教会已挣脱基督教世界体系的中世纪羁绊,形成了一个以英格兰王权为支柱、自成一体的安立甘教会。不过由于 16 世纪英格兰宗教改革的政治色彩大于神学意义,这个教会始终都没能、也无意于摆脱它的世俗依附性,它与长老制的加尔文派教会不同,也与组织形式宽松的路德派教会有差别,是一种直接隶属于英格兰世俗国家的民族教会,因而其本身就是作为都铎王朝强化新君主制的工具而存在的教会组织。詹姆斯步都铎君主之后尘,利用其承袭的英格兰教会至尊领袖的地位,让英国国教服务于其专制统治的需要。但他又处心积虑,掩盖其憎恨清教、同情天主教和利用英国国教的宗教立场,以便让国人对他的宗教信仰和宗教政策始终充满期待。1604 年 1 月,他在泰晤士河畔汉普顿宫召集御前会议,作出一种想调和国教会与清教徒矛盾的中立姿态。[①] 可是,他又打着维持宗教现状的旗号,偏袒国教会、维护主教制,而决不容许清教领袖讨论那些涉及国教权威的问题,其宗教立场和政治目的由此暴露无遗。激进派清教徒在失望之余便采取行动,组建了脱离国教会的独立教会;大多温和派清教徒还掀起了一场道德运动,中心内容是严守安息日,专注于改造人的灵魂,以期把人们引向一种崇高的精神生活,进而达到净化教会和纯净社会的目的。1618 年,詹姆斯发布《娱乐声明》(*Declaration of Sports*),反对清教徒在部分地区强制取消公众在星期日礼拜后娱乐的权利。只是由于坎特伯雷大主教艾博特(George Abbot)的反对,该声明才未得到切实执行。可

---

① Barry Coward, *The Stuart Age*: *A History of England*, *1603—1714*, London: Longman, 1980, p.112.

见在推行专制主义上,詹姆斯是理论上的巨人、行动上的矮子,这与他沿袭的温和政策不无关系。

在16—17世纪的欧洲,国际关系多与宗教问题纠缠在一起,因而天主教国家和新教国家形同水火,经常发生武力冲突。詹姆斯在处理对外关系时,往往掺杂着宗教因素的考虑,常常推行一种自相矛盾的政策。其一,他一上台就突破宗教界限,急于同信奉天主教的西班牙媾和,结束了近20年的英西战争。其二,1612年,他把伊丽莎白公主许配给新教的巴拉丁选侯腓特烈五世;从1614年起,他又谋求英西王室联姻。其三,三十年战争(1618—1648)爆发后,他为了维持与西班牙的友好关系,没有及时向他的新教徒女婿腓特烈五世提供帮助。甚至他还公然宣称自己是个和平主义者,并发誓要做天主教联盟和新教联盟的居中调停人。其实,詹姆斯的真正用意是借力于西班牙人,以牵制国内迅速发展的清教势力。在他看来,难以驾驭的国内清教徒才是其推行偏袒国教会政策和维持专制统治的最大障碍。

1625年詹姆斯去世后,承袭王位的查理一世既不识时务,又莽撞蛮干。早两年前还是王子时,查理曾与白金汉公爵一起乔装前往马德里,谋求与西班牙的天主教公主玛丽亚·安娜联姻,结果遭到了羞辱。随后不久,他就迎娶了另一个天主教徒,法王路易十三的妹妹玛丽亚·亨利埃塔。查理一世继位后,在宗教上抛弃了詹姆斯的一些伪饰,直接倒向了天主教;并在对外关系上表现出疏远新教国家、接近天主教国家的偏好。他不顾国人的反天主教情绪,走极端主义,与海峡对岸的英国宿敌法国结盟,尽管他对议会保证他不会取消对国内不从国教者的限制,但同时他又与路易十三签订密约,许诺将在本王国中止反天主教法的实施,还承诺将尽力帮助路易对付法国的新教徒胡格诺派。查理在处理与欧洲国家间关系时改变立场,即从追随詹姆斯的亲西政策转向与天主教法国结盟,其原因在于,他幻想利用一个没有任何基础的英法联盟来对付强势的西班牙和神圣罗马帝国,从而完全改变了原来他在三十年战争和法国的宗教战争中所持的新教立场,与英国人对他的期待相去甚远。他们希望查理王能站在新教一边去打击天主教,他却采取外交上的大转向,于1629年和1630年同法国和西班牙相继休战。他不仅没有向在三十年战争中支持新教联盟的瑞典国王古斯塔夫·阿道夫提供帮助,没有出兵去反抗哈布斯堡王朝对新教荷兰的入侵,反而允许西班牙人借道英国转运金银到尼德兰,以维持当地的一支准备围剿荷兰人的天主教军队。如此一来，不论是清教徒还是国教徒，都无法真正弄清查理的宗教信仰究竟是什么，加之玛丽亚王后来自天主教的法国，他们又都非常害怕国王把英国重新推入罗马教廷的怀抱。这样，查理在宗教和外交上均已失去了国人的信任。[①]

由于受制于国内事务，尤其是宗教问题，查理一世在处理对外关系时明显感到力不从心。为了加强专制主义，他有意接近阿米尼乌斯派，过于宽容天主教徒，大肆迫害清教徒，其目的只有一个，就是要强化国教会作为其推行专制统治工具的主导地位。荷兰新教神学家雅克布斯·阿米尼乌斯反对正统的加尔文主义，其神学见解奠定了阿米尼乌斯教派教义的基础。在英国，阿米尼乌斯教派是指那些信奉阿米尼乌斯神学思想的国教徒。不过在清教徒看来，该派的教义和仪式阉割了新教基础，颠覆了宗教改革成果，查理与之接近，其实是为英国教会回归天主教铺平道路。[②] 因此，查理的宗教政策遭到了来自清教徒占优势的下院的强烈反对。1629 年 3 月 2 日，他意欲强行解散拂逆其意志的议会，下院仍以半强制方式通过了几个尚未走完全部程序的议案，并声称任何企图改变国家的宗教信仰、征收或建议征收或帮助征收未经议会批准的纳税金额者，都是对英格兰自由传统的背离。这些决议的重要意义在于，不仅挑战了专制王权，而且把那些宗教上和政治上的不满分子全部联合了起来。

为确保英国国教会的统一性，查理不顾下院的反对，执意任命有争议的理查德·蒙塔古博士出任切斯特主教，以及毫无约束地任用劳德大主教和斯特拉福伯爵。劳德大主教想通过重新确定礼拜规程和统一教士服饰，推销其所谓的"宗教革新"，把英国教会逐步引向罗马天主教。这种带有强烈天主教倾向的宗教政策，让那些原来对查理抱幻想的国教徒大失所望，以至于许多人被迫脱离国教会，转投了清教阵营。面对日渐高涨的议会反对声浪，固执的查理就是不愿作任何让步，反而我行我素，正如他所自己宣称的那样："国王对英格兰教会拥有绝对的主权，任何与国王对外政策相悖的教令、教规，都需要由神职人员在集会上以妥善的方式进行处理，并且要由政

---

　　① 　John Coffey, *Persecution and Toleration in Protestant England*, 1558—1689, London: Longman, 2000, p.121.

　　② 　*Ibid*. p.125.

府加盖国玺。政府仅批准那些与法律和传统相一致的教条。"①议会与国王的矛盾越来越深,查理开启了独裁统治的"十一年暴政期"。著名史学家弗思评论道:"伊丽莎白的政策导致了一个教会反对派的产生,詹姆斯则引起了一个宪政反对派,而在查理的统治下,两者联合了起来,从这种联合之中终于产生了内战。"②

三、17 世纪中期宗教政策由极端到中庸的变奏

都铎统治后期,英国议会试图染指宗教事务,这本来是英王的专属特权,因而受到伊丽莎白一世的严格限制。在宗教问题上,议会不得不顺服女王的意志。詹姆斯一世时期,议会将宗教事务纳入立法权管辖范畴的种种努力均未成功。后来在查理一世专制时期,劳德大主教走极端路线,推行所谓的宗教革新政策,以国教教义和礼仪来强行统一人们的信仰,这不仅侵犯了英格兰人"自古以来"就享有的自由与权利,导致议会的强烈反弹,还引起了北方苏格兰人暴动。如果说"詹姆斯一世培养了一个自由而又宽容的国教会,那么,查理一世时期的国教会是严厉而充满血腥的,最终将自己卷入了一场巨大的灾难"③,整个英伦都卷入了他所挑起的革命。

17 世纪的英国革命,既是一场宗教热情与政治主张紧密结合的清教革命,也是一场以争夺国家最高权力为主要目标的政治革命。④ 虽然革命中阶级阵线模糊不清,但从宗教信仰上看,凡国教会支持者都站到了查理及王党一边,天主教徒也是王权的坚定拥护者。相应地,一切不顺从国教的清教徒都站到了议会反对派一边。长期议会召开后,第一个重要行动就是释放查理独裁期间被劳德以诽谤政府、诽谤大主教的罪名监禁的评论家威廉·普林、医生约翰·巴斯特威克、神学家亨利·伯顿等著名的清教徒。第一次内战爆发后,长老派利用其在议会中的主导地位,一度强推极端主义的清教政

---

① Gerald Lewis Bray, ed., *Documents of the English Reformation*, *1526—1701*, Cambridge: James Clarke & Co. Ltd., 1994, p.481.

② [英]查尔斯·弗思:《克伦威尔传》,王觉非、左宜译,北京:商务印书馆 2002 年,第 18 页。

③ John Coffey, *Persecution and Toleration in Protestant England*, *1558—1689*, London, 2000, p.125.

④ 参见姜守明:《17 世纪英国革命的双重属性问题》,载《英国研究》第 6 辑(2014 年)。

策。在长老派的操纵下,议会还取缔了一直占支配地位的国教会,代之以长老会,并从人员、礼仪和制度三个方面来巩固自身的地位:

第一,清理议会中的国教会主教。议会打着圣经真理的旗号,借助人民被激发起来的革命情绪,以叛逆罪之名启动程序,弹劾劳德大主教。1641 年 3 月下院提出议案,要求把教会人士清除出治安委员会,并取消主教议会选举权。7 月,议会又取消了臭名昭著的宗教法庭,剥夺教士介入立法和司法之权。① 根据 1642 年 2 月通过的《主教排除法》,主教全部被驱逐出了长期教会。

第二,清除不纯洁的国教礼仪。1641 年 1 月,议会下令销毁、拆除和彻底搬走教堂及附属小教堂摆放的祭坛和各种偶像,或安置在祭台旁的圣餐桌、十字架,以及迷信的图画、纪念像及偶像崇拜物。同年 9 月,各教区教堂所有安放在东端的圣餐桌悉数被移到了方便信徒的位置,蜡烛、烛台和圣水盆从圣餐桌上被一一取走。议会严禁做礼拜前后跳舞或其他娱乐活动,并要求人们严守安息日制度,这些举措大大净化了国教礼仪。1643 年 7 月,威斯敏斯特会议批准与苏格兰长老会订立的《神圣同盟与誓约》,宣布取消主教制度、高级教士特权和英国国教的一切仪式。1645 年 1 月议会取消了 16 世纪都铎宗教改革的重要成果《公祷书》,以确认清教仪式的合法性。这样,许多采用《礼拜规程书》(Directory for Public Worship)的教堂,其圣事活动不再依循《公祷书》的规程内容。至此,英国国教名存实亡。

第三,废除国教会的主教制度。针对主教、天主教徒、王党、廷臣和顾问在国王与议会冲突中所起的消极作用,议会于 1641 年通过的《大抗议书》② 中提出了包括废除主教制、改革礼拜仪式、建立长老会制等激进的宗教主张。1646 年又批准在苏格兰、英格兰与爱尔兰组建统一的长老派教会,并禁止其他教派举行活动。1648 年 6 月再批准加尔文神学色彩浓厚的《威斯敏斯特信纲》。如此一来,清教长老会在英国的地位得到了暂时巩固。

自第一次内战爆发以来,清教长老派和独立派既是宗教上的竞争者,又

---

①　John Coffey, *Persecution and Toleration in Protestant England*, 1558—1689, p.141.

②　S. R. Gardiner, *The First Two Stuarts and the Puritan Revolution*, 1603—1660, New York: Charles Scribner's Sons, 1898, p.126.

是政治上的对手。长老派的源头主要是苏格兰长老会,1645 年长期议会通过一系列决议,要求按照长老会制度改组英格兰教会,但此举并未完全消除英格兰和苏格兰的长老派间的分歧。"在苏格兰,教会不从属于任何别的东西,而在英国它要从属于议会。"清教独立派的信仰不是来自苏格兰,而是从逃亡到荷兰的清教徒和新英格兰的殖民者那里吸取来的。① 长老派的清教政策,不但排斥了其他清教派别,也打压了罗马天主教和英国国教,结果招致了各阶层的普遍不满。随着苏格兰长老会倒向查理一世,英国议会中的长老派便幻想通过与国王、与苏格兰人的妥协来保住自己在革命中的既得利益,故下令解散由独立派控制的军队。1646—1648 年,军队与议会的裂痕不断扩大,长老派与苏格兰人及王党残余势力实现联合,随之英国再次陷入了武力相向的困局。

第二次内战爆发后,几乎所有参加第一次内战的王党分子都没有发誓反对议会,许多为保卫国王而参与第一次内战的王党分子则拒绝卷入新的冲突。于是,独立派和克伦威尔的铁骑军不得不单独面对几乎一切的反对势力,包括国王和议会上下两院、地主和商人、伦敦城区和乡村、主教和长老派,以及苏格兰军队、威尔士人与英格兰舰队。这是两次内战间的最大差异。1648 年 8 月 17—19 日,在兰开郡里布尔河谷地带普雷斯顿附近沃尔顿勒戴尔的决定性战斗中,克伦威尔指挥的议会军大获全胜,汉密尔顿公爵统帅的英格兰王党和苏格兰联军被迫投降,第二次内战基本结束。

军队反对长老会制的态度如同反对主教制一样坚决。既然已打败了王党,又赶走了苏格兰人,独立派就横下心来要撇开专断的长老派。1648 年12 月初,当议会拒绝接受 11 月 18 日由军官委员会通过、由亨利·艾尔顿(1611—1651)少将拟定的《军人抗议书》时,军队强行开进首都伦敦,并将司令部设在白厅宫内的国王官邸,以阻止议会同查理的往来。该抗议书提出几点要求:一是议会须中止与查理的谈判,二是进行重新选举,三是最高权力归下院,四是严惩国王。随即发生的"普莱德清洗"事件②,结束了长老派操控议会的局面,军政大权全部落入独立派手中。克伦威尔在各派强大的

---

① 弗思,前揭书,第 124、125 页。

② 1648 年 12 月 6—7 日,普莱德(Thomas Pride)上校奉军队委员会之命,率军占领威斯敏斯特宫,把 140 名长老派议员逐出议会,是为"普莱德清洗"事件。

压力下,将查理推上了断头台;1649 年 5 月 19 日,残余议会宣布英吉利共和
国建立,清教革命达到高潮。

　　从查理一世被处死,到斯图亚特王朝复辟,形成了英国史上罕见的"王
权空位期"。这前后 11 年,恰好与查理的"暴政期"一样长,也是英国宪政史
上的实验期。① 克伦威尔摄政后,确定了以宽容为特色的宗教政策,主要内
容如下:其一,恢复各教派信仰自由。根据 1653 年底出台、具有成文宪法意
义的《政府约法》规定,英国国教会和罗马天主教均为非法,要求依照清教标
准建立加尔文派教会,以此作为克伦威尔军事独裁的精神支柱。其二,设立
裁定委员会和驱逐委员会。依法规范教士的管理,提高神职人员的传教水
平,保障那些能够胜任和适合传播福音的教士生活。其三,非正式重新接纳
犹太教徒。犹太人获得宗教信仰的合法性,并被允许在不列颠地区定居和
在私人屋内集会、从事宗教活动。这是护国摄政时期宗教宽容政策的一大
亮点。其四,没有严格禁止使用公祷书。从长老派占统治地位时起,公祷书
即遭禁用;独立派掌权后,人们仍然无法正常使用公祷书。不过由于宽容政
策的推行,护国摄政时期的公祷书禁令并没有得到切实执行,这是克伦威尔
与议会妥协的结果。

　　综观 16—17 世纪的英国,都铎王朝和斯图亚特王朝从维护专制统治的
需要出发,推行不尽相同的宗教政策。除玛丽女王走向极端、复辟天主教
外,都铎君主顺应民族国家形成大势,推动渐进、温和的新教改革,并在废除
教皇权和确立至尊王权的条件下,建构和强固了以新君主制为核心的都铎
国家。斯图亚特早期君主推行极端的宗教政策,虽然强化了专制主义,却拂
逆了英格兰人享有自由与权利的意愿,导致了剧烈的社会震荡。革命时期,
英国的宗教政策时而激进、时而温和;克伦威尔护国体制下的宗教宽容,为
王朝复辟时期和光荣革命后实行"信仰自由"政策提供了先例和经验。当
然,英国的宗教宽容是有限度的,17 世纪 40—80 年代仍有 2 000 名主教派
教牧人员被免职,平等派和掘地派也遭到了无情镇压。王朝复辟后,宗教矛
盾依旧突出,教派林立的局面没有得到根本改观,英国除了国教徒外,还有
许多不从国教的各派清教徒,如长老派、独立派、平等派、第五王国派,以及

　　①　John Morrill, ed., *The Oxford Illustrated History of Tudor and Stuart Britain*, Oxford: Oxford University Press, 1984, p.54.

自宗教改革以来从未消失的天主教徒。在这种复杂形势下,各教派纷纷要求更多的信仰自由,甚至还伴随着思想自由、言论自由与集会自由的呼声。1661年5月召开的骑士议会,通过撤销1642年的《主教排除法》,恢复了国教会主教的在俗职位,包括他们在上院的席位。1661—1665年,骑士议会还连续通过了合称为《克拉伦敦法典》的系列法案,意在削弱独立派和长老派的势力,重建英国国教因革命而丧失的主导权。后来,查理二世和他的后继者詹姆士二世走得更远,他们通过发布"信仰自由"法令,给那些新教不从国教者和天主教徒留下了生存空间,虽然其主要目的是在英国恢复天主教,但是客观上却为光荣革命后威廉三世实施《宽容法案》奠定了基础。总之,16—17世纪英国的社会转型由复杂的宗教变迁相伴随,相应地,这一时期的宗教政策主要体现了从温和到激进、再到宽容,或从中庸走向极端、再走向温和的鲜明特点,这一清晰的发展路径不仅直接决定了都铎与斯图亚特两朝专制统治的不同命运,深刻地影响了英国渐进变革政治文化传统的形成,而且为我们准确评价克伦威尔护国摄政和王朝复辟的得失,客观判定17世纪英国革命的性质,进而正确寻求现代英国宗教宽容的历史轨迹,提供了重要依据。

原载《南京师大学报》(社会科学版)2017年第5期

从拉菲努斯到热尔松

——近代西方权利理论的发端

刘　林

摘　要:对中世纪语境下西方权利理论的研究表明,权利理论不仅是适应近代社会转型的产物,还有着深厚的历史基础和理论传统,可以说,它是在融合既有理论基础上的一种创造。在这一过程中,中世纪的权利理论家们——拉菲努斯、雨果、奥卡姆以及热尔松等发挥了承前启后的重要作用,他们实现了权利理论与古典哲学以及中世纪神学之间的连接与融合,为权利理论的萌芽和发展提供了必要的理论支撑,也为近代世纪权利理论的成功确立奠定了基础。

关键词:理论创新;中世纪;权利;自然法;神学

近年来,西方学术界对权利理论的研究愈益深入,经典的 17 世纪起源说遭到越来越多的质疑和挑战,对中世纪史料的再挖掘促使学者们重新展开对早期权利史的探讨。最先作出尝试的是 20 世纪 60 年代的法国学者维利(Michel Villey),他将近代权利的起源推至 14 世纪,认为威廉·奥卡姆(William Ockham)首先创造了自然权利的概念。维利的研究吸引了很多学者的注意,可以说开启了权利史研究的一个新方向。在维利之后,理查德·塔克(Richard Tuck)、布莱恩·蒂尔尼(Brain Tierney)、安娜贝尔·布莱特(Annabel S. Brett)等人继续了这一方向的探讨。[①] 这些学者们的研究基本

---

① *Philosophie du droit 1*, *Definitions et fins du droit*, 3ʳᵈ ed, Paris, 1982;Richard Tuck, Natural Rights Theories, *Their Origin and Development*, Cambridge, 1979;Brian Tierney, *The Idea of Natural Rights*, *Natural Law and Church Law*,(转下页)

上重新定位了权利理论的起源,尽管在具体细节上存在争议,但将中世纪作为权利起源和发展的重要阶段的认识已得到普遍认可。这一权利理论研究范式的转变也引起国内学者们的注意,目前代表性学者有侯建新、方新军、李中原以及周濂等,②他们对早期权利概念的内涵、社会条件、理论的发展演变及其哲学基础等方面进行了较为详细的梳理和讨论,深化了国内学界对这一问题的认识。

在借鉴上述研究成果的基础上,笔者对早期权利理论的发展演变进行了梳理与阐释,但是角度和侧重点有所不同,在权利理论"如何发展"这个问题上尝试了不同的解答路径。目前研究主要应用语义学的方法、以 ius 的词义转变作为切入点来论述从客观的法到主体性的权利的演进和变动,这成为早期权利史的一条基本脉络。但是,进一步思考权利理论的产生过程,笔者认为还有另一条线索值得注意,即在中世纪的语境下,新生的权利理论是如何处理与旧有的古典哲学以及基督教神学的关系的? 这涉及权利理论的生存和发展,也成为 ius 语义转变得以实现的基本前提。对这个问题的回答也涉及对更深层次的理论创新问题的再认识,理论创新不仅具有现实维度,而且也具有历史维度,相应的,如何处理新、旧理论之间的关系成为理论创新能否实现的核心问题之一。而将这种问题意识带入我国当前的现代化理论建设中,就要求我们不得不重新思考现代化与自身传统文化的关系,以及如何建立独特的现代化理论体系等问题。

一、教会法学家与"许可性自然法"的提出

黑格尔曾谈道:"我们的哲学,只有在本质上与此前的哲学有了联系,才

（接上页）*1150—1625*，Emory University, 1997；Annabel S. Brett：*Liberty，Rights and Nature：The Language of Individual Rights in Later Scholastic Thought*，Cambridge University Press，1997.

②　侯建新：《"主体权利"文本解读及其对西欧史研究的意义》,载《史学理论研究》2006年第1期;方新军：《权利概念的历史》,载《法学研究》2007年第4期;李中原：《ius 和 right 的词义变迁——谈两大法系权利概念的历史演进》,载《中外法学》2008年第4期;周濂：《后形而上学视域下的西方权利理论》,载《中国社会科学》2012年第6期。

能够有其存在,而且必然地从此前的哲学产生出来的。"①西方权利理论的历史很好地诠释了这一点,它萌芽于中世纪学者们对传统的自然法的再探讨中,并且在不断的与自然法的关系的界定中凸显出自身的本质。

自然法是一个古老的概念,源自古希腊,其古希腊语名称是 dikaion ohysikon。从苏格拉底到柏拉图、亚里士多德,再到后希腊时期的斯多葛学派,以自然正义、自然理性为核心的自然法理论基本成型。古罗马延续了这一理论传统,自然法有了其专门的拉丁语称谓 ius naturale,并且西塞罗也对自然法进行了更为全面和深刻的总结:"事实上有一种真正的法律——正确的理性——与自然相适应,它适用于所有的人并且是不变而永恒的。通过它的命令,这一法律号召人们履行自己的义务;通过它的禁令,它使人们不去做不正当的事情,用人类的立法来抵消这一法律的做法在道义上是不能允许的。而要想完全消灭它则是不可能的……有的将是一种法律,永恒不变的法律,任何时期任何民族都必须遵守的法律。"②

可见,在传统的对自然法的理解中,它是一种特殊的客观规则或客观法。它的特殊性在于其与"自然理性"相通,以及"适用于所有的人并且是不变而永恒的",也就是具有形而上的至高性。它强调义务,要求人做或不做某个事情,遵循或服从成为自然法的主要特征。与权利理论相比较,传统自然法理论中缺乏主体性的内容,它并不包含人的任何可以进行自由选择的能力,而只要求人被动地服从这种外在于人的客观规则。这种传统解释在中世纪得到延续,以托马斯·阿奎那为代表的主流思想家们在定义 ius naturale 一词的含义时,依然强调其作为道德或法律训诫的客观意义。③　只是在以神学为基础的理论框架内,自然法被纳入神法(Divine law)的范畴中,上帝取代自然理性成为自然法的根本来源。

对自然法含义的理解在 12 世纪教会法学家笔下发生了改变,美国中世纪史学家蒂尔尼认为,最初的权利理论就萌芽于这一再解释过程中。12 世

---

①　[德]黑格尔:《哲学史演讲录》第 1 卷,贺麟、王太庆译,北京:商务印书馆 1959 年,第 9 页。

②　[古罗马]西塞罗:《论共和国》,第 3 卷第 22 章,引自夏勇:《人权概念起源》,北京:中国政法大学出版社 1992 年,第 92 页。

③　《阿奎那政治著作选》,马清槐译,北京:商务印书馆 1963 年,第 107 页。

纪教会法学家群体的形成与教会法的复兴密切相关,而这种变化又基于同时期欧洲社会的两个宏观背景:一是哈斯金斯所描述的 12 世纪欧洲的文艺复兴,它带来了整个欧洲智识的复苏以及理论创造的开始,罗马法研究出现热潮并带动了教会法的发展与复兴;[①]二是伯尔曼所谈到的 11 世纪中叶开始的"教皇革命"(Papal Revolution),出于建立教皇政府以及教权体系的需要,教会法汇编成为一项非常兴盛的活动。[②] 在这样的背景下,1140 年教会法学家格拉提安(Gratian)完成了其影响深远的巨著《教会法汇要》(Decretum)(以下简称《汇要》),该书一经问世便成为教会法的权威,也是大学中法律学习和研究的课本。甚至围绕它产生了一个学派,被称为"教会法汇要学派"(Decretists),致力于对《汇要》进行注释和解读。[③] 在解读工作中,教会法学者们发现了《汇要》的矛盾之处并试图对其进行解释,而他们的努力不仅解决了现存问题,也带来了权利理论的创新。

教会法学家们发现《汇要》中最重要的一个矛盾点集中在自然法(ius naturale)这个概念上。格拉提安的《汇要》将自然法作为论述的基础,他在开篇即谈道:"人类受两种法律统治,即自然法和习俗。自然法包含在旧约和新约之中,它要求己所不欲,勿施于人。"在接下来的解释中,他接受了塞维利亚的伊西多尔(Isidore of Seville)对自然法的传统定义,即自然法是所有人都要遵守的法律,它源于自然本性而并非由人所制定,例如:男女结合、养育后代、财产共有、欠债还钱以及以力抗力等。[④] 可见,格拉提安依然是从客观规则的意义上来理解自然法,并将它看作其他法律的基础,但是他随后所探讨的具体法律规则并不完全符合这个基础性原则,也就是说,他对自然法的界定中隐含着与制定法相冲突的地方,其中最重要的就是"财产共有"问题。现实中实行的是私有财产制,并且格拉提安自己也毫不否认私有制的合法性,甚至认为一个主教也可以拥有自己的私产。而这明显与自然法

① C. H. Haskins, *The Renaissance of the Twelfth Century*, Harvard University Press, 1928, p.217.

② H. J. Berman, *Law and Revolution: The Formation of the Western Legal Tradition*, Harvard University Press, 1983, p.19.

③ David S. Clark, "The Medieval Origins of Modern Legal Education: Between Church and State", *The American Journal of Comparative Law*, Vol. 35, (No. 4, 1987), p.676.

④ Brain Tierney, *The Idea of Natural Rights*, pp.58-59.

相矛盾。我们并不清楚格拉提安自己是否意识到这一问题,毕竟他并没有进行任何解释。但蒂尔尼认为这种矛盾的存在隐含了自然法内涵转变的可能性。[①]

不论如何,自然法与制定法以及社会现状之间的冲突被留给了之后的教会法学家们。总体来讲,他们的解决路径主要建立在对自然法的再解释上,通过区分其主、客观含义来实现自然法与制定法之间的协调。在这一过程中,一种新的"许可性自然法"的概念逐渐形成,它可以被看作西方权利理论的第一个萌芽。

第一个作出尝试的教会法学家是拉菲努斯(Rufinus)。他认为自然法包含三层意义:命令(commands)、禁止(prohibitions)和指示(demonstrations),其中"命令"与"禁止"都是自然法的传统概念,指的是具有约束性的客观的法,而"指示"却有了另外的含义,它是对主体依照本性自由行动的"许可"(permissions),而非命令。[②] "指示"或"许可"的含义不同于之前的"命令"和"禁止",它更多地考虑到人的需求,因而留给制定法很大的空间,使得制定法能够与自然法和谐共处。同样,在财产制度问题上,正因为自然法所具有的"许可"含义,私有制得以与公有制共存于自然法的框架下。可以看出,拉菲努斯对自然法作出区分的出发点是为了调和《教会法汇要》中的冲突,即解决自然法和制定法之间的矛盾,但是,这种区分事实上构成权利理论产生和发展中非常关键的一步。自然法的"裂变"体现出从客观的法(objective)向主体性(subjective)的权利的转变过程,而其所产生的"许可性自然法"可以被看作主体权利的萌芽。这种转变在语义上也体现出来,ius 逐渐从"法"的概念过渡为"权利"的概念。

雨果(Huguccio)是教会法学家中的集大成者,"许可性自然法"的概念在他这里得到进一步发展。雨果也是沿着拉菲努斯的路径来解决《汇要》中的矛盾,他认为自然法的多重含义中包含一种"许可"的意义,因而,"依据自然法一些东西是共有的,一些也可以是私有的,所以私有制就成为一种可

---

①　Brain Tierney, *The Idea of Natural Rights*, p.60.

②　Brian Tierney, "Permissive Natural Law and Property: Gratian to Kant", *Journal of the History of Ideas*, Vol. 62, No. 3 (Jul., 2001), p.384.

能"①。但更重要的是,"许可性的自然法"的概念在雨果这里得到进一步的强化,他甚至认为主体依其选择而自由行动的权利是自然法的首要含义,蒂尔尼也指出这一点,他认为:对雨果来讲,ius naturale 在最根本的意义上总是被归于一种个人的属性,即与人的理性相联系的内在力量。② 可以看出,主体权利的观念在雨果这里已经得到更为清晰的表达。

上述"许可性自然法"的提出不仅反映出从客观法向主体权利的转变,也就是权利理论的萌芽过程,而且对我们理解自然法与权利理论之间的关系也有非常大的启示。传统认识中主要存在两种情况:以维利、麦金太尔以及列奥·斯特劳斯为代表的一方否定了二者之间的联系,而以霍布斯、约翰·菲尼斯为代表的另一方则强调二者之间的因果联系。但是,蒂尔尼从教会法学家们的理论实践出发提供了第三种解答,他认为"许可性自然法"的提出是一个重大的理论突破,它调和了自然法与自然权利之间所存在的实质性矛盾,证明二者之间是"彼此相容、相辅相成的"。③ 他谈道:"对'许可性自然法'的思考为我们理解自然法与自然权利的关系提供了一种思路。与其说两个概念互为因果,不如说它们共同根植于人类的本性之中——自然权利根植于自由选择的本性中,它要求为人类的自主性留下一定空间,而自然法根植于阿奎那所定义的人类的内在'倾向'(inclinations)之上。许可性自然法并没有明确地给予人以权利,而是为人的自由选择的内在能力的施展提供了一个空间。反观'约束型自然法',它为自由设定规则以防止它堕落成一种摧毁人类社会的凭证。正如洛克所说,法律的目的'不是取消或限制自由,而是保存和增强自由',因为法律'使我们避免陷入泥潭与深渊之中'。"④

总体来看,主体权利观念诞生于自然法理论的框架下,它本身也是对自然法的一种补充和发展。这进一步说明,权利理论扎根于西方深厚的历史文化和理论思想传统之中,是在融合了既往理论传统之上的一种发展与创

---

① Brain Tierney,"Natural Law and Natural Rights: Old Problems and Recent Approaches ", *The Review of Politics*, Vol. 64, No. 3 (Summer, 2002), pp.400 - 401 .

② 李中原:《ius 和 right 的词义变迁——谈两大法系权利概念的历史演进》,第 540 页。

③ 周濂:《后形而上学视域下的西方权利理论》,第 50 页。

④ Brain Tierney,"Natural Law and Natural Rights: Old Problems and Recent Approaches ", p.405.

造,因此可以被看作西方文明的一种独特产物。它身上体现出的是一种延续,而不是断裂。需要注意的是,12世纪教会法学们的理论创造仍有很大局限性:第一,这一时期 ius 的客观的法的含义还占据主导地位,在大多数法学家尤其是罗马法学家的著作中,ius 仍然是客观自然法的概念;第二,ius 主、客观含义的区分虽然已经出现,但这一区分本身充满了模糊性,蒂尔尼自己也承认,教会法学家在讨论 ius 一词时常常在这两种含义中来回摇摆。维利甚至认为这种认识上的矛盾和迟疑是一种"不结果实的"努力,进而否定了教会法学家们的努力;第三,ius 作为权利的概念在12世纪还并没有得到清晰的界定,它的本质、内涵、特征等还需要得到进一步的阐释。尽管如此,12世纪教会学家们的尝试与创造依然得到了传承与延续,从奥卡姆到热尔松,主体权利在神学理论的框架下得到进一步阐释和论证,不仅在理论上愈益丰富,而且真正地在中世纪晚期的社会实践中发挥作用。

二、奥卡姆:自然权利与财产权

在中世纪基督教语境下,神学是欧洲社会最基本的、处于核心地位的理论体系,也是构成权利理论萌芽和发展的最重要的理论背景之一。可以说,主体权利自诞生伊始就不得不面对如何处理与基督教神学之间的关系的问题,且鉴于神学理论的权威性和垄断性地位,能否实现与它的融合关系到权利理论的生存和发展。在这个方面,中世纪的权利理论家奥卡姆和热尔松作出了卓越的贡献。他们将主体权利观念论引入对宗教事务的探讨中,在财产权以及教会改革问题上实现了两种理论之间的协调和融合,使得权利理论在神学的框架获得了支撑与发展。

威廉·奥卡姆是唯名论哲学集大成者,除此之外,奥卡姆的权利思想在近年来也受到越来越多的关注,尤其在法国学者维利的影响下,奥卡姆一度被认为是"主体权利之父"。[①]尽管后来的研究调整这一定位,但奥卡姆毋庸置疑被看作西方权利理论发展链条上的重要一环。正是通过他的实践与宣传,权利理论突破了狭窄的教会法的范围,进入到主流思想领域。

奥卡姆对权利理论的阐释主要基于14世纪一场重要的教派论争——

---

① Brain Tierney, *The Idea of Natural Rights*, p.97.

"使徒的贫困"（Apostolic Poverty）之辩。1322年，教皇约翰二十二世颁布教令（Quia vir resprobus）斥责方济各会的守贫原则无效，并明确谴责"使徒的贫困"思想为异端。方济各会是当时社会上非常有影响力的托钵僧修会之一，由圣弗兰西斯·方济各于1209年创建，主张放弃任何财产、过清贫生活，并吸引了很多知识分子的加入。约翰二十二世反对方济各会修士的生活方式，他认为即使是耶稣及使徒在传道过程中也从没有放弃任何个人的或公共的财产所有权。[①] 不仅如此，他还将反对意见提高到理论层面，认为方济各会修士不可能在合法地使用物品的同时放弃一切权利，因为权利是附着于物的，二者不能分离，即使一个人为了生存而仅仅食用了一小块儿面包，他都同时行使了占有权。[②] 这一言论一经出台立即遭到方济各会方面的强烈反对，以威廉·奥卡姆为代表的修会学者们纷纷发表宣言捍卫"使徒的贫困"原则，一场激烈的争论随之展开。

作为方济各会的主要代表，奥卡姆于1328年写作了著名的《工作九十日》（*Opus Nonaginta Dierum*），逐条对教皇的观点进行批判，并为受到教皇谴责的修会同伴们进行辩护。而奥卡姆整场论证的立足点就是自然权利，他将自然权利引入对财产权的探讨中，并且应用神学理论证明了其观点的合理性。在这一过程中，自然权利的主体性内涵不仅更为丰富和确定，而且与神学理论的融合最终使自然权利理论获得了更为坚实的基础。

奥卡姆主要从两个方面发展了自然权利理论：一方面，奥卡姆明确区分了自然权利（ius poli）与实体权利（ius fori）。他认为自然权利是"一种不要任何契约的、符合正当理性（right reason）的能力（potestas）"；而实体权利是"一种来自外在契约的能力，它有时符合正当理性，有时与其相违背"[③]。这个定义说明了自然权利与实体权利的两点区别：第一，它们与人的关系不同。自然权利被看作一种内在于人的能力，是主体的一个属性，因而不可被剥夺，也不能与人相分离；而实体权利则是人依赖外在条件而获得的能力，它可以外在于主体而存在，当然可以与人相分离。第二，它们与"自然理性"

① Frederick C. Copleston, *A History of Philosophy* Ⅲ: *Ockham to Suarez*, Paulist Press, 1953, p.114.

② Brain Tierney, *The Idea of Natural Rights*, p.94.

③ Jonathan Robinson, *William of Ockham's Early Theory of Property Rights in Context*, Boston: Leiden, 2013, p.116.

的关系不同,也就是说它们的来源不同。在中世纪基督教语境下,"自然理性"被理解为神法或自然法,自然法也被看作神法的一种世俗化表达。在这里,对"自然理性"一词的理解和使用也反映出古希腊哲学与基督教神学的一种融合,它使得神学获得了某种哲学表达。至于区别,奥卡姆认为自然权利来自上帝之法,并且也与自然法相符合;而实体权利则基于实体法或人法,并且有的时候并不与神法或自然法相一致。那么,当自然权利与实体权利发生冲突时怎么办,奥卡姆的答案简单明了:神法与自然法高于人法与实体法,同样实体权利让位于自然权利。①

　　通过二者的区分和对比,奥卡姆更加凸显了自然权利的主体性特征,即一种内在于人的能力。此外,他还将自然权利与神法联系起来,从源头上为权利理论寻找到神学的支撑。也正是基于上述区分,奥卡姆驳击了约翰二十二世,解释了"使徒的贫困"原则的自洽性。奥卡姆认为所有权以及使用权等都只是实体权利,这些人为规定的权利是可以被放弃的,方济各会修士正是在这个意义上放弃了物品的全部权利。但是自然权利是来自上帝的、符合自然法的、无法与人相分离的一种能力,这种力量首先赋予人们以生存权,让人在极端需要的情况下可以使用属于其他人的财产以保存生命。方济各修士虽然没有任何实体权利,但是他们仍拥有一种无法放弃的权利,即自然权利,这使他们能够在不享有物品的任何权利的情况下只是"简单地使用"(simply use)物品。②

　　另一方面,纵观整个关于"使徒的贫困"的论争以及奥卡姆的回应,财产权是其核心问题,双方的争论主要涉及"人对物"的关系的界定与解释。而奥卡姆的理论贡献在于将自然权利引入对财产权问题的探讨中,并在融合了神学理论的基础上创造出一种自然财产权理论。

　　奥卡姆的自然财产权理论主要包括三个方面:第一,获取财产(to acquire property)是一种主体性的自然权利,这种权利源于神法与自然法。因为上帝既将获取财产的能力或权利赐予人类,也将所有财产赐予全人类,

---

① Philotheus Boehner,"Ockham's Political Ideas", *The Review of Politics*, Vol. 5, No. 4 (Oct., 1943), p.476.

② Brain Tierney, *The Idea of Natural Rights*, pp.126 – 128.

所以不论是基督徒还是非基督徒,他的这种权利都不能被随意剥夺。[1] 这就是说,自然财产权是正当的、符合神意的,也是第一位的。

第二,那么,这就产生一个问题,现存状况下为什么一个人不能随意占有他人的财产呢?这个问题触及了自然权利原则与私有产权现实之间的矛盾。在解释这个矛盾时,奥卡姆引入了基督教的"原罪"说。奥卡姆解释道,上帝虽然将全部财产和获取财产的能力和权利赐予全体人类,但是,人类如何分配这些财产并不在上帝的安排内,它由人自己来安排。[2] 当然,上帝的本意是财产共有,每个人按需获取财产,但这是一种理想状况,正如伊甸园的存在一样。"原罪"(sin)的存在破坏了这种状况,它不仅仅导致人类被赶出伊甸园,也使人不得不面对私有产权这种不完美的存在。"罪"带来贪欲,让人不正当地去占有和使用财产,而为了限制这种贪欲,防止有人无限度地占有公共财产,就必须确立私有产权。他谈道:"这就是为什么在亚当和夏娃犯罪之后,获取私有财产的权利(能力)就被神法所允许了。"[3]可见,在奥卡姆的认识中,私有产权的存在是一种无可奈何的现实,它不是人的最高追求,是可以被放弃的。"如果一个人处在良好的、没有任何危险的社会环境中,那么他可以拥有私有产权,但拥有私有产权并不是他的义务。相应的,他可以宣布放弃这个权利,例如,通过守贫或服从的誓言来放弃这个权利。"[4]显而易见,奥卡姆认为方济各会的修士们就选择了这条道路,并且这条道路更符合神意。

第三,但是,当一个人的私有产权与另一个人的自然权利发生冲突时怎么办?很显然,在奥卡姆看来,自然权利毫无疑问高于私有产权,前者是上帝所给予的永恒的权利,而后者是一种临时情况,并且也不为上帝所喜悦。这就解释了为什么在特殊情况下一个人可以不在另一个人授权的情况下使用他的财产,因为获取财产是一种主体性的自然权利,并且这种主体性的权利始终是第一位的。正因如此,奥卡姆强调:"放弃使用物品的自然权利是违反神法的,任何人都不被允许放弃这个权利。因为放弃了这个权利他就

---

① Philotheus Boehner,"Ockham's Political Ideas",p.473.

② *Ibid*. p.474.

③ *Ibid*. p.474.

④ *Ibid*. p.476.

不能在一些特殊时刻保存自己的生命,这个特殊时刻要求他极其需要未经他人许可授予的物品。"①

奥卡姆对自然财产权理论的阐述充分显示出他作为一个伟大思想家的理论构建能力,自然权利、财产权、神学理论以及方济各的"使徒的贫困"原则被融合在一个框架内,实现了相互间的协调和兼容,并在此基础上诞生了自然的财产权理论。相应的,融合也赋予这一理论以不同的特征:自然权利定义了它的本质特征,使它成为一种内在于人的、与人不相分离的权利;而通过对比自然财产权的神法来源与私有产权的"原罪"说起源,肯定了自然财产权的正当性和至上性。可以说,奥卡姆在一定程度上借助神学理论确立了自然权利本位思想。此外,上述分析也再次反映出权利理论的创造是一个非常复杂、艰难的工程,它能得到肯定和传播必然要完成与既有理论传统的多方面融合。而在这一点上,以奥卡姆为代表的中世纪理论家们作出了卓越的贡献,他们凭借对既有的古典哲学和神学理论的充分了解,构建了过去与现在的联系,实现了知识体系之间的衔接,完成了理论创新中非常重要的一环。

除了理论创造的意义外,"使徒的贫困"论争还极大地促进了权利思想的传播,使其在社会层面上开始发挥作用。主体权利理论不再仅仅局限于教会法学家的群体中,而是得到越来越多的关注和讨论,逐渐进入主流思想家的视野。到 15 世纪末 16 世纪初,在作为唯名论哲学中心的图本根大学及巴黎大学的学者们中间,如阿尔梅因以及苏门哈特等,主体权利理论已成为一种显学。但不能忽视其中的一个重要的媒介性人物——热尔松,他对权利思想的研究打开了理论实践的一个新方向。

三、热尔松:主体权利与基督教会改革

现今著名的政治思想史家理查德·塔克给予 15 世纪初巴黎大学校长让·热尔松(Jean Gerson)以极高的评价,认为他是近代主体权利理论的创造者,②这个评价遭到剑桥学者安娜贝尔·布莱特的质疑,她认为与其说热

---

① Jonathan Robinson, *William of Ockham's Early Theory of Property Rights in Context*, p.119.

② Richard Tuck, *Natural Rights Theories*, p.25.

尔松对权利理论的发展有所贡献,不如说他的作用主要体现在"其著作成为后经院主义学派的主要参考来源"[1]。上述二人对热尔松的评价偏向了两个极端,而其他权利理论家们则持较为中立的看法,他们从不同方面、不同程度上肯定了热尔松的贡献。R. 施瓦兹(Reinhold Schwarz)认为热尔松发展了奥卡姆的权利思想;[2]维利以及昆廷•斯金纳(Quentin Skinner)强调热尔松作为思想传承者的重要意义;[3]蒂尔尼则阐释了热尔松的权利理论对近代政治哲学产生的影响。[4] 总之,不论是作为一个创始人还是中介人,热尔松都是阐释权利理论中不可逾越的重要人物。在笔者看来,热尔松的主要贡献在于将主体权利理论应用在教会改革中,进一步加强了其与基督教理论的融合,这对权利理论本身以及教会改革都产生了显著影响。

15 世纪的宗教会议运动是理解热尔松权利理论的一个重要起点。不仅仅热尔松的整个学术和职业生涯都是围绕宗教会议运动而展开的,而且这场运动也对热尔松之后的一批权利理论家们产生很大影响。宗教会议运动的兴起主要是对当时罗马教会内部发生的"大分裂"(Western Schism,1378—1417)的一种回应。1377 年教皇格里高利十一世将教廷从阿维尼翁迁回罗马,结束了长达 70 年的"阿维尼翁之囚",这一举动反响强烈,立即遭到很多不满与敌视。1378 年格里高利十一世去世,局势更加紧张,教、俗各个集团在教皇选举问题上出现纠纷。最终两个对立的教皇被同时选出,一场长达 40 年的教会大分裂开始了。为了应对危机,天主教世界兴起了宗教会议运动,一大批教会理论家们试图重新定义教皇的权威,并提出了宗教会议高于教皇,对教皇不受约束的权力进行限制等理论。拥护会议运动的这批人被称为会议至上主义者(Conciliarist),他们很多人都是著名的学者和理论家,如阿里、热尔松、苏门哈特等。正是在他们对"宗教会议至上原则"(Conciliar Supremacism)进行辩护的过程中,主体权利理论被纳入其中并获得进一步发展与传播。

---

① Annabel S. Brett: *Liberty*, *Rights and Nature*, p.76.

② Brain Tierney, *The Idea of Natural Rights*, p.210.

③ M. Villey, *La Formation de la pensee juridique modern*, Paris, 1975, p.267; Q. Skinner, *The Foundation of Modern Political Thought* (the 2nd Vol.), Cambridge, 1978, p.117.

④ Brain Tierney, *The Idea of Natural Rights*, p.220.

　　1395 年,热尔松继承了他的老师阿里(Pierre d'Ailly)的职位成为巴黎大学的校长,之后,他与巴黎大学的其他宣传团体一道积极投入宗教会议运动中,从理论层面对会议运动进行辩护,具体涉及如何实现基督徒的自我革新、如何限制教皇权力等,而主体权利成为他的论证中一个非常重要的基础性概念。

　　热尔松在著作中更为明确地肯定了 ius 的主体性内涵。在《论人类的精神生活》(*De Vita Spirituali Animae*,简称 *DVSA*)一书中,热尔松谈道:"ius 指一种内在的能力或力量(facultas or power),根据正当理性(right reason)的指示它被赐给人类……其原因显而易见,如果没有神圣地正当理性地将这种能力赐予万物,那么万物都不能存活。所以即使是一个罪人也拥有 ius,它是万物的本质属性。"[①] 在另一本著作《神学术语定义》(*Definitiones Terminorum Theologiae*)中,热尔松又进一步肯定了这个定义:"ius 是一种符合正当理性要求的能力或力量。自由(Libertas)也是一种源于理性的能力,它可以让主体作出任何可能性的选择……Lex(法)是一种可实践的正当理性,它要求事情的运转和发展朝向它规定好的目标。"[②]

　　可以看出,不同于教会法学家们和奥卡姆,ius 在此处并没有任何摇摆、模糊或多重定义,而完全被看作一种主体性的、内在于人的权利。R. 施瓦兹正是在这个意义上认为热尔松的理论是对奥卡姆的一种发展,之前对主体权利的模糊理解第一次在热尔松这里得到了清楚的、充分的表达。[③]

　　此外,这一界定还包含其他几重含义:第一,热尔松明确区分了权利(ius)与法(lex)的概念,认为前者是内在于人的个体权利,而后者是外在于人的客观规则,这种区分进一步凸显了权利的主体性特征。第二,主体权利来自正当理性。J. 瓦克曼对"正当理性"有两点解释:一是上帝本身,从其延伸出神法;二是外在于上帝的存在,但却是上帝行动的一种结果,从其延伸出自然法。[④] 也就是说,自然权利源自神法和自然法,是一种天赋(gift),因而具有神圣效力;第三,热尔松将权利(ius)与自由(liberty)和所有权

　　① 　Richard Tuck, *Natural Rights Theories*, p.25.

　　② 　*Ibid*. p.27.

　　③ 　*Ibid*. p.210.

　　④ 　Jussi Varkemaa, *Conrad Summenhart's Theory of Individual Rights*, Leiden Boston, 2012, p.53.

(dominium)等概念联系起来,进一步丰富和扩展了主体权利的内涵。结合基督教神学理论,热尔松对各种形式的所有权进行区分,包括:"最初的所有权"(original dominion),它存在于"伊甸园事件"之前;"属人的所有权"(civil dominion),依据人法或实体法而建立;"福音的所有权"(evangelical dominion),是在基督殉道并用宝血洗净人类的罪恶之后才产生的;以及"荣耀的所有权"(glorified dominion),属于特殊人物,如圣徒等。① 但在这些所有权之外,还存在一种自然的所有权(natural dominion),它是其他所有权的基础。热尔松谈道:"任何人,即使是一个罪人,也拥有这种所有权,它可以被看作一种天然的或无偿的赐予,每个人都至少在事实上或惯常地拥有对自由的所有权。"②热尔松对所有权的阐述可以被看作对奥卡姆财产权理论的一种继承和发展,在肯定了自然所有权之外,进一步协调了它与私有产权的关系。

在概念界定之外,热尔松将主体权利理论应用到了教会改革之中。1414—1418 年召开的康斯坦斯宗教会议(Concile de Constance)确定了教会改革的基本目标,③其中不仅仅包括对基督徒的自我革新,也包括对教皇的权力限制,而上述权利理论被热尔松看作改革的基础。

首先是基督徒的自我革新。在《论人类的精神生活》中,热尔松谈到基督徒自我革新的目标就是增加其属灵的性质,也就是突出其精神属性以及灵魂的神圣性。那么,如何实现这一目标呢? 热尔松认为最根本的方式就是要遵照神法的要求来进行生活和提升自我。那么,如何才能准确无误地遵循神法呢? 这是一个有难度的问题,因为世俗社会发展到现在所带来的一个严重的弊端就是法律的繁杂。在亚当时代他可能只需遵守一条法律,但是现在却存在来自教会的、世俗君主的以及其他团体的各种律令,这种情况让一个基督徒倍感困惑,很难寻找到真正的神法。在这样的情况下,普通基督徒就需要拥有能分辨善恶和是非的能力,这才能让他能够在繁杂的法律中寻找到神法。可以说,这种能力成为基督徒自我革新的一个根本前提。

① Jussi Varkemaa, *Conrad Summenhart's Theory of Individual Rights*, pp.46 – 49.
② *Ibid*. p.47.
③ Zofia Rueger,"Gerson, the Conciliar Movement and the Right of Resistance (1642—1644)", *Journal of the History of Ideas*, Vol. 25, No. 4 (Oct.-Dec., 1964), p.469.

能够分辨各种法律的能力被热尔松等同为上面所谈到的主体权利,因为二者在本质上是一致的。主体权利本身就被热尔松认为是一种能力(faculty or power),这种能力内在于人且不可剥离,它也由上帝所赐予因而最为接近"上帝之道"。显而易见,具备这种能力的个体是能够通晓神法并增加其精神属性的,也就是说,主体权利成为基督徒进行自我革新的前提和基础。

热尔松对基督徒自我革新的论述让我们自然地联想到 16 世纪的宗教改革运动,二者在内在逻辑上具有一致性。马丁·路德在解释"因信称义"时的一个前提就是肯定人能够去理解《圣经》,而这种理解《圣经》的能力与热尔松所谈到的分辨法律的能力并没有本质的区别,之后,热尔松从形而上的高度将这种能力等同于主体权利,而马丁·路德虽然没有谈权利,但显而易见,权利思想已内化为其改革理论的基础。由此可见,热尔松将基督徒自我革新与主体权利联系起来是一个非常有价值的理论尝试,但它与宗教改革之间存在怎样的联系,还有待进一步研究。

其次是对教皇权力进行限制:限制教皇权力是 15 世纪宗教会议运动和教会改革的核心内容,对此热尔松有三点想法:

第一,热尔松支持兴起于 13 世纪的"主教制中心主义"(Episcopalism)运动,主张通过捍卫主教权利来反对教皇的专权。1409 年,他甚至写了一篇为主教权利进行辩护的专题论文,强调:"主教的权利来自基督,因此主教天然就有着传教的权利、听取忏悔的权利、管理圣事的权利、主持丧葬的权利以及收取什一税的权利。"①对主教权利的支持很快就在理论层面被上升为对个体权利的一种肯定。

第二,热尔松将个体权利看作团体权利的基础,个体权利的有效性决定了团体权利的至高性。根据这个理论,热尔松解释了宗教会议权力高于教皇权力的原因。具体来讲,他认为宗教会议包含了"天主教会内部的每一个阶层",其中最重要的部分是主教和牧师基层,而这些人都带有"各行其是"的神圣能力(sacred faculty),正因如此,由他们所组成的团体自然带有最高的权利。②而凭借这个权利,宗教会议作为一个团体能够去抵抗来自教皇的专制和暴政。热尔松谈道:"当教皇的权力非法侵犯到个体的生命及其纯洁

---

① Brain Tierney, *The Idea of Natural Rights*, pp.223 – 224.

② *Ibid*. p.225.

的信仰时,个体有抵抗暴力侵犯的合法权利……既然如此,在类似情况下,宗教会议团体怎么会没有抵抗教皇暴政的合法权利呢?"①这段话再次表明了热尔松的基本观点:"正是因为个体拥有权利,那么由个体所组合成的团体才能施展合法的权力。"②也就是说,个体所具有的主体权利构成团体具有最高统治权的基础。尽管热尔松将其探讨局限在教权问题上,并没有涉足世俗政治,但这个观点已具有一定的宪政色彩。

第三,热尔松将主体权利作为抵抗权的一种重要来源。中世纪的政治思想中不乏抵抗暴君统治的思想,但落脚点始终是"客观的法",即统治者严重破坏了共有的法律,这包括:"严重违背了上帝的旨意,严重违背其应有的职责,严重违背其与被统治者的契约,严重违背公正的法律,就成为不同于合法君主的暴君,被统治者就有权限制、反抗、废黜、诛杀之。"③可见,在传统政治理论中问题主要集中在统治者身上,被统治者只是一个发挥被动作用的配角。但是,在挖掘了热尔松的权利理论以及限制教皇权力的论述后,我们可以发现一种新的、近代性的抵抗权思想的出现,它将问题集中到了被统治者身上。在《论人类的精神生活》中,热尔松谈道:"可以肯定的是,一个邪恶的统治者仍然是统治者,一个犯了纵火罪或奸淫罪的教皇也仍然是教皇。但是,没有任何法令能够禁止受到伤害的个人放弃行使正当防卫(self-defense)的自然权利而不去制止侵犯。任何制定法都不能剥夺人的这种自然权利,因为它来自上帝。"④

在某种程度上,热尔松的抵抗权思想是对传统抵抗权思想的一种颠覆。他认为一个违法的、有罪的教皇仍然是教皇,如我们在上面所说的,失去了一切所有权(dominion)的人仍然保有最基本的自然所有权(natural dominion),它是一种上帝赐予的、不能被剥离的主体性权利。但被统治者因此就只能逆来顺受、毫无作为了?热尔松认为当然不是,问题的关键点在被统治者身上。如同统治者身上带着自然统治权一样,被统治者身上也带着一种自然的正当防卫的权利,凭借这种权利他可以抵抗暴君的侵犯。在

---

① Brain Tierney, *The Idea of Natural Rights*, p.233.

② *Ibid*. p.233.

③ 赵文洪:《中世纪欧洲的反暴君思想》,载《经济社会史评论》2015 年第 2 期。

④ Brain Tierney, *The Idea of Natural Rights*, p.232.

这里,抵抗不再是一种被动行为,而是一种主动行为,被统治者代替统治者成为这类问题中的主角。

总体来看,在热尔松对教会改革问题的探讨中,权利理论和神学以及教权理论发生了更深程度的融合、建立了更紧密的联系。这对二者都产生了深远影响:一方面,热尔松从形而上的高度将主体权利纳入神学理论之中,使它在基督教语境下获得了坚实的理论支撑;同时,他又将主体权利应用到对基督徒个人和团体的讨论中,权利理论又成为教会改革的理论基础,这意味着在实践意义上肯定和发展了权利理论。另一方面,二者融合产生了更具近代性的政治思想,尤其在将主体权利看作基督徒自我革新以及抵抗教皇专制的理论基础时,我们已经可以窥见近代西方宪政思想的身影。尽管热尔松的理论阐述还过于单薄和粗糙,并且仅限于对教权的探讨,但基本原理已无太大偏差。

结　　语

中世纪语境下西方权利理论的萌芽和发展表明,权利理论不仅是适应近代社会转型的产物,而且有着深厚的历史基础和理论传统。中世纪权利理论家们的承前启后的工作不应被忽视或埋没,他们不仅是第一批进行理论尝试的人,更承担了权利理论发展过程中的一个非常艰巨的任务——实现了权利理论与古典哲学以及中世纪神学之间的连接与融合。基于此,权利理论不仅在语义层面上得到转换、在内涵方面得到进一步明确和丰富,而且其社会实践性也在不断增强,这为近代世纪权利理论的成功确立奠定了基础。中世纪权利理论家们的努力与17世纪权利理论家们的成就形成呼应,如果说,格劳修斯、霍布斯与洛克等人的理论构建实现了理论与现实的对接,满足了近代社会转型的需求;那么,拉菲努斯、雨果、奥卡姆以及热尔松等人的阐释则实现了理论与历史的联结,完成了理论间的沟通与协调。这既使早期权利理论的发展获得坚实的支撑,同时也使前现代西方文明的诸多理论成就得以延续和发展。

权利研究范式的转变也引起我们对理论创新问题的再思考。理论创新不仅要对话现在,也要对话过去,它的实现并不意味着一种知识结构的完全断裂,而是在延续基础上的一种更新。因为,无法获得既有知识传统支持的理论创新往往很难扎根立足。有时,它因无法获得认同而面临夭折的命运,因为认同感的获得一般基于既有的知识结构和某种共同的历史与记忆。有时,缺乏基础的理论创新所造成的知识结构的断层往往带来认识上的矛盾、迷惑与不安,创新因此受到反感和抵制。因此,理论创新得以实现的一个关键而艰难的环节就是如何调和新与旧、现在与过去的矛盾,也就是在某种程度上实现二者之间的连接与融合,如此,新理论才能获得坚实的基础和广泛的认同。过去、现在与未来是紧密联系在一起的,在这个问题上,我们不仅要向前看,也需要向后看,寻求一种理论发展中的连贯与和谐。

原载《学海》2019 年第 1 期

13 世纪英格兰"规训特权"运动探究

刘 林

摘 要:《大宪章》以限制王权著称,但是贵族权利要不要同样受到约束? 13 世纪下半叶,面对贵族滥用特权的混乱局面,爱德华一世为规范贵族权利,主导了一场持续 20 年的"规训特权"运动;贵族一方则利用抵抗权维护自身利益。通过分析爱德华一世时期特权诉讼档案,可以看出,王权与贵族的较量在普通法平台上以诉讼形式展开,二者之间的博弈与妥协贯穿于特权调查运动中。这一过程进一步界定和规范了二者的权利关系,强化了王权与贵族相互制衡的机制。"规训特权"显示了法律至上的原则,推动了英格兰政治运作的法制化。

关键词:爱德华一世;贵族权利;权利开示令状;普通法

英格兰国王爱德华一世统治前期,王室法官大量使用一种特殊的令状——权利开示令状(*writ of Quo Warranto*)[①]对贵族的权利,也就是特权(franchises & liberties)展开调查。据统计,1278—1294 年的 16 年间,此类诉讼大约有 1 600 件;可以说,针对贵族权利的调查发展成为有一定规模的

[①] 根据《元照英美法词典》,*Quo Warranto* 一般习惯译为权利开示令状。它的拉丁文含义是"by what warrant(or authority)",即"以何为凭",很好地说明了权利开示令状的本义,即要调查和弄清某种权利的来源和依据。权利开示令状成为爱德华一世对贵族权利展开调查的主要工具。这场调查是由王室主导和推动的,目的是规范和整顿贵族权利,而贵族权利毋庸置疑是一种特权。因此本文使用"规训特权"一词,强调说明特权调查运动的性质和特点。

政治运动。[①] 调查目的主要是整顿和规范贵族权利,平抑贵族特权,是一场王权对贵族的"规训"。这场运动几乎涉及整个领主阶层和地方行政系统,产生了较大的政治影响,成为 13 世纪英格兰政治实践中的一个重要内容。英国档案委员会(Record Commission)将爱德华一世时期的特权诉讼整理成册,并于 1818 年出版。H. M.卡姆和 D. W. 萨瑟兰对爱德华一世时期的特权调查运动进行了专题研究。梅特兰、普拉克内特和约翰·贝克等关于普通法的综合性著作中也涉及这个问题。[②] 本文基于上述材料和研究成果,在阐释整个运动的同时,试图探究英国政治实践的方式和特点。

一、"规训特权"运动的起因及基础

1215 年,贵族与国王签署《大宪章》,通过重申封建习惯限制王权扩张。《大宪章》签订一年后,年幼的亨利三世继位。他一生不断对贵族妥协,始终无法占据上风。1258 年的"狂暴议会"(Mad Parliament)再现了当年兰尼米德[③](Runnymede)的场景,贵族武装觐见,迫使国王在《牛津条例》上签字,国王承认议会的权威,并与 15 名贵族组成委员会联合执政。[④] 王权在法律和制度层面受到限制。

王权势弱,加之对贵族的约束和规范十分有限,贵族篡夺和滥用权利的情况不断加剧。爱德华继位后发现,王室收益在他父亲亨利三世时期大幅削减,究其原因,在于教、俗贵族们在没有任何凭证的情况下使用,甚至滥用

---

① D. W. Sutherland, *Quo Warranto Proceedings during the Reign of Edward I, 1278—1294*, Oxford: Clarendon Press, 1963, p.2.

② Great Britian. Excherquer. W. Illingworth, ed., *Placita de Quo Wrranto*, London: G. Eyre and A. Strahan, 1818; H. M. Cam, "The Quo Wrranto Proceedings under Edward I", *History*, NEW SERIES, Vol. 11, No. 42 (JULY, 1926), pp. 143 - 148; D. W. Sutherland: *Quo Warranto Proceedings during the Reign of Edward I, 1278—1294*; F. Pollock & F. W. Maitland, *The History of English Law before the Time of Edward I*, 2nd ed., Cambridge: Cambridge University Press, 1898; T. Plucknett, *A Concise History of the Common Law*, 5th ed., London: Butterworth & Co., 1956; J. Baker, *An Introduction to English Legal History*, 6th ed., London: Butterworth & Co., 1979.

③ 1215 年《大宪章》签订地点,位于伦敦市中心以西 32 公里泰晤士河畔,属于萨里郡。

④ Harry Rothwell, ed., *English Historical Documents 1189—1327*, Vol. Ⅲ, Oxford: Routedge, 2008, p.414.

王室权益,大到各类司法权,小到狩猎权、捕鱼权,甚至征收不合理的市场税。① 典型如格洛斯特伯爵吉尔伯特·德·克莱尔(Gilbert de Clare)家族,在亨利三世时期侵占了逾百项王室权利。② 此外,1275 年专为调查王室权利状况的《百户区卷宗》(Hundred Rolls),亦称《拉格曼卷宗》(Ragman Rolls),多反映此类篡夺情况,该卷宗也成为之后特权调查运动的重要依据。③ 可以说,王室权利的大量流失是爱德华继位之初面临的一个比较严峻的问题。恢复王室权利关乎政权的稳定,也成为他重振王室权威的重要一步。对此,爱德华一世有较为清醒的认识。

爱德华继位之前积累了丰富的从政和作战经验。他很早就参与政府工作,并在亨利三世统治后期成为实际决策者。他亲历了两次男爵战争(Barons'War,1258—1267),在第一次内战中被俘,侥幸逃出,并领导王室军队在第二次内战中取胜,由此树立了政治威信。爱德华目睹了贵族的桀骜不驯,深感打压贵族权利迫在眉睫。1274 年,当时年仅 35 岁的爱德华从十字军东征中归国。加冕之时,他年富力强且富有经验,并亟待对现状作出改变。对特权展开调查,成为爱德华一世以法律手段限制封建贵族权力、巩固王权的一次重要尝试。④

对贵族权利展开调查早有先例。用以开启权利诉讼的令状——权利开示令状,最早可追溯到狮心王理查德时期(1189—1199),当时主要应用于土地保有权的诉讼。亨利三世时期该令状的使用频率有所增加,逐渐应用到有关特权的诉讼中。1238 年德文郡巡回法院的一则记录显示,王室法官曾凭借权利开示令状召集当地领主,要求他们出示保有百户区的权利凭证,一些领主辩称其权利源于"长期持有"(long tenure),但也有一些领主出示了特

---

① W. Illingworth, ed., *Placita de Quo Wrranto*, p.1.

② 后来财政署在调查中列出一份特殊的侵权清单,显示这个家族在南英格兰 20 个郡篡夺王室权利的情况。吉尔伯特在之后的特权调查运动中也受到王室法官的特别关注,如法官吉灵斯海姆的威廉(William of Gislingham)将其列为头号调查对象,在肯特郡的 8 宗特权调查案件中,有 5 宗调查对象是吉尔伯特。参见 D. W. Sutherland, *Quo Warranto Proceedings during the Reign of Edward I*, 1278—1294, pp.146 - 147.

③ D. W. Sutherland, *Quo Warranto Proceedings during the Reign of Edward I*, 1278—1294, pp.146 - 147.

④ Caroline Burt, *Edward I and the Governance of England*, 1272—1307, Cambridge：Cambridge University Press, 2013, p.83.

许状(charter)。^① 在亨利三世后期,权利开示令状越来越多地被应用到特权诉讼中,审理此类诉讼成为巡回法官的常规工作。如此,爱德华的特权调查并不是一次非常之举,他只是扩大了权利开示令状的使用范围,试图对贵族阶层整体的权利持有情况展开调查。卡姆女士特别强调:"爱德华一世并没有作出一次全新的改变。他以一种普遍认可的方式,在更广泛的范围内应用他父亲执政时期所使用的司法程序,其原则已经为法院的法官和辩护者所熟悉"^②,这样就减少了调查可能遇到的阻力。

爱德华的政治举措也得到相当程度的法理支持。当时,法学权威亨利·德·布拉克顿(Henry de Bracton)的著作,是王室法官从事特权调查的一个重要理论依据。布氏是英国法的集大成者,其巨著《英格兰的法律与习惯》(*De legibus et consuetudinibus Angliae*)被梅特兰称为"英国中世纪法学的王冠和鲜花"^③。布氏的著作明确将贵族特权的来源归于王权,肯定了特权在本质上所具有的王权属性。在这个基础上,他分析并阐释了王权与特权的关系,划分了特权类型:一些权利关系到王权的根本,这些重要权利应该完全属于国王所有,原则上讲司法管辖权就属此例,尤其是审理重罪和执行死刑的权利,以及涉及"王之和平"(King's Peace)^④等方面的权利,这些权利不能被永久让渡或完全赠予,只能以委托代理的方式分配下去,持有者可以代表国王行使权利,但国王在必要时也可收回;此外,一些次要权利可以被让渡,包括民事诉讼权、司法收益权、狩猎权以及一些无主物(如沉船遗物、海中鱼类、地下矿藏和走失家畜等)的使用权,这些权利的让渡并不会影

---

① H. M. Cam, "The Quo Wrranto Proceedings under Edward I", *History*, NEW SERIES, Vol. 11, No. 42 (JULY, 1926), p.143.

② *Ibid.* p.145.

③ F. Pollock & F. W. Maitland, *The History of English Law before the Time of Edward I*, 2nd ed., p.206.

④ "王之和平"是源于日耳曼人的一个重要概念,也是中古早期英格兰国王行使权力的依据之一。根据盎格鲁—撒克逊法,一些特殊的人、地点和节日等,均被纳入"王之和平"保护范围内。随着盎格鲁—撒克逊后期王权的加强,绝大多数刑事犯罪都被看作对"王之和平"的破坏,被划归到国王的专属管辖权之内。参见 David Feldman, "The King's Peace, the Royal Prerogative and Public Order: The Roots and Early Development of Binding over Powers", *The Cambridge Law Journal*, Vol. 47, No. 1 (Mar., 1988);邓云清、宫艳丽:《王之和平与英国司法治理模式的型塑》,载《历史研究》2010 年第 5 期。

响王权的统治。① 布氏的"特权源于王权"以及"有限让渡"理论,强调了特权的合法性来自王权,为王室法官调查和清理贵族权利提供了比较权威的法理依据。在布氏理论的基础上,一些王权主义者甚至更进一步,同时代的法学家弗莱塔(Fleta)和布里顿(Britton),否认布氏关于重要权利和一般权利的划分,认为所有属于国王的权利都不能被让渡,即使一时让渡国王也可以无条件收回。这些偏向于王权的论述显然过于极端,在封建体制内无法付诸实践,但仍为限制贵族权力提供了一定的理论支持。

除了布氏理论外,封建法也支持国王平抑贵族权力。后世学者对贵族维护自身权利、抵抗王权研究较多,尤其在宪政学派推动下,以《大宪章》为核心的限制王权理论和实践得到充分肯定。但是,仅强调对王权的限制,在一定程度上必然忽略封建法所具有的两面性。封建关系是一种以采邑和服兵役为媒介建立起来的封君封臣间的依附关系,实质上是一种契约关系,如布洛赫所指出的:"附庸的臣服是一种名副其实的契约,而且是双向契约。"②在双方关系存续期间,封君封臣都有其权利,也有相应的义务,而破坏这种关系将导致权利和义务的终止。

国王有保护封臣和为其提供生计的义务,他也获得统治和治理王国的一系列政治、司法和军事等方面的权力。在分封理论中,从上至下、层层分封的根源可以回溯到国王本身,他是封建体系中权力的终端,也是唯一一位最高封君,理论上拥有最高统治权。可以说,封建制与君主制并不相悖,王权受封建法的制约,也能够从封建法中获得支持。这一点受到很多学者关注,如,卡内冈和史蒂芬森强调封建主义并不必然导致政治上的分裂和无政府主义;③福贝昆、小杜泰尼斯以及冈绍夫认为,从封建体制中王权获得强大

①　Travers Twiss, ed., *Henrici de Bracton de Legibus et Consuetudinibus Angliae*, London: Longman & Co., 1878, pp.7, 17, 55 - 62.

②　[法]马克·布洛赫:《封建社会》,张绪山译,北京:商务印书馆 2007 年,第 712 页。

③　Carl Stephenson, *Medieval Institutions: Selected Essays*, New York: Cornell University Press, 1967, pp.232 - 233;[比]R. C. 范·卡内冈:《英国普通法的诞生》,李红海译,北京:中国政法大学出版社 2003 年,第 9 页。

的动力和支持;①爱德华·甄克思甚至从军事、司法和行政等诸多方面论述了封建法在加强王权中的作用。② 上述情况在英格兰尤其明显,如冈绍夫指出的那样:"英格兰的封土—封臣关系是由最初的盎格鲁·诺曼国王以完全的方式发展起来的,但却是服务于王权要求的。"③

王权在封建制中并非没有发展空间,它能够从封建法中获得支持,并对贵族权力形成制约。在英格兰,诺曼入侵的传统赋予国王更充分的统治和治理权力。在贵族篡夺和滥用权利的背景下,这一点尤其重要,它使调查特权具有合法性,也是调查运动顺利推进、没有造成严重政治危机的深层原因。

封建法限制王权的一面当然也不能忽视,王权一旦过度,必然遭到贵族的抵抗,这一点也深深影响到调查运动。据封建法规定,封君侵犯封臣权利时,封臣可以行使抵抗权,可以"撤销忠诚"(Diffidatio)甚至诉诸武力。《大宪章》的签订就是一个典型案例,贵族认为国王侵犯了其权利,所以联合起来,以国王破坏封建法为由进行抵抗,限制王权以维护"全体臣民"的利益。④J. G.贝拉米说,对国王的抵抗不会被冠以叛国罪,因为"一个被国王冤枉的人,在提出正式的反抗(质疑)之后,有责任通过反叛来寻求正义"⑤,这符合封建法的规定,是一种合法抵抗。正因如此,"规训特权"不会完全遵从国王的意志,贵族的抵抗使运动充满张力,充斥不断的博弈与妥协。

在封建的权利义务关系框架内,王权与贵族相互制约。如果说《大宪章》是贵族主动制约王权,那么"规训特权"运动则是国王主动平抑贵族权力;当然,国王的行动是有限度的。总之,封建法所包含的制约机制成为理解整个特权调查运动的基本点。

---

① Guy Fourquin, *Lordship and Feudalism in the Middle Ages*, New York: Pica Press, 1976, pp.102 - 103; Charles Petit-Dutaillis, *The Feudal Monarchy in France and England from the Tenth to the Thirteenth Century*, Trubner & Company Limited, 1936, pp.371 - 373;[比]弗朗索瓦·冈绍夫:《何为封建主义》,张绪山、卢兆瑜译,北京:商务印书馆 2016 年,第 206 - 208 页。

② Edward Jenks, *Law and Politics in the Middle Ages*, *With a Synoptic Table of Sources*, London: J. Murray, 1898, pp.82 - 90.

③ 冈绍夫,前揭书,第 206 页。

④ 侯建新:《西方文明再诠释》,载《经济社会史评论》2020 年第 4 期,第 25 - 26 页。

⑤ J. G. Bellamy, *The Law of Treason in England in the Later Middle Ages*, Cambridge: Cambridge University Press, 1970, pp.10 - 11.

二、"规训特权"运动的实施

1274年,爱德华一世正式继位后便开始"规训特权"运动,虽间有中断,但持续到1294年威尔士战争爆发。近20年的调查运动成为爱德华执政前期对内非常重要的政治举措。以1275年《威斯敏斯特一号法令》(*Statute of Westminster I*)、1278年《格洛斯特法令》(*Statute of Gloucester*)和1290年《权利开示法令》(*Statute of Quo Warranto*)三部法令的制定为标志,整个调查运动可以划分为三个阶段,不同阶段调查呈现不同特征。

第一阶段:1274年10月,也就是爱德华继位两个月后,他颁布条例并组织开展了一场百户区调查行动,特权调查运动随之展开。有关百户区调查的条例共计51条,对调查工作的内容、对象以及程序进行了较为详尽的规定。调查主要包括两个方面:其一有关王室权利的持有和使用情况,如王室在各郡拥有哪些权利,谁持有王室权利,从何时、以何种凭证持有这些权利,以及是否存在盗用和滥用等问题;其二涉及地方官员的履职状况,他们是否在行政和司法方面存在失职和违法行为,如行贿受贿、滥用职权或是欺压臣民等。[①] 条例规定,调查活动由专门组建的调查委员会(The Commissions)执行,并充分利用大陪审团机制。被派往各郡的调查委员首先召集各百户区或自治市镇信誉良好的人(good and lawful men)组成陪审团,然后给出一份调查问卷,被召集的人在宣誓之后作出回答。调查问卷一般包含约40个问题。全部回答后,陪审团要在问卷上盖章确认,然后提交给调查委员会。但委员会并不对其中任何指控进行当场裁决,只是将这些盖上印章的调查问卷带回威斯敏斯特,之后由王室法官和财政署官员集中审理。

1274年秋启动的百户区调查非常迅速有效,到第二年3月即宣告完成,前后持续6个月左右。调查结果被整理、汇总成为《拉格曼卷宗》,[②] 为王室政府的进一步决策和立法提供了依据,也成为后续特权调查运动的基础。在1275年4月的议会上,即爱德华执政以来召集的第一次议会上,他制定并颁布了

---

① Harry Rothwell, ed., *English Historical Documents*, *1189—1327*, Vol. Ⅲ, pp.392-396.

② Helen M. Cam, *Studies in the Hundred Rolls：Some Aspects of the Thirteenth Century Administration*, Oxford：Clarendon Press, 1921, p.44.

《威斯敏斯特一号法令》,主要对上述调查所涌现的问题给出应对措施。法令对地方官员的行政职能、管辖权限及惩罚方式等进行了详细的规定,但在另一个涉及权利归属的问题上,并没有取得进展。①《拉格曼卷宗》的记录显示出这方面问题的复杂性和争议性,如陪审团经常在问卷中注明,他们很难弄清一项权利的来源,或此类争议是否需要诉诸司法手段解决等。② 但这些难题并没有就此搁浅,爱德华决定利用10月召集的议会集中审理有关特权的案件。自此开始到1278年为止,利用议会来调查和审理特权诉讼成为一个常规安排。

　　然而,议会处理特权诉讼的过程并不顺利。1275年10月议会结束不久,财政署不得不宣布:"大主教、主教、修道院长、教会长老、伯爵、男爵等其他权利持有者,到下一年复活节后的一个月内,可以像以往那样持有和使用权利。"③但是到1276年7月,由于案件很多,议会被推迟至9月。召开时,恰逢英格兰与威尔士关系恶化,大部分案件被再次推迟到1277年。从1276年12月开始,爱德华与威尔士亲王卢埃林(Llywelyn)正式开战,④王室政府的注意力全部转移到战争中,特权调查陷入停滞。1277年的主题是威尔士战争,1月匆匆召开的议会没有处理任何内政事务。1275—1278年,特权调查被一次次地推迟,没有取得实质性成果。这几年财政署备忘录中鲜有关于特权诉讼的记载,便说明了这种情况。⑤

　　案件的拖延和滞留,反映出早期调查活动存在两方面问题:第一,议会作为王国权力中枢肩负重任,需要处理内政和外交等大量工作,无法完全专注于特权调查。13世纪英格兰政府的组织和行政能力也十分有限,各部门职能分

---

① The House of Commons of Great Britain, *Statutes of the Realm*, Vol. 1 (1235—1377), London: Dawsons of Pall Mall, 1810, pp.28 - 30, 32, 34.

② D. W. Sutherland, *Quo Warranto Proceedings during the Reign of Edward I, 1278—1294*, p.20.

③ Great Britain, *Calendar of the Close Rolls*, *Edward I*, Vol. 1 (1272—1279), edited by H. C. Maxwell Lyte, Originally published by Her Majesty's Stationery Office, London, 1900, p.217.

④ 1276—1277年第一次威尔士战争。爱德华一世时期,威尔士战争共发生四次,另外三次分别为1282—1284年、1287—1293年、1294—1295年,最终实现了对威尔士的全面征服。

⑤ D. W. Sutherland, *Quo Warranto Proceedings during the Reign of Edward I, 1278—1294*, p.20.

工不明确,很难有效处理如此数量庞大、性质复杂的权利案件。可以说,利用不定期召集的议会来处理权利诉讼,缺乏事实上的可行性。第二,议会最初并没有制定任何具体可行的执行措施,对于如何界定权利凭证的有效性以及如何展开调查程序,没有详细方案,因此在实施环节很容易陷入僵局。这一阶段所暴露出的问题需要爱德华重新审视他的计划,并拟定新的解决方案。

第二阶段:1278 年威尔士战争结束后,爱德华再次将目光转移到国内事务上。8 月,他在格洛斯特郡召集议会,对特权调查运动作了更为详细的安排,其结果就是《格洛斯特法令》的出台。这是一份重要的、纲领性的文件,确立了整个特权调查运动的基本框架。一场大规模的、更为有效的调查活动就此展开。

《格洛斯特法令》的重要性在于确立了特权调查运动的基本原则:第一,当国王或其巡回法庭到达某郡时,所有权利持有者要前往法庭接受调查,否则其权利将被扣押,直至其出席审判;第二,利用已有的巡回法庭体系,以郡为单位对贵族权利展开调查;第三,对于"诉讼进行中"或是"归属并不明确"的权利,在判决之前暂归国王所有;第四,涉及特权的诉讼可以采用两种不同的诉讼程序:一种是较为简单地根据王室法官的要求权(claims)提起的诉讼,即"要求权诉讼"(actions upon claim),一种是更为正式地通过令状(writs)——权利开示令状提起的诉讼,即"令状诉讼"(actions upon writs)。一般来讲,直接从国王处获得的权利或是有瑕疵的权利,被认为是不完全的权利,法官对此可以通过简单的"要求权"提起诉讼;而对于通过继承获得且合法持有的较为稳固的权利,法官则需要通过令状提起诉讼。[①]

从上述几点原则可以看出,1278 年法令最重要的发展,是将特权调查纳入英格兰特有的司法体系,即普通法体系中,以普通法的程序来处理特权诉讼。自此"规训特权"运动开始步入正轨。普通法由亨利二世创建,是一套成体系的、有效率的司法体系,其中王室法院体系、令状制度以及陪审制度是其最具特色的内容。根据普通法大家梅特兰的观点,到爱德华一世时期,上述几个结构性要素已较为完备,普通法成为英格兰法律和政治实践中的一套有效机制。[②] 在特权调查运动中,权利开示令状的使用,意味着特权诉

<hr />

① *Statutes of the Realm*, 1235—1377, pp.45-47.

② F. Pollock & F. W. Maitland, *The History of English Law before the Time of Edward I*, 2ⁿᵈ ed., p.174.

讼成为普通法诉讼的一部分,因为普通法就是以令状(writ)作为开启和实施诉讼的凭证。凭借权利开示令状,特权诉讼可以依照普通法的诉讼程序进行,这一点无疑增加了调查运动的合法性和规范性。此外,王室法院体系中的巡回法庭在特权调查中发挥了关键性的作用,它解决了调查初期议会缺乏人力物力、无法集中处理数量庞大的特权诉讼的难题,覆盖面更广的巡回法庭体系无疑是更好的调查执行机构。总之,新法令将调查运动建立在较为成熟的普通法体系上,显然增加了调查运动的实践性和有效性,后面关于诉讼实践的考察很好地说明了这一点。

值得注意的是,1278 年法令具有一定程度的强制性色彩。它突出了国王在权利持有中的优先地位,尤其在诉讼程序方面,某些规定试图超出普通法的常规设定。例如,普通法以令状作为开启诉讼的凭证,一般说"没有王室令状,任何人无须出庭应诉"(nemo tenetur respondere),[①]但 1278 年法令允许"要求权诉讼"的存在,也就是在一定条件下,法官可以根据实际需要而非令状开启诉讼。可以看出,国王试图在普通法之外给予王室法官一定程度便宜行事的权利;而在"令状诉讼"程序中,新法令允许国王不在令状中注明诉讼缘由,这也与常规的普通法诉讼有所差异,因为一般的令状中需要对侵权事实作出描述,以确保被告能够有所准备。[②] 在遵循普通法基本原则和程序的基础上,王室试图对实施细节作出一些改动。而正是这些稍许偏离常规之处,显示出诉讼双方的不对等性,一定程度上凸显了调查运动的"规训"意味。这是引起争议和对抗的重要原因。

1278 年法令出台后,同年 11 月巡回法庭开始运作,特权调查运动继续展开。两批法官被分别派往王国的南北各郡,每批法官大概 4—6 人,其中一人作为领头的大法官。一批法官从坎特伯兰郡开始,主要审理北部各郡的诉讼,而另一批从赫特福德郡开始,主要审理南部各郡的诉讼,但两个法庭也并不各自局限于南北两地。《格洛斯特法令》颁布之后,特权诉讼成为巡回审判的一个重要类别,巡回法庭委派 1—2 个法官专门审理此类诉讼,

---

① 卡内冈,前揭书,第 24 页;K. R. Kiralfy, *Potter's Outlines of English Legal History*, London: Sweet & Maxwell, 1958, p.140; Alison Reppy,"The Development of the Common-Law Forms of Action, Part II", *Brooklyn Law Review*, 23, (1956—1957), p.48.

② K. R. Kiralfy, *Potter's Outlines of English Legal History*, p.139.

法官可以有更多的助手协助处理案件。特权诉讼的来源有多个方面：1275
年的《拉格曼卷宗》、历次巡回审判留下来的卷宗(Rolls)、臣民自行撰写的申
冤书(Bill)、在当地召集信用良好的人组成的陪审团(Jury)的指控以及地方
官员的陈述(Presentments)等，这些都可以成为王室法官提起诉讼的根据。
此外，每个郡情况不同，审判的进程也不同，这与郡本身的大小以及案件的
多少相关，一般情况下是 1—3 个月，北部约克郡的审判持续了 21 个月，而
拉特兰郡只用了不到两周时间。①

　　从南部巡回审判的开庭地点和日期列表(表 1)可以看出，王室法官的工作
节奏十分紧凑。他们在四年中共到访 9 个郡，召开 21 次庭审，除议会召开期间
外，一年中几乎每个月都召集了巡回审判，1281 年持续了近 11 个月。可见，巡回
法庭具有较高的运作效率。此后，1282—1284 年的第二次威尔士战争迫使巡回
审判暂停了两年，1286—1289 年爱德华在诺曼底的滞留也使巡回审判的进展有
所延缓。但整体来看，到 1290 年为止，北部和南部两个巡回法庭持续运作近十
年，共审理 32 个郡约 1 200 个特权诉讼案件。可以说，基于巡回审判的特权调查
运动在 1278 年法令颁布之后获得很大成功。除了威尔士战争的两年，1278 年到
1290 年成为爱德华一世规范权利秩序、恢复王室权威的关键性十年。

表 1　南部巡回审判具体情况列表(1278—1281)②

郡	年份	主审法官	开庭地点	开庭日期
赫特福德郡	1278	赖盖特的约翰	赫特福德	11 月 3 日—12 月 27 日
			圣奥尔本斯	12 月 12 日—
肯特郡	1279	同上	坎特伯雷(2 次)	1 月 14 日—2 月 14 日；4 月 12 日—6 月 18 日
			罗切斯特	6 月 14 日—
苏塞克斯郡	1279	同上	奇切斯特(3 次)	6 月 25 日—7 月 22 日；9 月 15 日—9 月 30 日；11 月 18 日—11 月 25 日

───────────

①　D. W. Sutherland, *Quo Warranto Proceedings during the Reign of Edward I*, *1278—1294*, pp.33、60.

②　材料源自英国国家档案馆(Public Record Office, London)，尚未出版，引自萨瑟兰著作附录二，参见 D. W. Sutherland, *Quo Warranto Proceedings during the Reign of Edward I*, *1278—1294*, pp.215-220.

续表

郡	年份	主审法官	开庭地点	开庭日期
萨里郡	1279	同上	吉尔福德(2 次)	10 月 6 日—11 月 12 日;12 月 10 日—
多塞特郡	1280	同上	舍伯恩	1 月 20 日—2 月 23 日
萨默塞特郡	1280	罗切斯特的所罗门	萨默顿(2 次)	5 月 30 日—7 月 26 日;10 月 6 日—11 月 3 日
汉普郡	1280—1281	同上	温彻斯特(2 次)	11 月 18 日—12 月 1 日; 1 月 20 日—2 月 9 日
			南安普顿	2 月 17 日—2 月 24 日
			温彻斯特	3 月 3 日—
威尔特郡	1281	同上	威尔顿	4 月 21 日—7 月 28 日
			新索尔兹伯里	9 月 30 日—10 月 6 日
			马尔堡	10 月 6 日—10 月 14 日
德文郡	1281	同上	埃克塞特	11 月 18 日—12 月 2 日

第三阶段:1290 年 5 月《权利开示法令》的颁布意味着调查政策发生变化,整个调查进入一个新阶段。《邓斯特布尔修道院编年史》(*The Annals of Dunstable Priory*)记载了新法令出台过程:爱德华试图在 1290 年 4 月的议会中集中处理之前积累的特权诉讼,前来应诉的两位贵族——达文特里的罗伯特(Robert of Daventry)和格里的亨利(Henry of Grey)以长期持有为由对其权利进行辩护。这是当时很多贵族的通常做法,在缺乏纸质凭证的情况下,他们多宣称其权利来自"不可追忆的时期"(time from out of mind),并坚持认为这种因长期持有而产生的"时效权利"(Prescriptive Right)是合法的。① 以桑顿的吉尔伯特(Gilbert of Thornton)为首的王室法官是坚定的王权主义者,毫不犹豫地判定这两位贵族败诉。鉴于这个判决将影响到绝大多数贵族的利益,因此激起普遍的不满和反抗。国王为了避免冲突扩大,

---

① 具体来讲,"时效权利"是普通法中的常用概念,指通过时间的推移而产生的权利。早期普通法认为,取得时效是从"不可追忆的时期"算起,而"不可追忆的时期"一度模糊不清,引起争议。1290 年的《权利开示法令》将 1189 年确定为"不可追忆的时期"的划分标准。本文对这个时间点的确立过程进行了详细论述。参见薛波:《元照英美法词典》,北京:北京大学出版社 2003 年,第 1082 页。

最终撤销了上述两个案件的判决，随后颁布了《权利开示法令》。① 编年史显示，贵族强有力的抵抗是促成新法令制定的重要原因，它可以被看作国王与贵族在权利问题上相互博弈、相互妥协的一个产物。

这种妥协性更多地反映在法令内容上。法令规定未完成的特权诉讼留待之后的巡回审判处理，在此期间当事人可以自由地、不受限制地持有权利。相对于 1278 年法令——国王可以暂时扣押诉讼中的（或归属不明确的）权利，王室明显作出了让步。1290 年法令最重要的一点，是承认了一部分时效权利的合法性，并以狮心王理查德（Richard I，1189—1199）的即位时间（1189）作为划分标准："任何伯爵、男爵及其他一切教俗领主，在理查德即位之前就持有某项权利且至今没有中断，也没有受到滥用的指控，那么在巡回法官到来之前可以自由持有权利。在此期间他可以到国王及王室法官面前说明情由，再由王室法官颁发一张签字盖章的特许状，确定其权利的合法性。而不符合这一规定的权利持有人，需要对巡回法官出示明确的权利凭证且要经过司法审判。"②

1290 年法令颁布不久，王室又出台一份《摘要》，进一步确认新法令，并减少权利合法性的证明环节："1189 年之前所获得的权利持续到现在且无瑕疵，那么该权利自动具有合法性，权利持有人不会被二次裁判，并在需要的时候可随时去国王处领取凭证。"③该规定简化了持有时效权利的条件，也减轻了政府确认和颁发权利凭证的负担。可以看出，1290 年法令及《摘要》具有明确的针对性和目的性，法令明显放宽了权利有效性的范围，并给出了一个明确的判定标准，对于解决因时效权利引起的矛盾和争议（本文第三部分再论）有很大作用。新法令没有触及 1278 年调查框架的根本，更多是对调查运动的一次调整和完善。

1290 年法令最初的执行过程并不顺利。头两年没有举行巡回审判，王室法官忙于处理国王滞留诺曼底期间产生的行政腐败和渎职案件。1292 年再次召集巡回法庭，但以休·卢瑟（Hugh Louther）为代表的部分王室法官

① Michael Prestwich, *Edward I*, London：Yale University Press, 1977, p.347.
② *Statutes of the Realm*, Vol. 1 (1235—1377), p.107.
③ Harry Rothwell, ed., *English Historical Documents*, 1189—1327, Vol. Ⅲ, p.465.

试图对新法令进行抵制。休是坚定的王权主义者,他从两个方面质疑新法令的有效性:一是针对教会人士,他认为时效权利的根源是诺曼征服,而教会人士并没有参与最初的大征服运动,因此不能以惯例之由进行辩护;二是对于世俗贵族,休再次提及布拉克顿的"有限让渡"理论,强调高级权利属于王权的一部分,领主不能以任何名义提出要求,因此1290年法令只能适用于一般权利。在休主持的南部巡回审判中,他的理论得到一定程度的应用,尤其在赫特福德郡(Hertfordshire)、什罗普郡(Shropshire)和斯塔福德郡(Staffordshire),有近30个涉及时效权利的案件因上述理由被驳回,并延后审理。①

尽管如此,王室法官的抵抗收效不大,承认时效权利的有效性已成为普遍趋势。1290年法令为贵族们的辩护提供了有力支撑,如1292年的赫特福德郡,巴斯克维尔的理查德(Richard of Baskerville)在出示了长期持有权利的证据后,特意向法官重复了1290年法令内容,并指出之后其审判"违反国王的旨意"②。面对合法的抵抗,法官们也不得不作出让步。1293年,南部巡回审判更换了主审特权诉讼的法官,约翰·姆特福德(John Mutford)不像休·卢瑟一样对新规怀有强烈的敌意。他任法官不久后,巡回法庭再次发布令状,重申1290年原则:"我们希望,所有以我们名义在你和其他王室法官面前所展开的涉及令状——权利开示令状或权利令状——的诉讼,都是关于国王理查德执政期间及之后的权利案件,在他之前的(时效权利)将不被提起诉讼。"③此后,在西部和南部诸郡巡回审判中,王室法官不再用上述理由反对时效权利,尤其在斯塔福德郡、肯特郡以及米德赛克斯郡,新法令几乎畅通无阻。北部巡回审判中没有出现休一样的人物,新法令自始便充分发挥作用。

1290年法令在实践中显示了它的成效。对时效权利的承认尤其是"1189年标准"的设定,在很大程度上解决了双方的争议,障碍被移除,大量涉及时效权利的诉讼能够得到快速处理。据统计,新法令执行的两年间巡回法官们前后走访了10个郡,处理近400个特权诉讼案件,且绝大多数涉

---

① *Placita de Quo Wrranto*, pp.676 – 681.

② *Ibid*. p.274.

③ *Ibid*. p.352.

及时效权利的争议都得到了解决,较少造成案件滞留。[1] 与 1278 年法令的执行状况相比,1290 年法令颁布之后的两年间权利诉讼效率得到很大提高。可以说,新法令有力地推动了调查运动的进展,正因如此,雷斯特维奇称《权利开示法令》是一次巧妙的妥协。[2]

1294 年与威尔士的战争使特权调查活动再次中断,也终结了整个运动。此后直到爱德华一世去世,英格兰陷入长期对外战争,国王无暇整顿内政,没有继续推行调查。之后,没有出现成规模的特权调查,除战争等外在因素外,14 世纪巡回法院的衰落是一个更深层原因,它使调查失去了依靠平台。尽管如此,权利开示令状保留下来并继续得到应用。近代以来,政府常用它审查行政权以及公司机构的运营是否具有合法性,权利调查成为英格兰政治实践中的一种常规设置。

三、"规训特权"运动中的博弈与妥协

"规训特权"运动是爱德华一世加强王权、整顿内政的重要举措,但它并非国王单方面的行动。对特权"规训"必然触及贵族的实际利益,引发他们的抵抗。尤其在封建社会中,贵族权利特别是抵抗权受封建习惯法保护,对王权形成有力的制约。国王与贵族间的矛盾与斗争贯穿特权调查的始终,双方的博弈和妥协是理解这场运动的一条核心线索,也成为它最主要的特征。

贵族抵抗的一个直接原因,是调查伊始王室态度较为强硬。上述《格洛斯特法令》的几点原则表现出强制色彩,而在实践中,王室法官们也试图彻底贯彻这些原则。最具代表性的是桑顿的吉尔伯特(Gilbert of Thornton)以及吉灵斯海姆的威廉(William of Gislingham),此二人是主审权利诉讼的法官,积极为王权辩护。吉尔伯特在 1281—1284 年林肯郡的诉讼中,常以"权利中断或滥用"为由判定贵族某项权利无效。[3] 此外,他们都强调只有国

---

①　D. W. Sutherland, *Quo Warranto Proceedings during the Reign of Edward I*, *1278—1294*, p.100.

②　Michael Prestwich, *Edward I*, p.347.

③　D. W. Sutherland, *Quo Warranto Proceedings during the Reign of Edward I*, *1278—1294*, p.142.

王颁发特许状才能证明权利的合法性,否定包括惯例在内的其他权利来源的有效性。在德文郡上百件特权诉讼中,几乎每一件涉及时效权利的诉讼都遭到威廉的质疑和否定,最终导致近半数案件被转移到中央王室法庭。[①]吉尔伯特甚至提出一种更为激进的主张,即国王可以无条件收回所有未经他认可的权利。在 1290 年 4 月和 5 月他被任命为首席大法官(chief justice)期间,试图推动这一主张的立法化,遭到贵族的激烈反对,最终促使具有妥协意味的 1290 年法令的出台。[②]

王室法官的专断强硬,引起贵族的强烈抵制。据《吉斯堡的沃尔特编年史》(Chronicle of Walter of Guisborough)记载[③],1278 年法令激起了贵族们的普遍愤怒,尤其以劳苦功高的萨里伯爵约翰·德·瓦朗(John de Warenne, Earl of Surry)为最。老伯爵手持一柄生锈的剑,对前来调查的王室法官高声宣称:"这就是我的凭证! 我的先祖跟随征服者来到这里,靠着这柄剑征服了这里的土地,因此凭借这柄剑我要保卫我的权利免受其他人的篡夺!"[④]这段"执剑抗议"被看作贵族维护自身权利、抵抗王权的一个典型事例。尽管该事件的真实性存疑,但仍能反映出贵族抵制和对抗调查的普遍心态。事实上,他们更多地会通过司法渠道来实现抵抗。卡姆女士通过对巡回法庭卷宗的分析揭示出,瓦朗伯爵主要以诉讼方式维护了自己在萨里郡(1279)、苏塞克斯郡(1279)、约克郡(1280—1281)、林肯郡(1281)以及诺福克郡(1286)的多项权利。[⑤]

国王与贵族的争执和对抗,在两个问题上体现得最为激烈,一是诉讼程序的合法性。上已述及,《格洛斯特法令》有关特权诉讼的部分程序,如无令状的"要求权诉讼"以及无须注明起诉人的令状诉讼,些许偏离普通法的常规设置,这给贵族抗辩提供了理由。一个典型的案例是,格洛斯特伯爵吉尔

---

① D. W. Sutherland, *Quo Warranto Proceedings during the Reign of Edward I*, 1278—1294, pp.75, 77.

② G. O. Sayles, Select Cases in the Court of King's Bench, pp.94 - 96, 128 - 129.

③ 《吉斯堡的沃尔特编年史》,又称《海明堡的沃尔特编年史》(*Chronicle of Walter of Hemingford*),有四个版本,这个故事出现于其中一个版本,该版本成书时间是 1350 年之后,远晚于故事发生时间(1279 年)。

④ G. Lapsley, "John De Warenne and the *Quo Waranto* Proceedings in 1279", *The Cambridge Historical Journal*, 1927, Vol. 2, No. 2 (1927), p.111.

⑤ Helen M. Cam, "The Quo Warranto Proceedings under Edward I", p.146.

伯特(Gilbert de Clare)于 1279 年被传至法庭,要求他回答凭何持有肯特郡的两个百户区——沃什林斯通(Washlingstone)和利特菲尔德(Littlefield)——的权利。但伯爵以合法继承为由拒绝在没有王室令状的情况下出席法庭,并且要求如普通法的常规诉讼一样,让国王在令状上注明自己是原告及提起诉讼的缘由。为了应对这一情况,法官们不得不召集一场集体会议,并出台两份正式声明:第一份强调,不注明原告的令状早有先例,王室和财政署的诉讼卷宗可以查到;第二份强调,权利开示令状是一种特权令状(prerogative writ),只能由国王使用,因此无须注明原告及缘由。[①] 伯爵的要求最终被驳回,他必须前往应诉。这次冲突触及特权调查的合法性问题,一度使《格洛斯特法令》本身陷入危机,从中可以看出贵族会对特权调查运动偏离普通法程序的部分进行抵抗。

博弈的另一个焦点是时效权利(Prescriptive Rights)的合法性,这是1290 年法令颁布前特权调查实践中的一个难题,并引起广泛争议。王室法官对时效权利普遍持否定态度,并经常援引布拉克顿“特权源于王权”的观点作为依据,爱德华也曾公开表示:“长期保有和使用不应该被认为是抗辩的合理借口。”[②]但对贵族来讲,时效权利涉及他们的核心利益,必然要积极维护和争取。

贵族的抗辩主要基于两点:一方面,在一个习惯法为主导的社会中,惯例本身具有法律效力,一种权利不论源自何处,长期保有自然赋予持有者以合法性。因此,很多贵族宣称自己的权利来自“不可追忆的时期”。另一方面,诺曼征服被看作时效权利最有力的支撑。很多贵族认为,他们的祖先因参与诺曼征服获得了某项权利,这个权利并非国王赐予,而是源自征服本身。虽然法律条文没有作出明确规定,但源自征服的权利的有效性也是一则心照不宣的共识。

1278 年以来,贵族普遍以时效权利为由进行抗辩,维护时效权利成为他们对抗王室法官的主要手段。如前文瓦朗伯爵的例子,他在萨里郡、苏塞克

① Great Britian, Record Commission, Francis Palgrave, ed., *The Parliamentary Writs and Writs of Military Summons*, Vol. I, London: G. Eyre and A. Spottiswoode, 1827, pp.382 - 384.

② Edward Jenks, *Edward Plantagenet (Edward I) the English Justinian: Or, The Making of the Common Law*, New York: G. P. Putnam's sons, 1901, p.166.

斯郡以及诺福克郡的诉讼中,都使用了权利来自"不可追忆的时期"作为抗辩理由,大陪审团和法官最后判定他在这些郡的权利有效。再如,1279 年坎特伯雷基督教堂(Christchurch, Canterbury)的长老就一块地产接受调查时声称,他和他的祖先从诺曼征服起就开始持有这块土地,该地在 1066 年之后也从来没有属于过国王。这则诉讼最终被移交给财政署,王室法官试图通过查验《末日审判书》来检验教堂长老主张的真实性。[①]

王室法官在实践中对待时效权利的态度,并非如理论上那么坚决。鉴于贵族的有力抵抗以及整个社会对惯例的普遍认可,完全否定时效权利是不切实际的。这导致法官在实际判决中常常左右摇摆。例如,在南部巡回审判中,吉斯灵海姆的威廉在处理格洛斯特郡、萨默赛特郡、汉普郡以及维尔特郡的案件时,承认了一些时效权利的有效性;但在多塞特郡和德文郡,他的态度却十分严苛,几乎判定每个时效权利无效。[②] 又如,在 1286 年诺福克郡的巡回审判中,威廉在宣称"不可追忆的时期"无效的情况下,仍然承认了两位男爵的时效权利。[③] 这些案例从侧面反映出贵族为争取时效权利而作出的抵抗有一定成效。

双方博弈和对抗的结果是走向妥协,这在 1290 年法令中表现得最为明显。前文对该法令的颁布、确认及实践进行了详细的分析,可以看出,王室在逐渐地改变既有的强硬态度和行事方式。法律史学家普拉克内特也认为,1290 年后爱德华政府不断地作出让步。[④] 但王室的妥协是有限的、非原则性的,并不意味着放弃了对贵族特权的调查,而是更多地为了解决调查中涌现的具体问题。萨瑟兰也谈到,这次妥协在不影响贵族实际利益的同时仍然延续了布氏理论。[⑤] 1290 法令的实践也表明,双方的妥协对实际问题的解决发挥了一定作用。

双方的妥协进一步反映在调查结果中,说明"规训特权"运动并非一场

① D. W. Sutherland, *Quo Warranto Proceedings during the Reign of Edward Ⅰ*, *1278—1294*, p.53.

② *Ibid*. pp.73 - 75.

③ *Placita de Quo Wrranto*, pp.482 - 485.

④ T. F. T. Plucknett, *Legislation of Edward Ⅰ*, Oxford: Clatendon Press, 1949, p.47.

⑤ Michael Prestwich, *Edward Ⅰ*, p.347.

零和博弈。调查运动在一定程度上实现了爱德华最初的目的,即恢复流失的王室权利并稳定王权。萨瑟兰详细地盘点了王室在四个郡的收获,即早期的约克郡(1279—1281)和多塞特郡(1280)以及晚期的白金汉郡(1286)和兰开郡(1292)。其中在多赛特郡和兰开郡的成果较为显著,王室收回了包括主持百户区法庭、管理十户区和村庄以及处理返还之诉等一些"大权利";在其他两个郡收回的权利则十分有限,多是各种"小权利",如在白金汉郡的8个诉讼案件中仅收回了3个村庄的监护权,1处宅邸和1个磨坊,2个村庄的无主物品以及某地扣押物品和征收罚款的权利。① 总之,"王室在这些郡的权利诉讼中取得了不同程度的胜利"。

除收回部分权利外,调查运动还进一步肯定了"特权源于王权"的原则。王室法官的行动有目共睹,他们在调查过程中不断强调和延伸这一原则,促使其逐渐地上升到法律层面:1278年法令的内容彰显了这一点;1290年法令尽管意味着王室的妥协,但在有条件地承认时效权利的同时,也将其纳入法律规定的范围内,即由王室确立时效权利的标准,并对符合规定的持有者颁发权利凭证。此后,与其说权利持有者依据惯例持有权利,不如说他们依据王室法令持有权利。特权调查法令及其实践始终隐含着一种内在逻辑,即特权的法律效力最终来自王室,并在不断地重申中获得共识和法律效力。

然而调查运动造成的冲击没有打破既有的权利运作体系。梅特兰指出,在这场运动中大多数贵族的权利并没有被取消或剥夺。② 首先,在司法诉讼和法庭博弈中,王室并不总能获胜。其次,在普遍的、漫长的特权调查中,一些贵族试图与法院和解,而很多时候国王在收取一部分费用或罚金后,重新确认了贵族的权利。如1286年诺福克郡的阿兰,在其诉讼被移交给财政署期间,愿意每年支付2先令,以获得争议中的十户联保监督权,这个提议被财政署接受。③ 再如,约克郡和林肯郡大量涉及权利滥用的案件中,当事人极少被剥夺权利,往往停止侵权并缴纳相应罚款即可。这种做法

---

① D. W. Sutherland, *Quo Warranto Proceedings during the Reign of Edward I, 1278—1294*, pp.152 - 161.

② F. Pollock & F. W. Maitland, *The History of English Law before the Time of Edward I*, p.574.

③ *Pla cita de Quo Wrranto*, p.488.

较为普遍,以至于梅特兰称特权调查运动是一次王室对贵族们的勒索行动。[1] 这个概括当然有失偏颇,但也从侧面反映出,贵族能够通过一定方式保持其权利。不仅如此,调查运动的结果也以法律形式确认了部分贵族权利的有效性。1290 年法令规定,被判定合法的权利持有人可以获得国王颁发的凭证,这使一部分"口头权利"获得了坚实的法律依据。对于整个贵族阶层来说,其大部分权利不仅没有被取消,反而最终能够以法律形式得到确认,这也成为英格兰贵族默认参与调查运动并进行有节制抵抗的重要原因。

特权调查运动所达成的妥协,不仅在很大程度上解决了双方就权利问题产生的纷争和矛盾,还积累了一套规范权利运作的方法和经验,显示了特权调查运动的政治成效。

一方面,国王与贵族在博弈与妥协的过程中,进一步厘清和界定了双方的权利持有关系,促进权利体系运作的规范化和有序化。调查运动的目的之一就是明确权利的归属,这不仅对国王有利,对于规范权利运作也有重要意义。相较之前,调查运动明确了权利持有的三点原则:一,权利来源应该是可追溯的、明晰的;二,用司法程序对权利持有展开调查;三,权利持有应是合法的且有法律凭证。这些规则以立法形式出现在 1278 年和 1290 年法令中,意味着权利运作体系的一次发展和进步。除此之外,调查运动对于权利使用方式也进行了约束,权利滥用会受到制裁和打击。调查案例显示,王室法官常以权利滥用为由提起诉讼,这在 1290 年之后的北部巡回审判中成为一种常规诉讼。[2] 梅特兰也强调,调查运动对权利滥用起到了一定的震慑作用。[3]

另一方面,特权调查运动不仅针对贵族,还涉及地方行政官员,对他们权利使用状况的监督和规范对地方治理具有一定意义。最初的百户区调查(1274)包括贵族特权与地方行政两个部分,并且对行政调查作出详细的规定:调查对象包括郡长(sheriffs)、验尸官(coroners)、各类下属职员(clerks)

---

[1]　F. Pollock & F. W. Maitland, *The History of English Law before the Time of Edward I*, p.572.

[2]　D. W. Sutherland, *Quo Warranto Proceedings during the Reign of Edward I, 1278—1294*, p.140.

[3]　F. Pollock & F.W. Maitland, *The History of English Law before the Time of Edward I*, p.571.

以及执法官(bailiffs)等,调查内容包括收受贿赂(《拉格曼卷宗》第 15、16、27、28 条)、玩忽职守和滥用职权(第 15、19、25 条)、侵吞王室财产(第 21 条)、敲诈勒索和欺压百姓(第 18 条)等。① 1274 年调查模式被延续了下来,此后的特权调查运动始终包含上述行政诉讼的内容。卡姆也谈道:"权利被白纸黑字地确定下来,这不仅是为了约束地方显贵,或是为了阻止私下的权利篡夺,同时也为调查地方官员的履职情况提供材料。如果郡长声称百户区的一位贵族领主拥有返还令状,因此某个令状没有执行并不是他的错,那么法官就可以清查档案,以确定其借口的有效性。"② 可以说,特权调查运动进一步明确了地方官吏的权责范围,而权责明晰对于行政治理的法制化有重要意义。

综上,"规训特权"运动凸显了法律在英格兰政治运作中的重要性。其作用主要体现在两个方面:其一,在封建社会中,封建习惯法起到了类似宪法的作用,它所具有的契约属性,推动了政治实践中权力制约机制的形成。正因如此,王权与贵族间的博弈和妥协成为中世纪政治的一个显著特征。双方的博弈在封建法的框架下进行,而法律至上原则在这一过程中显现出来。可以看出,法律至上和权力制约紧密地联系在一起。对此,13 世纪的一位主教斯达布斯已经有了清晰的认识:"中世纪历史是一种关于权利与侵权行为的历史……权利或诸权利的观念,是中世纪时代的指导思想——所以如此,因为在这时期的最伟大的人物中,存在着一种提高法律地位的有意识的企图和一种遵守法律的意愿;同时,在劣等演员中即在下层的人群中,有着维持他们既得权利的倾向;……中世纪是法律成长的时代,……对于流血,没有什么害怕,但对于破坏权利倒有巨大的恐惧。"③

其二,英格兰普通法也为政治实践提供了一种切实可行的方法。普通法为国王和贵族提供了一个以法庭为中心的司法博弈平台,这在一定程度上推动了英格兰政治运作的法治化进程。具体来讲,一方面,普通法提供了

---

① Harry Rothwell, ed., *English Historical Documents*, 1189—1327, Vol. Ⅲ, pp.393-394.

② Helen Cam, *The Hundred and the Hundred Rolls: an Outline of Local Government in Medieval England*, New York: B. Franklin, 1960, p.239.

③ [美]汤普逊:《中世纪经济社会史(300—1300)》下册,耿淡如译,北京:商务印书馆 1997 年,第 332 页。

一个平台或渠道,可以在一定程度上满足社会群体的需求,舒缓了社会的紧张程度,使其保持适当的张力。特权调查运动就是一个典型例子。不仅如此,其他社会力量也可以在这个平台上找到某种立足点,即使是中世纪的农民也能够通过司法诉讼的手段与领主进行对抗,维护其基本权利。[①] 另一方面,普通法也将博弈限定在一个框架内,使双方都受到限制,并按照某种规则和程序进行对抗,在一定程度降低了暴力冲突的发生概率,减少社会冲突的扩大与锐化,推动了社会的平稳发展。渐进发展模式也成为英国政治的特征与传统。这一传统在 17 世纪英国革命中展现出最大价值,号称"光荣革命"的不流血政变基本上实现了最初的革命目标,并且在没有破坏整体社会秩序的前提下实现了政治与社会的平稳转型。

原载《经济社会史评论》2021 年第 4 期

---

① 侯建新:《原始积累的秘密:英国佃农何以抵抗过度侵夺?》,载《经济社会史评论》2009 年第 2 辑。

制造教皇权力

——11—12 世纪西欧的教权理论、教会法与教皇政府

刘　林

摘　要:11—12 世纪西欧的教会改革不仅是中世纪政治思想的一次转折,也是欧洲政治实践的一次重要转变,而变化的关键即教皇制的建立,即在世俗王权之外,教皇作为新的权力的一极出现。抛开社会环境因素来讲,教皇制在某种程度上是当时教权主义者们人为制造的。对教皇权力的构建主要从两个方面展开,始于理论,成于实践。这一时期的教会学者们通过对传统文献进行引用、再解释甚至篡改,在理论与法律层面实现了教皇拥有最高权力的目的。与此同时,教皇的政治实践也随之展开,一个有效率、集权式教皇政府建立起来,并且通过派遣教皇使节以及大力推行罗马的宗教仪式,教皇的权力覆盖到整个西部基督教世界之中。

关键词:教皇;权力;理论构建;格里高利七世;教皇政府

在 11 世纪中叶之前,教皇并非基督教世界的宗教领袖,他实际上只是罗马地区的主教,还经常受制于罗马贵族或世俗王权。而到了 13 世纪,教皇已成为西欧社会中举足轻重的人物,以罗马教廷为中心的、一种强有力的教皇政府建立起来。这一转变是中世纪历史中最重要、也是最值得探讨的问题之一。国外学界对此方面的研究由来已久,对材料的梳理已很翔实,观点亦很丰富,代表性的学者包括:授职权之争领域的权威布卢门特尔[①]以及

---

① Blumenthal U., *The Investiture Controversy: Church and Monarchy from the Ninth to the Twelfth Century*, Philadelphia: University of Pennsylvania Press, 1988.

泰伦巴赫、[①]中世纪政治思想史领域的著名学者沃尔特·厄尔曼、[②]安东尼·布莱克[③]以及美国中世纪史专家布莱恩·蒂尔尼等。[④] 近年来,国内学界对这一问题也给予较多关注,一些学者的著作中涉及了相关问题,但鉴于这一问题的复杂性,对此还有进一步集中研究的必要。本文主要探讨教皇制的建立过程,即教皇权威以怎样的方式在思想理论和政治实践中被制造出来。

一、理论构建

教皇制的理论阐释具有一定的传统,11 世纪之前诸多的宗教文献和法令中已包含了丰富的关于教权问题的论述,而教皇权力至上的思想也在其中被表达出来。这些早期的文献成为"教皇革命"时期的理论创新的基础,正是在对传统的回溯中教皇派理论家们为其教皇至上的观点找到合理性和依据。

《圣经》是基督教诸多理论的权威和来源,它也成为教皇制的最根本的支撑。如《马太福音》16:18—19 中讲道:"所以我告诉你,你是彼得,是磐石,在这磐石之上,我要建立我的教会,甚至死亡的权势也不能胜过它。我要给你天国的钥匙,你在地上所禁止的,在天上也要禁止;你在地上所准许的,在天上也要准许。"[⑤]这是教会学者在论述教皇权力时最常引用的一段材料,它谈到耶稣在命令彼得建立教会的同时,也赐予了他统治的权力,而作为圣彼得的继承人,教皇们也同样拥有这种"禁止与准许的权力",因此,他们可以对整个基督教世界进行统治。此外,《圣经》在多处描写了彼得的独一性和特殊的能力,如《使徒行传》10 章 12 节、《约翰福音》21 章 10 节,这些材料也

① Tellenbach G., *The Church in Western Europe from the Tenth to the Early Twelfth Century*, Trans. by Timothy Reuter, Cambridge: Cambridge Medieval Textbooks, 1993; *Church, State and Christian Society at the Time of the Investiture Contest*, Oxford: Basil Blackwell, 1948.

② Ullmann W., *Growth of Papal Government in the Middle Ages*, London: Methuen, 1955.

③ A. Black, *Political thought in Europe*, 1250—1450, Cambridge: Cambridge University Press, 1992.

④ B. Tierney, *The Crisis of Church and State*, 1050—1300, Toronto: Toronto Press, 1988.

⑤ 《马太福音》16:18—19。

成为日后教皇权力的最重要的理论来源。

　　教父时代是基督教理论的大发展时期，教皇的权力也同样成为教父们探讨的一个重要问题。利奥一世是教皇权力的最早的宣传者之一，他特别强调教皇作为圣彼得的继承人身份以及由此而拥有的统治权。[①] 利奥一世使用头部和器官的形象来定义罗马教会与基督教世界其他教会的关系，[②]这一比喻成为教皇制理论中的经典表述，之后的教皇派理论家们也多以这种方式为教皇的最高权力而辩护；格拉修斯关于政、教关系的论述贯穿于整个中世纪的政治思想之中，成为处理政、教关系的一种基本原则。他提出"两种权力"并立的概念："尊敬的皇帝，这个世界被两种权力统治着，一种是教士的神圣权力，一种是世俗的王权。"在格拉提安那里两种权力之间并非对立，而是分工协作的关系："基督……根据其各自适合的行为和特殊的尊严，将这两种权力区分开来……因此，基督教帝国的皇帝为获得永生需要求助于主教，而主教们在处理尘世事务时也需要依靠皇帝的指导。"[③]两种权力的思想也被 11 世纪的教会改革者们所继承，但他们对二者之间关系有了新的阐释，对教皇权力至上的强调已经超过了以往的分工合作的认识。

　　除了较为早期的文献典籍之外，8—9 世纪所伪造出的一批教令集也成为教皇权力的法律来源。其中，《君士坦丁的赠礼》（*Donatio Constantini*）是最著名的一份伪造品，据此，君士坦丁皇帝将整个帝国的西部赠予了教皇西尔维斯特："……我将给予常提及的、至福的西尔维斯特，即所有人的教宗，以我们的宫殿作为他的居所，并我们所有的省份、其他的宫殿、罗马和意大利的城市以及西部的所有地区；我将统治这些地区的权力赐予他（西尔维斯特）以及他的继承者们，我再次决定并命令上述地区由他（西尔维斯特）来管理，并合法地将其赐予神圣罗马教会作为其永久财产。"[④]

---

　　① Kevin Uhalde："Pope Leo I on Power and Failure"，*The Catholic Historical Review*，Vol. 95，No. 4（Oct.，2009），p.671.

　　② ［英］J. H. 伯因斯主编：《剑桥中世纪政治思想史》，程志敏等译，北京：生活・读书・新知三联书店 2009 年，第 385 页。

　　③ A. Black，*Political thought in Europe，1250—1450*，Cambridge：Cambridge University Press，p.44.

　　④ H. Bettenson，*Documents of the Christian Church*，Oxford：Oxford University Press，1943，pp.141 - 142.

这份文件是完全站在教皇的立场上所创造的,他给教皇的权威提供了历史传统和世俗法律的依据,厄尔曼认为这是"纯意识形态的术语诠释了历史的事实"①。在 16 世纪的意大利人文主义学者洛伦佐证明其为伪造之前,它一直是教皇制的最重要的辩护材料。除此之外,《伪伊西多尔教令集》(Pseudo-Isidore)也在教权理论以及教会法的发展过程中发挥了很大的影响。这部作品诞生于查理曼帝国解体的混乱之中,其最初目的是维护主教群体的权利,使他们免受世俗权力的控制,尤其是刑事诉讼的指控。② 但作者的意图在随后的学者的引用和解释中发生了转变,他所关注的主教的权利不再被提及,这部作品成为制造教皇权力的最主要的法律来源之一。

伴随着教皇革命的进行,11—12 世纪涌现出一大批为教宗制辩护的理论家,如席尔瓦坎迪达的亨伯特(Humbert of Silva Candida)、彼得·达米安(Peter Damian)、教皇格里高利七世(Gregory VII)、圣维克多的雨果(Hugh of Saint Victor)以及明谷的伯纳德(Bernard of Clairvaux)等,他们以传统文献为基础,通过引用、再解释甚至篡改,将教皇权力至上的理论推向了高峰,使其成为中世纪中后期政治思想领域中的主流观念。

早期的关于教皇权力的论述在 11 世纪再次得到关注和强调,教皇派理论家们往往将这些观点直接纳入自己的理论之中。利奥一世所提出的"圣彼得的继承人"的观念在之后很长一段时间内都并没有产生实际的影响,但改革派的教皇们却将这一身份当作其权力的依据,使圣彼得的声音真正地表达出来。格里高利七世处处以圣彼得的继承人自居,1704 年在一封写给匈牙利国王所罗门(Solomen)的信件中,他先后四次以圣彼得之名对国王发号施令。③ 在 1705 年的《教皇敕令》中,他仍然重申了而这一概念:"如果罗马教皇的职位是依照教会法的程序所授予的,那么毫无疑问,它也是荣耀的圣彼得所认可的。"④此外,利奥一世以身体器官来比喻教会等级关系的论述也被其他改革理论家所引用,例如,亨伯特在《论神圣罗马教会》(De sancta

---

① [英]沃尔特·厄尔曼:《中世纪政治思想史》,夏洞奇译,南京:译林出版社 2011 年,第 53 页。

② Thomas F. X. Noble,"Morbidity and Vitality in the History of the Early Medieval Papacy",The Catholic Historical Review,Vol. 81, No. 4 (Oct., 1995), p.518.

③ B. Tierney, The Crisis of Church and State, 1050—1300, pp.50 - 51.

④ Ibid. p.50.

Romana ecclesia）中谈道："如果教会的头部不健全，那教会的其他部分也不可能健康。"①这是他发出的继续推进教皇制度改革运动的迫切号召。可见，在制造教皇权力理论过程中，从传统文献中摘引出符合自身目的的观点和材料是一种最常用、最直接的方式，但教皇派理论家们并不止于此，他们通过对材料的深入挖掘与再解释创造出了新的内容。

对传统材料的再解释即是一种理论创新，它赋予材料以新的内涵，并最终通过旧的题材表达出新的观点。教皇派理论家们正是在这一意义上通过重新挖掘早期的文献表达出他们时代的教宗制的新理论。"双剑论"是中世纪政治思想中表达政、教关系的一个传统比喻，它来自《圣经》，"他们说：'主啊，请看！这里有两把刀。'耶稣说：'够了'"②。传统意义上的双剑——物质之间与精神之剑分别属于国家与教会，并且二者的关系趋向于合作，但在授职权之争后这一解释发生了转变。1146 年，圣伯纳德在写给教皇犹金三世（Eugenius）的信中谈道："两把剑都是圣彼得的，无论何时需要，他都可以拔出，一把他亲手掌握，一把由他的权威来控制。"③伯纳德并没有完全否定君王的权威，君王依然握有世俗之剑，但它是由教皇授予的，教皇才握有两把剑，即两种权力的最终拥有者。这一转变所表达的观点是显而易见的：教皇拥有至上的权威，教权高于俗权。

除了直接引用和再解释之外，教皇派理论家在使用传统文献材料时也常对原文进行一些篡改，以达到为教皇制辩护的目的。例如，1081 年格里高利七世给亨利四世的信中引用了杰拉斯的话，但同时进行了修改，"省略了陈述国王'对人类进行统治'，以及他只是为了神圣的事务而服从于神职人员权力的内容，以便让杰拉斯的那个句子符合他争辩的论点：'基督的牧师应该被当作国王、诸侯和所有忠诚之人的父亲和主人'"④。早期改革手册《七十四名称集》引用了《伪伊西多尔教令集》中的 148 个段落，同时也对原文进行了大量的修改，该作者"用篡改过的罗马教皇法令代替了教规法典这一术语，使罗马教皇法令成了教规。在其他地方，他在伪法比安的文本中加

---

① 伯因斯，前揭书，第 349 页。

② 《路加福音》22：38。

③ B. Tierney, *The Crisis of Church and State*, 1050—1300, p.94.

④ 伯因斯，前揭书，第 416 页。

入了'未经罗马教皇授权'的语句,改变了文中禁止开除主教职务的含义;此外他还通过类似的修改,将主教的调任篡改为'由神圣罗马教会的授权和许可'决定"①。在这种文本的修改中体现出中世纪政治思想的转变,早期的神圣王权的观念被教权至上的新观念所取代,同时,具有集权性质的教皇制的意识形态被表达出来。

11—12世纪的教皇派理论家的努力取得了显著成果,教皇至上的观念在这一时期得到广泛的传播和接受,并在现实层面上发挥作用。教皇的绝对权威性首先从"完满的权力"(plenitudo potestatis)这一观念中体现出来。这一术语来自罗马法,利奥一世最早将其应用在表达教皇与其代理者的权力关系上,通过《伪伊西多尔教令集》这一概念被改革派理论家所继承,英诺森三世经常使用它来表达教皇政府的权力。② 厄尔曼将"完满的权力"解释为:"教皇的权力超越世上的一切并且不隶属于任何人。"③这一观念包含两层含义:首先,教皇的权力高于一切世俗权力,这意味着教皇在世俗事务上拥有绝对权威,这一至上性并非由世俗统治者所授予,而是来自教皇职位本身。④ 这里需要强调的是,大多数教皇派理论家们并没有否定世俗君主的统治权,他们只是强调在理论上教权高于俗权,但教皇不直接进行统治,"如果教皇随意干涉世俗事务或亲自践行世俗权力,那么所有的教皇主义者们都会认为他僭越了权限"⑤。其次,教皇所具有的"完满的权力"还体现在与主教的"部分的权力"的对比中。"罗马教会有权审判所有人:没有人可以对它的判决提出上诉;没有人可以审判它;所有人都有权向它提出上诉,由它来判决。"⑥而主教的司法审判权力仅限于他自己的教区之内,他只是他自己教

---

① 伯因斯,前揭书,第380页。

② Kenneth Pennington: "The Canonists and Pluralism in the Thirteenth Century", *Speculum*, Vol. 51, No. 1 (Jan., 1976), p.35.

③ W. Ullmann, *Medieval Papalism*, London, 1949, p.78.

④ William D. McCready: "Papal Plenitudo Potestatis and the Source of Temporal Authority in Late Medieval Papal Hierocratic Theory", *Speculum*, Vol. 48, No. 4 (Oct., 1973), p.655.

⑤ *Ibid*. p.656.

⑥ J. A. Watt: "The Theory of Papal Monarchy in the Thirteenth Century: The Contribution of the Canonists", *Traditio*, Vol. 20 (1964), p.269.

区内的法官。① 这一对比表达了教皇权力大于主教权力的原则,而这也成为等级式的、集权化的教皇制的基础。

除了理论层面外,法律层面也是构建教皇权力的一个重要部分,在11—12世纪所创造的大量的教会法规中,教皇的"完满的权力"被具体地表达出来。教皇最重要的法律权力有两个方面:一是立法权,教皇获得这一权力并没有太大的障碍和争议,因为"把教皇教令作为教会法的主要来源也就等于是将教会的立法权归之于教皇"②。通过参与立法,教皇可以将其主张纳入法律,格里高利七世就将教皇制以法律形式颁发出来,在1075年的教皇敕令中,格里高利从各个方面规定了教皇所拥有的无上权力。③ 除了直接制定法律外,教皇还可以通过确认宗教会议的决议使其具有法律效力,④12世纪宗教改革时期的教皇们通过这一方式极大地促进了以罗马教廷为中心的教会集权制的发展。此外,教皇最重要的法律权力体现在司法审判权上,这也是最能体现教皇"完满的权力"的地方。格拉提安的《教会法汇要》规定:教皇具有司法首席权。"因此作为教会高级都主教,他有权审理所有主教的终诉案件。作为依职权所作的发言不能出错,如同世俗的最高法院所作的判决不能出错一样,因为世界上已经没有更高的法院可以上诉。"⑤通过践行这一权力,教皇还可以任免主教,从这意义上来讲,具有最高司法权力的教皇俨然是基督教世界的君主。

需要强调的是,在教皇制的构建过程中,理论早于实践,早在1050之前,教皇制的理论就已经形成了一种深厚的传统。11世纪的教会理论家们首先是这一传统的继承者,先前的文献材料是他论述的来源和起点,但在此基础之上,各种新的关于教皇权力的观点被创造出来,如厄尔曼所认为的,正是在这一时期,教权理论进入了成熟期。但教皇制的成功不仅仅是通过

① Gerd Tellenbach, *Church*, *State and Christian Society at the Time of the Investiture Contest*, Trans. by Timothy Reuter, Cambridge, 1993, p.142.

② 彭小瑜:《教会法研究》,北京:商务印书馆2003年,第176页。

③ B. Tierney, *The Crisis of Church and State*, *1050—1300*, p.49.

④ 〔美〕哈罗德·J. 伯尔曼:《法律与革命——西方法律传统的形成》,贺卫方等译,北京:中国大百科全书出版社1993年,第118页。

⑤ 〔英〕奥斯瓦尔德·J. 莱舍尔:《教会法原理》,李秀清、赵博阳译,北京:法律出版社2014年,第56页。

理论辩护而达到的,从利奥九世开始的改革派教皇们的实践至关重要,他们建立了一个强有力的教皇政府,并通过一些积极的措施最终将教皇权力扩展到罗马之外,传播到整个基督教世界。

二、政治实践

教皇政府的建立开始于利奥九世时期。利奥掌权过程中的一个关键人物是德皇亨利三世,亨利三世对罗马教会的干涉在事实上导致了以利奥九世为首的改革派的上台,教皇权威也正是在他的保护下得以建立。[①] 利奥任职期间的两个措施对之后罗马教会的发展产生很大影响,首先,组建了一个改革小组,上文所述的几位重要的教皇派理论家都是这一小组的成员,如亨伯特、达米安以及未来的教皇格里高利七世,这个团体成为改革以及教皇集权的最有力的武器。[②] 其次,利奥开始改革之前的教廷机构设置,试图建立一个以教皇为中心的执政团体。利奥任命改革小组的人担任枢机主教,从而改变了这一职位的性质,之前的枢机主教只是授予罗马高级教士的荣誉称谓,但这时的任职者们成为教皇最信任的顾问和管理者。[③] 此外,枢机主教也经常被利奥以教皇特使的身份派往各地,例如亨伯特就曾以这一身份出行君士坦丁堡,但正是他的鲁莽导致了东、西罗马教会的正式分裂。通过派遣特使这一方式,教皇加强了与外界的联系,扩大了自己的影响力。总之,利奥九世的举措加强了教廷执政力,正是在他的时代,教皇政府初现雏形,从这个意义上讲,这位僧侣出身的教皇是一位改革的先锋。

尼古拉斯二世的执政也获得了成功。1059 年的《教皇法令》对教皇权力的发展至关重要,它重新规定了教皇选举的程序:"当普世罗马教会的任职者去世后,枢机主教们应首先聚集一起就选举进行商讨;然后召集其他红衣教士;再然后召集其他教士以及罗马人民以给予新的选举以同意,要以最谨

---

① Zachary Nugent Brooke, *The English Church and the Papacy*, Cambridge: Cambridge University Press, 1989, p.27.

② Gerd Tellenbach, *The Church in Western Europe from the Tenth to the Early Twelfth Century*, p.146.

③ [美]布莱恩·蒂尔尼、西德尼·佩因特:《西欧中世纪史》,袁传伟译,北京:北京大学出版社 2011 年,第 214 页。

慎的方式避免以任何方式而偷偷潜入的贿赂的罪恶。"①这一新的选举方式排除了世俗权力的干涉,有效地保障了罗马教会的独立性以及教皇的权力。②尼古拉斯二世的另一个重要举措是与意大利半岛南部的诺曼人建立联盟,这是教皇政府建立独立外交的一次的行为,它从一个侧面反映了这个新政府的行动力和决心,因为这个联盟意味着与德皇关系的破裂,但同时也加强了教皇政府的独立性。

教皇权力的一次突破性进展发生在格里高利七世时期,他第一次将教皇的绝对权力付诸实践。1075 年的《教皇敕令》是格里高利执政的总纲,他以圣彼得的口吻要求对整个基督教世界实行统治。在与主教的关系中,格里高利试图以各种方式来加强对主教的控制,直接发号施令、召集宗教会议、派遣特使,甚至动员世俗领主以反对违规的主教。格里高利的举措加强了罗马教廷的中央集权,西欧教会作为一个整体的目标得到进一步实现。③格里高利七世另一个重要的行动是要取得对主教的授职权力,这也吻合他之前的改革敕令,即"只有他一个人可以罢免或复任主教"④。而这一行为必然导致俗权的激烈反对,因为在之前没有明确法令的时期,主教常常由世俗领主直接任命,所以,德皇亨利四世在给格里高利七世的信中愤怒地回击道:"因此,你,该受这种诅咒,以及我们全体主教的判决和我们自己惩罚的家伙,应该下台并放弃你所篡夺的使徒职位。让另一个人升任圣彼得的宝座。我,亨利,受上帝恩赐的国王,同我们全体主教一道对你说:下台,下台,你将永远被诅咒。"⑤授职权之争在格里高利时代并没有解决,格里高利自身也因此陷入一种悲剧之中,但他对教权至上理念的实践对教皇制的发展产生了重要影响,教皇的精神权威和实际的政治权力在格里高利七世的改革运动中得以扩大。⑥1122 年的《沃尔姆斯协定》以妥协的方式解决了双方的

---

①　B. Tierney, *The Crisis of Church and State*, *1050—1300*, p.42.

②　F. Donald Logan, *A History of the Church in the Middle Ages*, London: Routledge, 2012, p.111.

③　Gerd Tellenbach, *The Church in Western Europe from the Tenth to the Early Twelfth Century*, pp.205 – 209.

④　B. Tierney, *The Crisis of Church and State*, *1050—1300*, p.49.

⑤　伯尔曼,前揭书,第 115 页。

⑥　A. Black, *Political thought in Europe*, *1250—1450*, p.42.

争端,但这对教皇来讲无疑是一种胜利,教皇的统治权得到进一步加强,教廷的威信大大提高。

教皇政府在向整个基督教世界传播其权力理论之时,教皇使节是最重要的一个工具。这一职位在 11 世纪教会改革之前就已存在,教皇与君士坦丁堡和德皇的交往需要通过使节来进行。但这一时期的教皇使节并不重要,数量很少,鲜有重要人物担任这一职位,他们的名字也很少留下。[①] 这一状况在利奥九世之后发生根本性的变化,随着教皇权力的增长,教皇使节成为一个具有影响力的重要职位。教皇特使多由改革派的人士担任,格里高利七世在成为教皇之前就以这一身份积极参与到地方教会的改革中。在改革之后,格里高利七世尤其强调这一职位的重要性,《教皇敕令》的第四条规定:"他的使节,即使教阶较低,在宗教会议中也高于一切主教并且可以作出废除主教的判决。"[②]教皇使节在改革期间发挥了重要的作用,他们将改革的理念传播到西欧各地区的教会之中,同时,他们也促进了教皇集权的发展,教皇通过其代理者加强了对地方主教和教会的控制。

教皇权力大力扩张的另一个方式是通过推行其宗教仪式来实现的,这一文化层面的宣传在某种程度上甚至比行政手段更有效力,伴随着罗马宗教仪式的传播,教皇的权力逐渐渗透到西欧社会的各个地方。罗马的宗教仪式在格里高利七世时期取得了很大成功,"他和他的使节在宗教会议上开始寻求强制实施这一正确性。与此类似,在格里高利七世的宗教会议上,教皇开始宣布掌握追封圣徒的权力"[③]。另外一个凸显教皇权力的宗教仪式是"大披肩"(Pallium)制度,即当选的大主教由教皇授予大披肩,以确认其身份的有效性。这一仪式在中世纪早期就已存在,它是一种高级荣誉,一开始并不只是针对大主教,10—11 世纪时它成为大主教的特权。在改革时期,它被以教会法的形式确认下来,英诺森三世尤其强调这一程序的重要性并且"禁止没有大披肩当选的都主教使用大主教的头衔"[④]。"大披肩"制度得到教皇派人士的广泛支持,因为它很好地诠释了教皇的"完满的权力"的观念,主教

①　Gerd Tellenbach, *The Church in Western Europe from the Tenth to the Early Twelfth Century*, p.68.

②　B. Tierney, *The Crisis of Church and State*, 1050—1300, p.42.

③　伯因斯,前揭书,第 395 页。

④　彭小瑜,前揭书,第 185 页。

通过获得大披肩而拥有相应的治理权的同时,教皇也在赠予大披肩的过程中彰显了其所拥有的最高的权力。

11—12 世纪,教皇在政治领域的实践是非常成功的,在一定程度上将教皇派理论家的主张变成了现实。一个强有力的教皇政府建立起来,它在效率及执政能力方面远超同时代的世俗政府。通过积极的政策,教皇实现了在整个西部教会的集权统治,一种具有普遍性的、等级制的教会体系建立起来,而教皇成为它的首领。另外,这一时期的教皇也扩大了他们在世俗统治方面的权力,这导致的一个结果是对俗权造成制约,一种教会和国家对立的二元政治结构由此建立起来,这对西欧历史的发展进程产生了重要的影响。

原载《新史学》第 15 辑(文化传播与历史书写)

中世纪早期西欧的慈善与补赎文化

——基于悔罪规则书文本的案例考察

付家慧

摘　要: 悔罪规则书是流行于中世纪早期,教会用以定罪与惩罚的指导手册,其中对各种罪以及对应的惩罚方式作了详细的规定。慈善作为贪婪之罪的一种补赎方式,以及其他罪的代赎方式,相比于其他补赎方式更具有社会性。这种社会性体现在给社会带来的双重影响上,其对社会产生的积极影响在于鼓励了慈善行为和社会救济,其负面影响在于为教会的腐败提供了机会。

关键词: 西欧;中世纪早期;悔罪规则书;慈善;补赎文化

悔罪规则书(Penitential),是中世纪早期出现的、供主教和忏悔司祭参考、应用于私人忏悔领域的指导手册。其主要内容是罪的分类和相应的处罚两个部分,主要来源是教士会议制定的规则以及封圣的教会人士的著作。悔罪规则书的起源受到西方学术界的争议,但是普遍认为 6 世纪诞生于爱尔兰的修道院,随后传播到英格兰及欧洲大陆。[①] 爱尔兰传教士是悔罪规则书传播的桥梁,他们在 6 世纪至 9 世纪间到欧洲大陆传教,因此他们随身携带的悔罪规则书也传播到欧洲大陆各个国家。6 世纪,法兰克人已经开始使用悔罪规则书;8 世纪,意大利地区也开始使用;9 世纪,西班牙地区也利用这一手册对信徒进行定罪和处罚。现今保存下来的悔罪规则书手稿大多数来自欧洲大陆的图书馆。

---

① R. H. 赫尔姆霍尔兹:《牛津英格兰法律史》(R. H. Helmholz, *The Oxford History of the Laws of England*)第 1 卷,牛津:牛津大学出版社 2004 年,第 30 页。

　　西方学术界对于悔罪规则书的集中研究主要开始于 20 世纪上半叶。托马斯·奥克利认为悔罪规则书是研究中世纪史的重要史料,他对于悔罪规则书中的起源、代赎、与世俗法律的关系等问题的研究扩大了悔罪规则书研究的范围。[①] 对各个悔罪规则书的考据和内容的梳理,一直是悔罪规则书研究的重要方面,罗伯·米恩斯对悔罪规则书的神学渊源、每个悔罪规则书的年代和作者等进行了逐一考证。[②] 本文试图从悔罪规则书中慈善这一惩罚和补赎方式出发,探讨这一最具社会性的悔罪方式适用的情况、产生的原因及其带来的社会影响。一方面,以补赎方式作为切入角度,可以深入探讨悔罪规则书作为教会的罪与罚体系和世俗社会的互动。另一方面,慈善救济也是中世纪史研究的重要课题,而中世纪史学者对于慈善的研究多集中在 12—13 世纪之后,即慈善大规模发展之后,有学者认为中世纪早期的慈善相比其真实性,更多的是象征性的。[③] 悔罪规则书的原文为拉丁语,本文依据的版本主要是英国学者麦克尼尔和盖默所翻译的英文版本,其中包括了爱尔兰、英格兰、法兰克王国等地大多数的悔罪规则书。[④]

一、慈善作为一种补赎方式

　　在基督教世界中,罪是一个核心概念。奥古斯丁关于始祖堕落与人生

---

　　① 托马斯·P. 奥克利:《中世纪补赎和世俗法律的合作》(Thomas P. Oakley,"The Cooperation of Medieval Penance and Secular Law"),载《宝鉴》(*Speculum*),第 7 卷第 4 期(1932 年 10 月),第 515 – 524 页;《悔罪规则书中德代赎与补赎》("Commutation and Redemption of Penance in the Penitentials"),载《天主教历史评论》(*The Catholic Historical Review*),第 8 卷第 3 期(1932 年 11 月),第 341 – 351 页;《悔罪规则书作为中世纪史的材料》("The Penitential as Sources for Medieval History"),载《宝鉴》(*Speculum*),第 15 卷第 2 期(1940 年 4 月),第 210 – 223 页。

　　② 罗伯·米恩斯:《中世纪欧洲的补赎（600—1200）》(Rob Meens, *Penance in Medieval Europe，600—1200*),剑桥:剑桥大学出版社 2014 年。

　　③ 詹姆斯·威廉·布罗德曼:《中世纪欧洲的慈善与宗教》(James William Brodman, *Charity and Religion in Medieval Europe*),华盛顿:美国天主教大学出版社 2009 年,第 13 页。

　　④ 约翰·T. 麦克尼尔、海伦娜·M. 盖默:《中世纪补赎手册:悔罪规则书及相关文献节选翻译集》(John T. Mcneill and Helena M. Gamer, *Medieval Handbooks of Penance：A Translation of the Principal Libri Poenitentiales and Selecitons from Related Documents*),纽约:哥伦比亚大学出版社 1938 年。

而有罪的原罪观、大格里高利的七宗罪等教父时代罪的观念,深深影响了中世纪的教会和世俗社会。中世纪早期是一个战争频发、人们生活朝不保夕的年代,生命的短暂使得人们过早地关注死后的世界,在这个充满苦难的年代,基督教成为人生命的主导。人们更关注来世而不是现世,为了得救,人们必须关注自己的罪和赎罪问题。因此,中世纪是一个罪的时代,罪的普遍性,人对死后世界的恐惧、对天堂的渴望和对地狱的恐惧,使得赎罪成为中世纪基督教文化背景下非常重要的内容。教会掌握了天堂的钥匙,因此也掌握了罪与罚的钥匙,悔罪规则书就是教会试图囊括所有罪,并规定对应的赎罪方式,惩罚和教育罪人的成果。

悔罪规则书被学者们称为悔罪价目表(Tariffed Penance),每一项罪都需要特定惩罚方式来补赎,禁食、祈祷、慈善、朝圣等方式最常见。爱尔兰的修道传统素来以严格著称,关注操练人的肉体和灵魂。悔罪规则书这种形式很快从爱尔兰传到英格兰,再传到欧洲大陆,新的悔罪规则书也陆续被制定出来。每一个悔罪规则书虽然对罪的分类,甚至对相同的罪制定的惩罚方式不同,但是所有的悔罪规则书都存在一些一以贯之的原则,其中最显著的特点就是罪罚相当,并通常以罪的对立面作为惩罚的方式,比如以禁欲惩罚色欲,禁食惩罚暴食,以慈善惩罚贪婪。这些方式既是一种惩罚,也是一种教化,目的都在于人能够摆脱罪,获得救赎。其中,慈善作为一种悔罪方式格外引人注目。首先,我们常常把慈善仅仅作为一种对上帝,对邻人的善工来强调,而很少意识到它还是一种补赎方式;其次,慈善救济是上帝、施舍者、被施舍者三者的互动,相比禁食等个人与上帝之间的互动,更加具有社会性。

在中世纪早期各个地区的悔罪规则书中,慈善作为一种惩罚和补赎方式主要应用在两种情况下,即作为救治贪婪之罪的良药和作为一种替代性的补赎方式。贪婪之罪是一种致死之罪(Deadly Sin),也是一种罪因,将会导致偷窃、抢劫等诸多罪行。在悔罪规则书中,慈善救济是一种重要的补赎方式。以卡米安悔罪规则书(The Penitential of Cummean)为例,其序言部分谈论减免罪的方式时,将慈善和救济仅仅置于洗礼之下,认为慈善是“以爱来消除许多罪”,而救济“就像水熄灭火一样,施舍可以消除罪”。在各个悔罪规则书中,通常将偷窃的罪归类在贪婪之罪下,要求窃贼将偷窃的财物还归主人,或者施舍给穷人。关于贪婪之罪的规定是面向所有基督徒的,无论穷人还是富人,国王还是平民,因此这些规定具有普世性。悔罪规则书中甚至认为占有财产对所有基督徒的得救来说都是一种阻碍,想要抵达完美的人,应该将所有财产给穷人和需要帮助的人,并且去朝圣,在教会过着贫困的生活,直到上天堂。① 修道院的守贫和禁欲的观念影响了悔罪规则书的书写,进而也以这种规定试图塑造人的观念和生活。慈善是对贪婪之罪的一种惩罚,更是对世俗法律的补充,一定程度上可以帮助人消除内心的罪恶感与对死后受到惩罚的恐惧,给人提供了少许心灵慰藉。

需要注意的是,悔罪规则书对于教士和俗人的严格程度不一样,构成贪婪之罪的条件也不相同。教士占有超过自身所需的钱财就是贪婪,他要慷慨解囊,将不应占有的钱财给穷人。6 世纪菲尼安悔罪规则书(The Penitential of Finnian)第 28 条规定:"如果一个牧师是贪婪的,这是一个很大的过错;贪婪是一种明显的偶像崇拜,但是可以通过慷慨和施舍来改正。"②牧师作为神职人员,贫穷是他的美德,贪婪则是他的罪孽。7 世纪的卡米安悔罪规则书(The Penitential of Cummean)规定:"一个牧师有过多的财物,应该将这些给穷人。如果他没有捐赠,将会被绝罚。"③绝罚作为基督教中最严厉的处罚方式,是指将一个人革除教籍,从而这个人就被排除出基督教共同体中,也被排除在得救的行列之外。对牧师的贪婪之罪之所以处罚如此严格,主要是因为中世纪基督教认为神职人员比普通信徒更加接近神圣,而牧师的美德和禁欲所带来的神圣性也是教会得到信徒尊重的重要原因。因此,悔罪规则书中神职人员的道德和行为标准更高,对他们的处罚方式更加严格。

对于俗人来说,贪婪通常指对他人财物的不正当占有,几乎每个悔罪规则书中都有对贪婪之罪的定罪和处罚。盗窃罪在中世纪是一种十分常见的罪行,在《萨利克法典》中,自由民在户外盗窃价值 2 但尼尔物品的,在归还所盗物品或其价格及补偿所有人因丧失对它的使用而遭受的损失外,还必须支付 15 索尔第的赔偿金。在不列颠,自由民盗窃另一自由民财产的,须

---

① 麦克尼尔、盖默,前揭书,第 161 页。
② 麦克尼尔、盖默,前揭书,第 92 页。
③ 麦克尼尔、盖默,前揭书,第 106 页。

支付 3 倍于被盗物品价格的赔偿金,而国王得到罚款或所有物品。[①] 而在中世纪的英格兰法律中,偷窃者在不能偿还失物时会被判处死刑。[②] 悔罪规则书中对偷窃的处罚方式与世俗法律类似,都要求赔偿失主,但是总的来说更加仁慈,在不能偿还的情况下,只要求更多的忏悔,而不是处死。以 800 年前后的爱尔兰悔罪规则书为例,其中规定:"任何人偷了一只羊,他必须归还四只羊;如果偷一头母牛,必须归还五头母牛;如果偷一匹马,必须归还两匹;如果偷一只猪,必须归还两只。如果这些动物在小偷那里还活着,小偷应该偿还两倍。如果是无生命的动产,则偿还原来的价格。如果他无法偿还,他就要为这些财物的主人提供服务。如果他没有可以作为罚款的财物,不能支付被偷窃者任何东西,就真心忏悔。"[③]

　　作为一种悔罪方式,慈善更加特别的是,它还可作为一种代赎方式,即原本规定以禁食等方式来惩罚的罪,如果罪人无法实施的话,或者他没有足够的时间和条件来补赎自己的罪,则可以通过救济、慈善行为来代替。不是所有悔罪规则书都有这种替代方式。它最早出现于爱尔兰的卡米安悔罪规则书,在关于骄傲的罪中,抱怨、诽谤、嫉妒、不敬长者、包庇兄弟等罪都被处以不同时长的禁食,但是第 28 条即最后一条规定:"一个生病的人如果不能以禁食来赎罪,则以施舍救济的方式来代替,施舍的金额应该等同于一个男仆或女仆的价格。"[④]这种代赎方式考虑了病人的需要和忏悔者的身体状况,使悔罪规则更加符合人的需要,更有操作性。除此之外,有的悔罪规则书专门设置了关于代赎的部分。比如,7 世纪的爱尔兰教规有一个等价表十分重要,其中列举了种种补赎方式的替代方式,是研究早期代赎方式的重要史料。根据该等价表,和一年禁食等同的是,在墓地陪伴一位死去的圣人,不吃不喝不睡,只能穿一件外袍,同时唱赞美诗和祈祷。[⑤] 8 世纪的爱尔兰代赎表(Table of Commutaions)同样列举了很多禁食的替代方式,给罪人和忏

---

① 李秀清:《日耳曼法研究》,北京:商务印书馆 2005 年,第 353 页。

② T. B. 兰伯特:《盎格鲁-撒克逊晚期法律中的偷窃、杀人和犯罪》(T. B. Lambert, "Theft, Homicide and Crime in Late Anglo-Saxon Law"),载《过去与现在》(*Past and Present*),第 214 期(2012 年 2 月),第 3 - 43 页。

③ 麦克尼尔、盖默,前揭书,第 161 页。

④ 麦克尼尔、盖默,前揭书,第 111 页。

⑤ 麦克尼尔、盖默,前揭书,第 123 页。

悔司祭以更多的选择。考虑到罪人的不同状况,比如有的人能以唱赞美诗代替禁食,而不能阅读的人则以一日一夜不睡,除了跪拜不能坐下的方式来代替。① 慈善救济并不是唯一的代赎方式,代赎方式主要用于满足病人、无法阅读的人群的需要。这种以救济代替禁食的方式逐渐标准化,出现了赎买性质的补赎,比如通常来说,施舍 1 古罗马时期的便士给 3 个穷人可以代替一天只吃面包和水的禁食。② 这说明,在悔罪体系中,代赎方式已经成为一种系统化的惯例。

代赎方式的产生本身说明了在应用过程中,教会原本规定的赎罪方式得到的反馈过于严格,才用更仁慈的惩罚方式来代替。慈善也并不是唯一的代赎方式,还有唱赞美诗、祈祷等。代赎除了以一种补赎方式代替另一种补赎方式,还有一种,即一个人代替另一个人赎罪。③ 如果一个人无法完成自己的补赎,他可以雇佣其他人来帮助自己。早在 7 世纪晚期的博比奥悔罪规则书(Bobbio Penitential)中,就有规定:"如果一个人无法背诵诗篇或者进行慈善救济,他可以雇佣一个修士或教士来帮他完成,只要支付合理的报酬。"④除了修士或教士,罪人还可以雇佣俗人来帮助自己。卡米安悔罪规则书中提道:"如果一个人无法背诵诗篇或者禁食,他可以雇佣一个正直的人来帮助他,然后用自己的劳动或支出来报偿这个人。他可以在穷人中选择为他赎罪的人,价格是 1 天 1 便士。"⑤对很多人来说,宁愿以救济的方式来代替禁食等苦修的行为,所以代赎方式才应运而生。慈善作为一种悔罪方式,对身体的折磨、对人们的日常生活的影响,可以说是最小的。除了偷窃之外,并没有强制规定慈善捐赠的对象和数额,这也是慈善可以作为一种代赎方式的原因,这种代赎方式可能更加符合人的实际需要和人性。

① 麦克尼尔、盖默,前揭书,第 145 页。
② 埃里克·舒勒:《救济和中世纪早期社会的形成》,(Eric Shuler, *Almsgiving and Formation of Early Medieval Society*),圣母大学(University of Notre Dame,音译为诺特丹大学)2010 年博士学位论文,第 106 页。
③ 加文·福特:《中世纪早期悔罪者和他们为他人的代理补赎》(Gavin Fort, "Penitents and Their Proxies Penance for Others in Early Middle Ages"),载《教会史》(*Church History*)第 86 卷第 1 期(2017 年 3 月),第 1-32 页。
④ 同上。
⑤ 同上。

二、基督教之爱:慈善作为一种补赎方式的积极作用

悔罪规则书的社会影响要基于其传播范围。中世纪早期,悔罪规则书一方面成为教区的重要资料,尤其是忏悔司祭必备的手册,另一方面也是教徒私人收藏、用来警惕自身罪孽的一种图书种类。在盎格鲁-萨克逊统治晚期的英格兰,一个主持弥撒的司祭被认为应该具备:祈祷书、书信集、赞美诗、诗篇、1 本悔罪规则书、1 个复活节计算表册。[①] 盎格鲁-萨克逊时期英格兰的贵族图书馆也会收藏悔罪规则书,9 世纪的英格兰贵族艾伯哈德(Eberhard)和吉塞拉(Gisela)在遗嘱中希望在捐赠的礼拜堂中建立一个图书馆,他们的藏书包括:圣经、诗篇、悔罪规则书、伊西多尔和奥古斯丁的著作、动物预言集、宇宙志、王室法令集。[②] 流行的悔罪规则书还会经常再版,如西奥多的悔罪规则书,明确成书于盎格鲁-萨克逊时期的英格兰,是中世纪早期流行于英格兰和欧洲大陆的较为权威的悔罪规则书。[③] 这一悔罪规则目前共发现 5 个修订版本,说明其至少在盎格鲁-萨克逊时期的英格兰得到广泛的应用。[④]

悔罪规则书之所以能够从 6 世纪一直应用到 11—12 世纪,并被部分吸收进教会法与中世纪盛期忏悔司祭的忏悔手册中,主要得益于悔罪规则书产生的一些积极社会影响。其积极作用主要体现在三个方面:给予渴望救赎的教徒一定的心灵慰藉,传播基督教的神学思想和伦理观念,促进社会关系的和谐。慈善作为其中最具有社会性的补赎方式,也体现了悔罪规则书的这三大影响。

第一,各种补赎方式,无论严格或宽松,对于天主教徒个人来说都是一

---

① 林达·托勒顿:《盎格鲁-撒克逊时期英格兰的遗嘱和遗嘱指定》(Linda Tollerton, *Wills and Will-Making in Anglo-Saxon England*),纽约:约克中世纪出版社 2011 年,第266 页。

② 同上,第 274 页。

③ 西奥多悔罪规则书,并不是西奥多本人写的,而是他的信徒和抄写员根据这位大主教平时对一些特定问题的判决所编写的,并且采用了悔罪规则书形式。

④ 彼得·比勒、A. J. 明尼斯:《罪的处置:中世纪的忏悔》(Peter Biller and A. J. Minnis, eds., *Handling Sin: Confession in the Middle Ages*),纽约:约克中世纪出版社 2001 年,第 52 页。

种短暂的心灵解脱。在中世纪,原罪观、七宗罪等罪观带给天主教徒沉重的心理负担,轻现世重彼世的基督教观念让他们对如何得救这一问题始终忧心忡忡。这时如果有他们可能犯的每种罪的对应补赎方式来让他们实践,一定程度上可以使人获得一个出口来疏解自己的焦虑。悔罪规则书和教规有着同样的目的,就是基于对基督徒的指导,让他们在基督教团体中成为上帝眼中的义人。悔罪规则书和教规不同的是,它主要为犯罪之人所写,兼具惩罚和教育的目的,以严格的罪与罚体系来帮助他们在死后获得拯救,而不是受到永罚。悔罪规则书的两大特点就是罪的包罗万象和惩罚的严格程度,但是随着各种代罚方式的出现,补赎方式的多样化带给人更多的选择,罪人可以根据自身的情况选择更加轻松的惩罚方式,因此一定程度减少了人在补赎中所受到的身体和精神折磨。虽然人不能停止犯罪,也避免不了犯同样的罪,补赎之路因此和人的罪一样永无止境,但是在教会没有给人提供更好的选择之前,这些补赎规则一定程度上减轻了人的心理压力。

以贪婪之罪为例,贪婪作为一种致死之罪,是导致其他罪的一种重要罪因,被许多基督教学者视为人类所犯的最严重的罪之一。4—5世纪的基督教修士和神学家卡西安(Cassian)曾经列举了八种主要的罪,即暴食、通奸、贪婪、愤怒、沮丧、疲倦、虚荣和骄傲。6世纪的教宗、伟大的格里高利对卡西安关于主要之罪的区分和排列作了一定修改,他认为骄傲是所有罪因之首,其他主要之罪包括:虚荣、嫉妒、愤怒、沮丧、贪婪、暴食和性欲。格里高利有关罪的分类奠定了七宗罪的基础,对于悔罪规则书中对罪的分类产生了显著的影响。几乎每一个悔罪规则书中都会将贪婪之罪作为一种类型的罪进行具体的规定,贪婪通常被视作修士、教士对财富的过多占有,俗人对财富的不正当占有。越严重的罪对人的得救就会产生越大的阻碍,在偿还不合理占有财物的基础上,要求罪人以施舍穷人的方式补赎,教士在此基础上赦免人的贪婪之罪,这是对人的一种心灵的宽恕。

第二,悔罪规则书作为中世纪早期出现的教会制定的一种罪与罚体系,传播了基督教的思想,如慈善作为一种补赎方式传播了基督教的思想。悔罪规则书的根据主要是圣经、教规、教父圣人的著作等。这些罪与罚的条款实际上是基督教伦理观的体现,从精神到肉体,一方面为赎罪提供了一种方式,另一方面也是对基督徒的警示,告诉基督徒什么是罪,这样的罪将面临怎样严重的处罚。中世纪早期,基督教是文明的堡垒,悔罪规则书体现了这一时期的社会面貌,在蛮族从原始军事民主制走向国家的过渡中起到了一定的规范和示范作用。以偷窃等贪婪之罪为例,教会一方面从宗教信仰上帮助国家来减少相关犯罪;另一方面提供了更加文明、符合人性的处理方式来对抗异教,驯服蛮族。在中世纪早期,从古罗马进入蛮族国家的时期,悔罪是基督教伦理观的一种体现和保留,相对于流行在蛮族之中的血腥复仇和残酷的律法,它的惩罚方式并没有那么严厉,而且是以爱为目的的惩罚,目的是让人补赎自己所犯罪恶。

第三,慈善作为一种补赎方式,以一种神学思想和实践推动了社会的慈善行为。悔罪规则书一方面基于基督教思想,另一方面也是基于社会现实而制定的,因此有约束人的行为、调解社会矛盾的作用,甚至国家和教会可以利用悔罪规则书加强对人的控制。慈善救济可以促进社会财富的流动,使得更多穷人及其他需要救济的人获得帮助,一定程度上促进了社会公平,缓解了社会矛盾。在中世纪早期,慈善救济通常被看作主教的责任。悔罪规则书则将所有基督徒都囊括进去,所有基督徒都会犯罪,所有基督教都可以以慈善的方式补赎部分的罪,从而扩大了慈善救济的来源。对罪的恐惧成为慈善的重要动因,以慈善救济来补赎的典型代表就是对个人遗产的处理。在中世纪,遗产是教会管辖的范围。比德在《英吉利教会史》中曾经讲述过这样一个故事:诺森伯里亚的一位封建主在一天傍晚去世了,但是奇怪的是,第二天早上又复活了。他站起来,径直走到村里的教堂并祈祷。之后他将自己的遗产分为三份,一份给妻子,一份给穷人,一份捐给教会以救济穷人。[①] 遗嘱的一部分用作慈善,从盎格鲁-萨克逊时期开始就已经成为一种习俗和惯例。立遗嘱者一般会把动产分为三份,妻子和儿女各一份,第三份用作慈善和虔敬之用。[②] 将遗产的一部分用于慈善,是基督徒为灵魂得救所付出的代价,他们希望可以通过最后的慈善行为来补赎自己的罪。悔罪规则体系允许信徒在临终之前悔罪,并进行补赎。死者通过捐赠一部分遗产给教会,让教会为自己的灵魂祈祷,并且将这些捐赠用于救济穷人,可以

---

① ［英］比德:《英吉利教会史》,陈维镇、周清民译,北京:商务印书馆 1991 年,第331 页。

② 谢经虎:《伦敦家庭财产继承及其反映的家庭与性别关系》,载《历史教学》2017 年第4 期。

减少人的罪。

　　慈善作为补赎方式还重新定义了富人和穷人的关系。慈善救济作为一种财富重新分配的方式,有助于减少富人和穷人之间的矛盾。慈善可以补赎罪的观念在安布罗斯和奥古斯丁时代就已经成为一种流行的观点。奥古斯丁认为,富人更容易陷入骄傲和贪婪之罪,穷人更容易陷入嫉妒之罪。罪在整个社会都是无差别地存在的,慈善就成为对个人处境的弥补。米兰主教、基督教教父安布罗斯认为,富人向穷人施舍金钱,对于穷人来说是救命的;富人给穷人银子,穷人将其作为保命的关键。在富人和穷人之间的交换中,富人实际得到更多,因为穷人是富人在救赎路上的债主。

　　中世纪对于贫穷的看法与现代社会不同。现代社会将贫穷视为个人的失败,贫穷是一种亟待解决的社会问题。但是,在中世纪,贫穷是一种美德,是自愿守贫的修士所追求的生活方式,甚至穷人成为富人得救的关键。穷人在教父和教父法学家的眼中,从来都不是简单的、仁慈的施舍对象,而是被视作基督的象征和代表。① 耶稣说过:"因为我饿了,你们给我吃;我渴了,你们给我喝;我作客旅,你们留我住;我赤身露体,你们给我穿;我病了,你们看顾我;我在监里,你们来看我……这些都要作用在我弟兄中最小的身上,就是作在我身上了。"②基督是一个多元形象,他既是一个贫穷的人,整个世界都要向他跪拜;也是一个帮助穷人的主人。在中世纪的观念中,在末日审判中,穷人将会站在上帝身边进行审判,因此穷人可以拯救人的灵魂。③ 中世纪早期有些流行的故事也传递了穷人对富人得救的重要性的观念。1091年,一个教士记录他在探望一个病人的路上,看到许多灵魂在受折磨。其中一个叫兰德里的灵魂请求教士向妻子传递口信,说明自己需要帮助。但是在教士回答之前,他就被卷回那一群灵魂之中。其他灵魂嘲笑他生前没有

---

　　① 托德·S.劳里、巴利·戈登:《古代和中世纪经济思想与社会公正理念》(Todd S. Lowry and Barry Gordon, eds., *Ancient and Medieval Economic Ideas and Concepts of Social Justice*),莱顿:布里尔出版社 1998 年,第 336 页。

　　② 《马太福音》25:35 - 40。

　　③ 埃蒙·达菲:《劫掠祭坛:1400 至 1580 年英格兰的传统宗教》(Eamon Duffy, *The Stripping of the Altars: Traditional Religion in England, c.1400—1580*),伦敦:耶鲁大学出版社 1992 年,第 361 页。

聆听穷人的请求,死后他的请求也不会被答复。① 值得注意的是,中世纪早期的慈善救济观念和中世纪后期也是不同的,没有将穷人区分为应该救济的和不应该救济的举措。在加洛林王朝时期的法兰克王国以及盎格鲁-萨克逊时期的英格兰,慈善的一个特点就是救济的普遍性,不管接受救济者是否值得被救济。②

三、罪与罚的交易市场:慈善作为一种补赎方式的负面影响

慈善作为贪婪之罪的补赎方式和其他罪的代赎方式,除了从伦理观念和实践上推广慈善行为,也会带来一定的负面影响。

第一,悔罪规则书中的代赎方式是一个潜在问题,因为罪人如果能以一种更轻松的方式赎罪,那么显然后者将会取代更加严格的赎罪方式,并进一步得到发展。总的来说,慈善作为代赎方式的滥用导致了两个严重问题。首先,教会逐渐从被动接受人们的捐赠,转为主动以赎罪的名义来要求人们捐献,这种以慈善为口号的教会募捐从 11 世纪就开始了。教会通过这种方式聚揽钱财,从而变得富丽堂皇,越发世俗化,滋生了内部的腐败。其次,代赎方式开了一个不好的先河,是赎罪券能代赎的前奏。赎罪券实际上就是以金钱赎买,借助圣人和天主教会的功德,让他们帮助自己代赎罪过。据说最早的赎罪券就出现在 11 世纪,法国阿尔勒(Arles)的大主教在写给蒙马略(Montmajour)教堂的信中说,施舍财物给蒙马略教堂的天主教徒可以赦免三分之一的罪。③ 11 世纪出现的教宗及主教向天主教徒提供以救济、施舍换取赦罪的体系,既是悔罪规则书中代赎等方式发展的结果,也是 1095 年乌尔班二世大规模地分发赎罪券来让天主教徒参与圣战的背景。而赎罪券

---

① C. S. 沃特金斯:《盎格鲁-诺曼王国的罪、补赎和炼狱:幻象和鬼史的证据》(C. S. Watkins, "Sin, Penance and Purgatory in Anglo-Norman Realm: The Evidence of Visions and Ghost Histories"),载《过去与现在》,第 175 期(2002 年 5 月),第 3-33 页。

② 亚当·J. 戴维斯:《中世纪欧洲慈善的社会和宗教内涵》(Adam J. Davis, "Social and Religious Meanings of Charity in Medieval Europe"),载《历史指南》(*History Compass*),第 12 期(2014 年),第 935-950 页。

③ 尼古拉斯·文森特:《赎罪券售卖者的故事:最早的英格兰赎罪券》,(Nicholas Vincent, "Some Pardoner's Tales: The Earliest English Indulgences"),载《皇家历史学报》(*Transactions of the Royal Historical Society*),第 12 期(2002 年),第 23-58 页。

后来进一步的普及,成为教会敛财的工具,也成为宗教改革的导火索。

第二,中世纪早期的这种悔罪体系,将人的罪和赎罪制定成一个简单、机械的价目表,而没有强调人内心是否真正悔罪。而这些悔罪方法显然是人为的。衡量教徒的罪并确定赎罪方式的法官是忏悔司祭,而不是上帝。悔罪规则书所规定的赎罪方式都是强调行为赎罪的重要性,禁食、祈祷、朝圣、慈善等赎罪方式本质是行为称义和律法称义的体现,这些补赎方式都没有强调罪人内心真正痛悔的重要性。真正的悔罪应该是从内心的羞愧、后悔开始的,禁食,慈善,祈祷等补赎行为并不意味着一个人能够真正察觉和反省自己的罪,从而真正为罪而忏悔,并且不再犯同样的错误。而悔罪规则书允许人反复忏悔、反复赎罪,缺少真正的内心忏悔的环节,容易让人陷入重复犯罪、重复赎罪的恶性循环,让人始终把赎罪的重点放在行为上,而不是真正的信仰上。同样,慈善作为一种补赎方式,虽然可以客观上让教徒出于恐惧、得救的功利性目的救济穷人,但并不是出于邻人之爱,而是利己的,这样就扭曲了基督教之爱的本来面目。如果从目的比结果重要、意图比行为关键的基督教观念出发,那么这种自私的慈善行为显然并不能帮助人赎罪。

悔罪规则书在发展和传播过程中,也受到了教会人士的攻击,导致私人忏悔程序的重大变化。悔罪规则书曾经遭受过两次大规模的批判,第一次是在加洛林王朝时期改革教会试图恢复公开忏悔的背景下,悔罪规则书首先在欧洲大陆受到批判,随后这种批评也影响到英格兰对悔罪规则书的看法。悔罪规则书被认为缺少条理,文本存有内在矛盾,编写中缺乏权威人士的参与,甚至是鼓励错误行为,并且似乎提供了太过容易的赎罪方式。829年的巴黎教士会议要求主教们"搜寻这些充满错误的小册子,将他们焚烧"[①]。第二次受到批判是在 12 世纪个人主义的兴起等背景下,阿贝拉尔等人强调补赎的重点不应是人的行为,而是人的罪感和懊悔,此时教会的补赎体系也发生了重大变化。[②] 私人忏悔中内心痛悔(contrition)的地位逐渐提高,并被整个天主教会所肯定。1215 年第四次拉特兰宗教会议规定:每个基

---

① 赫尔姆霍尔兹,前揭书,第 34 页。

② 米恩斯,前揭书,第 4 页。

督徒每年至少必须忏悔一次,而且不是一般的承认罪过,还要有内心的忏悔。[①] 同时,由于 12 世纪之后更权威的、更健全和更系统的教会法出现,悔罪规则书的应用也没有以前频繁。[②]

　　综上所述,在中世纪早期的西欧,慈善作为一种补赎方式,部分反映了当时的宗教文化和社会面貌。从宗教层面看,悔罪规则书中的慈善和补赎文化不仅是宗教仪式发展的一个阶段,也是教会对社会道德规训的体现。从社会层面看,慈善和补赎文化可以一定程度上减少贫富差距等产生的社会矛盾,但也可能滋生教会腐败等问题,引起教会和世俗的对立。

原载《史学月刊》2020 年第 8 期

---

① 王亚平:《西欧中世纪社会中的基督教教会》,北京:中央编译出版社 2011 年,第 11 页。
② 约瑟夫·斯特雷耶:《中世纪词典》(Joseph Strayer, ed., *Dictionary of the Middle Ages*)第 9 卷,纽约:查尔斯·斯克瑞布纳之子公司 1987 年,第 490 页。

| 第二编 |

亚欧区域与国际关系史研究

本编作者简介

（1）张爽：南京师范大学副教授，硕士生导师。东北师范大学硕士、博士毕业。长期从事世界中世纪史、中西交通史的教学与研究，主持国家社科基金项目、国务院侨务办公室课题、江苏省高校哲学社会科学基金项目，在《学海》《社会科学战线》《北方论丛》《社会科学辑刊》《甘肃社会科学》等刊物发表系列论文；出版专著《丝路视域下拜占庭、中介民族与中国关系研究》。

（2）申佳霖：南京师范大学世界史学科讲师，东北师范大学本科毕业后，硕博连读。多次赴韩国的新罗大学、东亚大学、首尔大学，学习语言、做志愿者教师和联合培养博士，掌握韩、英、日等多种外语。主要从事近世朝鲜思想史和东亚国际关系史的教学与研究，主持国家社科基金青年项目，在《当代韩国》《学海》《史林》和《中国学》（韩国）等刊物发表多篇论文。

（3）王帅：南京师范大学副教授。宁波大学本科毕业，上海师范大学硕士毕业，南京大学博士毕业，曾赴中山大学进行博士后研究。主要从事国际关系史的教学与研究，获江苏省"双创博士"称号。主持国家社科基金重点项目、中国博士后科学基金项目，在《世界历史》《欧洲研究》《德国研究》《当代世界与社会主义》等刊物发表系列论文。

4—6 世纪欧亚丝路贸易中的拜占庭—波斯战争[*]

张　爽

摘　要: 为了争夺欧亚丝路贸易的主导权,4—6 世纪罗马—拜占庭和波斯之间进行了长期的战争。不过,限于各自的军事实力、社会结构,以及各自统治范围内的民族与宗教的差异,不论是罗马—拜占庭还是波斯,都没有彻底消灭对方的能力和战略意图。处于防御一方的罗马—拜占庭,将美索不达米亚北部、亚美尼亚、高加索的贸易城镇要塞化后,战争方式发生转变,成为攻坚围城消耗战。在两败俱伤形势下,萨拉逊人(阿拉伯人)乘势壮大后灭掉波斯,占领地中海东岸、叙利亚等贸易城市,成为欧亚丝路贸易体系的新势力。

关键词: 丝路贸易;罗马;拜占庭;波斯;贡赋

　　330 年,罗马皇帝君士坦丁一世迁都君士坦丁堡,将罗马帝国重心东移。[①] 君士坦丁堡位于博斯普鲁斯海峡西侧,前身为拜占庭。君士坦丁堡是黑海到东地中海的海上交通枢纽,也是帝国通向小亚细亚的必经之路。优越的地理位置和古希腊商业殖民城市的基础,使之很快成为罗马帝国的政治、经济与贸易中心。从海路来的货物直接从幼发拉底河的渡口,经陆路运到叙利亚、安纳托利亚,再渡过达达尼尔海峡,到达君士坦丁堡;由陆路运来

---

　　* 本文系国家社会科学基金一般项目“4—6 世纪欧亚丝路贸易中的拜占庭、中介民族与中国关系研究”(15BSS005)阶段性成果。

　　① Socrates and Sozomenus, *Socrates and Sozomenus Ecclesiastical Histories*, *NPNF2 - 02*, trans. by A. C. Zenos, Michigan: Eerdmans Publishing Company, 1886, p.66.

的丝绸等货物,则从赫拉特(Heart)、木鹿穿过亚美尼亚抵达君士坦丁堡。这样,欧亚丝路贸易西段贸易中心便由罗马转移至君士坦丁堡,[1]从而使向君士坦丁堡输送物资的黑海、高加索和小亚细亚半岛、美索不达米亚北部等地区,在欧亚丝绸贸易体系中的地位愈发重要。上述地区关系到丝路大国萨珊波斯的核心利益。领土纠纷、皇位更迭、宗教争端、各自附属国及游牧部落的争斗等因素,都可能成为双方发动丝路贸易争夺战的借口。

一、罗马—拜占庭和波斯对美索不达米亚的争夺

美索不达米亚即为两河流域的中下游平原,这里不仅人口密集、城市林立,绿洲经济发达,而且地理位置优越,其东抵扎格罗斯山,西到叙利亚沙漠,南迄波斯湾,北及托罗斯山,是高加索黑海丝路与波斯湾红海丝路交会处,也是中亚丝路枢纽巴克特里亚经波斯到小亚细亚的必经之地。作为天然大平原的美索不达米亚,使罗马帝国和波斯成为没有任何缓冲地作屏障的邻国。对罗马而言,美索不达米亚是与其小亚细亚和叙利亚东地中海重要经济区的接壤之地,也是获得丝路利益的重要财源地。公元前1世纪,叙利亚和本都(Pontus,黑海东南岸希腊化的波斯人所建古国)被纳入帝国后,罗马就不再承认幼发拉底河是两国势力范围的分界,而占领美索不达米亚也成为罗马向东扩张、巩固东部边疆安全战略的重要组成部分。[2] 2世纪末美索不达米亚北部被征服,成为罗马帝国的行省。

美索不达米亚平原是丝路大国帕提亚波斯的经济核心区,首都泰西封(Ctesiphon)位于底格里斯河左岸,当迪亚拉河口是丝路商品在波斯的转运点。因此,美索不达米亚北部的控制权,事关帕提亚波斯的存亡。从公元前53年卡莱(Carrhae,今土耳其哈兰)之战开始,至3世纪初,罗马与帕提亚为争夺美索不达米亚而多次交手,战火遍及亚美尼亚、叙利亚等地,但各有得

---

① Пигулевская Н. В. Византия на путях в Индию // Из истории торговли византии с востоком в IV-VI вв. -Москва, Ленинград: Издательство академии наук СССР, институт востоковедения, 1951. -С.15.

② [以色列]本杰明·艾萨克:《帝国的边界:罗马军队在东方》,欧阳旭东译,上海:华东师范大学出版社2018年,第37页。

失。① 帕提亚的游牧特色明显,国家组织松散,作战需要征召各部落国家的兵力,国王所能实际控制的土地和军队却有限,②故而与罗马军队对阵时往往损失巨大。于是,帕提亚王室内斗不息,最终被萨珊王朝所取代。阿尔达西尔一世(Ardashir I,224—241)将松散的联盟体制转变为中央集权制,在保持骑兵战力的基础上,吸收了罗马和中国的攻城战术,使用投石车、攻城锤、易燃投射物、攻城塔等攻城工具和技术。③ 加之,阿尔达西尔一世还有继承阿契美尼德波斯帝国的扩张野心,④因而相较于帕提亚,萨珊波斯就成为罗马帝国在东方的巨大威胁。

萨珊国王沙普尔一世(Shapur I,c. 241—272 在位)先后攻下美索不达米亚平原北部的哈特拉(Hatra)、尼西比斯城(Nisibis,土耳其东部城市努赛宾),进而攻占安条克和卡莱。⑤ 哈特拉位于今伊拉克摩苏尔西南,是连接泰西封与尼西比斯贸易路线上的商队城市。在帕提亚时代,尼西比斯就是美索不达米亚北部最坚固的城市要塞,也是美索不达米亚北部的经济中心和丝路贸易西亚段陆路的重要枢纽。由印度、中国运来的象牙、钢铁、香料、丝绸等物资,多通过尼西比斯运往西方。⑥ 同时,尼西比斯还是通向杜拉-欧罗普斯(Dura-Euopos,罗马叙利亚行省幼发拉底河畔贸易城市)和哈特拉的重要贸易交叉口,进攻安条克等城市的必经之路。安条克(今土耳其南部的安塔基亚),是叙利亚行省首府和地中海东岸商业重镇和交通枢纽,是罗马帝国的东方军团总部军事基地和东方行省的政治中心。这几座城市的丢失,

---

① ［美］米夏埃尔·比尔冈:《古代波斯诸帝国》,李铁匠译,北京:商务印书馆 2015 年,第 75 - 81 页。

② A. H. M. Jones, *The Declin of Ancient World*, London and New York: Longman, 1975, p.12.

③ ［英］卡韦赫·法鲁赫:《伊朗前传:波斯千年战争》,高万博、李达译,南京:江苏凤凰文艺出版社 2020 年,第 254 页。

④ Dio Cassius, *Roman History*, Vol. 9, 80, trans. by Earnest Cary, Cambridge and Massachusetts: Harvard University Press, 1927, p.483.

⑤ Alan K. Bowman, Averil Cameron and Peter Garnsey, *The Cambridge Ancient History*, Vol. XII (The Crisis of Empire, A. D. 193—337), Cambridge: Cambridge University Press, 2005, p.468.

⑥ Пигулевская Н. В. Византия на путях в Индию // Из истории торговли византии с востоком в IV-VI вв. -Москва, Ленинград: Издательство академии наук СССР, институт востоковедения, 1951. -C.19.

使罗马在美索不达米亚北部的防御系统几近崩溃。如果萨珊波斯对安条克、尼西比斯等实行长期占领，只会牵制自身的大量兵力，随时可能面临罗马和帕尔米拉的持续围攻。① 然而，相对于开疆扩土，萨珊波斯更为注重周期性抢掠美索不达米亚北部重点贸易城市的物资与人口。② 故而萨珊波斯并没有在尼西比斯驻守太多兵力，这是 242 年罗马皇帝戈迪安三世能迅即由小亚细亚向美索不达米亚进攻，继而收复尼西比斯、安条克和其他城镇，并直指泰西封的原因。③ 但是，沙普尔军队在泰西封以北的马西切之战中打败了罗马军队，罗马皇帝戈尔狄安三世则因士兵哗变被谋杀。④ 253 年，萨珊军队再次攻陷安条克后，⑤大肆抢掠，"城内无论是公共的还是私人的建筑，全都被他们摧毁了，他们没有遇到丝毫的阻碍就满载着难以计数的战利品返回了故土"⑥。260 年，沙普尔军队在卡莱和埃德萨将夺取安条克的罗马军队击溃，罗马皇帝瓦勒良及其 7 万军队被俘，安条克再次被攻陷。⑦

沙普尔一世病逝后，萨珊波斯内部围绕着皇权、贵族叛乱、摩尼教等问题纷争不断，⑧已无力再与罗马在美索不达米亚进行拉锯战，罗马乘势控制了美索不达米亚北部和亚美尼亚。⑨ 296 年，罗马军队在亚美尼亚的伍萨哈（今土耳其北部城市阿尔兹鲁姆附近）击败波斯王纳尔西斯，俘虏波斯王后

---

① 作为罗马附庸国的丝路贸易国家帕尔米拉（今叙利亚沙漠中部），在罗马和萨珊波斯的战争中迅速壮大，占领了除安条克之外叙利亚富裕地区，成为继罗马之后，频频打败波斯，在美索不达米亚扩张的强劲对手，直至 272 年被罗马灭亡。

② Alan K. Bowman, Averil Cameron and Peter Garnsey, *The Cambridge Ancient History*, Vol. XII (The Crisis of Empire, A. D. 193 – 337), pp.469 – 470.

③ *Ibid*. p.468.

④ ［东罗马］佐西莫斯：《罗马新史》第一卷，谢品巍译，上海：上海人民出版社 2013 年，第 8 页。

⑤ Michael H. Dodgeon and Samuel N. C. Lieu, *The Roman Eastern Frontier and the Persian Wars AD 226 –363*: *A Documentary History*, London: Routledge, 1991, pp.43 – 44.

⑥ 佐西莫斯，前揭书，第 11 页。

⑦ Michael H. Dodgeon and Samuel N. C. Lieu, *The Roman Eastern Frontier and the Persian Wars AD 226 –363*: *A Documentary History*, London: Routledge, 1991, pp.49 – 50.

⑧ ［伊朗］阿卜杜·侯赛因·扎林库伯：《波斯帝国史》，张鸿年译，上海：复旦大学出版社 2011 年，第 358 – 367 页。

⑨ Michael H. Dodgeon and Samuel N. C. Lieu, *The Roman Eastern Frontier and the Persian Wars AD 226 –363*: *A Documentary History*, London: Routledge, 1991, pp.99, 106.

及许多王室成员,攻占泰西封。① 299 年双方签订条约,底格里斯河重新成为罗马和萨珊波斯的边界,波斯被迫割让底格里斯河以东英提莱尼(Intilene)等五省,美索不达米亚北部仍归罗马,萨珊波斯失去了对亚美尼亚和伊比利亚(Iberia,今格鲁吉亚东部)的控制;②尼西比斯由罗马占领,被确定为两国唯一交易集散地,罗马收取通行费,实施边境管制。③

由上文可知,经过两个多世纪的较量,罗马帝国与帕提亚及其继承者萨珊波斯在美索不达米亚北部形成了均势,它们都没能将对方消灭。双方战争的焦点是美索不达米亚北部贸易商业城市的控制权,但任何一方都难以取得持久性的征服成果。因此,双方同意设立尼西比斯为贸易口岸,这显然是军事对峙的产物。④ 299 年条约对萨珊波斯来说,由于首都泰西封等核心经济区处于罗马帝国的军事威胁之下,故而在丝绸贸易上反而受到罗马的钳制。要维护自身的利益,萨珊波斯就必须要夺回失地;要掌握丝绸贸易的主动权,萨珊王就要与罗马继续争夺美索不达米亚。这是罗马—拜占庭与萨珊波斯就美索不达米亚以及亚美尼亚控制权进行长期战争的原因。

二、4—5 世纪罗马—拜占庭和波斯对亚美尼亚的争夺

从 4 世纪开始,萨珊波斯趁拜占庭应付蛮族入侵无暇东顾的困境,开始采取攻势。358 年,沙普尔二世(Shapur Ⅱ,309—379 在位)试图恢复对亚美尼亚和美索不达米亚北部的控制权,在给罗马皇帝君士坦提乌斯的信中说,他要求得到所有祖上拥有的土地,直到色雷斯斯特里蒙河和马其顿,不过只要罗马归还亚美尼亚和美索不达米亚,他就满足了。⑤ 在遭到罗马皇帝君士坦提乌斯拒绝后,359 年沙普尔进攻美索不达米亚,经过艰苦的围城战,最终占领了罗马在底格里斯河上游重镇,即控制着底格里斯河源头与进入

---

① Michael H. Dodgeon and Samuel N. C. Lieu, *The Roman Eastern Frontier and the Persian Wars* (*AD 226 -363*): *A Documentary History*, London: Routledge, 1991, p.110.

② *Ibid*. p.116.

③ Alan K. Bowman, Averil Cameron and Peter Garnsey, *The Cambridge Ancient History*, Vol. Ⅻ (The Crisis of Empire, A. D. 193 - 337), p.471.

④ *Ibid*. p.473.

⑤ *Ammianus Marcellinus*, Vol. Ⅰ, ⅩⅦ. 5. 5 - 15, trans. by John C. Rolfe, London: William Heinemann, 1939, pp.335 - 339.

小亚细亚道路的阿米达(Amida,今土耳其东部的迪亚巴克尔)。① 362 年初,罗马帝国兵分两路予以反击,一路进军亚美尼亚,一路由皇帝朱利安(Julian)率领,先后攻占巴比伦、塞琉西亚,在泰西封以北大败波斯人。随后,朱利安决定渡过底格里斯河,拒绝了波斯议谈的要求,向波斯腹地进攻。② 不过,由于补给线越拉越长,加之朱利安在底格里斯河畔战役中被投矛击中身亡,③罗马人开始转为逆势。仓促之中,新皇帝乔维安(Jovian)与波斯签订和约,④放弃了美索不达米亚东北部靠近波斯边境的辛加拉(Singara)、莫罗鲁姆堡(Castra Maurorum)、尼西比斯位置极为重要的 3 个要塞城市,波斯则夺回了 299 年条约割让的底格里斯河东岸的阿尔扎内尼(Arzanene)、科尔杜埃尼(Corduene)等 5 个省及 15 个堡垒。⑤ 这样,罗马人不仅永远放弃对亚美尼亚国王阿尔萨克和王国的控制,还给波斯大量黄金作为战争赔款。⑥ 沙普尔二世占领尼西比斯后,开始大修防御墙和防御工事,美索不达米亚北部遍布警戒哨所。

4 世纪后期,亚美尼亚高加索开始成为罗马和波斯双方角力的焦点。⑦亚美尼亚连接着美索不达米亚和南高加索黑海东南的港口,是丝路商人经高加索、进入小亚细亚地区的必经之路,也是罗马帝国经营美索不达米亚所需要控制的战略侧翼。如果占领亚美尼亚,罗马就会直指伊朗高原腹地。

① *Ammianus Marcellinus*, Vol. Ⅰ, ⅩⅦ. 5. 5 – 15, trans. by John C. Rolfe, London: William Heinemann, 1939, pp.465 – 467; [英]约翰·朱利叶斯·诺里奇:《拜占庭的新生:从拉丁世界到东方帝国》,李达译,北京:社会科学文献出版社 2020 年,第 92 页。

② Socrates and Sozomenus, *Socrates and Sozomenus Ecclesiastical Histories*, NPNF2-02, trans. by A. C. Zenos, Michigan: Eerdmans Publishing Company, 1886, p.229.

③ *Ammianus Marcellinus*, Vol. Ⅱ, XXV. 3, 6 – 15, trans. by John C. Rolfe, pp.493– 499.

④ Socrates and Sozomenus, *Socrates and Sozomenus Ecclesiastical Histories*, NPNF2-02, trans. by A. C. Zenos, p.231.

⑤ Geoffrey Greatrex and Samuel N. C. Lieu, *The Roman Eastern Frontier and the Persian Wars part II*, *AD 363 –628*, *A Narrative Sourcebook*, London: Routledge, 2002, p.2;佐西莫斯,前揭书第三卷,第 96 页;*Ammianus Marcellinus*, Vol. Ⅱ, XXV. 7, 9 – 12, trans. by John C. Rolfe, pp.533 – 535.

⑥ Timothy E. Gregory, *A History of Byzantium*, Malden: Blackwell Publishing, 2005, pp.41, 75, 76.

⑦ Averil Cameron and Peter Garnsey, *The Cambridge Ancient History*, Vol. ⅩⅢ (The Late Empire, A. D. 337 – 425), Cambridge: Cambridge University Press, 1998, p.442.

当然,波斯如占领亚美尼亚,就可以控制高加索丝路。事实上,罗马不可能长期接受 363 年协议的约束,遂与波斯围绕亚美尼亚经常爆发冲突。皇帝狄奥多西一世(Theodosius Ⅰ,379—395)继位后,对波斯采取攻势,迫使 387 年波斯沙普尔三世签订条约,将亚美尼亚分为两半,五分之一(亚美尼亚西部)为罗马的附属国由亚美尼亚总督统治,其他大部分仍在波斯人的控制之下;尼西比斯(Nisibis)和辛加拉(Singara)仍归波斯,阿米达和马蒂罗波利斯(Martyropolis)、埃德萨等归罗马—拜占庭。① 5 世纪前期,罗马—拜占庭在巴尔干面临着匈人入侵,波斯在其东部边境也面临着新崛起的嚈哒人的进攻。这就使得罗马—拜占庭和波斯双方都无法投入全部力量去争夺亚美尼亚,他们主要通过谈判来解决亚美尼亚控制权的争端。

　　还是这一时期,匈人征服阿兰人,并为牟取丝路利益,不断通过伊比利亚的隘口卡斯皮亚门,袭扰罗马—拜占庭和波斯的领土,给两国造成了巨大压力。据普罗柯比《战史》记载,卡斯皮亚门位于托罗斯山脉格鲁吉亚段,山势异常险峻,四周是不可逾越的万丈峭壁,中间有一条 50 斯塔德长的山涧小道,尽头为一道天然石门。394 年,狄奥多西皇帝将防守匈人的军队撤走,以对付篡权者马克西姆斯。395—398 年,匈人穿过"卡斯皮亚"隘口,突袭至拜占庭东部省份和波斯西部,一路抢掠索芬(Sophene)、亚美尼亚、美索不达米亚、叙利亚、卡帕多西亚,虏获了大量俘虏,然后沿幼发拉底河、底格里斯河攻入波斯控制区,推进到泰西封城下。匈人杀死(许多)俘虏,并将幼发拉底河和底格里斯河沿岸的许多村庄夷为平地。虽没有攻下泰西封,且最终被拜占庭将领欧特罗庇乌斯(Eutropius)打败,但匈人仍有能力对拜占庭整个东部省份造成破坏。② 可见,"卡斯皮亚门"对拜占庭和波斯都至关重要。受嚈哒人入侵的影响,波斯并没有出兵,主要是通过外交途径加以反对。这

---

① Averil Cameron and Bryan Ward-Perkins and Michael Whitby, *The Cambridge Ancient History*, Vol. XIV (Late Antiquity: Empire and Successors, A. D. 425 – 600), Cambridge: Cambridge University Press, 2000, pp.663 – 664; Warren T. Treadgold, *A History of the Byzantine State and Society*, Stanford and California: Stanford University Press, 1997, p.74; Geoffrey Greatrex and Samuel N. C. Lieu, *The Roman Eastern Frontier and the Persian Wars part II*, *A. D. 363 – 628*, *A narrative sourcebook*, London: Routledge, 2002, pp.28 – 30.

② Geoffrey Greatrex and Samuel N. C. Lieu, *The Roman Eastern Frontier and the Persian Wars part II AD 363 –628*, *A narrative sourcebook*, pp.17 – 19.

使拜占庭和波斯在亚美尼亚又陷入了城市要塞的防御对峙中。

三、查士丁尼时代拜占庭与波斯对丝路的争夺

罗马—拜占庭与帕提亚、萨珊波斯对美索不达米亚、亚美尼亚的争夺，使双方均陷入城市要塞攻防对峙的泥潭。然而，对于美索不达米亚北部和亚美尼亚的争夺，关系到双方的核心利益，成为影响各自国内政治、皇帝巩固执政地位和树立威信的重要制约因素。谁控制美索不达米亚和亚美尼亚的丝路及其贸易，谁就能在战略上、经济上彻底压倒对方。由此，查士丁尼皇帝执政时期(527—565)，拜占庭和波斯连续爆发了大规模战争。

527年，查士丁尼继位后，继续推进美索不达米亚北部要塞化，以削弱波斯所占重镇尼西比斯的战略优势，于是爆发战争。在达拉、亚美尼亚萨塔拉城(Satala，通向安纳托利亚东西道路交会处)，双方展开了城市攻防战，拜占庭击败波斯军队，占领波斯在亚美尼亚的法兰吉姆(Pharangium)和博伦姆(Bolum)两地金矿。[①] 萨塔拉之战不仅使波斯丢掉了对伊比利亚的控制权，也使其在经济上损失巨大，无法与拜占庭议和。531年，波斯王科巴德与萨拉逊国王阿拉芒达拉斯联合，该王国长时间抢掠拜占庭在埃及和美索不达米亚的城市和丝路商队。而科巴德采纳阿拉芒达拉斯的建议，他们联手对付拜占庭，就是不再进攻底格里斯河流域波斯与拜占庭两国边界的设防城市，转而挥师渡过防御较为松懈的幼发拉底河，突袭安条克后，迅即撤退。[②] 波萨联军按既定计划，北渡幼发拉底河，从萨莫萨塔(Samosata)攻入拜占庭，幼发拉底河沿岸城市一度陷入瘫痪，在贝利撒留大将的及时援救下，波斯没能取得实质性进展。

科巴德病逝后，科斯劳(Chosroes Ⅰ，531—579在位)继位，波斯国内局势不稳，加之东有嚈哒人的威胁，因而急需得到喘息机会。查士丁尼为实现恢复昔日罗马帝国疆土的梦想，他极力构建起一个环地中海丝路经济圈，以

---

① ［东罗马］普罗柯比：《战史》第1卷上，崔艳红译，郑州：大象出版社2010年，第24 - 31页。

② 普罗柯比，前揭书(第1卷上)，第35 - 36页。

保护帝国的丝绸贸易重镇和占帝国收入(黄金和谷物)三分之一的埃及行省。① 当然,对于查士丁尼来说,他的军事野心主要集中于北非和意大利,而此时他对波斯只想采取守势,因为他需要一个稳固的东线。于是,拜占庭与波斯签订了"永久和平"和约,据此规定,拜占庭军队放弃达拉,退回康斯坦提纳,并将法兰吉姆和博伦姆归还波斯,波斯同时归还黑海丝路港口拉奇卡(从伊朗到高加索以及延伸到东欧的贸易路线的重要连接点),伊比利亚人自行决定归属波斯或拜占庭。此外,拜占庭支付波斯 11 000 磅黄金,作为波斯"卡斯皮亚门"的驻军费用。② 可见,拜占庭和波斯在美索不达美亚和亚美尼亚的实际控制区并没有多少改变。③

实际上,查士丁尼利用波斯条约换取的和平,重点进攻西地中海,以征服占据北非的汪达尔人,从而造成控制环地中海的大势。波斯也发现,和约使拜占庭变得强大,却使自身受到了限制。④ 随着拜占庭在意大利对东哥特的战争节节胜利,东哥特国王于 539 年派使节前往波斯游说,建议波斯与东哥特合作,两面夹击拜占庭。同时,拜占庭派驻总督的横征暴敛,引发了亚美尼亚叛乱,亚美尼亚人请求波斯出兵讨伐拜占庭。此外在巴尔干方向,匈人越过多瑙河向拜占庭发动大规模的侵掠行动。⑤ 因此,环地中海和黑海亚美尼亚的政治局势,总体上有利于波斯在美索不达米亚向拜占庭发动大规模战争。⑥ 540 年,科斯劳指责查士丁尼破坏条约,沿幼发拉底河西岸攻入拜占庭,先是攻占幼发拉底河畔的要塞苏拉城,大肆抢掠、屠杀后,将该城焚毁。随后,科斯劳又向有拜占庭重兵驻防的赫拉波利斯城(Hierapolis)勒索 2 000 磅黄金,并开始集中全力围攻安条克。占领安条克后,科斯劳为向拜占庭施

---

① M. F. Hendy, *Studies in the Byzantine Monetary Economy*, *c. 300—1450*, London: Cambridge University Press, 1985, pp.164 – 168.

② 普罗柯比,前揭书(第 1 卷上),第 46 – 47 页。J. B. Bury, *History of the Later Roman Empire from the Death of Theodosius to the Death of Justinian*（395 –565）, Vol. 2, London: Dover Publications, 1958, p.88.

③ Averil Cameron and Bryan Ward-Perkins and Michael Whitby, *The Cambridge Ancient History*, Vol. XIV (Late Antiquity: Empire and Successors, AD 425 – 600), p.672.

④ 普罗柯比,前揭书(第 1 卷上),第 56 – 57 页。

⑤ 普罗柯比,前揭书(第 1 卷下),第 60 – 65 页。

⑥ J. F. Haldon, *Byzantium in the Seventh Century: The Transformation of A Culture*, Cambridge: Cambridge University Press, 1990, p.20.

压,率军从塞琉西亚城(Seleucia)勒索了 1 000 磅白银,从阿帕米亚(Apamea)勒索了 1 000 磅白银,并将该城储备的所有财富(数量惊人的黄金和白银)一扫而空,[①]这使东地中海沿岸诸多贸易城市的财富损失巨大。[②] 540 年,拜占庭在叙利亚和美索不达米亚诸贸易城市,或被攻陷焚毁,或被勒索巨额赎金,其在东部的统治几乎无法维持。后经 543 年杜比欧(Doubios)[③]之战、544 年埃德萨之战,双方再于 545 年签订和约,波斯将所占领城市归还拜占庭,拜占庭以 2 000 磅黄金换取与波斯人为期 5 年的休战。[④]

不过几年以后,双方战事再起。就这样,波斯人贪得无厌,拜占庭人则一再屈辱求和,靠黄金贡赋来维持东部边境的稳定。至 6 世纪中后期,拜占庭的财政已十分拮据,加之不断遭到瘟疫的打击,人口锐减,军队由 4—5 世纪的 65 万人,下降到了 15 万人。[⑤] 20 年之后,拜占庭因与伦巴底人交战,丢失了耗费巨资收复来的大片意大利农村。[⑥] 为恢复经济,减轻财政负担,拜占庭不得不削减军队数量,并时常停发军饷,[⑦]这使部队的战斗力急剧下降,已经无力再与波斯人较量。573 年波斯攻占重镇达拉,[⑧]611—619 年先后占领叙利亚、巴勒斯坦、埃及,直指君士坦丁堡,[⑨]拜占庭在叙利亚的财源和统

[①] 普罗柯比,前揭书(第 2 卷下),第 78 - 79 页。

[②] Warren T. Treadgold, *A History of the Byzantine State and Society*, Stanford and California: Stanford University Press, 1997, pp.193 - 194.

[③] 波斯亚美尼亚控制区的重要贸易城镇,来自各地的商家从印度、伊比利亚附近的波斯和拜占庭属国贩卖货物的交易中心,参见普罗柯比,前揭书(第 2 卷下),第 106 - 107 页。

[④] 普罗柯比,前揭书(第 2 卷下),第 114 页。Warren T. Treadgold, *A History of the Byzantine State and Society*, Stanford and California: Stanford University Press, 1997, pp. 192, 195 - 201.

[⑤] Averil Cameron and Bryan Ward-Perkins and Michael Whitby, *The Cambridge Ancient History*, Vol. XIV (Late Antiquity: Empire and Successors, AD 425 - 600), p.292; 陈志强:《拜占庭帝国史》,北京:商务印书馆 2006 年,第 180 页。

[⑥] Timothy E. Gregory, *A History of Byzantium*, Malden: Blackwell Publishing, 2005, p.137.

[⑦] [美]A. A. 瓦西列夫:《拜占庭帝国史》,徐家玲译,北京:商务印书馆 2019 年,第 252 -253 页。

[⑧] Geoffrey Greatrex and Samuel N. C. Lieu, *The Roman Eastern Frontier and the Persian Wars part* II *AD 363 - 628*, *A narrative sourcebook*, London: Routledge, 2002, pp.147 - 148.

[⑨] 瓦西列夫,前揭书,第 304 页。

治几乎崩溃。然而,拜占庭仍占有安纳托利亚内陆和亚美尼亚西部,可在当地集结军队东进高加索、南攻美索不达米亚。[①] 622—627 年,皇帝希拉克略利用海军在高加索西部登陆,经亚美尼亚直接进攻波斯首都泰西封城,连败波斯军队,迫使波斯同意从叙利亚、耶路撒冷、安纳托利亚、埃及等撤军。[②] 这一时期的战争,导致两败俱伤,许多城市化为废墟,双方都无力再进行大规模防御体系的构建。正是利用这一时机,阿拉伯人趁势快速灭掉波斯,占领美索不达米亚、叙利亚、埃及、小亚细亚等拜占庭在近东的所有领土,[③]开启了阿拉伯人控制丝路的新时代。

余　　论

4—6 世纪罗马—拜占庭与波斯的丝路争夺战,是欧亚丝路西段国家与民族间的政治、经济与军事的利益诉求反映。在长期的丝路争夺战中,罗马—拜占庭数次攻占波斯都城泰西封,波斯则屡次占领叙利亚安条克等罗马—拜占庭的东部核心区,攻至君士坦丁堡城下,但受制于各自的军事实力、社会结构、统治范围内的民族、宗教及语言的巨大差异,双方都没能彻底消灭对方,进而达到长期占领的意图。从多次签订的协议看,双方并不是要将对方彻底挤出丝路贸易,而是要在其中占据主导地位,将尼西比斯、达拉、佩特拉等美索不达米亚、亚美尼亚等重要的丝路贸易城市置于自身武力的控制之下。美索不达米亚和亚美尼亚,对波斯而言,是其经济和政治的核心区,对罗马—拜占庭而言,则是其环地中海丝路经济带和小亚细亚腹地的战略屏障。故而,波斯成为争夺战采取主动进攻的一方,而拜占庭由于蛮族威胁牵制,成为采取守势的一方。

对美索不达米亚北部和亚美尼亚贸易城市的长期争夺,使处于防御地位的罗马—拜占庭将美索不达米亚北部、亚美尼亚、高加索的贸易城镇先后

---

①　[英]卡韦赫·法鲁赫:《伊朗前传:波斯千年战争》,高万博、李达译,南京:江苏凤凰文艺出版社 2020 年,第 353 页。

②　Geoffrey Greatrex and Samuel N. C. Lieu, *The Roman Eastern Frontier and the Persian Wars part II AD 363 - 628*, *A narrative sourcebook*, London: Routledge, 2002, pp.198 - 209.

③　[英]西里尔·曼戈主编:《牛津拜占庭史》,陈志强、武鹏译,北京:北京师范大学出版社 2015 年,第 79 - 80 页。

要塞化,还修筑了城墙、堡垒、堑壕、侦查哨等各种防御设施。[①] 如拜占庭将军队驻扎在安条克、达拉等水陆交通干道的主要贸易城镇,除承担防御任务外,驻军还有征税、保护商队安全等职责。[②] 贸易城市要塞化带来了两个显著后果:一方面,其成本与驻军费用除由帝国财政、行省负担部分外,大部分费用要由城内平民和商队来承担,[③]他们还有筹集波斯勒索赎城费的义务。另一方面,双方战争的方式,由运动战变成了围城消耗战。波斯虽有围攻要塞城市的能力,但在拜占庭较为牢固的防御体系面前,波斯即使偶有攻陷要塞化贸易城市的情形,却也无法对它们进行有效的长期占领。故此大多数情况下,波斯对攻下的城市,或是洗劫焚毁,或是勒索赎城费,作为迫使拜占庭和谈并支付黄金岁贡的筹码。由此,波斯周期性地围攻贸易城市,拜占庭则多奋力加以固守,从而形成了波斯进攻、拜占庭防御,并支付黄金岁贡的争夺战模式。

丝路争夺战的主战场,主要是美索不达米亚和亚美尼亚,以及受其影响的相邻地区如阿拉伯半岛和高加索黑海地区,这里分布着匈人、萨拉逊人、贝都因人、突厥人、嚈哒人等众多的游牧民族和蛮族部落。长期以来,他们和要塞化的贸易城市内的定居人口处于相互依存的关系。前者依靠后者得到自己无法生产的必需品,如各种食品、布匹和金属制品,也出售一部分牲畜和相关产品,或为商队担任向导和警卫,并收取保护费。[④] 罗马—拜占庭和萨珊波斯经常面临游牧民族的入侵和洗劫,这不仅影响两个丝路大国之间交战的过程与后果,也成为推动双方在高加索隘口等相关特定地点在一定条件下开展合作的重要因素。所以,不论是罗马—拜占庭还是萨珊波斯,它们都将周边的游牧民族视为可以联合、利用的势力,而在双方极为看重的丝路争夺战中,阿拉伯人部落的军事势力得以迅速壮大起来,最终于 7 世纪前期灭掉波斯,并占领地中海东岸、叙利亚等贸易城市,发展成为欧亚丝路贸易体系的新势力。

原载《学海》2022 年第 4 期

[①] 艾萨克,前揭书,第 335 - 346 页。

[②] 艾萨克,前揭书,第 177 页,第 185 - 186 页。

[③] Averil Cameron and Bryan Ward-Perkins and Michael Whitby, *The Cambridge Ancient History*, Vol. (Late Antiquity: Empire and Successors, A. D. 425 - 600), pp.484, 491.

[④] 艾萨克,前揭书,第 290 页。

论5—6世纪柔然游牧帝国与欧亚丝路贸易的关系

张　爽

摘　要:控制西域丝路是柔然帝国形成与崛起的重要契机。柔然对西域诸国采取羁縻政策,以维持丝路贸易为前提,以获取经济利益为目标,军事力量仅是威慑西域诸国的手段。柔然与南朝虽有北朝共同的战略威胁,但双方缺少相互约束的途径,双方使臣往来多是战略上的博弈,无法建立同盟和经济联系。不稳定乃至冲突是柔然与中原王朝贸易关系的常态。分裂时代的中原王朝虽为解决边疆和统一问题而经营西域、进入欧亚丝路贸易体系,但受国力限制,无法实现控制西域、消灭漠北游牧帝国的目标。柔然帝国的衰亡,是在中原王朝压力下引发的内部分裂与丝路新兴游牧部落打击下,丧失对丝路控制的结果。

关键词:柔然;游牧;丝路贸易;西域;北魏

5—6世纪欧亚丝路上的农耕王朝、游牧帝国和粟特商队,争相利用丝路贸易获取各自的利益,彼此间政治经济联系变得更为紧密。丝绸产地中国成为欧亚丝路各国、各民族争相交往的对象。此时,中国南北分裂,南北政治军事对峙是南北政权所面临的主要问题。南北双方无法向西域投入大量人力、物力,持续大规模经营丝路。能对中国南北政局、欧亚丝路贸易产生重要影响的势力,主要是由雄踞在蒙古高原,由鲜卑等游牧民族所建的柔然帝国。与两汉时的匈奴帝国相比,柔然帝国面对的是南北分裂的中国,是更为繁荣活跃的欧亚丝路。本文拟从5—6世纪欧亚丝路贸易的维系出发,考察柔然帝国兴衰与丝路贸易的关系。

一、柔然帝国崛起与欧亚丝路贸易的关系

在漠北高原游牧的柔然,属于拓跋鲜卑所建部落联盟的一个部族,长期处于拓跋鲜卑控制之下。[①] 登国元年(386)拓跋鲜卑在漠南盛乐(今内蒙古自治区和林格尔县)建立代国,天兴元年(398)定都平城,建北魏。拓跋鲜卑由漠南至平城的建国过程,也是其与后燕等十六国政权进行兼并战争的过程。在此过程中,北魏势必会不断从柔然部落征调更多的财物、牲畜及青壮人口,柔然部落不断暴动逃亡。4 世纪末,柔然部落在首领杜仑的率领下,逃脱北魏的控制后返回漠北。杜仑先是征服漠北的高车部落,随后在颇根河(鄂尔浑河)将匈奴拔也稽部落击溃。[②] 5 世纪前期开始,柔然不仅能组织动员数万骑兵作战,还建有一定数量的铠马重装骑兵。天兴五年(402)北魏与柔然战于河套附近,一次就被北魏缴获铠马二千余匹。[③] 柔然能动员和维持一支庞大的骑兵和重装骑兵,一方面说明柔然部落"千人为军,军置将一人;百人为幢,幢置帅一人"的动员体制很有效率;[④]另一方面说明柔然具有强大的经济基础和大量的牲畜、农业、手工业等物资来源,以及精湛的冶炼技术。在杜仑可汗所纠合的柔然、高车、匈奴、突厥等漠北游牧部落共同体中,[⑤]游牧经济相对单一,维持共同体以及强大骑兵部队所需的农业、手工业物资和生产技术,只能是来自农耕地区的物资交换和技术输入。

5 世纪初,柔然在欧亚大陆的影响力已达到巅峰,"随水草畜牧,其西则焉耆之地,东则朝鲜之地,北则渡沙漠,穷瀚海,南则临大碛。其常所会庭则敦煌、张掖之北"[⑥]。柔然虽频繁入塞抢掠,但都会遭到北魏大规模反击,自身损失惨重。就东邻北燕政权来说,柔然与北燕有姻亲关系,但北燕人少地狭,无法满足柔然对农业手工物资的大量需要。柔然西南接河西走廊,当地的武威、酒泉、张掖、敦煌均是粟特商队的重要商业据点,丝路贸易十分繁

---

① 《魏书》卷一〇三《蠕蠕传》,北京:中华书局 1974 年。
② 《魏书》卷一〇三《蠕蠕传》,第 2290 页。
③ 《魏书》卷二《太祖本纪》,第 40 页。
④ 《魏书》卷一〇三《蠕蠕传》,第 2290 页。
⑤ 周伟洲:《敕勒与柔然》,上海:上海人民出版社 1983 年,第 108 - 109 页。
⑥ 《魏书》卷一〇三《蠕蠕传》,第 2290 - 2291 页。

荣。割据河西的五凉政权重视招徕流民、发展商贸,①这些措施使河西五凉政权具有强大的军事经济实力,据估算,河西地区大致可以维持十万大军。②占有关中的后秦、占据北方大部的北魏不敢对河西轻易用兵,柔然也不敢武力征服河西。由于河西是丝路商镇的集中之地,又是丝路贸易商进入中原的要道,柔然要获取经济利益、所需物资,就需与河西政权维持好关系。柔然在其主导的漠北游牧民族共同体形成的过程中,只能将扩张、获取物资的方向确定为西域乃至中亚。

北魏建立后主要是将统一黄河中下游的华北地区视为战略重点,尚无能力征服河西地区,对西域根本无法顾及。北魏在长期的征服战争中抢掠了大量的牲畜和财富,在战略和经济上,没有经营西域、通过丝路贸易获利的需要。③ 5 世纪初,柔然趁北魏无力经营西域的有利时机,先后控制了临近河西的丝路重镇车师、伊吾、高昌、焉耆。④ 高昌(今新疆吐鲁番市东南)位于丝路北道要冲,"南接河南,东连敦煌,西次龟兹,北邻敕勒"⑤。柔然沿车师经准噶尔盆地西进,迫使位于伊犁河、楚河流域的西域大国乌孙西迁至葱岭以西,⑥乌孙西迁后,悦般自龟兹以北北上,占据乌孙故地。⑦《魏书》卷一〇二《西域传·悦般传》记载,悦般众可 20 余万,是在西域丝路有较大影响的游牧大国。悦般最初与柔然结好,可能是由于丝路利益的问题,双方"相仇雠,数相征讨",使柔然在伊犁河流域的扩张受阻。5 世纪前期,嚈哒逐渐在中亚崛起,由中亚向塔里木盆地扩张,在西域南道势力达到于阗,在北道达到焉耆以东。⑧ 嚈哒成为柔然在欧亚丝路中段扩张的劲敌。《魏书》卷一〇二《西域传·嚈哒传》记载西域康居、于阗、沙勒、安息及诸小国三十,均

① 赵向群:《五凉史》,贾小军修订,北京:社会科学文献出版社 2019 年,第 381 - 391 页。

② 刘汉东:《从西凉户籍残卷谈五凉时期的人口》,载《史学月刊》1988 年第 4 期。

③ 《魏书》卷一〇二《西域传》,第 2259 页。

④ 余太山:《柔然与西域关系述考》,载《古代地中海和中国关系史研究》,北京:商务印书馆 2012 年,第 276 - 279 页。

⑤ 《梁书》卷五四《西北诸戎传·高昌传》,北京:中华书局 1973 年,第 811 页。

⑥ 余太山:《两汉魏晋南北朝正史西域传研究》,北京:中华书局 2003 年,第 228 页。

⑦ 余太山:《柔然与西域关系述考》,第 282 页。

⑧ 余太山:《嚈哒史研究》,北京:商务印书馆 2012 年,第 148 页。

役属于嚈哒。嚈哒几乎控制了波斯以东直到于阗的广大地区。[1] 由于势均力敌,柔然与嚈哒为保证各自在丝路、西域的势力范围,结成姻亲关系,几乎中分西域。

柔然控制下的焉耆、龟兹、高昌等西域诸国,物产丰富,农业、手工业以及商业都很发达。如焉耆国"土田良沃,谷有稻、粟、菽、麦,畜有驼马。养蚕不以为丝,唯充绵纩……南去海十余里,有鱼盐蒲苇之饶"[2]。龟兹国"税赋准地征租,无田者则税银钱……又出细毡,饶铜、铁、铅、麢皮、氍毹沙、盐绿、雌黄、胡粉、安息香、良马、犁牛等"[3]。高昌"气候温暖,厥土良沃。谷麦一岁再熟,宜蚕,多五果,又饶漆……引水溉田。出赤盐,其味甚美。复有白盐,其形如玉"[4]。柔然可从上述诸国的经济往来中,获得大量的谷物、食盐、药材、香料、丝绸,铜、铁等生活、生产的必需品。西域诸国矿产资源丰富,如伊吾"出好木及金铁"[5]。从汉代起西域诸国如龟兹、鄯善等国就善于冶铸各种武器,[6]如高昌、焉耆就铸有弓、箭、刀、盾、甲、稍等兵器。[7] 高昌是粟特商队进行丝绸贸易的中心,大批粟特人定居、入籍高昌。[8] 由此,丝路东段的商业中心和粟特商队处于柔然控制之下。西域诸国能为柔然提供所需的大量谷物粮食、贵金属矿产、丝织品、兵器乃至铸造技术,这是柔然能在短期内迅速崛起的重要原因。

绿洲经济属于农耕经济和商贸并重的特殊经济形态。绿洲经济要繁荣,就需要与其他绿洲城邦,乃至更远的地区进行商业贸易。柔然如将西域诸国强制纳入其所领导的游牧民族共同体,在西域进行横征暴敛式的野蛮

---

[1]　[日]松田寿男:《古代天山历史地理学研究》,陈俊谋译,北京:中央民族学院出版社1987年,第189-190页。

[2]　《魏书》卷一〇二《西域传·焉耆传》,第2265页。

[3]　《魏书》卷一〇二《西域传·龟兹传》,第2266页。

[4]　《梁书》卷五四《西北诸戎传·高昌传》,第811页。

[5]　(唐)李吉甫撰,贺次君点校:《元和郡县图志》卷四〇《陇右道》下"伊州伊吾县天山"条,北京:中华书局1983年,第1029页。

[6]　余太山(2003),前揭书,第353页。

[7]　《周书》卷五〇《异域传·高昌传》,北京:中华书局1971年,第915页;《周书》卷五〇《异域传·焉耆传》,第916页。

[8]　荣新江:《高昌王国与中西交通》,载《中古中国与外来文明》,北京:生活·读书·新知三联书店2014年,第182-188页。

掠夺,则会摧毁西域诸国的经济,活跃的丝路贸易也将不复存在。柔然只能对西域诸国采取羁縻统治,尽力通过和平手段获得所需物资和经济利益。西域诸国各自的国情和政治并不一致,柔然对各国的控制程度也不相同。如北魏泰常八年(423),西凉被北凉灭亡后,西凉统治集团成员唐和与其兄唐契携外甥李宝到伊吾避难,招集民众二千余家,占据伊吾,向柔然称臣,柔然以唐契为伊吾王,①将其纳为附属国。柔然对具有较强军事实力、处于丝路要冲的高昌的羁縻控制,则经历了由合作到纳高昌为附属的过程。柔然最初只是要求阚爽统治下的高昌,向柔然开放经营西域、南下联络南朝的通道,②作为回报,柔然向阚爽提供军事、政治上的保护。北魏太平真君三年(442),阚爽政权遭到唐契的进攻,柔然出兵救援,将唐契纠合的西凉余众消灭。同年九月,沮渠无讳所率领的北凉流亡政权占据高昌,阚爽则前往柔然避难。③沮渠氏北凉控制高昌后,在丝路交通上并不是很配合柔然,北魏和平元年(460),柔然遂出兵灭掉沮渠安周,扶植阚伯周为高昌王。④阚伯周接受柔然的册封,意味着政治上要奉柔然为宗主。阚伯周被柔然封王后,就开始奉柔然受罗部真可汗的永康年号(466—485)。⑤接受柔然羁縻统治的西域诸国国王,有时要亲自去柔然汗庭朝贡觐见。⑥柔然也经常派可汗子弟及各类官员率使团赴西域诸国,处理政治、经济事务。西域诸国要负担柔然以及与柔然有联系的国家使节的经济支出,即所谓供奉客使制度。⑦如据吐鲁番洋海1号墓出土的《阚氏高昌永康九年、十年(474—475)送使出人、出马条记文书》记载,永康九年(474)六月至十年闰三月,高昌各县、城先后为赴柔然汗庭及焉耆的柔然、南朝等使臣派送马匹达1 402匹。⑧据哈拉和卓

① 《魏书》卷四三《唐和传》,第962页。
② 王素:《高昌史稿》(交通编),北京:文物出版社2000年,第367-369页。
③ 《魏书》卷九九《沮渠蒙逊传》,第2210页。
④ 王素,前揭书;《魏书》卷一〇一《高昌传》,第2243页。
⑤ 王素:《高昌史稿》(统治编),北京:文物出版社1998年,第267-268页。
⑥ 柔然羁縻控制下的其他西域诸国国王,也有到柔然王廷朝贡的义务。如焉耆王在永康十年(475)率256人的庞大使团赴柔然汗庭朝贡(参见荣新江、李肖、孟宪实主编:《新获吐鲁番出土文献》,北京:中华书局2008年,第163页)。
⑦ 荣新江:《高昌王国与中西交通》,载《欧亚学刊》第2辑,北京:中华书局2000年,第73页。
⑧ 荣新江、李肖、孟宪实,前揭书,第162-163页。

九〇号墓出土《高昌主簿张绾等传供帐》记载,高昌承担了柔然客使在停留高昌期间的住宿和消费支出。① 柔然使团以及焉耆等与柔然有政治经济联系的使团人数常在百人以上,为使团提供马匹、日常消费食宿,必然是高昌的一项巨额支出。高昌供奉客使制度虽可吸引丝路商队到高昌进行丝绸贸易,促进高昌经济的繁荣,但是耗费巨大的客使供奉,实际上是柔然对高昌等西域诸国羁縻统治在经济上的反映之一,属于高昌向宗主国柔然应尽的经济义务。西域诸国属于绿洲经济,绿洲经济需要与他地进行商业贸易,北魏统治下的中国北方是丝绸等物资的原产地,西域诸绿洲城邦与北魏有着频繁的商业联系,西域诸国频频到北魏朝贡。对此,柔然多不干预,反而与其一同朝贡北魏。如北魏太延元年(435)柔然与焉耆、车师诸国朝贡北魏。② 然而,一旦西域诸国要在政治上倒向北魏,柔然就会出兵废掉原国王,拥立新主。如5世纪中期控制伊吾的唐和想乘北魏西进的时机,投赴北魏,柔然随即出兵驱逐唐和重新控制伊吾,设置戍主加以管理。③ 由此可见,柔然对其势力范围内的西域诸国所采取的羁縻政策,并非所想象的军事上武力强制、政治上严格控制和经济上横征暴敛,而是以维持丝路贸易为前提,以获取最大的经济利益为目标,军事力量仅是柔然对西域诸国的威慑手段。

柔然控制下的西域诸国,也是柔然进入欧亚丝路贸易的重要通道。经焉耆西进,柔然可将军事政治影响扩张到中亚、北印度乃至更西地区,如5世纪中期柔然一度控制中亚阿姆河以北的嚈哒,④又频繁侵扰阿姆河以南下数度抢掠,⑤迫使占据丝路东西段枢纽巴克特里亚的大月氏国(寄多罗贵霜,kidarites kushan)王寄多无法向东北发展,转而向南。⑥ 柔然经高昌南下吐谷浑,则可进入中国丝绸等物资更为丰富的蜀地、江南。吐谷浑本为辽东慕容鲜卑一部,西晋末年吐谷浑西迁到今青海、甘南一带。5世纪末至6世纪

① 裴成国:《〈高昌主簿张绾等传供帐〉再研究——兼论阚氏高昌国时期的客使接待制度》,载《西域研究》2013年4期。

② 《魏书》卷四上《太祖本纪》,第84页。

③ 《魏书》卷四三《唐和传》,第962页;卷七下《孝文帝本纪》,第164页。

④ 余太山:《柔然与西域关系述考》,第294页。

⑤ Denis Sinor ed., *The Cambridge History of Early Inner Asia*, London: Cambridge University Press, 1990, p.172.

⑥ 《魏书》卷一〇二《西域传·大月氏传》,第2275页。

初,吐谷浑占领丝路南道重镇鄯善、且末,派军三千驻守。① 河南道一般是指由高昌出发,先到鄯善,进入柴达木盆地,经伏俟城(吐谷浑城)、青海湖、汉故西海郡城、今西宁,甘南,经岷山、四川松潘草原,顺岷江南下至南朝的益州,再到建康。② 吐谷浑崛起后,频繁通过河南道与南朝益州进行商业贸易。③ 北魏太延五年(439),北魏灭北凉,控制了通往中原的河西道。这使西域诸国和柔然要与南朝进行政治经济联系,只能通过吐谷浑控制的河南道。柔然是吐谷浑对抗北魏的战略帮手。吐谷浑虽北向扩张,但并未与柔然爆发冲突,吐谷浑对柔然经河南道与南朝联系也不会阻挠。从北魏和平元年(460)至太和十二年(488)高车控制高昌为止的 28 年中,柔然朝贡刘宋 8 次,南齐 3 次。④ 柔然每次朝贡南朝所带的贡品,主要是貂皮、狮子皮裤褶、马、金等丝路贸易的物资及漠北草原的特产。⑤《梁书》卷五四《西北诸戎·芮芮传》记载,萧梁大同七年(541),柔然献马 1 匹,金 1 斤,由此推知,柔然每次朝贡南朝的物资并不多,并不具备与南朝进行大规模物资贸易的性质。

　　柔然频繁朝贡南朝主要是出于政治目的。北魏皇兴四年(470),柔然攻入长城边塞抢掠,北魏组织大军反击,大败柔然。⑥《宋书》卷八《明帝本纪》记载,泰始七年(471),柔然在三月、六月两次遣使刘宋,希望刘宋向北魏发动进攻,以缓解北魏对其的军事压力。就刘宋而言,柔然是在北方能牵制北魏的军事力量。刘宋自从元嘉北伐大败后,已没有实力对北魏发动大规模进攻。如拒绝柔然要其出兵的要求,则可能使柔然改善与北魏的敌对关系,对自身不利。刘宋只能对柔然采取羁縻政策,通过外交手段,实现利用柔然牵制、削弱北魏的政治目的。如刘宋昇明二年(478),辅政的萧道成派王洪范,经河南道出使柔然,商谈共同讨伐北魏。建元元年(479),柔然发三十万

　　①　周伟洲:《吐谷浑资料辑录》(增订本)附录二《吐谷浑在西域的活动与定居》,北京:商务印书馆 2017 年,第 365、367 页;(北魏)杨衒之撰、范祥雍校注:《洛阳珈蓝记》卷五《城北》引《宋云、惠生行记》,上海:上海古籍出版社 1978 年,第 252 页。

　　②　唐长孺:《南北朝期间西域与南朝的陆道交通》,载《魏晋南北朝史论拾遗》,北京:中华书局 2011 年,第 170－171 页;严耕望:《唐代交通图考》第四卷(山剑滇黔),"中央研究院"历史语言研究所专刊之八十三,1986 年,第 969 页。

　　③　《梁书》卷五四《西北诸戎·河南王传》,第 810 页。

　　④　王素(1998),前揭书,第 379 页。

　　⑤　周伟洲(1983),前揭书,第 140 页。

　　⑥　《北史》卷九八《蠕蠕传》,北京:中华书局 1974 年,第 3255－3256 页。

骑南侵,去平城七百里,北魏坚守六镇防线不出,柔然空手而归。萧道成借故刚即帝位,没有派兵相应。柔然先后在建元元年(480)、建元二年(481)两年连续遣使南齐,希望建立伐魏联盟。柔然给予南齐缔结军事同盟的好处,是双方联合消灭北魏后,南齐占据中原,迁都洛阳,双方永结邻好。① 南齐实力远逊于刘宋,根本无力对北魏发动大规模进攻。即使南齐占领洛阳消灭北魏,靠消灭北魏迅速壮大的柔然,必然会因经济利益的分配,成为南齐所面临的巨大威胁。南齐既要平定北方各地,又要抵御柔然的强大骑兵,这远超出南齐军力所能承受的范围。这对南齐财政和南方经济几乎是崩溃性的影响。即使柔然真心配合,频频请求南朝北伐中原,南齐及之前的刘宋和之后的萧梁都不可能为配合柔然的要求北伐。如前文所论及,柔然是南朝牵制北魏军力的重要势力,因此,南齐仍需对柔然实行羁縻政策。这是南朝可以派出使臣赴柔然,做出共同伐北魏的政治姿态,但始终不真正出兵的原因。永明元年(483),柔然遣使南齐求医工等物,南齐武帝加以拒绝。② 指南车在魏晋时为皇帝出行专用,是象征政权正统性的法器。③ 东晋义熙十三年(417),宋武帝北伐关中灭后秦作为炫耀自身的功业,刘裕将指南车还有后秦主姚泓的彝器、浑仪、土圭、记里鼓一并运往建康。④ 指南车作为宣誓南朝正统的特殊礼器,南齐无法将其送于柔然。5 世纪后期,高昌已经有较为发达的纺织业和医药业,⑤柔然获得一些织工、药工非常容易。由此推知,与柔然要求南齐送予指南车一样,柔然所要织工、药工应是南齐宫廷之中专门为皇家服务,拥有高超技术的特殊织工、药工。柔然所提以上要求显然触动了南齐皇帝的权威,被拒绝实属自然。作为回击,永明三年(485),柔然以南齐使臣丘冠先"不拜柔然可汗"为由,将其杀害。⑥ 可见,柔然与南朝虽有北朝政权这一共同的战略威胁,有相互联合的政治需要,也有经高昌、吐谷浑联

---

① 《南齐书》卷五九《芮芮传》,北京:中华书局 1972 年,第 1024 - 1025 页。

② 《南齐书》卷五九《芮芮传》,第 1025 页。

③ 《晋书》卷二五《舆服志》,北京:中华书局 1974 年,第 755 页。

④ 《资治通鉴》卷一一八《晋纪四〇》安帝义熙十三年(417),北京:中华书局 1956 年,第 3709 页。

⑤ 唐长孺:《吐鲁番文书中所见丝织手工业技术在西域各地的传播》,载《山居存稿》,北京:中华书局 2011 年,第 402 - 407 页。

⑥ 《南史》卷七三《孝义·丘冠先传》,北京:中华书局 1975 年,第 1820 页;周伟洲(1983),前揭书,第 189 页。

络的通道,柔然对南朝的朝贡也能进行少量的丝路与农耕物资的贸易,但是双方在政治上属于对等关系,而不是单方面的臣属关系,彼此之间缺少相互约束的途径,双方使臣往来更多是政治战略上的博弈、正统性的较量,这是双方无法形成军事政治同盟,更无法形成紧密的经济联系的主要原因。

二、柔然、北魏在大漠南北的较量及对西域的争夺

游牧经济与农耕经济具有互补性,但游牧经济的维持更需要中原的农耕农业物资。如果进行正常对等的商业贸易,游牧一方就要拿出足够的牲畜及皮毛制品交换农产品,牲畜是游牧经济和游牧民族共同体维持的支柱,过多的交换必然会严重损害游牧经济的再生产和部落组织的稳定。中原农耕王朝从事农耕承担赋役的小农成千上万,物资的丰裕程度远非游牧帝国能比,与游牧经济交换的需求并不高,游牧经济体在与农耕经济体的贸易中,必然居于劣势。因此,漠北游牧帝国与中原农耕王朝的经济贸易,建立在不对等的经济基础之上。游牧帝国可以进行正常的朝贡贸易,也可以在边境进行互市,保持长期的和平关系,但不稳定乃至冲突也是游牧帝国与农耕王朝贸易关系的常态。柔然崛起漠北后,每逢秋冬季节,柔然可汗就会率骑兵入塞抢掠。[1] 不仅如此,柔然与北魏周边的胡族政权如后秦、北燕联姻建立政治军事联盟,在北魏进行军事行动时,柔然就会向漠南云中等地发起进攻,牵制北魏统一北方的军事行动。[2] 柔然也是北魏与南朝进行军事较量时必须要考虑的战略因素,如太武帝就曾告公卿曰:"若不先灭蠕蠕,便是坐待寇至,腹背受敌,非上策也。"[3]从经济、军事乃至统一北方的战略目标出发,北魏都需消灭柔然。柔然可以集结数万骑兵突入塞内,但是无法在塞内常驻扎根。北魏可集结数万大军深入漠北讨伐柔然,受后勤和恶劣气候所限,损失也很大。如神瑞元年(414),北魏军队在漠北遇上大雪,"士众冻死堕指者十二三"[4]。北魏每次北伐柔然,都需要大范围的征调物资,如始光二

---

① 《魏书》卷三五《崔浩传》,第 817 页。
② 《魏书》卷一〇三《蠕蠕传》,第 2291 页。
③ 《魏书》卷一〇三《蠕蠕传》,第 2293 页。
④ 《魏书》卷一〇三《蠕蠕传》,第 2292 页。

年(425)北魏讨伐柔然,"诏天下十家发大牛一头,运粟塞上"①。5世纪前期,柔然与北魏在军事上形成了对峙拉锯状态。如果北魏与柔然之间的拉锯互攻一直持续下去,不仅统一北方的战略目标无法实现,北魏国家的财政和经济基础也将被拖垮。为一举消灭柔然,神麚二年(429),北魏太武帝率军亲征柔然,发起最大规模的北伐。《魏书》卷一○三《蠕蠕传》记载,经此一战,柔然损失极为惨重,"国落四散,窜伏山谷,畜产布野,无人收视"。北魏军队在漠北地区属于无后勤的机动作战,无法在冬季的漠北长期驻扎,只能乘胜收兵。柔然虽受重创,但是柔然的核心部落还在,仍是北魏北边的一个重要威胁,只是一定时期内丧失了入塞大规模侵掠的能力。这说明北魏派大军数万从漠南奔袭柔然汗庭的方式,并不能消灭柔然。神麚二年,北魏的沉重打击,使柔然开始采用朝贡策略,从北魏获取所需的农业物资。柔然先后在神麚四年(431)、延和三年(434)、太延元年(435)三次朝贡北魏。延和三年(434)柔然与北魏还建立了和亲关系。柔然吴提可汗尚北魏西海公主,北魏太武帝纳吴提妹为左昭仪,伴随和亲,柔然还派出数百人的庞大使团,献马两千匹与北魏贸易。北魏对柔然班赐甚厚。② 可见,柔然对北魏的朝贡及和亲是建立在柔然没有实力大规模南侵、北魏威胁不到柔然对西域的控制之上,一旦这一平衡被打破,柔然的朝贡和双方和亲的贸易方式就不复存在。

　　神麚二年(429)北魏大败柔然后,为安置投降的数十万高车部落,抵御柔然南侵,北魏在漠南长城沿线开始设置军镇,派重兵把守,将其军力重点放在消灭北方的十六国政权之上。至太延二年(436),北魏连灭赫连夏、北燕,占领关陇、辽西,兵临河西,柔然控制的欧亚丝路带,开始处于北魏军事打击范围之内。北魏统一北方进程的加快,引发了欧亚丝路贸易体系东段国家关系的重大变化。与北魏建立良好的政治经济关系,对西域诸国粟特商胡至关重要。《魏书》卷四上《世祖本纪》记载,太延元年(435)二月,蠕蠕、焉耆、车师诸国各遣使朝献。六月,高丽、鄯善国并遣使朝献。八月,粟特国遣使朝献。西域诸国大规模朝贡,使北魏一度想用政治经济手段,争取西域

---

① 《魏书》卷四上《世祖本纪》,第70页。
② 《魏书》卷一○三《蠕蠕传》,第2294页。

诸国倒向自身。太延元年(435)五月,北魏"遣使者二十辈使西域"①,其中王恩生、许纲等出使焉耆、车师,但两人被柔然所俘获而没能成功。② 太延二年(436)八月"遣使六辈使西域"③,北魏使臣在北凉协助下,摆脱柔然阻碍,成功出使西域诸国。《魏书》卷一〇二《西域传》记载,为争取西域诸国,北魏使臣携带了大量锦帛宝物"厚赐"给西域诸国国王。在这六辈使臣中,以董琬、高明一路的使臣成就最高。他们先是出鄯善,北行至乌孙,在乌孙所派导译的协助下,董琬到达破洛那(古大宛国,在今费尔干纳盆地),高明到达者舌(今乌兹别克斯坦塔什干)。破洛那、者舌及周边地区是粟特商胡在中亚的聚居地,是欧亚丝路贸易物资信息交换传播的中心。受北魏频频大规模遣使西域的影响,在董、高二人东返中原时,太延三年(437),龟兹、悦般、焉耆、车师、粟特、疏勒、乌孙、破洛那、渴槃陁、鄯善等西域十六国,④为获得更多的经济利益纷纷遣使朝觐北魏。可见,包括董琬、高明在内的众多北魏使臣出使西域中亚,宣示了北魏的富有和国威,使北魏成为欧亚丝路诸国争相交往的对象。北魏频频遣使西域,西域中亚诸国朝贡北魏的浪潮,很可能会使西域诸国在贸易上转而以北魏为主,在政治上脱离柔然的控制。这对柔然经济基础的打击无疑是致命的。柔然只能对北魏采取军事政治措施加以反击。柔然对北魏的和亲朝贡关系也随之终止。太延二年(436),柔然为牵制北魏讨伐北燕,"绝和犯塞"⑤。

北魏为断绝柔然对统一进程的干扰,太延四年(438),北魏太武帝率军亲征柔然,柔然避战远遁,正值漠北大旱,无水草,柔然乘势以"万骑追之",北魏军队损兵折将,大败而归。柔然挟漠北大胜之势,遣使西域诸国要求与北魏断绝交往。⑥ 柔然在西域经营多年,西域诸国大多处于柔然骑兵的直接威胁之下,而北魏尚未占领河西,根本无法获得北魏的军事帮助,因此,在柔

---

①　《魏书》卷四上《世祖本纪》,第 85 页。

②　余太山:《董琬、高明西使考》,载《两汉魏晋南北朝与西域关系史研究》,北京:商务印书馆 2011 年,第 396 页。

③　《魏书》卷四上《世祖本纪》,第 87 页。

④　《魏书》卷四上《世祖本纪》,第 88 页。

⑤　《魏书》卷一〇三《蠕蠕传》,第 2294 页。

⑥　《魏书》卷一〇二《西域传序》,第 2260 页。

然的政治恫吓之下，北凉和西域诸国转而不再一面倒向北魏。① 这说明北魏要争取西域诸国与其建立稳固的政治贸易关系，要切断西域诸国与柔然的联系，就需将军事势力推进到西域。既然如此，横隔在西域与北魏的北凉就必须尽快消灭。太延五年（439）六月，太武帝亲率北魏军主力灭北凉。由于北魏京畿平城空虚，仍然面临着柔然南侵和南朝北上的战略威胁，不能在河西常驻重兵，北魏军主力于太平真君元年（440）初撤回平城，仅留少量兵力设置凉州镇守姑臧。北凉的残余势力趁机反扑，意图重新夺回河西走廊的控制权。太平真君元年（440）春夏，北凉王沮渠牧犍弟沮渠无讳不仅占领重镇酒泉，还俘虏了北魏酒泉守将，威胁张掖，在北魏援军的反击下，太平真君三年（442），沮渠氏放弃酒泉、敦煌，西渡流沙进入西域，驱逐阚爽，占领重镇高昌，继续西进占领鄯善国，扶植傀儡，断塞行路，阻止西域诸国前往北魏，②与北魏对抗。同年，李宝据敦煌遣使内附北魏，北魏打通了河西走廊，一度委任李宝镇守敦煌。太平真君五年（444），李宝被征入朝后，北魏在敦煌设置敦煌镇，对敦煌实行军管。北魏控制河西走廊后，为消灭沮渠氏控制下的鄯善国，于太平真君六年（445），派轻骑五千渡流沙奔袭鄯善，留军驻守，太平真君九年（448）北魏废鄯善国，设置鄯善镇，"赋役其人，比之郡县"③。同年，北魏出兵灭掉"恃地多险"，剽劫北魏使臣的焉耆，设置焉耆镇。北魏以龟兹收留焉耆王、对北魏使臣"寇窃非一"为由，突袭龟兹，大获驼马而还。④鄯善、焉耆是柔然控制西域南北道、欧亚丝路东段的两个立足点。北魏占领鄯善、焉耆，但没有消灭龟兹，说明北魏军力仅能部分控制西域南北道，没有彻底切断柔然与西域诸国交通的能力。⑤ 北魏在突袭龟兹之后就立即撤军，此后也没再进攻龟兹，说明太平真君年间北魏在西域的军事行动，已是北魏军事实力的巅峰，属于无补给、轻骑突袭式的拔点作战，存在后勤补给的困难和兵力使用轮换的困难，即使攻下城镇后，也不能长期驻守。焉耆、鄯善

---

① 《魏书》卷一〇二《西域传序》，第 2260 页。
② 《魏书》卷一〇二《西域传序》，第 2261 页。
③ 《魏书》卷一〇二《西域传·鄯善传》，第 2263 页。
④ 《魏书》卷一〇二《西域传·鄯善传》，第 2261 页。《魏书》卷一〇二《西域传·焉耆传》，第 2266 页。《魏书》卷一〇二《西域传·龟兹传》，2267 页。
⑤ ［日］伊濑仙太郎：《中国西域经营史》上，东京：岩南堂书店 1968 年，第 125－126 页。

镇在正平元年至二年(451—452)很快裁撤就是明证。① 太武帝时北魏军事实力达到极盛,有骑兵 30 万,②但由于柔然、南朝的南北牵制,加之关陇、河东、华北等地胡汉豪强酋帅不断暴动,能投入经营西域的兵力仅在数千骑兵上下,发动焉耆的突袭,还要车师国和盘踞前部王国的唐和出兵配合。③ 可见,北魏军事实力相对于柔然,整体上虽占优势,但落实到投入经营西域时就显得捉襟见肘。柔然汗庭就在敦煌以北,靠近西域,柔然反而在西域比北魏还占有优势。高昌是西域大国,国有八城,具有相当完善的征兵制度和军事制度,具有较强的战力,④仍然处在亲柔然的沮渠氏控制之下。一旦北魏进攻高昌,沮渠氏势必据城殊死抵抗,柔然也会出兵相救,北魏能参战的数千骑兵和车师、唐和的仆从军,很可能就会陷入持久战的泥潭而崩溃。由此,北魏根本不具备进攻高昌,与柔然在西域进行长期军事较量的实力。既然北魏无法夺取高昌,就意味着北魏在天山以北的灭焉耆、灭鄯善、打击龟兹的军事行动,无法切断柔然与西域诸国的经济往来,充其量是保护北魏和西域诸国之间使节往来的畅通。这是北魏灭焉耆、鄯善时,柔然没有直接出兵加以干预的原因所在。

北魏占领河西走廊、武力夺取柔然在西域的据点,是对柔然在丝路的沉重打击,为此柔然在漠南进行了大规模反击。如北魏西征北凉时,柔然可汗应北凉请求率军攻入塞内,前锋直抵平城。⑤ 由于另一路柔然军队在阴山以北被北魏击溃,柔然可汗才撤军北返。太平真君四年(443),北魏在彻底控制河西后,太武帝分军四路深入漠北,柔然远遁,北魏大败而还。⑥ 北魏在大漠的军事失利在西域引发震动,为此北魏不得不在太平真君五年(444)派四路使臣安抚西域各国。⑦ 可见,北魏在与柔然的军事拉锯中是否能占有优

---

① 余太山:《北魏、西魏、北周与西域》,载《两汉魏晋南北朝与西域关系史研究》,北京:商务印书馆 2011 年,第 224 - 225 页。

② 《魏书》卷三五《崔浩传》,第 822 页。

③ 《魏书》卷四三《唐和传》,第 962 页。

④ 唐长孺:《吐鲁番文书中所见高昌郡军事制度》,载《山居存稿》,北京:中华书局 2011 年,第 381 - 389 页。

⑤ 《资治通鉴》卷一二三《宋纪五》文帝元嘉十六年(439)九月条,第 3876 页。

⑥ 《宋书》卷九五《索房传》,北京:中华书局 1974 年,第 2238 页。

⑦ 《魏书》卷四下《世祖本纪》,第 97 页。

势,是西域诸国与其保持政治经济联系的前提。北魏为挽回军事上的失败,不得不在太平真君五年(444)、太平真君六年(445)、太平真君九年(448)、太平真君十年(449)连年北伐柔然。太平真君十年(449)北魏军在漠北重创柔然,虏获柔然人户畜产百余万。柔然短期内无力向漠南发动大规模抢掠。①北魏讨伐柔然需进行全国性动员,如太平真君六年(445)"诏发天下兵,三分取一,各当戒严,以须后命"②,连续北伐柔然,成为北魏国家财政和百姓的沉重负担。因此,太平真君十年(449)北魏漠北大胜后"意存休息",③无力连续对柔然发动攻势。在太武帝北讨柔然、经略西域之时,太平真君六年、太平真君七年关中、河东爆发了卢水胡和蜀薛的大规模叛乱,直接威胁北魏都城平城,太武帝亲率数万大军平叛,为稳定当地局势,关中、河东等都需派军驻守。此时北魏与刘宋在河南、淮河流域、青徐等地不断爆发战争。元嘉二十七年(450),刘宋举全国之力北伐,意图收复河南,北魏需要集中主力应对与刘宋的战事,毕竟黄河中下游流域是当时中国经济最为发达的地区,农业人口和农业区都集中在当地,黄河流域的得失关系到南北政权的强弱对比。从战略需要看,北魏无法再在经营西域上投入重兵,相反需要在南线集中重兵与南朝争夺青齐、淮北等农耕区。由此,中原王朝对漠北游牧帝国的持续反击,对西域长期大规模经营,是建立在南北统一、地方管理体制严密有效、对小农和物资具有强大的动员运输能力、具有巨大兵源征集调发基础之上。仅占据中国北方,对北方大部分基层社会控制乏力、以拓跋鲜卑部落兵制为主、自身政体内部胡汉体制还需调整的北魏,显然不具备上述基础,不可能完成灭柔然、占据西域的宏大战略。北魏与柔然战争所得和在经济和军事所付出的惨重代价相差无几;对西域的军事和经济经营,并没有切断柔然与西域诸国的贸易和交通,反而成为持续消耗北魏资财国力的"无底洞"。在实现西域诸国与北魏能正常进行经济和政治往来,宣扬北魏国威,占据河西要道后,北魏已没有继续经营西域的动力。太平真君十一年(450),北魏在西域的仆从国车师被占据高昌的沮渠氏侵夺其国,车师王遣使上书北魏求

---

① 《魏书》卷一〇三《蠕蠕传》,第 2295 页。
② 《魏书》卷四下《世祖本纪》,第 99 页。
③ 《魏书》卷一〇三《蠕蠕传》,第 2295 页。

援,北魏没有出兵相助,仅是下诏抚慰,开焉耆仓给以赈济。[①] 又如皇兴四年(470)柔然不断侵掠于阗,于阗遣使北魏朝廷,要求北魏出兵,北魏仅表示要"练甲养卒",无法出兵。[②]

　　太平真君十年(449)大败之后,需要物资补给重新崛起。北魏虽在西域收缩防御,但丝毫没有放松对柔然的防御。这使柔然无法抢掠漠南塞内,只能将获取物资的来源转向西域诸国。北魏和平元年(460),柔然直接将高昌变为自己的附属国,扶植一直依附于自己的当地大族阚爽为高昌王。随后,柔然沿天山南北道扩张势力,至皇兴四年(470)控制了塔里木盆地诸国。[③] 受北魏西域收缩政策的刺激和漠南地区严密防御的压制,柔然在延兴二年(472)、延兴三年(473)、延兴四年(474)连续派数万骑兵围攻河西重镇敦煌。[④] 柔然虽能围攻敦煌,但缺乏攻坚能力,加之随时面临北魏在漠南的大规模反击,这使柔然虽能在西域扩张势力,但是无法将河西占为己有。由此,经过长期的军事经济较量,柔然和北魏在大漠南北和西域河西形成了均势。柔然虽不时侵掠塞内,但已转而注重用朝贡和亲的方式,从北魏获取农耕物资。北魏也十分重视利用丰饶的物资来笼络柔然。《魏书》卷一〇三《蠕蠕传》记载,太和元年(477)四月,柔然可汗遣莫何去汾比拔等赴北魏来献良马、貂裘,比拔等称:"伏承天朝珍宝华丽甚积,求一观之。"孝文帝乃敕有司出御府珍玩金玉、文绣器物,御厩文马、奇禽异兽及人间所宜用者列之京肆,令其历观焉。比拔见之,自相谓曰:"大国富丽,一生所未见也。"这使柔然在延兴四年至太和十年(474—486)入塞侵掠前,共计 12 次朝贡北魏,属于当时朝贡北魏最多的国家之一。北魏虽不再试图控制西域诸国和交通要道,但北魏控制着河西走廊,柔然与西域的交通也处于北魏的突袭之下。随着柔然与北魏关系的改善,柔然对西域诸国与北魏之间的朝贡贸易和政治往来也不再干涉、阻挠。追求商业利益的西域商胡既可以到平城进行商业贸易,也可将其贸易所得物资与柔然进行商品贸易和交换,游牧经济、农

---

① 《魏书》卷一〇二《西域传·车师传》,第 2265 页。

② 余太山:《两汉魏晋南北朝正史西域传要注》,北京:中华书局 2005 年,第 437 页注释 85。

③ 余太山:《两汉魏晋南北朝正史西域传要注》,北京:中华书局 2005 年,第 437 页注释 85。

④ 《魏书》卷七上《高祖纪》,第 137 页,139 页;卷二六《尉古真传附尉多侯传》,第 657 页。

耕经济在商胡商队的贸易交换中实现了物资的交换和流通。这对商胡商队、柔然、北魏来说应是三方共赢的局面。这是北魏占领河西统一北方后，欧亚丝路贸易更为繁荣的重要原因。

三、柔然帝国灭亡与欧亚丝路贸易的关系

柔然帝国内部各部落、氏族组织酋长首领的权力，来自其内部的部落成员的拥护，而非柔然可汗的授予，各部落、氏族首领具有很大的自主权。柔然可汗虽有最高的军事指挥权、行政权、司法惩罚权，但他无法控制其帝国内部的每个部落酋长及其所统部落。柔然可汗对依附于自己的漠北其他民族控制较为松散，如神䴥二年(429)，在北魏倾全力大败柔然的形势下，依附柔然的高车诸部大杀柔然大檀可汗种族，高车前后归降北魏三十余万。[1] 柔然各部落往往根据自身利益，决定对待柔然可汗和帝国共同体的态度。北魏对柔然的频频北伐和反击，导致柔然各部损失惨重，柔然诸部别帅在北魏军事压力下，不断降附北魏。如太平真君十年(449)，柔然部落酋长尔绵他拔等率其部落千余家降北魏。[2] 如上文所论，5世纪后期由于柔然和北魏在漠南和西域形成均势，双方关系转而以贸易通使为主。游牧经济的脆弱性和不稳定性，迫使柔然可汗要维持部落共同体的经济需求，就必然要南下抢掠物资。南下侵掠又必然会遭到北魏的反击，对柔然各部落而言也是严重的损失。太和十年(486)，柔然帝国统治集团围绕是否南下侵掠北魏，爆发内斗。主张南侵的可汗豆仑，将主张与北魏通和的大臣石洛候诛杀，夷其三族。[3] 受此影响，太和十一年(487)，不愿跟随豆仑南侵的高车十余万落，在其首领阿伏至罗与从弟穷奇的率领下西迁，[4] 在车师前部(今新疆交河故城一带)建立"高车国"。[5] 车师前部是丝路北道重镇，占据丝路要道的高车不断打败柔然豆仑的进攻，迫使柔然可汗廷东徙。[6] 太和十二年(488)，高车杀

---

① 《魏书》卷一〇三《蠕蠕传》，第2293页。
② 《魏书》卷四下《世祖本纪》，第103页。
③ 《魏书》卷一〇三《蠕蠕传》，第2296页。
④ [日]内田吟风：《柔然时代蒙古年表》，载《北アジア史研究(鲜卑柔然突厥篇)》，东京：同朋舍1988年，第372页。
⑤ 《魏书》卷一〇三《高车传》，第2310页。
⑥ 《魏书》卷一〇三《高车传》，第2310页。

臣属柔然的高昌主阚首归,拥立敦煌大族张孟明为高昌国王。① 凭借着对丝路北道的控制,高车势力在东北一度到达色楞格河、鄂尔浑河、土特拉河一带,北达阿尔泰山,南至高昌、焉耆、鄯善,西接悦般、东与北魏相邻的大片地区。② 太和十四年(490),高车就派商胡越者率领使团朝贡北魏,联络北魏共击柔然。③ 北魏如配合高车北伐柔然,虽可取得重创乃至消灭柔然的效果,但高车必然会占据漠北,加上其对西域高昌等地的控制,无疑在北魏北边又会出现一个强大的类似柔然的游牧帝国,对北魏没有任何益处。如高车和柔然并存,双方会因丝路利益相互为敌,北魏是令双方忌惮的庞大势力,双方必然竭力争取北魏的支持。因此,北魏虽遣使高车"往观虚实",但北魏始终没有为配合高车北伐柔然,高车借北魏之力伐柔然的企图没有实现。虽然如此,柔然与西域诸国的贸易通道被高车控制,南面是北魏严密的六镇防御体系,对需要农耕物资补充的柔然游牧经济打击是沉重的。在此压力下,太和十三年(489),柔然部落别帅叱吕勤率众内附。④ 经济衰败,部族离散使柔然无力再与北魏在大漠南北周旋。太和十六年(492),孝文帝为解除其南迁洛阳后,柔然对北魏北边的战略威胁,率军北伐漠北,大败柔然。⑤ 军事上的失败,又导致了柔然统治层内部矛盾的激化,国人"乃杀豆仑母子,以尸示那盖,(豆仑叔父)那盖乃袭位"⑥。为改变内外交困的局面,柔然只好采取对北魏遣使求和,西攻高车夺回高昌等西域诸国控制权的策略。

高车虽然建立国家,但政体仍然处于部落状态,没有形成类似柔然可汗的专制权力,"主甚愚弱,上不制下,下不奉上,唯以掠盗为资,陵夺为业"⑦,政治体制的混乱,以掠盗为资的经济方式,必然会影响高昌商贸的正常开展,高昌国人于太和二十年(496)杀张孟明,拥立马儒为高昌国王。高昌国人自行废立,必然不会为高车所认可。太和二十一年(497),马儒遣使北魏

---

① 对于高车控制高昌国的时间,笔者赞同王素先生观点。参见王素(1998),前揭书,第274页。

② 周伟洲(1983),前揭书,第48页。

③ 《魏书》卷一〇三《高车传》,第2310页。

④ 《魏书》卷七下《孝文帝本纪》,第165页。

⑤ 《魏书》卷一九上《阳平王新成传附子安寿传》,第442页。

⑥ 《魏书》卷一〇三《蠕蠕传》,第2297页。

⑦ 《魏书》卷六九《袁翻传》,第1542页。

要求举国内迁。① 北魏虽接受高昌内迁,派遣骑兵千余接应,但并不是把高
昌国人安置在河西,而是割伊吾五百里,加以安置。② 太和十八年(494),北
魏迁都洛阳后,不再有利用经营西域解决柔然侵边的战略,转而以巩固对敦
煌等河西地区的控制,保持西域诸国与中原的正常交往贸易为主。伊吾是
西域商胡从高昌前往敦煌的必经之路,原处于柔然控制之下。高车控制高
昌后,柔然伊吾戍主高羔子率众降附北魏。③ 北魏据有伊吾后,无力再从敦
煌抽调兵力戍守经营。由此,北魏将高昌内迁在敦煌西北的伊吾,其目的是
利用高昌国众经营伊吾,④将高昌国民推至对抗高车、柔然的最前沿。这与
期望迁居河西内地,从事定居商贸,不再受高车、柔然控制的高昌国人想法
相差甚远。这是北魏景明二年(501)内徙途中,高昌"旧人情恋本土,不愿东
迁,相与杀儒,而立麹嘉为王"的原因所在。随后麹氏高昌先后臣服于柔然、
高车。⑤ 麹氏也不断遣使北魏要求内迁,北魏直接予以拒绝。⑥ 麹氏高昌建
立后,其周边有高车、柔然及北魏三股势力,其中北魏不具威胁性,且是西域
诸国贸易的目标,如能内迁河西,则可不再受高车、柔然的盘剥和控制,是其
最好的选择。北魏如将麹氏高昌内迁,意味着高车或者柔然就将占据高昌,
直接控制丝路北道,而高车和柔然都不具备直接从事丝绸贸易的能力,从丝
路交通和丝路贸易的正常开展出发,北魏都不应将麹氏高昌内迁。高车、柔
然都没有能力消灭麹氏高昌,他们虽可在政治上控制高昌,但是他们无法切
断麹氏高昌与北魏密切的朝贡关系,这是北魏借以在西域施加政治、经济影
响的关键,从维持北魏在西域影响力出发,北魏也不能将高昌内迁。在北魏
无意政治控制高昌的形势下,为争夺高昌,柔然与高车陷入拉锯战的泥潭。
《魏书》卷六九《袁翻传》:"自卜惟洛食,定鼎伊瀍,高车、蠕蠕迭相吞噬。始
则蠕蠕衰微,高车强盛,蠕蠕则自救靡暇,高车则僻远西北。及蠕蠕复振,反
破高车,主丧民离,不绝如线。而高车今能终雪其耻,复摧蠕蠕者,正由种类

---

① 《魏书》卷一〇一《高昌传》,第 2243 - 2244 页。
② 《魏书》卷一〇一《高昌传》,第 2244 页。
③ 《魏书》卷七下《孝文帝本纪》,第 164 页。
④ 王素(2000),前揭书,第 192 页。
⑤ 《魏书》卷一〇一《高昌传》,第 2244 页。
⑥ 《魏书》卷一〇一《高昌传》,第 2244 页。

繁多,不可顿灭故也。"熙平元年(516),柔然西征高车大破之,杀高车王弥俄突,①重新控制了高昌。高车部众大多降服嚈哒。高车部众在嚈哒的支持下,继续与柔然争夺高昌。嚈哒是中亚大国,在柔然与高车拉锯对峙时,其势力已经控制了离高昌不远的丝路北道焉耆等地区。② 由于高车的牵制,柔然显然无法再战胜嚈哒,重新控制西域北道。由此,柔然与高车在漠北长期的消耗战争,对高昌控制的反复易手,无疑会使柔然陷入经济困境,而这又加剧了柔然各部落的分裂。正光元年(520),柔然丑奴可汗被杀,丑奴弟阿那环被立为可汗后,被其族兄示发部落打败,被迫率部落投奔北魏,被安置在洛阳。阿那环从兄子婆罗门击败了示发部落,自立为可汗,控制了漠北。

阿那环在给北魏皇帝的上书中,希望借助北魏的军事力量,恢复其柔然可汗的地位。③ 柔然是其北方的战略威胁,北魏当然不会出兵将一个流亡没有实力的部落可汗,扶植成为一个难以对付的强敌。因此,北魏帝国没有出兵帮其打回漠北,只是通过外交的手段,要求婆罗门承认阿那环的政治地位,让其归国。正光二年(521),婆罗门在与高车的战争中大败,率十部落到凉州向北魏投降。此时,漠北的柔然部落处于崩溃状态,"国土大乱,姓姓别住,迭相抄掠,当今北人鹄望待拯"④。统辖柔然数万部落的后主阿那环兄俟匿伐投奔北魏怀朔镇,请阿那环为可汗。阿那环之所以能被柔然部落迎立为可汗,与其能得到北魏提供包括丝绸、粮食在内的大量物资支持有很大关系。《魏书》卷一〇三《蠕蠕传》载:

> 诏赐阿那环细明光人马铠二具,铁人马铠六具;露丝银缠槊二张并白旄,赤漆槊十张并白旄,黑漆槊十张并幡;露丝弓二张并箭,朱漆柘弓六张并箭,黑漆弓十张并箭;赤漆盾六幡并刀,黑漆盾六幡并刀;赤漆鼓角二十具;五色锦被二领,黄绸被褥三十具;私府绣袍一领并帽,内者绯纳袄一领;绯袍二十领并帽,内者杂彩千段;绯纳小口裤褶一具,内中宛具;紫纳大口裤褶一具,内中宛具;百子帐十八具,黄布幕六张;新乾饭一百石,麦麨八石,榛麨五石;铜乌镳四枚,柔铁乌镳二枚,各受二斛;黑

---

① 《魏书》卷一〇三《蠕蠕传》,第 2297 页。
② 《魏书》卷一〇一《高昌传》,第 2244 页。
③ 《魏书》卷一〇三《蠕蠕传》,第 2299 页。
④ 《魏书》卷一〇三《蠕蠕传》,第 2301 页。

漆竹榼四枚,各受二升;婢二口;父草马五百匹,驼百二十头,牸牛一百头,羊五千口;朱画盘器十合;粟二十万石。至镇给之。

从上文可见,阿那环从北魏那里获得一定数量的丝绸、铁器、武器、矿产、农产品、牲畜、奴隶等制品。虽然数量不多,但对陷入经济困境的柔然部众无疑具有极大的象征意义。二十万石的粮食救助对于柔然部众极具诱惑力,这是柔然部众迎接阿那环担任可汗的原因。流亡北魏的阿那环能再统率柔然部众,是自从高车脱离柔然而控制高昌后,柔然社会经济持续恶化的必然要求。阿那环率领的柔然部落被安置在怀朔镇北吐若溪泉,婆罗门被安置在临近敦煌镇的西海郡。北魏意图是将柔然分为东西两部,将其置于军镇的控制之下。北魏迁都洛阳后,北边军镇的管理和补给就处于衰败状态,无力再向投附的柔然部落发放粮食等物资,这使降服的柔然部落只能侵掠北魏边塞。正光二年(521),婆罗门部众因饥侵掠北魏边邑乃至遍及凉州。正光三年(522),婆罗门企图率部落叛北魏投奔嚈哒,被北魏州军镇压,婆罗门部就此破灭。① 安置在怀朔镇北的阿那环部则先是上表北魏乞粟以为田种,北魏诏给万石。正光四年(523),阿那环部众大饥,入塞寇抄,驱掠良口二千,公私驿马牛羊数十万北遁。② 北魏朝廷的赐予、赈济主要是怀朔、武川、沃野等北边军镇提供,柔然降众对北魏的侵掠也是主要是怀朔等边镇,这使北魏北边军镇经济上损失惨重,无疑加重了北边军镇内部及其与北魏朝廷的复杂矛盾。正光五年(524),北魏北边六镇的驻军发动暴动,北魏所派讨伐军屡战屡败,不得不向阿那环求援。孝昌元年(525),阿那环率十万大军帮助北魏镇压了延及中国北方的六镇暴乱,在镇压六镇暴动的过程中,柔然乘机大肆抢掠。北魏为借助柔然军力,频繁班赐给柔然大量物资。阿那环也以朝贡为名义,频频向北魏勒索大量的丝绸和粮食等物资,由此,北魏内乱反使柔然迅速恢复了实力,③重新称雄漠北,成为对中国北方政局影响举足轻重的政治势力。北魏永熙三年(534),北魏分裂为东西魏后,双方为了取得战略上的优势,"竞结阿那瑰为婚好"④。西魏为不使柔然倒向东

①　《魏书》卷四四《费穆传》,第 1003 - 1004 页。
②　《魏书》卷一〇三《蠕蠕传》,第 2302 页。
③　《魏书》卷一〇三《蠕蠕传》,第 2302 - 2303 页。
④　《北史》卷九八《蠕蠕传》,第 3264 页。

魏,给予柔然黄金、丝织品等很多经济物资。① 西魏占有关中、河西之地,控制着进入中原丝路的必经之道,柔然从丝路贸易的利益出发,采取联盟西魏、抢夺东魏的策略。如东魏元象元年(538)五月,阿那环"掠幽州范阳,南至易水。九月,又掠肆州秀容,至于三推(今山西汾水上游)……转谋侵害"②。这说明在无法控制西域诸国后,柔然在经济上与长城以南的农业区结合得日益紧密。消灭西魏是东魏最大的战略目标,要集中力量消灭西魏,就要减轻其他地区的军事压力,尽量使柔然保持中立。消灭西魏是东魏最大的战略目标,要集中力量消灭西魏,就要减轻柔然对北边的军事压力,由此,东魏对柔然的侵掠采取较为忍让的政策,与之联姻,频繁接受柔然朝贡。③ 阿那环虽然率领柔然部众重新崛起,但仍然没有改变其政治和经济上的困境。如柔然虽在与东西魏中国北方政权的政治、军事、经济博弈中占有很大优势,但这以柔然在中国北边投入大量军力为代价,这使柔然无力再向西域投入足够的武力,这是柔然始终没有重新控制高昌等西域诸国和交通线路,与高车拉锯战久拖不决的重要原因。西域控制权的丧失,必然会影响柔然游牧经济的正常运转。维持游牧经济的运转,就需要频繁地侵掠中国北边,频繁地朝贡东西魏政权,无疑会加深柔然游牧经济对中原农耕区的依赖程度,导致柔然部落农耕化程度的加深,柔然部落兵的战力也随之降低,使柔然帝国的政治体制也逐渐汉化、封建化,如"汝阳王暹之为秦州也,遣其典签齐人淳于覃使于阿那环。遂留之,亲宠任事。阿那环因入洛阳,心慕中国,立官号,僭拟王者,遂有侍中、黄门之属。以覃为秘书监、黄门郎,掌其文墨"④。柔然政治体制的汉化,无疑遭到了柔然部落大人的反对,柔然各部酋长与柔然可汗之间的矛盾进一步激化。一旦东西魏改变对柔然的求和政策,柔然所需农耕物资就会大幅减少,柔然部落只能崩溃。6世纪中期分布在阿尔泰山的突厥人,趁柔然与高车长期战争之机,开始进入丝路贸易体系。《周书》卷五〇《异域传·突厥传》记载,突厥通过粟特胡人到西魏控制的河西地区进行买卖缯絮,表达愿意与西魏进行丝绸贸易的愿望。突厥的

---

① 《周书》卷三三《杨荐传》,第571页。
② 《北史》卷九八《蠕蠕传》,第3266页。
③ 《北史》卷九八《蠕蠕传》,第3264-3265页。
④ 《北史》卷九八《蠕蠕传》,第3266页。

崛起,使西魏找到了对付柔然的帮手,于大统十一年(545),西魏派酒泉的粟特商队访问突厥。丝路贸易使突厥的力量大增,西魏大统十二年(546),突厥土门可汗击败周边的高车部落,尽降其众五万余落。① 势力强大的突厥土门可汗借此向柔然求婚。突厥属于柔然漠北游牧民族共同体的组成部落,如柔然答应突厥的求婚要求,即表示柔然承认突厥的对等地位。倘若此次柔然所控制的部落共同体纷纷效仿,柔然很可能就此瓦解,因此,柔然只能拒绝突厥的求婚请求。突厥转而与西魏联姻,这使柔然在西、西南处于突厥和西魏的联合包围之下。西魏废帝元年(552),突厥大败柔然于怀荒以北,阿那环自杀,阿那环太子庵罗辰等人率部落奔北齐。天保四年(553),突厥再次击败柔然在漠北西部的余众,②西魏对柔然的侵掠也严密防守,柔然遂举国投奔北齐。突厥是西魏的盟友,突厥在漠北的迅速扩张,对北齐来说是潜在的巨大威胁,北齐需要扶植柔然在漠北牵制突厥。因此,北齐皇帝高洋北讨突厥,迎纳柔然,立阿那环子庵罗辰为可汗,将其安置在马邑川(今山西朔县一带),给其廪饩、缯帛,庵罗辰贡献不绝。③ 马邑川在属于北齐主力“九州军士”集中驻防地范围内,可见,北齐虽给以柔然残部以物资补给,但实际上是将其严加管束。这应是天保五年(554)庵罗辰就率部落背叛漠北的原因。由于西部和西南是突厥和西魏的严密防御,这使庵罗辰只能南下抢掠北齐肆州等地,肆州属于九州军士集中分布地区,且北齐的军事指挥设在晋阳(今山西太原附近),庵罗辰的侵掠已经威胁到北齐的军事安全,因此,北齐也转而对柔然采取征伐和封锁的政策。天保六年(555)北齐皇帝高洋率骑兵在漠南大败柔然,大批柔然部落大人投降,俘获人口2万余,牛羊数10万头。同年,北齐自幽州北夏口至恒州(今山西大同)筑长城900余里。④ 由此,在6世纪中后期,柔然在突厥、西魏、北齐的三方包围和征伐下最终灭亡。⑤

余论:对漠北游牧民族与欧亚丝路关系的认识

在5—6世纪欧亚丝路贸易体系中,强大的游牧帝国是能将中原农耕王

---

① 《周书》卷五〇《异域传·突厥传》,第908页。
② 《周书》卷五〇《异域传·突厥传》,第909页。
③ 《北史》卷九八《蠕蠕传》,第3266页。
④ 《北齐书》卷四《文宣帝本纪》,北京:中华书局1972年,第61页。
⑤ 潘国键:《北魏与蠕蠕关系研究》,台北:商务印书馆1988年,第91-94页。

朝、绿洲国家,以及丝路沿线的众多国家和民族形成政治经济联结的关键。柔然帝国的兴衰,实际上就是漠北游牧民族参与欧亚丝路贸易,争夺丝路控制的过程。向西域中亚扩张,进入欧亚丝路贸易体系获取经济利益,是漠北游牧帝国形成、崛起的重要原因,也是漠北游牧民族相对单一的游牧经济的必然要求。漠北游牧帝国离不开欧亚丝路,游牧帝国的军事政治经济活动的着眼点主要是如何控制丝路,巩固在欧亚丝路贸易体系中的有利地位。游牧帝国参与丝路贸易,既获取了游牧经济所需的大量物资,又加大了游牧帝国对农耕物资的需求,物资丰富的中原内地即成为其贸易掠夺的主要目标。游牧经济产品单一、产量有限,在与农耕经济的贸易交换中居于劣势。为保护自身游牧经济的再生产,用最少的畜牧产品获取最多的农耕物资,是漠北游牧帝国处理与中原王朝经济关系的出发点。游牧民族在军事实力上处于下风时,主要是通过向中原王朝朝贡和亲的方式进行贸易;在军事实力处于优势时,则是通过大规模的军事入侵抢掠战争来获取物资。对中原王朝来说,朝贡和亲关系到国家的权威和正统、入侵抢掠关系到国家北边的安危乃至政局稳定,因此,漠北游牧帝国是中原王朝需集中国力,在国家层面处理的重大问题。中原王朝不仅要在大漠南北与漠北游牧帝国进行军事和政治的较量,而且要在西域乃至中亚扩张其军事力量和政治影响,切断漠北游牧帝国与欧亚丝路的政治联系和物资来源。由此,中原王朝在解决北边问题的过程中,被漠北游牧帝国拉入到欧亚丝路贸易体系中。北魏讨伐柔然、经营西域的结果,说明南北分裂的中原王朝投入反击漠北游牧帝国、经营西域丝路的力量有限,无法实现消灭漠北游牧帝国、控制西域丝路的宏大目标。虽然如此,中原王朝在西域丝路、大漠南北的政治军事经济攻势,至少给漠北游牧帝国相当程度的打击和影响,成为导致漠北游牧帝国内部不断分裂乃至内乱的重要原因。5—6 世纪是欧亚丝路贸易繁荣的时代,丝路的巨大利益使丝路体系内游牧民族争相竞起。漠北游牧帝国军事政治影响有限,无法阻止丝路竞争对手的崛起。漠北游牧帝国往往在丝路体系内崛起的新兴游牧部落的打击下,以及与中原王朝的较量引发的内部分裂动乱中,逐渐丧失对丝路的控制,最终灭亡。

原载《中国社会经济史研究》2020 年第 2 期

6世纪欧亚大陆的丝绸贸易与丝路

——以突厥外交军事活动为中心

张　爽

　　兴起于阿尔泰山的游牧民族突厥人,在6世纪中后期先后击败柔然、嚈哒等游牧民族,其势力范围东起辽西、西至拜占庭东北及南俄草原、南到兴都库什山,成为蒙古西征之前欧亚草原上势力最大、控制区域最广的游牧帝国。"威服塞外诸国。其地东自辽海以西,西至西海万里,南自沙漠以北,北至北海五六千里,皆属焉。"[①]突厥崛起使中古欧亚大陆政治经济板块上首次出现了欧亚草原游牧帝国同时与丝路上的中国、拜占庭、波斯三个主要农耕国家接壤的新格局。游牧经济在结构上有与农耕经济进行物资交换的内在要求,这使突厥必然要进入欧亚大陆丝路贸易网络,获取经济利益。[②] 本文拟以突厥外交军事活动为中心,对6世纪欧亚大陆丝绸贸易及由此而产生的突厥、中国、波斯、拜占庭等丝路主要国家的政治经济联系加以考察。

一、6世纪突厥与中国北方政权的丝绸贸易及外交关系

　　公元534年,统治中国北方的北魏,分裂为占据关陇西北一隅的西魏和占据华北的东魏两个并立对峙政权。550年,东魏建立者高欢次子高洋废东魏皇帝,建立北齐。556年,西魏建立者宇文泰侄子宇文护废西魏皇帝,建立北周。552年,突厥起兵反抗柔然之前,突厥就频繁突破西魏长城沿线防御深入内地抢掠物资。《周书》卷二七《宇文测传》载:"(542年)转行绥州事。

---

　　①　《周书》卷五〇《异域下·突厥传》,北京:中华书局1971年,第909页。

　　②　［美］丹尼斯·塞诺:《丹尼斯·塞诺内亚研究文选》,北京大学历史系民族史教研室译,北京:中华书局2006年,第228页。

每岁河冰合后,突厥即来寇掠,先是常预遣居民入城堡以避之。"绥州即今陕西绥德,邻近长城,是西魏东北边防要地。可见,6世纪中期突厥势力已从阿尔泰山扩展到漠南大部分地区。既然如此,西域诸国、河西走廊、漠南草原等欧亚丝路贸易东段的必经之路,也应在突厥势力范围所及之内。这意味着突厥在灭掉柔然前,就已具备控制西域丝路的能力。此时,突厥尚不具备大规模进攻西魏的实力,有时入塞所掠物资尚不能抵消入塞抢掠的战争成本。因此,突厥实际上希望与西魏建立和平的贸易关系,"部落稍盛,始至塞上市缯絮,愿通中国"①。西魏统治区仅限于关陇一隅之地,地瘠人贫,丝绸贸易是添补其国家经济收入的重要来源,而突厥随时会对其贸易线路进行抢掠和打击。西魏军队主力都用于对抗占据华北的东魏,无力再在北边部署重兵防范突厥,也无力出兵西域保护丝路。如果与突厥确立贸易关系,既可以减轻北边的军事压力,也可用经济利益使突厥成为战略盟友。无论是确保丝路贸易的正常运转,还是战略上牵制东魏,西魏都需要与突厥建立官方丝绸贸易关系。酒泉是粟特商人在欧亚丝路东段贸易网络的重要贸易据点。545年,西魏派往突厥的使臣粟特商人安诺盘陀即来自酒泉。② 因此,安诺盘陀应是有着丰富丝路贸易经验的商人。在突厥可汗身边也有众多粟特商人,"尽皆桀黠,教导之耳"。西魏与突厥确立贸易关系,不仅对突厥来说意味着财富和经济实力的大增,③对西魏和突厥势力范围内的不同粟特商人群体来说,也意味着其西域、关陇、漠南草原丝路网络变得更加畅通。

凭借与西魏丝绸贸易关系所获收益,突厥军事实力迅速壮大。④ 546年,突厥击溃了分布在阿尔泰山以南、天山以北、准噶尔盆地的游牧民族铁勒五万之众。552年,突厥先后在怀荒(今河北张北)、沃野(今内蒙古五原)击败柔然,建立帝国。突厥的势力由西域经漠南草原扩展至今河北东北部

① 《周书》卷五〇《异域下·突厥传》,北京:中华书局1971年,第908页。
② 前揭书,第908页。
③ 同上。
④ 马长寿先生认为,突厥崛起起兵反抗柔然的原因是善于冶铁武器精良,需要摆脱柔然落后奴隶制生产关系的束缚(参见马长寿:《突厥人和突厥汗国》,上海:上海人民出版社1957年,第29页);吴玉贵先生认为,突厥崛起得益于当时阿尔泰等西域东部地区,已无大游牧帝国控制,暂时出现权力真空的客观环境(参见吴玉贵:《突厥汗国与隋唐关系史研究》,北京:中国社会科学出版社1998年,第10页)。

地区,长城以南的农耕区,完全处于突厥骑兵威胁之下。对西魏而言,突厥不仅是其丝路贸易伙伴,而且是可以争取对北齐发动大规模进攻、形成半包围之势的战略盟友。556 年,继西魏而建的北周与突厥结成针对北齐的军事联盟关系,"突厥灭茹茹之后,尽有塞表之地,控弦数十万,志陵中夏。(西魏)太祖方与齐人争衡,结以为援"①。就突厥来说,中国农桑发达的地区是华北,与西魏结成联盟,不仅可从西魏获得每年缯絮锦彩等十万段的丝绸制品,②还可以利用西魏吸引北齐主力,减轻其突破长城南下抢掠所受的军事阻力。由此,突厥有时主动怂恿北周进攻北齐或趁北周发动对北齐发动大规模进攻时,派遣上万骑兵在北周北齐鏖战之际,大肆抢掠华北物资然后北返。③ 为抵御突厥骑兵南下抢掠,北齐在今内蒙古中东部修建了长城工事。突厥骑兵善于野战、不善于攻坚,要突破北齐的长城防线,几乎每次都要动员数万铁骑,如 563 年突厥二十万众毁长城。④ 突厥各部落平日处于散居状态,要在短时间内集结、动员数量众多的骑兵绝非易事,必然要消耗大量物资,也会影响突厥部众的放牧活动,对其游牧经济构成冲击。总之,突厥虽靠武力从华北抢夺了大量财物,但所付出的代价也较为沉重。这使突厥更倾向于用和平贸易的方式,获得华北平原的丝绸等财物。

突厥在军事实力上,不是北齐鲜卑骑兵的对手。564 年"秋,突厥众十余万来寇(幽)州境……突厥望见军威甚整,遂不敢战,即遣使求款"⑤。然而,突厥在长城沿线召集十万到二十余万骑兵的动员能力,仍对北齐北边防线构成了巨大压力,北齐不得不在北边部署重兵,使北齐与北周的战争中军力大受影响。北齐开始向突厥输送大量丝绸等财物乃至和亲,以分化突厥与北周的军事同盟,扭转自身的战略劣势。"初,突厥与周和亲,许纳女为后。而齐人知之,惧成合从之势,亦遣使求婚,财馈甚厚。突厥贪其重赂,便许之。"⑥突厥遂与北齐建立了丝绸贸易关系,554 年、555 年突厥连续遣使向北齐朝贡。北周为巩固与突厥的联盟关系,不得不在贸易中大幅度让利于突

---

① 《周书》卷九《皇后·武帝阿史那皇后传》,北京:中华书局 1971 年,第 143－144 页。
② 《周书》卷五〇《异域下·突厥传》,北京:中华书局 1971 年,第 911 页。
③ 《周书》卷一九《杨忠传》,北京:中华书局 1971 年,第 318 页。
④ 《隋书》卷二二《五行志》,北京:中华书局 1973 年,第 636 页。
⑤ 《北齐书》卷一七《斛律羡传》,北京:中华书局 1972 年,第 227 页。
⑥ 《周书》卷三三《王庆传》,北京:中华书局 1971 年,第 575 页。

厥，"于时突厥屡为寇患，朝廷将结和亲，令晖赍锦彩十万，使于突厥。晖说
以利害，申国厚礼，可汗大悦"[①]。由此，突厥利用其偏向北周、北齐任何一
方，就会给另一方带来的巨大战略优势，迫使北周、北齐争相向其供应大量
丝绸等经济物资，"他钵（突厥可汗）弥复骄傲，至乃率其徒属曰：'但使我在
南两个儿孝顺，何忧无物邪'"[②]。突厥利用自身战略优势，进行类似于政治
讹诈的丝绸贸易，直至 577 年北周灭掉北齐统一中国北方后才宣告停止。
隋文帝杨坚在 583 年的诏书中曾说："周、齐抗衡，分割诸夏。突厥之虏，俱
通二国。周人东虑，恐齐好之深，齐氏西虞，惧周交之厚。谓虏意轻重，国逐
安危，非徒并有大敌之忧，思减一边之防。竭生民之力，供其来往，倾府库之
财，弃于沙漠，华夏之地，实为劳扰。犹复劫剥烽戍，杀害吏民，无岁月而不
有也。"[③]可见，突厥通过政治勒索式的丝绸贸易，几乎致使北周、北齐财政破
产，小农不堪重负，说明中国北方流入突厥的丝绸等物资难以计数。

二、6 世纪突厥在丝路中亚段的扩张及与波斯的外交关系

突厥自身的游牧经济能消耗的丝绸数量极为有限，突厥和粟特商人不
择手段从中国北方低成本掠取丝绸等物资的根本目的，是要将其在中亚至
拜占庭的漫长路途上贩卖，以获得黄金、白银等贵金属及其所需的武器、马
匹、香料乃至奴隶等生产、生活物资。因此，突厥粟特商人在由阿尔泰山向
东的扩张势力抢夺货源的同时，也必须向西扩张以求控制丝路中亚段，保障
丝绸的销路和利益的最大化。突厥灭掉柔然后，由于其疆域过于辽阔，突厥
采取的是东西分治的管理方式。西域及以西的广大地区归西部突厥，漠南、
漠北草原归东部突厥，[④]东部突厥可汗保持突厥可汗的地位。西部突厥各部
由室点密可汗统领，"从单于统领十大首领，有兵十万众，往平西域诸胡国，
自为可汗，号十姓部落，世统其众"[⑤]。因此，突厥在丝路中亚段的扩张，主要
是由室点密可汗统率的西部突厥各部来承担。6 世纪中期游牧民族嚈哒控

---

①　《隋书》卷四六《元晖传》，北京：中华书局 1973 年，第 1256 页。
②　《周书》卷五〇《异域下·突厥传》，北京：中华书局 1971 年，第 911 页。
③　《隋书》卷八十四《北狄·突厥传》，北京：中华书局 1973 年，第 1866 页。
④　［日］杉山正明：《游牧民的世界史》，黄美蓉译，新北：广场出版 2013 年，第 240 页。
⑤　《旧唐书》卷一九四下《西突厥传》，北京：中华书局 1975 年，第 5188 页。

制着丝路中亚段,"西域康居、于阗、沙勒、安息及诸小国三十许皆役属之"①。突厥如果要将丝绸贩卖到拜占庭,首先要取代嚈哒在丝路中亚段的支配地位。6世纪前期,嚈哒人与波斯围绕着丝路中亚段的控制权经常爆发战争,波斯王卑路斯甚至在战场上被嚈哒直接击毙,战败的波斯被迫向嚈哒长期缴纳巨额的黄金和白银。② 因此,波斯王库萨和一世和西部突厥首领室点密可汗,基于共同的经济利益和战略考虑,通过联姻的方式结成了军事联盟。③ 558年之前嚈哒帝国在两面夹击下崩溃,④波斯王库萨和一世占领阿姆河南岸的吐火罗、迦布逻、石汗那等地。西部突厥占领嚈哒大部分地区,包括阿姆河北岸的赭时(塔什干)、拔汗那及丝路东西段交会地索罗底亚纳地区的康国、安国、史国、小史国等地,⑤随后西部突厥又用金钱等经济手段,将原来受波斯控制的艾布黑兹(格鲁吉亚人)、白兰杰尔等高加索山地部落,置于自己控制下,⑥将势力扩张到高加索山地,对波斯北方构成了威胁。

嚈哒灭亡后,西部突厥与波斯处于隔阿姆河对峙的状态。波斯联合突厥消灭嚈哒的目的是要将军队从东线调到西线,集中力量对付拜占庭,以勒索更多的黄金和占领两河流域的贸易城镇,进一步控制丝路西段。然而,消灭嚈哒的结果却是在自己东部又出现了一个比嚈哒还强大的敌人突厥。因此,突厥和粟特商人成为波斯竭力防范的对象。消灭嚈哒后,西部突厥各部所面临的最主要问题,是如何利用粟特商人将由东突厥转运而来的大量丝绸,通过波斯境内贩卖到拜占庭。因而,在瓜分嚈哒后,室点密可汗先后两次派遣以马尼亚克为首的粟特使团,前往波斯就丝绸贸易进行谈判。第一次粟特商人请求波斯王准其商团在波斯自由贩卖生丝,被波斯王拒绝。使团所带的丝绸被波斯买下后,被当众焚毁,使团失望而回。随后室点密可汗又派粟特使团出使,要求与波斯建立友好关系,也遭到波斯王拒绝,除三四

---

① 《魏书》卷一〇二《西域·嚈哒传》,北京:中华书局1974年,第2279页。

② 张爽:《5—6世纪欧亚大陆的政治联系与丝绸贸易:以嚈哒帝国为中心》,载《社会科学战线》2013年第4期。

③ [法]沙畹:《西突厥史料》,冯承钧译,北京:中华书局2004年,第199-200页。

④ 余太山:《嚈哒史研究》,北京:商务印书馆2012年,第127-128页。

⑤ 沙畹,前揭书,第202-203页。

⑥ 余太山:《〈太伯里史〉所载嚈哒史料笺证》,载《中亚学刊》第二辑,北京:中华书局1987年,第57、63页。

人幸免外,粟特使团大多数成员被波斯王下令秘密毒死。① 表面上看突厥粟特使团和波斯帝国的丝绸谈判之所以破裂,是因为波斯要垄断对拜占庭的丝绸贸易。其实,情况并非如此简单。第一,欧亚丝路上商人往往兼具间谍的角色。拜占庭史家普洛柯比在《秘史》中记载:"从前有许多深入敌国,尤其是波斯宫廷的密探是由国库供给薪俸,他们侦察帝国已发生情况的真实情报。他们回到罗马领土后,要向皇帝报告有关敌人的机密情报。警觉的罗马人有了防备,不至于遭到突然袭击。同样,米底人(波斯人)也在很久以前建立起这样的制度。"②波斯和拜占庭曾通过签订协议,来限制从事丝绸贸易的商人在彼此领土上的活动。波斯允许粟特使团到自己的首都,这本身就是波斯王在向突厥主动示好。粟特商人提出要在波斯境内自由从事丝绸贸易等商业活动的要求,必然会对波斯国家安全构成巨大威胁。波斯帝国不可能在此问题上做出让步。第二,此时叙利亚和希腊商人已经在临近波斯西部边界的美索不达米亚平原,建立了商业据点。如果允许粟特商人在波斯境内自由活动,粟特商人势必会和叙利亚、希腊商人建立商业联系,沉重打击波斯商人的利益和波斯帝国的税收。③ 因此,波斯拒绝突厥所派粟特使团开展丝绸贸易的要求,实际上是出于国家军事、经济安全和当时商业惯例的考虑。

室点密可汗慑于波斯军力的强大,并没有对波斯发动全面战争,而是在569—570年将波斯占领的嚈哒领土(今阿富汗喀布尔—犍陀罗地区)占为己有,使粟特商人能将丝绸运到印度西海岸的港口。④ 但波斯凭借地理优势一直垄断着从印度前往拜占庭的海上丝路,据完成于6世纪后半期希腊商人科斯马斯的《基督教风土志》一书记载,波斯商人在与印度数百年的丝绸贸易中,通过经济和宗教等手段,在印度各港口及海上丝路中转斯里兰卡等海

① Menander：R. C. Blockley (ed., trans.), *The History of Menander the Guardman*, ARCA17, Liverpool, 1985, pp.113 – 115.

② Procopius, *The Secret History*, with an English Translation by H. B. Dewing, McMliv：William Heinemanm Ltd., 1954, pp.351 – 353.

③ Étienne Dela Vaissière, *Sogdian Traders：A history*, with an English Translation by James, Ward, Boston：Brill, 2005, pp.230 – 231.

④ ［俄］B. A. 李特文斯基主编:《中亚文明史》第3卷,马小鹤译,北京:中国对外翻译出版公司2003年,第310页。

岛中形成了庞大的势力。① 这使粟特商人企图通过海路将丝绸运到拜占庭的设想仍然无法实现。面对突厥强敌和粟特商人的竞争,波斯也试图通过向中国朝贡,以建立密切的贸易和政治关系,来达到制衡突厥、粟特的战略目的。公元 567 年,波斯王库萨和一世派遣使者朝贡北周。② 北周皇帝也派遣使臣前往波斯。③ 然而,此时北周正处于与北齐的战争对峙状态下,而且是东突厥的战略盟友,无法向东部突厥发动进攻,牵制突厥西扩,为波斯提供实质性援助。

三、西部突厥、拜占庭的丝绸贸易与联盟关系的变化

西部突厥在消灭嚈哒过程中,已将势力范围扩张到高加索山地。从高加索山地经南俄草原过黑海,就可到达拜占庭首都君士坦丁堡。④ 在经波斯境内将丝绸直接贩卖到拜占庭的外交努力失败后,粟特首领马尼亚克转而向室点密可汗建议,直接与欧亚丝绸贸易的终端拜占庭帝国建立联系。568年,马尼亚克率领突厥使团携带生丝和国书,穿越高加索山地前往拜占庭帝国,获得了拜占庭皇帝查士丁二世接见。据拜占庭史家弥南德记载,突厥西扩后中亚政治局势的变化是双方谈论的主要内容:

> (粟特使者)又告诉皇帝,突厥已征服嚈哒,使他们臣服。皇帝发问:"那么,你们已经征服嚈哒全国了吗?"使者回答:"已全部征服。"皇帝又问:"嚈哒人居住于城市还是乡村?"回答:"陛下,嚈哒人居于城市。"皇帝说:"那么你们显然已占领那些城市啦!"回答:"确实如此。"皇帝说:"告诉我们,有多少阿瓦尔人(Avars)叛离突厥,是否还有阿瓦尔人归突厥统治。""陛下,还有一些仍然依附于我们。逃跑的阿瓦尔人大

---

① 　[英]裕尔:《东域纪程录丛》,张绪山译,北京:中华书局 2008 年,第 184、188、195、199 - 200 页。

② 　《周书》卷五〇《异域下·安息传》,北京:中华书局 1971 年,第 919 页。

③ 　马尔柯姆:《波斯史》,载《中西交通史料汇编》,北京:中华书局 2003 年,第 1053 页。

④ 　张绪山:《中国与拜占庭帝国关系研究》,北京:中华书局 2012 年,第 253 页。

约有二万人。"于是使者详列归属突厥统治的部落。①

通过查士丁二世和粟特使者的问答可知,查士丁二世已知道突厥取代嚈哒成为粟特商人新的保护者,控制丝路中亚段,占领丝路众多商业城市的情况。拜占庭有可能既可从突厥获得廉价生丝,又可利用突厥来牵制波斯。查士丁二世所提到的"阿瓦尔人"起源于阿尔泰山,②受突厥灭掉柔然、嚈哒西扩的压力,557 年至 558 年迁到高加索地区。随即阿瓦尔可汗坎迪什(Candich)派使节到达君士坦丁堡,要求拜占庭给予他们土地、礼物和年贡。拜占庭视阿瓦尔人为可助其在巴尔干抵抗斯拉夫人的力量,就允许阿瓦尔人定居在潘诺尼亚(今匈牙利西部),给予阿瓦尔使节丝绸长袍、黄金等很多贵重礼物。阿瓦尔人在征服斯拉夫人,将势力范围推进到多瑙河北部后,③很快将拜占庭帝国列为掠夺的目标,成为拜占庭帝国北边棘手的边患。阿瓦尔人一直是西部突厥控制南俄草原丝路的对手。查士丁二世在得知阿瓦尔人与突厥是敌对关系时,必然会有利用突厥打击阿瓦尔人的战略考虑。因此,拜占庭很快就与西部突厥确立了联盟关系。

然而,弥南德并没有记载拜占庭与粟特商人都关注的丝绸贸易问题。其原因如下:查士丁二世清楚由粟特商人组成的突厥使团,此行最主要目的是要与拜占庭进行丝绸贸易。如果拜占庭在谈判中给予粟特商人特权和便利,那么,在获得经济利益后,西部突厥能否帮助拜占庭进攻波斯、阿瓦尔人则很难说。即使给予粟特商人进行丝绸贸易的优惠条件,拜占庭也未必能买到廉价生丝。因为粟特商人不辞辛苦来到君士坦丁堡,与拜占庭谈判的目的,就是要

---

①　Menander, *The History of Menander the Guardman*, ARCA17, pp.115 - 117. 该段史料笔者参照了张绪山先生的相关译文,参见[英]裕尔:《东域纪程录丛》,张绪山译,北京:中华书局 2008 年,第 170 页。

②　笔者同意余太山先生观点,即阿瓦尔人是《魏书·西域传》中记载的"悦般"人。参见余太山(2012),前揭书,第 163 - 192 页。本文所论的阿瓦尔人是由中亚西迁欧洲的伪阿瓦尔人。在 558 年突厥消灭嚈哒前后,曾被西突厥征服的乌戈尔人西迁高加索时,被当地民族误以为是可怕的阿瓦尔人,乌戈尔遂以阿瓦尔人自居,即迁到东欧的伪阿瓦尔人。参见沙畹,前揭书,第 204 - 205 页;岑仲勉:《论希腊史所载六世纪之突厥历史(阿瓦尔问题)》,载《突厥集史》下册,北京:中华书局 1958 年,第 942 页;余太山(2012),前揭书,第 170 - 174 页。

③　J. F. Haldon, *Byzantium in the Seventh Century*, *The Transformation of A Culture*, Cambridge: Cambridge University Press, 1990, p.21.

使经济利益最大化。如果拜占庭就丝绸贸易与粟特商团达成具体协议,只会减少其谈判砝码。粟特商团几乎没提丝绸贸易的原因:一是查士丁二世为在谈判中处于优势,特意让粟特人观看育蚕吐丝法,[1]以表示拜占庭并不急需其贩卖的丝绸。因此,粟特商人无法正式提出进行丝绸贸易的要求。二是粟特商团此行已能绕过波斯控制区,将从西部突厥控制区到达君士坦丁堡的丝路考察得十分清楚,也具备了将丝绸贩卖到拜占庭的能力,因而,并不需要与拜占庭在丝绸贸易上达成相关协定。对粟特商人而言,拜占庭只要保持政治稳定,就能够消费大量丝绸,靠这一市场稳获巨利。因此,粟特商团不仅没提丝绸贸易,反而主动提出要与拜占庭建立军事联盟,郑重作出"帮助拜占庭消灭他的敌人"的承诺。[2]

出于对西部突厥联盟诚意的试探,569 年,查士丁二世派遣帝国东部诸城总督西里西亚人蔡马库斯,跟随马尼亚克前往西部突厥王庭。突厥和粟特人为显示没有与拜占庭进行丝绸贸易的急迫性,在拜占庭使臣面前展示了大量黄金和丝绸、铁器等奢侈品和日用品。[3] 对于拜占庭使臣来说,突厥是否富有黄金、丝绸、铁器并不重要,关键是看突厥能否履行进攻波斯的承诺。由于西部突厥的军事实力尚无法单独对波斯发动全面进攻,为使拜占庭使臣相信突厥信守盟约,在蔡马库斯使团驻留突厥时,室点密可汗让蔡马库斯率二十人随他侵扰波斯,在怛逻斯(今哈萨克斯坦塔拉兹附近)前来求见的波斯使者面前,厉声指责波斯人对突厥人犯下的过错。[4] 然而,直至 6 世纪末,由于西部突厥将主要精力放在东进及与东部突厥争夺汗位上,并没有按条约进攻波斯。

与波斯控制的沿途驿站、水源地的建设,已较为完善的西亚通往拜占庭的丝路相比,粟特商人和拜占庭帝国建立的经高加索山脉、南俄草原、黑海沿岸到君士坦丁堡的新通道,处于高寒地区,通行时间有限,且需要穿过荒芜的沙漠、大河、湖泊,而且沿途还要遭到蛮族部落和波斯军队的袭击,[5]商队货物乃

---

① 张绪山:《六七世纪拜占庭帝国对中国的丝绸贸易活动及其历史见证》,载《北大史学》第 11 辑,北京:北京大学出版社,2005 年,第 36 页。

② Menander, *The History of Menander the Guardman*, p.117.

③ *Ibid*. pp.117 - 119.

④ *Ibid*. pp.121 - 123.

⑤ M. Whitby, *The Emperor Maurice and His Historian Theophylact Simocatta on Persian and Balkan Warfare*, Oxford:1998, p.202.

至商人的生命很难得到保障。从君士坦丁堡出发经黑海、克里米亚半岛到咸海的交通状况也十分恶劣。据弥南德记载,576年拜占庭使臣瓦伦丁由君士坦丁堡出发,经克里米亚半岛到达咸海西部的突厥领地一路历尽艰辛。[①] 由此,新丝路的开辟,虽可使粟特和拜占庭商人摆脱波斯控制,但新丝路沿途基本上只有落后的蛮族部落,粟特商人无法进行相应的物资交换,也不能获得足够的补给。因此,高加索丝路无法承载大规模、常态化的丝绸贸易。[②] 通过这条丝路运到拜占庭的丝绸价格,很可能比从波斯进口的丝绸还要贵。这使拜占庭企图通过直接与突厥建立联系,获得廉价生丝的愿望成为泡影。而西部突厥迟迟不进攻波斯,也使拜占庭结盟的军事目的落空。因而,拜占庭没有必要再允许上百的粟特商人逗留在君士坦丁堡。576年,拜占庭皇帝提比略借派瓦伦丁出使西部突厥之机,将其群体驱逐出境。[③]

瓦伦丁出使之际,阿瓦尔人在巴尔干地区的进攻侵掠,使拜占庭越来越难以抵御,波斯也在进攻拜占庭东部边境。拜占庭帝国于574—575年冬与阿瓦尔人缔结和约,每年付给阿瓦尔人8万金币,以便集中力量反击波斯。[④] 仅凭拜占庭的力量抵抗波斯收效甚微,提比略派瓦伦丁出使西部突厥的目的,就是要求西部突厥对波斯发动进攻,履行共同对付波斯的承诺。[⑤] 与拜占庭没有通过新丝路获得廉价丝绸相同,西部突厥也没有从中获得多大经济利益,西部突厥并没有进攻波斯的动力。拜占庭对于被西部突厥打败的阿瓦尔人都无法招架,如果西部突厥向波斯进攻,拜占庭军队也不会起多大的作用,相反会使西部突厥军队变成主攻一方,遭受重大伤亡。西部突厥在公元572年以后征服了南俄草原的阿兰人,将势力扩张至黑海,[⑥]开始触及拜占庭帝国主导的克里米亚半岛、博斯普鲁斯港与黑海北岸地区的丝绸贸易圈,当地的香料、纺织品、贵重的呢绒、皮毛、皮革、酒等奢侈品和奴隶已经尽在眼前,西部突厥更不会在

---

① Menander, *The History of Menander the Guardman*, pp.171–173.

② Denis Sinor, "The Historical Role of the Turk Empire", *Journal of World History*, Vol. 1, No. 2, 1953, p.431.

③ Menander, *The History of Menander the Guardman*, p.171.

④ Denis Sinor, *The Cambridge History of Early Inner Asia*, New York: Cambridge University Press, 1990, p.208.

⑤ Menander, *The History of Menander the Guardman*, p.173.

⑥ *Ibid*. p.175.

此时丢掉即将到手的经济利益去为拜占庭攻打波斯。因此,接见瓦伦丁的西部突厥咄陆设可汗对拜占庭与阿瓦尔人的条约大加指责,以此为借口拒绝出兵。[①] 西突厥为使拜占庭帝国察觉不到其要进攻黑海的战略意图,与瓦伦丁多次晤谈,并请瓦伦丁到阿尔泰山去见西部突厥诸部首领达头可汗(室点密可汗子),在瓦伦丁动身后,西部突厥就开始围攻拜占庭在黑海的重镇博斯普鲁斯城。[②] 西部突厥与拜占庭的联盟关系正式破裂,西部突厥由拜占庭的战略盟友转变为其丝路贸易乃至军事上的强大对手。

余论:6世纪突厥的丝路扩张与欧亚大陆新时代的来临

6世纪后期,突厥因控制丝路而崛起,崛起后的突厥的东进和西扩基本上也是循欧亚丝路而展开。从蒙古草原到西域、中亚乃至南俄草原、黑海沿岸等欧亚丝路带,首次处于大型游牧帝国控制之下。对活跃在丝路上的粟特商人而言,突厥帝国的出现,必然会为其险象丛生、生死莫测的丝路贸易,提供强有力的武力保护。突厥也需借助粟特商人的丝路网络和经验,来控制欧亚丝路获取经济利益。因此,6世纪突厥的扩张和征服,实际上也是游牧民族与粟特商业民族结成利益共同体,在欧亚丝路竞逐经济利益,构建贸易网络的经济扩张。突厥粟特利益共同体为经济扩张而采取的外交军事活动,直接将欧亚丝路上的中国、波斯、拜占庭等农耕大国联结在一起。在欧亚丝路的东端,东部突厥在粟特商人的策划下,利用中国北方西魏北周、东魏北齐两政权的政治矛盾,通过武力、政治勒索等手段获取了大量丝绸和经济利益。由于地缘因素,西部突厥和受其保护的粟特商人,承担起丝绸等物资西贩的经济分工,为此西部突厥先是联合波斯消灭嚈哒,控制丝路中亚段。为打通丝路西段,粟特商人以西部突厥为武力后盾,在波斯和拜占庭之间展开的一系列外交经济活动,不仅是影响拜占庭和波斯乃至定居东欧游牧民族的政治经济关系变化的重要原因,也是促使拜占庭、波斯积极与丝路游牧民族乃至中国建立政治经济关系的重要动力。因此,突厥帝国在欧亚丝路的出现,使丝路主要国家和游牧民族之间的政治经济联系更为紧密,丝路主要国家和游牧民族之间所爆发的大规模战争和外交事件,其背后都有围绕欧亚丝路控制权的争夺等经济因素在起作

---

① Menander, *The History of Menander the Guardman*, p.175.

② *Ibid*. p.179.

用,并会影响丝路的其他大国和游牧帝国。虽然由于突厥自身游牧民族组织结构的分散性、地缘过于辽阔、经济实力与政治地位的不相称,隋朝"远交近攻"战略等因素的影响,东西突厥之间围绕着最高汗位不断爆发内战,最终在 6 世纪末分裂为东西突厥两大汗国。但由于中亚尚没有能够消灭突厥的游牧民族,加之东西突厥对丝路的牢固控制,至 7 世纪阿拉伯人兴起、唐帝国经营西域中亚之前,东西突厥仍是牵动欧亚丝路主要国家和民族政治经济变动的主要势力。

原载《社会科学辑刊》2015 年第 6 期

庄子"游"思想创生因缘与理路探微

申佳霖

摘　要:《史记》论及庄子"其言洸洋自恣以适己",精炼概括出其论道风格以及思想意向。庄子所属的战国时期,较之春秋,社会环境更为恶劣,"洸洋自恣"正是庄子对外在社会彻底放弃的无奈写照。亦正是在此无奈下,庄子"游"思想拒绝了前期杨朱与老子的隐观,对其进行扬弃并顺势作出自我发展,结合所观照到的"世不可离"如此大戒以及重重矛盾纠葛,完成"游世观"由外及内且兼顾内外的理路转换,透过"三言"阐幽发微地实践了心之精神对外在世俗的反吞没,受到重重束缚的人类精神,在"与造物者游"的过程中实现与道的冥然而和,继而获得永恒。

关键词:庄子;隐者;游世;道

根据雅斯贝尔斯的定义,"轴心时代"是人类精神普遍觉醒时期,世界上各大文明皆演绎出"原典时代",创拓出堪为无可复制的价值体系。其中,被称为"轴心时代"中具有"本有之义"的思想突破,正是以"生命状态"为向心力的自我觉醒意识。视阈回转于东方华夏民族,就先秦历史进程而言,夏主巫觋、商重祭祀、周倡礼乐,从中自能够发现中国文化源头流变之特征,即随着"神"的影响力逐渐减弱,与之相应"人"的作用性则不断增强,中国文化随之涌现而出的是人文理性的大范围觉醒,"天之道"与"人之道"自此相揖别,开始了相合与背离的上下沉浮。正是于此"在整体中意识自我与超越自我"阶段,庄子为华夏文明贡献了鲜明的自由自适游世意境以及相尊相蕴齐物精神,实为中国人生哲学奠基者。

一、"游"思想的娩生:"曳尾涂中"与不屈自由精神

《史记》载庄子尝为蒙漆园吏,再结合《庄子》中经由三言所牵引出的众多苦难主人公,似乎庄子本人的身份也必不外乎如是,庄学史中相当一部分研究即建立在庄子微末出身以及困苦境遇的基础之上。诚然,庄子的生活状态必不如世间大多数人所期许的那般丰盈,但这并不能反证他的事实出身。而实质上,参照与庄子交相往来之人,可对其身份做以侧面推论。如楚王曾重金礼遇庄子为相、其以魏相惠施为友等,①在当时等级严苛的社会状态下,若身份存在鸿沟性的差异,则必不能予庄子以这许多身居高位的来往者。不宁唯是,既然庄子"其学无所不窥",就当时学在官府的传统,同样能够映射出庄子的身份不应为一介贫寒。因而,庄子虽生活困苦,甚至"贷粟于监河侯"(《外物》)、"处穷闾厄巷"(《列御寇》)、"衣大布而补之"(《山木》),但确应具有一定的身份性。而就其姓氏缘由、文体形式、学理特征等推测,庄子是楚贵族后裔的可能性较大,正是贵族的不屈精神使其不为外物所惑心,这是庄子思想的自明前提。《天下》篇载:"以天下为沈浊,不可与庄语,以卮言为曼衍,以重言为真,以寓言为广。独与天地精神往来而不敖倪于万物,不谴是非,以与世俗处。"庄子思想诉诸语言的不羁与随性中,独与天地相倪,而不理会各家自认为"有为不可加矣",实质却使"道术将为天下裂"的无谓争执,这种学理倾向与庄子贵族精神有着密切的联系,亦源自其趋向自由的本性。司马谈分先秦学术于六家要旨,《汉书·艺文志》更明其以"九流十家"之分别。② 然而,思想相揖别的同时却无法抹灭相趋同的实然走势,诸子学术并非没有相通之处,首要者即为普遍性的现实关怀。而庄子的社会关怀正是立足于"个体自由",这是基于每个个体的安适推而广之以实现普遍性的终极关怀,面对相位厚币,其却以"宁游戏污渎之中自快,无为有国者所羁,终生不仕,以快吾志焉"(《史记·老子韩非列传》)回应,主动疏离于所谓主流的政治生活而欣然向往于虽贫之却无所待的自主

---

① 庄子与惠施笃厚,视之为友。《庄子》中曾多数论及,亦可印证于《淮南子·修务训》篇:"惠施死而庄子寝说言,见世莫可为语者也。"

② 吕思勉先生认为,考古代学术之源流,以《庄子·天下》《淮南要略》《太史公自序》《汉书·艺文志》四篇最得条理。参见吕思勉:《经子解题》,上海:华东师范大学出版社,1996年,第121-122页。

与逍遥。此间,庄子之于逍遥思想的建设性新诠,在于"心"上的纯粹精神创造,以表达其不受束缚、不受戕害的意愿。庄子式的自由,毋宁说其是在低处而绝非高处,甚至在哀骀它、支离疏等残疾人、边缘人士中,一言以蔽之,皆可印证于"游"字,"若夫乘天地之正,而御六气之辩,以游无穷者,彼且恶乎待哉"(《逍遥游》)。

对于庄子如此独特逍遥观的形成问题,李泽厚先生曾作出如下把握:如何超越苦难世界和越过生死大关这个问题,正由于并不可能在物质世界中实现,于是最终就落脚在某种精神——人格理想的追求上了。[①]任何思想的形成皆离不开培育它的现实土壤,庄子"个体自由"思想的触发机缘正是其所处的昏沉时代。《庄子》,衰世之书也,故治庄而著者,亦莫不在衰世。"[②]庄子所处的战国时期,与春秋一起被视为中国历史上几次终极境遇时期之一,"春秋二百四十二年,亡国五十二,弑君三十六"[③],而庄子之时较之春秋,社会环境更为恶劣,政治、经济、文化剧烈颠覆变迁,身处其间的人们茫然无所适从。于现实中实现愿望的渺然,促使庄子另寻他途以完成本性趋向,而对苦难的超越亦构成庄子思想中一以贯之的线索,主要表现为两方面:一者是对既有社会的否定,二者是对生命应有价值的心向往之。

此时的社会状态,政治上宗法制度式微,征伐动荡使得政衰国亡迭见,阶级出现了社会性的沉浮;经济上井田制度崩坏,原本受一廛而为氓[④]进而"千耦其耘"的固有集体耕作模式,亦逐步转化成以家庭为单位的个体化经济模式;文化道德上,在如此固有制式瓦解而新模式又没有完全成立的断层阶段,显赫一时的以亲亲、尊尊等差式推展的礼乐秩序,亦不能够维系社会运作而逐渐崩坏,裸露出价值层面的荒原。然而,却正是如此松弛为人们呈现出难得的真空,促使人们在思想上摆脱长久以来所负荷的沉重枷锁,从而激发出整体性的活力。此间百家思想应运而生,诸学派皆表现出对激变社会的极大关心。此中,儒家是礼乐的忠实守护者,希望以改良的方式恢复旧有礼乐制度,使之完备并复为社会基石;法家可谓彻底的革命者,其以与时

---

① 李泽厚:《中国古代思想史论》,北京:生活·读书·新知三联书店,2013年,第192页。
② 钱穆:《庄子纂笺》,北京:九州出版社,2011年,第7页。
③ 参见《淮南子·主术训》,此外,董仲舒《春秋繁露》《史记·太史公自序》等皆作此说。
④ 《孟子·滕文公上》载:"远方之人闻君行仁政,愿受一廛而为氓。"一廛即为一夫所居之地。受一廛因土地的切实占有继而决定政体上的所属关系。

俱进的实用主义大刀阔斧地去旧拓新以期许建立崭新制度,但其中"法律""君主"孰先孰后的纠葛却成为其不可剥离的宿命;而道家却是介于儒法之间的社会改革者,其同样强调变化却更追寻变中之常,包容固有肯定变革中的必然,为激变社会中的普通个体营造出平稳强大的心理依托。诸子面对着实时社会制度的打破、秩序的重建,皆以各自不同的方式积极参与到新方案的构建与实施之中。因而,回应以社会的纷乱与混杂,此时的文化思想却进入一个百花齐放的繁盛时期,如此繁荣再未有过。

在中国历史上,政治统一与学术统一向来交相呼应、互为因果,可谓是一循环往复的有机模式,而其正是始于先秦这第一个终极境遇时期。故而,战国时代虽政权割据、各自为政且征伐不止,但分久必合的历史规律以及华夏文明对于"一"的诉求却不断带动着领土整合,同时亦促使思想碰撞相融、求同存异、和而不同。庄子生活在如此诸子此攻彼伐、扬我抑他的大环境下,却表现出了不同于其他各家"明辨是非"的思想倾向。其中,尤其表现出对"扰乱人心"的极不认同,因而在一片"辨"名"治"世的思想呼声中,提出了"反求诸己"的"处"世理论,并通过"游"思想的理路延伸而实现,以表达其对于生命应有价值的诉求。实则,如此思想理论并非庄子俄然一梦的顿悟,它不仅与所处时代思想背景息息相关,更与庄子对于六合的体认密不可分。

二、"游"思想的脉络:"天下大戒"与重重矛盾纠葛

中西方在分析人的需求时,大多将生存需求放于首位,承接而下的才是沟通、尊重以至自我实现等高层次需求。诸如管子之"仓廪实而知礼节"(《管子·牧民》)、孟子之"则无恒产,因无恒心"(《孟子·梁惠王上》),抑或西方久负盛名的马斯洛需要层次论等皆如此,认为需求应拾级而上、逐层递进以实现。然而,庄子却打破常规,在最基本的生存需求受到灭顶之灾的威胁时,其并未设法直接弥补,反之,却即时实施需求的升华直面自我实现问题,这在中西方思想史中都是极富创造性、极为罕见的。如前揭,庄子处在征战频发、制度溃散、刑罚严苛的混乱之时,这是一段无法满足基本需求的历史黑暗时期,庄子并未强求在社会中挣扎,谋取一席之地,拥有所谓富足的生活质量,或试图远离世间负累的牵绊,而是将世俗化的一切幸与厄一齐

抛开,尝试完善本体自我的觉醒与实现,如此独特的选择与庄子"羿之彀中"的论断有着直接联系:

> 天下有大戒二:其一,命也;其一,义也。子之爱亲,命也,不可解于心;臣之事君,义也,无适而非君也,无所逃于天地之间,是之谓大戒。

自然性血缘的牵绊与人为性存世的要求使生活在世间的人们无法背离一些固有限制,庄子清晰地认识到了它们的存在,将其定义为"大戒"。加之,"忘亲易,使亲忘我难;使亲忘我易,兼忘天下难;兼忘天下易,使天下兼忘我难"(《天道》)。从而推论出遗世的主动权并非控制在个人手中,社会环境的束力亦需要加以考虑。不宁唯是,庄子援譬引喻提出了"命"的概念,并因之牵引出对后世影响深远的"安命论"。特殊的身份与生命经历使庄子在社会变迁的湍流中观摩到,人的意愿无论做何努力皆不能得以径情直遂的客观必然,其将左右生命的力量归因于"命"。然而,庄子对于命的论断,并不同于殷周文化遗存"命定论"所强调的不可抗拒,亦有别于儒家倡导有为的"天命论"。[①] 而是在道家无为论的基调下肯定了"命"的合理性,并基于此,尝试在安命的大背景中使个体精神得以自由徜徉。正是在对"命"桎梏的了悟下,庄子将世间不可剥离的固有限制置于精神的"德之至""圣也者"之间的理路进行打通,道落实于人间后化身为德,更是在被赋予人的形象后成为圣,这是道家思想对于形上世界与现实世界的连接设计。可谓,庄子以世俗的不可逃离或谓"命"的必然性,为"安命论"的提出进行铺垫,继而借"安命论"转而在德、圣处画上了浓墨的一笔,如此理路的实现所凭借的正是之于内在之"心"的建设。

庄子对"心"特别是"心隐"的强调是毋庸置疑的。然而,此青睐却并不可归因于庄子怯懦滑巧、求简弃繁的滑头思想,抑或单纯不理世事、毫无现实关怀的个人主义。事实上,如此"心"之建设并非易事,正如《人间世》载:

---

① 老子强调无为却不着意"命定",故而提出了"柔弱胜刚强"如此名义不为却无所不为的能动理论,其实质等同于儒家的"有为论"。孔子切切实实地综合了"命定"与"有为"两大理论体系,因以形成"知其不可而为之"如此纯粹的"天命论"。

"莫若为致命,此其难者"①,心路的建设诚然是"绝迹易,无行地难"(《人间世》),相比于径直藏没深山渊林中,如沙滩行走却期许行迹无痕一般,坚持生活世间而实现心之隐匿,更为艰难。同样,庄子对于心隐的倾心亦并非自私的个人单边思想,就指向性而言,恰恰相反。源于对前之隐者的接续,庄子亦曾聚焦过传统避隐山林类的全身模式,庄子笔下,他们确实能够保全"道"视阈下的部分品质,然而,庄子最终却予这样的方式以否定,究其缘由,正可追溯至其思想所植根的普遍性社会关怀。庄子清楚地意识到,对于世间大多数人而言,在自然与人为双重限制下,挣脱世俗社会而隐避山林是难以实现的,继而判定这种方式并不适合广而普之,因此在设计处世理论时断然将之舍弃。那么,如此致力于个体自由又泛指群体实现的思想建设又何可谓自私与退步? 此时的庄子绝非击长空、翔浅底、化鱼梦蝶般的幻想主义者,却具备其他诸子所鲜有的对昏沉纷乱、回天乏术社会的通透,认定在此世俗六合内蒂固着不可逆转的存世前提与内在条件,"性不可易,命不可变,时不可止,道不可壅"(《天运》)。面临着如此不可逃避、不可隐遁的险恶困苦环境,庄子以坚韧孤傲的生命勇气直面社会实质,在现世中寻找能够助益个体全生避害、自我实现的方法,其中强调了"道"的作用,"苟得于道,无自而不可;失焉者,无自而可"(《天运》),以"道"作为评判标准,并将道何以落实人间的方式归纳于"游",以"游"为线索,庄子展开了其全部天人、人际、身心关系的发散,创造了新的处世理论。基于如此理路的爬梳,拈取庄子思想广漠之林的伊始而回溯源头,可言,世俗的不可逃离是庄子哲学的根本前提与内在动因。

庄子承袭了老子"观照"思想,将其作为认知矛盾的最主要途径。观览万物、凝视理象使庄子照见到世俗中的诸多矛盾,它们的存在阻碍了"心曲"的高亢、左右了"自由"的漫衍。《庄子》中所体现出的诸多矛盾大略可归纳为以下几方面,即生命有涯与时空无涯之时间上的矛盾、心欲万仞与行动局限之空间上的矛盾、所习有限与真智无垠之认知上的矛盾、规制约束与个体

---

① 林希逸释解其为"致其君之命",成玄英疏:"直致率情,任于天命",陈鼓应在成玄英基础之上进一步将其释解为"顺任自然分际"之意,本文赞同后一种解释。参见林希逸:《庄子鬳斋口义校注》,北京:中华书局,1997 年;陈鼓应:《庄子今注今译》,北京:商务印书馆,2016 年。

自由之礼法上的矛盾、是非成败与有为难久之功利上的矛盾，万物一齐与是非长短之名实上的矛盾等。如此种种，构成了庄子自我实现进程中亟待超越的对象目标。

庄子认为，时间是人生众多难以超越的束缚之首，“人生天地之间，若白驹之过郤，忽然而已”(《知北游》)，相比于天地宇宙的历久，人的生命仅如白驹倩影闪过般弥新，因而，记“其生之时，不若未生之时”(《秋水》)，生命的短暂是所有知识建构者所应置前考量的因素。庄子哀叹，如此短暂的生命自伊始起其意义就仅是为走向终结，其间却又无时无刻不遭受物、功、名等多重负荷的压迫，终不能有所成就、役役而末。[①] 如此之无谓实使人难以接受，然而，这却是大多数人的生命状态，庄子对此表示深切的惋惜。然而，生存时限的短暂却并不意味着人们要踟蹰于生命的终结，死亡在庄子这里并非苦难却实属平常，甚至将之视为“决疣溃痈”般实现自由与安泰的旋踵点。因之，其超越了时间的矛盾，特别是完成了对于生死的超越。“胡不直使彼以死生为一条，以可不可为一贯者，解其桎梏……”(《德充符》)。此外，小大之辩是庄子在对自然的领悟下所提出的时空认识，成为其齐物思想的原始支撑。《秋水》篇直观地为人们描摹出一幅空间写意图，生活在世俗中的个体相较于宇宙天地六合，如同小石之于大山、大泽之于礨空、梯米之于大仓一般，不过为沧海一粟。庄子小大之言，可谓超出了以人为本位的局限性，展望到了时空的无限，其目的则是尽可能地使人们意识到自身的渺小。[②] 如此鲜明的反衬是庄子对狂傲功利之徒的当头棒喝，明示其个体所习得的一切皆不足为道，在道的载负下进行自身本性的返璞，方为“同于大通”的唯一方式。而在此意味下，亦涉及了认知与礼法之于人的束缚问题。自老子处，已然提出要克服对于知识的过分依赖，“是以圣人不行而知，不见而名，不为而成”(《老子·第四十七章》)。在时间的束缚下，个体必然无法全部掌握道所载形下的所有知识，“吾生也有涯，而知也无涯。以有涯随无涯，殆已”(《养生主》)，因而，不论如何学习皆不能因之而完善个体，此并非意味着庄子对于一切人文科学皆采取摒弃的态度，而仅是在表达其之于世间矛盾的

---

① 参见《齐物论》:“一受其成形，不亡以待尽。与物相刃相靡，其行尽如驰，而莫之能止，不亦悲乎！终身役役而不见其成功，苶然疲役而不知其所归，可不哀邪！”

② 张松辉:《庄子研究》，北京:人民出版社，2009 年，第 325 页。

客观认识。同时,礼法规则亦会戕害到个体自由的实现,庄子将仁义礼智施加于人的作用定义为"黥""劓",等同于战国时期严苛的刑罚。此时,以儒家为代表所提倡的德目已然被统治者所扭曲,以之作为束缚人的工具而失去了其本然面貌,因而被庄子视为祸乱首因,而加以摒弃。庄子并非不倡导优秀的品质,但强调必须是形上之道施施然落实于人间自然所化之德。① 此外,庄子还通过白描手法阐述了其对于主观性"有""无"的论析,并衍生出"有为"与"无为"两者孰可与自由安适构架起连通桥梁问题的探讨。"合则离,成则毁;廉则挫,尊则议,有为则亏,贤则谋,不肖则欺,胡可得而必乎哉!"(《山木》)如此社会普遍认可的精进却与挫折诉病构成了因果关系,"为"未可"得"却获以灾祸、"不为"未可"失"却保得平安,这样的矛盾与反差不得不引起庄子的反思。

　　面对如此壁垒鲜明的矛盾纠葛,庄子进一步强调了"心"的作用问题,强调通过"心"的包容实现对名实问题的抹平,这是庄子齐物论思想的细化。"以道观之,物无贵贱"(《秋水》)、"兼怀万物,其孰承翼? 是谓无方。万物一齐,孰短孰长?"(《秋水》)。如此,实是在精神层面对循名责实进行拆分,以化解矛盾,并在"一"处重新实施超越性重组。以上,若论庄子之于时间、空间上矛盾的体味,源自对客观自然的观照,那么其之于功利、为政、礼法处矛盾的了然,却基于世俗社会的切实参与,在如此虚实的对照下,方得以总结出认知、名实之类不易为人所见的隐性矛盾。这是庄子在建设其思想体系时,所考虑的又一前提,亦正是在对如上林林总总矛盾的确切观照与认知下,并联系思想的首要前提即世俗的不可逃离,庄子对前期隐者简单避世以及因避世而救世的传统观点施以否定。

三、"游"思想的立意:"陆沉游世"与形心分离

　　冯友兰先生大略将先秦道家分为三个阶段,以杨朱、老子及庄子为代

---

① 　老子以礼为"乱之首"而弃之,庄子处更甚,似乎将一切德目皆加以摒弃,如此予人以庄子是文明的抗拒者、开历史倒车之感。其实并非如此,庄子以"伪"为名,为真正的德目保留了可能性,以至道家发展到了稷下黄老之时,又得以实现在道之下重开德目的建设,即以庄子所留伏笔而展开。

表。① 与之相应,隐者先驱的演进亦可作如上划分。作为隐者第三阶段翘楚的庄子,其思想深受杨朱、老子影响,更在许多概念处与此两者存在继承关系。如其继承了杨朱以己为重、保全身心的逻辑出发点,同时承续了老子之于"道"的探寻规律。然而,庄子在主体接受前期隐者思想的基础上,又进一步融会贯通并继续向前。因此,其思想相较于杨朱、老子思想体系,同样存在着颇大差异,可概括为:庄子认为前期隐者所主张的简单避世,或以避世而救世的论断都是难以实现的。

　　贯穿三大隐士阶段的核心概念是"全生避害",对此起到奠基与启迪作用的正是杨朱,其崇尚将自我视为最高价值,而对于他甚至天下大义都浑不在意的"为我"思想,②要旨在于"避"字,其强调一种直接规避的方法,隔离世间远避荒山杳无处,因以保全生命本质之善,摒绝世间之恶的侵染。然而,就现实而言,隐士经常会面临藏无可藏、避无可避的存世境况,而无法实现杨朱避世理论。《大宗师》篇言"藏","夫藏舟于壑,藏山于泽",窃喜必是安全无疑,夜晚却被"有力者负之而走,昧者不知也",藏小于大仍难逃丢失之患。同理,杨朱之远避深山也未必躲得了世俗的牵扯。如此,何以能够真正实现"避"身于世,则成为庄子思想欲解决的关键问题。"若夫藏天下于天下而不得所遁,是恒物之大情也",这是庄子对于失舟、失山相关问题的回答,若将自身与天下化而为一,则又何以遗失,庄子因之对杨朱"避"理论进行了初步发展。此外,再论人生哲学的内外之分,以心为分水岭区别心内精神性与心外物质性,大概是诸子人生观念中无法绕过的必要概念。《列子·杨朱篇》虽被认为是魏晋伪造之书,今人却仍然能够从中感受到杨朱及其后学对于内心精神的重视。从"夫善治外者,物未必治,而身交苦,善治内者,物未必乱,而性交逸"可见,现实世界与内在精神世界已渐为人所甄别的思想发展,而杨朱以治内而治外的理路推衍,及"贵己之形"与"贵己之神"相分离的思想倾向,无疑是其之于隐士思想体系的重要贡献。其本身于"形"的专注

---

　　① 冯友兰:《中国哲学简史》,北京:北京大学出版社,2010 年,第 55 页。

　　② "庄子之学,盖承杨朱而主为我……昔王荆公尝论之曰:'为己,学者之本;为人,学者之末,为己有余,而天下之势可以为人矣,则不可以不为人'"。参见钱穆:《庄子纂笺》,北京:九州出版社,2011 年,第 7 页。亦同于老子"贵以身为天下,若可寄天下。爱以身为天下,若可托天下"(《老子·第十三章》)的观念。

自不必言说,而发展至庄子处,则是更为青睐贵己之神部分,这一点从《庄子》中众多躯体不全却精神完满的残疾人形象中可见端倪,因之,庄子在杨朱"身体哲学"基础之上完善出"生命哲学"价值,正是对杨朱简单避世思想加以否定的结果。

司马迁言及庄子"然其要本归于老子之言"(《史记·老子韩非列传》),可见庄子深受老子影响。自汉始,老庄(魏晋为庄老)并称的现象频现,这种范式性称谓实则内敛歧义。道家的社会影响确以老子为先,然而,此种称谓却不自觉地埋没了庄子生命哲学、个体自由精神的映射力。老子思想,其根本为国家治理"以道佐人主"(《老子·第三十》),个体之幸在于有道圣王"以道莅天下"(《老子·第六十章》)后所获安泰,这与老子史官背景有密切联系。而庄子不然,庄子无意于一切过去、现在以至将来有关政治国家之事物,视阈直指社会困苦的普通成员,助益他们通过精神超越而自我实现。此外,对接老庄之于本根"道"的定位,两者都认为"道"在天下是超越世间概念范畴,具有本根性质的固有存在,却又难觅踪迹、难以言说,作为总规律作用于万物。所不同的是,老子"道"论,将至高无上、无可比拟之"道"化身为实时社会中的"圣王",实质上,是将"道与物"的关系直接让渡给了"王与民"之关联。而庄子之"道"却非如此,其在老子基础上继续推演,在《庄子》中,"道"并非最高概念的唯一指代,如"太虚""造物者""混沌"等同样具有等同于"道"之幅员的思想指向,此类具有总范畴意味之词在《庄子》中比比皆是,正表明庄子对于老子以唯一之"道"对应唯一最高"统治者"意愿的漠视与拒绝,更是全然否定了老子者寄希望于得道圣王凭借最高权威以救世的政治希望。反之,其将最高"道"广而普之,因时因地具化到世间百态中,道不私、无不容、万物皆可存,甚至落实于"蝼蚁""稊稗""瓦甓"以至"屎溺"处,将仿佛具有无上权威实则难改现实以至摇摆不定仍存幻想之"道",彻彻底底拉回到地面上来。如此回溯,又从侧面印证了:老子愿景在于"为道以政",具有浓重的政治情怀,因而其需要唯一权威性之领导者;庄子更青睐于个体向度的"为道以民",故化道于万物、散万民,以此,两者间思想差异性立显。早期道家中的人原只求全生避害。但人必须到这种最高的境界,始真为害所不能伤,这是庄子对早期道家问题的解决。[①] 庄子清楚认识到如此因果,因

---

① 冯友兰:《贞元六书》(下册),上海:华东师范大学出版社,1996年,第767-769页。

而拒绝了杨朱简单避世、离群索居的逃跑主义,认为在实世社会下必是逃不掉的。同时,如《缮性》言:"道无以兴乎世,世无以兴乎道,虽圣人不在山林之中,其德隐矣。"社会状态已然低落到"道"不可能兴盛世间的地步,而圣人虽不需逃至深山却无法再发声救世,因之,亦否定了老子以避世而救世的思想。终而,庄子在主体吸收杨朱、老子思想的基础上,对二者进行扬弃并作出自我的创造发展。这是触发"游"思想破茧而出的促力,更是其"形心分离"思想得以生成的理论温床。

　　然而,不避世并不意味着入世,在本性向往自由之张力与身陷世俗无法逃离之束力的双重作用下,庄子所期许的是虽身处凡尘,却仍能够实现生命精神化茧成蝶般的高伟,而实践方法则自然落实于"游"思想核心,一种分离的理论之上,"形固可使如槁木,而心固可使如死灰乎?……今者吾丧我",可见"我"由"形"与"心"共同组成。①《庄子》中众多残疾人虽身体上具有令人不忍注目的恶骇缺陷,然而他们却是道德的化身,拥有自由、智慧、幸福、卓越人格,以及安然处世的运气与能力。这种反衬式强烈冲击,正是为彻底破除外形残全的桎梏,从而突出内在性。《大宗师》篇借子贡之口言及畸人:"子贡曰:'敢问畸人。'曰:'畸人者,畸于人而侔于天。故曰,天之小人,人之君子;天之君子,天之小人也。'"可见,庄子在对畸人的解读中,淡化形体上的美丑观念而强化内在性道德的分量,"德有所长,而形有所忘"(《德充符》),分别阐释"形""心"。继而,通过之于"天之小人,人之君子;天之君子,人之小人"的逻辑推导,勾勒出某种虽无"人"视阈下的君子形象却拥有"天"范畴中道之德行的客观存在,致力于消除人们对物象的过分执着以及心身一荣俱荣一损俱损的固有认识,进而,悄然将外在的"表象性范畴"与内在"心灵性得道"分离。继而,借由"天""人"并结合"古"关系下的"外曲内直"关系,勾勒出形心分离的具体表现,内心保持与自然协同,谨守本性,于外在层面实施与他人同步的表现,并借用古人言论,不外露自己的成见,以避免招致祸患。在此篇结论中,庄子虽未予其以最高评价,然而,如此理路却已然为人们呈现出一种发展性的处世思想。内直天之徒、外曲人之徒,在庄子这里,如此区分并未显得艰难,却自然而然地完成了这一历史性的进步,可

---

①　[日]池田知久:《道家思想的新研究——以〈庄子〉为中心(下)》,王启发、曹峰译,郑州:中州古籍出版社,2009年,第440-441页。

谓庄子的高明之处。尤需注意的是,以上"不遣是非,以与世俗处"(《天下》)的思想倾向,并非庄子对于其自然愿望的背离或是之于不可逃离世俗的妥协。刘笑敢先生在论及道家"自然"时曾作出以下说明:"自然并不一概排斥外力,其并不排斥能够从容接受之外在影响,而只是排斥外在的强力或直接的干涉。"①庄子对于已被统治者扭曲的德目以及与人本性相矛盾的制度是强烈拒绝的,然而,对于一些约定俗成、无伤自心之德的世俗事物却表现出变相的接受,并赋予其"陆沉"之名,"是自埋于民,自藏于畔。其声销,其志无穷,其口虽言,其心未尝言,方且与世违而心不屑与之俱。是陆沉者也"(《则阳》)。林希逸释解其为"沉不在水而在陆,喻隐者之隐于市尘也"②。庄子期待与世俗安然相处,却不流于执着于物、争名夺利的世间百态,仅以"喜怒哀乐不入于胸次"(《田子方》)、"彼且何肯以物为事乎"(《德充符》)的生命状态,在现实中获得康泰安适的生活可能,如上愿望在形与心的切实分离之下,得到了最大程度的实现与满足。

唯此,实施形心分离后,于庄子处既存在着三种基准性态度:"形莫若就"之现实亲近;"心莫若和"之随顺逶迤;"就不欲入"之本心保持,以之构建而成的,即庄子所阐扬的处世观,"不足以滑和,不可入于灵府。使之和豫通而不失于兑;使日夜无郤而与物为春"(《德充符》)。如此并未离群索居身处社会洪流之中,却仍然能够达到"且汝梦为鸟而厉乎天,梦为鱼而没于渊"(《大宗师》)的自由生命状态。可见,庄子"形心分离",就实质而言,是人类借以"生命觉醒"方式所实施的对形而上意识世界的飞跃;就方式而言,此飞跃的过程,并不要求一定要否定现实亦无可能弃现实世界于不顾,却在架空于现实之上的境域中,重新构建出另一真实的终极世界;就目标而言,是为代偿世俗自有性无法弥补的缺憾落差,于心灵意识世界中完成一切对美好、永恒、自由、无待之向往。在此目标的统摄下,庄子进一步尝试了对最高精神的探索。

四、"游"思想的映射:"反吞没世俗"与人类精神至高表现

矛盾是庄子思想落实的根本,正是在之于众多矛盾的洞见中,庄子发现

①　刘笑敢:《老子:年代新考与思想新诠》,台北:东大图书公司,2005 年,第 71 页。
②　林希逸:《庄子鬳斋口义校注》,北京:中华书局,1997 年,第 405 页。

了此间存在的既对立又统一的辩证关系。矛盾双方是相互对立的,因"物化"的客观作用,它们又是相互转化的,正如庄子言:"彼出于是,是亦因彼""方生方死,方死方生;方可方不可,方不可方可"(《齐物论》)。因之,其否定了绝对性,得出万事万物皆相对存在,且不断变化的结论。既然事物时刻处于相互转化中,又皆为道所化、通系于"一",那么将空间投射到四维甚至四维以上空间从大视阈向下俯瞰时,万物齐平。再者,透视矛盾依存的主体可以发现,庄子通常会将矛盾的一方设立在现实世界中,而将矛盾中超越性一方的存身境域安放于精神世界,如此,对立矛盾即成为沟通两大世界的桥梁。唯此,在之于矛盾的确切认识下,庄子展开了一系列越反超越矛盾的思想建设。

若对庄子有关矛盾的观照成果加以整理,将其所对应的空间层次归位,继而一一勾勒描绘出来,呈现在我们眼前的,是个体所受吞没的数层包围圈。个体所受到的是即时性的重重包裹与形心双重吞没,其中,空间之于形体的拢括自上而下大略可分为道—宇宙—屋室—身体;而社会之于精神的围裹同样自大而小可作国家—社会—宗族的划分,价值层面与之相对应的正是法律—秩序—伦常的包绕。① 如此多维度封锁不啻于无限放大的牢笼予其间卑弱的人类以囚徒般的管制与压迫。先秦诸子大多都曾论及过外在力量之于人身体的负面影响问题,但庄子却发展性地关注到了身体之内的心灵维度,将人受到的压迫层次更向内推进了一步,即身体之于心灵的包裹。六合之内形体已然受到重重压制而不堪其累,却是毫无选择地将所受重累尽数转压至更内层次的心灵之上,至此,个体所背负的枷锁则全部加载于"心"的范畴。正是这维度上向内迈进的一步,使庄子找到了个体困苦、几欲崩溃的症结,并就此爆发出其全部的反抗勇气。回应以如此似乎几无希望的重缚,其却偏偏就被吞没的理路反其道行之,以症结所在"心"为主体,实施了反吞没过程。就何以反向冲破既有束缚、臻于"道"的问题,庄子在《大宗师》篇中作出以下答复:"吾犹告而守之,三日而后能外天下;已外天下矣,吾又守之,七日而后能外物;已外物矣,吾又守之,九日而后能外生;已外生矣,而后能朝彻;朝彻,而后能见独;见独而后能无古今;无古今,而后能入

———————————

① 韩东育:《庄子"灵肉"哲学层次论》,《东北师范大学学报》(哲学社会科学版),1994年第 3 期。

于不死不生。"宣颖释解,"外天下"即忘世故,是对社会礼法的剥离;继而,"外物"不为物役,摒除名利的向往;继而,"外生"根除生死的执念;继而,"朝彻"达以空明的心境,洞见"独"之无待、无所依赖的个体存世状态;[1]继而,超越己身之有限,甚至于时间的无限。以上,虚静状态下个体的自我觉醒,代表了庄子"游世"思想路径的缩影,随着"外"层次的推演,逐步与陆沉目标取得对接。庄子在反吞没世俗理论的建设中,所强调的是何以实现真正的自由,所冲破的束缚皆是对自由的束缚,此时"心"需承载极为光明强大的力量。因而,个体所应实践的正是使本然之心得到最大程度的澄明,对此,庄子借"忘"而实现。

"忘"是庄子在社会的牵扯与游道的迫切双重夹击下所生成的概念,庄子认为,"文灭质,博溺心"(《缮性》),只有彻底地否定认识世界的可能性与必要性,才能使人不挂心于纷繁杂乱的现实世界,真正倾心于心灵自由的无何有之乡。[2]正是基于这种认识,梁启超先生提出:"知识贫乏者实现无目的生活的可能性较之知识占有者更大。"同时,因以"知"而"欲"轨迹的客观存在,这些拥有所谓智慧的人若是以"知"而害世,其破坏性亦会更大。在此意味上,庄子为安适现实生活、增强内心力量而提出意见有三:其一为"清己见",落实于主观与自然的关系问题上。与儒家"天工人其代之"(《尚书·皋陶谟》)强调人的能动性恰恰相反,在庄子看来,人的偏执是背离自然的根本原因,因而要"绝圣弃知""少私寡欲",以摒除"人"对于本性的纷扰。其二为"泯是非",此矣一是非彼亦一是非、万事万物无有长短高下之分,因此,庄子一齐是非、消除争执,这是一种反向和平主义,却并非如墨子基于"辩无胜,必不当"(《墨子·经下》)观念所批评的倒退主义。其三为"畅直觉",庄子怀疑知觉却不否定直觉的作用,或谓庄子摒除知觉正是为延伸直觉所作出的导向,《应帝王》言混沌之死,论证了普遍意义的知欲感官、如此使人聪明的外来品却是耽误人性命之情的戕害者。在经由如此内心建设,实现反向冲破空间、社会、道德之于个体形体再转予心灵的重压后,庄子为人们呈现出一片祥和的新境域,这是庄子"游"思想所指向的归处。诸多学者予庄子

---

[1]　"朝彻者,胸中朗然如在天平旦澄彻之气也。见独者,自见而人不见也。"参见林希逸:《庄子鬳斋口义校注》,北京:中华书局,1997年。

[2]　刘笑敢:《庄子哲学及其演变》,北京:中国社会科学出版社,1988年,第170页。

"游"思想以艺术之名,自是依据了其无所偏执、安于现世却自能够实现升华的意义。艺术的核心在于无目的性,不以生活为达任何目的之手段,生活本身自有其存在的理由,实应安然处之,如此资质正可与庄子"游"思想对接。

以个体存在为基准,历史的衍化可作以过去、现在与未来的划分。[①] "崇古"是中国思想的固有特质,自春秋始,诸多学派皆定位于"托古改制",将学脉的开端尽可能地推向更遥久的远古之世,似乎愈古则愈具有正统性与说服力,诸如儒家的"述而不作,信而好古"(《论语·述而》)以及墨家的"古者圣王之事"(《墨子·非命上》),康有为将其称为"道上古,誉先王,托古以易当世也"。然而,庄子却认为,远逝过去与未降将来皆不具有实质意义,"来世不可待,往世不可追也"(《人间世》),"睹道之人,不随其所废,不原其所起,此议之所止"(《则阳》)。因而,其思想着力点与其他诸子圣王重塑的理路全然不同,甚至,是通过对既有圣人的批判,将圣人与圣人理论一同湮灭。[②] 其目的正是示现人们,远古图式并不具有永恒完善性,而图式之下的圣人形象与圣人理念更不可轻信寄睐,更何况本真之"道"业已远逝的方今之世,实则更无可托付的外在寄望,这是庄子对"形"的极度不信任,亦是其转向于"心"的标志。如此倾向下,庄子处精神层面的游心显然要重于形体层面的游世。[③] 游心助益人类精神得以超脱,从而开辟出另一境域的诸多可能性。庄子以个体心灵为主体直指道之境域,并因凭"心斋""坐忘""见独"之类皆可归纳到"真知"与"齐物"两大方法论体系的方式而实现,归之于"虚静","体尽无穷,而游无朕;尽其所受乎天,而无见得,亦虚而已"(《应帝王》)。至此,庄子为"个体自由"构建出一个玄远伟阔又宏富雄奇的强大心灵世界,一个可以间离于现世困苦世界使精神得以安适,同时又超越六合有待束缚成就生命自我实现的道之境域,这代表了历史进程中人类精神的最高表现。

---

① 杨国荣:《庄子的思想世界》,北京:北京大学出版社,2006年,第192页。

② 在《庄子》中,尧舜多数以负面形象示人前,他们是"大乱之本""为天下笑""国为虚厉,身为刑戮",与儒家所宣扬的态度迥然不同。

③ 在《庄子》构成动宾关系的44处"游"中,心游27处,占61%;身游17处,占39%。

结　语

正常情况下,个体生活在井然安泰的环境中,生命历程会自然遵循既有程序,逐步实现各层次需要,然而,战国时代诸多矛盾交织而成的知欲昏繁世界意义虚无、价值沦丧,人们所面临的并非有序社会,却是无可挣脱的森林法则与重压吞没,如此不仅肇端于生命的威胁,更牵涉精神的惶惑,甚至自由的沦丧,迫使庄子否定一切现实秩序,尤其否定了百家相互攻讦中各自宣扬的"道"及其所化之"德",认为,这恰恰是天下真正"道"已然缺席的外显结果,是非的诘问不过"犹一蚊一虻之劳",为徒增其乱的聒噪,自以为是的名实分辨更是实无必要的累赘,愈发促使了本根之道的隐蔽,"世丧道矣,道丧世矣。世与道交相丧也"。庄子将如此态势定义为"天下多得一察焉以自好",认为诸子百家征伐之论因在错误的道路上,愈努力却愈走愈远,"百家往而不反,必不合矣",最终的结果必是"道术将为天下裂",湮没最后一丝救世的火种,致使沉浊现世降临人前。因而,庄子在反吞没世俗后,重新建构精神世界,并于其中安顿飘摇无依的困苦心灵,而如此创造即其以主体之"心"经由方式性之"游"冥合于目标指向之"道"的实然过程。其中强调,应因凭人的形体与社会悠然相处,同时,在去名实世俗枷锁后获得心游的必要条件,行之以"登天游雾"的精神徜徉,承之以"挠挑无极"的境域创拓,兼之以"相忘以生"的逍遥状态,现之以"无所终穷"的心灵安放,受到重重束缚的人类精神在"与造物者游"的过程中实现与道的冥然而和,完成对于永恒的期冀。正是如此之"游"思想,通过在悲观中所衍生出的乐观主义,带给困苦中的人们以静谧、澄澈、怡然与豁达感受,其虽不若儒法显学一般的强势,却以此低曲姿态常鸣世间,两千年来抚慰了无数中国人特别是中国士人的忧伤与绝望。

原载《外国问题研究》2016 年第 3 期

剖析日本军国主义的三大根基

姜守明

　　明治时期以来,军国主义一直是日本的主流意识形态,也是日本的立国之本。在军国主义的体制下,日本的政治、经济、文化、教育以及整个国民生活,都从属于对外征战的需要。在 1874—1945 年这七十余年间,日本以"开疆拓土"为目标,发动和参加了一系列侵略战争,给亚洲各国乃至世界人民造成了极大伤害和深重灾难。二战结束后,美国出于一己私利,以盟军名义独占日本,没有对日本军国主义者的战争罪和反人类罪进行彻底清算,而受到美军庇护的侵华日军竭力以"终战"来否认战败的史实。迄今为止,作为战败国的日本,始终没有从加害者的立场去深刻反省军国主义的侵略罪行,反而在一些历史公案问题上,拂逆天下公理,践踏人类良知,美化侵略历史。为了警示人们勿忘历史、牢记维护世界和平的神圣使命,本文试从以下三个方面来解构军国主义的三大文化根基,以揭示日本军国主义的本质特征,防止日本复活军国主义:以崇尚武力为核心的武士道、以崇拜天照大神为皇祖神的神道教和以弘扬皇道使命为特征的天皇制。

一、武士道:日本军国主义的文化基因

　　日本是一个东亚岛国,长期以来,日本以其独特的自然环境和人文生态,造就了大和民族的双重国民性,就是既重视耻感文化又崇尚武力。据此,美国文化人类学者鲁思·本尼迪克特借助于两个色彩对比强烈的东西,即日本人最偏爱的"菊"与"刀",深刻剖析了这种矛盾的国民性,确有入木三分之感。如其精辟指出的那样:"刀与菊,两者都是一幅绘画的组成部分。

日本人生性极其好斗而又非常温和;黩武而又爱美;倨傲自尊而彬彬有礼;顽梗不化而又柔弱善变;驯服而又不愿受人摆布;忠贞而又易于叛变;勇敢而又懦怯;保守而又十分欢迎新的生活方式。"[1]"菊"本是日本的皇室家徽,为十六瓣八重表菊纹,借以指代大和民族的重礼好义之风,这可以看作日本国民性中美的一面;"刀是武士之魂"[2],则表明日本人对强权与蛮力的崇尚,这可以视为其国民性中丑的一面。作者对日本国民性中并存的审美性和好战性的揭示,不仅彰显了这个岛国民族精神的内在矛盾,也折射出日本人既内敛、自卑,又狂暴、自傲的狭隘民族心理。长期以来,在这种独特国民性的作用下,日本的政治文化和社会心理畸形发展,并衍生出占主流地位的意识形态,就是以崇尚武力为核心、以武士道精神为表征的军国主义。

作为一个注重将传统性与现代性相结合的国家,日本历史上形成了许多"道"的文化,如歌道、花道、柔道、衣道、剑道、神道等,至今仍有重要影响。"道"本指艺术、技艺、方法的东西。其中的武士道,起源于封建时代的武家政治,是武士阶层的行为准则和道德规范,日益发展成为日本传统文化的核心内容,并深刻地影响着现代日本的社会心理。早在平安(794—1192)初期,大和律令制国家就颁行垦荒令,促进了日本的土地制度从国有班田制向私有庄园制的转变,而土地私有制的发展为一个新的社会阶层——武士阶级的崛起奠定了物质基础。

起初,以农为主、兵农结合的武士为封建大名(贵族领主)庄园看家护院;后来,他们完全游离于农业生产之外,演变成为专事保护庄园和相互争斗的私家武装。平安后期,武士还超越庄园,发展成为地区性的封建军事集团,并建立起与天皇朝廷相平行的统治政权,从而开创了以武家政治为特征的幕府时代(1192—1868)。从此,日本社会掌握国家实权的不再是代表上层封建主利益的皇室和贵族,而是代表中下层封建主利益的军事集团。武家政治前后经历了镰仓、室町和德川三个幕府,延续六七个世纪之久。这是日本封建政治体制的最重要特征。在形式上,将军名义上由天皇任命,幕府尊重朝廷,而事实上,以将军为首的幕府操纵着朝廷,天皇作为国家的象征和元首,虽然具有至高无上的神圣性,但只是有其威而无其权的精神领袖,

---

① ［美］鲁思·本尼迪克特:《菊与刀》,吕万和等译,北京:商务印书馆1990年,第2页。
② ［日］新渡户稻造:《武士道》,张俊彦译,北京:商务印书馆1993年,第75页。

或政治傀儡。将军幕府设立的政所、侍所和问注所分掌全国的政治、经济和司法大权,构成了幕府的政治基础;幕府制度的经济基础,则是遍布各地的大名庄园。在武家政治体制下,将军是全国最大的封建主,幕府的直属武士都是占有不同数量土地的大小封建主。将军和武士之间结成的主从关系,即所谓的"御家人制度"①,是幕府政权的阶级基础。依赖各地普遍建立起来的大名庄园,武士阶级不仅获得了生存空间和活动舞台,还衍生出为日本社会所极力推崇和效仿的武士道。

日本国际政治活动家新渡户稻造指出:"武士道在字义上意味着武士在其职业上和日常生活中所必须遵守之道。用一句话来说,即'武士的训条",也就是随着武士阶层的身份而来的义务。"②他认为:"武士道,如同它的象征樱花一样,是日本土地上固有的花朵。""过去的日本乃是武士之所赐。他们不仅是国民之花,而且还是其根。所有上天美好的惠赐,都是经过他们而流传下来的","武士已成为全民族的崇高的理想"③。从思想根源来看,新渡户稻造坚持武士道形成混合说,认为它源于中国的儒家学说、佛教的禅宗教义和日本的神道教思想:孔子在遵守五伦与处世智慧方面赋予武士道以主导思想,孟子的平民思想和丰富的人情观也充实了武士道的内涵;武士道的平常心,以及沉着、轻生慎死等秉性来自佛教;神道教的忠君、敬祖和孝顺的观念,使武士在傲慢的背后兼具服从的德性。笔者不认同新渡户稻造的看法,而赞成中国学者戴传贤先生④的观点,即"日本的尚武思想、军国主义并不是由于中国思想、印度思想,纯是由日本宗法社会的神权迷信来的"。在《日本论》一文中,戴传贤从精神和行为两方面对武士道作出界定:精神方面包括轻生死、重然诺、尚意气;行为方面涵盖击剑、读书、交友⑤。林景渊教授也指出,武士道中的"德"涵盖忠诚、武勇、名誉、礼仪、廉洁、朴素、勤学等内容,

---

① 王金林:《简明日本古代史》,天津:天津人民出版社 1984 年,第 214 页。
② 新渡户稻造,前揭书,第 14 页。
③ 新渡户稻造,前揭书,第 13,89 - 90 页。
④ 即中国国民党元老、中国现代史上重要的思想家和政治人物戴季陶(1891—1949),著有《日本论》,其中言简意赅、精辟透彻地解剖了日本文化的要旨。
⑤ 林景渊:《武士道与日本传统精神》,台北:自立晚报社文化出版部 1980 年,第 2、3、10 页。

"行"则包括复仇、切腹和隐居等特殊行为①。武士道究竟涉及多少"德"与"行"的内容，虽然这不是本文讨论的重心，但有一点不可否认，日本的武士阶级宣称腰间利刃不见血不算真武士，可见他们对"武勇"的膜拜已到了极端的程度。他们崇尚的日本刀，就是武士道精神之魂，也是"大和魂"②的核心。新渡户稻造自幼接受了武士道传统教育，后来又受了基督教洗礼，他作为一个学者，在那本名为《武士道》（Bushido）的小册子中，一方面竭力美化和推崇日本的武士道，另一方面则对他理解的欧洲骑士精神颇有微词。③ 由此不难看出，武士道作为"大和魂"在日本人心中的重要地位。客观地说，武士道同骑士精神一样，同时具有美与丑的两面性，至多是五十步笑百步的事情。

16 世纪末叶，日本走出群雄逐鹿的战国时代，太政大臣丰臣秀吉得意忘形，立即提出"欲侵中国，灭朝鲜"的狂妄计划，把武士道精神转变为军国主义的侵略行动。1592 年 4 月，日军进攻朝鲜的釜山，揭开军国主义对外征战的序幕。在中朝人民的联合抗击下，日本军国主义的野心并没能得逞，丰臣秀吉也愤懑而死。德川幕府时期（1603—1868），日本延续丰臣氏推行的"四民"（士、农、工、商）身份等级制。这是一种类似于古印度的种姓制度，其中武士是"三民之长"，属日本社会的统治阶级，享有使用姓氏和佩刀的特权。幕末明初，在"王政复古"运动中，下层武士以割腕之勇气，还政于天皇，并废除武士阶级的特权，结束了武士专政的幕藩制度。但是，武士道精神已浸入日本国民性之中，它并没有随着明治政权的确立和武士阶级的消亡而退出历史舞台，而是顽固地延续了下来，并深深地影响着日本的国民生活和现代化道路的选择。其根本原因就在于，一方面武家政治文化传统根深蒂固，另一方面下层武士不仅是"王政复古"运动的领导者，也是日本现代化政策的制定者和执行者。明治维新时期，从政治到军事、再到产业方面，几乎所有的日本领导人都是武士出身，或是武士的后裔，武士道精神成为他们承袭或

①　参见林景渊，前揭书，第六章、第七章。

②　1899 年在美国宾夕法尼亚州养病时，新渡户稻造为向外国人介绍日本的传统文化，乃用英文写成《武士道》一书，副标题就是"日本魂"（The Soul of Japan）。

③　这里，作者借用了英国史学家亨利·哈勒姆（Henry Hallam，1777—1859）的论述。参见新渡户稻造，前揭书，第 84 页。

拥有的共同价值观。在这种特定的社会背景下,原先为武士阶级专属的行为准则和道德规范,被明治政府改造成日本国民的民族精神。正如新渡户稻造所承认的那样:"武士道作为一种不知不觉的而且难以抵抗的力量,推动着国民及个人……旧日本的建设者而且是其产物的武士道,现在仍然是过渡的日本的指导原则,而且必将证明它还是形成新时代的力量。"①由于明治政府强化国民生活军事化,武士道不但成为日本对内毒化和控制国民思想的精神工具,也成为其对外推行黩武扩张的战争工具。

二、神道教:日本军国主义的神学支柱

神道教,简称神道,是日本传统文化的重要组成部分,也是日本军国主义的神学支柱。作为一种民间宗教,"原始神道萌生于原始人对自然现象和祖先崇拜之中,形成于农耕社会祈求五谷丰登及丰收后答谢神灵的祭祀场上。3 世纪后,原始神道逐渐发展为有固定社、宫、祠的神社神道"②。5 世纪以大和朝廷为中心的统一国家形成后,日本皇室神道逐渐吸收了中国的儒家伦理学说和由中国传入的佛教教义,形成了"佛本神从"的神佛结合型神道。为了协调神道教和佛教的关系,765 年第 48 代天皇称德女皇(764—770 年在位)颁令,宣称她既忠于佛教三宝(佛、法、僧),又忠于神道教众神;她还声称她是以出家人身份治理国家的,大臣们自然也可以是出家人。"称德女皇的诏令反映了当时所流行的这样一种观念:神道教的神只不过是佛教神和圣者的化身。"到了 9—11 世纪,虽然佛教"在日本不但取得了正式的国教地位,而且还取得了绝对的统治地位"③,但神道教作为佛教的附属物,也长期存在。

神道教是日本土生土长的民族宗教,由日本的原始信仰发展而来。"神道"一词,最早源于《日本书纪》(*Nihon Shoki*)中的说法:"天皇信佛法,尊神道。"严格说来,神道教既无经典,也无教义。就经典而论,神道教没有《圣经》之于基督教、《古兰经》之于伊斯兰教那样神圣的元典。或许,8 世纪初的

---

　① 新渡户稻造,前揭书,第 95 页。
　② 黄心川主编:《现代东方哲学》,杭州:浙江人民出版社 1998 年,第 9-10 页。
　③ [俄]约·阿·克雷维列夫:《宗教史》下卷,乐峰等译,北京:中国社会科学出版社 1984 年,第 348 页。

两部官修古籍《古事记》(*Kojiki*)和《日本书纪》勉强算得上经典,它们毕竟承载了神道教最为推崇的天照大神(《日本书纪》)或天照大御神(《古事记》)的传说。从教义上看,神道教也没有"三位一体"之于基督教、"四谛"之于佛教那样神学意涵深邃,或人生哲理丰富的系统化教义。在神祇观方面,神道教是一种多神信仰,主张万物有灵,崇拜对象极为广泛,涉及自然现象、原始神灵、民族先祖、生殖魔力等,这反映了日本人宗教文化精神的一个侧面。

镰仓时代(1192—1333),武家政治兴盛,日本统治者极力鼓吹神道思想,神道教渐渐脱离入世思想的拘囿,形成了以神道为主、佛儒为辅的遁世宗教观。德川时期,幕府独尊儒术,强化对民众的思想与信仰的控制,随之派生了神儒相融的理论神道(学派神道)。其中,吉川惟足(1615—1694)创立的吉川神道(亦称理学神道)和山崎闇斋(1619—1682)创立的垂加神道,都将崇拜最高的天照大神——皇祖神(天皇始祖)的神道教主张,与南宋朱熹的客观唯心主义哲学思想相结合,强调尊皇忠君的封建伦理观。垂加神道还主张神皇一体、祭政一致,赤裸裸地为明治时期的军国主义扩张政策提供神学依据。德川后期,日本的极端民族主义催生了神道复古主义,就是反对以神道教附会儒佛思想,主张依据日本的古典作品来探明所谓"真正的日本精神"从而"创立了以《古事记传》《古道大意》《古史证》等为经典的'复古神道'(国学)"①。作为学派神道之一的神道复古派,力推"尊皇""攘夷",反对用佛儒思想来解释神道,为明治时期国家神道的确立奠定了理论基础。此外,他们还鼓噪以日本为中心、建立以神道教为主导思想的世界秩序,极力推动日本走向军国主义扩张道路。为强化日本的极端民族主义,明治天皇强令神佛分离,废除佛教的国教地位,拆除宫中佛殿、移走佛像,清洗神道教中的亲佛僧人,建立政教合一的"国家神道"②。日本"国家把一种宗教置于管辖之下,奉之为民族统一与优越性的特殊象征,其他信仰则听凭个人自由。这种受到国家管理的宗教,就是国家神道"③。

由于外来文化的长期影响,日本的神道教经历了原始神道、神社神道(皇室神道)、学派神道(理论神道)、国家神道和教派神道等几个发展阶段,

---

① 黄心川,前揭书,第 11 页。

② 杨曾文主编:《日本近现代佛教史》,杭州:浙江人民出版社 1996 年,第 40-44 页。

③ 本尼迪克特,前揭书,第 61 页。

其流变演进的历程相当繁杂,并形成了三大谱系:(1)民俗神道。重视对民间诸神的信仰,重视崇神祭祖的宗教仪式,以及重视咒术、占卜、巫医等方术活动,这一点与神社神道非常相近。(2)教派神道。又称宗教神道。以民间神道信仰为基础,吸收复古神道等神学理论,明治维新前后出现了十三派神道,二战后又陆续分离出许多新的神道团体。(3)神社神道。又称祭祀神道。这是三大谱系的主体,得名于遍布各地的祭祀场所和宗教活动中心——神社。它以尊崇天照大神为主要内容,强调敬神拜佛、参禅悟道,重视修缮神社和祭祀活动,祭祀天地神和祖先神。目前,日本全国八万多个大小神社,其中以祭祀天照大神的伊势神宫、祭祀明治天皇的明治神宫、祭祀战争中阵亡官兵的靖国神社最为有名。[1] 为了强化皇国体制和对国民灌输皇国思想,明治政府把原来的民间宗教神社神道提升到国教的至尊地位,宣称战死疆场的军人都会变成"护国神灵",将会受到上至天皇、大臣,下到平民百姓的祭拜。后来,日本发动侵华战争和太平洋战争就是这种急剧膨胀的皇国思想——军国主义的具体实践。

　　二战结束以后,美国出于独占日本的战略考虑,对日本进行民主化改革。为确保"思想及良心的自由",依据 1946 年公布、1947 年施行的《日本国宪法》规定:"对任何人均保障其信教自由。任何宗教团体不得从国家接受特权或行使政治上的权利。不得强制任何人参加宗教上的行为、庆祝典礼、仪式或例行活动。国家及国家机关不得进行宗教教育及其他任何宗教活动。"[2]由于本宪法明文规定日本实行国家与神道分离的基本国策,神道教只能作为一种普通的民间宗教而存在,靖国神社也就失去了享受国家机构特权的法律依据。然而,又由于日本的民主化和非军事化改造是被迫进行的,这个过程掺杂了美国人的私利,试图让日本听命于他们,因而那些限制神道教和靖国神社的法律规定并未得到切实贯彻。

　　战后以来,由于自民党长期执政,日本社会右翼思潮暗动,国民的靖国神社情结从未了断,政客们更是不忘为世人唾弃的军国主义幽灵,主要表现

---

[1]　世界宗教研究所、《各国宗教概况》编写组编:《各国宗教概况》,北京:中国社会科学出版社 1984 年,第 12 页。

[2]　中国人民大学法律系国家法教研室资料室编:《中外宪法选编》,北京:人民出版社1982 年,第 176 页。

为政府官员一再参拜已经被降为民间宗教法人的靖国神社。

那么,靖国神社究竟是个什么地方? 日本的执政党、右翼政客以及军国主义者后裔为什么热衷于参拜? 靖国神社的建立,既与神道教分不开,又与军国主义的侵略史相关联。1869 年(明治二年)6 月,天皇颁令设立"东京招魂神"(Tōkyō Shōkonsha),目的是祭祀明治前后在内战——戊辰战争(1868年)中阵亡的军人。东京招魂社位于东京都千代田区九段北,1879 年(明治十二年)6 月改称靖国神社。至今,靖国神社正殿还悬挂着明治天皇题写"御言"的牌匾。每年 4 月 21—23 日和 10 月 17—20 日,靖国神社举行春季例和秋季例"大祭"时,通常由天皇或天皇使者前往致祭。这充分表明:第一,借助祭拜神社的形式来招魂,并没有悠久的历史依据,而是明治时期确立的新"传统"。第二,从明治年代起,神道教就作为一种享受特殊地位的官方宗教(国家神道),受到政府的大力扶植。直到二战结束以前,日本全国其他神社均由内务省管理,唯独靖国神社由陆军省和海军省负责管辖,足见其军国主义的意义。第三,靖国神社作为一种享有特殊待遇的国家机构,受到国家的重点支持和保护。1978 年 10 月 17 日,靖国神社宫司松平永芳以"昭和殉难者"的名义,把远东国际军事法庭所判处的甲级战犯东条英机、板桓征四郎、松井石根等人的牌位,偷偷移入靖国神社合祭。此前,还有一千多名乙级和丙级战犯也被合祭其中。今天,靖国神社供奉着约 250 万个亡灵牌位,大多是明治维新以来 150 多年间对外侵略战争中死亡的日本官兵,入祀靖国神社被认为是一件光荣的事情。因此参拜作为军国主义象征的靖国神社,绝不仅仅是一种单纯的宗教活动,更是一种超越宗教信仰范畴的政治活动。换言之,参拜靖国神社就是企图重温军国主义的旧梦,反对和平、走向战争之路的危险信号。

三、天皇制:日本军国主义的精神动力

日本是一个海岛小国,其文明发生和文字形成较晚,确凿可凭的信史并不长。战国至秦汉之际,成熟的中华文明通过朝鲜半岛,传入了东亚大陆离岸的东瀛海岛。对日本早期文明的认识,不论是中国人,抑或日本人,都需要借助中国古代典籍。起初,华夏族把四方少数民族统称为"四夷",所谓的东夷、西戎、南蛮、北狄。其中的东夷,又分九种,有"子欲居九夷"之说。疏

曰："东有九夷：一玄菟、二乐浪、三高骊、四满饰、五凫臾、六索家、七东屠、八倭人、九天鄙。"(《论语·子罕》)汉代以来,东夷之一的倭人,专指日本人。先秦时代,日本尚未出现文明,中国对"倭"的详细情况阙如,仅仅知其大致的方位。我国古地理著作《山海经》如是记述："盖国在钜燕南,倭北。倭属燕。"①东汉时期,史家班固撰《汉书》,其中留下了关于日本的初步信息："乐浪海中有倭人,分为百余国,以岁时来献见云。"②这是最早对日本进行确切记载的历史文献。此后,中文典籍对东瀛史的记录才逐渐明晰。

日本,初为"倭""倭国"③,隋唐时正式称日本。公元 1 世纪末 2 世纪初,北九州的邪马台国是日本列岛最早形成的国家政权④。我国南朝史家范晔在《后汉书》中有较为明确的记录："倭在韩东南大海中,依山岛为居,凡百余国。……其大倭王居邪马台国。"⑤西晋史家陈寿在《三国志》里提供一则材料,称邪马台国的统治者,"名曰卑弥呼,事鬼道能惑众,年已长大,无夫婿,有男弟佐治国"⑥。这意指卑弥呼女王独身,不临朝听政,她满足于深居幽宫,以鬼道收拢人心,而把国务交由御弟即摄政大臣总揽。卑弥呼本为神秘的巫女,她采取统而不治的执政方法,或许就是日后天皇效法的对象。

日本文明起步固然不早,但令人费解的是,日本人颇为自大,他们对《古事记》和《日本书纪》中所记关于天皇起源、日本开国以及君权神授的传说总是坚信不疑,而且津津乐道,以为信史。在谈及天皇制时,他们能从遥远古代神话中的第一代天皇神武,数到现今的第 125 代天皇明仁,所谓"万世一系"。日本人相信,神武天皇是皇祖神的后代,曾亲率诸皇兄从日向经海路东征,"伐荒神而统大和"⑦,在橿原宫(现今位于奈良县橿原市)即位,以治天下⑧。那个遥远的古代应是何时? 他们把神武天皇的立国时间定在公元前

---

① 《山海经·海内北经》。

② 《汉书·地理志》下。

③ 关于日本的早期称呼,可参见《汉书·地理志》《后汉书·东夷列传》《三国志·魏书·乌丸鲜卑东夷传》《隋书·东夷倭国传》《旧唐书·东夷传》。

④ 关于邪马台国的缘起,学界有北九州说与畿内说(大和说)之分,至今未有定论。参见汪向荣:《邪马台国》,北京:中国社会科学出版社 1982 年。

⑤ 《后汉书·东夷列传》。

⑥ 《三国志·魏书·乌丸鲜卑东夷传》。

⑦ 《古事记》卷一,第七章(山幸彦与海幸彦)之"神武天皇诞生"。

⑧ 《日本书记》卷三,神武纪。

660年,把他即位的具体时间定为2月11日,所谓"建国纪念日"。这就是今日本国庆日的由来。然而,这种以神话传说为依据的天皇"万世一系"说,缺乏坚实的信史基础,却彰显了大和主体文化的狭隘民族主义倾向。

用汉字编成的《古事记》《日本书纪》并不都为得以确证的信史。前者作为日本第一部文学作品,分上、中、下三卷,内容涉及古代的神话、传说、歌谣、历史故事等;后者采用编年体例撰写,凡30卷,主要记述了从神代至持统天皇时期的历史传说。总之,《古事记》和《日本书纪》都把神话传说中的天照大神附会为日本的创造者,并把天皇塑造成神的化身、神的后裔,宣称皇统即为神统,日本即为"神国"。由于天照大神享有最高尊位,人间的一切都要由神的后代(即天皇)来进行统治。这是一种彻头彻尾的军国主义逻辑。日本人认为,他们作为"天孙民族",应当统治全世界。这种好事主义者凭传说去演绎古史,既无史实又无求证,无异于杜撰小说,缺乏起码的史德修养;他们以含糊不清的神话作依据,来追溯、演绎天皇制的起源,实为以讹传讹,罔顾历史。这种做法,如果不是客观上反映了大和民族好大喜功、固守传统的文化心态,那么至少在主观上透露了那种无端自大、病态虚荣的军国主义野心。事实上,兴起于本州中部的大和统一日本后,天皇制才逐渐出现并发展起来。依据唐初官修正史《隋书》,有年代可考的第一个日本天皇,当是飞鸟时代(593—710)初期的推古天皇(554—628)。这也是日本史上的第一位女帝。

崇拜强者、学习强者和诚服强者,是日本人的求生之道,也是大和民族从弱小走向强大的行为哲学。推古天皇当朝时,以圣德太子为摄政,开始仿效隋唐中国,革新陈腐的政治,试图建立以天皇为中心的中央集权制国家。为求得中华文化真谛和佛学经论,圣德太子委派小野妹子(Ono no Imoko)作为首任遣隋使到访中国。607年(隋大业三年),小野妹子呈上大和国国书,其中曰"日出处天子至书日没处天子无恙"[①]。次年,小野妹子再呈国书时,第一次使用了"东天皇敬白西皇帝"文句[②]。这是最早涉及"天皇"称呼的日本文献。以此推断,大和国称其最高统治者为"天皇",并弃用"倭国"称呼,改作"日本",应在中国的隋唐之际,不早于飞鸟时代。其间,大和留学生

---

① 《隋书·东夷倭国传》。
② 《日本书记》卷廿二,推古纪。

和学问僧频繁来华,拉开了中日官方交流第一次高潮的序幕,也开启了以中国正史记载为参照的日本信史。圣德太子和推古天皇相继去世后,虽然推古朝改革很快流产,但它仍为后世以引进外来文化为改革模式的社会变革积累了经验。大化初年,孝德天皇发布《改新之诏》,开始了一场规模更大、持续时间更长、效果更显著的改新运动,史称大化革新(645—654)。借助于大化革新,日本成功地学习和引进了先进的中华文明,加强了以天皇为中心的中央集权制,实现了从部民奴隶制到律令制封建制的社会转型。

天皇制一经产生,即长久传承,至今不辍。这是日本传统政治文化的最显著特色。从 8 世纪起,封建庄园制的勃兴日益摧毁大化革新后日本律令制国家的经济基础,造成了中央集权的天皇制旁落。在武家政治横行的幕府时代,朝廷权力被架空,天皇从台前退居幕后,"只拥有至高无上的权威而不拥有至高无上的权力"[1],仅满足于当大和民族的精神领袖[2]。但是,天皇并没有消失,也从未消失,皇室及贵族依旧受到尊重。其主要原因在于,日本是一个把神话混同于历史、将传说当成信史的民族。由于《古事记》《日本书纪》等作品早已将天皇神话化、神圣化,就是把天皇的起源、传承与威力的传说,转变成为大和民族宗教信仰的"历史"依据,对日照大神及其后裔"现人神"天皇的崇拜,亦已构成日本传统文化和民族精神的力量源泉。既然天皇被提升到了至上的神的地位,天皇也就成为"神国"日本的至尊权威,而不是绝对权力的象征。这也就为后来下层武士打着"王政复古"旗号的倒幕运动和德川将军向天皇朝廷奉还"大政"提供了神学依据。

16 世纪末叶,正当战国时代结束之际,日本迫不及待地把目光投向海外,侵略朝鲜、觊觎中国,走上了对外扩张的军国主义之路。只是由于德川初期开始实行闭关锁国,日本军国主义的侵略野心才暂时受到了抑制。不过,这个蕞尔小国从未放弃军国主义扩张之梦,企图以小博大,主动出击东亚大陆,甚至吞并全世界。18 世纪初叶,日本军国主义理论家和西化推动者佐藤信渊(1769—1850)发表《宇内混同秘策》(*A Secret Strategy for Expansion*)一文,首倡"和魂洋才"精神,鼓励国民在西方列强威胁面前,既保留日本传统文化,又学习西洋科技,通过积极的经济与军事改革,推动日

---

① 李文:《武士阶级与日本的近代化》,石家庄:河北人民出版社 2003 年,第 34 页。

② 参见本尼迪克特,前揭书,第 61 页。

本加入西方列强的帝国主义阵营。所谓的"宇内混同",就是"世界统一"的意思。那么由谁来统一世界呢？佐藤信渊坚持"皇国史观",他狂妄地宣称"皇大御国乃天地间最初成立之国,为世界各国之根本"和"皇国号令世界各国之天理",就是呼吁日本来统治世界①。为此,他提出日本侵略中国的"大陆政策",还杜撰出一个"大东亚"的政治术语,其赤裸裸的军国主义论调,为明治政府的亚洲政策奠定了思想基础。

幕末明初,日本结束了近七百年来将军和天皇二元并立的政治格局,重新确立起中央集权体的天皇制,实现了从传统到现代的社会转型。日本再次借助于变革图强,推行"殖产兴业""文明开化""富国强兵"的三大政策,摆脱了沦为西方列强殖民地的命运,迅速走上了现代化发展的快车道。然而,由于受制于国内市场狭小、封建残余深厚、列强扩张威胁等多重因素,明治政府在推进现代化的过程中,还积极构建军国主义的国家机器,挤进帝国主义阵营,以图参与对亚洲国家的殖民掠夺。1869 年,日本设立兵部省,培养军事人才,扩建兵工厂,目标是推进军事现代化。1871 年,日本先设立陆军参谋局作为兵部省的外局,再撤销参谋局,改设参谋本部,使之直接隶属于天皇的控制下。由明治天皇直接推动的兵部省官制改革,造成了军部机关高于政府的不正常局面,也使维新政权添增了军人专政的鲜明色彩。比较来看,幕府制度下的武家政治,不可与明治时期的军人专政相提并论。在幕府制度下,武家的作用主要局限于内战,就是在日本列岛内的打斗虐杀,而明治以降,军人的作用完全是走向海外,推进军国主义的侵略扩张。19 世纪中叶,经过倒幕运动和明治维新,日本已从羸弱状态中崛起,并表现出认同武家政治文化的社会心态和军国主义的侵略野心,企图构建一个以"大东亚共荣圈"为目标的所谓"大日本帝国"。

具体来说,日本在推进现代化的历史进程中,承袭了"忠君、节义、武勇"的武士道精神、"大和中心论"的神道教狭隘民族主义。为了维护天皇的神性和大和民族来源的神圣性,日本还以立法的形式,确立了以神道教为信仰基础的皇国体制。1889 年(明治二十二年),日本公布以 1850 年的《普鲁士宪法》为蓝本、以"君权神授"和"主权在皇"为立宪原则的《大日本帝国宪

① ［日］井上清:《日本帝国主义的形成》,宿久高等译,北京:人民出版社 1984 年,第 2 页。

法》，又称《明治宪法》（共7章76条），明确规定："大日本帝国，由万世一系之天皇统治之"（第1条）；"天皇神圣不可侵犯"（第2条）；"天皇为国家元首，总揽统治权"（第4条）；"天皇依帝国议会之协赞，行使立法权"（第5条）；"天皇批准法律，命其公布及执行"（第6条）；"天皇统帅陆海军"（第11条）；"天皇宣战媾和及缔结各项条约"（第13条）①。根据这部钦定宪法，明治天皇拥有被称为"天皇大权"的广泛权力，可集立法、司法、行政、军事与宗教之大权于一身，从而摆脱了武家政治时期天皇有其威而无其权的虚君局面。日本学者井上清指出："按照天皇制，军队统帅权就是天皇大权。"②的确，随着天皇权力的强势回归，天皇就成为权力与威力相统一的专制君主，为日本军国主义提供了制度保障和精神动力。正是在明治时期，日本开始大肆对中国、朝鲜等亚洲国家发动侵略战争，走上了一条以"开疆拓土"为目的的军国主义不归路。

明治维新以来，日本历代统治者都极力神化与美化天皇制，尤其是利用武士道精神、神道教信仰以及教育和立法手段来宣扬天皇的神圣性和权威性，将"神国"观念强制灌输给青少年，欲使大和民族能永远保持对天皇制的崇拜，以服务于军国主义扩张的需要。1946年元旦，昭和天皇被迫发表皇室诏书《人间宣言》，承认天皇不再是"现人神"，不再具有神性和至上的权利，而是个凡人，有七情六欲，也会犯错误。天皇走下神坛，恢复其凡人面目，这在一定程度上消除了长久以来国民对天皇心存的敬畏和愚忠。但是，美军为了长期占领和控制日本，没有摧毁天皇制，仅对天皇制进行了适当改造，使之成为服务于美国的国家战略。既然如此，发动侵华战争和太平洋战争的裕仁天皇，就堂而皇之地由日本最大的战争罪犯，转变成为《日本国宪法》所规定的民主体制下日本国和日本国民统一的象征③，从而逃脱了战争责任。今天，即使在大多日本国民心中，天皇依然还是大和民族和日本国的保护神，当然也是日本复活军国主义的精神支柱。

综观日本史，以崇尚武力为核心的武士道、以崇拜天照大神为皇祖神的

---

① 《大日本帝国宪法》（1889年）译文，引自蒋立峰主编《日本政治概论》之"附录4"，北京：东方出版社1995年，第492－498页。

② 井上清，前揭书，第272页。

③ 中国人民大学法律系国家法教研室资料室编：《中外宪法选编》，北京：人民出版社1982年，第174页。

神道教和以弘扬皇道使命为依归的天皇制,既是日本传统文化的核心内容,也是日本军国主义的三大根基。"以史为鉴,面向未来。"追溯历史,剖析军国主义,是为了让人们更好地维护世界和平;而是否反省历史,是考验日本是否真诚谢罪、汲取历史教训的试金石。日本只有放弃错误的历史观,彻底清算自己的战争罪行,避免重蹈军国主义的覆辙,才能放眼未来,真正融入亚洲和国际社会。

原载《学海》2018 年第 5 期

两德统一的外交史：史料、论争与前景

王 帅

摘 要：两德统一被誉为20世纪国际史上最为重大的事件之一。它的出人意料、多面复杂以及急速推进吸引了大批学者的密切关注。从两德实现统一到其后的第一个十年，学者、新闻记者、参与统一的政治家纷纷撰写了各自版本的"历史的初稿"，勾勒出了两德统一外交的粗略轮廓。随着各国外交档案的陆续解密，学者们基于此而形成的"第二稿的历史"对统一进程展开了深入、细化的研究，并且围绕是何原因推动了德国统一、英法在两德统一中的作用、德美在统一中谁更重要以及什么样的德国对外政策促成了统一等问题形成了学术争鸣。未来的研究需以多边档案为依托，在厘清存疑史实的基础上利用多视角的分析框架重构历史本身，并借由"历史眼光"对其准确定位。

关键词：两德统一；联邦德国；民主德国；外交史；史料；论争

1989年到1990年，位于欧洲心脏地带的联邦德国和民主德国在经历四十多年的分裂之后以迅雷不及掩耳之势完成了德意志民族的重新统一。作为"德国问题"、东欧剧变以及冷战终结的最后一环，两德统一已然超越了单个国别史的范畴，并升格为当代世界变迁的标志性事件之一。在过去的25年中，历史学家试图从各个角度还原两德统一的本来面貌并探究其对苏联解体、冷战终结的根本影响，国际关系理论家纷纷把"节点上"的德国统一作为其检验各自理论学派的试验场，还处于分裂的国家则希望从两德统一中收获为其所用的统一模式或统一路径。由此，诸多论著与观点在全世界范围内形成了激烈的论争。作为第二次世界大战的战败国，战后德国的分裂与统一不单是两个德国自身的问题，它也涉及了英、美、法、苏四大战胜国的权利。因而，德国统一的进程不仅包括东、西德双方协商并实现合并的内部过程，而且还包含处理协调与四大国相关的外部问题。本文所关注的焦点正是两德统一的外部方面，通过对二十多年来国内外有关德国统一外交层面的史料、研究状况以及论争加以介绍和评述，以此拓展我国对德国统一问题研究的广度与深度。

一、第一个十年：历史的初稿

从 1990 年两德实现统一到 2000 年的第一个十年，新闻记者、学者纷纷撰写了各自版本的有关德国统一的著作。这些论著基本上沿着两条线展开：一是主要关注德国统一的内部方面，它们往往以德国自身为视角探寻统一的内部动力或进程。[①] 二是聚焦德国统一的外部方面，即以国际史的视角考察东、西德如何在处理与四大国外部关系的基础上实现统一。[②] 就后者而言，卡尔·凯撒 1990 年在《外交事务》上发表的《德国的统一》揭开了学界对

[①]　这些有关内部进程的著作可以很好地帮助我们理解内政之于外交的作用。沃尔夫冈·朔伊布勒：《条约：我是如何参与协商德国统一的》（Wolfgang Schäuble, *Der Vertrag: Wie ich über die deutsche Einheit verhandelte*），德国出版公司 1991 年；康拉德·亚奥希：《冲向德国统一》（Konrad Jarausch, *The Rush to German Unity*），牛津大学出版社 1994 年；曼弗雷德·哥特马克：《统一德国 1989—1990》（Manfred Görtemaker, *Unifying Germany 1989—1990*），圣马丁出版社 1994 年；布鲁斯·艾伦：《东部德国：异见者与反对派》（Bruce Allen, *Germany East: Dissent and Opposition*），黑玫瑰书社 1989 年；蒂姆·阿什：《以欧洲之名：德国与分裂的大陆》（Timothy Garton Ash, *In Europe's Name: Germany and the Divided Continent*），兰登书屋 1993 年；彼得·梅克尔：《欧洲语境下的德国统一》（Peter H. Merkl, *German Unification in the European Context*），宾州大学出版社 1993 年；等等。

[②]　国内针对两德统一外交的研究，1990 年之后也出现了一些著述。只不过学者们囿于史料，多以一些德国政府公开的信息资料、当时档案类型的期刊作为依据，这些著作往往显得不够细致。比如：赵俊杰：《德国的分裂与统一》，中国人民大学 1991 年博士学位论文；洪丁福：《德国的分裂与统一——从俾斯麦到科尔》，台北：商务印书馆 1994 年；丁建弘等：《战后德国的分裂与统一》，北京：人民出版社 1996 年；萧汉森、黄正柏：《德国的分裂、统一与国际关系》，华中师范大学出版社 1998 年；冯梁、佘建民：《德国：一个正在松绑的巨人》，南京：南京大学出版社 2000 年；吴友法、邢来顺：《德国：从统一到分裂再到统一》，西安：三秦出版社 2005 年；邓红英：《民主国德国政策的演变（1949—1990）》，武汉：湖北人民出版社 2009 年；于振起：《冷战的缩影——战后德国问题》，北京：世界知识出版社 2010 年；等等。

德国统一外交层面研究的序幕。① 1992 年斯蒂芬·萨博首次把德国统一的外交置于历史分析框架之下,其《德国统一的外交》不仅强调美国和苏联的外交努力,还将德国统一的成功归结为"以个人和新外交模式为主要内容的新治国艺术(Statecraft)"所致。② 次年,新闻记者伊丽莎白·庞德在广泛采访德、美相关涉事者后撰写专著《跨越柏林墙:德国统一之路》。与萨博相比,她更强调美国因素以及东德的"民间力量"(civil courage)。③ 美国新闻记者多从美苏关系和冷战终结的视角窥探里根、布什与戈尔巴乔夫的顶层交往。邓·奥博多弗利用政府公开信息、新闻报道以及对高层领导人的采访叙述了 1983 年以来的美苏对话;④迈克尔·比奇罗斯等则侧重美苏最高领导人间的会晤细节。⑤ 除此之外,官方和学界还将一些重要的历史文献、新闻发言、口述史、文章及时评等汇编成册。⑥

　　参与德国统一进程的关键人物回忆录是"历史的初稿"的重要组成部分。从德国统一到 2000 年左右,英、美、法、苏四大国和德国的政治家争先恐后地把这段特别的亲身经历披露给世人。据笔者的不完全统计,这些回

---

① 卡尔·凯撒:《德国的统一》(Karl Kaiser, "Germany's Unification"),载《外交事务》(Foreign Affairs)1990—1991 年第 1 期。

② 斯蒂芬·萨博:《德国统一的外交》(Stephen F. Szabo, The Diplomacy of German Unification),圣马丁出版社 1992 年。

③ 伊丽莎白·庞德:《跨越柏林墙:德国统一之路》(Elizabeth Pond, Beyond the Wall: Germany's Road to Unification),布鲁金斯学会出版社 1993 年,第 xi 页。

④ 邓·奥博多弗:《从冷战到新时代的转变:1983—1990 年的美国与苏联》(Don Oberdorfer, The Turn: From the Cold War to a New Era, 1983—1991: The United States and the Soviet Union),波塞冬出版社 1991 年。

⑤ 迈克尔·比奇罗斯、斯特罗伯·塔尔伯特:《最高层:冷战终结的内部叙事》(Michael R. Beschloss and Strobe Talbott, At the Highest Levels: The Inside Story of the End of the Cold War),利特尔博朗出版公司 1993 年。

⑥ 德国外交部:《1990—1991 年德国外交政策:通往欧洲和平秩序之文件》(Auswärtiges Amt, Deutsche Aussenpolitik 1990/91: Auf dem Weg zu einer europäischen Friedensordnung eine Dokumentation),波恩时事出版社 1991 年;德国新闻信息部:《通往 1990 年 10 月 3 日:关于德国统一的演说》(Deutschland Presse und Informationsamt, Dokumentation zum 3. Oktober 1990: Reden zur Deutschen Einheit),联邦新闻信息部 1990 年;德国新闻信息部:《1990 年德国统一:文件汇编》(Press and Information Office of the Federal Government, The Unification of Germany in 1990: A Documentation),联邦新闻信息部 1991 年。

忆录多达四五十部。德国方面,德国总理科尔的外交助手豪斯特·特尔切克的《329 天:达成协定的内部视角》受到了研究两德统一的学者最为密集的关注。他对西德政府统一政策的细节性描述成为诸多学者眼中的圭臬,对"十点计划"起源的记载到今天为止仍是重要的史料依据。[①] 外交部长汉斯·迪特里希·根舍的《回忆录》、[②]部长办公室主任弗兰克·埃尔伯等的回忆录[③]以德国外交部的视角刻画了德国统一,尤其是"2+4"谈判的进程。科尔在统一 6 年后也出版回忆录《我要的是德国统一》,书中不仅包括大量的他与国际领导人的对话,同时也表达了作为总理的他在制定政策时的心理动机与想法。[④] 然而,科尔主观地忽略了一些重要问题,如德国国内在北约身份、奥得尼斯边界、统一内外进程分裂等问题上的分歧等。

美国方面,布什与国家安全顾问斯考克罗夫特的联合回忆录《重组的世界》专章讲述了德国统一问题。其详细介绍了斯考克罗夫特对统一犹豫的一面以及布什自身对统一坚定支持的一面。[⑤] 国务卿詹姆斯·贝克的《外交的政治:革命、战争与和平,1989—1992》回溯了美国国务院在统一进程中的政策制定过程。[⑥] 国务院与国家安全委员会的其他高官也都在一定程度上"有话要说"。美国方面的回忆录多将德国统一事件置于美苏关系、美欧关系甚至冷战终结这些大的政治框架之下,实际上把美国对德国统一的政策看成这些更大政治框架下的结果,因而美国在统一中的作用也就得到了无限放大。

苏联方面,戈尔巴乔夫在其《回忆录》中对美、苏华盛顿峰会做出了有别

---

① 豪斯特·特尔切克:《329 天:达成协定的内部视角》(Horst Teltschik, *329 Tage, Innenansichten der Einigung*),希德勒出版社 1991 年。

② 汉斯·迪特里希·根舍:《回忆录》(Hans Dietrich Genscher, *Erinnerungen*),希德勒出版社 1995 年。

③ 弗兰克·埃尔伯、理查德·基斯勒:《带有尖角的圆桌:德国统一的外交之路》(Frank Elbe and Richard Kiessler, *A Round Table with Sharp Corners*:*The Diplomatic Path to German Unity*),诺莫斯出版社 1996 年。

④ [德]赫尔穆特·科尔:《我要的是德国统一》,葛放等译,沈阳:辽宁人民出版社 1999 年。

⑤ 乔治·布什、勃兰特·斯考克罗夫特:《重组的世界》(George Bush and Brent Scowcroft, *A World Transformed*),阿尔弗雷德·A. 克诺夫出版社 1998 年。

⑥ 詹姆斯·贝克:《外交的政治:革命、战争与和平,1989—1992》(James A. Baker, *The Politics of Diplomacy*:*Revolution*,*War*,*and Peace*,*1989—1992*),帕特南出版社 1995 年。

于美国方面的刻画。戈尔巴乔夫强调自己主动给德国的北约身份放行,布什与斯考克罗夫特却认为是美国的主动倡议迫使戈尔巴乔夫接受了德国的北约身份。① 戈尔巴乔夫其后专门针对德国问题撰写了《我与东西德统一》,该书对东西德的分裂与统一做了较为详细的描述。书中包括他在 1990 年 2 月与根舍的会晤、5 月与法国总统弗朗索瓦·密特朗的莫斯科会晤以及 7 月与科尔的高加索会晤等重要外交行动。② 戈尔巴乔夫回忆录给笔者最大的印象是,他站在信任、观念、自由等这样一些非物质维度来制定苏联的对德政策,这实际上是他在为他和外交部长爱德华·谢瓦尔德纳泽等苏联自由改革派做辩护。谢瓦尔德纳泽回忆录的书名《未来属于自由》也很好地反映了这一点。③ 与之针锋相对的保守派代表法林、利加乔夫等认为戈尔巴乔夫对外民主化、对内集权化的做法让苏联这个"战败者活该遭殃"。④ 可见,当时苏联的国内政治斗争是何等激烈,对外政策又是何等混乱。戈尔巴乔夫的外交顾问阿纳托利·切尔尼亚耶夫的回忆录《在戈尔巴乔夫身边六年》详细地回忆了德国统一到来时戈尔巴乔夫以及他个人的所想所做,他认为德国的统一首先应归功于戈尔巴乔夫和布什。⑤

英国方面的回忆录主要有撒切尔夫人的《唐宁街岁月》。⑥ 撒切尔夫人在其中直言不讳地反对德国统一。无论她的外交顾问柏西·科利达、外交大臣道格拉斯·赫德、常务次臣帕特里克·怀特如何劝说,撒切尔对英国传

---

① 米哈伊尔·戈尔巴乔夫:《回忆录》(Mikhail Gorbachev, *Memoirs*),双日出版社 1995 年。

② 〔俄〕米·谢·戈尔巴乔夫:《我与东西德统一》,王尊贤译,北京:中央编译出版社 2006 年。

③ 爱德华·谢瓦尔德纳泽:《未来属于自由》(Eduard Shevardnadze, *The Future Belongs to Freedom*),自由出版社 1991 年。

④ 〔俄〕瓦连京·法林:《密室隐情——前苏驻德大使法林回忆录》,余燕学译,北京:军事谊文出版社 2001 年;叶戈尔·利加乔夫:《叶戈尔·利加乔夫回忆录》(*The Memories Yegor Ligachev*),帕特农书屋 1993 年。

⑤ 阿纳托利·切尔尼亚耶夫:《在戈尔巴乔夫身边六年》(Anatoly Chernyaev, *My Six Year with Gorbachev*),宾夕法尼亚大学出版社 2000 年。

⑥ 玛格丽特·撒切尔:《唐宁街岁月》(Margaret Thatcher, *The Downing Street Years*),哈珀永久出版社 1993 年。

统"欧陆均势"政策的固守让她自始至终站在反统一的最前线。① 撒切尔夫人因何原因、何时承认了统一在她的幕僚群中有着不同的看法,②这需要档案材料的进一步佐证。

如果说英国的回忆录仅仅在首相因何原因、何时被迫承认了德国统一上存有疑问,那么法国方面回忆录的分歧则围绕着一个更为根本性的问题:密特朗时期的法国对两德统一的态度究竟为何? 虽然密特朗从来没有在公开场合发表过反对德国统一言论,可新闻媒体、学者纷纷对密特朗及法国外交口诛笔伐。③ 密特朗的特别顾问雅克·阿塔利的回忆录加深了人们对"密特朗从根本上反对或试图延缓德国统一"的印象。④ 为了应对阿塔利"不合事实"的指控,密特朗在 1996 年撰写了《论德国与法国》作为回应。⑤ 同年,爱丽舍宫发言人、密特朗的战略顾问于贝尔·韦德里纳的回忆录《弗朗索瓦·密特朗的世界:1981—1995 爱丽舍宫岁月》也"有力地"纠正了法国外交长期的负面形象。⑥ 可见,给法国在德国统一中的作用和地位定性,是研究两德统一外交史最重要的任务之一。

总体而言,无论这些回忆录的作者多么诚实,他们参与统一进程的单一视角或片面性都使其注定难以反映事件本身的全貌,更何况一些关键人物

---

① 柏西·科利达:《追逐英国的利益》(Percy Cradock, *In Pursuit of British Interests*),约翰莫雷出版社 1997 年;道格拉斯·赫德:《回忆录》(Douglas Hurd, *Memoirs*),利特尔博朗出版公司 2003 年;帕特里克·怀特:《活在古老的国家》(Patrick Wright, *On Living in An Old Country*),牛津大学出版社 2009 年。

② 科利达,前揭书,第 112 页;赫德,前揭书,第 383 - 384 页;阿兰·克拉克:《日记》(Alan Clark, *Diaries*),魏登费尔德与尼克尔森出版社 1993 年,第 276 - 277 页。

③ 弗里德里克·波佐:《密特朗的法国、冷战的终结以及德国统一:再评价》(Frédéric Bozo, Mitterrand's France, the End of the Cold War, and German Unification: A Reappraisal),载《冷战史》(*Cold War History*)2007 年第 4 期,第 455 - 478 页。

④ 雅克·阿塔利:《工作日志》第 3 卷(Jacques Attali, *Verbatim*, Tome 3),法亚尔出版社 1995 年。

⑤ 弗朗索瓦·密特朗:《论德国与法国》(François Mitterrand, *De l'Allemagne, de la France*),奥迪尔雅各布出版社 1996 年。该书出版时,密特朗已经离开人世,批评者因而指责回忆录的完整性与真实性。参见波佐,前揭书,第 xiv 页。

⑥ 于贝尔·韦德里纳:《弗朗索瓦·密特朗的世界:1981—1995 爱丽舍宫岁月》(Hubert Védrine, *Les Mondes de François Mitterrand, À l'Elysée, 1981—1995*),法亚尔出版社 1996 年。

在撰写回忆录时尚且在领导层任职,他们难免掺杂着政治意图与主观偏见。冷战后的十年,回忆录、新闻采访与报道、政府的公开信息以及基于此而形成的论著虽大体上拼凑出了关于德国统一外交的粗略轮廓,但这距离历史研究所提倡的"档案创造历史,档案见证历史"之要旨依然遥远。

二、外交档案下的外交史

对历史学家而言,德国统一与苏联解体最大的"益处"便是可以不受档案限制而提前参阅相关文献。两德统一研究中的这些"第二稿的历史"正是从利用东德和苏联解密档案起步的。其后,出于各种政治目的和动机,美国国家安全委员会和国务院、德国总理府、法国总统府、戈尔巴乔夫基金会、英国外交部、德国外交部等纷纷以各种途径把与之密切相关的外交档案公之于众,这些系统解密的政府档案连同学术界对与"冷战终结"相关文献的整理和公布共同构筑了研究德国统一外交的巨大史料库。

完成统一后的联邦德国惊人地打破30年解密外交档案的期限,对原来东德政府的大量档案予以开放,这些东德档案基本上都已被学者汇编成册。丹尼尔·屈恩迈斯特所编的《昂纳克与戈尔巴乔夫:私人对话》收录了1985年以来昂纳克与戈尔巴乔夫之间的主要对话;①格哈德-鲁迪格·施戴普汉等编的《永远前进,绝不后退! 1988—1989统一社会党与民主德国衰变的内部文件》侧重东德应对东德危机的相关会议文件;②德特莱夫·纳卡特等编的《德国统一倒计时:1987—1990两德关系历史记录》集结了1987年以来东西德之间、东德与苏联之间的来往信件与对话备忘录;③他主编的另一本档

---

① 丹尼尔·屈恩迈斯特编:《昂纳克与戈尔巴乔夫:私人对话》(Daniel Küchenmeister, Hrsg., *Honecker, Gorbatschow: Vieraugengespräche*),迪茨出版社1993年。

② 格哈德-鲁迪格·施戴普汉、丹尼尔·屈恩迈斯特编:《永远前进,绝不后退! 1988—1989统一社会党与民主德国衰变的内部文件》(Gerd-Rüdiger Stephan und Daniel Küchenmeister, *Vorwärts immer, rückwärts nimmer!: interne Dokumente zum Zerfall von SED und DDR 1988/1989*),迪茨出版社1994年。

③ 德特莱夫·纳卡特、格哈德-鲁迪格·施戴普汉编:《德国统一倒计时:1987—1990两德关系历史记录》(Detlef Nakath und Gerd-Rüdiger Stephan Hrsg., *Countdown zur deutschen Einheit: eine Dokumentierte Geschichte der deutsch-deutschen Beziehungen 1987—1990*),迪茨出版社1996年。

案集《克里姆林宫内灯光依旧:1989—1991 年统一社会党与苏联共产党的顶层接触》补充收录了 1989—1991 年东德与苏联高层接触的四十多份文档。①

利用这些东德档案展开研究的主要有查尔斯·S. 迈耶的《消亡:共产主义危机与东德终结》、拉斐尔·比尔曼的《克里姆林宫与总理府之间:莫斯科如何应对德国统一》以及安格拉·E. 斯坦特的《俄国与德国的重生:统一、苏联解体与新欧洲》。② 迈耶着重分析了东德共产党体制在经济和政治上的消亡历程,他把德国统一没有走上歧路归功于"科尔目标明确、布什的支持以及戈尔巴乔夫在经济上的顾虑"。比尔曼和斯坦特在东德档案以及采访苏、德相关政治人物的基础上阐述了苏联对德国统一的政策,只是前者认为莫斯科由于国内、国外等一系列客观原因放行统一,后者认为苏联同意统一只是一个"没有任何清晰的决策标志的偶然性结果"③。

1995 年,两德统一期间就职于美国国家安全委员会的菲利普·泽立科和康多莉扎·赖斯撰写了《德国统一与欧洲重组:治国艺术研究》作为美国的"内部历史研究",④该书可谓两德统一以来最为权威的学术著作。这不仅因为它第一次如此细致地叙述了德国统一的外交进程,而且因为作者被授权"不受限制"地查阅那些未被解密的国务院、白宫,甚至是情报部门的档案。虽然作者自己承认该书是纯粹的外交史著作,它不涉及带有"感情色彩"的观点和分析,但因局限地站在美国(特别是国家安全委员会)这一单一

---

　　① 德特莱夫·纳卡特等编:《克里姆林宫内灯光依旧:1989—1991 年统一社会党与苏联共产党的顶层接触》(Detlef Nakath, Gero Neugebauer und Gerd-Rüdiger Stephan Hrsg., *Im Kreml brennt noch Licht: die Spitzenkontakte zwischen SED/PDS und KPdSU 1989—1991*),迪茨出版社 1998 年。

　　② 查尔斯·S. 迈耶:《消亡:共产主义危机与东德终结》(Charles S. Maier, *Dissolution: The Crisis of Communism and the End of East Germany*),普林斯顿大学出版社 1997 年;拉斐尔·比尔曼:《克里姆林宫与总理府之间:莫斯科如何应对德国统一》(Rafael Biermann, *Zwischen Kreml und Kanzleramt: wie Moskau mit der deutschen Einheit*),费迪南德·绍尼根出版社 1997 年;安格拉·E. 斯坦特:《俄国与德国的重生:统一、苏联解体与新欧洲》(Angela E. Stent, *Russia and Germany Reborn: Unification, the Soviet Collapse, and the New Europe*),普林斯顿大学出版社 1999 年。

　　③ 斯坦特,前揭书第 107 页。

　　④ 菲利普·泽立科、康多莉扎·赖斯:《德国统一与欧洲重组:治国艺术研究》(Philip Zelikow and Condoleezza Rice, *Germany Unified and Europe Transformed: A Study in Statecraft*),哈佛大学出版社 1995 年。

视角,其在过度强调美国作用的同时自然也就把苏联、英国、法国(甚至德国)的地位边缘化了。

最先打破美国"学术垄断"并试图证明自身地位的是德国。1998 年,德国总理科尔提前解密了德国总理府的四百多份核心外交档案。汉斯·屈斯特斯等将其汇编为《德国政策文件集:1989—1990 年总理府德国统一文件特辑》。① 其详细地收集了西德与四大国及东德间的高层对话与往来信函,同时还包括西德政府内部对形势的判断以及对策性战略报告。鉴于联邦德国在两德统一进程中的核心外交地位,这是研究德国统一问题不可或缺的材料。德国政治学家维尔讷·魏登菲尔德在总理府档案的基础上,又在科尔的特别授权下查阅了那些未被汇编的原始档案,形成了自两德统一以来西德方面最富有"官方色彩"的专著《德国统一的外交政策:1989—1990 年决定性岁月》。书中首次对一系列重大问题进行了描述并加以分析:如法、德在德国统一中的分歧与协作、奥得尼斯边界问题上的"拉锯战""十点计划"的缘起及作用、西德对苏经济援助在多大程度上影响了戈尔巴乔夫的决定等,作者把德国统一得以实现归结为"有利的框架条件、政治家和外交家的机智以及幸运的偶然"。②

21 世纪相继出版的两本基于法国外交档案的专著都尝试进一步证明法国的作用和地位。德国政治学家梯罗·夏伯特在密特朗授权下查阅了爱丽舍宫总统档案,他把捍卫法国正面形象的时段延伸至 1981 年密特朗刚上任时,这显得有些矫枉过正。③ 相比而言,法国历史学家弗里德里克·波佐的《密特朗、冷战的终结与德国统一》更客观地指出了法国在两德统一进程中

---

① 汉斯·屈斯特斯、丹尼尔·霍夫曼编:《德国政策文件集:1989—1990 年总理府德国统一文件特辑》(Hanns Küsters und Daniel Hofmann, Hrsg., *Dokumente zur Deutschlandpolitik : deutsche Einheit Sonderedition aus den Akten des Bundeskanzleramtes 1989/90*),奥尔登堡出版社 1998 年。

② 维尔讷·魏登菲尔德等:《德国统一的外交政策:1989—1990 年决定性岁月》(Werner Weidenfeld, *Aussenpolitik für die deutsche Einheit. Die Entscheidungsjahre 1989/90*),兰登书屋德国分支 DVA 出版社 1998 年。该书有中译本,参见维尔讷·魏登菲尔德等:《争取德国统一的外交政策:决定性的年代(1989—1990)》,欧阳甦译,北京:社会科学文献出版社 2016 年,第 519 页。

③ 梯罗·夏伯特:《世界历史如何被塑造:法国与德国统一》(Tilo Schabert, *Wie Weltgeschichte gemacht Wird. Frankreich und die Einheit*),克莱特—科塔出版社 2002 年。

的首要目标便是通过欧洲一体化实现欧洲联合。波佐认为，法国并没有把阻止或延缓德国统一作为目标，他开创性地论述了统一进程中法、德就欧洲一体化问题进行的互动以及在法国主导下奥得尼斯边界问题的解决。①

　　2006 年，戈尔巴乔夫也决定公开他直接参与的重要外交活动的档案。戈尔巴乔夫档案在戈尔巴乔夫基金会的组织下由亚历山大·加尔金和切尔尼亚耶夫汇编成册，即《戈尔巴乔夫与德国问题：苏联文档 1986—1991》②。同年，戈尔巴乔夫基金会还将切尔尼亚耶夫等人所参与的苏共中央政治局会议的会议手稿记录汇编成册。③ 德国历史学家亚历山大·冯·普拉托的《德国统一——世界政治的权力游戏：布什、科尔、戈尔巴乔夫与莫斯科的机密纪要》首次使用了这些苏联档案，他在结合东西德档案的基础上具体阐释了"美国的主导、欧洲的反对以及苏联的迟缓回应"④。威廉·涛伯曼和斯韦特兰娜·萨夫兰斯卡娅在利用这些苏联档案的基础上侧重以苏联的国内政治来解释其对外政策。⑤

　　由于撒切尔夫人对德国统一直接而又公开地反对，英国在统一进程中的作用长期以来遭到了甚至比法国更大的忽视与误解。为了扭转这种不符合事实的局面，英国外交部于 2009 年决定对涉及统一的外交部档案解密。帕特里克·萨尔蒙等历史学家在吸收了内阁办公室档案、首相办公室档案的基础上编撰了《英国海外政策文件集：德国统一卷》⑥，两百多份档案详细

---

① 波佐，前揭书，第 165 - 258 页。

② 亚历山大·加尔金、阿纳托利·切尔尼亚耶夫编：《戈尔巴乔夫与德国问题：苏联文档 1986—1991》(Aleksandr Galkin und Anatolij Tschernjajew, Hrsg., *Michail Gorbatschow und die deutsche Frage*：*Sowjetische Dokumente 1986—1991*)，奥尔登堡出版社 2011 年。

③ 引自杰弗里·A. 恩格尔：《柏林墙的倒塌：1989 年的革命遗产》(Jeffrey A. Engel, *The Fall of the Berlin Wall*：*The Revolutionary Legacy of 1989*)，牛津大学出版社 2009 年，第 92 - 93 页。

④ 亚历山大·冯·普拉托：《德国统一——世界政治的权力游戏：布什、科尔、戈尔巴乔夫与莫斯科的机密纪要》(Alexander von Plato, *Die Vereinigung Deutschlands-ein weltpolitisches Machtspiel*：*Bush，Kohl，Gorbatschow und die geheimen Moskauer Protokolle*)，林克斯出版社 2002 年，第 411 - 425 页。

⑤ 恩格尔，前揭书，第 69 - 92 页。

⑥ 帕特里克·萨尔蒙等编：《英国海外政策文件集：德国统一卷》(Patrick Salmon, Keith Hamilton and Stephen Roberttwigge, eds., *German Unification 1989—1990*：*Documents on British Policy Overseas*, Series3, Vol. 7)，路特莱吉出版社 2009 年。

地记录了首相、外交部、驻外大使等对两德统一的态度过程及相互作用。王帅等人在利用该文件集的基础上分析了作为整体的英国以及英国首相个人的政策目标及政策过程,这在一定程度上修正了英国"反对论"或"跟从论"的传统观点。①

早在 1998 年科尔解密总理府档案时,就有学者质疑"如果德国外交部尤其是根舍在重大决策中的作用是如此之小,那么也就没有理由仍然对外交部档案保密"②。可见,以科尔为代表的总理府与以根舍为代表的外交部在统一进程中存在着较大政策取向上的分歧。分别利用白宫档案和总理府档案的泽立科与魏登菲尔德虽提及了分歧,但无一例外地强调科尔的核心作用与主导地位。③ 新解密的德国外交部档案《德国统一的外交:外交部苏德关系文件 1989—1990》赋予了学者解读分歧并评判"功绩"的机会。④ 格哈德·利特尔的《根舍、外交部与德国统一》基于此外交部档案对根舍的地位予以重新诠释,他认为根舍在苏德关系复苏、平复科尔"十点计划"所带来的欧洲不安以及灵活地满足苏联在谈判中的意图等方面发挥了重要作用,正是根舍在谈判中一面坚持灵活变通性与妥协性的结合、一面坚持争取德国获取主权的底线不可动摇最终使德国获得了成功。⑤

除了上述官方系统解密的外交档案以及建立在档案基础上的学术论著,国际冷战史学术界整理与公布的有关"冷战终结"的文献、各国学者利

① 王帅:《英国对德国统一问题的政策及演变(1989—1990 年)》,载《欧洲研究》2015 年第 1 期;王帅、张迅实:《撒切尔与德国统一(1989—1990 年)》,载《德国研究》2014 年第 2 期。

② 克里斯缇娜·斯波尔:《德国统一:在官方史、学术研究以及政治回忆录之间》,第 880 页。

③ 泽立科、康多莉扎,前揭书,第 216 - 217,366 - 367 页;魏登菲尔德等,前揭书,第 436 - 458,629 - 640 页。

④ 安德雷亚斯·黑格编:《德国统一的外交:外交部苏德关系文件 1989—1990》(Andreas Hilger Hrsg., *Diplomatie für die deutsche Einheit:Dokumente des Auswärtigen Amts zu den deutsch-sowjetischen Beziehungen 1989/90*),奥尔登堡出版社 2011 年。

⑤ 格哈德·利特尔:《根舍、外交部与德国统一》(Gerhard A. Ritter, *Hans-Dietrich Genscher, das Auswa rtige Amt und die deutsche Vereinigung*),C. H. 贝克出版社 2013 年,第 186 页。

用《信息自由法》获取的外交档案等也极大充实了该研究的文献素材。①

一部外交档案的解密史便勾勒出了有关两德统一的学术史。外交档案下的外交史比那些"历史的初稿"更加细致、系统地刻画了历史事实本身,在史实的基础上评价历史进程及其中的历史人物也才具备价值和意义。只不过,历史学家无论主动还是被动地选择那些特定的史料作为考察对象,都无法避免由材料和个人因素所带来的片面与偏见。这体现在德国统一外交史研究领域便是用哪个国家、哪个组织的档案编纂历史,就为哪个国家、哪个组织作辩护。此种"片面"的研究方法自然加剧了相关学术问题的争论。

三、主要议题之争论

对两德统一的研究无外乎要抓住两个关键点:一是深入了解德国"为何能够"以及"如何"统一;二是学者们用什么样的材料佐证自己的观点。② 前一部分介绍了诸多学者用了哪些材料佐证自己的哪些观点,本部分将系统阐释各家在"为何"以及"如何"问题上的观点分歧及其论争要义。

第一,对德国统一"为何能够"发生并实现存在不同原因的诠释。与1989年东欧剧变不同,东德危机及其后的两德统一除了因德国国内政治、经济与社会等内在要素外,很大程度上还得益于"享有德国问题最终决定权"的四大国的政策选择与相互作用、国际政治环境等外部要素。学术界对这些外因莫衷一是且各有侧重,归结起来主要有三类。一是强调"两极"中美国一极的"领导"性作用。如泽立科等认为,"是美国提供了领导地位并推动了德国统一进程"③;迈克尔·考克斯等强调布什总统个人在统一中不可或

---

①　如乔治·华盛顿大学国家安全档案所的《电子简报》(*EBBs*);威尔逊国际学者中心的《冷战国际史项目》与《国际史数字化解密档案》;布什总统图书馆的《布什与外国首脑电话与会议交谈备忘录》《国家安全委员会文件》《总统公共文件集》;斯维特拉娜·萨夫兰斯卡娅等编:《历史的杰作:1989年欧洲冷战的和平终结》(Svetlana Savranskaya, Thomas Blanton and Vladislav Zubok, eds., *Masterpieces of History: The Peaceful End of the Cold War in Europe, 1989*),中欧大学出版社2010年。

②　斯波尔,前揭书,第869页。

③　泽立科,康多莉扎,前揭书,第367页。

缺的关键性作用;①庞德、普拉托强调美、德在外交方面的紧密协作促成了统一。② 二是强调苏联一极才是统一实现的主要外因,探究德国统一的外因便是探究苏联为何允许德国统一。大卫·亨利·舒马克认为,苏、德双边关系从破冰到建立互信的积累过程是苏联最终同意统一并接受其北约身份的必要因素;③阿多梅耶特认为,"戈尔巴乔夫放弃使用武力干涉和政治压迫等此类能够影响事件进程的手段,以及苏联无力通过经济援助来稳固摇摇欲坠的东德迫使苏联无可选择并最终承认既成事实"④;比尔曼认为,莫斯科因"改革带来的新思维、东西方缓和的国际环境、东德革命的既成事实、西方盟国的团结稳固、社会主义盟国的背弃、缓解国内危机、为新苏—德伙伴关系奠定基石"而放行统一。⑤ 三是强调德国自身积极的"治国艺术"以及对苏经济援助的作用。凯撒认为,四大国之所以愿意放弃对德国主权的管控,主要是德国的治国艺术所带来的机遇所致(*ein Glücksfall von Staatskunst*);⑥兰代尔·纽汉姆认为,"莫斯科对统一决策的关键点都是由德国经济援助塑造的"⑦;托马斯·弗斯伯格同样认为,德国在经济上的治国艺术促成了戈尔巴乔夫最终同意德国的北约身份。⑧

---

① 迈克尔·考克斯、斯蒂文·赫斯特:《"他最光荣的时刻?"乔治·布什与德国统一的外交》(Michael Cox and Steven Hurst,"'His Finest Hour?' George Bush and the Diplomacy of German Unification"),载《外交与治国艺术》(*Diplomacy & Statecraft*)2002 年第 4 期。

② 庞德,前揭书,第 161 - 169 页;普拉托,前揭书,第 411 - 414 页。

③ 大卫·亨利·舒马克:《戈尔巴乔夫与德国问题:莫斯科的德国政策(1985—1990)》(David Herry Shumark, *Gorbachev and German Question: Moscow's German Policy, 1985—1990*),弗吉尼亚大学 1993 年博士学位论文,第 260 页。

④ 汉勒斯·阿多梅耶特:《戈尔巴乔夫、德国统一以及帝国的倒塌》(Hannes Adomeit, "Gorbachev, German Unification and the Collapse of Empire"),载《后苏联事务》(*Post-Soviet Affairs*)1994 年第 3 期,第 226 页。

⑤ 比尔曼,前揭书,第 779 - 781 页。

⑥ 引自萨博,前揭书,第 116 页。

⑦ 兰代尔·纽汉姆:《德国统一的代价:经济援助在苏—德谈判中的作用》(Randall Newnham, "The Price of German Unity: The Role of Economic Aid in the German-Soviet Negotiations"),载《德国研究评论》(*German Studies Review*)1999 年第 3 期,第 438 页。

⑧ 托马斯·弗斯伯格:《经济刺激、理念与冷战的终结:戈尔巴乔夫与德国统一》(Tuomas Forsberg, "Economic Incentives, Ideals and the End of the Cold War: Gorbachev and German Unification"),载《冷战研究杂志》(*Journal of Cold War Studies*)2005 第 2 期,第 163 页。

总体看来,现有的外交史研究几乎压倒性地关注美、苏、德在统一中的"决定性"地位,在很大程度上忽略英、法这两个西方盟国的作用,这便引出了第二个论争的要点。

第二,对英、法作用的不同评判。英、法在德国统一中的作用与地位受到了大批历史学家和政治学家的批评与诟病,学者们纷纷给它们贴上了负面标签,如萨博的"搅局者"、泽立科的"被动反应与跟从者"、庞德和普拉托的"反对者"等。① 在法、英政府开放档案的推动下,一些学者对二者的形象和作用进行了重新塑造。就英国而言,萨尔蒙提出,"尽管撒切尔予以干涉(统一),可英国外交无疑帮助英国的伙伴全身心聚焦如此重大问题,英国也带给了'2+4'谈判法律上的经验、专业性以及精确度"②。王帅认为,英国对德国统一的政策事实上并不是一味反对而是分阶段展开。它先后经历了"违背长期承诺而陷入双重困顿、对统一的被迫再承认、立足对外政策原则与战略的政策调整、积极参与并有序推动统一进程四个阶段"③。且英国外交部与撒切尔夫人之间对统一问题有着原则性的分歧,撒切尔夫人个人的观点不能代表整个英国。④

法国的问题相对更复杂。阿多梅耶特、泽立科、屈斯特斯、魏登菲尔德等都认为法国"如果不是反对,至少也是想延缓统一"。这种观点主要起源于两个重要材料:一是密特朗与戈尔巴乔夫1989年12月6日会晤时,主动邀请戈尔巴乔夫与他一起前往东德访问,⑤这被看作柏林墙倒塌后法国仍支持东德作为独立国家存在的信号。二是密特朗的私人助手阿塔利当天也与戈尔巴乔夫的助手瓦季姆·扎格拉金进行会面。据扎格拉金说,阿塔利声称"即便是认识到统一已不可避免,法国在任何情况下也都不想要德国重新统一"⑥。波佐一方面对阿塔利所说的真实性与权威性提出质疑,另一方面

---

① 萨博,前揭书,第122页;泽立科、康多莉扎,前揭书,第367页;庞德,前揭书,第156-161页;普拉托,前揭书,第411-425页。

② 《英国海外政策文件集:德国统一卷》,第xxxiv页。

③ 王帅:《英国对德国统一问题的政策及演变(1989—1990年)》,载《欧洲研究》2015年第1期。

④ 王帅、张迅实:《撒切尔与德国统一(1989—1990年)》,载《德国研究》2014年第2期。

⑤ 《戈尔巴乔夫与德国问题:苏联文档1986—1991》,第266-271页。

⑥ 《戈尔巴乔夫与德国问题:苏联文档1986—1991》,第272页。

指出"密特朗与戈尔巴乔夫的对话并没产生任何实际或政治结果,也没有形成具体的反统一政策"。而且,"早在1988年昂纳克便邀请密特朗访问东德……访问东德仅仅是对东德加速危机的一个回应"。他进一步指出,密特朗的法国在这一时期首要的战略目标是继承自戴高乐以来的欧洲联合之设计,一旦德国满足了法国关注的"欧洲经济联盟"与"政治联盟",法国也就没有必要阻挠"能够将东部国家锚入欧洲联邦工程"的德国统一。[①]

第三,对德、美重要性的不同侧重。现有的研究不仅在英、法的作用问题上存在较大分歧,而且对德、美谁才是统一中最重要的力量也各有所表。德、美谁更重要实际上与"戈尔巴乔夫到底是因美国、还是德国才放行统一并同意德国加入北约"是同一问题的两个方面。美国学者更为强调1990年5月30日美苏华盛顿峰会以及7月5日伦敦北约峰会在说服苏联过程中的作用。泽立科着墨描述了作为德国统一"拐点"(Turning Point)的华盛顿峰会以及伦敦北约峰会的过程。他把华盛顿峰会戏剧性地描述成布什所提出的赫尔辛基"民族自决"原则将戈尔巴乔夫逼上了逻辑的死角。而且正是由于美国对伦敦北约峰会的精心准备以及力排众议的领导满足了苏联的战略诉求,自由派的戈尔巴乔夫利用西方的这一积极信号在苏共二十八大上战胜了国内保守派并由此给德国统一画上了句号。[②] 欧洲学者则更侧重德国对苏经济援助、6月7日北约坦布雷部长级会议、7月16日科尔与戈尔巴乔夫在莫斯科和高加索会晤等欧洲力量的作用。魏登菲尔德认为德国的经济援助对于面临国内经济危机的苏联来说尤为重要;[③]埃尔伯等认为,"是德国在坦布雷会议上倡议的'坦布雷信号'(Message of Turnberry)向苏联预示了伦敦峰会的结果并使苏联得以在苏共二十八大召开前调整相关政策,伦敦峰会的结果对二十八大而言太迟了";[④]波佐认为伦敦峰会后"西方国家仍然对莫斯科的态度不确定,科尔与根舍15—16日的访苏之行才给统一带来了确凿无疑的突破"[⑤]。

第四,围绕着"联邦德国什么样的对外政策促成了统一"的争论。学术

---

① 波佐,前揭书,第xxi‐xxvii页,第134‐140页。
② 泽立科、康多莉扎,前揭书,第271‐342页。
③ 魏登菲尔德等,前揭书,第225‐247页。
④ 埃尔伯、基斯勒,前揭书,第145‐146页。
⑤ 波佐,前揭书,第283页。

界目前争论的焦点在于究竟是"西方政策"（Westpolitik）还是"东方政策"（Ostpolitik）促成了德国统一。"西方政策"强调"以实力求和平"，其优先方向在于确保西德的安全免受苏联的威胁并致力于将西德牢牢依附于以美国为首的西方阵营，期望借助盟国的力量帮助实现德国统一；"东方政策"强调"以接近求转变"，其优先方向是将德国问题置于东西方分裂的大背景下，认为只有克服东西方之间的对抗及欧洲的分裂，德国的分裂才可能得以解决。

　　从"东方政策"孕育、提出起，基民盟支持的"西方政策"与社民党支持的"东方政策"间的争论就从没停止过，这两种不同的政策取向在德国统一进程中亦有其具体表现——以科尔为代表的总理府与以根舍为代表的外交部之间的政策分歧。科尔认为，他从青年时代起就追随阿登纳，并深信"西方要对德国的统一负责，并无其他的选择。联邦德国反对党（社民党）中的许多人……幻想通过对东部好一点来早日达成德国统一，这一期待的姿态是与当时的世界政治格局格格不入的"[1]。根舍则主张以《赫尔辛基最终法案》的精神（"东方政策"的产物）来解决民族问题，他认为，应创设一种包括东西方两大联盟在内的"泛欧安全结构"，只有在弥合东西方裂痕的基础上统一才能实现。[2] 认知上的差异使科尔注重与西方盟国协调并以德、美关系为重心，根舍处处考虑苏联的安全关切并不遗余力地给予满足。泽立科等认为，正是科尔在关键时刻打破"东方政策"的旧有共识动摇了东德合法存在的根基，在倾力满足西方要求其对联盟身份、边界、欧洲联合承诺的前提下，借西方力量迫使苏联最终放行统一。他在全书短暂的结语中褒扬了科尔"感知力""可靠的直觉""机遇把握力"，对根舍只字未提。[3] 与之相对，利特尔认为，统一目标的实现依赖于整个欧洲环境的前期变化、波—德边界没有被触碰、对北约东扩的限制、试图借由亲密的苏—德双边关系建立起泛欧和平秩序以及北约改革等原因，以"东方政策"为基本立场的根舍在这当中发挥了相当重要的作用。[4] 他不偏不倚地指出："在德国统一进程中，科尔与根舍是

---

① 科尔，前揭书，第 7 页。

② 根舍，前揭书，第 669–675 页。

③ 泽立科、康多莉扎，前揭书，第 92–93,366–367 页。

④ 克斯廷·鲍考夫、伊姆加德·施瓦茨编：《汉斯·迪特里希·根舍的外交政策》（Kerstin Brauckoff und Irmgard Schwaetzer, Hrsg., *Hans-Dietrich Genschers Außenpolitik*），施普林格出版社 2015 年，第 209–239 页。

共同分工但又不是永无噪声的双驾马车(Tandem)。"①

四、未来的研究方向

本文介绍的关于德国统一外交史的论著只是过去 25 年来相关研究的冰山一角,随着各国外交档案的不断开放,学术界对此事件及其相关问题的认识变得逐步细化且多元化,不同视角的解读增进了人们对两德统一本来面貌的了解。不过,统一进程中的诸多历史细节仍存在大量疑问,更不必说在事实基础上建立起分析框架进一步评析相关事件和人物,未来的研究至少应从以下四个方面做出努力。

首先,在史料上应尽可能地利用多边档案作为基础。德国统一至少涉及美、苏、英、法、德这五个大国,只有在对这些国家的相关文献进行分析、比照与甄别的基础上才可能以一种鸟瞰的思维整体、系统地把握统一进程。并且,西方学者对德国统一的外交史研究给人最大的感触便是,各国的学者在探究其本国的统一政策时往往带有强烈的主观偏见,他们易于夸大母国在德国统一中的作用并努力为他们的负面政策辩护。这恰恰陷入了历史学家所批评的"以一个或另一个国家为视角,忽略了其他人的所做或所想,忘记了外交的真正内涵是不同想法和思路间的互动",而避免此种偏见或单独视角的唯一途径是"利用多边档案认真检视事件的步骤和复杂性"②。

其次,进一步厘清存疑的历史问题。外交史研究的首要任务便是根据原始的、汇编成册的外交档案尽可能地建立起该历史事件的史实图景。虽然德国统一自启动到完成只经过了短短一年多时间,可其中的外交活动相互交错且纷繁复杂,一些基本的历史问题亟待档案的进一步佐证。如撒切尔夫人在何时、因何原因承认了德国统一;标志着德国统一重回国际政治议程的"十点计划"是谁在什么样的考虑下提出以及它带来了哪些影响;科尔为何在长达一年时间里都不愿公开承认奥得尼斯边界以及美、法、英在边界问题上发挥了什么样的作用;美国为何同意在柏林的军事管制大楼召开四大国会议;等等。

---

① 利特尔,前揭书,第 186 页。

② 泽立科、康多莉扎,前揭书,前言第 x 页。

再次,利用多视角的分析框架重构历史本身。已有的分析视角大多以国别为单位分别探究四大国和德国在统一过程中的政策选择及其政策得失,又或者以更大的美—苏关系、冷战终结的视角探寻德国问题与美—苏双边关系的相互作用。今后的研究不但可以在国别、全球层面的基础上,加深关注欧洲政治或欧洲一体化视角下的德国统一是如何推进的,还可以利用两德统一的史实去拷问诸多国际关系理论:如戈尔巴乔夫到底是出于建构主义的"信任"、自由主义的"绝对利益"还是现实主义的"苏联结构性权力的下滑"才将苏联以牺牲千万人民为代价换来的"果实"拱手相让,缘何没有一个国际关系理论大师能够估计到统一的结果?

最后,借由"历史眼光"对其升华、定位。一个特定的历史事件无论其重要程度如何,都不是孤立存在的,只有把它嵌入更为宽泛的历史进程中才能给予其准确的历史定位并从中汲取有益的历史经验。到目前为止,尽管国内外学界将德国重新统一置于历史进程中加以考察者不乏其例,但在一些历史性议题上仍难给出令人信服的答案。德国统一的发生时间正值东西方近五十年冷战濒临终结之际,统一进程在一定程度上也意味着冷战终结进程。那么,造成两德统一的原因是否也是推动冷战终结的原因,两德统一本身在多大程度上造成了冷战的终结,战后德国分裂与统一的历史"究竟是一段历史插曲还是一个历史时代"等重要问题需要后续的历史与理论研究共同予以解答。

原载《世界历史》2016 年第 4 期

冷战的终结与欧洲主导权之争[*]

——英、法、美、苏四大国围绕新欧洲秩序的战略互动

王　帅

摘　要:1989—1990 年两德统一、雅尔塔体系变革、东西方冷战终结之际,以两大联盟体系对立以及两德分裂为核心的欧洲旧秩序的瓦解,自然将应创制何种新秩序的问题提上了台面。英、法、美、苏等欧洲主要力量围绕着新欧洲秩序展开了密集的战略互动与竞争。四大国构建新欧洲秩序的主要落脚点在于约束重新统一的德国并最大程度地争夺未来欧洲事务的主导权。苏联的"泛欧主义"构想受到了以美国为首的西方联盟的抵制,它不可避免地早早退出了秩序竞争的舞台。法、美"大西洋主义"与"欧洲主义"之争更为激烈,其竞争的结果,一方面促进了法国推进以欧共体建设为表征的"欧洲主义"进程,另一方面也促使美国主导推动了冠之以说服苏联接受两德统一为名的、英法极不情愿的大西洋联盟从军事到政治的转型。

关键词:冷战终结;新欧洲秩序;大西洋主义;欧洲主义;泛欧主义

　　1989 年的东欧剧变与两德统一,宣告了东西方两极冷战格局的瓦解。这样,第二次世界大战后建立起来的、全面规制欧洲经济、政治与军事安排的雅尔塔体系面临着巨大的变革挑战。面对一个意识形态与军事对抗逐步弱化的欧洲,一个即将再度出现统一德意志民族的欧洲,应建立起何种新地

---

　　* 本文系中国博士后科学基金第 64 批面上资助项目"国际史视角下的两德统一研究(1989—1990 年)"(2018M643278),中国博士后科学基金第 12 批特别资助项目"两德统一的历史进程与经验模式研究"(2019T120762),"中山大学高校基本科研业务费青年教师培育项目"(18wkpy23)阶段性成果。

区秩序以对传统的经济、政治、军事权力予以再分配,是一个不仅关乎能否成功防范德国重新崛起为新的地区霸权,也关乎四大国自身能否在未来的欧洲谋得一席之地的根本战略问题。

长期以来,学界较为关注冷战终结后主要国家的相关政策。约翰·加迪斯、弗雷德里克·波佐、安德雷·戈拉切夫等历史学家分别考察了美、法、苏的政策及在其冷战终结中扮演的角色,[①]另一些学者则以双边关系为棱镜侧重检视大国在该时期的目标与互动,[②]为认清欧洲主要力量的大致诉求与政策交互奠定基础,国内也出现了相关著述。[③] 上述研究存在一些问题:一是研究视角较为单一,要么以一国,至多以双边为基础,难以总体把握行为体之间的联动进程。二是研究内容相对碎片化,缺乏从战略高度考察各国的核心诉求。只有认清各国渴望在冷战后获得一个什么样的"胜果",或能够接受吞下一颗什么样的"苦果",才能解释其在冷战终结进程中那些碎片化的、可能看似矛盾、实则连贯的政策;也只有通过对目标、结果的比照分析,才能对主要国家在冷战终结这一环节上的政策给出合理评价。三是立论依据不尽准确。囿于史料,多数研究立足于 20 世纪 90 年代当期的政府公报、新闻报道等素材,缺乏外交档案佐证,对国家目标与诉求的判断失之偏颇。

鉴于此,本文试图以多国档案为支撑、以多边外交为视角、从战略高度出发,系统阐释四大国对欧洲未来的整体战略诉求,并厘清不同战略立场间

① John Lewis Gaddis, *The United States and the End of the Cold War*: *Implications*, *Reconsiderations*, *Provocations*, New York: Oxford University Press, 1992; Frédéric Bozo, *Mitterrand*, *the End of the Cold War*, *and German Unification*, New York and Oxford: Berghahn, 2005; Andrei Grachev, *Gorbachev's Gamble*: *Soviet foreign policy and the end of the Cold War*, New York: NY John Wiley & Sons, 2013.

② Don Oberdorfer, *From the Cold War to a New Era*: *The United States and the Soviet Union*, *1983—1991*(Updated Edition), Baltimore and London: The Johns Hopkins University Press, 1998; Raymond L. Garthoff, *The Great Transition*: *American-Soviet Relations and the End of the Cold War*, Washington, D.C.: The Brookings Institution, 1994;[法]弗雷德里克·波佐《美国、法国与冷战的终结:趋同、近似和分歧》,载《国际政治研究》2008 年第 3 期;Frédéric Bozo etc. eds., *Europe and the End of the Cold War*, London and New York: Routledge, 2008, pp.207 – 219.

③ 如钮维敢:《论冷战结束的亚洲模式和欧洲模式》,载《社会科学》2008 年第 10 期;余伟民:《冷战的起源与终结——世界历史的视角》,载《史学集刊》2013 年第 1 期等。

的互动及其后果,以此窥探格局转换与体系变迁时主要大国间的互动逻辑。

一、四大国对新欧洲秩序的战略考量

作为第二次世界大战的战胜国以及西方联盟的领导,美国在二战后建立起的、以北约为基石的联盟体系是其维持领导地位、应对苏联挑战的关键。1989 年,随着苏联的逐步衰落、华沙条约趋于解体,西方联盟敌人的轮廓渐渐模糊。新问题随之产生,美国是否需要继续留在欧洲保护欧洲免受苏联的安全威胁、是否需要继续介入欧洲事务维护它在西方世界的领导地位,这成为 1989 年布什政府无法回避的根本性战略问题。

1989 年 12 月 4 日,布什在北约布鲁塞尔峰会上的发言给出了答案,同时也勾勒出美国对于新欧洲秩序设想的大致轮廓。"作为集体安全努力的一部分,只要我们的盟友需要我们存在,美国将在欧洲维持重要的军事力量";"美国将继续成为欧洲的一支力量,这意味着美国将保持介入欧洲的未来以及我们的共同防务";"欧洲正在改变,我们也将作出改变。我们的跨大西洋伙伴关系能够构筑新欧洲以及新大西洋主义的基石"。① 可见,"从根本上说,美国决定在冷战结束后维持欧洲现状并且继续介入欧洲事务"。② 而且,美国也将跨大西洋关系及北约作为奠定新欧洲秩序的基石。1989 年 12 月 16 日,布什、美国国务卿贝克与法国总统密特朗的对话加深了人们对美国新欧洲战略的理解。贝克对密特朗表示:"在新时代我们需要更新机制。当我们持续削弱美国在欧存在时,北约、欧共体、欧安会需要被重新评估。根本在于,美国的军事存在减少时我们应增强我们跨大西洋的政治纽带。""随着北约军事职能的削弱,它需要强化政治角色","就政治磋商而言,我们可以在北约中讨论地区事务"。③ 这反映出美国不仅打算持续介入欧洲事务,还就此指明了如何介入欧洲事务——通过北约改制并赋予其更多的政治职能来实现对欧洲事务的政治与军事上的双重领导。

---

① *Public Papers of the Presidents of the United States*,*George Bush*:*1989—1990*,Book II,Washington,D. C.:U. S. G. P. O.,1990—1991,pp.1644 - 1647.

② [法]弗雷德里克·波佐:《美国、法国与冷战的终结:趋同、近似和分歧》,载《国际政治研究》2008 年第 3 期。

③ *Memcons and Telcons between President George Bush and World Leaders*,(下文简称 *MTBBWL*)http://bushlib.tamu.edu/archives/memcons-telcons,2018 年 3 月 30 日。

　　苏联对欧洲新秩序的设想与美国大相径庭。鉴于"华沙条约"正处于不断瓦解中，为了避免陷入"冷战失败者"的形象并在现实意义上切实保障自身安全，苏联主张解散现有两大联盟体系，建立一个取而代之的，包括苏联本身在内的"泛欧安全结构"。1990 年 2 月戈尔巴乔夫在接受《真理报》采访时表示，"德国统一的进程与欧洲进程是天然相连且一体两面的，而欧洲进程的内核便是构建一个替代集团体系的新欧洲安全结构"①。苏联外长谢瓦尔德纳泽在《消息报》上也暗示，"只要北约的政策在泛欧安全结构中作出根本性改变，苏联也就没有理由反对德国的北约身份"②。在苏联眼中，能有效实现新欧洲安全结构的最佳载体是推动欧洲安全和合作会议建设。戈尔巴乔夫 3 月 7 日再次接受《真理报》采访时表示："一个统一的德国应在哪里？我认为，一旦欧洲进程与维也纳进程取得进展，我们将进入赫尔辛基第二阶段（欧安会的第二个发展阶段），北约和华约将从军事—政治组织转变为政治组织。"③4 月中旬，谢瓦尔德纳泽以社论的形式公开谈及了推动欧安会建设的具体倡议：每两年召开一次欧安会峰会、每年召开两次部长级会晤、创设欧安会秘书处、建立一个减少武装冲突风险的控制中心等，他同时建议北约与华约将逐步融入扩大了的欧安会机制中。④

　　法国在新欧洲秩序上的战略立场既不同于苏联，也不同于美国。戴高乐以来的多位法国总统一脉相承地认为，苏联对欧洲大陆威胁的消失就意味着"美国在欧洲的存在肯定就值得怀疑。而美国的退出，是冷战后欧洲出现新秩序的核心前提"⑤。密特朗深信"一旦德国实现统一并且摆脱了苏联

　　① Aleksandr Galkin und Anatolij Tschernjajew Hrsg., *Michail Gorbatschow und die deutsche Frage：Sowjetische Dokumente 1986—1991*, München：Oldenbourg Verlag，2011，S. 347 - 348.（下文简称 *MGDF：SD*）

　　② Hanns Küsters und Daniel Hofmann Hrsg., *Dokumente zur Deutschlandpolitik：deutsche Einheit Sonderedition aus den Akten des Bundeskanzleramtes 1989/90*, München：Oldenbourg Verlag，1998，S. 857 - 859.（下文简称 *DESE*）

　　③ *MGDF：SD*, S. 354 - 357.

　　④ Philip Zelikow and Condoleezza Rice, *Germany Unified and Europe Transformed：A Study in Statecraft*, p.244.

　　⑤ ［法］弗雷德里克·波佐：《美国、法国与冷战的终结：趋同、近似和分歧》，载《国际政治研究》2008 年第 3 期。

的军事力量,它将不会再接受盟国在其国土上驻扎军事力量"①。因此,法国版的新欧洲秩序绝不是一个建立在跨大西洋关系基础上的、接受美国继续在军事和政治上实施领导的地区秩序。

然而,拒绝接受美国对欧洲的继续领导,不等于支持苏联的解散两大联盟体系、以欧安会为平台搭建起一个新的欧洲安全,甚至是政治结构的构想。法国的想法是把以法、德为轴心的欧洲共同体建成经济、政治以及战略上的一体化组织,围绕欧共体为核心创设一种既能够摆脱美国领导又能够框住德国的新欧洲秩序。不过,欧洲人自己的防务体系尚未建立,失去北约后欧洲不存在一个有力的政治—军事框架来约束德国,因此,法国又不得不勉强接受美国在欧洲大陆的象征性驻军以维护自身安全,不得不勉强支持德国应加入北约以接受西方联盟对其实施有力控制。在没有足够的安全保障、没有足够手段约束德国的情况下,法国不会支持解散大西洋联盟。

总的来说,法国对新欧洲秩序的基本设想是:通过发展欧共体这一机制来削弱北约、摆脱美国的领导并约束德国。但在欧洲自身的安全防务能力得到增强以前,继续通过跨大西洋关系及北约来约束德国并防卫欧洲。②

英国对新欧洲秩序的设想体现在 1990 年 2 月 23 日外交大臣赫德与首相撒切尔夫人的一次谈话中。赫德认为,英国应提出一些自身的积极想法,"最有希望的领域是制定一份增强和扩大欧安会的方案。从本质上来讲,目的在于给赫尔辛基协定的当前目标(民主与市场经济)提供支持,并可以赋予它另外一些机制。也可以审视欧洲理事会在多大程度上能够与欧安会框架融合为一种更亲密的关系","在欧共体方面我们需要遵循一条类似的路线,并努力通过提出一些我们自己的关于共同体未来的想法以少走弯路"③。撒切尔认为英国已在欧共体上成功地提出了很多倡议,如单一市场、共同农业政策改革、共同体预算改革等。"我们不能承诺加入德洛尔第二及第三阶

---

① Frédéric Bozo, *Mitterrand*, *the End of the Cold War*, *and German Unification*, New York: Berghahn Books, 2009, p.245.

② Philip Zelikow and Condoleezza Rice, *Germany Unified and Europe Transformed: A Study in Statecraft*, pp.205 – 206.

③ Patrick Salmon, Keith Hamilton and Stephen Roberttwigge eds., *German Unification 1989—1990: Documents on British Policy Overseas*, Series3, Vol. 7, London: Routledge, 2009, pp.305 – 306. (下文简称 *DBPO*)

段,也不可能加入共同汇率机制。"从更大层面上讲,她没有准备好带领英国进入欧洲联邦,赫德同意这绝不会成为英国政府的目标。撒切尔建议,将积极发展欧共体这一焦点转移到建立一个更宽泛的欧洲协会(European Association),包括欧洲自由贸易协会(EFTA)以及东欧国家,长期来说还包括苏联。"总的来说,她不想看到任何能够导致一个更加严格与限制的欧洲,她的兴趣在于寻求一个机会与更为开放的欧洲。"①

在赫德与撒切尔对话的第二天(2 月 24 日),英国外交部同美国国安会接触时便提议,"将德国更为信服地最终置于一个欧安会的欧洲安全结构,比当下的事实更有说服力",还建议美国加速欧安会峰会的准备工作。② 撒切尔当天与布什的电话通话也表达了同样的观点。她一方面强调了北约从军事上约束德国的重要意义,另一方面也直言不讳地表明:"我们也需要一个更为广泛的政治架构来谈论欧洲安全,这必须包括苏联和美国。最好的进程便是增强和建设欧安会框架。这不仅有助于防止苏联被孤立,还有助于平衡德国在欧洲的力量。"③

概而论之,在撒切尔看来,新欧洲秩序是一个在安全上依赖北约,在政治上依赖一个将美、苏共同囊括在内的欧安会机制,在经济上依赖一个保持松散和开放的欧洲共同体的多元化选择。英国不能接受法国的"将以法德为轴心的欧共体发展成一个决定欧洲未来的多元机制"的想法,也不能接受苏联的"立即消解两大军事联盟并把军事和政治权力都移交给欧安会"的主张,至于美国提出的把北约发展成一个涵盖政治与军事双重职能的机构,英国也并不热衷——从长远上看,这不但孤立了苏联,而且在欧陆之上也没有足够的政治力量遏制德国。

二、被孤立的"泛欧主义"

四大国对于新欧洲秩序、对于约束统一德国的路径设计是迥然不同的。美国的大西洋主义、苏联的泛欧主义、法国的欧洲主义、英国的多元主义,在1990 年的上半年呈现出一幅大国博弈的场景。在几种主义的竞争中,结构

---

①　*DBPO*,Series 3,Vol. pp.305 - 306.

②　*Ibid*. p.308.

③　*Ibid*. pp.310 - 311.

性权力迅速下滑的苏联,其融入欧洲、分享欧洲领导权的泛欧主义构想很快退出了新欧洲秩序的实质性竞争。

首先,潜在的支持者英国逐步淡出。尽管撒切尔的英国在一定程度上支持发展欧安会,但这背后的主要目的是在政治上避免孤立苏联,并对德国实施美、苏双重遏制,安全上英国仍然是一个坚定的大西洋主义者。苏联解散现有联盟体系、建立新欧洲安全结构的主张在撒切尔眼中并不是约束德国的最佳方案。而且,发展欧安会的构想在英、美对话中数度遭到美国的排斥。2月22日美国国家安全委员会的布莱克维尔与英国外交部的伍德的对话、①2月24日布什与撒切尔的电话对话、②4月13日撒切尔与布什的会晤,③无不提醒英国"欧安会不能取代北约、美国不想要所有的政治职能都落在欧安会当中"。可见,在欧安会问题上,英国发展它是为了将苏联从政治层面吸纳进欧洲来遏制德国,而苏联则是想利用它来打破军事联盟,英、苏间可谓貌合神离。而且,发展欧安会显然与美国的战略目标抵触。这就使得英国政府逐步淡化了建设欧安会的主张。撒切尔最终无奈地对布什承认"需要加强跨大西洋的政治磋商"。④

其次,法国从支持到边缘化泛欧主义。1989年的法国为了保证戈尔巴乔夫的继续执政并给欧洲安全营造一个稳定的外部环境,曾一度坚持要求召开一次欧安会峰会以满足戈尔巴乔夫的将欧安会峰会之实用作肃清国内反对势力的需要。⑤ 但从1990年开始,法国逐步发现苏联的根本目标不仅仅是维持戈尔巴乔夫的执政地位,而且是竭尽所能地分化大西洋联盟,这与法国"在当前仍依靠跨大西洋关系以及北约来约束德国并防卫欧洲"的理念相距甚远。⑥ 1990年2月15日密特朗与科尔会晤时就已经出现了在对欧安

---

① *DBPO*, Series 3, Vol. p.308.

② *Ibid*. pp.310 – 311.

③ Meeting with prime Minister Maraaret Thatcher of Great Britain, April 13, 1990, *MTBBWL*.

④ *Ibid*.

⑤ Meeting with President Francois Mitterrand of France, December 16, 1989, *MTBBWL*.

⑥ Frédéric Bozo, *Mitterrand, the End of the Cold War, and German Unification*, pp.214 – 215.

会态度上的转变。密特朗告诉科尔欧安会太大,解决不了问题。^① 3 月底法国外长杜马与谢瓦尔德纳泽的会晤证实了法国放弃欧安会及泛欧主义构想:苏联提出把德国统一与建立一个新的欧洲安全结构同步时,法国以"不应过度地扩大六国权威"为由予以拒绝。^② 到 4 月 19 日密特朗与布什在基拉戈会晤时,密特朗明确向布什表态:"在欧安会问题上,你比我更加犹豫一些,但我们都是不是空想家,它不能解决所有的问题。"^③

最后,美国始终推行语言上支持欧安会、行动上排斥泛欧主义的路线。不论是 1989 年 12 月 4 日布什在布鲁塞尔北约峰会上的演讲,^④还是贝克在柏林的公开演说,^⑤都公开声称要将北约、欧共体、欧安会作为欧洲未来的三根主要支柱。然而,这种同时强调其他两大主义的宣传并不能掩盖美国对泛欧主义与欧安会机制的真心排斥。密特朗在 1989 年提议召开欧安会峰会时,布什显然持保留意见;^⑥德美戴维营对话中布什则告诫联邦德国总理科尔称,虽说需要大而化之地强调欧安会建设,但"总理必须同意欧安会不能够取代北约成为西方的西欧战略防御的基石"^⑦;他还提醒撒切尔,对于欧安会来说,"北约是第一位的"^⑧;在联邦德国国内刚刚出现一些"解散两大联盟、建设泛欧安全结构"的苗头时,美国立即警告联邦德国外长根舍(Hans-Dietrich Genscher)"在欧安会问题上……在安全方面的强化将削弱北约"^⑨。4 月 4 日,谢瓦尔德纳泽访美时布什则坦率地向苏联外长表达了美国对欧安

---

① *DESE*, S. 842 – 852.

② Frédéric Bozo, *Mitterrand*, *the End of the Cold War*, *and German Unification*, pp.214 – 215.

③ Meeting with President Mitterrand of France, April 19, 1990, *MTBBWL*.

④ *Public Papers of the Presidents of the United States*, *George Bush*: *1989—1990*, Book II, pp.1644 – 1647.

⑤ Philip Zelikow and Condoleezza Rice, *Germany Unified and Europe Transformed*: *A Study in Statecraft*, pp.142 – 143.

⑥ Meeting with President Francois Mitterrand of France, December 16, 1989, *MTBBWL*.

⑦ Meeting with Helmut Kohl, Chancellor of the Federal Republic of Germany, February 24, 1990, *MTBBWL*; *DESE*, S. 860 – 872.

⑧ *DBPO*, Series 3, Vol. 7, pp.310 – 314.

⑨ Meeting with Foreign Minister Hans-Dietrich Genscher of the Federal Republic of Germany, April 4, 1990, *MTBBWL*.

会以及集体安全的消极立场:"欧安会将是新欧洲的一根重要支柱,但我们不应该超出其职能让它做得更多。但凡能够回忆起欧洲处于不和平状态的人们,是不会想要重回注定要失败的集体安全这一构想的。"①

总体而言,失去了英、法、美支持的泛欧主义构想,在国际舞台上很难找到支持它的市场。尽管戈尔巴乔夫心知肚明地抱怨"美国好像并不想发展一个把苏联包括在内的欧洲进程"②,但苏联对新欧洲秩序的设计不可避免地早早退出了制度竞争的舞台。

三、法、美"欧洲主义"与"大西洋主义"之争

如果说泛欧主义还没有登上竞争舞台就已经被主要竞争者所抛弃,那么同时期的大西洋主义与欧洲主义的竞争则要激烈得多。

法、美不同立场间的初次碰撞发生在 1989 年底布什与密特朗的圣马丁会晤。贝克向法国提出,美国减少军事存在意味着应增强跨大西洋关系的政治纽带,希望北约能够充当讨论地区事务的政治磋商机构。杜马质疑:"让北约肩负起一切责任看起来是不合适的……地区问题可以双边讨论,为什么要在北约当中讨论?"贝克进一步解释美国想要在双边的基础上增强北约的磋商性,密特朗含糊地总结:"我对于这类事情是非常开放的,尤其是我们正向着一个东方将没有敌人的时代前进。但我们必须要小心且不能本末倒置。苏联的情况可能改变并发生军事叛乱。不过,如果到 2000 年我们都不再有战略敌人,我接受(北约)框架,但对其内容持保留意见。"③法、美的初步交锋表明,大西洋主义与欧洲主义争论的焦点在于要不要对北约推行从军事职能到政治职能的转变。

1990 年上半年,大西洋主义与欧洲主义的竞争步入白热化阶段。一方面,法国频频对北约发难,试图在一些重大问题上将北约边缘化并凸显欧共体在政治层面的主导地位。1 月 5 日的七国集团会议上,当美国试图创设

---

① Meeting with Foreign Minister Eduard Shevardnadze of the Soviet Union, April 6, 1990, *MTBBWL*.

② *MGDF*: *SD*, S. 366 – 367.

③ Meeting with President Francois Mitterrand of France, December 16, 1989, *MTBBWL*.

"一种合适的机制"用于美欧联结时,法国代表却提出"欧洲必须为美、苏同时离开欧洲做好准备"①。1月20日的欧共体外长会议上,各国讨论了与东欧国家的合作事宜并支持在1990年召开一次欧安会峰会。这种绕过美国、绕过北约、凸显欧共体政治作用的动作在美国人眼里显然已经"捆绑住了美国的手脚"②。2月中旬,密特朗已公开谈论两大联盟将在十年内消失、德国是否应加入一个注定要解体的北约应根据联邦德国自身的意愿行事。③

　　法国边缘化北约、轻视北约的行动使美国感到不安。美国深信,"在法国政策制定者的中长期谋划中,基本上没有美国的存在。法国确信美国将按照它们想象的那样从欧洲撤出,随着时间的推进,好像我们已经离开了一样"④。

　　另一方面,美国通过三条不同路径对弱化大西洋关系的企图作出回应。

　　第一,寻求英、德支持北约的地位及北约改革。1990年1月,美国副国务卿伊格尔伯格向科尔抱怨法国以及欧共体绕开美国在召开欧安会峰会问题上的自行其是,奉劝科尔"我们必须找到一条共同路径来讨论和磋商事务。因为美国没有在欧共体委员会当中而主要在北约中讨论问题,北约仍然是美国联结欧洲的基本纽带"。科尔表示,联邦德国不会在法、美之间选边站,二者对德国来说都是同等重要的,德国既要同法国强化欧洲建设,也不会将美国排斥出欧洲。⑤ 4月13日,布什也提醒撒切尔:"北约代表着我们与欧洲的政治联结。我认为美国维持自身在欧洲的存在是至关重要的,但如果没有一个有力的北约,我不明白如何实现这一点。没有强调与法国的任何不同,但它们似乎不明白局势。"他接着向撒切尔提出召开北约峰会以强化北约磋商议事职能的要求。⑥

　　第二,警示法国北约之于美国及欧洲未来的重要意义。3月9日,密特

---

①　*DESE*, S. 743.

②　*Ibid*.

③　Philip Zelikow and Condoleezza Rice, *Germany Unified and Europe Transformed: A Study in Statecraft*, pp.205 – 206.

④　*Ibid*. p.206.

⑤　*DESE*, S. 743.

⑥　Meeting with Prime Minister Margaret Thatcher of Great Britain, April 13, 1990, *MTBBWL*.

朗的助手阿塔利在白宫与美国国家安全事务助理斯考克罗夫特对话。斯考克罗夫特对阿塔利提出："在没有敌人的情况下,美国担忧其在欧洲的存在与角色将失去正当性。正因如此,政府在国会中正面临着巨大的孤立主义压力,这就有可能导致,如果德国要求美国撤出,美国的力量便会撤出。"斯考克罗夫特进一步向阿塔利解释,美国对于欧洲可能重现的政治不稳定表示关切,这种政治不稳定"已经致使欧洲卷入两场战争",美国因而想要创设一种"政治框架"以证明,在没有敌人的情况下军事存在仍是合理的,而实现这一框架最好的路径便是利用北约。[①]

第三,从实际行动上推行北约多元发展。1990 年 2 月到 4 月,美国试图从各个层面扩大北约的职责并使之成为讨论欧洲及国际事务的中心。如,试图在北约机构中讨论区域外(out of area)议题以及其他的诸如恐怖主义、禁毒等需要地区合作的非传统安全议题;努力使东方国家与北约间的对话机制化;使处理德国问题的六方机制与北约机构相互协调,要求联邦德国向北约成员国通报统一事宜以彰显北约权威等。[②]

到了 3 月底 4 月初,法、美彼此的竞争仍在上演。法国继续不加掩饰地公开宣扬它弱化北约的构想,而华盛顿也越来越怀疑巴黎如今正在推进一种系统性地阻挠其维持北约以及在欧洲继续存在的计划。[③] 1990 年 4 月中旬,法、美最高领导人基拉戈会晤暂且缓解了尴尬的局面。布什首先表明美国的态度:"我们不打算寻求欧共体圆桌上的第十三个席位,欧安会也不能够成为欧洲安全的保护者。我们确实仰仗于北约角色的扩大……我们尊重法国在北约中的历史地位。我们不认为美国想要的与法国的利益相抵触。"

密特朗质问道:"北约的角色已经够大了。它还能如何更大?"布什解释说,北约的角色正处于转变中,它有助于抵制不稳定情况。"这个组织必须具备弹性。"密特朗随之阐述了法国在这个问题上的三大原则性立场。第一,法国与美国一直以来就是朋友及同盟,没什么重要的事情能够分裂他

---

① Frédéric Bozo, *Mitterrand, the End of the Cold War, and German Unification*, p.246.

② Meeting with Helmut Kohl, Chancellor of the Federal Republic of Germany, February 25, 1990, *MTBBWL*.

③ Frédéric Bozo, *Mitterrand, the End of the Cold War, and German Unification*, p.247.

们。第二,同盟有其根据条约而界定的规则及领域,它是一个用来讨论特定领域的论坛。第三,法国有自己独立的防卫,这一点他们将坚持。[①] 他进一步抛出"欧洲邦联"构想:大西洋同盟是用来讨论"欧洲安全与均势"的有关组织,而"新的情况正在出现,新的机遇正在东欧国家出现。这些国家应加入一个包含着我们共同关切的邦联化组织。这是长期的构想,并且邦联也将与美国保持结盟"。随后,密特朗主动提出已准备好召集一次北约会议来商讨问题。[②] 布什再度强调只有当北约的角色作出改变才能支撑美国的存在,如果北约保持不变的话,美国在欧洲的存在便行不通。密特朗重复提出召开一次会议来讨论所有问题,布什询问密特朗所说的会议是不是指北约峰会,密特朗认可。[③]

在随后的最高领导人与外长的联合会晤上,密特朗针对大西洋联盟做了进一步说明:"在北约的角色问题上,我们的答案是十分简单的。北约在所有的安全事务以及与欧洲政治均势相关的事务上享有权威是自然的……非常简单,美军的继续存在是必要的……北约应讨论欧安会,要么在定期会晤中,要么在北约特别会议中。如果要召开欧安会峰会,最好是先召开北约会议。"其后,密特朗向美国详细阐明了他对欧洲邦联的构想。这并不是一个试图将美国排除在外的设计,而是为了让那些贫穷和没有尊严的东欧国家能够找到自身的容纳场。他认为美国在将来也必须参与到欧洲的政治发展当中,"我们需要发展一个新的政治秩序"。布什表示将在北约峰会上进一步讨论这些问题。[④]

法、美基拉戈会晤是大西洋主义与欧洲主义之争的一次关键性会晤。法国对于北约到底要不要政治化实际上作出了妥协。1989 年底,法国还概不承认北约需要扩大职能并推进政治转型,到了 1990 年春,密特朗就已承认应该召开一次联盟会议来详细讨论北约到底应如何转型。这种态度上转变的原因是:在欧洲独立自主的一体防务能力建成以前,与美国开展全球性

---

① Meeting with President Mitterrand of France, April 19, 1990, 11:30 am – 1:05 pm, *MTBBWL*.

② *Ibid*.

③ *Ibid*.

④ Meeting with President Mitterrand of France, April 19, 1990, 1:07 – 2:15 pm, *MTBBWL*.

战略竞争是困难且不现实的,而且,从加剧紧张的法、美关系中法国得不到任何好处,还很有可能迫使德国选边站并损害法、德关系和欧共体建设。虽然法、美同意召开一次北约峰会来讨论北约将何去何从,但彼此对于跨大西洋关系根深蒂固的分歧依旧存在,法、美之间的"辩论才刚刚开始"。①

四、"欧洲主义"的加速

法、美欧洲主义与大西洋主义之争的后果,不仅使得召开一次北约峰会成为大西洋联盟内部的暂时共识,而且还在很大程度上促使了以欧洲一体化为表征的欧洲主义的加速。在法国看来,通过从经济到政治的一体化来推动欧共体的自我武装,并使之尽快成为吸收东欧国家的主要平台以及讨论地区事务的实体机构,是保证其在与北约的竞争中脱颖而出的条件。得益于法、美制度竞争的压力以及德国统一的活力,法、德在欧共体建设上的互动与协作有力推动了共同体的发展,为1991年《马斯特里赫特》条约的成功签署奠定了基础。

1990年的欧洲一体化进程主要涵盖两个层面,一是东德以什么样的形式加入欧共体,二是欧共体本身在制度建设上将取得什么样的预期进展。

欧共体委员会主席德洛尔在1990年1月的斯特拉斯堡欧洲议会上公开发表声明:一方面呼吁共同体应在吸收东德问题上保持开放与包容,给予东德特殊照顾,可以让东德不同于其他东欧国家而享有入盟特权;②另一方面也表达了对联邦德国欧洲建设路径的支持——发展一个既包括经济与货币联盟(法国极力推动的),又包括成员国间政治合作(联邦德国主张的)的"欧洲联邦"。"欧洲联邦"构想显然与密特朗先行推动经货联盟深化、再考虑政治联盟的"欧洲邦联"计划相矛盾,也迎合了科尔"至少保持政治联盟与经济联盟同步发展"的主张。③ 德洛尔的立场遭到了法、德的不同对待。科

---

① Frédéric Bozo, *Mitterrand, the End of the Cold War, and German Unification*, p.250.

② *DESE*, S. 705 – 706.

③ Werner Weidenfeld, *Aussenpolitik für die deutsche Einheit. Die Entscheidungsjahre 1989/90*, S. 404 – 405.

尔对德洛尔表示赞赏①,密特朗认为这是"非常不谨慎的"②。

不过,虽然对德洛尔建议的第一反应是消极的,但这推动了法国国内开始思考如何将东德纳入欧共体才最符合法国的利益。密特朗负责欧共体事务的助手吉古在给密特朗的备忘录中对东德入盟问题进行了细致分析:"如果东德作为一个国家继续存在,那么联邦德国将竭其所能地使它加入共同体,这样的结果是重大的。东德将在欧洲理事会中获得投票权,这就增加了联邦德国在理事会中的权重,并且也将接受较大比重的结构资金。它可能仍是华沙条约的一员,这对欧洲政治的发展来说将是个问题。并且,最终事实是,再难拒绝奥地利加入共同体,这也就意味着欧共体中最终将有三个德语国家……对法国和欧洲来说,较好的方式便是通过联邦德国对民主德国的吞并来实现德国统一。"③在此考虑下,法国不仅一改之前拒绝东德快速入盟的姿态,还鼓励联邦德国对民主德国采取直接吞并的方式实现快速统一,从欧共体层面看,这至少看起来是一种损失最小的选择。④

此外,在欧共体的制度建设问题上,法、德间的考量与互动要比东德入盟问题复杂得多。密特朗将重心放在了优先发展经货联盟的建设上,只有通过更为紧密的经货联盟才能遏制德国潜在的经济霸权。科尔把重心放在了政治联盟建设上,德国亟须通过欧洲政治联盟的复苏来给统一寻找一个合法、合理的欧洲框架。⑤鉴于两德内部形势的快速推进,法国国内开始出现了支持尽快推进政治联盟的想法。吉古建议密特朗召开一次欧洲理事会特别会议来讨论如何推进政治联盟建设,密特朗未做回应。⑥德洛尔以及欧共体轮值主席国爱尔兰总理豪伊支持这一想法,⑦豪伊于 2 月 13 日写信给

---

①　Carsten Meyer, *Die Eingliederung der DDR in die EG*, Köln: Wiss. und Politik Verlag, 1993, S. 27.

②　Frédéric Bozo, *Mitterrand, the End of the Cold War, and German Unification*, p.184.

③　*Ibid*. pp.184 - 185.

④　*Ibid*.

⑤　Frédéric Bozo, *Mitterrand, the End of the Cold War, and German Unification*, p.238.

⑥　*Ibid*. p.185.

⑦　*DESE*, S. 852 - 853.

科尔和密特朗,发起了在 4 月底召开都柏林欧洲理事会特别会议的邀请。①
密特朗在与科尔的爱丽舍宫会晤中虽达成了一些共识,如赞同东德的"被吞
并式"入盟、同意召开一次非正式的欧洲理事会,但分歧依旧存在。密特朗
要求将经货联盟政府间会议的日期(原本定于在 1990 年 12 月召开)提前,
科尔表示这是"不可能的"。②

密特朗在 2 月中旬仍遵循法国建设欧洲的传统政策,其主要原因在于:
第一,1989 年 12 月的斯特拉斯堡欧洲理事会上,密特朗以不公开反对两德
统一为条件把法国建设欧洲的路径强加到德国头上,如今还想进一步测探
科尔还能在多大程度上继续跟随法国路径、照顾法国意愿。第二,1990 年 2
月中旬,法、美欧洲主义与大西洋主义之争还看不到明朗的结果,美国尚未
打出一套全面应对法国挑战的组合拳,密特朗还缺乏足够的外部压力加速
共同体建设。第三,密特朗仍然对科尔的表现不满。这种不满一方面是出
于科尔在波—德边界问题上的模糊立场,另一方面是出于他在两德统一进
程上不顾一切的冒进。③

3 月中旬后,法、德双方都面临着新局势。联邦德国方面,鉴于第一次
"2+4"官员级会晤的顺利召开,安全议题上日趋牢固的德、美一致性,以及
边界问题上取得的不小的进展,在欧洲一体化进程上有所动作以避免它成
为统一路上拖沓的绊脚石是当务之急。法国方面,越来越明显的大西洋主
义的压力以及在边界问题上产生的有损法、德关系的矛盾,都促使它对外展
示法德合作依旧紧密的信号。3 月 15 日,联邦德国再次倡议,如果政治联盟
被实际推动,那么可以接受将经货联盟的政府间会议从 12 月提前至 9 或 10
月。④ 法国顺势应允与德国磋商一项关于政治联盟的共同倡议。⑤ 3 月中旬

---

① *DESE*. S. 828 – 829.

② *Ibid*. S. 843 – 852.

③ Frédéric Bozo, *Mitterrand*, *the End of the Cold War*, *and German Unification*,
p.187.

④ Frédéric Bozo, *Mitterrand*, *the End of the Cold War*, *and German Unification*,
p.235.

⑤ Horst Teltschik, *329 Tage*, *Innenansichten der Einigung*, Berlin: Siedler Verlag,
1991, S. 175 – 176; Werner Weidenfeld, *Aussenpolitik für die deutsche Einheit. Die
Entscheidungsjahre 1989 / 90*, S. 406.

后,欧洲建设问题已从要不要推动建设政治联盟转到如何建设政治联盟上。4 月 11 日到 4 月 19 日,爱丽舍宫与联邦总理府的工作班子持续争执了一周多,①考虑到 21 日外长非正式会议迫在眉睫,法、德最终就共同倡议达成了一致,且由科尔和密特朗以共同信件的形式递交给了豪伊。②

在 4 月 28 日的都柏林欧洲理事会上,虽然法、德共同倡议中有关"召开政治联盟政府间会议"的提议遭到了以英国为首的部分国家的反对,③但理事会承诺,在 6 月底的正式峰会上提出并批准召开与经货联盟政府间会议平行的第二个政府间会议。④ 6 月 25 日都柏林欧洲理事会正式会议上,共同体决定在 12 月 13 日的罗马欧洲理事会上启动经货联盟的政府间会议,同时在 12 月 14 日启动政治联盟的政府间会议。1991 年 12 月《经济与货币联盟条约》与《政治联盟条约》被汇入了标志着欧盟成立的《欧盟条约》,法、德关于政治联盟目标与内容的争吵也尘埃落定。

1990 年上半年,法德在欧洲一体化上的"突飞猛进"不是偶然。一方面,德国统一是欧洲一体化取得进步的催化剂。⑤ 欧洲认为,将一个统一的德国嵌入欧洲框架是约束这个潜在地区霸权的最佳手段,因而,欧洲人从推动欧洲进程中捆住了德国巨人,德国人从推进欧洲进程中得到了欧洲对统一的支持,这是欧洲一体化的"双重用途"。⑥ 另一方面,遭到忽视的是法、美关于欧洲主导权的争夺,是法国在欧洲发展路径上积极同德国妥协的动因。一体化欧洲前进得越快,大西洋的纽带显得越多余,这是欧洲一体化的"第三重用途"。

---

① Werner Weidenfeld, *Aussenpolitik für die deutsche Einheit. Die Entscheidungsjahre 1989/90*, S. 409.

② Horst Teltschik, *329 Tage*, *Innenansichten der Einigung*, S. 200.

③ Margaret Thatcher, *The Downing Street Years*, London: HarperPerennial, 1993, pp.761 – 763.

④ EC: Dublin European Council (Presidency Conclusions), 1990 April 28, 撒切尔基金会,参见 http://www.margaretthatcher.org/document/114170.

⑤ Werner Weidenfeld, *Aussenpolitik für die deutsche Einheit. Die Entscheidungsjahre 1989/90*, S. 423.

⑥ Werner Weidenfeld, *Aussenpolitik für die deutsche Einheit. Die Entscheidungsjahre 1989/90*, S. 422.

五、不甘落后的"大西洋主义"

法、美"欧洲主义"与"大西洋主义"之争不仅仅体现在密特朗对欧洲政治联盟从保守到支持的态度转变,也体现在美国对北约政治转型所做的努力。1990 年开始,伴随法国边缘化北约的意图越发明显以及德国统一的前景逐步明确,推动北约战略调整在美国看来已是刻不容缓的事。

2 月 10 日,布什、斯考克罗夫特与北约秘书长韦尔纳会晤时,韦尔纳向美国指明了北约如何避免被边缘化及北约未来的发展方向——"赋予美国参与欧洲事务的政治角色。否则,你们将被边缘化"[1]。布什询问"能否通过使北约承担更小的军事角色来实现这一关切",韦尔纳作出肯定回答。[2]

总的来说,北约领导人与美国商定的避免被边缘化的路径有三:一是使统一的德国牢牢嵌入北约框架;二是使北约与重要的政治事件联结以发挥其政治效用;三是使北约承担更小的军事角色。这就不难理解美国在 1990 年上半年的几个重要动作:以支持两德统一为条件使联邦德国坚定地承诺统一后的德国须加入北约;使讨论德国问题的"六方会谈"与北约机制保持联结,要求科尔前往北约汇报统一的相关情况等;[3]考虑终止在欧洲的短程核武器现代化项目(FOTL)并推动欧洲常规武装力量裁军(CFE)谈判。[4]

将北约与重大政治事件联结、使北约承担更小的军事角色,都离不开北约主要盟友的支持。4 月初,美国国内一致同意推进一项"野心勃勃的北约峰会计划"来讨论北约改革,并计划在 4 月中旬与英、法领导人进一步磋商峰会事宜。[5] 4 月 13 日的英美对话,布什首次提出了召开北约峰会的想法。他认为在他与戈尔巴乔夫会晤后立即召开一次北约峰会是及时的,这有利于他把会晤情况向盟友通报,也有利于撒切尔在同戈尔巴乔夫会晤后向北

---

① Meeting with Manfred Woerner, Secretary General of the North Atlantic Treaty Organization, February 24, 1990, *MTBBWL*.

② *Ibid*.

③ Meeting with Helmut Kohl, Chancellor of the Federal Republic of Germany, February 25, 1990, *MTBBWL*.

④ Philip Zelikow and Condoleezza Rice, *Germany Unified and Europe Transformed: A Study in Statecraft*, pp.238 – 240.

⑤ *Ibid*. pp.239 – 240.

约通报。撒切尔认为必须在对所有的细节都作出研判后才能召开北约峰会,斯考克罗夫特询问能否在 6 月召开峰会,撒切尔表示:"如果峰会在 6 月召开,在此之前我们必须有力地确保每一方在重要问题上都能参与,包括法国——法国认为欧洲人自己应该做得更多。"①这大致表明,只要法国同意召开峰会,英国就不会阻挠。

布什与密特朗 4 月 19 日基拉戈会晤成为北约峰会能否召开的关键。因为法国已经做好妥协的打算,所以密特朗主动提出召开北约峰会以研判北约的战略调整,这使美国非常满意。但为了避免进一步挑动法国的神经,布什对密特朗没有像对撒切尔那样表明北约峰会的召开时间。②这样一来,主要北约盟国基本达成共识,即在 1990 年底之前召开北约峰会,谈论欧洲的军事安全以及北约在新欧洲中的角色,尚未确定的是峰会召开的时间。

苏联的"泛欧主义"构想却无意中帮助美国加速了北约峰会的召开。2 月,苏联多次通过媒体向西方传达莫斯科想要构建一个泛欧安全结构的想法。在苏联看来,建立泛欧安全结构的一个必然结果是现有的两大联盟体系发生根本性转变——从军事—政治组织转变为政治性组织以减少军事对抗。③这正好迎合了美国"将北约转型成一个政治、军事职能兼具的机构"之诉求。因此,推进北约政治转型成为说服苏联接受德国北约身份的有效手段,而且,美国还可以利用这一"冠冕堂皇"的理由去说服西方盟友接受尽快召开北约峰会、尽快推进北约转型。

法美基拉戈会晤仅四天后,美国对法国表达了在 6 月底或 7 月初召开北约峰会的想法,原因是"尽可能快地实现苏联接受统一德国的北约身份之前景"④。这已经超越了基拉戈会晤法美达成的大体一致,巴黎原本希望用更多时间去考虑北约政治转型并最终设想在年底召开峰会。然而,密特朗没有对美国加速北约峰会的建议提出异议,在他看来,遏制德国比遏制"大

---

① Meeting with Prime Minister Margaret Thatcher of Great Britain, April 13, 1990, *MTBBWL*.

② Meeting with President Mitterrand of France, April 19, 1990, 1:07 - 2:15 pm, *MTBBWL*.

③ *DESE*, S. 857 - 859; *MGDF*: *SD*, S. 347 - 348.

④ Frédéric Bozo, *Mitterrand*, *the End of the Cold War*, *and German Unification*, p. 250.

西洋主义"更重要,[1]但法国也警告西方盟友不得主动与苏联讨论北约的战略问题,[2]它担心苏联在北约转型上的胃口越大,就越贴合美国人的利益。

在北约峰会召开时间问题上有着不同意见的却是联邦德国。联邦政府虽明白峰会将使"2+4"谈判的前景变得更加光明,但同样认为峰会将就德国的北约身份发表一份公开声明。6月底7月初召开峰会,时间上在苏共二十八大召开之前,这意味着在苏联高层展开磋商前就将西方与苏联的分歧暴露给苏联看,其结果无疑将迫使苏联的立场趋于强硬,并可能最终损害"2+4"进程以及两德统一。[3]科尔要求贝克无论如何都不应在苏共二十八大召开之前召开北约峰会,苏联的强硬派很可能利用峰会的结果给戈尔巴乔夫制造额外的麻烦,二十八大之后戈尔巴乔夫的地位将会更加稳固。[4]

在德国的建议下,布什最终将峰会时间定在了7月5—6日。[5]选择与苏共二十八大同时召开北约峰会,既不会使苏联各派拿"全德北约身份"这一宣言在会议一开始就向戈尔巴乔夫发起诘难,同时又可以将北约战略转向这一对苏示好信号及时传达给苏联并巩固戈尔巴乔夫的地位。

法德4月底在欧洲进程上取得的突破性进展、主要盟国对北约改革并不明朗的态度以及苏联一再强调北约峰会的结果之于德国统一的重要意义,[6]都促使美国尽快明晰北约改革的具体路径。"大西洋主义"在5月进入了不甘落后的加速期。经美国国内讨论,一份涉及强化北约政治角色、削减北约核常力量、调整北约核战略及军事战略的峰会宣言于6月21日正式出台。[7]布什将草案发送给了科尔、撒切尔、密特朗、意大利总理安德雷奥蒂以及韦尔纳。[8]

---

[1] Frédéric Bozo, *Mitterrand, the End of the Cold War, and German Unification*, p.251.

[2] *DESE*, S. 1066 - 1067.

[3] *Ibid*. S. 1076 - 1078.

[4] *Ibid*. S. 1079 - 1081.

[5] Meeting with Manfred Woerner, Secretary General of the North Atlantic Treaty Organization, May 7, 1990, *MTBBWL*.

[6] *DBPO*, Series 3, Vol. 7, pp.411 - 417; *DESE*, S.1224 - 1225.

[7] Philip Zelikow and Condoleezza Rice, *Germany Unified and Europe Transformed: A Study in Statecraft*, pp.304 - 314.

[8] *DESE*, S.1234 - 1243.

　　美国的三大主要盟友德、英、法对这份宣言草案的态度各不相同。对联邦德国来说,峰会宣言在裁军以及政治转型上有多积极,就意味着苏联有多大可能对德国的北约身份"亮绿灯",因而,联邦政府几乎全盘接受了宣言。[①]由于地理上的原因,英国对于大幅度裁军以及将北约核战略从"前沿部署""灵活反应"转变到"诉诸最后手段"等十分忧虑,撒切尔表示,她不能接受这些吸引眼球的、不切实际的建议,[②]她认为应由主要盟国重新起草宣言。[③]密特朗没有撒切尔那样激烈,但也不出意料地对于北约政治化的努力表示不满。这种情况下,美国动用了它所能动用的一切外交手段来确保峰会宣言得以顺利通过。第一,绕过官僚机构的冗长讨论,直接向高层领导人施压商定宣言。宣言出台后,美国只在英、法、德、意四大盟国间进行传播,直到 6 月 29 日才将宣言传送到一些中小盟国,这给盟国留下的反应时间并不多。美国也反对通过北约的传统方式,即经各国驻布鲁塞尔的代表就草案展开磋商,它只允许草案在峰会上由各国外长直接讨论议定,[④]也不允许各国代表重新起草草案。[⑤]第二,争取尽可能多的中小国家支持,孤立英、法两大障碍。峰会召开前,布什分别与比利时首相威尔弗里德·马腾斯、荷兰首相路德·鲁伯斯以及丹麦首相鲍尔·施吕特通电话,他施压式地强调这次峰会及峰会宣言在联盟历史当中的转折点地位,并取得了三个北约伙伴的全力支持。[⑥]第三,对英国采取恩威并施的双重策略。布什 7 月 1 日给撒切尔的信中先逐条解释了草案的内容并尽力让英国感到放心,也坚定地拒绝了英国重起草案的要求,他警告称:"玛格丽特·撒切尔首相如今需要决定,她是否愿意在这次北约领导人的关键会议上冒险制造一次英美分裂。"第四,对法国采取安抚怀柔策略。由于法国在北约中的特殊地位,美国无法像对待

----

①　*DESE*. S.1276 – 1280.

②　Margaret Thatcher,*The Downing Street Years*,pp.810 – 811.

③　Philip Zelikow and Condoleezza Rice,*Germany Unified and Europe Transformed*:*A Study in Statecraft*,p.317.

④　*Ibid*. pp.314 – 315.

⑤　Meeting with Secretary General Manfred Woerner of the North Atlantic Treaty Organization,July 5,1990,*MTBBWL*.

⑥　Telephone Call to Prime Minister Ruud Lubbers of the Netherlands,July 3,1990;Telephone Call to Prime Minister Wilfried Martens of Belgium,July 3,1990;Telephone Call to Prime Minister Poul Schlueter of Denmark,July 3,1990;*MTBBWL*.

英国那样胁迫法国就范。一方面,布什亲自对密特朗解释,在峰会上可就具体问题进行调整磋商,这份宣言"既不会挑战法国与联盟的传统关系,也不会削减法国在欧洲未来防务安排中的灵活性"[①]。另一方面,美国也试图利用法德友好关系劝说法国。布莱克维尔在与科尔的助手特尔切克通话中,敦促德国方面做法国的工作,以使美、法、德保持一致并在峰会上孤立撒切尔。[②] 法国在很大程度上也正是囿于法德关系,才对美国的这份宣言保持了总体支持的立场。

　　7 月 5 日的伦敦北约峰会上,尽管撒切尔与密特朗依旧对峰会宣言提出了各种批评意见,但标志着北约转型的峰会宣言最终得以顺利通过。站在美国的立场看,这是一次成功的峰会,它不仅在获得苏联对德国北约身份的认可上迈出了关键一步,而且也帮助美国赢得了"大西洋主义"与"欧洲主义"之争的阶段性胜利。站在法国的角度看,虽然在"欧洲主义"上业已取得了实质性进步,但它显然无力阻止"大西洋主义"与"欧洲主义"的齐头并进,密特朗在峰会结束时也故意疏远了法国与整个峰会宣言的结果。[③]

余　　论

　　1989 年,以东欧剧变、两德统一为标志的一连串重大政治事件,严重动摇了二次世界大战后建立起的全面规制欧洲经济、政治与军事安排的雅尔塔体系。英、法、美、苏四大战胜国在格局转换与体系变迁之际都设计出了符合自身利益的新欧洲秩序。美国以胜利者的姿态试图继续以大西洋联盟为基石巩固其在欧洲的既有统治地位并填补苏联离开后的"权力真空"。而作为"战败"一方的苏联,为了避免冷战失败者的形象、削弱西方的安全威胁并重新融入新欧洲,主张全盘打散两大联盟体系并建立一个取而代之的"泛欧安全结构"。对法国来说,欧洲人自己的欧洲共同体才是约束统一德国、摆脱美国统治、填补东欧权力真空的最佳场所。英国则一如既往地展现了

---

　　① Philip Zelikow and Condoleezza Rice, *Germany Unified and Europe Transformed*: *A Study in Statecraft*, p.320.

　　② *Ibid.* p.318.

　　③ Frédéric Bozo, *Mitterrand*, *the End of the Cold War*, *and German Unification*, pp.280 – 281.

它的欧陆均势政策原则,撒切尔将经济、政治与安全分别装在了欧共体、欧安会以及北约三个篮子中,任何国家主导下的任一单一机制似乎都不是统领欧洲的最好方案。

苏联融入欧洲、分享欧洲领导权的"泛欧主义"构想,由于同英、法的诉求根本上不同,加上美国不断对盟国施压,因此遭到了西方三国的孤立并退出了新欧洲秩序的竞争。法、美"欧洲主义"与"大西洋主义"之争更为激烈,其争论焦点在于要不要推进北约的政治转型以承担起吸纳东欧、统领欧洲的责任。法、美间的秩序竞争推进了这一时期"欧洲主义"与"大西洋主义"的齐头并进。一方面,法国放弃了原本可以以支持统一为条件而获得联邦德国在欧洲发展路径上的更多让步,转而寻求更加积极地同德国开展协调以推动欧洲进程,在法国看来,欧洲一体化前进得越快,大西洋的纽带显得越多余。因而,1990年欧洲一体化的突飞猛进可以用它的三重用途来解释:欧洲通过推进欧洲一体化捆绑住了德国;德国通过推进一体化得到了欧洲对统一的支持;法国通过推进一体化谋求对"大西洋主义"的边缘化。另一方面,迫于"欧洲主义"的压力,也为了在表面上迎合苏联转变两大联盟军事属性的要求,美国在英、法的强大阻力下动用了其作为西方联盟领导的几乎一切力量成功推动了大西洋联盟从军事到政治的转型。作为欧洲地区力量的法、英无力阻止这场联盟的变革。

通过对目标与结果的比照,也就不难对四大国的战略作出评价。在这场争夺欧洲主导权的秩序竞争中,苏联无疑是一个失败者。随着华约以及苏联自身的解体,北约的军事属性及其覆盖范围非但没有削弱反而得到了前所未有的增强,苏联面临北约东扩的安全威胁越来越大,其融入欧洲的基本国策也一再被美国人阻挠,不论是在欧洲安全,还是在经济、政治领域,它都失去了原本的立足之地。美国则成功地利用大西洋联盟,排除国内孤立主义的干扰,并取得了对欧洲的继续控制,也成功地将大西洋联盟拓展到了苏联退出后的真空地带,大西洋联盟的内涵与外延都得到了充实,美国在新欧洲秩序中的主导地位正是它带领西方赢得冷战后应得的"奖品"。

如果说大西洋联盟有多么成功,就意味着法国有多么失败的话,那法国确是一个受挫的失败者,但这种评判是有失公允的。事实上,推动欧洲建设是法国新欧洲秩序设计中的首要目标,而维持大西洋联盟封闭的军事属性是另一个相对次要的目标。1990年的法国已然"实现了它在冷战结束以后初期的一个主要目标,那就是为欧洲一体化建设的巩固与深化奠定基础"①。就阻止大西洋联盟转型这个次要目标而言,法国的行动也是理性的:在苏联看来,联盟转型已是德国统一的先决条件,否定联盟转型就意味着否定德国统一、否定法德关系、否定欧洲一体化,因而,在这种逻辑下,在相互矛盾的主要目标和次要目标之间,法国理性地选择了维持法德关系并推进共同体建设,淡化了对北约转型的反对,这是合乎情理的。

英国对冷战后的欧洲设计,没有苏、美、法那般显而易见地争取欧洲主导权的企图,这与它一以贯之的欧陆均势政策有关。从欧陆均势出发,一个统一的德国被很好地置于欧共体、北约以及欧安会三重框架内,它重新称霸的可能性微乎其微,这一点上英国的战略是成功的。不过,在法、德轴心与美国争夺欧洲主导权之中,英国虽然既反对前者,又反对后者,但它反对欧共体建设多一点,反对北约转型少一点,这就使得冷战后的美国在与欧洲本土势力的较量中暂时占了上风。从这点意义上讲,英国的战略又是不彻底的、矛盾的。"9·11"事件之后,美国逐步抽身欧洲,法、德顺势推进欧洲安全、外交、防务一体化进程,英国的尴尬地位也逐步凸显。

原载《中山大学学报》2020 年第 1 期

---

① [法]弗雷德里克·波佐:《美国、法国与冷战的终结:趋同、近似和分歧》,载《国际政治研究》2008 年第 3 期。

第三编

西方经济、医疗与环境史研究

本编作者简介

(1) 倪正春：南京师范大学副教授，硕士生导师。南京大学博士毕业，主要从事世界中世纪史和英国经济史的教学与研究。多次主持国家社科基金项目，在《历史研究》《学海》《中国农史》《经济社会史评论》等刊物发表系列论文，获江苏省第十六届哲学社会科学优秀成果奖三等奖，中国世界中世纪史学会优秀论文一等奖。

(2) 白爽：南京师范大学副教授，硕士生导师。南京大学博士毕业，主要从事世界现代史、英国医疗社会史与和平学的教学与研究，主持国家社科基金青年项目、江苏省社科基金"江苏文脉研究"专项，以及多项校际合作项目，在《史学月刊》《学海》《史学集刊》《历史教学》等刊物发表系列论文，获江苏省哲学社会科学界第十四届学术大会优秀论文一等奖。

(3) 王玉山：南京师范大学世界史学科讲师。北京师范大学博士毕业后，进入中国人民大学清史研究所博士后流动站。出站后，主要从事世界古代史和美国环境史的教学与研究。在《世界历史》《学术研究》《社会科学战线》《中国社会科学报》等刊物发表多篇论文，翻译出版《世界环境史》。

16 世纪英格兰公簿持有农的土地权利安全性问题研究

倪正春

摘　要:16 世纪英格兰公簿持有农的土地权利安全性问题,对于理解社会转型期的英国至关重要。从土地继承权来看,公簿持有农基本享有自由的土地继承权。从地租来看,公簿持有农交纳的地租大体上比较稳定,领主不能任意提高地租。16 世纪,公簿持有农的土地权利已经开始受到法律保护。进入费是公簿持有农和领主争议的焦点,但总体来看,庄园习惯法在决定进入费方面比领主的意志更重要。

关键词:英格兰;公簿持有农;土地权利

英国历史上,16 世纪是一个重要的转折时代,民族国家的形成、宗教改革、农业变革都发生在这一时期。在这样一个变革时代,占乡村人口大多数的公簿持有农是否享有安全的土地权利呢? 16 世纪英格兰公簿持有农的土地权利问题是国外学术界争议不断的一个问题。关于这一问题,大致可划分为两种截然不同的观点,一种观点认为公簿持有农在 16 世纪的土地权利不安全,容易被领主剥夺。主要代表学者有阿什利、罗伯特·布伦纳、R. H. 托尼和约翰·E. 马丁。阿什利教授认为,公簿持有农在当时没有法律保障,容易遭到非法驱逐。[①] 罗伯特·布伦纳认为,英国农民没有建立土地的自由

---

① R. H.Tawney, *The Agrarian Problem in the Sixteenth Century*, Harper & Row, 1967, p.290.

持有权。① 随着档案资料的丰富、研究的深入,近些年历史学家大多对公簿持有农的地位比较乐观,认为习惯佃农在 16 世纪对土地的占有权比较牢固,持这种观点的学者主要有克里斯托弗·戴尔、罗伯特·阿伦和简·惠特尔。克里斯托弗·戴尔认为,到 1500 年,尽管公簿持有地仍无法与自由土地相比,因为征收的地租较高且保留了部分领主权利,但是公簿持有地事实上已成为佃户的财产。② 罗伯特·阿伦认为,“1300 至 1600 年,大多数敞田制下的农民获得了土地的财产权利”③。笔者认为,上述历史学家之所以会形成不同的观点,是因为公簿持有农的土地权利安全性问题是一个十分复杂的问题,不同地区、不同庄园、不同种类的公簿持有农所享有的权利千差万别,无法形成全英格兰范围内的统一结论。

首先要界定一下公簿持有农这个概念。16 世纪的英格兰,农民成分比较复杂,大致包括自由持有农(freeholders)、习惯持有农(customary tenants)和租借持有农(leaseholders)三类,习惯持有农是其中的主要组成部分。习惯持有农是指按照庄园习惯法持有土地的农民,其保有土地的期限、租金的水平、进入费的高低、继承的权利根据各个庄园习惯法的不同而有所改变。公簿持有农是习惯持有农中的一类,而且是占大多数的一类。公簿持有农主要由中世纪时期的农奴——维兰演化而来。但随着中世纪后期农奴制的解体,公簿持有农已经去除了维兰身上的农奴标志,也就是维兰向领主负担的劳役具有不确定性,而公簿持有农需要负担的劳役已经在庄园法庭案卷中确定下来。公簿持有农可以定义为根据庄园惯例,按庄园法庭案卷的抄本(copy of court roll)而持有领主土地的维兰。据托尼考察,公簿持有农大约占乡村人口的三分之二。到 16 世纪,不论是在数量上还是在影响上,公簿持有农都在农民中占主导地位。在农民的土地保有形式中,公簿持有保有权占据主导地位,而其他的保有形式,如按领主意愿租佃土地的制度和契约持有保有权,规模和影响在 16 世纪都比不上公簿持有保有

---

① Robert Brenner, "Agrarian Class Structure and Economic Development in Pre-Industrial Europe", *Past & Present*, No. 70 (Feb., 1976), p.63.

② [英]克里斯托弗·戴尔:《转型的时代——中世纪晚期英国的经济与社会》,莫玉梅译,北京:社会科学文献出版社 2010 年,第 46 页。

③ Robert C. Allen, *Enclosure and the Yeoman*, Clarendon Press, 1992, p.66.

权。[①] 所以,公簿持有农的土地权利状况代表了 16 世纪农民土地权利状况的主流。

16 世纪的英格兰,公簿持有农的土地产权还没有完全确立,还没有形成现代意义上的所有权(ownership)概念,用以表示土地产权的主要概念是生产者对土地的法定占有(seisin)。法定占有是从中世纪的土地保有权(tenure)演化而来,土地保有权是指某人因承担封建义务而持有土地的权利。随着生产者对土地占有权的逐渐凝固,从而产生了法定占有这一概念。[②] 这种法定占有是不是一种安全的土地权利呢? 公簿持有农对土地的法定占有可以从四个维度来衡量:第一,公簿持有农是否享有自由的土地继承权。第二,公簿持有农交纳的地租是否稳定,领主能否任意提高地租。第三,公簿持有农接手或继承土地的时候需要交纳的进入费(entry fines)是否稳定。第四,公簿持有农的土地权利是否能得到法律保护。本文尝试对以上四个维度进行分析,探讨 16 世纪英格兰公簿持有农的土地权利是否安全这一问题。

一、公簿持有农的土地继承权

公簿持有农的前身是不自由佃农维兰。法理上,一个典型的维兰是不能自行处置土地的,即无法自由离开土地、出售和出租土地,也不能订立遗嘱和继承土地。如果维兰离世,其土地应归还领主,领主再根据自己的意愿重新分配。[③] 但实际情况总是比法理更通融,16 世纪之前的几百年间,维兰已经可以继承土地,并在一定程度上自由支配土地。随着农奴制的解体,维兰的后代成为"凭法庭案卷副本而持有"[④]土地的公簿持有农。公簿持有农的土地继承权是否安全呢?

首先,分析公簿持有农的土地继承权要考虑到公簿持有权的不同类型。公簿持有农不止一种,保有权的性质依赖于各地不尽相同的庄园惯例。[⑤] 公

①　R. H. Tawney, *The Agrarian Problem in the Sixteenth Century*, p.289.

②　侯建新:《中世纪英格兰农民的土地产权》,《历史研究》2013 年第 4 期。

③　同上。

④　A. W. B. Simpson, *A History of the Land Law*, Clarendon Press, 1992, p.161.

⑤　R. H. Tawney, *The Agrarian Problem in the Sixteenth Century*, p.49.

簿持有权可以分为三类:第一类是世袭公簿持有权;第二类是多代继承公簿持有权;第三类是为期数年公簿持有权。公簿持有农也相应地划分为三种:世袭公簿持有农、多代继承公簿持有农、为期数年公簿持有农。公簿持有权的类型和公簿持有农的继承权有密切关系,不同的公簿持有权对应不同的土地继承权。

世袭公簿持有权按照习惯法被授予无条件继承权,也就是说公簿持有农的后代可以依次继承土地,如果没有大的社会变动的话,一个公簿持有农家庭可以一直占有一块固定的土地。世袭公簿持有农对土地的权利已经非常稳固,他们可以把土地传给后代,或是卖给任何人。领主只有平时收取地租,土地继承或转手的时候收取固定的进入费的权利。英格兰东部和中部米德兰部分地区盛行这种公簿持有权。英国学者简·惠特尔所研究的哈维因海姆·毕晓普斯(Hevingham Bishops)庄园位于英格兰东部的诺福克郡,这个庄园是典型的世袭公簿持有农占大多数的类型,因此,简·惠特尔认为这个庄园的习惯持有权是安全的。只要土地交易被呈递到法庭,而且向领主付进入费和宣誓效忠,佃农就有权利按照自己的意愿把土地转让或卖给任何人。① 第二类土地持有形式是多代继承公簿持有权,这是英格兰西部和南部的主要土地保有形式。在盛行多代继承公簿持有的庄园,通常授予一个佃农家庭中的三个人公簿持有权,也就是说这三个人可以按照顺序继承土地,而且要把这三个人的名字明确地记录在案卷上。这三个人通常是佃户本人和他的两个孩子。还有一些例外情况,例如,在德文郡的卡尔姆斯托克(Culmestock),公簿持有权通常授予两个人,在属于伍斯特主教的许多庄园里通常授予四个人公簿持有权。在实践中,公簿持有权延续的时间通常会比授予的还要久一些,因为男性佃农死后,只要他的妻子不再改嫁就可以享有"寡妇产"(free bench),可以继续使用这块土地。这意味着授予三个人的持有权通常会持续四个人的生命时间。从延续的时间看,这种公簿持有权不如世袭公簿持有权牢固,因为多代继承公簿持有权持续的时间通常是两代人,也就是几十年的时间。租约到期后,如果这个公簿持有农家庭的成员还想继续承租这片土地的话,需要和领主重新订立租约,重新商议进入费

① Jane Whittle, *The Development of Agrarian Capitalism: Land and Labour in Norfolk 1440—1580*, p.77.

的数额。托尼考察的庄园大多位于英格兰西南部,60 个庄园有 33 个盛行多代继承公簿持有,只有 22 个盛行世袭公簿持有,因此他得出的结论是多代继承公簿持有权比世袭公簿持有权更加普遍,大多数公簿持有农的土地权利不安全。[①] 但是,多代继承公簿持有权果真是一种不安全的土地权利吗?首先,多代继承公簿持有权已经可以保证一个佃农家庭在几十年的时间里稳固地占有一块土地,在这几十年的时间里,这个佃农家庭可以自由地经营这块土地。从现代意义来看,这已经是一种比较稳固的土地权利。其次,即使公簿持有权到期,只要公簿持有农履行了应尽的义务,领主也很少会费尽心机地为这块土地另寻他主。

为期数年的公簿持有权很稀少,即使在米德兰地区也不多见。持有这种公簿持有权的农民通常被授予 21 年的土地持有权,但是有时也会授予长达 40 年或 61 年,或者短至 9 年。在许多情况下,这类公簿持有农在到期并支付更新租约的进入费后,可以延长租佃期。

总体来说,世袭公簿持有农的继承权已经比较牢固;多代继承公簿持有权也相对来说比较牢固,因为这种公簿持有权意味着一块土地能保持在一个家庭中达到 3 个人甚至 4 个人的生命时间,也就是几十年的时间,这几十年对土地的占有和经营足以保证这个家庭对土地的安全保有,更何况即使租约到期后,这个家庭的成员在订立新租约方面占有很大的优势。为期数年的公簿持有权根据其占有土地的时间对土地的权利也不同,但大多数情况下都会延续几十年,这也在一定程度上保证了公簿持有农对一块土地的长期经营。另外一个不能忽略的事实是,为期数年的公簿持有农毕竟占公簿持有农中的少数。表 1 中的数据是两位英格兰学者的统计。第一行是萨文博士(Dr. Savine)对英格兰的 82 个庄园进行统计的结果,第二行是托尼对 60 个庄园进行统计的结果,第三行是上述两位学者统计的数量之和。通过这个表可以看出,没有续约权的为期数年公簿持有数量相当少。

---

① R. H. Tawney, *The Agrarian Problem in the Sixteenth Century*, pp.300 - 301.

表1　16世纪英格兰庄园中公簿持有农种类统计

庄园	世袭公簿持有	有续约权的为期数年公簿持有	多代继承公簿持有	没有续约权的为期数年公簿持有
(a)82	25	17	40	—
(b)60	22	2	33	3
(c)142	47	19	73	3

资料来源：R. H. Tawney, *The Agrarian Problem in the Sixteenth Century*, p.299.

二、地租

中世纪初期,维兰为了求得领主的保护或者为了获得一块土地,降为依附地位,为了回报领主的保护或土地授予,维兰要定期到领主自营地上服役,劳役主要包括两种形式,"周工"和"布恩工"。周工是维兰每周中的几天去领主自营地上进行劳动,一般是2至3天,劳动的内容是犁地、播种、耙地等。布恩工只是偶尔才履行的一种劳役,所以也称为"帮工"(extras)。13世纪末叶之后,大部分劳役地租折算为货币地租,公簿持有农要为持有领主的土地缴纳一定数量的货币地租。

公簿持有农所需缴纳的地租是否稳定呢? 大多历史学家已经形成一致的观点,认为公簿持有农的租金已经比较稳定。表2是托尼统计的英格兰某些庄园公簿持有农的习惯地租增长情况。

表2　英格兰某些庄园公簿持有农的习惯地租增长情况

	庄园	租金			
1	南牛顿	1295—1308年 13英镑19先令 3.5便士			1568年 14英镑4先令8便士
2	安格尔德梅尔斯	1347年 61英镑9先令4便士	1421年 71英镑10先令3便士	1485年 72英镑6先令8便士	1628年 73英镑17先令2便士

续表

庄园		租金			
3	克龙德	1287 年 53 英镑 7 先令			1567 年 103 英镑 2 先令 8.75 便士
4	撒顿沃 伯灵顿	1351 年 5 英镑 17 先令 4.75 便士			1567 年 8 英镑 10 先令 4 便士
5	阿斯利· 吉斯	1295 年 7 英镑 8 先令 4 便士			1542 年 10 英镑 5 先令 10 便士
6	伯灵	1248 年 9 英镑 2 先令 6.5 便士	1567 年 14 英镑 9 先令 4 便士		1585 年 14 英镑 9 先令 4 便士
7	阿克林顿	1352 年 18 英镑 13 先令 2 便士	1478 年 19 英镑 13 先令 11 便士	1567 年 19 英镑 13 先令 11 便士	1580 年 20 英镑 5 便士
8	库克汉姆	1483 年 9 英镑 9 先令 3 便士			1505 年 8 英镑 9 先令 3 便士
9	伊布斯通	1483 年 4 英镑 8 先令 10 便士			1600 年 3 英镑 15 先令 0.5 便士
10	海波士顿	1498 年 3 英镑 12 先令	1567 年 3 英镑 12 先令	1585 年 3 英镑 12 先令	1702 年 12 英镑
11	安布勒	1539 年 22 英镑 14 先令 6 便士			1608 年 16 英镑 5 便士
12	马尔登	"亨利七世统治期间" 4 英镑 9 先令 10 便士			1529 年 4 英镑 6 先令 7 便士
13	基布沃思	1527 年 23 英镑 6 先令 7 便士	1588 年 26 英镑 15 先令 1 便士		1607 年 19 英镑 14 先令 5 便士
14	斯坦顿	1304—1305 年 21 英镑 17 先令 3 便士	1348—1349 年 23 英镑 8 先令	1373—1374 年 23 英镑 2 先令 2.5 便士	1461 年 33 英镑 3 先令 3.5 便士
15	菲灵	1317—1318 年 29 英镑 10 先令 9.5 便士	1445—1446 年 32 英镑 14 先令 10 便士	亨利八世 16 英镑 2 先令 6.5 便士	

续表

庄园		租金		
16	阿普德拉	1321 年 7 英镑 11 便士	亨利六世 10 英镑 11 先令 6 便士	亨利六世 13 英镑 14 先令 10.5 便士
17	明钦汉普顿 （works）	1357 年 41 英镑 14 先令 4 便士 4 英镑 18 先令		1501 年 41 英镑 19 先令
18	琅利玛利诗	1280 年 20 英镑 16 先令 5.5 便士	1441 年 24 英镑	1547 年 45 英镑 3 先令 5.75 便士
19	刘易斯汉姆	亨利六世 8 英镑 11 先令 7 便士	1521 年 23 英镑 1 先令 6.5 便士	詹姆斯一世 90 英镑 3 先令 3 便士
20	古丁顿 复活节 和米迦勒节 时的数字 （全年）	爱德华三世 6 英镑 4 先令 2.75 便士 12 英镑 8 先令 5.5 便士	15 世纪 15 英镑 16 先令 7 便士	詹姆斯一世 9 英镑 19 先令 8.75 便士
21	艾斯勒沃斯 （米迦勒节）	1314—1315 年 21 英镑 16 先令 10 便士	1386—1387 年 23 英镑 3 先令 10.25 便士	1484—1485 年 18 英镑 18 先令
22	沃顿 （自由和 习惯佃农）	1207 年 9 英镑 11 先令 2 便士		1607 年 13 英镑 19 先令 0.5 便士
23	斯皮恩	1271—1272 年 6 英镑 13 先令 9.75 便士		1547 年 17 英镑 4 先令 2 便士
24	希灵顿	1303—1304 年 29 英镑 13 先令 0.5 便士	1314—1315 年 30 英镑 4 先令 10 便士	1478—1479 年 58 英镑 11 先令 9 便士(不包括土地 和庄园条款)

庄园		租金		
25	克兰菲尔德（包括村庄的租金）	1383—1384 年 68 英镑 15 先令 2 便士	1474—1475 年 63 英镑 19 先令 10.25 便士	1519—1520 年 72 英镑 2 先令 1.75 便士
26	霍利韦尔	1325—1326 年 12 英镑 18 先令 2 便士		1482—1483 年 22 英镑 7 先令 8 便士
27	费尔利	1536 年 4 英镑 9 先令 9 便士		1803 年 4 英镑 15 先令 5 便士

资料来源：R. H. Tawney, *The Agrarian Problem in the Sixteenth Century*, pp.115 - 117.

从表 2 可以看出，尽管某些庄园的地租有相当大的增长，但从长时段来看，许多庄园的地租还是相对比较稳定。虽然这些稳定或基本稳定的租金不能完全说明公簿持有农和庄园主之间的关系，因为庄园主还有其他方式来补偿自己的损失，例如公簿持有农最初持有租地时要缴纳的进入费，公簿持有农的继承人在继承土地时要缴纳更新租契的进入费等。然而，托尼认为，这些限制确实表明，构成庄园核心的习惯租地在很长一段时间内几乎没有高额地租。[①] 到 16 世纪末 17 世纪初，庄园主仍然无法使公簿租金和不断上升的土地价格保持一致，在一些地方，地租甚至长期保持不变。例如，在剑桥郡的威尔伯顿庄园，地租长期以来是固定的。1609 年时公簿持有农的地租与亨利七世时规定的地租是一样的。每 24 英亩土地附带少量的低草地和一定的放牧权，须付地租 20 先令。在土地价值已大大上涨的情况下，这种长期保持低位的地租对公簿持有农是十分有利的。自营地仍然以 8 英镑的旧地租额出租。按照当时的商业性地租或盘剥性地租计算，估计地租应为 66 英镑 13 先令 9 便士。[②]

地租相对比较稳定的原因在于庄园习惯法是决定地租额的主要因素，而不是土地的实际价值。布伦纳的观点和托尼基本一致。他认为，地租根

---

① 　R. H. Tawney, *The Agrarian Problem in the Sixteenth Century*, p.118.

② 　W. H. R. Curtler, *Enclosure and Redistribution of Our Land*, Oxford，1920，p.119.

据庄园惯例固定下来,由于通货膨胀的影响实际价值处于降低趋势。[1] 新近的历史学家,例如马克·奥弗顿的观点与上述两位历史学家也基本一致,他认为,如果以现代意义来解释佃农向领主负担的"地租"是明显的误解,因为这种地租和土地价值或者经营土地的利润毫无关系,而是惯例长期演变的产物。[2]

三、争论的焦点——进入费

近代初期,英格兰的公簿持有农除了要为自己持有的土地负担地租,还要在土地继承或转手的时候交纳进入费。进入费,也称为入地费,其含义就是即将进入土地的佃农获得土地权利的时候要付的费用。广义上的进入费也包括遗产税,遗产税是庄园领主对死亡农奴提出的财产要求,它源于一种古老的惯例,根据该惯例,所有的人——包括自由人和非自由人——在死亡后必须归还原本由领主为其提供的作战工具。[3] 随着时间的推移,很多自由人摆脱了交纳遗产税的义务,但是维兰仍然要继续交纳遗产税,交纳的内容通常是一头最好的家畜或一个物件。近代初期,遗产税已大多折算成货币形式,大多数情况下与进入费合并为一体,都需要继承或接手土地的佃农交纳。也就是说,遗产税、继承金,还是承租罚金(fine on entry),无论怎么称呼,对纳税人来说,似乎都是一回事。[4] 进入费是 16 世纪公簿持有农土地权利安全与否的焦点。相对地租来说,进入费是一个更加复杂的问题,相关学者至今没有达成一致观点,因为进入费在不同的地区,甚至不同庄园的情况变化很大。

关于进入费的争论焦点之一是,进入费是否像地租一样根据庄园习惯法固定下来,还是更多地取决于领主的意志,处于变动之中。托尼认为,公簿持有农享有的安全程度区别很大,固定的进入费是例外,变动的进入费是常态。他承认在有的地方,进入费已经固定下来,成为惯例。例如,伊丽莎白时期的王室地产上,进入费根据各地的不同情况固定下来,有时是任意

---

[1] Robert Brenner, "Agrarian Class Structure and Economic Development in Pre-Industrial Europe", p.61.

[2] Mark Overton, *Agricultural Revolution in England: the Transformation of the Agrarian Economy, 1500—1800*, p.33.

[3] [英]亨利·斯坦利·贝内特:《英国庄园生活:1150—1400 年农民生活状况研究》,龙秀清等译,上海:上海人民出版社 2005 年,第 44 页。

[4] 亨利·斯坦利·贝内特,前揭书,第 126 页。

的,有时是一年的租金,有时是两年的租金;1609 年,泰恩茅斯郡
(Tynemouthshire)的 12 个庄园使法庭确认,把他们的进入费固定在一个具
体数额,其中 6 个庄园在接纳一个后代的时候固定在 2 英镑,转让土地的时
候固定在 4 英镑,其余 6 个庄园在前一种情况下要交纳一年的租金作为进
入费,在后一种情况下要交纳两年的租金。但托尼认为在大多数庄园,进入
费都处于变动之中。因为在地租已经固定的情况下,提高进入费成为领主
提高收入的主要手段。16 世纪是一个经济变动的时代,物价增长,货币贬
值。如果地租和进入费都保持在之前水平的话,公簿持有农就会获得经济
增长带来的剩余。例如,按照梅特兰的论述,在威尔伯顿(Wilburton),一维
尔格特土地价值 7 或 8 英镑,但只收取 1 英镑的地租。领主怎样才能获得剩
余呢?他能通过诱使佃农把公簿持有转化为契约持有,或是通过提高进入
费来达到目的。领主想方设法提高进入费的情况确实很普遍。托尼考察了
诺森伯兰郡、威尔特郡和萨默塞特郡的一些庄园,得出他的上述结论。

表 3　诺森伯兰郡 3 个庄园的进入费

庄园	进入费	
	1567 年	1585 年
阿克灵顿	57 英镑 3 先令 8 便士或每位佃农 3 英镑 3 先令 4 便士	87 英镑 10 先令或每位佃农 4 英镑 17 先令 2 便士
海伊·巴斯顿	11 英镑 14 先令或每位佃农 2 英镑 18 先令 6 便士	18 英镑或每位佃农 4 英镑 10 先令
伯灵	43 英镑 7 先令 6 便士或每位佃农 4 英镑 6 先令 9 便士	72 英镑或每位佃农 7 英镑 4 先令

资料来源:R. H. Tawney, *The Agrarian Problem in the Sixteenth Century*, p.305.

表 4　威尔特郡 6 个庄园和萨默塞特郡 1 个庄园平均每英亩要付的进入费

1520—1539 年	42 位佃农为每英亩付的平均进入费	1 先令 3 便士
1540—1549 年	28 位佃农为每英亩付的平均进入费	2 先令 11 便士
1550—1559 年	36 位佃农为每英亩付的平均进入费	5 先令 6 便士
1560—1569 年	29 位佃农为每英亩付的平均进入费	11 先令

资料来源:R. H. Tawney, *The Agrarian Problem in the Sixteenth Century*, p.306.

托尼所考察的庄园大多位于英格兰西南部,也就是盛行多代继承公簿持有权的地区,这个地区的公簿持有农所享有的土地权利相对来说比较薄弱。而在简·惠特尔所考察的诺福克郡,公簿持有农大多持有世袭公簿持有权,享有的土地权利比较牢固,进入费也变动不大。

表5是诺福克郡东北部的7个庄园的进入费增长情况。在15世纪40年代至16世纪70年代之间,7个庄园中仅仅有5个庄园的平均进入费有一些微弱增长。

表5　诺福克郡7个庄园的进入费

庄园	每英亩平均进入费		
	1444—1568 年	1515—1532 年	1556—1574 年
布利克林(Blickling)	32.3 便士	—	45.0 便士
哈维因海姆·毕晓普斯(Hevingham Bishops)	4.8 便士	5.2 便士	6.1 便士
哈维因海姆·凯茨(Hevingham Cattes)	44.3 便士	—	41.2 便士
索尔·柯克霍尔(Salle Kirkhall)	—	44.0 便士	48.3 便士
萨克斯索普·林德霍尔(Saxthorpe Loundhall)	17.5 便士	23.6 便士	23.5 便士
萨克斯索普·米克尔霍尔(Saxthorpe Mickelhall)	21.6 便士	6.4 便士	14.9 便士
斯科托(Scottow)	—	44.0 便士	46.0 便士

资料来源:Jane Whittle, *The Development of Agrarian Capitalism：Land and Labour in Norfolk*, *1440—1580*, p.80.

简·惠特尔的结论是,在1575年之前,土地从习惯保有转变为租借持有,以及习惯保有的不安全都无法在所考察的庄园中得到证明。1450—1575年,租金、进入费和庄园收入变动很小。同一时期,通货膨胀使得谷物价格增长了三倍。佃农向其他佃农出卖习惯保有地的价格也增长了三倍。①

————————

① Jane Whittle, *The Development of Agrarian Capitalism：Land and Labour in Norfolk*, *1440—1580*, p.82.

也就是说,公簿持有农从牢固的土地权利中获益。

　　不同时代的历史学家考察的依据不同,得出的结论也截然不同,但是通过他们的论述,可以发现这一时期的进入费有两个特点。首先,进入费问题在 16 世纪已经成为一个领主和佃农之间关系的矛盾焦点。领主要设法从他们的庄园地产中得到更多的收入,以和通货膨胀以及对土地日渐提高的需求保持同步。而公簿持有农要想方设法使进入费固定在一个水平。因此,公簿持有农和领主之间就进入费问题常常会产生矛盾冲突。例如,哈维因海姆·毕晓普斯庄园,是简·惠特尔所考察的庄园中进入费最低的,16 世纪初期成功地固定了进入费水平。但是,到了 1540 年,新领主詹姆斯·博林取得这个庄园后,进入费开始上涨。佃农进行了抗争,甚至把他们的诉状带到了王室法庭。最后的结果是,在 1543 年的法庭案卷中,我们发现了一条领主和佃农达成协议的记录。双方同意哈维因海姆·毕晓普斯庄园的进入费固定为每英亩 6 便士,而且不再增加,因为这是自远古以来的庄园惯例。① 布伦纳认为,16 世纪上半叶的英格兰是一个农民起义迭起,威胁到整个社会秩序的时期。农民起义的主要议题——尤其是在 16 世纪 30 年代中期的北方起义和 1549 年的凯特起义中——是农民保有权的安全,尤其是任意进入费的问题。② 其次,在同一时段,不同地区,甚至不同庄园之间的进入费水平相差很大,这反映了进入费的地区差别比时段差别更加明显。例如,诺福克郡的哈维因海姆·凯茨庄园的进入费比哈维因海姆·毕晓普斯庄园的进入费高 8 到 12 倍。在 15 世纪,哈维因海姆的一个佃农进入位于毕晓普斯庄园的 1 英亩土地只需付 4 便士的进入费,而进入旁边的 1 英亩属于凯茨庄园的土地要付 4 先令。③ 也就是说,相对于领主提高进入费的愿望来说,庄园惯例在决定进入费方面更为重要。

---

①　Jane Whittle, *The Development of Agrarian Capitalism*: *Land and Labour in Norfolk*, 1440—1580, p.81.

②　Robert Brenner, "Agrarian Class Structure and Economic Development in Pre-Industrial Europe", p.62.

③　Jane Whittle, *The Development of Agrarian Capitalism*: *Land and Labour in Norfolk*, 1440—1580, p.79.

四、公簿持有农的法律保障

中古时期的英格兰处于一种封建割据的状态中,司法权也相对处于分散状态。每个领地,甚至庄园都有独立的司法权。庄园中的习惯法成为规范庄园上的农民行为的主要法律。近代初期之前的几个世纪中,习惯法对公簿持有农权利起到了保护的作用。英国各地的习惯法形态各异,有的有文本记录,有的只是口耳相传,但是都适应当地的客观实际情况。各地的庄园习惯法对公簿持有农的权利义务一般都有明确规定,是公簿持有农赖以存在的法律基础。公簿持有农(tenant by copy of court-roll)的含义就是依据庄园法庭卷档持有土地。习惯法对于农民来说至关重要,当佃农和领主争吵的时候,佃农总是会求助于惯例。当农民们向政府寻求帮助的时候,他们也通常要求遵守他们"古老的惯例"。即使到了 16 世纪,对于大多数农民来说,惯例还是比国家法庭的法律更重要,重要的决定还是依赖于惯例。

普通法形成之后,英国有两套不同的司法系统,适用普通法的中央普通法法院和适用习惯法的庄园法庭。中央普通法法院包括巡回法院、普通法诉讼法院、财政法院、王座法院等专职法院。庄园法庭是最为基础的司法体系,负责处理不自由人的土地问题。中央普通法法院仅仅涉及那些持有自由土地保有权的人,也就是负责处理自由人的土地问题。鼎盛时期的庄园法庭对保护农民,尤其是维兰的土地占有权起到了很大作用。正如法国历史学家布洛赫所言,"习惯法是一把双刃剑,它时而为领主所利用时而为农民所利用"①。中世纪时期,王室法院无权深入庄园内部。在 12 世纪时,依附关系还很强,在领主与其直接的臣民之间,人们绝不容许,甚至设想插入一个外来者,哪怕他是国王。② 直到中世纪末期,不自由佃农都被排除在普通法的范围之外,如果他们想寻求对他们土地持有的保护,必须通过他们领主的法庭。在英国,中世纪后期随着庄园制的衰落,庄园法庭大多也失去作用,在这一历史转折时期,公簿持有农的权利还能得到法律的保护吗? 对于这一问题,有的学者认为,16 世纪初,领主可以任意剥夺公簿持有农的租地

---

① [法]马克·布洛赫:《法国农村史》,余中先、张朋浩、车耳译,北京:商务印书馆 1991 年,第 85 页。

② 马克·布洛赫,前揭书,第 146 页。

并对他们加以驱赶,但大多数学者根据史实认为,公簿持有农 16 世纪以后取得了普通法的保护。

一方面,随着英国由割据状态的封建国家走向统一的民族国家,司法权也出现逐步统一的趋势。英王亨利二世时期就开始逐步扩大王室的司法权。王室司法程序涉及的农民身份也越来越广泛。近代初期,公簿保有制成为农民土地保有制中不可忽视的一个部分,王室法院对习惯保有土地的态度逐渐发生改变,主动对公簿持有权加以确认和保护。进入 15 世纪,普通法法庭和大法官都开始干预公簿持有农的法律问题。变化首先出现在法律思想层面。1467 年,首席法官丹比表达了他的观点:领主无权驱逐已经履行了义务的公簿持有农。1481 年,首席法官布里安进一步表明,如果已履行规定义务的公簿持有农受到领主驱逐,他就可以侵犯罪起诉他的领主。[1] 在当时法律界的权威人物利特尔顿(Littleton)发行的关于英格兰法的专著《土地保有》中也能觅到这种思想的痕迹。1530 年,利特尔顿的专著再次出版的时候已经把首席法官丹比和布里安的思想收录其中。因此,这种思想的地位得到确立。在实践中,王座法庭、财政法庭和高等民事法院相继允许公簿持有农使用收回地产之诉(eiectio firmae)这一法律手段来维护自己的土地保有权。王座法庭于 1573 年通过这一决定。王座法庭的做法是,无论庄园惯例是否允许公簿持有农不经领主批准就出租土地,公簿持有农都可以发起这一诉讼。财政法庭于 1596 年通过这一决定。高等民事法院最初不允许这种诉讼,但是经过一段时间的抗衡最终也接受了这一观点。[2] 收回地产之诉是针对侵害行为而提起的一种特殊形式的诉讼,这种诉讼一般发生在承租人与阻碍其在承租期内占有土地的任何人之间。也就是说,当公簿持有农的土地被领主或第三人侵占之后,他可以向法院提起诉讼,请求返还自己占有的土地,从而在普通法上正式确认了公簿持有农对其所占有土地享有保有权。公簿持有农能通过诉讼来恢复其土地保有权具有非常重要的历史意义。在 15 世纪,它只能靠领主与公簿持有农之间的协议来确认其保有权。而到了 17 世纪,公簿持有农很大程度上能够依靠司法裁决来保障公簿

---

① A. W. B. Simpson, *A History of the Land Law*, Clarendon Press, 1986, p.162.

② A. W. B. Simpson, *A History of the Land Law*, p.164.

持有权。① 至此,"领主法庭的权利受到了来自外部的王室法院的制约,这标志着管辖权状况的转变。它是使土地保有人朝着土地所有人的方向迈出的第一步"②。也就是说,在普通法的保护下,公簿持有农对土地的占有越来越趋近于所有。16 世纪末,普通法已经建立了一套比较明确的有关公簿持有农权益的规则。

普通法之所以能比较有效地保护公簿持有农的权利,是因为普通法保护公簿持有农权利的方式比较特别。普通法在保护公簿持有农的土地权益时,并没有简单地将普通法的规则适用于公簿持有制,而是将各地的习惯法纳入普通法土地权利制度的内容中,同时对各地千差万别的地方习惯进行改造和统一。普通法将各地的惯例分为两大类:(1)普通法认可并适用于一切庄园的普遍的规则,在诉讼中无须进行特别答辩。(2)只适用于个别庄园的特殊习惯,诉讼时必须在答辩中特别指出,并由法庭进行严格解释。③ 在库克(Coke,大约 1630 年)时代,普通法法庭确立了两条把地方惯例纳入普通法的原则,也就是说普通法已经有条件地接受了地方习惯法。这两条原则是:首先,不合理的惯例宣告无效;其次,惯例必须年代久远。由此可见,普通法在将公簿持有制纳入自己的管辖范围后,并没有以自由保有制下的规则取代公簿持有制,而是按照各地的习惯法对公簿持有农进行保护。

另一方面,公簿持有农自身也积极寻求法律保护。公簿持有农不断地和领主进行斗争,向普通法法庭上诉,目的是确认领主不愿意承认的庄园习惯法。例如,1567 年,温彻斯特大教堂的副主教和教士会以及 158 名公簿持有农经过诉讼后,在克隆达尔庄园签订协定,一致同意固定的地租、固定的进入费和可继承的公簿持有权以后应当永远被承认和得到尊重。④ 又如,伊丽莎白一世统治末期,威斯特摩兰郡克罗斯加勒特庄园习惯法要求佃户缴纳相当于 3 年或 5 年的年地租,作为更新租约的进入费,佃户都认同这一规定。而领主却要求佃户缴纳 12 年的年地租,作为更新租约的进入费。佃户

---

① Robert C. Allen, *Enclosure and Yeoman*, p.69.
② S. F. C 密尔松:《普通法的历史基础》,北京:中国大百科全书出版社 1999 年,第 103 页。
③ 咸洪昌:《英国土地法律史——以保有权为视角的考察》,北京:北京大学出版社 2009 年,第 293 页。
④ R. H. Tawney, *The Agrarian Problem in the Sixteenth Century*, p.295.

和领主起了争执,提交大法官法庭裁决。大法官法庭采取折中态度,下令佃户支付相当于 9 年的地租作为更新租约的进入费。①

　　从上述四个维度的分析来看,公簿持有农的土地权利安全性要具体问题具体分析,不仅要考虑到地区的不同,还要考虑到公簿保有权种类的不同,不能以偏概全。从继承权来看,不同类型的公簿持有农保有土地的时间长短不同,可继承公簿持有、终身公簿持有、为期数年的公簿持有享有的安全程度依次递减。从地租来看,16 世纪公簿持有农缴纳的数额变动不大,可以说是比较稳定的地租。进入费的总体趋势是上涨,但地方惯例比领主意志起到的作用更大,公簿持有农和领主双方在进入费问题上处于拉锯状态。法律保护方面,在庄园法庭衰落的情况下,普通法法庭开始涉及公簿持有农的土地问题,但对普通法法庭保护公簿持有农的程度也不能过于乐观。综合上述四个维度,可以得出结论,16 世纪公簿持有农的土地权利大部分处于比较安全的境地,但是这种安全却具有地区差别和个体差异,不能夸大这种安全性。

原载《北方论丛》2014 年第 4 期

---

　　① R. W. Royle, "Lord, Tenants, and Tenant Right in the Sixteenth Century", *Northern History*, Vol. ⅩⅩ, p.42.

英国议会圈地中农民土地权利的补偿*

倪正春

摘　要:18—19 世纪的英国议会圈地是一次对农民土地权利进行重新配置的过程。议会圈地的程序和方式为农民土地权利得到补偿提供了保障。从议会圈地中农民土地权利的补偿原则和实践过程来看,农民合法的土地权利基本上得到了相应的份地补偿,但是大量无法证明土地权利的农民无法得到补偿。

关键词:议会圈地;土地权利;份地补偿

在世界历史上,英国率先实现了农业现代化,圈地运动是贯穿这一过程始终的历史进程之一。圈地运动持续几个世纪,农民的零星圈地肇始于中古早期,都铎时代的领主和农场主圈地虽然涉及的面积不大,但是一直被世人所诟病,17 世纪开始出现农民协议圈地的方式,其圈地模式被 18 世纪形成规模的议会圈地所仿效。议会圈地是圈地运动的收官之笔。可以说,没有议会圈地,就没有英国农业的现代化。议会圈地有两个特征。首先,规模大,主要体现在议会圈地时期圈围土地的面积占英格兰总面积的 20.9%,[①]影响范围几乎辐射到整个英格兰。其次,议会圈地是一次大规模的土地权利重组过程。英国古老的公地制在议会圈地之后基本瓦解,与土地有联系

---

　　* 本文系国家社会科学基金项目"英国议会圈地与农民土地权利研究"(14BSS027)阶段性成果。

　　① Michael Turner, *English Parliamentary Enclosure: Its Historical Geography and Economic History*, Dawson, Archon Books, 1980, p.32.

的各个农民群体的土地权利获得重新配置。

关于议会圈地对农民土地权利的影响一直存在不同的观点。第一种观点可以归纳为"剥夺论"。这种观点认为议会圈地是英国资本原始积累的主要方式，是对农民土地权利的剥夺。议会圈地使小农失去土地，不得不加入工厂劳动大军。持此观点的国外学者主要有哈蒙德夫妇、吉尔伯特·斯莱特、E. P. 汤普森、J. M. 妮森等，[①]其中，哈蒙德夫妇的论述造成了长达一个世纪的广泛影响。国内英国史研究的奠基者蒋孟引早在 20 世纪 60 年代即对这一问题进行了开拓性的研究，认为"在议会圈地法下，农民土地继续被剥夺，土地更加集中"[②]。第二种观点可以归纳为"折中论"。这种观点认为议会圈地对农民土地权利的影响太复杂，无法得出简单结论。圈地对各个农民群体的影响不能一概而论，必须仔细分析这个时期乡村生活的组成要素——大土地所有者、大农场主、自耕农、小租地农场主，以及小占有者和茅舍农——考察圈地对他们的不同影响。英国学者阿瑟·H. 约翰逊、E. C. K. 冈纳、G. E. 明格、J. D. 钱伯斯持此观点。[③] 近年，国内学者也开始质疑圈地运动的剥削性，提出"关于英国圈地运动一类的原始积累，过多地强调对农民的剥夺，而无视此前农民普遍的积累的发展，并由此奠定了原始积累的基础"[④]。"折中论"对于进一步研究议会圈地对农民土地权利的影响这个问题具有启发意义。

议会圈地期间的资料浩如烟海，主要包括下院日志（House of

---

① Gilbert Slater, *The English Peasantry and the Enclosure of Common Fields*, Archibald Conatable & Co. Ltd., 1907. Hammond and Barbara Hammond, *The Village Labourer*, Langman Group Limited, 1978. J. M. Neeson, *Commoners*: *Common Right*, *Enclosure and Social Change in England*, *1700—1820*, Cambridge University Press, 1993.

② 蒋孟引:《18、19 世纪英国的圈地》，载《蒋孟引文集》，南京:南京大学出版社 1995 年，第 278 页。

③ Arthur H. Johnson, *The Disappearance of the Small Landowner*, Clarendon Press, 1909. E. C. K. Gonner, *Common Land and Enclosure*, Macmillan and Co., Limited, 1912, p.76. J. D. Chambers, G. E. Mingay, *The Agricultural Revolution*, *1750—1880*, London: B. T. Batsford Ltd, 1966. G. E. Mingay, *Parliamentary Enclosure in England*: *An Introduction to its Causes*, *Incidence and Impact*, *1750—1850*, Addison Wesley Longman.

④ 侯建新:《富裕佃农:农业资本主义的领头羊》，载《资本主义起源新论》，北京:生活·读书·新知三联书店 2014 年，第 44 页。

Commons' Journals)、圈地法案(Enclosure Acts)、圈地判定书(Enclosure Awards)以及圈地委员会议备忘录(The Minute Books)等。通过下院日志可以了解圈地议案在议会中的审批过程,圈地法案主要涉及圈地的过程,圈地判定书详细记录土地的重新分配,圈地委员会议备忘录是了解圈地中农民土地权利补偿实践的可靠资料。实证研究是廓清议会圈地对农民土地权利的影响这一历史事实的基础。为了在前人研究的基础上进一步深入探讨这个问题,笔者尝试初步利用议会圈地期间保存下来的原始资料,以农民的土地权利为切入点对英国议会圈地中农民土地权利的补偿问题进行研究。

从土地权利的意义上说,圈地是把农民对土地的法定占有权以及公共权利转变为私人产权。圈地作为私人产权确立的重要途径也是自古有之。议会圈地是这一过程的最后一个阶段,促使英格兰基本确立起私人土地产权。既然各阶层的农民在议会圈地前都享有一定的土地权利,那么在议会圈地中他们的权利是否能得到确认和补偿呢?

一、农民土地权利补偿的前提

土地权利和法律关系密切相关,是指当事人在一定的土地保有制法律关系中所享有的权益。完整的私人土地产权确立之前的农民土地权利包括两部分,一部分是对条田或草地的实际占有权(seisin),另外一部分是与各种公地相对应的公共权利(common rights)。也就是说,在公地制度(common field system)之下,英格兰各阶层的农民虽然没有对土地的明晰产权,但是都享有一定的土地权利。自由持有农享有的土地权利包括对条田的占有权,这种占有权已经接近于所有权,以及在公地上的放牧权、林柴权和泥炭权等公共权利。公簿持有农享有的土地权利包括对条田的法定占有权、对公地的放牧权、林柴权和泥炭权。

契约持有农对承租的土地没有法定占有权,但是大多数契约持有农并不是单一身份,往往同时也是自由持有农或公簿持有农,因此也享有一定的土地占有权,同时享有公地上的公共权利。虽然茅舍农没有对条田的法定占有权,但是根据居住房屋或是习惯,也享有一定的公共权利,如放牧权、林柴权和泥炭权。

不过,这种公共权利往往是一种习惯权利,无法得到有效证明,因此部分小农和茅舍农的土地权利无法得到补偿,这成为议会圈地期间争议的焦点。还有一个值得注意的现象,虽然议会圈地之前的英格兰还没有完全确立土地的私人产权,但农民对土地的法定占有已经接近土地所有权,所以无论是议会圈地期间的文献还是后人研究议会圈地的著作中,"土地所有者(landowner)"或"业主(proprietor)"①这样的字眼已经非常普遍,法定占有权已经基本上等同于土地所有权,只是还尚待进一步明晰。

议会圈地的程序和方式能否为农民土地权利得到补偿提供保障呢?议会圈地的程序颇为复杂。概括起来,议会圈地主要包括四个程序:圈地倡议者向议会提出圈地议案(Enclosure Bills),圈地议案在议会通过成为圈地法案,议会任命圈地委员(Commissioners)和测量员等人员执行圈地法案以及圈地判定书的装订、制作与生效。

提出圈地议案是进行议会圈地运动最为关键的第一步。决定圈地议案出台的两个关键因素是圈地议案的拟定以及本地区大多数土地所有者的支持。这两个因素缺一不可,后者更为重要,因为按照议会的要求,圈地教区递呈的文件要上报该教区所有土地所有者的名单,标明每个人拥有土地的价值及其对圈地的态度——支持、反对或中立,以及每个人在文件上的签名。通常来说,至少要有 3/4 的土地所有者的支持,议案方能生效。为了保险起见,这一比例往往要达到 4/5 以上。当然,该比例以土地所有者的土地面积而不是以土地所有者的人数为准。因而,在有些教区,尽管存在着多数的小土地所有者的反对,单个的大土地所有者仍然有能力让议案获得绝对的支持。不过,议案的倡导者们总是竭尽全力地争取尽可能多的支持者,以让议案顺利通过。例如,在韦斯特伯利(Westbury)村庄,虽然圈地运动的倡导者巴顿争取到了占有村庄 4/5 土地面积的人同意,圈地可以顺利进行,但是他不得不承认,得到这些人的认同是一件非常困难的事情:"如果你想折磨一个人,就让他倡导圈地议案。直到过去的两个星期之前,我从来不知什么是希望、恐惧、焦虑、烦恼。我的脚已经磨烂,而且花钱如流水,虽然没有

---

①　笔者就这两个词的区别咨询过英国农业史专家米歇尔·特纳(Michael Turner),他认为它们基本上可以通用,但也有细微差别。Proprietor 主要指占有有形财产(主要是土地、房屋、建筑等)的人,可译为业主。Owner 还可指拥有无形财产(例如在公地上放牧牲畜的公共权利)的人,可译为所有者。

像小戴维斯先生一样瞎了一只眼睛,但情况也差不了多少。"①

如果在一个教区内只有一位土地所有者占绝对的支配地位,而这位土地所有者又正好是圈地的倡导者,那么,圈地的设想就会很快付诸实施。但是在现实中往往是多个土地所有者存在于一个教区之内。事实上,由一至两名请愿者进行请愿而成功的圈地很少。② 例如,1736 年圈围伯克郡的英克彭(Inkpen)敞田的法案显示了当时在一个教区或庄园的所有者数量。算上庄园领主和教区长一共 33 人,4 个缙绅(esquire),3 个"绅士",11 个"约曼",1 个鞋匠,1 个制帽匠,1 个木匠,1 个铁匠,1 个劳工,1 个陶匠,1 个砖瓦匠,1 个麦芽制造者,1 个店主,2 个寡妇,1 个纺织女,以及 1 个教堂执事。③ 在这种情况下,议案制定之前必须首先征求他们的意见。有时,这个协商的过程非常漫长,往往达几年之久。1793—1802 年,地主巴斯侯爵(Marquess of Bath)的土地代理人托马斯·戴维斯(Thomas Davis)和他的同事纳萨尼尔·巴顿(Nathaniel Barton)之间的来往信函就可以看出圈地议案出台前土地所有者之间冗长的协商过程。从信中得知:"在威尔特郡特罗布里奇城旁边有一个名叫韦斯特伯利的村庄,那里的土地所有者们对土地的圈围争论纷纷。有些所有者希望一直等下去,直到一般圈地法令(General Enclosure Act)通过为止,这样可以降低圈地的开支,也可以得到其他特权。有的所有者主张分地而非圈地。有的所有者对什一税的折算表示支持。有一位史密斯先生表示:愿意骑马四处闯荡,进行游说,来摆脱什一税。8 年之后,意见渐趋统一,土地所有者们召集了一个会议商讨圈地问题。达成了一致意见:通过拍卖部分荒地的方法取得圈地的开支,任命委员会准备圈地议案。"④

可见,圈地议案的出台并不是一件简单之事,它需要一个教区之内土地所有者之间长时间的博弈。

---

① G. E. Mingay, *Parliamentary Enclosure in England：An Introduction to its Causes，Incidence and Impact，1750—1850*，p.60.

② W. E. Tate, *The English Village Community and the Enclosure Movements*，Victor Gollancz Ltd, 1967, p.94.

③ W. H. R. Curtler, *The Enclosure and Redistribution of Our Land*，p.153.

④ G. E. Mingay, *Parliamentary Enclosure in England：An Introduction to its Causes，Incidence and Impact，1750—1850*，p.59.

　　圈地议案起草之后会连同"同意"文件一起被送往议会进行请愿，以期获得议会的通过。议会中设有专门审议议案的委员会。下院日志是研究议会圈地法案审批程序的珍贵材料。根据下院日志的记载，议会圈地运动中圈地法案的通过程序如下："圈地倡议者向议会呈送圈地请愿书（The Petition），议案的递呈与经读（Bill presented and read），议案的交付（Bill committed），反对圈地议案的请愿（Petition against Bill），议案的汇报（Bill reported），圈地议案的通过：国王签署（Bill passed：King's Consent signified），议会上院对圈地议案的认同（Bill agreed by the Lords）。"①

　　圈地议案在议会获得批准后就成为合法的圈地法案，议会就会授权圈地委员执行圈地法案，按照法案中的具体规定执行圈地的各项事宜。通常，圈地委员下设书记员（Clerk）和土地测量员（Surveyor），共同组成一个圈地委员会。圈地委员会成立以后，他们所要做的第一件事就是在当地报纸上刊登被任命的公告，并告诉公众其第一次会议将于某时在当地某客栈举行，一般的时间是两个礼拜或一个月后，该公告会被粘贴在当地教堂的大门上。在第一次会议上，圈地委员们宣誓就职并宣布对书记员和土地测量员的任命。自就职之日起，圈地事宜全部处于圈地委员会的指导之下。土地测量员掌管土地的测量和设计，以测量数据为依据，经过仔细的斟酌，对现存的敞田和公地进行划分，规划出新的份地（Allotment）。同时，土地测量员还对公路、步行道、排水沟以及围田未来的管理和养护进行设计规划。书记员对圈地委员会的仲裁决定进行详尽的纪录，对土地的分配比率进行计算。

　　最后是圈地判定书的装订、制作与生效。圈地判定书是一种冗长的法律文件，同时也是一本圈地计划，附带参考数据表。它说明了重新分配的份地的位置、租佃形式，以及圈地委员们对公路、土地排水和对围篱的责任者所作的决定。早期，圈地判定书以卷轴的形式存在，大约从 1800 年开始被装订为书本的形式。圈地判定书通常以"……悉听恭令……鉴于……"这样的习惯性用语为开篇，竭力陈述它所执行的法律。接着用"现在因而……"话锋一转，言归正传。开始陈述圈地委员会执行任务的程序，例如何时宣誓成为圈地委员，何时执行任务，何时签订、装订判定书。继而详细陈述圈地

---

① W. E. Tate, *The English Village Community and the Enclosure Movements*, pp.93 -102.

委员会的无数决议和陈述,首先是关于公路和其他公用设施的用地,其次是关于庄园领主以下的单个所有者的土地分配状况,最后是日期的签署。

以金斯顿·德夫里尔的圈地为例,完整的议会圈地实践如下:1782 年 6 月 30 日,一则通告粘贴到教区教堂的门上,宣布圈地委员第一次会议的时间。7 月 17—18 日会议召开,内容是圈定教区的界限,并任命一名测量员把现存的土地所有状况画成图,以便于标出新的地块和道路。9 月 9—11 日和 9 月 26 日又分别召开了两次会议,圈地委员估算土地的价值,之后于 9 月 28 日和 11 月 4 日两天标出了道路。10 月 24—11 月 7 日召开的四次会议听取人们对重新分配地块的要求,并且把测量土地的结果向土地所有者宣布,同时听取反对意见。12 月 17—18 日,立桩标出新的地块。1783 年 2 月 3—5 日召开的会议尤其重要,内容是圈地委员听取对重新分配地块结果的反对意见。之后有一段时间调整地块的分配,以使土地所有者满意。直到 1785 年 6 月 27—29 日,向公众宣读记有重新分配地块情况的圈地判定书草案,并获得通过。8 月 23 日,以法定格式正式誊写圈地判定书。①

在议会法案通过之后的圈地实践中,圈地委员是具体执行者,其工作公正与否是农民土地权利得失的重要因素。圈地委员的任命是否公正,圈地委员在具体的圈地事宜中是否考虑到圈地各方的利益呢? 通常,最初向议会递交的圈地请愿书上就已经确定了圈地委员的人选,圈地请愿书在议会获得批准成为圈地法案之后,圈地委员的任命也就正式得到法律认可。议会圈地早期,圈地委员当选的原因有一部分是当地土地所有者的意愿因素,因为土地所有者都想任命能代表自己利益的圈地委员,结果造成圈地委员的数量比较多,而且当选的圈地委员大多是本地人士。1760 年之后,随着圈地进程的加快以及圈地程序的定型,特别是考虑到节省开支问题,执行一个圈地法案的圈地委员数量一般固定为两至三个。例如,剑桥郡的 36 次圈地中任命了 80 名圈地委员。② 另外一个明显的趋势是,圈地委员开始出现某种程度的职业化。从事圈地委员这一工作必须具备以下几个方面的条件。

---

① G. E. Mingay, *Parliamentary Enclosure in England: An Introduction to its Causes, Incidence and Impact, 1750—1850*, p.73.

② M. W. Beresford, "Commissioners of Enclosure", *The Economic History Review*, Vol. 16, No. 2 (1946), p.132.

个人素质方面,圈地委员既要有身份又要正直,能平衡各方利益,解决争端,产生尽可能使大部分所有者都满意的结果。除此之外,圈地委员还需具备相关专业知识,首先需要了解土地占有和耕作的实践经验,因为在圈地过程中他们要指导耕作;其次还要具备土地、什一税等领域相关法律知识。所以,一旦圈地委员因为工作令人满意就会多次被雇佣,有一些成为职业圈地委员。他们不仅会在自己的教区内被雇佣,在其他教区也大受欢迎。例如,爱德华·黑尔在 133 次圈地中担任圈地委员,还在另外一些圈地中当过测量员。在他担任圈地委员期间圈地超过 273 000 英亩。约翰·达格莫尔参与了 135 次圈地,涉及土地面积将近 259 000 英亩。① 正因为议会圈地中普遍使用职业圈地委员,所以圈地委员的工作十分繁忙。亚瑟·埃利奥特(Arthur Elliot)是一名职业圈地委员,他的日记表明,1797 至 1798 年之间他花了 105 天召开正式的圈地会议,14 天从事协商工作。1795 年有 8 周他用来协商 8 个教区的圈地事宜,接下来的一年他为 12 个教区的圈地召开了 117 次会议。② 不仅个体圈地委员被雇佣的频率增加,圈地委员之间还开始组成团队来进行圈地。例如,在剑桥郡,圈地委员黑尔(Hare)和马克斯韦尔(Maxwell)在 3 次圈地中一起工作;特拉斯洛夫(Truslove)和卡斯坦斯(Custance)在 8 次圈地中组成团队;韦奇(Wedge)和卡斯坦斯在 5 次圈地中一起工作;索普(Thorpe)和卡斯坦斯在 3 次圈地中一起工作。③ 虽然圈地委员的任命不能完全排除某些土地所有者的个人意愿,但圈地委员的职业化模式能在一定程度上遏制圈地过程中的徇私舞弊行为。

从上述圈地过程可以看出,议会圈地的程序具有一定之规。圈地委员具体执行圈地事宜,其任命与工作基本公正。程序的合法、公正与结果的公平密切相关。议会圈地程序的公开与公正为各阶层农民的土地权利得到相应补偿提供了前提。

---

① G. E. Mingay, *Parliamentary Enclosure in England: An Introduction to its Causes, Incidence and Impact, 1750—1850*, p.72.

② M. W. Beresford, "Commissioners of Enclosure", *The Economic History Review*, Vol. 16, No. 2 (1946), p.139.

③ *Ibid.* p.132.

二、农民土地权利补偿的原则

议会圈地中对农民土地权利的补偿包括两个方面：补偿依法占有的土地和补偿公共权利，具体的补偿方式是圈地之前占有条田或是在公地上有公共权利的人在圈地的时候可以得到一块相应的土地作为补偿，这块土地通常被称为份地。

份地补偿的依据是什么，遵循什么原则呢？份地补偿首先要遵循的原则是土地权利是否合法。明盖认为，议会圈地时代"是一个高度尊重财产的年代，在那些能证明自己公共权利合法的人和那些无法证明权利合法的人之间有一条严格的分界线"①。农民土地权利中的第一个部分，即农民对条田和草地的法定占有比较容易确认并评估其价值。但是农民土地权利的第二个部分，即公共权利的确认和评估就比较复杂而且经常引起争议。这就要确认谁是公共权利的法定所有者。英格兰各郡，甚至各个教区确定公共权利法定所有者的标准不尽相同，但总体来看大致有两种标准，一种标准可以简称为"越冬权"，也就是权利要求者是否有足够的土地支持一头奶牛或其他牲畜过冬，这样基本能证明他有夏天在公地上放牧的权利。第二种检验方法可以简称为"古老的记忆"，需要权利要求者证明在任何人的记忆中他都拥有公地上的放牧权。圈地委员在运用这种方法的时候通常会咨询圈地教区中最年长者。例如，白金汉郡的韦斯顿·特维尔（Weston Turville）教区圈地过程中，M. 约翰·巴克（M. John Barker）要证明他享有放牧 2 头奶牛、1 头小公牛和 7 只羊的公共权利。他带来了 88 岁的证人威廉·塞斯特（William Syster），证人根据自己的记忆证明了巴克现居住的宅院之前的所有者拥有附属于这个宅院的土地，也就是享有公共权利，因此，巴克的茅舍公权得到承认。②在威尔特郡的韦斯特伯里圈地中，圈地委员要确定一些人对韦斯特伯里公地权利要求的合法性，这些人不住在韦斯特伯里，而是住在附近一个叫布拉顿（Bratton）的小村庄。圈地委员咨询了一位叫威廉·赫

---

① G. E. Mingay, *Parliamentary Enclosure in England: An Introduction to its Causes, Incidence and Impact*, 1750—1850, p.129.

② Kimio Shigetomi, "Enclosure Commissioners' Minute Book: West Turville in the County of Buckingham".

恩（William Hearn）的老人，"他年纪 80 开外，74 年前来到布拉顿——在布拉顿农场上工作了 64 年。其间约翰和亨利先生占有了布拉顿农场——从那之后农场上的佃农和所有的公权持有者开始在韦斯特伯里放牧——他不知道有什么不妥"[①]。

第二种检验方法主要依据的是使用公共权利的时间。一般来说，20 年是一个分界线，占有茅舍或土地 20 年以上即享有法定权利。W. H. R. 柯特勒认为，如果这些人（茅舍农和侵占者）能表明他们不间断地占有侵占地 20 年、30 年或 40 年，他们就会被认为对其侵占地拥有法定权利。[②] 冈纳也注意到圈地委员在圈占后给小农做出补偿的依据主要不是严格的法律条文，而是习俗，凡占有土地达 20 年以上即享有所有权，可以在圈占后分得相应的小块地。[③] 这种做法对很难为自己拥有土地找到法律依据的部分公簿持有农、契约持有农及茅舍农有利。

份地补偿的第二个依据是农民土地权利的价值。公共权利价值的确定标准在英格兰各地不尽相同。有的地方会区分出不同公共权利的价值。放牧权的价值评判标准有诸如个人或家庭被允许放牧的牲畜数量，公地提供给牲畜的草料数量，等等。泥炭权的价值确定标准大致是使用这种权利每年能产生的价值。据估算，在 18 世纪晚期，泥炭权每年能带来 2 至 5 英镑的价值，占一个农业劳动者年收入的 10% 至 20%。[④] 泥炭权的价值折合成土地面积就是泥炭权能得到的份地补偿。例如，在诺福克郡的诺斯伍德，泥炭权的份地补偿是 1.75 英亩。[⑤] 有些地方不会详细区分各项公共权利的价值，只是笼统地评判公共权利的价值。例如，在诺福克郡的比彻姆，公共权利价值不高，每个权利能养两头大牲畜，圈地委员做出的份地补偿是每个公共权利补偿 2 英亩中等质量的土地或 1.5 英亩质量好的土地。在贝德福德

①　G. E. Mingay, *Parliamentary Enclosure in England: An Introduction to its Causes, Incidence and Impact, 1750—1850*, p.75.

②　W. H. R. Curtler, *The Enclosure and Redistribution of Our Land*, p.246.

③　E. C. K. Gonner, *Common Land and Enclosure*, p.365.

④　Martina De Moor, Leigh Shaw-Taylor, Paul Warde, *The Management of Common Land in North West Europe, c. 1500—1850*, Turnhout, Belgium: Brepols, p.75.

⑤　G. E. Mingay, *Parliamentary Enclosure in England: An Introduction to its Causes, Incidence and Impact, 1750—1850*, p.128.

郡的利德林通,公共权利的估价是每年 2 英镑 2 先令,土地每年平均的价值大概是每英亩 14 先令,因此补偿的份地是每份 3 英亩。[①]

三、农民土地权利补偿的实践

上述原则是否贯彻到农民土地权利补偿的具体过程中呢?首先,从圈地法案的具体规定来看,上述原则基本得到贯彻。各种类型的所有者或业主都能得到相应补偿。建造时间 20 年以上的房屋一般能得到份地补偿。例如,1797 年的一份圈围萨里郡克里登的圈地法案中规定:"根据各自的权利和利益,敞田、公地和沼泽地在几个人之间划分,要充分考虑到质量、数量和位置,按照便利的原则,份地要分配在住宅附近。所有在此法案制定之前已经建造了 20 年以上的房屋,而且这些房屋是享有公共权利的古老宅院,所有者可以得到圈地委员认为公平合理的份地补偿。"[②]如何处置建造时间不足 20 年的房屋或是侵占时间不足 20 年的土地,圈地法案中也有详细规定。例如,1793 年的一份圈围约克郡韦克菲尔德(Wakefield)的圈地法案中对侵占土地时间不足 20 年的人作出如下规定:"(1) 如果他有得到份地的权利,那么他的侵占地可以作为他得到份地的一部分;(2) 如果他的侵占地比有权得到的份地还要多,他要按照圈地委员裁决的价钱另外为侵占地付钱;(3) 如果他们没有得到份地补偿的权利,那么他要按照圈地委员的定价为侵占地付钱。"[③]其次,从得到份地补偿的各级所有者的数量来看,小所有者占优势。R. C. 拉塞尔(R. C. Russell)对于林肯郡圈地判定书的分析,J. M. 马丁(J. M. Martin)对沃里克郡圈地判定书的分析,提供了份地分布的信息,表明了这一点。1768—1834 年,林肯郡的 27 个圈地判定书涉及 67 971 英亩土地,份地补偿涉及 997 个所有者,其中超过一半(54.8%)的所有者得到的面积少于 10 英亩。沃里克郡 1720 至 1815 年期间的 125 份圈地判定书,以及 1815 年之后的 15 份圈地判定书,涉及 141 936 英亩,2 257个所有者得到份地补偿,38.9%的份地低于 10 英亩。一些仅仅占有公共权利的人也得到

---

① G. E. Mingay, *Parliamentary Enclosure in England*: *An Introduction to its Causes*, *Incidence and Impact*, *1750—1850*, p.131.

② J. L. Hammond and Barbara Hammond, *The Village Labourer*, p.254.

③ *Ibid*. p.254.

了份地补偿，他们第一次成为土地所有者，尽管面积比较小。①表 1 是林肯郡和沃里克郡圈地后土地所有者得到的不同面积份地的百分比具体情况。

表 1　林肯郡和沃里克郡圈地后土地所有者得到的份地面积所占比例

	超过 500 英亩	100—500 英亩	50—99 英亩	10—49 英亩	5—9 英亩	低于 5 英亩
林肯郡	2.7%	9.5%	7.1%	25.8%	15.7%	39.1%
沃里克郡	2.3%	11.9%	14.2%	32.7%	38.9%	—

资料来源：Jerome Blim，"Review：English Parliamentary Enclosure"，p.483.

农民土地权利得到补偿的实际情况，可以通过分析圈地判定书来了解。大多数圈地判定书只记载了圈地后的份地补偿情况，只有少部分圈地判定书会记录圈地前后农民土地持有的变化。一份制订于 1767 年反映牛津郡斯蒂普尔·阿斯顿（Steeple Aston）的圈地情况的圈地判定书记载了圈地前后每个农民土地持有数量的变化，具有很高的研究价值。从这份圈地判定书可以看出，农民的土地权利基本得到相应的份地补偿。这次圈地中补偿给土地所有者的份地总面积是 988 英亩，其中补偿给教会人员和什一税所有者的份地总面积是 434.25 英亩，其余补偿给所有农民。表 2 是教会人员和什一税所有者得到的份地补偿情况，表 3 是圈地前农民土地权利与圈地后农民得到份地补偿的具体情况。

表 2　牛津郡斯蒂普尔·阿斯顿教会人员和什一税所有者份地补偿情况

教区牧师的 375 英亩土地被补偿	188.5 英亩
教区牧师的什一税被补偿	156.5 英亩
教区牧师古老圈地的什一税被补偿	10 英亩
补偿教区牧师作为 90 英亩土地的所有者	77.75 英亩
补偿伍藤的教区牧师的什一税	1 英亩 2 鲁德②18 杆③

资料来源：W. H. R. Curtler，*The Enclosure and Redistribution of Our Land*，pp.318 - 319.

_____

①　Jerome Blim，"Review：English Parliamentary Enclosure," *The Journal of Modern History*，Vol. 53, No. 3 (Sep. 1981)，p.482.

②　鲁德（Rood）：英国古时面积单位，等于 1/4 英亩，或 1 077.7 平方米。

③　杆（Pole）：英国古时面积单位，等于 25.289 平方米。

表 3　牛津郡斯蒂普尔·阿斯顿农民圈地前后土地权利变化

姓名	圈地前土地权利	圈地后份地面积		
		英亩	鲁德	杆
斯蒂芬·科利尔	0.25 英亩	0	2	11
托马斯·索瑟姆	0.75 英亩	1	2	12
托马斯·格雷戈里	1.25 英亩	2	0	1
W. 索瑟姆	0.25 英亩	0	2	14
C. 佩罗特	0.25 英亩	0	2	18
T. 欣德	0.125 英亩	0	1	17
萨拉·惠特和安·惠特	一块面积未知的土地	—	—	4
科特雷尔·多默爵士	101.25 英亩和 4 块"偏僻土地"及其附属的公共权利	63	1	29
同上	一片草地上的某些块土地	20	0	14
弗朗西斯·佩奇	15 英亩及其附属公共权利	8	3	38
同上	某些块土地	2	1	11
雅各布·沃森	105 英亩及其附属公共权利	92	3	3
同上	22.5 英亩	23	3	2
约翰·克拉里	9.9 英亩及其附属公共权利	3	1	4
罗伯特·乔治	30 英亩及其附属公共权利	21	3	21
露西·巴斯韦尔	135 英亩及其附属公共权利	81	1	6
朱迪斯·兰利	75 英亩及其附属公共权利	56	3	26
约瑟夫·霍普克拉夫特	15 英亩及其附属公共权利	12	2	16
理查德·福克斯	30 英亩及其附属公共权利	25	2	30
托马斯·福克斯	15 英亩及其附属公共权利	8	2	25
W. 温	78.75 英亩及其附属公共权利	50	1	0
同上	在"伍藤·雅德"契约持有的 0.25 英亩土地	1	2	0

续表

姓名	圈地前土地权利	圈地后份地面积		
		英亩	鲁德	杆
伊莱扎·戴维斯	82.5 英亩及其附属公共权利	53	2	7
约翰·戴维斯	22.5 英亩及其附属公共权利	15	3	11
约翰·乔治	一个茅舍和"放牧奶牛公共权利"	1	0	23

资料来源：W. H. R. Curtler, *The Enclosure and Redistribution of Our Land*, pp.318 -319.

从上表可以看出两个现象：首先，农民持有的土地在圈地中能得到相应的份地补偿，甚至契约持有地也能得到份地补偿，例如，W. 温在"伍藤·雅德"契约持有的 0.25 英亩土地，得到了 1.5 英亩的份地补偿。附属于持有地的公共权利基本能得到份地补偿，附属于茅舍的公共权利也能得到补偿，例如约翰·乔治的一个茅舍及其附属的公共权利得到 1 英亩 23 杆的份地补偿。其次，圈地前拥有土地面积比较小的农民在圈地后的份地面积会增加，这是因为其公共权利也以份地的形式给予补偿。圈地前拥有土地面积比较大的农民在圈地后的份地面积往往会减少，例如，露西·巴斯韦尔的 135 英亩土地及其附属的公共权利仅仅得到 81.25 英亩 6 杆的份地补偿。造成这种结果的原因可能在于圈地费用需要通过拍卖部分土地的方式筹集，拥有土地面积比较大的农民要分担一部分圈地费用。

如果圈地判定书没有记载圈地前的农民土地权利状况，那么通过比较圈地前的权利声明与圈地后的圈地判定书可以比较出圈地前后农民的土地权利变化。权利声明是圈地前农民对自己占有土地以及公共权利情况的声明，可以借此了解圈地前农民的土地权利情况。例如，1803 年约克郡的斯塔克斯顿（Staxton）圈地中，圈地法案通过之后，所有者的权利要求刊登在当地的两份报纸《赫尔报》（*Hull Packet*）和《约克报》（*York Courant*）上。[1] V. M. 拉夫罗夫斯基（V. M. Lavrovsky）用这一方法研究了萨福克郡 5 个教区的圈地对持有土地面积不同的各个农民群体造成的影响。表 4 是拉夫罗夫斯基统计的结果，他按照持有土地面积的不同把农民划分为四个群体，群体一的

---

[1]　Brian Loughbrough, "An Account of a Yorkshire Enclosure Staxton 1803", *The Agricultural History Review*, Vol. 13, No. 2 (1965), p.110.

土地持有面积是 3 英亩及以下,群体二的土地持有面积是 3 至 25 英亩,群体三的土地持有面积是 25 至 150 英亩,群体四的土地持有面积是 150 英亩以上。从这个统计结果中可以得出以下结论:第一,从农民数量来看,圈地后群体一和群体二的农民数量增加,而群体三和群体四的农民数量几乎没有变化,群体一从 52 人增加到 60 人,这说明圈地后份地的补偿使一些公共权利持有者跻身于土地所有者的行列。群体二从 39 人增加到 61 人,这说明群体一中的一些所有者,由于获得了额外的份地,现在跻身于群体二。第二,从平均土地面积来看,群体一和群体二没有增长,群体三和群体四获得了增长。群体三从 56.7 英亩增加到 65.6 英亩,群体四从 280.5 英亩增加到 355.3 英亩。群体一和群体二平均土地面积没有增长的原因在于许多圈地前没有土地的农民在圈地后得到了小块份地,拉低了平均土地面积。最后,从土地总面积来看,圈地后,各个农民群体都获得了增长,总增长额是 765 英亩,这说明公共权利的份地补偿使农民持有的土地面积获得了增长。

表 4　萨福克郡五个教区圈地前后的农民土地所有权

农民类型 业主群体	圈地前				圈地后			
	农民所有者数量/人	面积/英亩	持有地平均面积/英亩	百分比/%	农民所有者数量/人	面积/英亩	持有地平均面积/英亩	百分比/%
群体一 3 英亩及以下	52	48	0.9	1.6	60	56	0.9	1.5
群体二 3 至 25 英亩	39	383	9.8	13.2	61	559	9.2	15.2
群体三 25 至 150 英亩	24	1 360	56.7	46.7	25	1 641	65.6	44.6
群体四 150 英亩以上	4	1 122	280.5	38.5	4	1 421	355.3	38.7
总计	119	2 913	24.5	100.0	150	3 677	24.5	100.0

资料来源:V. M. Lavrovsky, "Parliamentary Enclosures in the County of Suffolk (1797—1814)", *The Economic History Review*, Vol. 7, No. 2. (May, 1937), p.193.

农民的土地权利包括两个部分:土地实际占有权和公共权利。如果农民只有公共权利而没有土地,那么其土地权利是否能得到补偿呢? 公共权利是财产权。那些拥有公共权利的人也就是拥有财产。圈地法案尊重财产权,规定如果不用一些土地补偿这种权利的话,公共权利不能被取消。公共权利得到补偿的依据是个人拥有的公共权利数量。有一个专门的数量单位来衡量公共权利的数量,即"门(Gate)",一个"门"是放牧一个牲畜的权利。例如,一个牲畜门(Beast Gate)是放牧一头牲畜的权利,一个羊门(Sheep Gates)是放牧一只羊的权利。表5是对伯顿·斯塔瑟(Burton Stather)、西尔比(Thealby)和科尔比(Coleby)教区圈地中公共权利所有者得到份地补偿情况的统计,拥有1个牲畜门和10个羊门的5位权利声明者得到了1英亩左右的份地补偿,拥有半个牲畜门和5个羊门的1位权利声明者得到了1鲁德32杆的份地补偿。

表5　伯顿·斯塔瑟、西尔比和科尔比教区公共权利所有者获得份地补偿(1803—1806 年)

权利声明者	公共权利		补偿的土地		
	牲畜门	羊门	英亩	鲁德	杆
拉尔夫·德里菲尔	1	10	0	3	4
詹姆斯·霍顿	1	10	1	0	27
乔治·劳森	1	10	1	0	0
萨拉·斯坦普	1	10	1	0	9
爱德华·雷	1	10	0	3	16
萨拉·扬	0.5	5	0	1	32

资料来源:Rex C. Russell, "Parliamentary Enclosure, Common Rights and Social Change: Evidence from the Parts of Lindsey in Lincolnshire", *The Journal of Peasant Studies*, Vol. 27, 2000, p.62.

四、结语

综上所述,议会圈地程序为农民的土地权利补偿提供了前提和保障。土地权利补偿的原则既包括土地权利的合法性,也包括土地权利的价值。在议会圈地实践中,农民对土地的法定占有权以及使用公地的公共权利都得到了相应补偿。

总体来看,土地权利得到补偿的前提是这种权利是可以得到证明的法定权利,法律和规范已经成为议会圈地中占主导地位的要素。"剥夺论"忽略了议会圈地中农民的合法土地权利得到补偿的事实,过分地强调议会圈地对小农的剥夺。在议会圈地过程中,农民合法的土地权利基本上得到了相应补偿,许多公权持有者第一次成为土地所有者。但是大量无法证明土地权利的农民无法得到补偿,习惯向法制的转变使许多农民措手不及,这成为议会圈地引起一些农民反抗的重要原因。而且农民在得到份地补偿后往往会因为份地太小等因素卖掉份地,转向其他行业,造成一种农民被迫离开土地、流离失所的场景。

议会圈地虽然规模大,涉及各个农民群体的土地权利重组,但整个议会圈地的进程却相对来说比较顺利,没有引起大的社会冲突,笔者认为有两点值得我们思考和借鉴。首先是议会圈地所采取的程序和方式值得借鉴。其次,议会圈地中农民对土地权利的补偿原则与实践值得我们思考。总之,探讨英国议会圈地顺利进行的原因对我国解决好社会转型时期的土地使用问题具有十分重要的启发意义。

原载《中国农史》2016 年第 6 期

19 世纪英国志愿医院服务体系中的贫困患者[*]

白 爽

摘 要:英国志愿医院兴起于 18 世纪,并在 19 世纪获得快速发展。借助于社会捐赠力量,志愿医院为贫困患者提供免费的医疗服务和照顾,被视为 20 世纪英国国民健康服务体系(NHS)的雏形。然而,志愿医院提供的医疗服务又是建立在贫困患者牺牲自我权益基础上的。医院成为社会权力交换的场所,在认捐者、医生和患者三者之间,贫困患者所处的弱势地位被展现得淋漓尽致。本文试从身体与权力这两个角度,解析志愿医院医疗服务体系下权力与权利之间的张力,借此反思贫困患者角色在临床医学发展中的塑造、变化及其启示。

关键词:志愿医院;贫困患者;身体;权力

英国的志愿医院(Voluntary Hospital/Infirmary)兴起于 18 世纪,发展于 19 世纪。它通过吸纳社会捐赠,为贫困患者提供免费的医疗服务和照顾,被誉为英国国民健康服务体系(NHS, 1948)的雏形。然而,尽管英国的志愿医院享有服务社会的美誉,也承载着扶贫济困、救死扶伤的慈善传统,但是,它所提供的免费医疗服务是建立在贫困患者自我牺牲基础上的。事实上,在认捐者、医生和患者三者之间的权力结构中,贫困患者的弱势地位表现得淋漓尽致。正是这种特殊的关系架构,成就了志愿医院在医疗服务领域的辉煌,也暴露了医院发展与医学进步背后的阴暗面。本文拟从身体

---

* 本文系江苏高校哲学社科研究项目"英国医生职业发展研究(1800—1948)"
(2018SJA0223)阶段性成果。

与权力这两个不同的角度,解析志愿医院免费医疗体系下权力与权利之间的张力,借此反思贫困患者角色在临床医学发展中的塑造、变化及其启示。

一、社会认捐者的慈善特权

18 世纪,随着临床医学的发展,英国进入了"医院时代"(Age of Hospitals)。到 1797 年,伦敦已拥有 7 家志愿综合医院,可为患者提供约 1 970 张病床。[1] 英国志愿医院的运营,主要依靠个人或集体的认捐,向低收入劳动者提供有针对性的免费医疗,以减轻病痛给他们带来的物质和精神痛苦。为了回馈认捐者的慈善行为,志愿医院实行认捐制度,即认捐者可以向医院推荐需要帮助的患者。

但是,为了挑选出"有价值的贫穷病患"(deserving poor),一方面,志愿医院对患者就诊资格进行了严格限定。例如,伦敦医院(London Hospital)在 1762 年发布的医疗指南中就有这样的限制性说明:不接收孕妇;不接收 7 岁以下儿童(骨折、截肢、结石手术除外);不接收精神紊乱者或疑似患天花、瘙痒或其他传染病者;不接收患肺病、哮喘或濒临死亡状态者。[2] 假设患者在治疗中出现慢性病症或被认为无法治愈,那他们将面临被转诊或拒诊的风险。[3] 例如,圣托马斯医院(St. Thomas's Hospital)只为各种外科疾病患者提供服务,不接收"无法治愈者"和精神病患者。患者住院时间不许超过 3 个月,否则就被判定为"无法治愈者"。

另一方面,志愿医院会对患者的状况进行调查,以判断他们是否符合救治条件。借此,医院得以掌握患者的家庭收入和主要支出、家庭成员从事的工作类型、信仰情况和娱乐爱好,以及家庭的其他特征。有时在征求患者意见后,志愿医院还要从其他渠道,如患者的亲属、雇主,甚至病房护士那里,

---

① G. Barry Carruthers, Lesley A. Carruthers, *A History of Britain's Hospitals*, The Book Guild Ltd., 2005, p.58.

② Harold W. Hart, "Some Notes on the Sponsoring of Patients for Hospital Treatment under the Voluntary System", *Medical History*, No. 24, 1980, p.448.

③ Lauriston E. Shaw, "The Future of the Voluntary Hospital and its Relation of a Reformed Poor Law Medical Service", *British Medical Journal*, 1908 (1), pp.1471 - 1473.

获得必要信息。① 据一位女性患者回忆说："就诊前,她被医务人员盘问了15分钟,内容包括她的家庭收入、日常花费、谁在上学、谁在工作、她的家庭能否为她支付所有的诊断和治疗费用与具体能够支付的数额。第二周她的母亲又被叫到医院询问了同样的问题。"②此外,患者必须达到一定的道德要求。志愿医院严禁患者在没有通行证的情况下私自外出,禁止酗酒、偷窃、赌博等行为,也"不允许他们参与打牌、掷骰子或其他娱乐活动。很难想象病患在救治期间是如何度日的。虽然病房里有时会放置几本《圣经》或祈祷书,但并不是所有人都能阅读"③。部分医院还实行男女隔离。入院期间,患者一旦出现任何不愉快的或有伤风化的行为,比如言行粗鲁,抱怨、责备医院的伙食或服务,都可能被逐出去。伦敦医院甚至明文规定:"每一位康复的患者都必须向医院委员会致谢,未致谢者将无法再得到治疗(设置了一份患者黑名单)。遵守这一规定者都会得到一份证书,以确保其再次接受这里的服务。"④由此可见,"这种公开致谢的方式,既是医院规训贫穷患者的一种手段,也是为了防止滥用志愿医院的资源"⑤。

在英国志愿医院体系内的赠予关系(gift relationship)中,认捐者掌握着绝对的支配权。虽然他们并不具备专业医学知识,却能对患者的接收和医院的发展产生双重影响。确定推荐信的发放对象,更多取决于认捐者对患者的身份、职业以及宗教信仰的偏好程度,而较少考虑患者的实际医疗需求。收治对象基本限制在无法支付医疗费但可以自理的病人,实际上,他们主要是来自认捐者的雇工、远方亲属或投靠者,等等。所以尽管志愿医院一直推崇"普遍慈善"(Charity Universal)的理念,它们接受的患者,仍集中在

---

①　George Campbell Gosling, *Charity and Change in the Mixed Economy of Healthcare in Bristol*, *1918—1948*, unpublished PhD thesis, Oxford Brookes University, 2011, p.183.

②　Nick Hayes,"Did We Really Want a National Health Service? Hospitals, Patients and Public Opinions before 1948", *English Historical Review*, Vol. CⅩⅩⅧ (526), 2012, p.650.

③　Mary E. Fissell, *Patients, Power, and the Poor in Eighteenth-Century Bristol*, Cambridge: Cambridge University Press, 1991, pp.83 - 84.

④　Christopher Swift, *Hospital Chaplaincy in the Twenty-first Century: The Crisis of Spiritual in the NHS*, London: Aldershot: Ashgate, 2014, p.32,

⑤　*Ibid*. p.31.

15 至 34 岁的青壮年男性,很少接收儿童。[①] 另外,医院建设多受慈善家们偏好的左右。比如,托马斯·盖伊(Thomas Guy)是一个出版商和股票投资人,他在 1727 年创建的盖伊医院(Guy's Hospital)的主要接诊对象是包括精神病人在内等无法治愈的病患。托马斯·科拉姆(Thomas Coram)船长在 1739 年建立的弃儿医院(Foundling Hospital)主要照顾那些遭父母遗弃或者犯罪的儿童。1754 年建立的米德尔塞克斯医院(The Middlesex Infirmary),主要向残疾人和癌症患者提供服务等。这种对接诊对象的限定,被认为有利于针对性地吸引捐赠者和有效地利用社会财富,集中体现了核心认捐者的个人意愿及其追随者的诉求。

对志愿医院中认捐者的权利结构,艾德里安·威尔逊(Adrian Wilson)在分析后指出,一家经营较好的产科医院(Lying-in Hospital)每年接待约 400 名患者。伦敦地区潜在认捐者的规模达到 10 000 多名,但这家产科医院的核心认捐者却仅有 262 名。这说明,志愿医院代表的并不是精英阶层的普遍利益,而是这个阶层中特定群体的特殊利益。[②] 从一定意义上来说,每家志愿医院都是具有相同利益诉求的少数精英的集合体,它们与认捐者的关系可分为三类:

第一,认捐者共同资助建立一所医院,其中的核心认捐者掌握着医院的管理和发展方向。第二,一些认捐者因内部分歧解散后而创建的新志愿医院。比如,1733 年与威斯敏斯特医院(Westminster Hospital)分道扬镳的圣乔治医院(St. George Hospital)就属于这种情况。[③] 第三,由医生发起、动员,由认捐者建立的志愿医院,如 1828 年威廉·马斯登(William Marsden)建立的皇家免费医院(Royal Free Hospital)和 1767 年约翰·利克(John Leake)建立的威斯敏斯特新产科医院(Westminster New Lying-in Hospital)。不管属于上述的哪种形式,该时期英国的志愿医院,都是以认捐

---

① Martin Gorsky, *Patterns of Philanthropy*:*Charity and Society in Nineteenth-century Bristol*, Boydell & Brewer Ltd., 1999, p.121.

② Adrian Wilson, "The Politics of Medical Improvement in Early Hanoverian London", Andrew Cunningham, Roger French, eds., *The Medical Enlightenment of the Eighteenth Century*, Cambridge:Cambridge University Press, 1990, p.13.

③ Veronika, Fred Chambers, Rob Higgins, *Hospitals of London*, Stroud, Gloucestershire:Amberley Publishing, 2014, p.33.

者的意志和利益为主导的,服务对象虽是贫困病患,医院的设置和运作却更多地考虑了认捐者的诉求。

为了得到推荐信和证明符合资助条件,患者不但要向认捐者描述自己的病情,还不得不透露自己的隐私。在此过程中,认捐者的居高临下与求医病患的卑微谨慎,形成了鲜明的反差。作家伊丽莎白·盖斯凯尔夫人(Elizabeth Gaskell)的小说《玛丽·巴顿》(Mary Barton)中描述了工人威尔逊向工厂主乞求推荐信的情景:

> "威尔逊,你找我有什么事,伙计?"
>
> "打扰了,先生,达文波特得了热病,我来是想请求您给他一张住院的推荐信。"
>
> "达文波特,达文波特是谁? 我好像不认识他。"
>
> "他在您的厂里工作三年多了,先生。"
>
> "也许吧。不过我不可能记住厂里所有工人的名字,那是监工的事情。所以,是他生病了?"
>
> "是的,先生,他病得很严重,我想他应该去专门的发热病房(Fever Wards)。"
>
> "住院的推荐信我可能没有了,我给你一份门诊的吧。"①

在20世纪以前的英国,这种有违医疗原则的行为却是贫困患者的普遍遭遇。伯明翰女子医院(Birmingham Women's Hospital)曾提出过抗议,它指出女性患者为获得推荐信而向非医疗专业人士描述病情是不合适的,志愿医院接诊的又都是中下层患者,而认捐者却对其置之不理,甚至出言不逊的情况也时有发生,给患者的自尊心造成伤害。由此又带来了两个后果:一是贫困患者碍于颜面不愿来志愿医院就诊,二是诱使贫困患者滥用该制度下的医疗资源。由于认捐者缺乏专业的医学判断,病患谎报自己的个人情况以获得住院许可,例如隐瞒自己怀孕,或患天花、发烧或性病的事实。造成这种情况的原因可理解为"对穷困的男人或女人而言,能在志愿医院治疗一两个月,是他(她)从社会上层那里得到的一笔巨大的福利,所以这里从来

---

① Elizabeth Gaskel, *Mary Barton*, New York: Dover Publications, 2017, pp.64-65.

不缺少病人"①。

特权刺激让那些认捐者对志愿医院模式情有独钟。作为一种慈善医疗机构,它们本身不受教会的干扰,也不受地方法官或法律的约束,又在照顾穷人方面发挥了一定的积极作用。② 尤其对本地的工人大众而言,快速有效的治疗,可能使这些面临死亡或无法继续工作的人们重新成为各自家庭的经济支柱。志愿医院不但挽救了工人的未来,也避免了国家本该花费在贫困家庭上的救济费用,"追回了国家可能失去的财富"。③ 但在医疗服务的实践中,它也在认捐者与贫困患者之间清晰地划出了一条特权与权利的鸿沟。对于贫困患者来说,他们具有双重的身份,不但是需要医疗服务的病人,也是接受慈善施舍的对象,无法按照自己的意愿来获得必要的医疗服务,只能借助于富裕者的金钱、资源和怜悯被动地接受医疗救助。然而这并不是一份"免费的午餐",认捐者的善心部分来自宗教情感或社会责任感的驱动,也有部分来自私人利益的考量:因为除了获取医院管理的特权,更深层次的意义还在于,认捐者借助于穷人献出的身体(临床医疗标本),可以让医生更好地认识疾病,从而使富人能够得到更科学的治疗。志愿医院也因此稳固了其对富人或认捐者的吸引力。

二、志愿医院医生的技术霸权

米歇尔·福柯(Michel Foucault)认为,18世纪末,作为"检查"机构的医院被组织起来,是造成医学科学认识"解冻"的基本条件。④ 18世纪70年代,杰出的奥地利医生安东·冯·斯托尔克(Anton von Störck,1731—1803)在

---

① Adrian Wilson, "The politics of medical improvement in early Hanoverian London"//Andrew Cunningham, Roger French, eds., *The Medical Enlightenment of the Eighteenth Century*, Cambridge: Cambridge University Press, 1990, p.11.

② Donna T. Andrew, *Philanthropy and Police: London Charity in the Eighteenth Century*, Princeton: Princeton University Press, 1989, pp.53-54.

③ Susan Lawrence, *Charitable Knowledge: Hospital Pupils and Practitioners in Eighteenth-Century London*, Cambridge: Cambridge University Press, 1996, p.45.

④ [法]米歇尔·福柯:《规训与惩罚》,刘北成、杨远婴译,北京:生活·读书·新知三联书店2012年,第209页。

维也纳第一医学院任职期间率先改革医学课程,催生了临床教学制度。[①]
1865年防腐技术的应用和1875年麻醉术的诞生,使医院作为专业性医学场
所的重要性不断增强,从而逐渐成为医学研究和医疗服务的中心枢纽。在
此之前,大多数患者都选择在家中接受私人医生服务,而不去任何公共医疗
机构接受诊治。进入19世纪,临床医学发展确立了医生的技术霸权,并树
立起其医学权威的角色。医学的进步促使病理学检查和病理解剖手段得到
广泛应用,尤其是医学拉丁化书写与诊疗方式的改变,严重割裂了医患之间
的信任关系。

18世纪以前,医生仔细倾听患者讲述的那种情形似乎已不存在,病人的
"身体"取代"言语"成为医生关注的焦点。在医学专业化面前,完整而有个
性的病人被拆分为了冰冷、僵硬而缺少活力的各个器官与组织,它们变成医
生凝视下被操作、被修理的物化对象。医学的专业化还带来了医生职业分
工的细化。过去的医生可以一个人完成全部的诊疗过程,而现在,他们必须
借助于不同科室同行间的分工合作。比如,一名外科医生在重大手术之前,
通常需要助理医师协助制定相应的手术方案,放射科医生要对患者进行X
光检查,以及病理医生要对患者的病灶进行病理诊断。[②] 医院配备的昂贵且
精密的医学仪器,已经成为医生施展技艺的主要工具,而且这些医学仪器也
只有受过专门训练的医生才可以操作。这样,在现代化的医院中,医务人员
数量的激增不仅增加了医疗成本,也使医生群体对外行认捐者管理医院的
现象愈加不满,从而开始争夺医务话语权,最终出现医生的技术霸权。

最初,医生通过组建医生协会来提升行业影响力,使医院的发展更好地
满足医生的要求而不受认捐者的摆布。首先,因为急诊患者不要求有推荐
信,医生对此类病患的接诊量出现明显增长。急诊患者的收治比例从1751
年时的15%,上涨至1826年的32%。[③] 其次,到19世纪后期,志愿医院开支
的急速上升致使其出现财政危机,医生借机提出设置付费床位作为医院的

---

①　Thomas Dormandy, *Moments of Truth: Four Creators of Modern Medicine*,
Sussex: John Wiley & Son. Ltd, 2003, p.499.

②　Richard Luce, "The Voluntary Hospital System," *British Medical Journal*, Vol.1,
No. 3255, May, 1923, pp.863 - 866.

③　Mary E. Fissell, *Patients, Power, and the Poor in Eighteenth-Century Bristol*,
Cambridge: Cambridge University Press, 1991, p.117.

增收渠道。增加付费床位,就意味着减少免费床位,必将削弱认捐者在志愿医院的势力。再次,随着医生独立性的增强,一些新建医院直接取消了认捐制度。例如,皇家免费医院实行新就诊原则,宣称"贫穷和疾病应是获得免费和即时救济的唯一通行证"①。此后,医生在医疗和疾病上发挥着越来越主动的作用,他们凭借自己的技术优势,取代认捐者成为志愿医院的实际操控者。此举虽然打破了长期以来认捐者与患者之间的不平等依存关系,但是,贫困患者在医疗过程中所处的被动局面并没有得到积极改善。

事实上,正如福柯所言,在收治穷人的医院和训练医生的临床教学之间,正悄悄地形成一种隐秘的契约,②即医生被邀请到志愿医院挑选他们感兴趣的患者,在为其提供服务的同时也利用穷人的身体进行教学和研究,他们再将所获得的成功经验用于志愿医院体系以外的私人患者,以获得丰厚的钱财。当时,医生大多有自己经营的私人诊所,也只有在志愿医院这样特殊的环境中,他们才有可能收集或接触到足够数量的病例,以累积经验和训练医术。所以,即使医生为志愿医院提供免费服务,他们的回报也是相当可观的。医生的名字会被刊登在医院的广告中,从而向潜在的私人客户宣传他们的慈善之名和医疗技术。③ 还有一些医院会设立"接诊日"以满足医生的需求。比如,在圣托马斯医院,内科医生和外科医生每周轮流与院长合作,接收新的患者。他们也会安排固定的时间去看望自己的病人,比如每周二、周四和周六的上午 11 点到下午 1 点。药剂师和医科学生则负责病人的日常治疗。外科医生在选定病例后,通常会在几十位医学生的观摩下,一边讲解,一边做手术,有时还会故意延长手术时间,以便于让医学生仔细观摩。在手术过程中,还经常需要多人按压住患者的手脚以防患者因疼痛而挣脱。在麻醉术还未普及的年代,对于患者来说,每一分钟的疼痛和危险都会持

---

① George Campbell Gosling, *Charity and Change in the Mixed Economy of Healthcare in Bristol*, 1918—1948, unpublished PhD thesis, Oxford Brookes University, 2011, p.189.

② [法]米歇尔·福柯:《临床医学的诞生》,刘北成译,南京:译林出版社 2011 年,第 92 页。

③ Adrian Wilson, "The Politics of Medical Improvement in Early Hanoverian London", Andrew Cunningham, Roger French, eds., *The Medical Enlightenment of the Eighteenth Century*, Cambridge: Cambridge University Press, 1990, p.14.

续，但作为接受施舍的一方，他们却别无选择。

在医生们的眼中，贫困病患的身体不单单属于他们自己，也属于志愿医院，它们作为某种疾病的符号或载体，是代表某种疾病、可用于教学和研究的一个个活体案例。倘若他拒绝成为教学或研究的对象，就是"忘恩负义，因为他享受了社会的好处，却不以感激来回报"①。在这种情况下，一旦造成医疗事故，医生多采取家长主义的态度为自己的过失行为辩护，而病人却没有能力追究医院或医生的失当行为。况且，医生更愿意相信自己从事的事业是正义而高尚的，只要有助于医学的进步，就算牺牲穷人的生命也不足惜。所以，有医学史专家将18—19世纪英国的志愿医院形容成一个可怕的地方，称超高的死亡率表明它们的存在虽然不能说没有好处，但更多的是坏处。对此，1874年，伦敦学院医院（University College Hospital）高级外科医生约翰·埃里克森（John Erichsen）夸张地指出：所有形式的截肢手术死亡率都在35％到50％之间，而某些（未指明的）截肢手术死亡率高达90％。其他类型的手术结果同样糟糕。埃里克森的观点是建立在19世纪第三季度统计资料基础上的，他认为没有证据表明此前的死亡率会更低。② 除此之外，因医疗条件有限而造成的脓毒性发热（Septic Fevers）和传染病猖獗，志愿医院的非外科患者死亡率也高达20％。③

在志愿医院服务体系下，医生借助医院重构了医患之间的权力与权利关系。医院变成了一个训练所，与知识相关的场所；它体现了一种权力关系的颠覆和一种知识系统的构建。④ 其一，这里的就医患者多来自社会底层，由于属于免费性质的治疗，医生们认为他们不需要向贫困的病患负责，而只向他的同行寻求认可和报酬。换句话说，贫困患者的价值在于他只是一个"病例"。如果病人死了，他们的身体就被用于解剖，发挥其最后的医学价

---

①　福柯（2011），前揭书，第94页。

②　John Woodward，*To Do the Sick No Harm*，*A Study of the British Hospital System to 1875*，London and Boston：Routledgem，1974，pp.123–126.

③　W. Thelwall Thomas，"The Evolution of the Voluntary Hospital and Its Future"，*BMJ*，1918，Nov. 16，pp.547–549.

④　福柯（2012），前揭书，第209页。

值。[1] 其二,在床边医学(bedside medicine)中,疾病的概念倾向于全局性。通过医患之间的沟通,患者的病情被置于其日常生活的大环境和生平背景中,医生的诊治需要揣摩和筛选相关信息,并尊重患者的建议制定治疗方案。医院医学(hospital medicine)则侧重于借助物理手段快速提取疾病的显著特征,并将这些特征与人体器官发生的病理变化联系起来,忽视了人的社会属性。人体被看成一架机器,医生的工作就是对机器的维修。所以,临床医学更加注重技术的发展、医生的实绩和对疾病的征服。医院的职位为医生提供了磨炼医疗技能和累积财富的快速通道。医生借此构建起自己的专业权威形象,从而完成了其社会角色由服务者向权威者的身份转变。其三,在志愿医院服务体系下,一方面是公共责任的意义被弱化,另一方面则是医疗上的贫富差距现象更加明显。由于医生独立诊断,其独享的医学权力不受他人的支配与干涉,在志愿医院这种"慈善医疗"的背后,经济状况与社会地位就成为决定医疗服务质量好坏的首要条件。

因此,贫困患者与自费患者之间的待遇差别不是细微的、局部的和表象的,而是显著的、整体的和实质的:前者为了换取治疗的机会,牺牲的是健康或康复的机会,甚至是生命;另一个则享受着医术进步所带来的医学红利和医生精心提供的私人服务。自此,志愿医院不仅仅是扶病济困的慈善机构,它已成为推动医学发展的引擎,其动力正是穷人的身体和生命。

三、贫困患者的牺牲与救赎

志愿医院为临床医学搭建了新的政治空间。尽管它是为穷人建立起来的医疗机构,但它绝不只是一个慈善机构,也不只是一个纯粹的医疗场所。志愿医院建立了一种医疗慈善(Medico-charitable)场所,最大受益人却从属于这一系统的医生和认捐者。[2] 临床医学发展的这种奇特景观,也引出了学者们对 19 世纪志愿医院的批判性评价,他们指责其非但没能治愈病人,反

---

[1]　Mary E. Fissell, *Patients, Power, and the Poor in Eighteenth-Century Bristol*, Cambridge: Cambridge University Press, 1991, p.163.

[2]　Adrian Wilson, "The politics of medical improvement in early Hanoverian London"//Andrew Cunningham, Roger French, eds., *The Medical Enlightenment of the Eighteenth Century*, Cambridge: Cambridge University Press, 1990, p.15.

而加速了他们的死亡。1794 年哥廷根大学医院产科医生弗里德里希·奥西安德(Friedrich Benjamin Osiander)指出:"医院不是为病人服务,而是病人为医院服务。"①英国医学史专家罗伊·波特(Roy Porter)甚至说,"志愿医院给贫穷和赤裸裸的压迫披上了慈善的外衣"②。

在志愿医院取得突出成绩的背后,贫困患者一直处于被遗忘者的地位。在为数不多的文献记录中,1877 年,病患玛格丽特·马修森(Margaret Mathewson,1848—1880)从她的家乡来到爱丁堡市治疗肩周炎。她由该市皇家医院收治,部分原因就是她的病例可以用于医学教学。发明外科消毒术的医生约瑟夫·李斯特(Joseph Lister,1827—1912)为她实施了手术,理由是,"这是一个肺功能衰退的病例,但幸运的是它从肺部转移到了肩关节,并形成了一个周围脓肿。在她的锁骨上还有另一个腺囊肿(glandular abscess),这对所有人来说都非常有趣"③。八个月后,玛格丽特出院了,但三年后,她不幸死于肺结核。生前,她在日记中记下了这次的就诊经历。对她而言,虽然麻醉和消毒术使手术不再那么痛苦,也更安全,但这仍是一场令人痛苦的折磨:

> 入院的第一天,我被叫到楼上并关进一间黑漆漆的房间,从声音判断这里还有其他人……我大概坐了 2 个小时,然后切恩助理医师(Dr. Cheyne)告诉我,今天轮不到我了,因为前面还有很多人。
>
> (第二天)我又在黑屋里坐了 2 个小时。然后切恩助理医师告诉我,今天还是不需要我,还有很多事情要做……又过了一天,我被叫到阶梯教室,在大约 40 位绅士面前发言。教授问我的几乎都是同样的问题,和他之前问我的一样,我就又解释了一遍。教授拍了拍我的胳膊让我转过身去,我的情绪更加激动了,因为我看到黑板上用粉笔画着我的胳膊,它肿胀的状态和正常的状态,以及需要动手术的特殊标记。看到

①　Deborah Brunton, ed., *Medicine Transformed: Health, Disease and Society in Europe, 1800—1930*, Manchester: Manchester University Press, 2004, p.55.

②　Lindsay Granshaw, Roy Porter, *The Hospital in History*, London: Routledge, 1989, p.152.

③　Martin Goldman, *Lister Ward*, Bristol and Boston: Adam Hilger, 1987, in Deborah Brunton, ed., *Health, Disease and Society in Europe, 1800—1930, A Source Book*, Manchester: Manchester University Press, 2004, p.32.

这里,我几乎晕了过去,因为在此之前,我一直以为这次手术不会那么严重。

10点30分,护士叫我像往常一样脱光衣服。她让我快点,说马上就轮到我了。阶梯教室的大门敞开着,我们走了进去,教授鞠躬微笑,我也鞠躬回礼。他让我站在椅子上,然后躺在桌上。有4位医生围坐在旁边。切恩医生走过来,用一条浸湿的毛巾捂在我的脸上,说,"现在呼吸"。我在吸入麻醉性气体后,慢慢失去了知觉,醒来后我发现自己躺在陌生的病房里。我的第一个想法就是,"我的胳膊还在不在?"。我浑身缠着绑带,已感觉不到胳膊的存在。后来发现它被绑在腰边。术后的我非常不舒服,不停地发烧、呕吐,头痛得厉害。关节处有一种奇怪的疼痛,好像是被割伤了。随着时间的流逝,疼痛加剧了,有时疼得我几乎要大叫起来。但我想只要我能忍住,我就用被单捂住嘴尽量不喊出声来。①

随着医院的建立,医患关系发生了明显变化。在床边医学时代,普通患者倾向于在家中治疗,只有少数贫困患者能入院诊治。当时的医院被视为避难所和救济所,在英国医疗卫生服务中处于边缘地位。普通患者可以自由选择为其服务的医生。特别是慢性病患者,他们通常要咨询多位医生,并记录下所有相关医疗建议。患者为自己编写病例,同时会加进自己的观点和感受以供医生参考,此时仍享有一定的发言权。② 后来,医院的建立为医生提供了医学练兵场。医院治疗越来越依赖医生和仪器来判断患者的物理性体征变化情况,患者的感觉和观点被忽视,甚至被删除。"从19世纪开始,患者对其症状的主观描述从医生诊疗的主要环节沦为诊断序列的第一阶段。患者的叙述和医生书写的病例已经变得各自独立,而且截然不同。不只患者的叙述,患者的整个机体都成为被治疗的对象。患者最后才发现,他们再也无法理解医生是如何治疗的。这让患者感受到自己与医学(特别

① Martin Goldman, *Lister Ward*, Bristol and Boston: Adam Hilger, 1987, in Deborah Brunton, ed., *Health, Disease and Society in Europe, 1800—1930, A Source Book*, Manchester: Manchester University Press, 2004, p.34.

② Deborah Brunton, ed., *Medicine Transformed: Health, Disease and Society in Europe, 1800—1930*, Manchester: Manchester University Press, 2004, p.19.

是常见的外科手术)之间深深的疏离感。"①在医疗活动中,患者的"失语"使其无法成为医生施治的合作伙伴,更不可能担当起主动促进医学进步的贡献者角色。

不仅如此,由于医院变得更像图书馆、文学社、沙龙,成为上流社会的社交场所,患者在志愿医院体系下的弱势地位被进一步强化。志愿医院,与其说是对这种社会身份的标识,不如说是一个建立、检验和强化这种标识的场所,而入院的病人都被贴上了穷人的标签。② 这种卑微的身份设定,使患者处于不被尊重的低下地位,他们不得不充当医学研究的对象和医学进步的牺牲品。医生利用技术霸权,违反或挑战社会的传统法则,从对患者身体上的观摩和询问,到直接用手或仪器触碰病人,甚至是一些隐私部位,一点点地突破了人体的禁区。

在"纪律严明"的医院里,患者只有绝对服从的义务,没有自我保护的权利。他们被限制人身自由,被提出各种要求,接受各种检查,等等。医生掌控着医疗服务的主动权,他们控制着患者病情的趋势,不需要与病人商量讨论,全由他们独自决定治疗方案。"常规性的观察,使病人处于一种几乎无休止的受检查状态。"③医生行使着技术霸权,患者在恐惧和无知中听从医学对自己身体的支配,医患之间由此衍生出权力与服从的规训。由于患者并不具备足够的能力(包括权力、资源、学识等)去认识和掌握医学与治疗的充分信息,只能被动地参与和接受。即使他们知晓自身权益可能会受到威胁,也仍然选择治疗,因为虽然无法确定能获得多少利益,但总比什么都没有要好。正是在这种复杂的情况下,贫困患者充当着临床医学的牺牲品。可以说,在19世纪英国的志愿医院服务体系中,临床医学进步部分是以牺牲穷人的健康与生命的权益为代价的;医生利用患者身体积累了医学的知识与物质的财富;富人则从医生自穷人身上积累的技术中获得更好的生命关照;而国家通过志愿医院实现了对民众身心健康的管理。最终,贫困患者在慈

---

① Irvine Loudon, ed., *Western Medicine*: *An Illustrated History*, Oxford: Oxford University, 1997, p.298.

② Mary E. Fissell, *Patients*, *Power*, *and the Poor in Eighteenth-Century Bristol*, Cambridge: Cambridge University Press, 1991, p.88.

③ 福柯,前揭书(2012),第209页。

善服务的口号下,在"医学凝视"环境中,成为医生施加技术权力的对象,迎合了富人对医学进步的渴求,完成了个人的牺牲与救赎。

结　　语

　　医院是新的生命降生的起点,也是人生走向最后归宿的终点。医学的本质,决定了它的关注对象是那些最需要关怀和帮助的病人。为病患解除病痛,实现救死扶伤,是医生的神圣天职。这与慈善事业所追求的仁爱精神,具有内在统一性。也正因为如此,志愿医院只有"团结医生与慈善群体"[①],为处于贫苦无助境地的病人提供无偿的医疗服务与照顾,才能发挥医学在慈善事业中的积极效用。

　　19 世纪英国志愿医院的运作实践,淋漓尽致地暴露出医学发展的消极作用,因为临床医学取得的瞩目成就是建立在贫困患者牺牲自我权益的基础之上的。临床医学的发展,使医生过分追逐技术手段的进步,而忽视了患者作为人的基本权利。正如菲塞尔(Marye Fissell)所言,"医院成为一种社会权力的交换场所"[②]。通过对 19 世纪英国志愿医院体系的考察,我们看到,医疗服务被置于怜悯幌子的保护之下和临床医学进步的压制之下,慈善特权与医生霸权对于贫困患者而言,是生命的双重枷锁。在利益与权力的旋涡中,医生既是治病救人的白衣天使,也是将人推向死亡的"恶魔";富人对穷人的行善,既是为了挽救穷人的生命,也是为谋取自我利益,因而体现了强者对弱者的无情摧残。这是现代医学进步中的一个无法回避的悖论。

　　然而,医疗服务本应坚守其崇高的信仰与使命,遵循希波克拉底誓言,不因贫富贵贱而区别诊治。现代医学伦理也明确要求,首先要将患者的安全和健康置于优先位置,其次才是临床研究取得科学进步和社会效益的问题。1948 年,英国建立了国民健康服务体系,在这种体系下,医院被收为国有,并开始向全体英国居民提供无差别的免费医疗服务。时任工党政府的卫生大臣安奈林·比万指出:"治疗和护理应当成为一种公共责任;应当按

---

　　①　W. Thelwall Thomas,"The Evolution of The Voluntary Hospital And Its Future", *British Medical Journal*, 1918, Nov.16, pp.547 – 549.

　　②　Mary E. Fissell, *Patients, Power, and the Poor in Eighteenth-Century Bristol*, Cambridge：Cambridge University Press, 1991, p.7.

照医疗的需要而不是根据任何其他标准让贫富获得同等的待遇。"①国民健康服务体系确立了健康公平的核心价值,依据这一理念,医疗服务从过去以医生为中心转向了以患者为中心,凸显对患者的情感、人格和生命价值的尊重和关怀。其基本原则包括:(1)人性化。医疗是一个复杂的科学体系,治疗是一个多变的复杂过程。基于此,这需要充分尊重和理解病人的需求,关心、体贴病人,同时尽力为患者营造舒适、温馨的就诊环境。(2)个性化。既要关注患者权益,关注患者的就诊体验,关注患者的生活条件与承受能力(包括经济方面)等,又要强调患者有知情同意权,医患共同决策,提供不同种类和不同层次的个性服务以满足病人的多元化需求。(3)情感化。虽然疾病是残酷和冰冷的,但由于医疗服务是一种高接触性的特殊服务,其服务对象是有生命、有情感、有个性的人,这就更需要在医疗服务和医院建设中传递温情,在医生与病人之间建立起一种平等和谐的关系。患者是医疗服务的主要对象,患者身份是医院权力秩序的集中体现,影响着医疗服务的核心价值与发展走向。让每个人都能公平地、有尊严地分享医学技术的成就。这不仅仅是英国,也是全世界医疗卫生服务体系,应当不懈追求的奋斗目标。

原载《学海》2019 年第 6 期

---

① ［英］安奈林·比万:《代替恐惧》,李大光译,北京:商务印书馆 1963 年,第 78 页。

知识即权力?

——英国医生的话语构建与发展趋势(1800—1948)

白　爽

　　摘　要:19 世纪至 20 世纪中期是英国医生依托专业知识构建话语权力的关键时期。临床医学的进步推动了医生话语权力的塑造。医疗空间的变化造成惠顾体系的瓦解和诊疗方式的转变,确立了医生在医患关系中的家长式权威。医学专业化造成全科与专科的分离,专科医生凭借知识与技术优势后来居上,改变了过去以全科医生为主的行业格局。两者之间在医疗观念与利益上的冲突,加重了行业内部的竞争和分歧,但也让他们认识到了分工与合作的重要性。1948 年国民健康服务体系的建立,是英国工党政府通过国家干预规制医生权力,挽救了知识—权力语境下全科医生群体的日趋衰落,同时促使医生职业在资本利益与人道主义之间进行平衡。从知识—权力话语主导下的家长式权威到医学人文精神的回归,表明英国医生的职业发展呈现出以患者为中心的新趋势。

　　关键词:全科医生;专科医生;医生话语;知识—权力

　　进入 19 世纪,英国医生群体由内科医生、外科医生和药剂师组成的行业等级秩序被逐渐打破,取而代之的是专注于家庭医疗的全科医生①与在医

---

　　① 　全科医生(General Practitioners，GPs),也称家庭医生,为私营医疗从业者,主要以家访形式为病人提供常见病治疗和疾病预防保健服务。

院工作且熟悉专门领域的专科医生①和顾问医生②的类型。1948 年建立的国民健康服务体系(National Health Service,NHS)奠定了 20 世纪英国医疗服务的发展格局。在现有的相关研究成果中,学术界已经关注到 19—20 世纪英国医疗市场中的医生与患者,同时注重从患者的体验出发探讨医疗实践及医患关系,以及患者话语体系的形成与变化,如莉莲·福斯特(Lilian R. Furst)、安妮·迪格比(Anne Digby)、朱森(N. D. Jewson)、菲瑟(Marye Fissell)③等。另有学者从福利国家史的角度探究了英国医生职业在 NHS 建立前后的作用及影响,如罗斯玛丽·史蒂文斯(Rosemary Stevens)、亚瑟·J. 威尔科克(Arthur J. Willcocks)、马文·瑞塔拉(Marvin Rintala)④等。本文参考米歇尔·福柯的知识—权力理论,从医患关系、医生关系和医疗实践三方面论述这一时期英国医生职业的内外变化,以此论述英国医生的话语构建与发展趋势。

---

① 专科医生(specialists),指接受过专业训练并在某一科别(如内科、外科、儿科等)医疗技术突出的医生。他们为医院提供带薪的全职或兼职服务,但只负责具体科别的诊疗工作。

② 顾问医生(consultants),又称会诊医生,指在志愿医院工作的专科医生。最初,顾问医生仅仅是几个全科医生共同对疑难病症给出诊断意见,不参与治疗实践。随着医学技术的发展,顾问医生开始亲自诊治某一科别的疾病,成为专科医生。参见马文·瑞塔拉:《国民健康服务的建立:安奈林·比万与医学专家们》(Marvin Rintala, *Creating the National Health Service: Aneurin Bevan and the Medical Lords*),伦敦:弗兰克·卡斯出版社 2003 年,第 69 页。

③ 莉莲·福斯特:《医患之间:力量的平衡》(Lilian R. Furst, *Between Doctors and Patients: The Changing Balance of Power*),夏洛茨维尔:弗吉尼亚州立大学出版社 1998 年;安妮·迪格比:《行医为生:1720—1911 年英国医疗市场中的医生与病人》(Anne Digby, *Making a Medical Living: Doctors and Patients in the English Market for Medicine, 1720 —1911*)剑桥:剑桥大学出版社 1994 年;国内学者较多研究中世纪、近代英国的医生及医患关系,如高建红《12—16 世纪西欧的医生》(复旦大学 2011 年博士学位论文)、陈勇《从病人话语到医生话语——英国近代医患关系的历史考察》(《史学集刊》2010 年第 6 期)、王广坤《19 世纪英国全科医生群体的崛起及影响》(《世界历史》2016 年第 4 期)。

④ 罗斯玛丽·史蒂文斯:《近代英国的医疗服务》(Rosemary Stevens, *Medical Practice in Modern England*),新不伦瑞克和新泽西州:事务出版社 2003 年;亚瑟·J. 威尔科克斯:《国民健康服务的建立:利益集团与一项重大社会决策研究》(Arthur J. Willcocks, *The Creation of the National Health Service: A Study of Pressure Groups and a Major Social Policy Decision*),伦敦:劳特利奇与基根·保罗出版社 1967 年;瑞塔拉,前揭书。

一、医生医院化:医患地位的逆转

在 20 世纪之前,家庭是治疗疾病的重要场所。人们相信,能够使人从疾病中康复的唯一场所是社会生活的自然环境,即家庭。[①] 因此,只有在穷困或者紧急的情况下,病人才会在医院治疗。医生就像为"上流社会"服务的美容师、修甲师一样,到病人的家里为其提供医疗服务。医患之间形成的以患者为中心的"惠顾体系"(patronage system)私密且长久。全科医生与患者以人情为基础,受严格的绅士礼仪约束。为了更好地迎合患者需求,医学史专家弗斯特(Lilian R. Furst)指出:"一位全科医生出入患者的家时,他已经对患者的家庭背景十分了解。即便接诊的是一位陌生的患者,全科医生也可以通过这位患者的言行举止、家庭布置对其个人情况作出大致判断。这个普通的'诊疗场景'中所包含的信息不仅仅是一位躺在病榻上的患者,还包括他的职业、亲属、朋友、他的喜怒哀乐,以及他的希望和恐惧。"[②]这种"共享的隐私"情境下所形成的代代相传的友好关系,构成了 19 世纪医疗回忆录中所描述的医患关系的本质。[③] 相比之下,医院被视为"不洁之地",是"各种致命传染的藏匿处"[④],不但无法让人恢复健康,而且可能加速人的死亡。[⑤] 然而,自 1800 年左右,以身体检查、病理解剖、统计学为基础的医学开始发展,医院不再是济贫扶病、休养生息的地方。[⑥] 医院在诊疗设备和就诊环境上所取得的明显进步,如"麻醉技术、消毒技术、X 射线的发明,特别是外科手术技术的发展以及护理工作的改善"[⑦],推动了普通患者,尤其是工薪阶层对医院的接纳与需求。医院逐渐摆脱了救济穷苦的边缘角色,成为医

---

① [法]米歇尔·福柯:《临床医学的诞生》,刘北成译,南京:译林出版社 2001 年,第 43 页。

② 福斯特,前揭书,第 184 页。

③ [法]菲利浦·阿利埃斯、乔治·杜比主编:《私人生活史》第五卷,宋微微、刘琳译,哈尔滨:北方文艺出版社 2008 年,第 228 页。

④ [英]朱利安·图德·哈特:《医疗服务的政治经济学》,林相森、丁煜译,上海:格致出版社、上海人民出版社 2014 年,第 146 页。

⑤ 福斯特,前揭书,第 125 页。

⑥ [英]罗伊·波特:《极简医学史》,王道还译,北京:清华大学出版社 2016 年,第 158 页。

⑦ 基尔·沃丁顿:《慈善与伦敦医院,1850—1898》(Keir Waddington, *Charity and the London Hospitals, 1850—1898*),萨福克:博伊德尔出版社 2000 年,第 12 页。

治疾病和医学教学的理想场所。

正如弗斯特所言:"如果说医院在20世纪20年代经历了专业化,那么医生也必须在这一时段实现医院化(hospitalized)。"[1]随着医院地位的变化,越来越多的医生走出家庭与诊所,开始与公共医院合作。首先,顾问医生与志愿医院(voluntary hospital)建立了稳定的互惠关系。志愿医院由地方教会人士和上层阶级捐资建立,秉承慈善救济的传统,服务对象为经过严格挑选的穷困患者和急诊患者。顾问医生在此提供义诊,常常被冠以慈善之名。这不仅仅是对其医德和医术的肯定,因为只有医术卓越的专科医生才能获得这一荣誉岗位,通常标志着医生的个人职业生涯走向顶峰;[2]借助志愿医院的工作平台,顾问医生还可以与同行交流、积累经验;医科学生则通过导师的资源获得志愿医院的实习机会,顾问医生在赚取学费的同时利用学生发展人脉,结识更多的私人患者。此外,志愿医院也会提供各种优惠的条件招揽顾问医生。比如,提供驻院病房,允许他们借用医院的医疗设备为其私人患者服务等。

与顾问医生相比,资历较浅的专科医生在由济贫法医院改造而来的市政医院从事全职或兼职工作。他们的患者中有无家可归的穷人和被收容的囚犯,通常患有肺结核、胃溃疡、褥疮等[3]慢性疾病或精神疾病。市政医院接受地方政府的资助,按照医生的工作量支付薪酬。医院也会参考病人的家庭经济情况调查(means-tested)[4]以及当地的医疗水平适当收取一些费用,但病人自付额度一般不超过医院总资金来源的10%。麦克白医生(R. G. MacBeth)记录了他在艾灵顿市政医院(Hillingdon County Hospital)的工作见闻:"1930年12月1日开始,我担任艾灵顿市政医院的见习医师。这里原来是一所济贫院,现在被改造成两大间'急诊病房'用来救助那些囚犯和流浪汉,还有专为孕妇准备的病床和一间劳动室。后来修建了四间软壁病房

---

[1]　福斯特,前揭书,第183页。

[2]　史蒂文斯,前揭书,第34页。

[3]　克里斯托弗·劳伦斯:《医药与现代英国的构建,1700—1920》,(Christopher Lawrence, *Medicine in the Making of Modern Britain, 1700—1920*),伦敦:劳特利奇出版社1994年,第1974页。

[4]　家庭经济情况调查,是以居民家庭收入和支出为主要调查内容的综合性专门调查,被作为患者支付医疗费与获得医疗服务水平的重要参考指标。

(padded cells)专门收治紧急入院的精神病患者。主治医师乔克(Jock)与我负责这里的 300 个病床。乔克曾是伦敦一家私人诊所的外科主任,同时在伦敦外一家小医院里兼任顾问医生。作为一名外科医生,他对其他领域的疾病并不感兴趣。他让我负责所有的耳鼻喉科患者,我们轮流做外科手术。麻醉师不在的时候,乔克和我也会给患者进行麻醉。……我在这里工作一年的基本工资是 400 英镑。"①

医疗空间的改变提升了医生的社会地位,构建了新的医患关系。18 世纪以来的医患关系发生逆转,从医生对患者的讨好和迎合,变成了患者对医生的仰望和服从。第一,医院的兴起造成了医患关系的分解。为了维护客源,私人医生十分重视病人的自述和治疗意见,不敢轻易违背患者的主观意愿。伴随着医院的兴起,患者不再是尊贵的顾客,而成为医学实验的牺牲品与接受救济的对象。面对这些身份卑微的病人,医生可以根据自己的研究挑选治疗的对象,也经常无视患者的需求取消或延迟诊治。此外,医院使医生接触到更多的患者,医生没有必要也不可能对某一患者保持高度关注。惠顾体系的基础,即以往那种医生与患者建立的一对一的长久关系被多个临时的医治关系所取代,医患双方的感情被相对地淡化和分解,进而打破了之前以患者为中心的医患格局。

第二,医院的兴起改变了医生的诊疗方式。19 世纪以前,富人可以在家中享受医生的上门服务,其主要原因是家庭场所足以施行一些诸如注射、放血、手术等常规医疗手段。但随着 1895 年 X 射线被伦琴发现,心电图仪、超声波扫描仪等现代诊断工具得到应用,这些精密且昂贵的仪器,只有医院才可能购买并且为多数医生使用。过去医生的诊疗手段都围绕着患者的自述进行,医学技术的飞速进步让医生开始在各种现代仪器产生的影像和数据里,分析血液、细胞和体液,以更加深入地了解致病因素,这时的他们更在意攻克疾病而非患者本身。有数据显示:"1918 年,伦敦市区外一所医院每天的 X 光检查不到 600 例,但到 20 世纪 40 年代末期,每天超过了 20 000 例。1947 年,该院进行的病理化验数是 1927 年的 32 倍。血常规检查数则增长

---

① R. G. 麦克白:《艾灵顿市政医院,1930—1933》(R. G. MacBeth, "Hillingdon County Hospital, 1930—1933"),载《英国医学杂志》1993 年第 307 期。

了 50 倍。"①另一个明显的变化是,医生已经使用拉丁文缩写书写处方,而非之前便于医患交流的日常用语(它可以让医生与药剂师之间保持秘密的沟通),除了药品服用剂量,患者对其他诊疗信息却一无所知。医患之间的"亲密关系"在高深的医学知识和冰冷的医学仪器之中渐行渐远,也正是从这时起,"医生不再以维护其私人雇主的健康为荣,他的声誉开始建立在治愈了多少患者上……独特的知识与技能为他们赢得了广泛的尊重,医生成为社会地位最高的一种职业"②。

二、全科与专科的分离:从竞争到合作

全科与专科之间的分离可以追溯到 19 世纪中叶。此前,英国的顶级医生都是全科医生,仅有外科和内科之分。新型治疗手段和器具的临床应用,使医生有能力对自己感兴趣的领域进行研究。随之出现了专门从事眼科、耳鼻喉科、皮肤科、胸科等的专科医生。这些技术的掌握不仅仅需要长时间的专门培训,同样需要医院在科研条件上的支撑。到 19 世纪末,专科医生逐渐在自己的专业领域站稳脚跟。遇到重大疾病的时候,富人们首先想到的是去看专门从事这一疾病研究的专科医生而不是全科医生。全科医生因此丧失了很多富有的客户,在与专科(顾问)医生的竞争中败下阵来。与顾问医生相比,他们接受培训的时间短,收入低,社会地位低,所拥有的专业技能也得不到同行的尊重。尤其是在工业区,全科医生永远属于低级工作,是医疗行业中的"贫穷军团"。③

医疗观念上的差异使行业分歧更加明显。全科医生得意于自己首先将患者视为一个活生生的人,患者有希望、恐惧、生死、家庭关系以及其他社

---

① 阿蒙·林赛:《英国与威尔士的社会化医学:国民健康服务,1948—1961》(Almont Lindsey, *Socialized Medicine in England and Wales: the National Health Service, 1948—1961*),伦敦:牛津大学出版社 1962 年,第 24 页。

② 艾德里安·福第:《论英国与法国的现代医院:建筑在社会与医疗中的运用》(Adrian Forty, "The modern hospital in England and France: the social and medical uses of architecture"),安东尼·金主编:《建筑与社会:社会发展中的建筑环境论文集》(Anthony D. King, *Buildings and Society: Essays on the Social Development of the Built Environment*),伦敦:劳特利奇和基根·保罗出版社 1984 年,第 39 页。

③ 哈特、林相森,前揭书,第 150 页。

会关系;专科医生则更加关注如何运用各种医疗技术完成医疗任务,而不太
关心患者本身及其生活。① 由于设备和医术上的限制,全科医生不情愿地将
那些超出他们能力范围的患者转给在医院任职的专科医生。这种行业内部
的转诊制度(referral system),为 NHS 分级诊疗制度的实现奠定了基础,但
这终究是一场不太友好的合作。全科医生把专科医生视作窃取自己病人
的"小偷",指责他们缺乏完整的医学背景知识,无视病人的遗传因素。②
顾问医生则组建了专门的医生俱乐部,排挤全科医生进入他们的专业领
域培训和服务。1856 年,主要代表全科医生利益的英国医学会(British
Medical Association, BMA)成立,正是全科医生对专科医生回击的结果。
1860 年,英国医学会的喉舌《英国医学杂志》(*British Medical Journal*)曾
发文反对专科医院的扩张,并且得到了英国皇家外科医学院主席、全科医
学协会主席等著名医学界人士的支持。这种全科医学对专科医学的偏见
一直持续到 19 世纪末,尤其是在伦敦地区,医院的专科科室常常被全科医
生把控。③

在此背景下,这一时期医德建设的主要任务在于规范医生行为,而不是
处理医患关系。医生们希望通过医德建设缓解医生之间复杂紧张的人际关
系,尽可能减少行业内部潜在的危险冲突。曼彻斯特医学伦理委员会
(Manchester Medico-Ethical Association)于 1847 年成立,专门处理行业中
出现的医德问题。英国医学会在 1853 年也成立了专门的医学委员会
(Medico-Ethical Committee)。以哈德斯菲尔德地区(Huddersfield)的医德
协会(Medico-Ethical Society)为例,成立之初有 40 名医生加入,其中 25 名
医生在本地行医,由高级内科医师特恩布尔(Turnbull)担任主席。1860 年,
该协会订立的工作目标为:维护行业规范有序,保证医生权益,以及作为一
个利益共同体,代表会员与其他机构或个人沟通,协调行业内外关系等。同

① 温迪·罗杰、安妮特·布朗尼克-梅尔:《全科医学的实践伦理》(Wendy A Rogers,
Annette Braunack-Mayer, *Practical Ethics for General Practice*),牛津:牛津大学出版社
2009 年,第 5 页。
② 迪格比,前揭书,第 34 页。
③ 汉弗莱·罗尔斯顿:《过去 50 年医生职业的变化与医药的进步》(Humphry
Rolleston, "The Changes in the Medical Profession and Advances in Medicine During The Last
Fifty Years"),载《英国医学杂志》1932 年第 2 期。

年出版的《医学指南》（*Medical Directory*）对其工作给予了积极评价，认为"该协会有效保护和增进了医疗从业者的利益，在一定程度上减少或防止了医学滥用，维护了市场的正常秩序"①。即便如此，全科医生也未能挽救其在激烈的医疗市场竞争中的颓势。

真正改变全科医生不良处境的是 1911 年劳合·乔治《国民保险法》（*National Insurance Act*）的颁布。健康保险涵盖医疗、疗养、疾病、伤残、生育等方面。保险基金由雇主、雇员和财政部三方负担。覆盖人群包括 16—70 岁的体力劳动者和年收入在 160 英镑②以下的非体力劳动者（士兵、水手、教师等可以不受这一数额的限制）。该法在 1912 年 7 月生效时，当年受保居民就超过了 1 000 万人。更为重要的是，国民健康保险（National Health Insurance，NHI）的给付范围仅限于全科医生服务以及相关的医疗器械和药品，并不包括医院服务及私人服务。③ 这也意味着如果患者选择专科医生，那么医疗费用将由自己承担。尽管社会各界强烈呼吁，将给付范围扩大到覆盖所有的医生服务、医院和医疗机构服务、牙医服务等。但由于医保改革涉及多方的利益，再加上第二次世界大战的爆发，直到 1948 年国民健康服务体系建立之前，NHI 都没有覆盖医院和专科医生服务。

这项举措帮助全科医生在医疗行业中重新找回了自己的角色。与之前不同的是，NHI 的推行保证了全科医生的收入和工作。截至 1938 年，NHI 覆盖了 40% 的英格兰和威尔士居民，90% 的全科医生加入了这个系统。1936—1938 年，全科医生收入中有 1/3 来自 NHI 津贴，收治病人中有 2/3 为参保患者。在新的行业协定中，受保病人必须经由签约的全科医生的推荐才可在医院接受治疗。由于 NHI 采用按人头付费方式，全科医生接诊的病人人数与其从 NHI 中所得的津贴成正比。全科医生与专科医生之间并不存在利益冲突，因此全科医生也更愿意将病人转诊到医院治疗。但医学

①　希拉里·马兰：《韦克菲尔德和哈德斯菲尔德的医疗与社会，1780—1870》（Hilary Marland, *Medicine and Society in Wakefield and Huddersfield*, *1780—1870*），剑桥：剑桥大学出版社 1987 年，第 310、312 页。

②　1937 年将投保年龄下限设定为 14 岁，1942 年将收入限制调整至 420 英镑以下。

③　约翰·彼得：《国民健康服务的形成》（John E Pater, *The Making of the National Health Service*），伦敦：国王爱德华基金会 1981 年，第 5 页。

史专家史蒂文斯(Stevens)指出了其中的弊端:第一,抑制了专科医生的培养,使一些医生宁愿成为一名初级全科医生领到 NHI 津贴,也不愿通过艰苦的进修成为专科医生自谋出路。第二,让全科医生的职业发展陷入一个危险的境地,即"全科医生的意义消减为一张职业资格证书和通往医院大门的一个路标"①。20 世纪 40 年代,医生之间的竞争局面虽然有所缓和,但在从业人数和薪酬方面仍然存在明显差距。1938 至 1939 年,英国全科医生的数量约为 18 000 名,而专科医生和顾问医生总数仅约为 2 800 名。专科医生的收入更高,其薪资水平可与当时的律师和工厂高级管理者媲美。1930 年,40 岁左右的顾问医生年收入约为 2 000 英镑。55 至 64 岁顾问医生的薪水约为全科医生的两倍。其中收入最高的专科领域为妇产科和外科,最少的为麻醉科、病理科和精神科。② 可以看出,全科医生仍是未能成为专科医生的一种次优选择。

NHS 建立之后,全科医生与专科医生才开始了真正意义上的合作。1920 年卫生部发表了著名的《道森报告》(Dawson Report),率先对未来分级医疗服务中的医生角色进行了描述:"全科医生不应该再去寻求满足私人患者的所有医疗需求,而应该成为初级医疗服务提供者,他们需要对付的是常见病,剩下的应该转诊到有顾问医生工作的门诊或住院病房里。"③这一设想后来发展成为 NHS 体系中的三级诊疗制度。在 NHS 体系中,第一级是以全科医生服务为主的初级医疗服务。每位居民都要在社区登记参加 NHS,并自由选择一名全科医生。这名全科医生将为其提供所有的常见病治疗及疾病预防保健服务。第二级是公立医院及专科医生服务,提供急诊、专科门诊及检查、手术、住院治疗、临床护理等医疗服务。延续之前转诊制度的传统,公立医院只接受全科医生转诊而来的患者,不诊治直接投医的病人。第三级是由地方政府直接管理地方保健局负责的社区公共卫生服务,包括:疾病预防服务、助产服务、家庭护理和急救服务。在这个体系中,全科

---

① 史蒂文斯,前揭书,第 56 页。

② 同上,第 33 页。

③ 史蒂夫·斯特迪、罗杰·库特:《科学、科学化管理与英国医疗转型,1870—1950》(Steve Sturdy, Roger Cooter, "Science, Scientific Management, and the Transformation of Medicine in Britain c., 1870—1950"),载《科学史》1998 年第 36 卷,第 432 页。

医生承担了90%以上的医疗服务,这也意味着只有不到10%的病人会被转诊到外科医生或专科医生。[①] 全科医生成为英国医疗服务体系的中坚力量,承担了英国医疗服务体系"守门人"的职能。

三、医疗实践:人道主义与资本利益的平衡

从中世纪到文艺复兴,理想的医师都是受过长期大学教育,且文理兼通的男性,他们正直、诚信,献身医学而不逐名利。在这种思想的熏陶下,19世纪的医生依然坚守着希波拉底誓言(*Hippocratic Oath*)且受基督教传统的影响,把自己的工作视为一种光荣的慈善事业,并将此视为"真正的绅士的行为准则"。[②] 在许多医生看来,医生是一个救死扶伤、悬壶济世的高尚职业,因此"作为一种原则,我们不会去计较我们的报酬"[③],尤其是面对那些需要帮助的穷人。志愿医院的发展正是基于这种认识。直至20世纪30年代末,志愿医院仍然是崇高社会责任的化身,代表着"没有被私利玷污的初心"。[④] 专科医生们不计回报地为贫民和弱势群体治疗,以及社会和医学界对于这种慈善行为的赞赏和捐助,无处不延续着传统医者奉献与爱的人道主义信条。

无论是全科医生还是专科医生,都以出售他们的服务和知识为生,通过治病和教学积累财富。全科医生"拥有"病人,病人的人数代表着医生在这个行业的声誉,如同房屋等固定资产一样,可以在本行业市场上买卖。[⑤] 患者们也接受这样一种观念,"专科医生应该谋利,因为他们可以治疗全科医生对付不了的疾病"[⑥]。此外,医院教学也是其收入的重要组成。20世纪

---

① 哈特、林相森,前揭书,第20页。
② 劳伦斯,前揭书,第1975页。
③ 迪格比,前揭书,第314页。
④ 约翰·曼格尔、大卫·托马斯:《医疗伦理:21世纪的关键问题》(John F. Monagle, David C. Thomasma, *Health Care Ethics: Critical Issues for the 21ˢᵗ Century*),伦敦:琼斯·巴特利出版社2005年,第501页。
⑤ 直到1948年,声誉的买卖才非法化。参见哈特、林相森,前揭书,第149页。
⑥ 埃利奥特·弗赖森、朱迪斯·洛伯编:《医生与行业知识》(Eliot Freidson, Judith Lorber, eds, *Medical Professionals and the Organization of Knowledge*),新不伦瑞克:事务出版社2009年,第111页。

初,英国约 90％的医科学生都是自费生,这一比例大大高于其他本科专业。一名普通专科医生每学年赚取的学生学费及讲座费可能达到 1 000 英镑,而一名全科医生在诊疗活动上的平均年收入为 200—250 英镑。①

在资本利益的刺激下,英国医生群体出现了分布不均的问题。大部分医生经营着自己的诊所,因此在选择工作地点时,将经济条件放在首位。经济落后地区的医院很难得到医生的垂青。例如,很多偏远贫困地区都没有妇科医生。东部地区尤其缺乏胸科医生、皮肤科医生和儿科医生,仅有两家医院有精神科医生。② 一些医院因为缺少专科医生,只能雇用一些全科医生替代他们完成手术。1938—1939 年,有超过 2.5 万例专业性较强的外科手术是由资历不够的全科医生操作的。一些患者为得到合适的治疗,不得不在患病期间赶往相邻的城镇购买私人服务。③ 这样不仅增加了医疗开支,患者的病情也可能在路途中恶化,给患者的财产和生命带来损失。与志愿医院不同,市政医院向专科医生支付报酬。利益的诱导使部分顾问医生放弃了志愿医院的慈善岗位转而领取市政医院的报酬。

为了维护医生职业的正面形象,1870—1920 年,医生们开始强烈要求建立一个相互合作的统一的医疗服务系统,希望改善医生的地位成为真正的医学专家,为民众服务,而不仅仅是医院的病人或私人患者的"临时的既得利益者"。④ 特别是二战爆发后,由国家财政资助,卫生部组织的战时紧急医疗服务得以实施。这次国家干预医疗服务的初步尝试,也使医生对英国医疗服务有了新的认识。战时紧急医疗服务增进了医生、病人与医疗服务机构之间的合作与交流。在卫生部的统一管理和一些慈善机构的支持下,志愿医院与市政医院之间的自愿性区域协作已经开始。一批原本工作在市区的优秀医生,为响应祖国号召加入战时服务,远离家乡对偏远地区进行支援。这些医院设备简陋,条件恶劣,使医生们对落后地区的医疗状况产生了

① 巴里·卡罗瑟斯、莱斯利·卡罗瑟斯:《英国医院史》(G. Barry Carruthers, Lesley A. Carruthers, *A History of Britain's Hospitals*),苏塞克斯:工人出版社 2005 年,第 150 页。

② 史蒂文斯,前揭书,第 58 页。

③ 布莱恩·埃博尔-史密斯:《国民健康服务:前 30 年》(Brian Abel-Smith, *National Health Service: the first thirty years*),伦敦:英国皇家文书局 1978 年,第 4 页。

④ 斯特迪、库特:《科学、科学化管理与英国医疗转型,1870—1950》,第 429 页。

深切同情。另一方面,这些背井离乡的医生也在战争中失去了城市的工作和稳定的客户,不自觉地开始依靠政府发放的固定补贴或工资。1941 年,中央政府已经就医疗改革问题达成了基本共识。政府的目标是:"战后尽快建立起一套全面的医疗服务系统以保证每一个公民都可以获得所需的、合理的医疗服务。"

1948 年 7 月 5 日,在英国工党政府领导下,酝酿数十年的国民医疗卫生服务改革成为现实。卫生部的改革者们认为,这将减少经济因素在医疗服务中的不良作用,如因争抢患者而造成的资源浪费,而加强医生之间的团结协作。[①] 这场改革也推动英国医生在人道主义和经济利润之间作出了新的选择。正如"福利国家的总设计师"卫生大臣安奈林・比万所言,"在任何社会里,如果一个病人由于没钱就得不到治疗,这样的社会就不能正当地自称为文明社会"[②]。NHS 建立之后,英国医院被收归国有,专科医生与顾问医生成为国家公职人员。全科医生仍保持自由职业者,通过与政府签约并获得相应报酬。全科医生和专科医生的薪水都由国家财政支付,且由卫生部成立专门机构,每年按照各个区域的实际需求招聘,将医生分配到最需要的地方。商业性医疗活动[③]的比例降至不到 5%。

四、结　论

19 世纪至 20 世纪上半叶英国医生职业的剧烈变化,隐匿着知识与权力的共生互动关系。正如福柯所言,知识与权力是结合在一起的。这一时期医生凭借对医学技术的垄断树立了行业权威,不仅获得了丰厚的收益,还一跃成为社会地位最高的职业之一。依托知识技能建构的医生权力的特征表现为:(1) 不平等性。医生掌握着专业知识和信息的相对优势,形成了不平

---

① 斯特迪、库特:《科学、科学化管理与英国医疗转型,1870—1950》,第 436 页。

② [英]安奈林・比万:《代替恐惧》,李大光译,北京:商务印书馆 1963 年,第 76 页。

③ 为了保证医生的加入,NHS 法案规定:"专科医生仍可在 NHS 范围内为一些愿意全额支付医疗费用的病人提供单独的病房和私人服务。"虽然保留了这种以盈利为目的的私人医疗服务,但在 1948 年以后,其收入占全国医疗总支出的比例还是迅速降至 5% 以下。参见卫生部:《国民健康服务法案》(Ministry of Health, *National Health Service Bill*:*Summary of the Proposed New Service*,*1945—1946*),伦敦:英国皇家文书局 1946 年,第 8 页;哈特、林相森,第 3 页。

等的医患关系。在生物医学模式之下,患者在医生眼里从一个"整体"的有感情的人被割裂成没有知觉的一个个"原件",被动地接受医生的"操控"和"修理",导致医患之间处于统治者与被统治者的关系。(2)专业性。掌握专业知识的医生形成了专业阶层,进而从中获得行业权力。就行业内部而言,全科医生的生存空间遭受挤压,拥有技术优势的专科医生后来居上成为主力。就医患关系而言,这种权力影响和改变着患者的心理和行为,形成了医生在医疗活动中的权威性和影响力。(3)矛盾性。不受制约的医生权力使医生成为"经济人"与"道德人"的矛盾统一体。医生权力强化了医生个体的逐利性,而医生的身份又决定了他们同时是公共服务的提供者和合作者。医患间的信任关系遭受冲击,医生们追求知识的进步以获取个人利益,患者却开始担心医生利用自己的无知牟取私利。这些都逐渐消解着传统医者无私奉献的职业声誉,导致医学人文精神的日渐丧失。

法国思想家孟德斯鸠在《论法的精神》中指出:一切有权力的人都容易滥用权力,从事物的性质来说,要防止滥用权力,就必须以权力制约权力。[①]英国工党政府上台后,强化政府公共服务职能,通过国家干预制约和平衡医生权力,造就了与其他欧美国家不同的英国国民健康服务体系,从其结果可以看出英国医生职业发展的三个趋势:

第一,以人为本的医学人道主义传统得到重新确认。医学的本质应是科学知识与人文精神的融合而非对抗。知识的力量建构了医生在人们心中的权威地位,但医学的目的不是经济利益,也不是知识技术的进步,而是人的健康。这就要求医生必须把患者视为一个有思想、有情感的完整的人,关心、尊重和爱护患者,不然医者就会变成没有人性的技术人员、知识的传播者、修理器官的匠人,或者无知的暴君。[②] 医德同医术一样,从古至今都是对合格的医学人才的基本要求。现代医学的发展也证明了医生必须把对病人生理病理变化的关注扩展到生理、心理和社会因素三个层次,才能比较全面正确地预防和治疗疾病。

第二,重视以预防为主的全科医学,凸显全科医生的价值。在分级诊疗制度中,所占比重较大的初级医疗服务由全科医生掌握。全科医生联系着

---

① 孟德斯鸠:《论法的精神》上,张雁深译,北京:商务印书馆 1961 年,第 154 页。
② 李中琳主编:《医学伦理学》,郑州:郑州大学出版社 2012 年,第 27 页。

专科医生与患者,一方面使专科医生免于受到无区别的、没有轻重缓急的大众医疗需求的冲击,使其更专注于使用高成本的医疗技能处理重大疾病;另一方面,他们也维护着患者利益。全科医生长时间为小范围的社区提供个人家庭服务,与患者直接到医院治疗相比,成本较低且有利于建立友好互信的医患关系。全科医生为所熟悉的患者量身打造治疗方案,有效避免不恰当的治疗带来的医疗风险和医疗资源的浪费。全科医生的工作重点是疾病的预防和早期治疗,因此他们更希望自己的病人不要生病,或在进入医院之前已经被治愈。这是一种与专科医生不同的工作目标和思维方式。虽然都以促进人的健康为目的,但全科医生强调的是使"社会"人群减少或免遭疾病之苦,而不是利用高成本的知识技能攻克个体的"疾病",从长远来看更符合现代医疗服务从单纯治疗到防治结合的发展趋势。

第三,确定了医生职业的第一目标是治愈疾病,而不是经济利益。NHS的建立批判了医疗服务中的商品属性,由政府税收支付向英国居民提供全民、全面、免费的医疗服务。通过国家干预制约医生权力,强制切断了医生收入与病人费用的利益关系。在这个被哈特称为"礼物经济"(gift economy)的系统中,医务人员的动力来自对医疗服务结果的追求,而非来自个人收入或雇主利润的追求。让医疗卫生事业回归公益性,不仅是对医学人文精神最大程度的保护,从长远来看更有利于维护医生职业的健康发展,以及医生与患者之间的信任关系。这也再次验证了现代医学的本质,即不仅是对病人个体的关照,同时也应该是对群体的关照,确保每个公民都能无差别地分享医疗技术的成就[①]。时至今日,这仍是英国医生职业发展的主流趋势,这一模式也被世界多个国家和地区效仿学习。

原载《史学月刊》2017 年第 6 期

---

① 张大庆:《医学史十五讲》,北京:北京大学出版社 2007 年,第 258 页。

公共舆论、医学利益集团
与 1948 年英国医院国有化改革*

白 爽

摘 要:1948 年英国医院国有化改革是英国政府制度化干预医院管理的开端,确立了英国医疗服务的医疗公平原则。医院国有化改革反映了工党政府、公共舆论与医学利益集团之间的互动关系。二战爆发后,公共舆论转向国民要求公平的医疗,以及对国家接管医疗服务的认可与支持。医学利益集团则利用自身在专业领域及人力资源上的优势向改革施加压力,使政府的决策更倾向于集团利益,迫使工党卫生大臣安奈林·比万对既定政策作出了调整。这场改革既是工党政府对公共舆论的迎合和反映,也包含着其与医学利益集团的斗争与妥协。

关键词:工党政府;英国医院国有化改革;公共舆论;英国医学会

1948 年 7 月 5 日,随着《国民健康服务法》(*National Health Service Act*)的正式生效,英国工党政府对全国医院进行了国有化改革。此举改变了战前英国医院自主运营的格局,是英国政府制度化干预医院管理的开端。医院改革涉及盘根错节的社会利益,更与普通民众的健康状况息息相关。作为国民健康服务体系中"最引人注目且最具争议性"[①]的内容,医院国有化改革尚未得到学界的充分关注,成果多集中在对整个 NHS 体系的历史演变

---

* 本文系国家社科基金重点项目"英国医院国有化改革研究"(14ASS005)阶段性期成果。

① Arthur J. Willcocks, *The Creation of the National Health Service: A Study of Pressure Groups and a Major Social Policy Decision*, London: Routledge and Kegan Paul, 1967, p.16.

和政策探讨上。[①] 本文借助公共舆论与医学利益集团正反两个作用力分析医院国有化改革的政策形成。这不仅有利于我们理解英国公立医院体制的发展脉络，也是我们研究公共舆论、利益集团与公共政策之间关系的一个优秀案例。

一、英国医院国有化改革的背景概述

20 世纪初，英国医院发展由市场调配，国家不参与管理和经营。在以私人医生服务为主的医疗服务体系中，医院的作用非常有限。1948 年之前，英

①　本研究主要涉及英国的工党史、医学史和福利政策三大领域，从工党史方面，国民健康服务体系作为工党政府的一项重要改革，其建立过程受到了工党史学家的关注。如亨利·佩林著《1945 年至 1951 年的工党政府》（Henry Pelling, *The Labor Governments*, *1945—1951*, London：Macmillan, 1984），邓肯·坦娜、帕特·塞恩等史学家合编《工党的第一个世纪》（Duncan Tanner, Pat Thane, etc., *Labour's First Century*, New York：Cambridge University Press, 2000），以及 K. O. 摩根著《工党执政史：1945—1951》（K. O. Morgan, *Labour in Power*, *1945—1951*, Oxford：Oxford University Press, 1984）等。在医学史方面，研究成果注重记录和评判 NHS 体系给医疗服务带来的变化。如著名医学史专家布莱恩·埃博尔-史密斯著《医院史（1800—1948）》（Brian Abel-Smith, *The Hospitals*, *1800—1948*, London：Heinemann, 1964），罗斯玛丽·史蒂文斯著《近代英国的医疗服务》（Rosemary Stevens, *Medical Practice in Modern England*, New Brunswick & New Jersey：Transaction Publishers, 2003），海伦·琼斯著《20 世纪英国的健康和社会》（Helen Jones, *Health and Society in Twentieth-Century Britain*, London：Longman, 1994）等。在福利政策研究方面，国外学者尝试从宏观或微观视角分析英国福利政策的演变。如哈利·埃克斯坦著《英国健康服务：起源，组织和成就》（Harry Eckstein, *The English Health Service*：*Its origins*, *Structure*, *and Achievements*, Cambridge Mass.：Harvard University Press, 1958）、劳伦斯·R. 雅各布的《国家的健康政策：公众舆论与美英健康政策比较研究》（Lawrence R. Jacobs, *The Health of Nations*：*Public Opinion and the Making of American and British Health Policy*, Ithaca, New York：Cornell University Press, 1993）、朱利安·图德·哈特著《医疗服务的政治经济学》（林相森、丁煜译，格致出版社、上海人民出版社 2014 年）、弗兰克·亚瑟·威尔科克著《国家健康服务的建立：对压力集团和一项重大社会政策的研究》（Arthur J. Willcocks, *The Creation of the National Health Service*：*a study of Pressure Groups and a Major Social Policy Decision*, London：Routledge and Kegan Paul, 1967）。中国学者倾向于对英国医疗服务体系发展的整体探讨，重点在于其对中国医疗卫生体制的借鉴作用。如丁建定、杨凤娟著《英国社会保障制度的发展》（中国劳动出版社 2004 年）、郑春荣编著《英国社会保障制度》（上海人民出版社 2012 年）等，因篇幅有限，不再逐一例举。

国医院主要包括三种类型:一是慈善机构创办的志愿医院(voluntary hospital),二是地方政府管理的市政医院(local authority or municipal hospital),三是医生个人或集体经营的私人医疗机构。由于继承了慈善救济的互助传统,志愿医院主要帮助国家分担救治贫穷患者的义务;市政医院执行地方的公共卫生政策,仅为本地的慢性病、精神病及传染病患者提供低水平的医疗服务;有能力支付者倾向于求诊私人医生或其经营的私人诊所。各类医院独立经营,几乎不存在合作关系。改革前,这种混乱的医院管理模式已频现危机:以自愿捐赠为主的传统融资模式使部分医院陷入财政困境;就诊的经济障碍和资格限制阻碍了医院功能的正常发挥;医院规划与雇佣关系的松散无序导致医疗资源分配严重不均;医疗保险制度也未将医院服务和弱势群体纳入保险范围。这些问题不仅严重阻碍了医院的正常发展,也造成了医疗服务的不公平,英国民众的基本医疗需求无法得到保障,为战后医疗改革埋下了伏笔。

为了尽快改变战前医院"落后、混乱、不均"的局面,早在 1918 年,就有人指出,医院服务应是一项免费的公民福利而不是一种慈善施舍行为,要求统一全国医疗服务。[①] 二战爆发后,主张推行全民医疗服务的意见得到了进一步发展。1939 年,卫生部临时组建了紧急医院服务(Emergency Hospital Services,EHS),暂时接管部分医院为士兵和伤者提供救治。EHS 的成功运行赢得了人们的好感,从实践层面验证了国家干预医疗服务的必要性和可行性。1941 年,政府层面已经就医疗改革问题达成了基本共识。政府的目标是:战后尽快建立起一套全面的医疗服务系统以保证每一个公民都可以获得所需的、合理的医疗服务。医院改革作为一项重要举措被提上改革议程。1945 年工党赢得了大选胜利。工党作出承诺,要向每个人提供最好的免费医疗服务。1948 年 NHS 法案获准颁布,工党卫生大臣安奈林·比万(Aneurin Bevan)主持医院国有化改革。在政策酝酿阶段,战后公共舆论在医院改革和国家干预问题上的集中和爆发,成为工党上台并且推行医院国有化改革的有力支撑。然而,当医院改革设想从民间层面的公共舆论转变为政府层面的政策商讨,共识中的分歧立刻显现。在政策制定的过程中,利益集团利用自身在专业领域和人力资源上的优势向工党政府施加压力,使

---

① Brian Abel-Smith,*The Hospitals*,*1800—1948*,London:Heinemann,1964,p.286.

政府的决策更倾向于集团利益,制约了改革进程。

二、公共舆论的爆发

二战爆发后,公共舆论开始转向支持统一全国医疗服务和进行医院改革。1939 年 2 月,英国民意测验所(British Institute of Public Opinion, BIPO)的一项调查显示:"71％的受访者表示希望医院加入公共服务,并由国家公共资金资助。"①1939 年底,卫生部主持实施了 EHS,暂时接管部分医院并在医院购买"预留床位",为军队伤员和空袭伤者提供治疗。统一有序的战时医疗服务使人们意识到医疗改革的必要性,也增强了国家接管医院的信心。1942 年《贝弗里奇报告》的正式发表为福利国家的构建勾勒了蓝图。同年 12 月的盖洛普民意测验(Gallup Poll)显示:95％的民众都知道《贝弗里奇报告》。劳伦斯·R. 雅各布(Lawrence R. Jacobs)认为,这份报告较为准确地向战时联合政府反映了民众对医疗改革的期盼和要求,它也成为战时联合政府了解民众对医院及医疗服务意见的一份重要参考。② 报告中明确提出建立由卫生部组织管理的国家卫生服务体系,并向所有的公民提供无所不包的医院服务。1943 年的一次民调显示,81％的受访者希望报告能付诸实践。③ 但民间对于国家管理医院和全民医疗服务的热切关注,并未得到联合政府的积极响应。在 1943 年 2 月的下院辩论中,联合政府对这些内容持保留意见。他们争辩道:"报告中所提出的目标,人人都觉得娓娓动听;但是,战后政府真能将它实现吗?"④辩论的结果是仅仅给予《贝弗里奇报告》原则上的支持,并不打算全盘接受。联合政府的消极反应引发了民众的不满。

---

① 引自 Nick Hayes,"Did We Really Want a National Health Service? Hospitals, Patients and Public Opinions before 1948",*English Historical Review*, Vol. 526, 2012, p.638.

② Lawrence R. Jacobs, *The Health of Nations: Public Opinion and the Making of American and British Health Policy*, Ithaca, New York: Cornell University Press, 1993, p.113.

③ Lawrence R. Jacobs, *The Health of Nations: Public Opinion and the Making of American and British Health Policy*, p.115.

④ [英]阿伦·斯克德、克里斯·库克:《战后英国政治史》,王子珍、秦新民译,北京:世界知识出版社 1985 年,第 7 页。

同年 6 月至 8 月英国民意测验所的调查结果显示:"保守党的支持率从 25％下降为 23％;工党的支持率从 38％上升至 39％;自由党的支持率则保持在 9％。"①

随着战事发展,公共舆论对于医疗改革的关注度持续升温。一家非政府组织发起的一项针对《泰晤士报》(The Times)的调查显示:1943 年 1 月至 1945 年 6 月,医疗卫生政策已经成为最热门的社会话题。在此期间,《泰晤士报》上发表的有关医疗卫生政策的文章为 274 篇,住房问题为 52 篇,社会保险和失业问题的文章共 154 篇。② 在 1943 年 4 月的大众民意测验(Mass Observation)中,42％的受访者同意国家接管医院。③ 他们的理由是:"国家应该为国民的健康负责","赞成国家运营医院,因为我们需要最好的医生"。④ 同年 6 月的盖洛普民意测验中,支持医疗改革的受访者比例增长至 70％。次月的一场民意测验再次显示了民众要求改革的决心,"70％的受访者支持扩张医院和医生服务,进行医疗改革,让每个人获得免费的医疗服务。即便是在占有优质医疗资源的富有阶层中,也有 56％的受访者赞同由国家运营医疗服务"(见表 1)。到 1944 年,民调中赞成由国家接管医疗服务的比例一直维持在半数以上。在此背景下,联合政府卫生大臣亨利·威林克(Henry Willink)发布了一份名为《全民健康服务》的白皮书,其中包括建立国民健康服务体系的初步方案。但由于改革牵扯到多方利益,白皮书在一些关键问题上举棋不定,如:医院运营是靠国家资助还是地方政府资助,志愿医院是维持自主运营还是加入新的医疗服务体系,医生"全职薪金制"是否执行,私人服务的去留等,医疗改革在无休止的争论中停滞不前。

表 1　1943 年 7 月有关"国家运营医疗服务"的民众支持率调查表

	可以	不可以	不知道
总共	70％	17％	13％
男性	73％	16％	11％

① 斯克德、库克,前揭书,第 4 页。

② Lawrence R. Jacobs, *The Health of Nations : Public Opinion and the Making of American and British Health Policy*, p.114.

③ Mass Observation File 1665,"Feelings about hospital", April,1943, p.5.

④ Mass Observation File 1665,"Feelings about hospital", p.3.

续表

	可以	不可以	不知道
女性	68%	17%	15%
按收入划分			
高收入	56%	32%	12%
中等收入	70%	22%	8%
低收入	71%	14%	15%

资料来源：Harold L. Smith，*Britain in the Second World War：A Social History*，Manchester：Manchester University Press，1996，pp.146 - 147.

1945 年对德战争结束，联合政府走向解体。新一届政府大选迫在眉睫。战功赫赫的丘吉尔对竞选结果充满信心，结局却事与愿违。在竞选活动中，保守党并没有正确把握时势民意。丘吉尔将矛头指向工党计划中潜藏着的集权主义与官僚主义的危险性，并以此作为攻击工党的主要武器。然而，这些陈词老调已经脱离了民众渴望美好新生活的社会氛围。工党则将宣传的重点放在社会改革，他们的积极表现与保守党的轻描淡写形成了鲜明对比。在题为《让我们面向未来》（*Let Us Face the Future*）的竞选宣言中，工党承诺不仅要对多数经济部门实行国有化，还要建立全面的社会保障制度。其中包括实行免费的全民医疗保健制度，建立健康中心服务网络，完善国民教育体系等。[1] 这些内容极大地迎合了选民的心理。

工会作为选民的一个重要组成部分，也为工党获胜和改革实施提供了舆论支持。二战期间，工会组织的规模不断壮大。1926 年，工会成员为 500 多万人。到 1943 年，人数上涨至 800 余万人。战争过程中对劳动力的巨大需求，提升了工人阶级的社会地位。工人阶级也不断发起工人运动，要求提高工人的工资待遇，获得更好的社会福利。1941 年 2 月，英国职工代表大会向卫生部表达了他们对现行医疗体制的不满。他们呼吁对医疗服务进行彻底改革，统一医院医疗服务，提高国民健康保险津贴并扩大其覆盖范围。[2]

---

① Stephen Brooke，ed.，*Reform and Reconstruction：Britain after the War*，*1945—1951*，Manchester：Manchester University Press，1995，p.11.

② Frank Honigsbaum，*Health*，*Happiness and Security：The Creation of the National Health Service*，*1940—1950*，London：Routledge，1989，p.34.

在工会组织看来,工党是工人阶级在政府层面的代言人,这也意味着工党上台后必然会认真履行承诺,最大限度地实现工人阶级对战后医疗服务的美好期许。在社会福利问题上,工党和工会形成了良好的互动关系。一方面,工会组织给予工党积极的支持和配合;另一方面,工党也注重在福利政策的设计和实施中照顾到工人阶级的利益。因此,有学者提出,"工党的国有化政策和福利国家建设计划都带有鲜明的工会考量。英国的国民健康服务,福利国家的提出,公共政策的设计都充分考虑到了工会和广大劳工的切身利益"①。

此外,保守党在历史上的不良表现也给选民留下了心理阴影。"保守党在慕尼黑协定问题上罪责难逃,不仅对战前的失业问题,而且对重整装备的失职也应负责。"②工党还利用《罪人》一书大做文章,极力把劳合·乔治在一战后的许诺和之后的实际情况加以对比,民众唯恐保守党又开出空头支票,让社会重建的愿望成为泡影。③ 1945 年大选前的几次盖洛普民意测验已将民众的这种心态表露无遗。"在 2 月、4 月和 6 月的三次民意调查中,认为工党获胜的比例分别为 47%、47%、45%;保守党则为 27%、28%、32%。"④在 7月的大选中,保守党劣势明显,工党获胜执政。

三、医学利益集团的制约

1945 年工党政府在人们美好的憧憬中就任,国民健康服务的观念也深入人心。工党的医改目标是:"要向每个人提供最好的免费医疗服务。钱不再是得到最好的治疗的通行证。在新的国民健康服务中,人们可以从全科医生的健康中心得到最先进的医学治疗,建立更多更好的医院,医生和护士

---

① Steve Ludlam, Martin J. Smith, eds., *New Labour in Government*, *New York*: *St. Martin's Press*, 2001, p.33.

② [英]亨利·佩林:《英国工党简史》,江南造船厂业余学校英语翻译小组译,上海:上海人民出版社 1977 年,第 98 页。

③ 斯克德、库克,前揭书,第 9 页。

④ D. Butler & G. Butler, *British Political Facts*, *1900—1994*, London: Macmillan, 1994, p.247.

拥有较好的待遇,并且在疾病的病因、治疗和预防上投入更多的研究。"①之前曲折的立法进程已经让卫生部认识到,如果不干涉志愿医院的自主权利,让医生们留在原来的荣誉岗位并遵照他们的意愿加入服务,为他们设定最低工资标准,由国库按照接诊量和床位数对医生和医院进行补贴,这种渐进温和的措施永远无法达成改革目标。一个真正的医院服务系统必须具有极强的计划性,并从数量上、地理上和功能上对医疗服务作出严密的规划。因此,新任卫生大臣比万提出了更加激进的改革措施。其要点包括:建立由卫生部负责的国民健康服务体系;对医院进行国有化改革;实行免费医疗,费用由国家财政承担;对医院医生实行"全职受薪制"。改革内容得到了大部分英国民众的支持。新一轮的盖洛普民意测验显示,"69%的受访者认为改革将会带来更好的医疗服务",另有13%的受访者反对改革,18%的受访者选择弃权或不知道。另一项盖洛普民意测验显示,在"比万与医生争论中,你是否支持医生立场"这一问题上,仅有30%的受访者支持医生。② 但在政策制定过程中,却遭到了以英国医学会为代表的医学利益集团的阻挠和反对。

英国医学会(British Medical Association,BMA)是英国最有影响力的医学团体。会员中从业医生的比例高达75%至80%,而且多为行业精英。这些医生拥有过人的财富,因提供私人服务而建立起的人际网络覆盖社会的各个领域。尽管也存在其他医学团体,如资历最老且专业性强的皇家医学院(Royal Colleges),旗下拥有皇家内科医学院(Royal College of Physicians)、皇家外科医学院(Royal College of Surgeons)与皇家产科医学院(Royal College of Obstetricians),代表志愿医院的英国医院协会(British Hospital Association),代表地方医生的医保官协会(Society of Medical Officer),观点激进的社会主义者医学会等,但都无法与BMA相提并论。这从国民健康服务法协商委员会的成员组成中可见端倪。在委员会成员中,"BMA的代表高达16人;皇家内科医学院代表3人;皇家外科医学院代表3人;皇家妇产科医学院的代表2人;皇家苏格兰医学院代表3人;医保官协

---

① Labour Party, *A Guide to the National Health Service Act 1946*[EB/OL].Working Class Movement Library. www.wcml.org.uk, 2015 年 2 月 2 日可见。

② Michael Foot, *Aneurin Bevan：A Biography*, Vol. 2 (1945—1960), New York：Atheneum, 1974, p.104.

会代表 2 人；妇女医学联合会代表 1 人；药剂师协会代表 1 人"①。由此可见 BMA 在医学界的权威地位及其重要影响力。

1930 年成立的社会主义者医疗协会是支持医改的积极分子。他们通过举行会议、发表文章以及协会代表在议会中直接呼吁等方式，表达了他们对医疗改革的四点意见：一是医疗保健服务必须实行免费，二是医生们应成为国家雇佣人员，三是建立保健中心和大型的地区医院，四是重组医疗划区单位，由地方政府进行管理。这些建议为卫生部的政策制定提供了参考，也得到了"地方政府官员全国协会""医保官协会"等社会团体的支持，BMA 这一权威组织对此却持保留态度 。②

其实早在 1940 年，BMA 就将注意力转向国内医疗问题并开始对政府的医疗改革施加压力。它曾邀请包括皇家医学院、苏格兰皇家联合会、医保官协会等医学团体建立了医疗规划委员会（Medical Planning Commission），并在 1942 年 6 月发布了一份有关医疗改革的临时报告。③ 报告认为英国医院有两条出路：第一，建立由国家控制的医疗卫生服务体系，志愿医院作为其中的一部分；第二，建立包括志愿医院和市政医院的全国性的独立的医院服务网络。志愿医院则维持其运营传统。报告结论支持建立包括医院、私人服务和全科医生服务的全国医疗卫生服务体系，但坚决反对国家或地方政府管理医生、反对免费医疗以及对医生实行"全职受薪制"。④

1945 年大选之后，BMA 的立场并未发生太大改变。比万的医改计划仍然招致了他们的攻击。BMA 认为，这场改革将他们推向了未知的边缘。因为不论是地方政府，还是国家控制的医疗服务都会剥夺医生的行医自由，并侵犯医生的社会地位和经济利益。在免费医疗问题上，BMA 指出，这种规定对于拥有支付能力的社会上层人士毫无意义，应向医疗服务收取费用以减少医疗资源的浪费，同时将医疗保障的目标定位于中低收入群体。更让医生们担心的是，医疗服务免费会加重医生的工作量，进而造成医疗服务质

---

① 佩林，前揭书，第 115 页。

② 徐强：《英国城市研究》，上海：上海交通大学出版社 1995 年，第 175 页。

③ Medical Planning Commission："Draft Interim Report"，*British Medical Journal*，June 20, 1942，p.743.

④ Medical Planning Commission："Draft Interim Report"，*British Medical Journal*，p.745.

量的整体下降。而在医生薪金问题上,工党政府,尤其是工党左翼分子,希望医生成为国家公职人员,并且实行全职受薪制,其目的是削弱经济因素对医生择业和医疗行为的影响,减少医生之间的竞争,改善医生分布不合理状况。BMA则坚决反对,他们恐吓道,"这会抹杀医生的创造性,减少医生的服务意识,造成医生职业道德的丧失和工作上的碌碌无为"[1],所以他们要求按人头付费。所谓按人头付费,指医保机构按照预先确定的每个服务人口的付费标准以及医疗机构签约服务的参保人数向医疗机构支付费用,但是不再考虑实际发生的医疗服务数量。

在此期间,BMA利用各种手段表达对医疗改革的种种不满,给政府决策施加压力。著名的医学杂志《英国医学杂志》(*British Medical Journal*)和《柳叶刀》(*Lancet*),一时间都成为讨论和传播医改工作意见的平台。[2]《英国医学杂志》等医学杂志的编辑多是BMA会员。BMA还培植了一批"代言人",鼓励他们发表反对改革的文章,利用知识分子的力量影响医疗政治。《泰晤士报》等报纸媒体也刊登过反对改革的言论,比万被描述成一个集权主义的独裁者,国家机器则会摧毁医生的职业自由。在政府决策的关键时期,也就是1945—1948年间,BMA与比万的医改论战经常出现在各大报纸的头版,他们的观点也被制作成游行标语。为了占据道德制高点,利益集团还刻意为自己的行为制造一些冠冕堂皇的理由,并精心策划集团形象。如他们将反对医疗改革的活动打造成"维护希波拉底誓言的光荣之战",并与"保障病人的自由权利"联系进行宣传。在维护集团内部的凝聚力的同时,利用这些手段拉拢议员,博取民众的支持和同情。

四、工党政府的回击与妥协

面对BMA发起的猛烈攻势,卫生大臣比万并没有立刻妥协。在议会辩论中,比万称BMA是"政治毒药",指责他们蓄意破坏NHS的立法进程。[3]

---

① Vivienne Walters, *Class Inequality and Health Care: The Origins and Impact of the National Health Service*, London: Croom Helm, 1980, p.89.

② Pat Thane, *Foundation of the Welfare State*, New York: Longman, 1982, pp.231 - 232.

③ Charles Webster, "The BMA and the NHS", *British Medical Journal*, No. 317, 1998, p.46.

对于 BMA 宣称的"权利威胁论",比万与部分工党议员认为,大多数人在目前的医疗服务中并没有自由选择的权利。尤其是以下两种情况:第一,对于贫困者来说,他们无法支付求诊私人医生的费用,只能被动地接受极其有限的医疗服务;对于医疗资源相对缺乏的地区,如德文郡(Devon)、康沃尔(Cornwell)、布里斯托尔(Bristol)等,这些地区只有一家医院。由于专科医生极度缺乏,大部分外科手术只能由资历不足的全科医生操作。患者就诊也几乎没有选择的余地。第二,即使患者选择了医生,也不能保证医生会选择他们。因而,改革的实施非但不会限制医生和患者的自由权利,反而会给自由选择提供更多便利条件。"我们选择的医生仍然会像为私人患者服务那样为我们服务;全科医生仍会来到家中为我们治病;医生像以前一样给我们开药方……唯一变化的是,我们不再付费购买医疗服务。"[1]医疗资源也不再为私人所有,而是为社区和集体所有。通过国家干预对医疗卫生资源进行优化和再分配;扶持运营不佳的医院;建立区域内的公立医院与社区健康中心的合作伙伴关系,实现医疗资源共享。

当比万与 BMA 的谈判破裂后,他不顾来自医生的压力,毅然在下院提出《国民健康服务法》的议案。比万认为,尽管利益集团可以发表他们的意见,但是在民主的政治体制中,只有政党才有权力出台政策。他强调,"在主要的原则上,政府是不会让步的。因为我们代表的是广大选民的利益而不是利益集团的利益"[2]。面对态度强硬的比万,1948 年 2 月,霍德男爵(Horder Lord)在 BMA 支部召开的会议中再次强调:"我想让公众知道,如果实施医院国有化,让医生组团服务,那么这将会是英国医疗卫生事业上的大退步。"[3]与此同时,《英国医学杂志》刊登了 26 位来自 BMA 代表委员会的医生的联名信。信中敦促医生们全力支持反对派,以捍卫医生职业的自由权利。在反对派的煽动下,医生们的投票结果不尽如人意,以 40 814 票对 4 735 票,出现了一边倒反对改革的趋势。比万找来了一些中间人,请求他们说服医生;并向下院透露,即便法案施行,部分内容仍有修改的余地,试图

---

① *Hansard Parliamentary Debates*, HC Deb. 1 May 1946, Vol. 422, cc 214-215.

② Lawrence R. Jacobs, *The Health of Nations: Public Opinion and the Making of American and British Health Policy*, p.64.

③ 佩林,前揭书,第 107 页。

借此缓和双方的敌对关系。在 4 月 19 日召开的 BMA 的代表委员会上,多数医生(25 842 票对 14 620 票)仍然不同意《国民健康服务法》的实施。不过已有 8 639 名全科医生转变了观点,加入支持改革的阵营。①

为了避免改革流产,比万不得不对改革内容作出调整。首先,最让比万矛盾的是,允许公立医院的医生接收自费病人。这一风险是显而易见的。因为这会带来双重服务标准,导致 NHS 无法公平地为每一个人提供最好的服务,而为富人和穷人提供统一标准的医疗服务,一直是这场改革的核心目标。但是,为了保证精英医生愿意加入新的服务,比万只好同意医生在其任职的医院为私人病人提供治疗,并为其私人病人提供特殊病房。② 比万在其著作《代替恐惧》中作出了解释:"这种现象之所以还被允许存在,是因为有多位皇家医学院代表向我提议:如果公立医院不设'自费床位',多半高级专科医生就会选择到私人诊所工作,因为'自费床位'是医生收入的一项重要来源。而这些技艺精湛的医生本该留在医院里。还会出现另一种倾向,就是医生设法把床位留给那些自费病人,让名单上等候住院的其他病人吃亏。如果不能较好地控制滥用'自费床位'的现象,那么在废除这种床位之前,必须减少它的数目;(所以)应该适度保留一些'自费床位'。使用这种床位的病人为了得到清静而支付很小一笔费用,其他服务仍然是免费的。同时将高级专科医生留在医院里。这些改变虽然给国民保健事业带来了'损失',但是却会缓解商业惯例对医疗公平原则的破坏,而医疗公平原则是英国保健事业的根基。"③

其次,比万承诺,公立医院的各项开支由国家税收支付。政府将向医院提供更好的医疗设备,并保证每一位医生都有使用的机会。一方面,战争中医疗服务设施遭受严重破坏,急需大量资金进行重建和修缮;另一方面,一些医生为响应祖国号召加入 EHS,远离家乡对偏远地区进行支援,这些地区恶劣的医疗条件已经严重影响到他们的正常工作。陈旧落后的诊疗设备不仅增加了医生的工作量和失误,也给患者带来了麻烦和危险。对于那些陷

① Henry Pelling, *The Labour Governments*, *1945—1951*, London:Macmillan,1984, p.107.

② *Hansard*, HC Deb 28 1946, Vol. 143, p.748.

③ [英]安奈林·比万:《代替恐惧》,李大光译,北京:商务印书馆 1963 年,第 95 - 96 页。

入财政困境的志愿医院,政府出资办医尤其具有吸引力。据统计,1919 至 1920 财政年度,全英 700 家志愿医院中仅 32 家没有出现财政赤字,411 家志愿医院的年支出都大于年收入。① 伦敦地区是志愿医院的聚集地,医院赤字问题也最为严重。1929—1942 年,伦敦地区有 9 家志愿医院连续 6 年出现赤字问题,包括盖伊医院和威斯敏斯特医院;有 4 家志愿医院连续 11 年出现赤字问题,包括皇家北方医院和日耳曼医院。严重的财政问题导致皇家北方医院不得不在一年内关闭了 60 个床位。② 因此,改革赢得了大部分志愿医院的支持。

再次,比万通过设立直属于卫生部的健康行政机构,避开了医生对于地方政府管理的排斥。改革后,按照地理环境和人口数量,全国医院被分为 14 个区域,由卫生部任命的区域医院委员会及其下属的医院管理委员会进行管理。这些委员会的成员多为医疗从业人员,实质上维护了医生在医疗事务上的话语权。同时,医院医生被改制为国家公职人员,实行全职受薪制。由政府按全国医疗服务的实际需求对医生进行聘用和分配。国家财政按全国统一标准向医生发放薪酬。医生的就业和收入得到国家保障,既解决了医生分布严重不均的问题,也缩小了医生之间的收入差距,尤其有利于资历年轻的医生、在落后地区工作的医生,以及志愿医院的会诊医生。一些医生在战争中失去了城市的工作和稳定的客源,在 EHS 中的工作经历使他们开始依靠政府发放的固定补贴或工资。他们也逐渐认识到,"只有政府资金可以提供长期的医院服务,他们需要这笔钱来支持他们的工作"③,最后转向支持改革。

在 1948 年 7 月 5 日"指定日"这一天,比万的改革设想成为现实。英格兰及威尔士的 1 143 家志愿医院,约 9 万张床位;1 545 家市政医院,约 39 万

---

① 另有 257 家志愿医院没有提供财务数据。参见 Steven Cherry,"Before the National Health Service: Financing the Voluntary Hospitals,1900—1939", *The Economic History Review*,Vol. 50,No. 2,1997,p.312.

② Martin Gorsky and John Mohan,"London's Voluntary Hospitals in the Interwar Period: Growth,Transformation,or Crisis", *Nonprofit and Voluntary Sector Quarterly*,Vol. 30,No. 2,June,2001,p.253.

③ [英]朱利安·图德·哈特:《医疗服务的政治经济学》,林相森、丁煜译,上海:格致出版社、上海人民出版社 2014 年,第 14 页。

张床位被收归国有,开始为英国居民提供免费的医疗服务。[①] 尽管"在 NHS 法案通过的前夜,BMA 仍然威胁要组织全科医生发动一场抵制改革的运动"[②],但比万的政策设计已经巧妙分化了医生反对派阵营,这场运动也不了了之。改革实施后,对超过 90% 的人而言,医疗服务不再是一项需要购买的商品,医院和医生们也不再需要依靠向病人收费来维生。医疗服务的费用由税收支付,每个人的税收金额由个人财富的多少决定,医疗服务则根据个人需要分配给每个人。[③] 英国的全民免费医疗时代由此开启。

五、结　论

医院国有化改革反映了工党政府、公共舆论与医学利益集团之间的互动关系。正如政治学家菲奥里纳所言:"不起作用的公共舆论是没有的,但无所不能的公共舆论也是没有的。公众的感情或意见解释了一项政策的成败,但它很少创制一项政策。"[④]与散乱的"众意"相比,公共舆论是经过"筛选"和"过滤"的信息,是社会主流思想和情感意志的强势表达。立法者对选举胜利的追求,使他们必须保持对选民观点的密切关注。改革决策也只有符合公共舆论,才能得到社会支持从而有效执行。二战后,公共舆论反映了国民要求公平的医疗服务,以及对国家管理医疗服务的认可与支持。为战争作出牺牲和贡献的人们,迫切希望国家能够肩负起提供社会福利与维护社会公平正义的使命。个性鲜明的工党迎合了人们对于战后社会的美好期许。公共舆论为工党执政提供了重要支撑,也为医院改革带来了不可忽视的推动力。但它毕竟无法提供具体完整的政策建议,公共政策必须依靠权力机关经由政治过程的选择和制定。

公共政策的制定离不开政府与利益集团的博弈,利益集团的积极合作(或消极默许)是政策得以成功实施的条件之一。与公共舆论相比,利益集

---

① Abel-Smith, *Brian National Health Service：The First Thirty Years*, London：HMSO, 1978, pp.8 - 9.

② 哈特,前揭书,第 5 页。

③ 同上,第 2 页。

④ [美]乔万尼·萨托利:《民主新论》,冯克利、阎克文译,上海:上海人民出版社 2009年,第 138 页。

团对触及自身利益的改革议题的关注度、行动力和影响力均高于普通民众。利益集团对相关领域的专业知识较为熟悉，并具有决定性的专业人才优势，这些都为其参与政府决策增加了合法性基础。利益集团代表着广泛的局部利益，充当着行业群体的发言人，必要时也会站在政府的对立面。它的积极方面是能为政府提供专业知识和建议，对政府行为予以配合和支持；消极方面是出于维护集团利益而制造的政治压力。利益集团对政府政策的不满常化为对政策的抵制，这也可能导致公共政策出现"悲剧性抉择"，即政府在决策过程中屈从了利益集团，让公众利益成为牺牲品。所以在医院国有化改革中，为了保证医院改革的推行，比万受制于医学利益集团的反抗，对既定政策作出了调整，但出于对医疗公平原则的坚守，改革的主体内容并未发生改变，基本符合英国民众的期许。这场改革也体现出工党政府决心打破传统医疗格局，同时维持社会制度渐进修正的政治智慧。

原载《郑州大学学报》2016 年第 4 期

1948 年英国医院国有化改革的影响及启示[*]

白 爽

摘 要:1948 年国民健康服务体系(NHS)建立之前,英国的医院发展主要依赖市场调配。NHS 建立后,工党政府主持了医院国有化改革,从医院筹资、就诊资格、薪酬制度及医院建设等几个方面,改变了英国医院的传统格局,使"全民、全面、免费"的国民健康服务成为可能。尽管英国公立医院体制在发展中出现了高消费、低效率等问题,但其最大限度地保障公民的健康公平权利这一核心宗旨从未改变。不仅如此,这场改革也为当前中国公立医院改革提供了有益的启示。

关键词:英国;医院国有化改革;国家干预;影响;启示

1948 年,英国建立了国民健康服务体系(National Health Service,简称NHS)。同时,工党政府开始对英国医院进行国有化改革,实现了政府与医院的关系重构,从而彻底改变了英国医院传统的自主运营格局。西方学界对此问题已有一些研究,如约翰·莫汉的《计划、市场与医院》从经济史角度考察了国有化改革之于英国医疗服务的影响,阐述计划与市场两种医院管理方式的得失。[①] 马丁·鲍威尔的《评价国民健康服务体系》在回顾 NHS 体系发展脉络的基础上,探讨了英国的医院筹资与医疗开支等具体问题。[②] 克

---

* 本文系江苏高校哲学社会科学研究项目"英国医生职业发展研究(1800—1948)"(2018SJA0223)后期成果。

① John Mohan, *Planning*, *Markets and Hospitals*, London and New York: Routledge, 2002.

② Martin A. Powell, *Evaluating the National Health Service*, Buckingham: Open University Press, 1997.

莱因的《NHS 的新政治学：从建立到重塑》综合分析了 NHS 所经历的政策变化及其在 21 世纪面临的新问题与新挑战，[①]罗德尼·洛的《1945 年以后英国的福利国家》[②]从福利国家的视角批判性地评估了英国公立医院体制的利弊。就国内学界来看，目前主要针对英国的社会保障制度及医疗服务开展了整体性研究[③]，尚未对英国医院改革及医院本身的发展变化进行微观探讨。本文的研究时段选择在 1948 年 NHS 建立至 1974 年 NHS 重组之间，阐述英国医院国有化改革的积极影响、问题所在及其对我国的公立医院体制改革的启示。

一、医院国有化改革的积极影响

改革前，英国的医院各自独立运营，医疗条件普遍落后，医院在医疗服务体系中无法发挥其应有价值，患者也无法享受到理想的医疗服务。1948年，工党政府卫生大臣安奈林·比万（Aneurin Bevan）推动实施了医院国有化改革，英格兰及威尔士的 1 143 家志愿医院和 1 545 家市政医院被收归国有，均归卫生部统一管理。[④] 改革之后，英国的公立医院总数为 2 688 所，[⑤]

---

① Rudolf Klein, *The New Politics of the NHS: From Creation to Reinvention*, Oxford: Radcliffe Publishing, 2010.

② Rodney Lowe, *The Welfare State in Britain since 1945*, London: Macmillan, 1999.

③ 丁建定、杨凤娟：《英国社会保障制度的发展》，北京：中国劳动社会保障出版社 2004 年；闵凡祥：《国家与社会：英国社会福利观念的变迁与撒切尔政府社会福利改革研究》，重庆：重庆出版社 2009 年等。

④ 全国公立医院被划分为 14 个区域，每个区域由卫生部任命的区域医院委员会(Regional Hospital Boards)总体负责各区的医院工作及医疗服务的组织和分配。下设共 377 家医院管理委员会(Hospital Management Committees)在地方上充当区域医院委员会的代理人，具体负责医院的日常运营。另外，卫生部保留 36 所教学医院由董事局(Board of Governors) 进行单独管理，给予它们更多自主经营权。参见 Brian Abel-Smith, *The Hospitals, 1800—1948*, London: Heinemann, 1964, p. 490; Charles Webster, *The National Health Service: A Political History*, London: Oxford University Press, 2002, p.21.

⑤ Brian Abel-Smith, *National Health Service: The First Thirty Years*, London: H. M. S. O., 1978, pp.8-9.

雇员总数约 300 000 人。[①] 英国医院国有化改革，通过区域性医院联合体形式，整合医疗资源，从医院的筹资制度、就诊资格、薪酬制度及医院建设等几个方面，改变了英国医院的传统格局，从而使"全民、全面、免费"的国民健康服务成为可能。其积极影响主要体现在以下几个方面：

第一，缓解志愿医院的财政困境。改革前，依靠民间捐助的志愿医院是英国公共医院的主体，但从 19 世纪末开始，志愿医院发展出现了危机。[②] 二战爆发后，英国曾实行紧急医疗服务（Emergency Medical Service，EMS），即由政府暂时接管和购买部分志愿医院的服务用于伤兵救治，这短暂地缓解了部分医院的财政困境。但是，战后回归原有慈善模式的志愿医院，却难以为继。卫生大臣比万认为：由于"慈善捐款"的不稳定性，志愿医院只能在富庶的地方发展而不是医疗服务最需要的地方。[③] 所以，如要实现国民健康服务，缓解志愿医院的财政困境和医疗服务的地区差异，最重要的前提条件就是必须改变志愿医院的筹资模式，使其获得充足稳定的资金来源，否则就无法解决志愿医院面临的财政困境。

改革后，英国公立医院的开支主要由国家税收承担。政府在每一财政年度将根据往年医院的开销，划拨预算经费到各个区域医院委员会，再由各个医院管理委员会下发至公立医院的账户。[④] 志愿医院[⑤]遗留的捐款收入，也被转入一个由卫生部新建的医院留本基金（Hospital Endowment Fund）中，一部分用来解决医院的赤字问题，另一部分则被转移到各个区域医院委员会，由各委员会独立使用。[⑥] 国库不但提供公立医院在医疗服务及辅助医疗项目的费用，还包括水电费、取暖费、交通费、伙食费、医院图书费、医护服

---

① "Ministry of Health Report for 1948：Facts and Figures"，*British Medical Journal*，Vol. 1（April 8，1950），p.834.

② 白爽：《英国志愿医院现代转型的历史考察（1900—1948）》，载《医学与哲学》（A 版）2016 年第 7 期。

③ *House of Commons Debates*，5th ser，Vol. 422，cc.46 - 47.

④ Allen Daley，"British Hospital as They Were Before 1948"，*British Medical Journal*，Sep.10，1960，p.762.

⑤ 因教学医院事务单独归董事会管理，此处特指非教学类志愿医院。

⑥ Ministry of Health，*National Health Service Bill：Summary of the proposed new service*，1945—1946，Cmd. 6761，London：H. M. S. O.，1946，pp.5 - 6.

装费等其他费用,并投资进行医院建设。[①] NHS 实行之初,约 74% 的开支由国家税收支付,其余来自社会保险、自愿捐赠与地方税收等,[②]而在 1938 年时,国家财政在医疗服务上的支付比例只有不到 0.5%。[③]公立医院以国家税收作为资金来源,首先有效避免了民营资本的逐利性,保证了医院的公益性。让医院有足够的财力提供免费医疗服务,而不用过分担心人力物力的消耗。其次,稳定的资金来源降低了医院自身的运营风险,既可保护小医院的生存,又顾及了大医院的发展。再次,国库集中统一的计划管理促进了医疗资源的合理分配,便于在地区之间调剂余缺以及医院发展的统筹规划,提升医疗服务的可及性。

第二,取消医院的就诊限制。改革前,英国的各类医院不同程度地存在着就诊限制、经济障碍等问题。比如,志愿医院主要为贫困的急诊患者免费治疗,一般不接受慢性病患者和有支付能力的病患;市政医院的业务以配合地方政府的公共卫生政策为主,主要负责本地的慢性病、精神病及传染病的患者医治;私人医院则收费昂贵,普通民众消费不起。改革以后,医疗服务不再具有市场性质,任何人都可以享受免费的医疗服务。正如比万所言,"要让每个人都可以立即得到所需的任何医疗服务"[④]。"从此再也没有人会因为担心医疗费而放弃治疗,受益最大者将是老年人、儿童、中产阶级和家庭主妇。"[⑤]这样,国家的作用得到了充分发挥,为居民扫清了就诊的资格障碍,消除了患者在经济上的后顾之忧。

在此背景下,医院的接诊人数出现明显的增长。改革之初,英格兰及威尔士公立医院总床位数为 475 418 张。公立医院每年接待的住院患者不到 300 万人次,门诊患者约 2 600 万人次,急诊患者约 1 000 万人次。到 1960 年,公立医院的总床位数虽然只增加了 1 个百分点,但每年接待的住院患者

---

① "Cost of Hospital Service," *British Medical Journal*, Vol. 1 (May 27, 1950), p.230.

② 该数据时间段为 1948 年 7 月 5 日至 1949 年 3 月 30 日。参见 Burner M. Davis, "The British National Health Service", *Public Health Report*, Vol. 64, No.6 (1949), p.189.

③ Charles Webster, *The National Health Service: A Political History*, London: Oxford University Press, 2002, p.23.

④ Martin A. Powell, *Evaluating the National Health Service*, Buckingham, p.55.

⑤ Brian Abel-Smith, *National Health Service: The First Thirty Years*, p.6.

却超出 400 万人次,门诊患者上涨到 2 900 万人次,急诊患者上涨到 1 250 万人次。[①] 截至 1964 年,公立医院接待的住院患者人数增加约 60%;门诊患者人数增加约 23%;急诊患者人数增加约 40%。[②]

第三,促进医生的职业发展与分配。改革前,英国的医生多为自由职业者,他们在经营私人诊所的同时,为医院提供兼职服务。利益上的驱动让医生倾向于到经济条件较好的地区从业,这就造成了医生资源分布不均的现象。比如,在伦敦地区工作的高级医师比例为 75%,而其他地区只有 10%。[③] 同样,医疗服务的地域差异也较为明显。总体而言,"北方地区比南方地区拥有更多的床位。在条件较好的西北地区,每千人口病床数为 6.7 张,每百万人口医生数为 71 人。在约克郡、白金汉郡和牛津郡等英格兰南部地区,每千人口病床数为 5.4 张。但在东部地区,每千人口急诊病床数仅为 2.2 张,每百万人口医生数只有 42 人"[④]。医院与医生之间松散的雇佣关系,虽然便利了医生行医,但多数青年医生因资历所限,不得不承受着强大的工作和经济压力。为了不失去客户以及与同行竞争,他们的工作时长不固定,还必须随叫随到。除了要养家糊口,一些医生还背负着沉重的学费债务,这些都迫使他们在行医过程中特别注意服务的成本和价格。在二战的刺激下,英国的医疗技术发展迅速,而新技术的应用就不可避免地增加了医疗服务成本,进而加速了医生的职业分化,同行业间的收入差距也越来越明显。一些人为谋求出路,不得不转行,或频繁调换工作岗位,这就导致人才流动性大和稳定性差等问题。

改革后,医院的医生获得了国家公职人员的身份,由区域医院委员会代表卫生部与他们签订劳动合同,并按照区域内医院的实际需求,对其中的专科医生进行聘用和分配。在公立医院体制下,医生的薪酬由国家税收支付,全国实行统一的薪资标准。改革利用国家干预的手段介入医生的管理和分配,集中人力、物力对落后地区进行扶持,缩小了医生从业者之间的收入差

①　Minister of Health, *A Hospital Plan for England and Wales*, Cmnd. 1604, London: H. M. S. O., 1962, p.2.

②　Charles Webster, *The National Health Service: A Political History*, p.42.

③　Harvey White, *History of the London Clinic: A Celebration of 75 Years*, London: Royal Society of Medicine Press Ltd., 2007, p.7.

④　Martin A. Powell, *Evaluating the National Health Service*, p.33.

距。对于资历较浅或工作在落后地区的医生,公立医院为他们提供了相对稳定的岗位和收入。在政府统一调配下,1954—1964年,英国的顾问医师人数出现了明显的增长。1954年,英格兰及威尔士每千人口顾问医生数为11.1人;1964年,每千人口顾问医生数已提高至13.4人。[1] 此外,1949年至1953年,全英医院的护士和助产士的人数,也由137 282名增加到158 960名;同期,医院其他工作人员的人数增加了3 639名。[2] 这在一定程度上缓解了不同地区之间医生资源分布不平衡问题。

第四,加强医院环境与文化建设。18、19世纪,人们生病更愿意求助私人医生,而不是去医院看病。那时在人们的观念中,医院类似于济贫院,这就不免让人联想到济贫院恶劣的卫生条件和粗暴的医疗护理。进入20世纪,尽管医院在医疗技术方面取得了一些进步,但是人们对医院存有的设施落后、环境不洁的偏见并没有被打破。不过,随着国有化改革推进,政府即拨款用于公立医院的医疗配套设施的改造、升级。卫生部政务次官在一份报告里指出:"NHS运行的前十年里,每年约有1 000万英镑的政府公共资金投入到医院的'升级'工作。其中有7%用于提升急诊和门诊服务;约20%用于改善专科服务,修建手术室;16%用于医院设备维护;18%用于病房装修;14%用于医院扩建。"[3]1962年卫生部发布了新的医院发展计划,预计到1964年前投入5 000万英镑用于医院建设,期望通过医院扩建和对老旧医疗设备的更新,服务于10万—15万人口。[4]

随着社会经济和医学事业的不断发展,人们对医疗服务提出了更高的要求。在就诊过程中,患者不仅要求得到身体上的治疗,也希望能够获得心理舒适度的提升和精神上的尊重。改革后的公立医院十分重视环境建设,积极完善自助餐厅、洗衣房、商店、图书室、咖啡馆等配套服务设施,为患者创造便捷、温馨、舒适的就医环境。不同的医院根据自身情况,还设有室外

---

①　Rosemary Stevens, *Medical Practice in Modern England*, New Brunswick & New Jersey: Transaction Publishers, 2003, p.236.

②　Brian Abel-Smith, Richard M.Titmuss, *The Cost of the National Health Service in England and Wales*, Cambridge: Cambridge University Press, 1956, p.33.

③　A. Lawrence Abel, Walpole Lewin, "Report on Hospital Building", *British Medical Journal*, Vol. 1 (No. 5126, 1959), p.110.

④　Charles Webster, *The National Health Service: A Political History*, p.45.

健身活动区,包括健身步道、游泳池、羽毛球场、适合患儿的游乐场等。与此同时,为了突出"以患者为中心"的服务理念,医院越来越重视提供人性化服务。如在圣诞节期间,卫生部号召公立医院为病患准备"实惠、经济"的圣诞节礼物。一些医院向患者赠送了日常生活用品,如肥皂、牙膏、剃须刀片、卫生纸以及报纸等,并向住院患者赠送了牙刷。同时,医院还雇佣专门的理疗师、体疗师、职业病医生、语言障碍治疗师和心理学医师对老年人、伤残病人和精神患者进行治疗。重伤残病人可以免费使用响铃、无线电、电视、电话、取暖器等设备。① 1952 年,中央健康服务中心作为卫生部的咨询机构,在一份报告中指出:"医院应为爱听广播的患者准备耳机而不是使用扬声器。并适当延长早餐的时间,以免有些早起患者影响到其他患者休息。"②这些辅助服务,均由医院聘用专职人员进行管理,运营经费纳入医院年度预算,统一由国家税收支付。

作为 NHS 体系中的一项重要举措,医院国有化改革带动了英国人口的健康水平的显著提升。NHS 实行的第一年,英国的人口死亡率即下降至千分之 10.8,达到了 20 世纪 30 年代以来的最低点;流感死亡人数降为 1 240 例,而这一数字在 1946 年和 1947 年分别为 5 290 例和 3 310 例;婴儿死亡率③也创新低,达到千分之 33.9,是 20 年前的一半,使英国成为世界上婴儿死亡率较低的国家之一。5 至 15 岁儿童的死亡率,也只有 10 年前的 50％。④ 至 50 年代,英国男性的平均寿命已达 71 岁,女性为 77 岁,而 1931 年时仅分别为 58 岁和 62 岁。各类疾病的死亡率,都比 40 年代有较大幅度的下降。⑤ 事实证明,英国的医院国有化改革功不可没。

---

① 闵凡祥:《英国国民健康服务体系 60 年》,载《英国研究》(第 5 辑),南京:南京大学出版社 2013 年,第 89 页。

② Brian Abel-Smith, *National Health Service：The First Thirty Years*, pp.10 - 11.

③ 婴儿死亡率(infant mortality rate, IMR)是指婴儿出生后不满周岁死亡人数同出生人数的比率。

④ "Ministry of Health Report for 1948：Facts and Figures," *British Medical Journal*, Vol. 1（April 8, 1950）, p.834.

⑤ 徐强:《英国城市研究》,上海:上海交通大学出版社 1995 年,第 177 - 178 页。

二、医院国有化改革的问题分析

英国医院国有化改革,快速修复了战前医院服务出现的诸多问题,为英国医院和医疗服务带来了突破性的变化。NHS 实施十年后,一项民意调查显示:"80％的民众认为 NHS 是个不错的服务。"但是,像任何改革都会产生副作用一样,公立医院的问题也在发展中逐渐显露出来,主要表现在医疗开支过高和服务效率较低这两个方面,重新引起了英国政府与全社会的关注。

(一)医疗开支问题

NHS 正式运行后,即呈现出开支连年增长的态势。公立医院的开支所占比重最大,约为 50％。1949 年初,公立医院在 NHS 中的净支出中占 1.66 亿英镑,1949 至 1950 年则上涨为 1.92 亿英镑,[1]1959—1960 年更达到 4.15 亿英镑。[2] 值得注意的是,医疗服务各项支出的增长并不平衡。非教学类公立医院支出增长率约为 24％,教学医院支出增长率为 90％;地方公共卫生服务支出增长率竟高达 300％。此外,普通医疗服务的支出增长率仅为 8％,牙科医生支出的增长率却为 320％,眼科医生支出增长率达到 460％。[3] 同时,各类医院接待患者的治疗成本也不相同。普通患者在公立医院的平均治疗成本约 13 磅 10 先令,精神病院患者约 3 磅 15 先令,慢性病医院患者约 6 磅 18 先令,肺结核医院患者约 8 磅 17 先令,妇产科医院的最高,约 16 磅 9 先令。[4] 此外,由于在 NHS 建立之初,中央政府设立了大量的行政机构,包揽了所有医院管理事务,其行政开支增长也十分迅速。据一组官方数据显示:1948 至 1949 年区域医院委员会的运营费为 3 889 645 英镑,董事局的运营费为 1 426 498 英镑;1952 至 1953 年区域医院委员会的运营费增长

①　Brian Abel-Smith, Richard M. Titmuss, *The Cost of the National Health Service in England and Wales*, Cambridge: Cambridge University Press, 1956, pp.26 - 27.

②　Almont Lindsey, *Socialized Medicine in England and Wales: the National Health Service*, 1948—1961, London: Oxford University Press, 1962, p.114.

③　Charles Webster, *The Health Services Since the War*, Vol. 1 (*Problems of Health Care: the National Health Service before 1957*), London: H. M. S. O., 1988, pp.137 - 138.

④　"Cost of Hospital Patients", *British Medical Journal*, Vol. 1 (Jun. 21, 1952), p.319.

翻倍,约为 6 845 160 英镑,董事局的运营费上涨为 1 871 236 英镑。[①]

国家税收是 NHS 的主要资金来源。在 50 年代英国经济不景气的情况下,公立医院运行成本过高,引起了政府的警惕和民众的不满。尤其在改革初期,卫生部对于 NHS 预算的评估偏低,其与实际开支之间的较大差额,使财政问题显得更加严峻。例如,1948 至 1949 年公立医院开支超出预算约 820 英镑。[②] 对此,比万作出解释,"多数医院在改革前的医疗条件较差,远未达到现代医院的建设标准。改革后,很多医院建筑需要修缮或扩建,特别是肺结核医院和精神病院。医院的医疗设备和技术也亟待更新",[③]这些工作必然会导致医疗开支的爆发式增长。这可以被视为对战前医疗服务长期匮乏的补偿。他相信:"高昂的 NHS 花费只是暂时现象。当一些医院落后的医疗条件得到改善,积压的候诊病人得到救治的时候,英国将会成为一个更加健康的国家,该体系的整体花费也会相应下降。"[④]此外,医生与患者需求的变化,也是影响医疗开支的主要因素。医疗服务免费后,医患双方都没有足够的理性动机来控制医疗服务成本。由于医生是医疗行为的主要实施者,病患则是医疗服务的受益人,医患之间存在着事实上的利益契合。当双方都期望从"政府买单"中得到好处,高额的医疗开支必将政府推入困境。对患者而言,改革使他们得到了一定程度的利益补偿。仅就 1949 年来看,公立医院的住院病人接待量上升了 29.5%,病床使用率上涨了 22%。人力和耗材的增加必然带来医院运营成本的上涨。[⑤] 对医生而言,改革使他们经历了从私营执业者到国家公职人员的身份转变。公立医院消除了医生在经济上的后顾之忧,相对稳定的薪酬则使他们不用过分考虑医疗成本。正如克莱因(Rudolf Klein)所言,"专科医生愿意加入公立医院正是基于这样一种假设,即医院将他们从经济限制中解脱出来,由他们代表政府机构分配稀

[①]　该数据的时间段为 1948 年 7 月 5 日至 1949 年 3 月 31 日。*Hansard*,HC Deb 12 February 1954,Vol. 523,cc174 – 5W.

[②]　"Cost of Hospital Service",*British Medical Journal*,Vol. 1,May 27(1950),p.230.

[③]　Rudolf Klein,*The New Politics of the NHS: From Creation to Reinvention*,p.27.

[④]　Kathleen Jones,*The Making of Social Policy in Britain*,*1830—1990*,London:The Athlone Press,1996,pp.132 – 133.

[⑤]　Rudolf Klein,*The New Politics of the NHS: From Creation to Reinvention*,p.23.

缺的医疗资源"①。为了获得更好的治疗效果,医生不会刻意减少病人的检查项目,反而会实施更为复杂的治疗方案,这就增加了过度医疗的可能性。

面对 NHS 初期的开支上涨,1951 年财政大臣盖茨克尔向内阁提出了缩减 NHS 预算的要求,②并于 4 月 10 日提交了一份预算案,要求通过向配镜服务和假牙收费,以此达到每年节省 1 300 万至 3 000 万英镑的效果。比万对此进行了激烈的抗争,但最终盖茨克尔的计划得到了首相和内阁的支持,包括收取 1 先令处方费,安装假牙需付半价,每副眼镜收 1 英镑费用(儿童除外)。③ 比万得知后愤然辞职。即便如此,还是无法遏制 NHS 与公立医院开支上涨的问题。

(二)服务效率问题

效率低下是英国公立医院的又一软肋,最大的问题是候诊时间过长。1948 年,约有 476 000 位病人处于候诊状态,到 1951 年 12 月接近 504 000人。1952 年时,即便自 1949 年以来耳鼻喉科床位数已经增加了 26%,耳鼻喉科的候诊时间仍是最长的。1956 年,非教学类公立医院耳鼻喉科门诊患者的等待时间,一般为四个半月,而在伦敦地区教学医院,其等待时间也长达三个月。到 70 年代,候诊人数又增加至 60 万人,并在 1979 年,升至约752 400 人。④ 候诊病人的主要来源为:(1) 从全科医生(GP)转诊至医院的患者;(2) 需要医院门诊治疗的患者;(3) 住院患者。并且与内科相比,候诊问题给外科患者带来的危害更大。约 50% 的外科病人因候诊时间过长放弃治疗或死亡,内科患者的比例为 30%。⑤

公立医院的候诊问题与其接诊制度存在一定关系。比万为了获得医生群体对这一改革的支持,在公立医院中保留了医生选择病人和接诊私人患

---

① Rudolf Klein, *The New Politics of the NHS: From Creation to Reinvention*, p.27.

② Philip M. Williams, *The Diary of Hugh Gaitskell*, London: Jonathan Cape, 1983, pp.239 - 240.

③ Kenneth O. Morgan, *Labour in Power*, *1945—1951*, Oxford: Clarendon Press, 1984, p.447.

④ Myfanwy Morgan, *Waiting Lists* in Eric R.Beck, ed., *In the Best of Health? The Status and Future of Health Care in the UK*, London: Chapman & Hall, 1992, pp.208.

⑤ A. J. Culyer, J. G. Cullis, "Some Economics of Hospital Waiting Lists in the NHS," *Journal of Social Policy*, Vol. 5, (July, 1976), p.239.

者的权利。学者米范维·摩根（Myfanwy Morgan）认为："顾问医生常按照自己的喜好而不是病人的需求来接诊病人，致使很多病例因为无法引发医生的兴趣被搁置。因为保留了私人服务，顾问医生会利用候诊名单来显示自己的受欢迎程度。另外，对候诊病人处理过快会增加医生的工作量，使医生缺乏减少候诊人数的动力。"①对于医生而言，病人等待的时间越长，越有可能放弃医院的免费治疗，同意转为这位医生的私人付费病人。这样患者得不到及时治疗反而会增加医生的个人收入。此外，医院其他职员不会像在竞争环境中那样有效率地工作，也使医院的效率问题进一步恶化。②

从患者角度看，NHS的制度设计缺少对患者需求的有效约束。特别是免费医疗，由于病患不用承担医疗费用，这就极有可能引发过度的医疗需求，甚至出现"小病大治、无病也治"的情况。医疗资源被滥用，不仅对患者的健康无益，也降低了医疗服务的效率。对此，1957年测评专门委员会（Select Committee on Estimates）发布了一份报告，指出公立医院确实存在医疗资源浪费的情况，提出卫生部应确保将宝贵的医疗资源用在最需要的患者身上，而不是被迫无端浪费。该委员会经过调查发现，"医院的床位被许多本应接受门诊治疗的病人占用着。一些慢性病患者不得不使用急诊床位，因为医院没有足够的住院病房"③。药品也出现了过度使用情况。公立医院药品开支从1953—1954年的670万英镑，上涨为1955—1956年的771万英镑。而在此期间，药品的生产成本实际上下降了约13%。④ 经济学家鲍默尔（Baumol）将此形象地称为"个人服务的成本疾病"。他认为造成医疗服务效率低下主要有两个原因：其一，疾病诊断和治疗的流程一般是因人而异的，医疗服务很难标准化，也就是不易进行自动化操作。其二，在病人眼中，医疗质量和医生花费的治疗时间成正比，因而很难减少医疗服务中的劳动

---

① Myfanwy Morgan, *Waiting Lists* in Eric R. Beck, ed., *In the Best of Health? The Status and Future of Health Care in the UK*, London: Chapman & Hall, 1992, pp.215 - 216.

② [英]霍华德·格伦内斯特：《英国社会政策论文集》，苗正民译，北京：商务印书馆2003年，第225页。

③ BMJ: "Running Costs of Hospitals," *British Medical Journal*, Vol. 2, (Oct.12, 1957), p.126.

④ *Ibid*. p.126.

含量。那些在检查过程中速度过快的医生,往往会遭到怠慢病人的指责,甚至面临失业的危险。① 也有经济学家认为,这是国家干预之下出现的"政府失灵"现象,指出:"没有竞争的环境,垄断的无效率性(monopoly inefficiencies)就会导致医疗服务提供方没有维护或提高医疗服务的积极性。"②

尽管出现了这些问题,社会学家蒂特马斯(Titmuss),作为英国福利国家制度的重要奠基人,依然肯定了政府在医疗保障中的积极作用。他坚决反对市场制度,因为市场对人的社会责任感与义务感有消解作用,个人在市场为主导的经济制度下,只顾自身利益而不顾他人利益,甚至以损害他人利益来实现自身利益,但国家可以解决市场制度在社会福利方面所带来的不足。③ 英国学者巴尔也是国家干预的支持者,他指出医疗市场存在着"市场失灵"的问题。由于买卖双方的信息不对称,不完全的市场、不完全的竞争,尤其是不完全的信息,导致市场的无效率,国家必须对医疗市场进行干预,因为"福利国家能够做到的事情,市场根本做不到,或者做得更糟糕"④。

三、英国医院国有化改革的启示

改革是利益的再分配。在任何改革的背后,都蕴含着一定的价值判断和伦理追求。对英国而言,合理的医疗服务管理模式是实现福利国家这一价值目标的重要途径。在自由放任主义的影响下,早期英国的医院资源由市场调配,国家并不参与医疗机构的经营和管理。由于医疗服务兼具公共产品和私人产品的双重属性,医疗服务体系的运行与自由市场经济所奉行的交易原则之间存在一定的矛盾。客观地说,医院市场化运作保证了职业自由,提升了医疗服务的效率,带来了实际的经济利益。但是,资本主义的趋利性,致使医疗行为将利益而不是需求放在首位,因而就无法保证资源分

---

① [美]詹姆斯·亨德森:《健康经济学》,向运华等译,北京:人民邮电出版社 2008 年,第 58 - 59 页。

② 丁建定:《社会福利思想》,武汉:华中科技大学出版社 2009 年,第 146 页。

③ [英]霍华德·格伦内斯特:《英国社会政策论文集》,苗正民译,北京:商务印书馆 2003 年,第 225 页。

④ [英]尼古拉斯·巴尔:《福利国家经济学》,郑秉文、穆怀中等译,北京:中国劳动社会保障出版社 2003 年,第 3 页。

配和道德标准上的"健康公平"。基于此,比万坚信,医院国有化是战后整合医院医疗服务、修复医院发展问题最有效的方式,重要的在于,金钱不再是获得所需医疗服务的基本条件。保证每个人都可以享有健康公平的权利,这才是改革的重要指导思想。所以,工党政府和卫生大臣比万以实际行动,在公平与效率之间作出了适应时代需要的取舍,以寻求社会公平。

英国的医院国有化改革体现了"公平优先,兼顾效率"的改革思路,由此拉开英国全民免费医疗时代的序幕。从有限的贫民救助到全民免费医疗,这也许不是一种最优化的经济行为,但它无处不彰显着工党政府对于健康公平、社会公平的崇高追求。同时,这场改革的历史经验可为中国公立医院改革提供以下几点启示:

第一,明确政府在医疗卫生领域中的角色和作用。国家在健康权保障中负有不可推卸的社会责任,即政府有义务确保人民健康权的实现,并在政策制定和服务提供中扮演重要角色。正如比万所指出的那样:"在任何社会里,如果一个病人由于没钱就得不到治疗,这样的社会就不能正当地自称为文明社会。"[1]由此,英国的 NHS 形成了不同于以往医疗服务的几个基本原则:首先,NHS 的 80％左右的资金都来自中央税收。[2] 特别是富人贡献的税收远超穷人的,这也是比万最看重的部分。其次,每个人都有资格获得同等待遇的医疗服务,包括临时居住者和外国居民。再次,即便在 1951 年之后引入了处方费和牙科费用,NHS 的其他服务都是完全免费的,涵盖患者在院期间的各种治疗费用,甚至饮食。只有政府通过计划手段进行管理,同时确保医疗卫生事业的资金投入,才能使"全民医疗"得以实现。

第二,医院的公益属性有利于构建和谐的医患关系。医生在英国是最受民众尊敬的职业之一,医疗纠纷也相对较少。改革后,医生的收入是由区域医院委员会拨付的,患者不需要直接向医生的服务付费,因而医患关系主要体现为医生向患者提供服务。当一个病人走进诊室时,医生只需要为其治疗,而不用考虑病人是否有资格获得服务,也不用考虑他是否有能力承担所需的医疗费用。医疗从业人员和医疗机构与患者之间不存在经济利益上的联系,这可以有效减少医生和医院在医疗实践中的逐利行为。此外,通过

① 　[英]安奈林·比万:《代替恐惧》,李大光译,北京:商务印书馆 1963 年,第 76 页。
② 　A. Leathard, *Health Care Provision*, London:Chapman and Hall, 1990, p.38.

相应的制度设计,确保医院服务资源的合理分配,从而保证卫生资源配置在地区间的公平性,也能有效防范医疗资源过度集中给大医院和医生所带来的就诊压力。医生的薪水和岗位得到了保证,医疗服务就可以根据医生的喜好和人们的需求获得相应的开发和应用,尤其是那些有需求而不时髦的医学专科,如精神病学、老年医学、早期学习障碍康复等,而不是根据人们的贫富状况或其所在社区的势力大小,获得均衡发展。①

第三,医院服务环境建设突出人文关怀的主题。医院建设是医学职业精神的外化,也是医院文化的集中体现。医院的人性化服务,表明医疗服务已经从过去的以医院和医生为中心向"以患者为中心"的转移,体现了社会文明的进步。良好的医院环境,不仅会对全院工作人员产生感召力和凝聚力,增强其在工作中的责任感和同情心,也有利于拉近医患关系,改善患者就医体验,同时对疾病的治疗和病人的康复,也会产生积极的影响。反之,如果医院环境简陋、嘈杂、拥挤,则会使病人产生紧张、厌恶、焦虑等消极情绪,不利于病人的治疗和康复。在国有化背景下,公立医院在环境建设和人性化服务上的努力,体现出医院对患者的情感、人格和生命价值的尊重。

当然,这一时期英国的公立医院发展,也存在一些问题,诸如,医疗需求和医疗成本的快速增长给政府造成过大的财政压力;过分严格的政府干预不仅导致行政机构臃肿,也在一定程度上影响医疗机构及其从业人员的积极性和创造性;"全民医疗"存在对医生和患者约束不足造成的资源浪费以及严重的候诊问题等。因而在 20 世纪 70 年代以后,英国的公立医院体制又进行重组并引入了市场机制,继续探索适合本国情的医疗服务供给方式。但需要注意的是,医疗服务的核心宗旨并没有发生改变,就是最大限度地保障公民的健康公平权利。进入 21 世纪以来,医院国有化改革的积极影响仍在延续,NHS 依然是英国人内心的骄傲,其经验值得其他国家关注和学习。

原载《历史教学》2019 年第 24 期

---

① ［英］朱利安·图德·哈特:《医疗服务的政治经济学》,林相森、丁煜译,上海:格致出版社、上海人民出版社 2014 年,第 3 页。

制造"正义"

——论殖民时期美国东北部的杀狼历史与传说

王玉山

摘　要:殖民时期美国东北部移民对狼的杀戮,不但满足了其生存需求,而且通过传说所承继的传统,制造了杀戮恶棍的"正义",使其精神需求得以满足。生存需求的满足减少了狼的数量,精神需求的满足才是狼灭绝的主因。在物种多样性正在消失的今天,因人之"正义"而取缔其他物种的生存权利,不管是历史还是传说,都值得史家总结和分析。

关键词:殖民时期;美国东北部;传说;正义;精神需求

1658 年,在马萨诸塞湾的沃特敦(Watertown, Massachusetts Bay),托马斯·史密斯(Thomas Smith)成为当地最后一个领取狼头金(wolf bounty)①的人,而不迟于 19 世纪,狼在包括马萨诸塞在内的新英格兰南部已踪影全无;新英格兰北部的狼多在 19 世纪中期之前消失;13 块老殖民地的最后一只狼在 1908 年死于乔治亚南部的奥克弗诺基沼泽(Okefenokee Swamp)。② 而当白人拓殖者脚步西移,狼在中西部的末日也随之到来。到 20 世纪 70 年代,除明尼苏达等少数地区外,狼在下 48 州趋于灭绝。

---

① 或译为"狼赏金",是指猎手在捕杀某一地区的狼后,把指定的狼头、狼皮或狼爪上交给有关当局,就能得到一定的物质和金钱奖励。

② 乔恩·T. 考曼:《邪恶:美国的狼与人》(Jon T. Coleman, *Vicious: Wolves and Men in America*),纽黑文 2004 年,第 56 页;斯坦利·P. 杨:《北美的狼》(Stanley P. Young, *The Wolves of North America*)第一部(其历史、生活习性、经济地位和控制),纽约 1944 年,第 35 - 40 页;布鲁斯·汉普顿:《伟大的美国狼》(Bruce Hampton, *The Great American Wolf*),纽约 1977 年,第 79 页。

如果狼只是一个杀戮弱小动物并威胁人类生存的"恶棍"的话,狼的灭绝可能不会引起人们注意。但在生态思想的影响和环保运动的推动下,美国人改变了对狼的看法,促使学者从 20 世纪 60 年代末开始思考狼消失的原因,并把重点放在人类责任的探讨中。

1969 年,蒙大拿大学的硕士柯诺(Edward Earl Curnow)在其论文《蒙大拿灭狼史》[①]中认为,狼在该地区濒临灭绝的原因是边疆居民的偏见。这种偏见上承欧洲的仇狼传统,下接畜牧业组织的夸张宣传,使得居民对狼的敌意近乎病态,于是不可避免地对狼展开了残忍的杀戮,从而造成了后者的濒危。

1989 年,美国环境史学家福格曼(Valerie M. Fogleman)发表了《美国人对狼的态度:一部误解的历史》,[②]将对狼的杀戮和灭绝归咎于态度问题。她认为,美国人之所以对狼进行持续 300 多年的消灭,根源在于他们对狼的憎恶和恐惧,而其主要依据则是神话和民间传说,所以直到狼消失后,人对狼的敌意犹存。

1997 年,作家汉普顿(Bruce Hampton)出版《伟大的美国狼》一书,把北美人 300 多年来对狼"最长、最不懈和最无情的迫害"归结到人类的态度和本性上。他认为,虽然有欧洲仇狼遗产和现实经济因素影响,但人类对狼的压制源于其轻视自然和专享地球的态度,而这种态度又来自其黑暗和跋扈的本性。

在人类有罪已成共识的前提下,许多美国学者都在杀狼这一历史疑案中找寻人类的罪证。其中,偏见、态度和本性是他们最常提及的内容。但这些指控都无法说明为何犯案者和其他当事人非但没感到不妥,[③]反而众口一词地认为狼乃一无是处的恶棍,[④]对它进行杀戮是"正义"之举。[⑤] 而只有勘

---

①　爱德华·厄尔·柯诺:《蒙大拿灭狼史》(Edward Earl Curnow, *The History of the Eradication of the Wolf in Montana*),蒙大拿大学 1969 年硕士学位论文。

②　瓦莱丽·M. 福格尔曼:《美国人对狼的态度:一部误解的历史》(Valerie M. Fogleman, "American Attitudes Towards Wolves: A History of Misperception"),载《环境评论》(*Environmental Review*)第 13 卷第 1 期(1989 年春),第 63 - 94 页。

③　巴里·赫尔斯顿·洛佩兹:《狼与人》(Barry Holstun Lopez, *Of Wolves and Men*),纽约 1978 年,第 137 页。

④　福格尔曼,前揭书,第 69 - 78 页。

⑤　洛佩兹,前揭书,第 144 页。

破杀狼的所谓正当性，才能理解当人类的犯罪动机，进而还原狼这一物种消失的真正原因。本文综合诸家之说，追溯人、狼在欧洲的历史渊源，结合二者在美国东北部初期的互动，分析移民对狼的认识、判断和惩罚，力图正本清源，揭破谜案。

一、传统:"正义"之基

自1492年哥伦布航行之后，欧洲人开始移民北美。在其行李清单中，除了生活用品和值钱家当，还有一份继承下来的独特文化遗产，里面存留着千百年来与狼互动的历史记忆。这些遗产和记忆或以信仰，或以传说，或以科学和经验的形式融入移民在新世界的生活，一旦与狼遭遇，就会成为影响他们决断与行动的重要因素。其中，第一是神话、寓言和传说等文学遗产。

从功能上讲，文学其实是一种以象征手法调适人类心理的艺术，它不但可以使个体的感情思维得以表露宣泄，甚至可以使一个群体的生活体验、思想意念和好恶喜憎得以表达。[1] 当然，我们分析欧洲的文学遗产，不仅是由于它们对移民的精神生活有着潜在影响，而且是因为它们为新世界的狼文学提供了诸多母题，而这些母题在塑造新世界狼文学的同时，也让移民们回应和巩固了其传统的体验、思想和情感。

在这份文学遗产中，最早的母题来自神话。希腊神话中，堕落和粗野之人的代表——阿耳卡狄亚国王吕卡翁，因为残忍和对宙斯不敬而被罚作嗜血之狼；罗马神话中，狼是战神马尔斯的圣兽之一；北欧神话中，有一只以凶狠残暴和力大无穷而著名的巨狼芬里斯。这三种神话系统孕育出了堕落、粗野、嗜血、不敬神、凶狠残暴和力大无穷等狼文学母题。而在《伊索寓言》等寓言和童话中，贪婪、欺骗和偷盗等母题又被添加进了狼文学。到了中世纪，在流传甚广的狼人(werewolf)[2]传说影响下，淫荡也成为狼文学的母题之一。文艺复兴时期，《神曲》等文学作品在使用"狼"这一形象和符号时，基

---

[1] 李亦园:《从文化看文学》，载《中国比较文学》1998年第2期。

[2] 传说狼人是可以变身为狼的一种人，变身原因分为被动(受害者被诅咒或惩罚等)和主动(巫师为获得力量等)两种；恢复人身也有脱掉狼皮、穿回衣服、吃下解药和被白蜡树枝鞭打等不同方法；其主要特点是嗜血、残忍和好色等。参见洛佩兹，前揭书，第205-242页；〔美〕伯纳德·斯坦格:《狼人大全》，杜洪波、冯雷译，重庆:重庆出版社2010年，前言第1-5页。

本沿用了之前的母题,一方面间接反映了时人与狼的接触已经大为减少,另一方面也说明仇狼的文学母题已基本被开掘殆尽。

虽然堕落、粗野、嗜血、不敬神、凶狠残暴、力大无穷、贪婪、欺骗、偷盗和淫荡等无法涵盖狼文学母题的所有方面,但它们却孕育出了欧洲人及其新世界后裔最喜欢继承和引申的部分。究其根源,一方面是因为这些文学样式和作品尽属经典,其创造和容纳的母题被广为流传;另一方面是因为这些母题已化生为欧洲人的文化基因,所以能够在后世的文学中不断遗传和变异。如在一位俄亥俄老爷爷为其孙女编织的家族传说中,狼的嗜血和凶狠残暴等母题就从"潜隐"转而"浮出水面",起到了支撑故事架构的作用。

故事是这样的:有一天,老爷爷的父母带着他和另外 7 个孩子乘雪橇从纽约出发,赶往位于俄亥俄的新家。在经过城外最后一个小木屋后,天色渐晚。这时,他们突然听到狼嗥四起。父亲咕哝着催促牛群前行,母亲在一旁祈祷着,孩子们则吓得呜哇大哭。在小溪旁,狼群靠近,其中的一只还率先冲向一头公牛,咬入其肉里数寸。为了脱身,父母被迫一个接着一个地把孩子投向狼,三个蹒跚学步的小孩因而惨死。正当他们要扔第四个时,头狼示意狼群停止追击,爷爷跟剩下的家人得以回到俄亥俄。①

这位老爷爷不知是从哪一篇欧洲诗作或哪一部西方小说中得到这些母题的灵感,②采用移物换景的手法进行了再创造,在展现欧洲移民的文化基因的同时,把一个睡前故事变得既生动又可怕。其实在殖民地流传的民间故事中,涉及狼嗜血与凶残等母题最多的是狼尾随和围困人的故事。如在宾夕法尼亚,有人说他曾被 200 只狼尾随。③ 在俄亥俄,一位农民在林中迷失,听到震耳欲聋的狼嗥后,他被迫躲到树上,并放枪恫吓,最后终于被听见枪响的人救起等。④ 这些故事和传说把人描述为无力的受害者,是被狼捕食

---

　① 考曼,前揭书,第 102 - 105 页。
　② 据考曼考证,这个故事可能受到了维多利亚时期英国诗人罗伯特·勃朗宁(Robert Browning)的《伊万·伊万诺维奇》(Ivan Ivanovich)一诗的启发和影响;另外,20 世纪早期美国女作家薇拉·凯瑟(Vila Cather)的小说《我的安东尼娅》(My Antonia)中也有此类狼逐人场景的描述。参见考曼,前揭书,第 103 - 104 页;[美]薇拉·凯瑟:《啊,拓荒者! 我的安东尼娅》,资中筠、周微林译,北京:外国文学出版社 1983 年,第 202 - 204 页。
　③ 汉普顿,前揭书,第 65 页。
　④ 考曼,前揭书,第 110 页。

和围困的对象,而狼则成了埋伏在路旁和林子里的食人魔,人狼之间的弱强之别一经文学勾画而全然颠倒,其正邪之别一经渲染也变得更加壁垒分明。

第二是宗教——特别是基督教——遗产。基督教是狼的形象与故事的有机生产者,它通过教典、教会和教民不断地制造着对狼的仇视。

在《圣经》中,不信神的人、假先知和异端被比喻为狼,①而被诅咒的人也可能变为狼,②这使得狼系异教象征,是人所厌恶和鄙视的对象,这种看法留在了基督徒的心目之中。此外,《圣经》经常提及狼对人和动物的残暴杀掠,③不免让其信徒形成狼是残忍的杀戮者的印象。在基督教的发展和传播过程中,罗马教会还抓捕、审判和处死过狼人,更加深了人们对狼的厌恶与恐惧。虽然也有阿西西的圣方济各在意大利的古比奥(Gubbio)与狼立约,使其不再为害的传说,但承认狼有向善之心的观点在基督教中影响很小。基督教关于狼的认识对志在建立山巅之城的新英格兰移民影响甚大,后者将狼视为对其信仰的考验,④希望消灭它们来证明自己的虔诚。约翰·温斯罗普(John Winthrop)和科顿·马瑟(Cotton Mather)等教士也常以牧羊人自居,视新世界的征服者为无辜的绵羊,而把狼当成堕落和贪婪的代表,是野蛮人的盟友和荒野之主,⑤是人类建立地上天国的阻碍。对有着道德洁癖并为信仰而移民的众多清教徒来说,基督教和新世界传教士的这些看法无疑将狼置于十恶不赦的境地;即使对一般信仰者而言,基督教对人、狼性质的判定也让人类占据信仰和道德的制高点,狼则成了品行不佳的"恶棍"。

第三是科学遗产,主要是博物学知识传统。在博物学传统中,亚里士多德是开辟狼研究的先驱。在《动物志》中,他考察了狼的受孕和生产情况以及埃及狼与希腊狼的体型差异。⑥罗马的老普林尼在《博物志》中虽基本保

---

① 《马太福音》7:15,10:16;《路加福音》10:3;《使徒行传》20:29。

② 《创世纪》49:27。

③ 《耶利米书》5:6;《以西结书》22:27。

④ 洛佩兹,前揭书,第170页。

⑤ 里克·麦金太尔编:《对狼的战争:美国的灭狼运动》(Rick McIntyre, ed, *War against the Wolf: America's Campaign to Exterminate the Wolf*),明尼苏达州斯蒂尔沃特1995年,第42页;汉普顿,前揭书,第65页。

⑥ [古希腊]亚里士多德:《动物志》,吴寿彭译,北京:商务印书馆1979年,卷六第三十五,第313页,卷八第二十八,第309—310页。

存了亚里士多德对狼的观察和认识,但夹杂了更多狼的传说。[①] 中世纪之后,博物学多引用《圣经》以证明上帝智慧并用来训世,其对狼的观察和研究受到了宗教的严重影响。[②] 文艺复兴时期,博物学对狼等动物的世俗化研究重新开始,但当时以瑞士人康拉德·冯·格斯纳(Konrad Von Gesner,1516—1565)为代表的博物学家仍以总结古希腊以来的传说和记载为主。[③] 到了北美,博物学家们继承了欧洲的传统:一方面重视狼的生物特征,如其爪牙锋利,有良好的视野、听力、嗅觉和体力;另一方面却更多地从人类生命和财产安全的角度来看待其行为特征,并冠之以奸诈、残忍和贪婪的标签。[④]

这些博物学的传说、说教和标签,证明了人们对狼形成的"孔武有力"和"心如蛇蝎"等诸般印象,使其在一千多年来的欧美知识系统中受到了不公正的鄙视和批判,[⑤]进而成为移民对它进行定罪的知识基础。

第四是经验遗产。在欧洲历史上,农耕和养殖一直是其重要的经济发展形式,而狼则是人类禽畜的天敌;狼还攻击过行人,刨出和吃掉过人类的尸体,甚至传染过疾病,这诸般恶行使得人类在经验中不可避免地将其归为害兽。到了新世界,随着欧洲移民在荒野上开垦土地和建立村镇,狼被迫在"人类的土地"上活动;而且由于鹿和羚羊等猎物的大量消失,狼开始捕食人类赖以生存的牲畜。在这种情况下,移民们结合先辈的经验,重新将狼视为人人得而诛之的"窃贼"和"强盗",是新世界"最大的麻烦"。[⑥]

---

① 老普林尼:《普林尼的博物学》(Pliny the Elder, *The Natural History of Pliny*),约翰·博斯托克(John Bostock)等译,伦敦 1855 年,第 1 卷第 40 页,第 53 页,第 59 页,第 63 页,第 74 页,第 86 页,第 91 页,第 93 页,第 310 页;第 5 卷第 331 页,第 335 页,第 337 页,第 339 页,第 343 页,第 344 页,第 346 页,第 351 页。

② 如影响较大的《生理学》(*Physiologus*)一书,就是以《圣经》为基础来解释《圣经》中所提到的动物,以彰显上帝的神秘力量与智慧,并进行道德说教,见张国荣:《论欧洲中世纪教堂中动物雕刻的图像根源》,载《新美术》2008 年第 4 期;洛佩兹,前揭书,第 216 - 219 页。

③ 洛佩兹,前揭书,第 223 页;[英]维特科夫尔:《东方奇迹:怪物史上的一项研究》,梅娜芳译,载《美苑》2006 年第 4 期,第 58 页。

④ 威廉·T. 霍纳迪:《美国博物学:北美高等动物有用知识的基础》(William T. Hornaday, *The American Natural History: A Foundation of Useful Knowledge of the Higher Animals of North America*),纽约 1904 年,第 22 - 23 页。

⑤ 福格尔曼,前揭书,第 69 - 72 页。

⑥ 威廉·伍德:《新英格兰的前景》(William Wood, *New England's Prospect*),马萨诸塞州波士顿 1865 年,第 27 页。

综合来看,上述欧洲移民的四种文化遗产几乎就是一份"仇狼"的遗产,其中,文学为其提供了情感基础,宗教为其提供了道德基础,科学为其提供了知识基础,经验则为其提供了利益基础。四种文化遗产相互作用,合力塑造了其"仇狼"的价值体系,而狼这一"恶棍"也就应运而生。

二、罪与罚:"正义"程序

为了解决新世界"最大的麻烦",马萨诸塞湾的殖民者于 1630 年立法设立了狼头金,规定:该殖民地的英国人只要在地界内杀死一只狼,就能得到牲畜饲养者的相应奖金。① 奖金由治安官征收,多少视当地大小牲畜的数量而定。其他殖民地纷纷效仿,狼正式成为新世界的"罪犯",对其实施的惩罚也被法律所许可和鼓励。

狼真的罪有应得吗? 我们先来看两项广为流传的指控——对人身安全和对财产安全的威胁。根据美国学者里克·麦金太尔和乔恩·T. 考曼的考证,北美找不到任何关于健康野狼伤人的文字证据;而且据国际狼研究中心(International Wolf Center)的干事南希·约·塔布斯(Nancy jo Tubbs)的调查,对此类事件的报告也多是无稽之谈。② 但移民对狼伤人的恐惧确实存在,因为不只是报章杂志常拿"狼喜欢攻击人类"作为惊悚的母题来体现它们对人类苦难的"感同身受",就连"客观"的博物学家也都会"好心地"提醒人们:狼喜欢人肉。③ 除此之外,民间传说对大众的这种恐惧表现得更为直接和显著。因此,我们不妨分析一下当时一个广泛流传的民间传说,来认识这是一种什么样的恐惧,以及这种恐惧的产生是否有道理。

1621 年的冬天,古德曼(Goodman)和琼斯(Jones)为了找寻两只猎狗而迷失在新英格兰南部的树林中。日落后,狼嗥四起,他们胆战心惊地度过了

① 麦金太尔(1995),前揭书,第 30 页。

② 考曼,前揭书,第 3 页;麦金太尔认为,狼可能是为狼狗背负了恶名,参见里克·麦金太尔:《狼之社会:国家公园与狼之战斗》(Rick McIntyre, *A Society of Wolves*：*National Parks and the Battle over Wolf*),明尼苏达州斯蒂尔沃特 1993 年,第 18 页;塔布斯认为,传说也是一种知识来源,所以相信狼伤人的人可能是因信而见,参见南希·乔·塔布斯:《吆喝狼来了:追踪一起所谓的狼对人的攻击》(Nancy jo Tubbs, "Cry Wolf：Tracking Down an Alleged Wolf Attack on a Human"),收录于麦金太尔(1995),前揭书,第 353 - 357 页。

③ 福格尔曼,前揭书,第 71 - 73 页。

一个不愉快的夜晚……①迷路而遭遇狼的围困,本是新世界常见的民间传说之一,日落、丛林、狼嗥更是这类故事中标志人类进入陌生世界,从而变得脆弱无力的恐惧元素。按道理来讲,若狼真是能让"他们"和其他移民产生如彼的恐惧,在听到令人毛骨悚然的狼嗥之后,故事的主人公应该遭遇群狼围攻,然后或以血肉模糊、残肢断臂的修罗场景谢幕;或是浑身浴血,在付出重大代价后壮烈突围,但结果却是:他们"幸运地"一夜无事。为什么? 17 世纪早期的一个殖民者给出了答案,他说:"人们从未听说过狼攻击人。"②不但如此,殖民者也都知道,狼往往是见到人就跑,好像是"害怕我们"。③ 类似说法被后来的殖民者一再证实。如在 1728—1729 年,威廉·伯德(William Byrd)受托勘察弗吉尼亚和北卡罗来纳边界,他在后来著书回忆这段经历时说:"除非在极饿的情况下,不然狼不会攻击人类,而会躲避他,好像是躲避比它更凶恶的动物。"④

至于对狼的第二项指控,即对牲畜的伤害,似乎是每个殖民者都会挂在嘴边的事情。但是我们首先要清楚的是,新英格兰在 19 世纪之前,其牲畜几乎都是散养在林间和荒野;或者整个镇子的牲畜都被集中在一起,然后委任十几岁的孩子看管。⑤ 在劳动力缺乏所导致的松散管理下,牲畜难免经常闯祸和受伤,如马糟蹋了玉米地、牛掉进池塘、猪在街道上咬人等。即使各殖民地对此专门立法,也未能减少此类事件的发生。⑥ 联系到狼有建立并维护地盘的习性,以及在新世界躲避人的特点,狼对牲畜的伤害似乎是发生在

---

① 考曼,前揭书,第 37 页。

② 伍德,前揭书,第 26 页。

③ 埃弗里特·H. 埃默森:《新英格兰来信:马萨诸塞湾殖民地,1629—1638》(Everett H. Emerson, *Letters from New England: the Massachusetts Bay Colony, 1629—1638*),马萨诸塞州波士顿 1976 年,第 228 页。

④ 威廉·伯德:《大分界线和其他地方的历史》(William Byrd, *History of the Dividing Line and Other Tracts*),第 1 卷,弗吉尼亚州里士满 1866 年,第 58 页。

⑤ 弗吉尼亚·安德森:《帝国之畜:家畜如何转变了早期的美国》(Virginia Anderson, *Creatures of Empire: How Domestic Animals Transformed Early America*),剑桥 2004 年,第 10 页。

⑥ 考曼,前揭书,第 53 - 55 页;本·小图拉:《东部郊狼——纽约州一直存在的土著》(Ben Jr. Tullar, "The Eastern Coyote—Always a New York State Native"),载《环保主义者》(*The Conservationist*),第 46 卷第 4 期(1992 年 1 月)。

牲畜闯入其地盘之后。这样看来，即使狼确实吃掉了牲畜，也不应背负全部责任，因为移民有看护不严之罪。

另外值得注意的是，狼常常成为狗的替罪羊。在殖民初期，几乎每个新英格兰乡镇都会鼓励居民购买獒犬（mastiff）、猎狗（hound）和小猎犬（beagle），并训练它们来猎狼。1640 年，马萨诸塞湾殖民地的法律规定，拥有猎狗、獒犬和灵缇（greyhound）的人不必缴纳狼头金。[①] 1642 年，该殖民地的伊普斯威奇镇（Ipswich）命令财产在 500 英镑以上的居民要购买獒犬来捕狼，财产在 100—500 磅的居民也要相应地购买足够多的猎狗和小猎犬。[②]至于狗的数量、购买和管理等具体事宜，则由镇里的选民官（select man）全权负责。[③] 虽然狗的数量不少，但狼的体型更大，也更加狡猾和凶猛，因此狗经常在与狼的交锋中败下阵来，并成为其口中餐。[④] 在遇见狼时，狗多数都会害怕和紧张，在追踪狼时也常被其他动物的气味所吸引，所以用狗来防狼的效果并不理想。[⑤] 更重要的是，狗对移民所起到的并不都是帮助作用。1635 年马萨诸塞湾的塞勒姆（Salem）镇民曾通过一项地方法令，规定：攻击家禽的狗得受惩罚。[⑥] 该殖民地的其他地方也有类似规定，如攻击牲畜的狗要被吊死等等。[⑦] 把对伤害禽畜的狗的处罚写进法律，说明狗的犯科之事不在少数。1792 年 6 月 18 日，美国总统乔治·华盛顿（George Washington）给大不列颠农业协会（Agricultural Society of Great Britain）主席亚瑟·杨（Arthur Young）的信也可为证。信中，华盛顿明确告诉杨，狗确实经常伤害

---

① 麦金太尔（1995），前揭书，第 30 页。

② 约瑟夫·B. 费尔特：《伊普斯维奇、埃塞克斯和哈密尔顿史》（Joseph B. Felt, *History of Ipswich*, *Essex*, *and Hamilton*），剑桥 1834 年，第 42 页。

③ 麦金太尔（1995），前揭书，第 32 页。

④ 杨，前揭书，第 274 - 275 页。

⑤ 美国博物学家格林奈尔（George Bird Grinnel）称，在美国西部，用猎狗来消灭狼也并非一种高效方法，参见乔治·伯德·格林奈尔：《狼与狼性》（George Bird Grinnel, "Wolves and Wolf Nature"），收录于麦金太尔（1995），前揭书，第 87 页。

⑥ 安德森，前揭书，第 94 - 95 页。

⑦ 安德森，前揭书，第 95 页。

羊。^① 越到后来,这类证据越多。在 1890 年,有人统计,马萨诸塞州有 3% 的羊被狗杀死,在康涅狄格州,这个数字则高达 6%。^② 时至近日,狗造成的牲畜危害依然很大,如根据蒙大拿农业数据处(Montana Agricultural Statistics Service)的统计,仅在 1991 年,蒙大拿州就有 3 500 只羊死于散养的狗之口。^③ 但不管是在历史上,还是在今天,一般人基本分不清现场狼和狗的爪印的区别,于是狼往往成为牲畜命案中的冤大头。^④

综合这几方面来看,移民对狼的两项指控存在证据不足和责任认定不清楚等问题,因此,狼的罪名无法完全成立。在这种情况下,如果说对有过伤害行为的狼进行处死还是其"罪有应得",那么,一狼"犯案",整个地区的狼都遭杀戮,就有些伤及无辜了。而从历史发展来看,狼头金立法确实殃及狼整个种族的生存,因而可以说,对狼的惩罚有失公允,属于量刑不当。

对这种惩罚之公正性的怀疑还可从另外两个方面得到印证。其一,就殖民地的狼头金规定来看,惩罚行动虽由殖民当局领导,并以奖金诱使全民参与,但其幕后金主却是牲畜所有者;从法律实施效果来看,牲畜所有者也确实得到了实利,所以我们有理由推测:在保卫全体移民人身与财产安全的口号和自卫立场之下,在全民运动和官方行动的旗帜之下,潜藏着牲畜所有者"借机"维护自身利益和张扬其政治影响的动机。其二,就颁布狼头金立法的殖民地议会来看,它由总督(或副总督)加上数个自由民选举出来的总督助理组成。而当时在新英格兰地区,自由民不但要满足土地所有权方面的限制,而且还必须是教会同意吸纳的教民,所以起码就新英格兰地区而言,其狼头金立法的出台就有着以宗教合法性的实质正义压制程序正义的嫌疑。

虽然从客观上来讲,移民对狼的定罪在程序上存在缺陷,但从移民们采取的养狗、挖陷坑和请猎手等惩罚策略来看,他们确实在主观上视这场惩罚

---

① 乔治·华盛顿致阿瑟·杨的回信(To Arthur Young),收录于约翰·C. 菲茨帕特里克编:《乔治·华盛顿原始手稿资料集,1745—1799》(John C. Fitzpatrick, ed, *The Writings of George Washington from the Original Manuscript Sources*, 1745—1799),第 32 卷,华盛顿 1931—1944 年,第 70 页。

② 福格尔曼,前揭书,第 68 页。

③ 麦金太尔(1993),前揭书,第 108 页。

④ 洛佩兹,前揭书,第 173 页。

行动为一种自卫。按照"正义"的原则,他们似乎有权对狼进行"正当防卫"式的惩罚。问题在于,移民依据的是一种什么样的"正义"?

我们以挖陷坑为例来进行一下比较说明。印第安人经常挖陷坑,但他们挖的陷坑多为捕鹿之用,为了防止狼的偷食才在坑中添加了杀狼的机关。在狼吃掉印第安人的天赐礼物——鹿——之后,狼会被陷阱中的机关杀死,从而代替鹿变成了礼物,并贡献出自己的皮。在印第安人看来,狼皮就是狼为自己错误所付出的代价,是一种赎罪。在贡献出自己的皮之后,狼的过错得到了弥补,它就重新成为他们尊敬的猎手和神的使者,双方之间的关系因而得以恢复。[①] 但对移民而言,他们所挖的陷坑是专门为狼准备的,目的是避免并报复狼对牲畜的捕食和对人类生活的骚扰;方法是在镇子周围数英里远的地方挖出较深的大坑,上面用土石草木掩盖,坑中央放上肉以诱狼入彀。[②] 在捕到狼之后,移民们经常会将其折磨致死,以报其捕食和骚扰之仇。两相比较就可看出,印第安人用陷坑杀狼是基于一种"补偿正义"(reciprocal justice),而移民则是基于"以眼还眼"的复仇法则。为什么欧洲移民的正义与印第安人的正义有着如此大的差别呢? 我们可以从以下三点来加以解释。

首先,他们有着印第安人所没有的恐惧心理。就挖狼坑这种举动而言,它是移民面对陌生环境时无力感的体现,与其恐惧心理密切相关:他们认为周边皆被狼群占据,因此必须营造土木工程以明确人狼界限,将危险和他者隔绝在外,并确保田园的安全。这种无力和不安全感使得移民倾向以报复作为"正当"的手段来以暴易暴。

其次,移民有着印第安人没有过的"所有权"思想。在印第安人看来,鹿是上天赐予的一种礼物;在欧洲移民看来,鹿虽然在射杀之后才能称其为财产,但它们无疑是上帝留给自己享用的,是自己的一种潜在财产;至于牲畜,那更是移民们千辛万苦从欧洲带来的稀有财产。[③] 潜在财产或者珍贵的财产被侵夺,肯定会令他们愤怒,进而采取激烈的报复举措。

---

① 考曼,前揭书,第 48 - 49 页。

② 杨,前揭书,第 294 页。

③ 瓦莱丽·M. 福格尔曼曾谈到当时牲畜的珍稀程度:殖民初期,马萨诸塞湾缺乏牲畜,人们限制从当地运出羊,而少数可以出售的牲畜都被标上了天价;1643 年,由于狼的捕食,新阿姆斯特丹(New Amsterdam)只剩下不到 20 只羊。参见福格尔曼,前揭书,第 65 页。

再次,文化差异。作为一个在当时以农牧为主的民族和文明来讲,移民本来就无法像以狩猎为主业的印第安人一样认同狼的捕猎行为,现在狼坑区所营造的地理与心理分野在阻碍他们对狼这一种群的了解和认同的同时,又加剧了这两个种群间的"文化分裂"(cultural divide)。[①] 因此,文化上的不认同导致了移民无法产生与印第安人相类的正义观。具体来说,欧洲移民文化中最为独特和关键的是其善恶观念和托管观念,以及在此基础上形成的正当复仇观念:狼与羊等为人役使的畜禽不同,它是野兽;狼与鹿等为人提供衣食的猎物也不同,它是害兽——根据"有用的就是好的,有害的就是坏的"标准,狼无疑是邪恶的;再根据托管观念,作为上帝的代理人,人类有权利和责任去矫正自然秩序的缺陷,惩恶扬善,为万物立法。[②] 于是,在遇到狼这种邪恶动物侵害无力保护自己的良善动物——家畜或野外猎物时,人类必须惩处凶恶之徒,避免无辜的猎物和牲畜遭受狼的欺凌。

基于上述欧洲移民在心理、思想和文化上的三个特点,他们对狼的惩罚行为不可避免地会与印第安人有所差异,从而带有浓重的复仇色彩。而为害的狼在被欧洲移民杀死之后,其种族的邪恶污点并未得到清除,似乎只有其整个种族被消灭,移民的"复仇正义"才能得到伸张。

三、"英雄":"正义"之果

既然向狼进行报复是"正义"之举,报复所针对的又是无比凶残、卑鄙、奸诈和邪恶的食人魔,那么敢于担当这种艰难责任的人必定不是等闲之辈,而康涅狄格农民伊斯雷尔·帕特南(Israel Putnam)就是这种不凡人中的一员。1739年,帕特南在庞弗里特(Pomfret)买下了一大块地,开始躬耕于农事。虽然他非常勤劳和坚毅,但夏旱、秋天大风和冬季牲畜的走失等让他的日子并不好过,其中狼所造成的危害尤其令人难以忍受。当地猎手们为此费尽了心机,但主凶——一只老母狼却一直逍遥法外。在一晚上损失了"70只羊"后,帕特南对这种局面忍无可忍了。他纠集五个邻居,两人一伙,轮流接班,日夜不停地追逐元凶,最终将它围堵在离庞弗里特三英里远的一个洞穴里。时值晚上10点,听到消息后,镇里的居民打着火把,拿着硫黄和麦

---

① 考曼,前揭书,第53页。
② 洛佩兹,前揭书,第145－149页。

草,牵狗背枪地赶了过来。这时虽然人手齐备,但狼却伏在洞中不出。为了把狼赶出来,人们先是用猎狗进洞驱逐,但猎狗进去后却带伤逃出,再也不肯下去了;接着人们点燃麦草和硫黄来熏,狼还是伏而不出;后来帕特南想让他的黑人奴仆入洞射狼,后者畏险不去。黑奴的行为使其主人大为光火,他声称"为家里出了懦夫而感到羞耻"。为了防止狼从石缝里逃走,他决定亲自进洞消灭这只恶兽。在腿上绑上绳索之后,他打着火把进入了恶魔之窟。洞的入口处颇为狭窄,洞里怪石嶙峋,阴森恐怖。直到发现两个火球似的眼睛时,帕特南才知道已经到了洞底。狼发出怒吼,他踢了下绳索,被人们拉了出去。第二次他带了枪下去,在洞底找到狼后,他开枪射击,并再次出洞。枪的硝烟散去,他第三次下洞,发现狼死在了地上,便提起狼的耳朵,踢绳而出。①

帕特南的杀狼之事是其在美国革命时的侍从官大卫·汉弗莱(David Humphrey)上校在《可敬的伊斯雷尔·帕特南少将生平轶事》(*An Essay on the Life of the Honorable Major General Israel Putnam*)中提到的。汉弗莱视其前长官为爱国者的楷模,认为其勇气和正直值得其他人效仿,所以才想去为他立传。在传记中,他视其传主的杀狼与其日后在战场上的杀敌一脉相承,都是其英勇气概的一种证明。当然,如果考虑到汉弗莱上校最初是在 7 月 4 日一次纪念美国革命的老兵集会上"想起"前长官这则恶斗母狼轶事的,②那么其可靠性肯定也要大打折扣。

假设实有其事,那么杀狼是否真的是勇气的证明呢?我们不妨通过局外之人的描述,来了解一下事实究竟如何。

1814 年冬,美国著名博物学家约翰·詹姆斯·奥杜邦(John James Audubon)留宿在俄亥俄河谷附近的一户农民家中,从而有幸目睹了一幕杀狼的场景。受害者是三只狼,它们因贪食肉饵而落入了农民事先挖好的坑中。虽然个头都很大,但奥杜邦却发现,坑里的狼都趴在地上,耳朵紧贴着脑袋,眼中露出了恐惧。而且就在这时,令人吃惊的事情发生了:农民拿了一把斧子和一把刀子,孤身一人进入了坑中;在用刀子砍断狼的后脚跟腱后,他用绳子一只一只地把它们拖了出来。为了报复"它们"秋天时对羊的

---

① 麦金太尔(1995),前揭书,第 41－43 页。

② 考曼,前揭书,第 107 页。

伤害,农民最后把这些残废和吓得半死的动物扔给了狗,让狗把它们一一咬死。①

对奥杜邦来说,他虽吃惊于农民的“勇敢”,但他对狼的怯懦却“一点儿也不吃惊”。② 因为这种背着令人毛骨悚然之恶名的动物,确实名不副实。并且就这点儿常识而言,不光是奥杜邦这样的博物学家,即使普通的农民也都了如指掌。③ 精于狩猎之道的美国陆军上校理查德·欧文·道奇(Richard Irving Dodge)说得更夸张一些,他认为,“独狼甚至没有足够的勇气去攻击一只羊”④。

果真实情如此,那么帕特南等人不但不能算作好汉,还应该被斥为拣软柿子捏的宵小之辈。但具体到殖民时期的多数杀狼者来说,情况又有不同了。就当时杀狼的主力——约曼猎手(yeoman hunter)和印第安猎手——而言,杀狼纯粹只是一种谋生的手段。

以伊普斯威奇为例,该镇在 1643 年就规定,在猎犬帮助下杀死一只狼奖励 20 先令,设陷阱杀死一只狼奖励 5 先令。因为 1638 年法律规定的每天最低工资才 18 美分(1 先令=12 美分),所以狼头金的数额可以说是非常诱人了。⑤ 之后的奖金数额甚至还在不断提高,如在 1668 年,该镇又规定:不管用什么方式,只要是在镇中心两英里之内杀死一只狼,都可得到 40 先令的赏金。⑥ 在殖民初期糊口不易的状况下,杀狼无疑是一件好差事。

但猎狼绝非轻而易举,这就让掌握这门特殊手艺的一些人成了抢手货。1644 年,马萨诸塞湾的埃姆斯伯里(Amesbury)雇用理查德·古戴尔(Richard Goodle)来开展为期 6 周的猎狼活动。每杀死一只狼,居民们都得支付他 1 配克(peck)⑦的玉米、3 磅的小麦和 2 先令的钱。次年,埃姆斯伯里改为每周雇用古戴尔一天,工资为 13 英镑。即使如此,该镇居民还是非常

---

① 杨,前揭书,第 294-295 页。
② 杨,前揭书,第 295 页。
③ 汉普顿,前揭书,第 92 页。
④ 同上。
⑤ 麦金太尔(1995),前揭书,第 29 页。
⑥ 考曼,前揭书,第 56 页。
⑦ 配克:英制容积单位,1 配克=2 加仑=9.092 升。

担心古戴尔另谋高就,所以与其签订了合约,规定他:"绝不为其他镇工作。"①

　　虽然待遇优厚,但像古戴尔这样典型的约曼猎手,也得种田、照看牲畜和抚养子女。因此,他们只把猎狼当作一份兼差,不在乎用什么手段,只要能杀死狼就行,甚至越多越好。可见,对约曼猎手来说,猎狼与勇气无关。

　　除了约曼猎手,欧洲移民还通过"外交策略"化印第安人为"盟友",使其猎手参与到灭狼行动中来。1642 年,纽波特(Newport)的领导者任命传教士罗杰·威廉斯(Roger Williams)说服纳拉干西特族(Narragansett)酋长去杀掉阿基德奈克岛(Aquidneck Island,当地印第安人对罗德岛的称呼)上所有的狼,得到了后者的首肯。② 另外,移民当局也会结合"外交压力"与武力威胁,迫使印第安人每年"进贡"一定数量的狼头。1668 年,弗吉尼亚(Virginia)殖民地规定,各县之内的总计 725 名印第安猎手每年要上缴 145个狼头。如若不然,就视其为藐视当局,要给予警告;如果警告仍然无效的话,当局则应在下届议会上传达印第安人的这种"藐视",并商讨应对之策。③

　　当然,"外交"方法十分危险且不一定有效,所以移民吸引印第安猎手杀狼的常规方式仍是给予奖金。在设立狼头金后的第 14 个年头,马萨诸塞湾的立法中就出现了印第安猎手感兴趣的内容:若有印第安人在该镇界内杀死一只狼,治安官应支付他 1 蒲式耳印第安玉米和 3 夸特葡萄酒。④ 新普利茅斯(New Plymouth)也在 1651 年开始给予杀狼的印第安猎手大衣、火药和子弹等物质奖励。⑤ 另外,印第安猎手也能得到金钱奖励,如 1648 年马萨诸塞湾规定,杀死狼的印第安人总计可得 30 先令的奖金。⑥

　　这样,印第安猎手杀狼,或是因为领命,或是受殖民者的压迫,或是因为物质与金钱的诱惑,也与勇气不沾边儿。

　　另一项事实的存在更加让杀狼领赏显得不光彩,那就是诈领赏金事件。诈领者有时是以郊狼和其他动物的头冒充狼头,或以一个狼头重复申领一

① 考曼,前揭书,第 57 页。
② 考曼,前揭书,第 60 页。
③ 杨,前揭书,第 347 页。
④ 麦金太尔(1995),前揭书,第 31 页。
⑤ 麦金太尔(1995),前揭书,第 33 页。
⑥ 麦金太尔(1995),前揭书,第 32 页。

个镇或多个镇的赏金。为避免此种现象,不管是金钱还是物质奖励,杀狼者都需要烦琐的程序才能获得,包括:一、猎手在杀死狼后,要将其斩首,然后再赶赴镇上,将狼头交给当地官员;二、官员要求猎手起誓,誓文含有提交的首级确实属于狼,而且猎杀地点的确在该镇范围内等语;三、猎手发誓后,官员如果相信其誓言,就接受狼头,进行展示甚至悬挂,并支付赏金,或在下次镇民大会上为猎人担保,使后者能从镇司库(town treasurer)手中得到赏金。除了烦琐的程序外,殖民者还以法律来防止此类事件的发生。1649 年,马萨诸塞湾法院规定,镇治安官(town magistrate)要对狼头进行掩埋;1650 年,康涅狄格也立法禁止人们盗取埋葬的狼头,违者罚款 10 先令或处以鞭刑。[①]

由于杀死狼以申领奖励是生存所需,加上制度本身的漏洞,我们无法苛责猎手们用自己的不诚实来换取更多的利益,毕竟一只狼的奖励等于他们好几周的工资。[②] 况且诈领丑闻一直就与这类奖励制度形影不离,如在1929—1930 年,在人烟较为稠密的 8 个华盛顿县,还有总额为 14 740 美元的食肉动物奖金被诈领。[③]

既然不需要什么勇气,况且又有狼头金可领,所以几乎人人都想从这笔生意中分得一杯羹。1651 年 10 月,纽黑文取消了理查德·贝克利(Richard Beckley)和威廉·福勒斯(William Fowlers)设绳绊枪(set gun)以对付狼的专利,杀狼以保护牲畜成为所有成年男性的责任。[④] 责任往往等于权利,这一点在殖民地的早期立法中写得清清楚楚。如 1632 年的弗吉尼亚殖民地就规定,在杀死一只狼的同时,移民(或移民们)也获得了杀死一头野猪[⑤]以

---

① 考曼,前揭书,第 61 页。

② 本·小图拉:《东部郊狼——纽约州一直存在的土著》(Ben Jr. Tullar,"The Eastern Coyote—Always a New York State Native"),载《环保主义者》(The Conservationist)第 46 卷第 4 期(1992 年 1 月),第 37 页。

③ 沃尔特·诺伊布里希:《华盛顿州猎物处的食肉动物控制政策》(Walter Neubrech,"Predator Control Policy of the Washington State Department of Game"),载《斑海雀》(The Murrelet)第 30 卷第 2 期(1949 年 5—8 月),第 37 - 39 页。

④ 考曼,前揭书,第 58 页。

⑤ 按照杨的说法,早期詹姆斯城殖民地附近的猪和其他牲畜,在野化后就成为一种集体财产,只有在特定情况和极为困难的时间,才被允许将它们作为肉食的来源。参见斯坦利·P. 杨:《末路孤狼》(Stanley P. Young, The Last of Loners, London: The Macmillan Company, 1970, pp.35 - 36)。

自用的权利。①

　　除了作为一桩生意和一种权利，杀狼还时常被居民们当作一场欢乐的前奏。

　　1818年11月25日，俄亥俄州欣克利镇区（Hinckley Township）的农民为了解决当地"共同的问题"——狼"享用"了他们的财产——而进行了一次大狩猎。在一位前军官的带领下，300多名猎手历时一昼夜，终于成功地杀死了17只狼、21只熊、300只鹿，还有若干浣熊、狐狸和火鸡。面对堆积如山的尸体，一部分猎手剥下了狼皮，去附近的镇子领取赏金，然后用赏金买了大量威士忌；另外的猎手则趁着黎明的微光点燃了篝火，烧烤猎物用作饭食。酒至肉熟后，他们围拢一堆，开始大肆吃喝和胡闹起来。②

　　1830年11月14日，新罕布什尔的塔姆沃斯村（Tamworth, New Hampshire）也有一次集体杀狼行动。在一位老兵——昆比将军（general Quimby）——的带领下，猎手们历经16小时的战斗，终于把4只大狼打死。事后，队伍浩浩荡荡地进入村庄，驻扎到一个空旷的广场上。广场周围的窗户前和阳台上挤满了兴奋的女士，她们欢呼雀跃，并向队伍挥舞着手绢儿。昆比将军即兴发表了一番演说，之后，"战士们"冲进了酒吧，以缓解忍受了20多个小时的饥渴。③

　　从集体围猎来看，杀狼勇气无关，反而有狂欢和表演的性质。那么，它为何会成为《可敬的伊斯雷尔·帕特南少将生平轶事》这类英雄传说的必要组成部分呢？原因可能有三个方面。

　　首先，狼等"恶棍"是"英雄"存在的前提。移民漂洋过海前往新大陆，本身就是一次巨大的赌博；落脚之后，不管是从事牲畜养殖还是其他事业，都会受到风暴、疾病和狼等灾祸的危害。因此，他们的生存尚且困难，赚钱更得仰赖运气的眷顾。在这种情况下，一种代表移民与天灾、疾病和自然环境之间矛盾的恶棍出现了，它就是狼。在移民心里，狼对移民的迫害变成了一件再怎么言说都不夸张的事情。同样重要的是，移民们无法控制大风、暴雪，无法控制兽疾、人病，但他们可以控制狼害——杀狼。而能帮助他们除

　　① 麦金太尔（1995），前揭书，第33－34页。
　　② 考曼，前揭书，第123－124页。
　　③ 杨，前揭书，第311－312页。

掉这种恶棍,消解这种灾难的人就是英雄。可以说,恶棍所代表的水深火热的环境压迫感,造就了移民被拯救的心理期待和对卡里斯马(charisma)的迷恋,从而为英雄的出世准备了前提。

其次,杀狼是凡人转化为英雄的必要环节。在遭受恶棍精神、肉体和物质的三重折磨后,移民需要对其进行报复。由于非常直接、形象和极端,杀戮成为报复的最好形式,它远比道德的谴责和审判更能宣泄移民压抑的情感。而就移民的文化心理结构来说,杀狼与骑士屠龙的惊人相似也可以让他们迅速地接受新的英雄。因此,当帕特南等人进入狼窟或密林,将恶魔消灭,实际上就如骑士屠龙般完成了超越,理所当然地应该"重生"为英雄。

最后,杀狼是移民宣示权力的最好方式,这也是英雄——包括恶棍存在的关键。就移民群体而言,杀狼是一种权力宣示,它说明移民而非狼或印第安人才是这块土地的主人;其中,展示和悬挂狼头是对侵犯其"主权"者的惩罚;而迫使印第安人"进贡"狼头则更是象征性地压服其认可自己"主权"存在的方式之一。

最终,在"恶棍"被消灭,"英雄"出世和权力秩序明晰后,"正义"得到实现,而这段历史也通过移民的杀狼传说留存了下来。

四、物种消失:"正义"代价?

殖民时期美国东北部移民杀狼的历史和传说,若仅是生存故事,那么这两个物种只需在一场生命竞赛中尽展所能、以待天择罢了,与"正义"无涉。但人所异于禽兽者,在于不只追逐肉体和基因存续等生理层面的需求,还会在满足或压抑生存需求的基础上,努力追求安全、情感、荣誉和创造等精神方面的需求。[①] 并且需求层次的提高会予人以更积极的反馈,从逻辑上讲,人对更高层次需求的追逐也会愈加狂热。

在狼从东北部消失的过程中,人类对精神需求的追逐起到了重要作用。因为从人狼互动的历史上看,狼在这一地区灭绝的直接原因是:一狼犯案,一地之狼遭殃;甚至仅凭其有作案能力和嫌疑,即使没有犯科,移民也有权

---

① 笔者对人类需求种类和层次的相关论述,受到马斯洛"五层次需求理论"的启发,参见[美]马斯洛:《自我实现的人》,许金声、刘锋等译,北京:生活·读书·新知三联书店 1987年,译者前言第 2 页等。

诛灭其族。就第一个原因而言，一狼之罪牵连至一地之狼皆可杀，是受到报复之心的驱使，而移民所采取的残忍或集体屠杀的报复方式，正是为消解狼所带来的不满、恐惧，并获得精神享受，所以牵连过众的杀戮实为满足精神需求。而无狼为害也可诛灭狼族，不只为了卫护现实利益，更是接续欧洲传统并开创新世界信仰、道德和文明的必要手段。也就是说，对狼的正当防卫和报复——生存需求——虽然会减少狼的数量，但移民对精神需求的追逐才是致使狼灭绝的主因。

　　如果移民的精神需求是狼灭绝的祸根，那么为祸的罪魁有哪些？换句话说，杀狼者中，谁的动机主要是为了消除恐惧和获得精神享受？

　　如前所述，杀狼移民包括当地农民（如印第安纳农民、欣克利镇区农民和大部分挖陷坑的陷阱捕手）、兼差的约曼猎手、参军前的将军和退役将军等。这些人中，当地农民挖陷坑是在居住区周边和人狼活动的交界处，其捕杀的是越界之徒，主要是为了预防和报复狼对牲畜的捕食或对人的尾随，非精神层面动机；而其捕杀数量不多，不至于酿成灾祸。印第安纳农民用刀子砍掉狼的后脚跟腱，并让狗把这些残废和吓得半死的动物一一咬死，虽说按照奥杜邦的说法，他是"为了报复它们在秋天对羊的伤害"，但秋天伤害羊的未必就是这三只狼，即使就是它们，这种报复也过于残忍了。如果报复狼对羊的伤害不足以解释这位农民的残忍之举，那么其动机应该是精神层面的，即宣示其财产权的凛然不可侵犯，树立他在这块区域生杀予夺的权威，进而获得精神上的安稳和满足。欣克利镇区的300多位农民在一次历时一昼夜的大狩猎中杀死17只狼、21只熊、300只鹿，还有若干浣熊、狐狸和火鸡，如果仅为解决当地狼为害的问题，那么，熊、浣熊和狐狸何辜？再退一步，若食肉动物被殃及还说得过去的话，那另外的300只鹿，还有若干火鸡何辜？难道鹿和火鸡曾成群结队到田里破坏庄稼？纵观美国拓殖史，这种情况并不多见，而且与乌鸦和狼相比，鹿和火鸡对新世界农业的危害较小。联系到大狩猎之后，农民们还享受了一段狂欢时光，那他们的狩猎肯定不只为了实际危害，还有着精神层面的目的。那我们如何窥知他们的动机呢？在这次大狩猎中，有两点值得注意：其一，农民们进行大狩猎的欣克利树林并非无主之地，而是一位生活在别处的土地投机者——塞缪尔·欣克利（Samuel Hinckley）的财产；其二，该地开发并不成功，当地农民多数贫穷，即使富裕者也难得体面。① 根据这两点推测,农民们似乎是在利用杀狼来赋予其反抗投机商和发泄生活不满等行为以合法性,进而获得精神的平静和满足。

兼差的约曼猎手虽然想杀得越多越好,但只为糊口罢了,并无精神层面的动机,而且囿于其他差事的掣肘,其杀狼数量不可能太多,所以不会酿成大祸。

参军前的将军帕特南的杀狼,本是美国革命催生的一则英雄故事;姑且信之,那这位将军除掉"主凶"的动机似为生活所迫,其仅杀死一只狼的后果也不严重,好像不是我们要找的罪魁;但帕特南为自家"勇气"和"荣誉"入洞杀狼则是其满足精神需求而杀狼的证据,这让我们不得不审视这一故事出炉的过程。经考察,该故事最初源自一次纪念美国革命的演讲,演讲者——汉弗莱上校——是想通过刻画主人公参军前的杀狼,来与其后战功相互辉映,共同烘托他英勇无双和领袖群伦的人格特质;听讲的老兵们则通过这样的故事重温了他们为国为民浴血疆场的自豪感,故事的产生和影响都与精神需求脱不了干系。

退役将军昆比并未亲自杀狼,但在杀狼已毕后,他却将队伍驻扎在围观群众可以欢呼雀跃的空旷广场上,还即兴发表了一番演说,不但为这次杀狼行动赢得了合法性和荣誉,而且让自身的领袖气质和权威有了施展的舞台,从他的动机来讲,精神层面的需求当是主导。

如果狼灭绝的祸首已找到——印第安纳农民、欣克利镇区农民、参军前的将军和退役将军等,他们的动机也显露了出来,那么,到底是一种什么样的力量将祸首、动机和灭绝结合在一起?

从对恶棍的定罪、处罚和对英雄、正义的制造中,我们可以看出权力的压制和塑造作用。② 此外,归纳这几则杀狼历史和传说可以发现,印第安纳农民通过杀狼宣示自己的财产权和区域主宰权;欣克利镇区农民通过杀狼表达自己的反抗权、对土地和自己生活的主导权;帕特南(包括汉弗莱上校)和昆比是在展示领袖权及其合法性,所以不管是农民还是老兵,都在以杀狼为中介表达着自己对区域、对自然、对人群和社会的权力诉求,而且联系前

---

① 考曼,前揭书,第 128 页。

② 关于权力的压制和塑造作用,笔者受到了汪民安相关论述的启发,参见汪民安:《福柯的界线》,北京:中国社会科学出版社 2002 年,第 4—5 页。

文可以发现,正是这种权力诉求居中桥接,让殖民时期美国东北部移民的杀狼传说承续了众多文化信息和密码,在让狼成为恶棍,杀狼者成为英雄和杀狼成为一种正义之举的同时,也让整个移民群体借此在安全、情感、荣誉和创造等方面的需求获得了部分满足。也就是说,权力的介入,让一出出利益戏、一幕幕情感剧和一桩桩杀戮有了支撑骨架和发散渠道,移民的整个杀狼故事才逐渐丰满起来,最后狼的死亡和灭绝才有意义。

　　说到底,殖民时期美国东北部移民称为"正义"的杀狼历史和传说,虽流传的是恶棍、英雄和正义的故事,实际却是移民在运用权力手段满足其精神需求,而为满足精神需求制造的所谓"正义",使狼这一物种遭受了灭顶之灾。在历史上,人类究竟制造了多少诸如此类的"正义",而又有多少物种因此而消失? 到了今天,在已然认识到物种多样性消失会殃及人类自身生存和福利的环境危机时代,揭橥这样的历史事实,尽可能还人与狼、人与其他物种之历史以真相,不管对于历史和现实,都十分迫切和必要。

原载《世界历史》2014 年第 2 期

"像山那样思考"

——奥尔多·利奥波德的生态意识与环境史

王玉山

摘　要: 奥尔多·利奥波德的生态意识是早期环境史发展的理论基础之一,但在生态学的整体和平衡模式被干扰和缀块模式取代后,环境史学者认为,援引生态学及生态意识来评判人类行为的环境影响,无异于缘木求鱼。不过从辩证的角度看,缀块与个体都是整体生态关系的有机组成部分,平衡与干扰亦是不同尺度下的生态过程,所以,在合理的时空尺度下,整体和平衡模式的生态学依然是评判人类行为的重要标准。同时应该看到,人类与自然之间的相互联系和塑造不能掩盖工业革命以来人类对自然的过度干扰。因此对环境史学者来说,利奥波德的生态意识依然有助于他们反思并评估历史上人类行为的环境影响,进而促进今日人与自然之间关系的和解。

关键词: 奥尔多·利奥波德;生态意识;环境史;生态学范式;时空尺度

"啪……啪……",枪声在山间回荡,子弹如雨,从崖顶落下。逐鹿的狼群猝然遇袭,没伤的四散逃走,断腿的拖着残肢躲进岩石背后,头狼被当场干倒。开枪的人走下山,看着这头老母狼在土里倒抽着气,眼珠上的绿色火焰渐渐熄灭。[①]

---

① [美]奥尔多·利奥波德:《沙乡的沉思》,侯文蕙译,北京:新世界出版社 2010 年,第 128 页;[美]乔·T.考曼:《邪恶:美国的狼与人》,纽黑文和伦敦:耶鲁大学出版社 2004 年,第 191 页(Jon T. Coleman, *Vicious: Wolves and Men in America*, New Haven & London: Yale University Press, 2004, p.191)。

这是美国环保先哲奥尔多·利奥波德在 20 世纪初做林务官时所经历的一幕,当时他为鹿和猎人着想,恨不得把狼全杀光。直到狼群消失、群山童童之后,他才明白了狼嗥里的弦外音:狼嗥中不仅有鹿和猎人的恐惧,还包含山和森林的吁求。这就是"像山那样思考"(Think Like a Mountain),即利奥波德所说的"生态意识"(the Ecological Conscience)。

在 1948 年出版的《沙乡的沉思》(*A Sand County Almanac*)中,美国环保先驱奥尔多·利奥波德(Aldo Leopold,1887—1948)结合共同体概念和土地伦理谈到了生态意识,他认为,生态意识就是对人与自然处于一个共同体的觉悟,是人类承担共同体责任的前提,亦即土地伦理的前提。换句话说,土地伦理是生态意识的体现,而生态意识则是人与自然同处一个共同体中的觉悟的体现。① 2004 年,中国环境史学者侯文蕙将这种生态意识表述为一种关注人与自然关系的整体意识和人文情感,并且称之为环境史的"方法论",②这样一来,利奥波德及其生态意识就与中国环境史的理论探索联系到了一起。2012年,环境史学者夏明方仍认为侯文蕙所提的"生态意识"是打破学科局限,加强学界对话,从而推进 21 世纪中国史学"生态化"的有效"话语"。③

受生态学自身演变的影响,特别是生态学的整体和平衡模式被干扰和缀块(Disturbance and Patch)模式取代后,利奥波德的那种建立在整体和平衡模式上的生态意识似乎成了无本之木,而基于这种生态意识的环境史的合理性也遭到了质疑。④ 有鉴于此,本文试图通过梳理利奥波德生态意识的形成过程,并结合生态学的演变来阐释其智慧,进而评析它对环境史的意义。

一、利奥波德的生态意识

利奥波德于 1887 年出生在爱荷华州一个德裔移民家庭,童年时热爱狩猎,1906 年进入耶鲁大学林学院读硕士,毕业后来到亚利桑那和新墨西哥地

---

① 利奥波德,前揭书,第 203 - 218 页。

② 侯文蕙:《环境史和环境史研究的生态学意识》,载《世界历史》2004 年第 3 期,第 25 -32 页。

③ 夏明方:《历史的生态学解释——21 世纪中国史学的新革命》,载《新史学(第六卷):历史的生态学解释》,北京:中华书局 2012 年,第 41 页。

④ Richard White, "Environmental History, Ecology, and Meaning", *The Journal of American History*, Vol. 76, No. 4, March, 1990, pp.1111 - 1116.

区做林务官,1924 年调到美国林业产品实验室做副主任,1933 年被聘为威斯康辛大学野生动物管理教授,1948 年死于猝发的心脏病。[①]

利奥波德在耶鲁大学林学院读书时,接受的是时任林业局局长吉福德·平肖(Gifford Pinchot,1865—1946)"明智管理,有效利用"的资源保护理念。[②] 秉持这种"科学农业"式的管理理念,他在西南地区的主要活动就是"生产"猎物。后来在 1933 年出版的《猎物管理》(Game Management)一书中,他总结了这一阶段的经验和思考,即认为猎物是一种资源,猎物管理就是把与猎物生产相关的植被、放牧、狩猎、食肉动物等各种要素纳入增加猎物这个管理目标上来。[③]

在西南地区工作期间,利奥波德注意到了蓝河流域的土壤侵蚀问题,并敏锐地将这一问题与当地人盛传的"灌木占领土地"及野火的消失联系起来。根据公园中保留的当地原始景观,综合其他因素,他推断出西南地区的原始植被是森林、灌木和草的混杂。在历史上,森林和草原一直互有攻守,灌木是森林的前锋部队。在白人开发了 40 年之后,牲畜啃食使得草原大面积退化,野火也因人为控制而从西南地区消失。于是灌木入侵草原,进而使森林占据了曾经属于草原的地盘。不过树木对蓝河流域的维护不像草一样稳定,土壤侵蚀问题因此出现。[④] 为了解释西南地区这种脆弱的平衡,利奥波德发现了俄国哲学家邬斯宾斯基(P. D. Ouspensky)的思想价值,开始接受"地球的土壤、山脉、河流、森林、气候、植物和动物不仅不可分割,而且是一种生命"的有机思想。[⑤]

对蓝河流域土壤侵蚀问题的观察与思考是促使利奥波德改变资源保护

[①]　侯文蕙:《利奥波德和〈沙乡的沉思〉》,载利奥波德,前揭书,附录二,第 233 - 238 页。

[②]　Susan L. Flader, *Think Like a Mountain*: *Aldo Leopold and the Evolution of an Ecological Attitude toward Deer*, *Wolves*, *and Forests*, Madison, Wisconsin: The University of Wisconsin Press, 1994, p.8.

[③]　Aldo Leopold, *Game Management*, Madison, Wisconsin: The University of Wisconsin Press, 1986.

[④]　Aldo Leopold, "Grass, Brush, Timber, and Fire in Southern Arizona", in David E. Brown & Neil B. Carmony, ed., *Aldo Leopold's Southwest*, Albuquerque: University of New Mexico Press, 1990, pp.179 - 190.

[⑤]　Susan L. Flader, *Think Like a Mountain*: *Aldo Leopold and the Evolution of an Ecological Attitude toward Deer*, *Wolves*, *and Forests*, pp.17 - 18.

型自然观的一个重要契机,不过他此时还未形成一种整体生态观,直到 20 世纪 20 年代凯巴伯(Kaibab)死鹿事件发生,他才开始认识到野生动物在生态整体中的作用。

凯巴伯高原位于亚利桑那州科罗拉多大峡谷的北面,自印第安时代起就以出产黑尾鹿而闻名。1906 年,该地建立了保护区,实行禁猎、限制放牧和消灭食肉动物等措施以避免鹿群遭受过度捕杀。在 1906—1923 年,猎人共在该地消灭了 7 811 只山狮、30 只狼、4 849 只郊狼和 554 只山猫。[1] 根据林业员们的报告,此后鹿的数量持续增加,高原植被遭到了严重破坏。1922—1925 年,前来调查的 E. A.古德曼(E. A. Goldman)等生物学家也认为鹿在危害山林,且情况一年比一年糟糕。[2] 美国林业局提出的控制鹿群数量的建议没有得到国家公园局和亚利桑那州野生动物管理部门的认可,大众也反对减少猎物的数量。1924—1925 年的寒冬,疾病和饥饿完成了林业局无法完成的工作,它们让森林里遍布鹿的尸体。

经过学者报告、科普文学和生物学教科书的描述,凯巴伯死鹿事件影响了一代人对野生动物的看法。利奥波德将它与当时美国各地频繁出现的猎物激增现象联系在一起,认为食肉动物被消灭是其中的关键原因,从而得出了一种整体性生态观:正如鹿害怕被狼吃掉一样,山也生活在对鹿的恐惧之中。[3] 指出野生动物与生态整体功能之间的联系,是利奥波德对当时"植被演替"式生态学的一种重要补充,[4]也是他生态意识形成中的重要一步。

不管是在蓝河流域还是在凯巴伯地区,利奥波德都发现了人类活动的外在影响是导致生态问题出现的重要原因。1936 年的墨西哥马德雷山之行,使他更加相信自己之前遇到的都是人类造成的"患病"土地。

1936 年 9 月,利奥波德沿墨西哥北部奇瓦瓦州(Chihuahua)的马德雷山骑马旅行,途中对当地的土地状况进行了考察。他观察到,奇瓦瓦的历史和地貌与美国西南地区十分相似,不过马德雷山的土地状况稳定,自然美景也

---

① Thomas R. Dunlap, That Kaibab Myth, *Journal of Forest History*, Vol. 32, No. 2, April, 1988, p.61.

② *Ibid*. pp.61－63.

③ 利奥波德,前揭书,第 129 页。

④ Susan L. Flader, *Think Like a Mountain: Aldo Leopold and the Evolution of an Ecological Attitude toward Deer, Wolves, and Forests*, pp.6－7.

令人嫉妒;而边境另一侧虽有星罗棋布的国家森林、国家公园和保护区,生态却遭受了严重破坏。为什么美国人竭力保护的地区却在生态上遭受毁坏,而另一侧的土地却既稳定又美丽? 利奥波德试图解释这种差异。

通过考察,利奥波德发现两地的山脚地区其实都遭到了开发与破坏,但出于对阿帕奇人和潘乔·比利亚(Pancho Villa,1878—1923)农民武装的恐惧,马德雷山地区并未被大规模开垦和放牧。此后的经济萧条与不稳定的经济政策又使该地免遭开发,避免了自然的退化。而在美国西南地区,土地被过多地开发和管理,鹿的数量或者很少,或者突然增多;数量激增的鹿所破坏的林区需要几十年才能恢复,甚至有些再也无法恢复了。[①]

马德雷山之行让利奥波德清楚意识到"土地"是一个有机体,而人类的开发和管理往往是对生态整体健康的破坏。利奥波德逐渐领悟,解决环境问题需要建立起对生态整体的尊敬、欣赏和热爱,更需要一种生态伦理。在《沙乡的沉思》中,利奥波德提出了"土地伦理"的主张:维护生态共同体的和谐、稳定和美丽是正确的,反之则错误。[②] 以一种生态学为基础,以生态伦理为准则,以维护生态整体健康为目标的环境保护理念的形成,标志着他生态意识的成熟。

从其一生来看,利奥波德以美国面临的环境问题为标靶,运用生态学知识来探索人与自然的和谐共存,终于完成了以"土地伦理"为核心的生态意识的建构,从而成为与亨利·梭罗(Henry Thoreau,1817—1862)及约翰·缪尔(John Muir,1838—1914)齐名的环保先哲。在他死后,这种生态意识依然推动着美国人去认识他们与自然之间的共同体关系,并积极参与到环保事业之中。如在 20 世纪 50 年代的荒野保护运动中,不少支持者就援引利奥波德来阐述人与荒野同处一个生命共同体的图景,以唤醒人类的谦卑及对荒野景观的尊敬和保护。[③] 而在 20 世纪 60 年代环保浪潮兴起的背景下,利奥波德的《沙乡的沉思》不仅变成了畅销书,其影响还深入学界。1967年,专攻美国思想史的罗德里克·纳什(Roderick Nash)出版《荒野与美国思

---

① 利奥波德撰文描述了这次历史考察的发现,即《墨西哥的环保主义者》(Aldo Leopold,"Conservationist in Mexico," *American Forestry*, Vol. 43, No. 3, March1937, pp. 118 - 120, p.146),本文相关论述参考了该文。

② 利奥波德,前揭书,第 222 页。

③ [美]罗德里克·弗雷泽·纳什:《荒野与美国思想》,侯文蕙、侯钧译,北京:中国环境科学出版社 2012 年,第 196 页。

想》(*Wilderness & The American Mind*)一书,他不但称利奥波德为"先知",还专辟了一章来论述其整体主义的生态和伦理思想。[①] 7 年后,苏珊·福莱德(Susan Flader)出版了以利奥波德的生态意识为题的专著,名为《像山那样思考:奥尔多·利奥波德及对鹿、狼和森林的生态态度的演变》(*Think Like a Mountain:Aldo Leopold and the Evolution of an Ecological Attitude toward Deer, Wolves, and Forests*)。[②] 在这两部著作成为环境史的开拓之作的同时,美国历史学家唐纳德·沃斯特(Donald Worster)在其研究中也自觉贯彻利奥波德的"历史的生态学解释"(An Ecological Interpretation of History)的倡导,[③]力图借助生态学来认识历史上的自然及其与人类社会之间的相互作用,并借此反思和检讨人类文明——尤其是资本主义制度和文化的利弊得失。此外,沃斯特还借鉴利奥波德关于自然是一条"循环的河流"(round river)之观点,并仿照其"像山那样思考"与"土地伦理"的表述,提出了"像河那样思考"(Thinking Like a River)的主张及"水伦理"(Water Ethic)之观念,[④]其中对利奥波德的生态意识的理解和运用是非常富有启发的。因为沃斯特的运用和弘扬,利奥波德的生态意识和"历史的生态学解释"的主张不仅在美国,也在世界范围内,得到了更广泛的了解和接受。[⑤]

不过到 20 世纪 80 年代,随着生态学自身的演变,整体和平衡模式的生态学被干扰和缀块模式所取代,自然仿佛成了物种"在时空下摇曳的浮光掠影"。生态学的范式转变不但让利奥波德的生态意识失去了立足之处,而且如果自然只是一些缀块,本身还在不停地变动,那么环境史学者就无法以它为标准来评判人类活动所引起的环境变化了。[⑥] 这样一来,以沃斯特为代表的,那种运用利奥波德的生态意识来揭示自然的历史作用并反思人类文明

[①]　纳什,前揭书,第 170 – 181 页。

[②]　Susan L. Flader, *Thinking Like a Mountain：Aldo Leopold and the Evolution of an Ecological Attitude toward Deer, Wolves, and Forests*, Columbia, Missouri：University of Missouri Press, 1974.

[③]　Donald Worster,"Transformations of the Earth：Toward an Agroecological Perspective in History", *The Journal of American History*, Vol. 76, No. 4, March1990, pp.1087 – 1106.

[④]　Donald Worster, *The Wealth of Nature：Environmental History and the Ecological Imagination*, Oxford & New York：Oxford University Press, 1993, pp.123 – 34.

[⑤]　这一段的观点和部分文字由梅雪芹教授所加,特此致谢。

[⑥]　Richard White, Environmental History, Ecology, and Meaning, pp.1114 – 1115.

的环境史也受到了质疑。美国环境史学者威廉·克罗农（William Cronon）甚至认为，在人类及其社会之外寻找一种高高在上的"理想自然"是对历史和当下生活责任的逃避，况且这种"理想自然"本身就是文明的产物，背后也代表着某些人的利益，因此，以它来评判人类文明是将人与自然二元对立并再造二者的分离。①

　　新的生态学范式给利奥波德的生态意识和受它影响的环境史都带来了很大困惑。如果自然只是缀块，那么维护生态的整体健康岂不成了无的放矢？如果自然一直在变动之中，那么约束人类的行为岂非多余之举？如果人类与自然是不可分割的一体两面，那么那种反思和检讨人类文明的环境史不就失去了意义？要回答这些问题，我们必须回到生态学的演变上来，只有搞清楚演变的实际内涵，才能够明白利奥波德的生态意识及以其为基础的环境史的意义。

二、生态学的演变

　　"生态学"（ecology）一词的出现通常归功于德国生物学家恩斯特·海克尔（Ernst Haeckel，1834—1919），他在 1866 年出版的《生物的一般形态》（*Generelle Morphologie der Organismen*）中以两个希腊词"oikos"（意为"家，家政，生活关系"）和"logos"（意为"研究"）为基础造出了这个新词，指对生物与其他生物及无机物之间关系的整体研究。

　　相比其前身博物学对个别动植物描述、命名和分类的兴趣，生态学对生物与其环境间整体关系的描述和分析更为关注，或者可以说，生态学就是一种探索地球上所有生物与其环境之间整体关系的科学。② 而征诸历史，此类研究在这门学科诞生之前就已出现，其中突出的代表是 18 世纪瑞典博物学家卡尔·冯·林奈（Carl von Linné）的"自然经济体系"（nature's economy）主张。

　　"自然经济体系"的内容包括：不同物种被上帝分配了不同的群质（group essence）、特定的地理空间、职责、食物和生殖率，它们由食物来联系，通过互助

---

　　①　William Cronon，The Trouble with Wilderness：Or，Getting Back to the Wrong Nature，*Environmental History*，Vol. 1，No. 1，January1996，pp.7 - 28.

　　②　[美]唐纳德·沃斯特：《自然的经济体系：生态思想史》，侯文蕙译，北京：商务印书馆2007 年，第 14 页。

而生存,因此这些物种既不虞匮乏,还能保持既定的比例。① 林奈的"自然经济体系"为自然带来了基本的秩序,这种秩序就是所有物种在相互依赖和限制基础上所维持的大致平衡。②

到 19 世纪,英国生物学家查尔斯·达尔文(Charles Darwin,1809—1882)继承了林奈对生态整体秩序的认知,不过,他认为这种秩序并不完美,而且物种不会永久占据自然中的某个位置。③ 他还指出,在个体差异、竞争、遗传和自然选择的影响下,某些物种会灭绝,一些会变成其他物种,留下的物种最终共同构成了相互关联的复杂的"生命之网"。在达尔文加入物种的"演化"之后,林奈的相对静态的生态秩序就产生了动态平衡的效果。④

海克尔是达尔文的信徒,"生态学"一词的发明正是他学习运用并向德国科学界推介达尔文的"演化论"而造,用来说明生物在竞争和适应过程中与其他生物及无机物所形成的复杂关系网。⑤ 换言之,海克尔的"生态学"指的正是达尔文所描述的生态秩序,即动态平衡基础上的"自然经济体系"。

在美国,19 世纪的人文地理学者、外交官乔治·马什(George Mash,1801—1882)与自然哲学家亨利·梭罗虽从事相关研究,但他们几乎没听说过"生态学"这个词,19、20 世纪之交的自然保护主义者约翰·缪尔也几乎没用过它。⑥ 直到内布拉斯加大学教授弗雷德里克·克莱门茨(Frederic Clements,1874—1945)于 1905 年出版了美国第一本生态学教科书——《生态学研究法》(Research Method in Ecology),而生态学会也于 1915 年成立,之后生态学才逐渐成为一门独立的学科。

在 1916 年,即利奥波德在西南地区工作的第八个年头,克莱门茨出版了

① 沃斯特,前揭书,第 52－57 页。

② Frank N. Egerton, Changing Concepts of the Balance of Nature, *The Quarterly Review of Biology*, Vol. 48, No. 2, June 1973, pp.335－337.

③ 沃斯特,前揭书,第 169－202 页。

④ Robert Clinton Stauffer, Ecology in the Long Manuscript Version of Darwin's "Origin of Species" and Linnaeus'"Oeconomy of Nature", *Proceedings of the American Philosophical Society*, Vol. 104, No. 2, April 1960, p.236.

⑤ Robert C. Stauffer, "Hackel, Darwin, and Ecology", *The Quarterly Review of Biology*, Vol. 32, No. 2, June1957, pp.140－141.

⑥ Susan L. Flader, *Think Like a Mountain：Aldo Leopold and the Evolution of an Ecological Attitude toward Deer, Wolves, and Forests*, pp.6－7.

关于内布拉斯加州草原"植被演替"和"顶级群落"的著作——《植物演替:植物生长分析》(*Plant Succession：Analysis of the Development of Vegetation*),书中认为:在土壤和气候的影响下,植被群落会有产生、生长和成熟阶段的演替,最终演化成复杂和平衡的顶级群落。[①] 不过克莱门茨所研究的植被群落是植物的有机整体,它的演替正如单个动植物的生长过程,最后达到与周围环境的平衡状态,所以这一时期的生态学仍属于整体和平衡模式的生态学。

到 1935 年,当利奥波德在威斯康辛的"沙乡"农场沉思之时,英国植物学家亚瑟·坦斯利(Arthur Tansley)在《植物学概念与术语的用途和滥用》(*The Use and Abuse of Vegetational Concepts and Terms*)一文中提出"生态系统"(ecosystem)的概念,将之前处于"有机整体"之外的岩石、大气等都纳入同一系统之中。而在利奥波德开始写作《沙乡的沉思》(*A Sand County Almanac*)的 1942 年,美国生态学家雷蒙·林德曼(Raymond Lindeman)在《生态学的营养动态性》(*The Trophic Dynamic Aspect of Ecology*)一文中为坦斯利的生态系统补入了一个重要元素——能量,这样的生态系统就成为由不同营养级的生物所组成的能量代谢系统。[②] 即使有了概念上的变化,但因为生态系统在太阳能的输入下是一个有序的整体,而物种的能量固着和转化的效率与其营养级及数量金字塔维持着稳定和平衡,所以这一阶段的生态学还应该算是生态整体和自然平衡模式的。

从 20 世纪 50 年代起,这种以热力学动态模型来研究生态系统能量代谢的"新生态学"成为主流。到 1985 年,美国生态学家斯图尔德·皮克特(Steward T. A. Pickett)与怀特(P. S. White)在他们所编的一本文集《自然干扰与缀块动态生态学》(*The Ecology of Natural Disturbance and Patch Dynamics*)中提出干扰和缀块模式,认为缀块和干扰才是景观中更常存在的现象,由此生态学出现了从整体和平衡模式向干扰和缀块模式的转变。[③] 不过,对于这一范式转变的实质,我们需要进行深入分析。

---

① 沃斯特,前揭书,第 253－256 页。

② J. Baird Callicott, "From the Balance of Nature to the Flux of Nature: the Land Ethic in a Time of Change", in Richard L. Knight, Suzanne Riedel, ed., *Aldo Leopold and the Ecological Conscience*, Oxford: Oxford University Press, 2002, pp.92－93.

③ S. T. A. Pickett, P. S. White, eds., *The Ecology of Natural Disturbance and Patch Dynamics*, New York: Academic Press, 1985.

三、辩证主义生态观

其实早在 1926 年，美国植物学家亨利·格利森（Henry Gleason）就质疑了克莱门茨的"超级有机体"概念。在《植物群落的个体化理解》一文中，格利森认为，由于无法严格确定群落的范围和程度，就不能把一地区的植物区隔为如单株植物一样的"超级有机体"。① 格利森对"超级有机体"的质疑，是基于"环境和植物本身处在不断的变动之中"这种认识前提的，这样他就不只是质疑了生态整体的合理性，也挑战了自然平衡原则。

在格利森之后的生态学者证实了生态的变动性，皮克特与怀特等学者则发现这种变动不但是正常的生态现象，而且是没有方向、不可预知的变化——干扰；正是在无休止的干扰作用下，生物才会形成"异质性"的缀块。② 这样看来，理解生态学范式的转变，就是一方面理解生态关系上从整体向个体和缀块的转变，另一方面理解生态过程上从平衡向干扰的转变。

首先，上文提到，"自然的经济体系"是指生物的关系，"顶级群落"指的是受土壤和气候影响的植被群落，生态系统是把岩石和大气等加入了进来，而缀块是把"野火"和"人类"这样的外在干扰因素都视为生态的内在组成部分。这种在生态关系上从封闭到开放的理解变化是生态整体性受到质疑的重要原因，不过即使在一个异质和开放的系统中，时空相近的生物之间的联系也确实存在，没有一种生态理论宣称生物是独立于他者而存在的。③ 就拿人来说，"没有大象、植物、狮子、谷物、臭氧层或浮游生物，人将会是什么？单独的人，比独居岛上的鲁宾逊·克鲁索（Robinson Crusoe）还孤独"④。既然生态关系普遍存在，那就意味着对它的整体、个体与缀块化理解只是范围

---

① Henry A. Gleason, The Individualistic Concept of the Plant Association, *Bulletin of the Torrey Botanical Club*, Vol. 53, No. 1, January 1926, pp.7 – 26.

② S. T. A. Pickett, P. S. White, eds., *The Ecology of Natural Disturbance and Patch Dynamics*, pp.6 – 13.

③ J. Baird Callicott, "From the Balance of Nature to the Flux of Nature: the Land Ethic in a Time of Change", pp.96 – 97.

④ Kristin Asdal, The Problematic Nature of Nature: The Post-Constructivist Challenge to Environmental History, *History and Theory*, Vol. 42, No. 4, December 2003, pp.70 – 71.

上的差异,实则共同构成了一种辩证的生态关系观:一方面,生态整体因为其内在构成的多元而异质化,但也因而从封闭走向开放;另一方面,个体和缀块由于处在与他者的联系之中而成为整体的一部分。

其次,由于生态关系的存在及其对干扰的限制,干扰与平衡相比就只是一种程度上的差异。换句话说,干扰与平衡更像是一个生态过程的两极,它们共同构成了一种辩证的生态过程。而干扰与平衡的相对性则意味着,不是所有的干扰都是合理的。就连"干扰和缀块"范式的倡导者斯图尔德·皮克特也认为,人类所引起的变动常常极为迅速且范围广大,因此生态学者也建议谨慎评估人类的生态影响并适当恢复某些变化。[①]

通过对生态学演变的分析可以得出这样的认识,生态学从整体和平衡模式向干扰和缀块模式的转变其实完成了对生态关系和过程的一种辩证理解,这种转变实际指出了时空尺度的相关性,却没有也不会否定生态整体和自然平衡模式的意义。如果在合理的时空尺度下借助生态学来评价人类行为所引起的环境变化仍然是可能且应当的,那么又如何理解克罗农对那种以"理想自然"来评判人类文明的质疑呢?

毫无疑问,自人类诞生以来,自然就为人类及它与自然其他部分的互动所改变,所以在人类社会之外寻找一种"理想自然"不但在现实中是不可能的,而且在逻辑上也有刻舟求剑和避世主义的嫌疑。特别是在荷兰大气化学家保罗·克鲁岑(Paul J. Crutzen)提出"人类世"概念之后,[②]人类对地球环境的核心影响力已被越来越多的人认识到,离开人类影响来谈论自然就如同离开自然联系来谈论人类一样都是二元分裂的,也无助于当前环境问题的解决。虽然如此,我们也该注意到的是,在大规模利用化石能源的工业革命诞生以来,不但全球物种灭绝的速度在加快,整个生态圈的空气、水、土壤等化学元素构成也都出现了重大变化。换言之,人类与自然的相互联系和塑造,并未取消人类与自然的差异性,而且人类对自然的过度干扰应该得到认真的衡量。

---

① S. T. A. Pickett and Richard S. Ostfeld, "The Shifting Paradigm in Ecology", in Richard L. Knight and Sarah F. Bates, ed., *A New Century for Natural Resources Management*, Washington, D. C.: Island Press, 1995, p.275.

② 梅雪芹:《环境史研究叙论》,北京:中国环境科学出版社 2011 年,第 1—8 页。

　　从辩证的生态关系和过程观来看，无论是人类还是其他动植物，就其个体而言都是残缺和未完成的，只有在与他者的不断互动中，在一个相对平衡的整体中，它们才能共生和共存。就如没有了天空和大地，缺少了地上的草木鱼虫和飞禽走兽，那么这个国家、这个民族、这种文明是否会独自留存？即使留存，没有了"它们"，"我们"的世界又将是何等的空乏和贫瘠？[①] 当然，无论人类与自然的关联多么密切，我们都无法否认人类对二者关系造成不利影响的可能，因此，谨慎对待人类的过度干扰也是必要的。

　　辩证的生态观正是利奥波德生态意识的核心。一方面，利奥波德看到，没有与自然的合作，人类的事业和历史是不可能完成的。如在西部的拓荒过程中，利奥波德发现，正是由于野藤地变成了蓝草地，才会有大批的移民涌入俄亥俄、印第安纳、伊利诺伊和密苏里，才会发生路易斯安那购买，才会有横贯大陆的新州的联合及内战的发生。[②] 也就是说，人类的事业和历史其实是人与自然的共同体的事业和历史，这是利奥波德对其生态意识的一次重要阐述，也是辩证生态观的一种体现。另一方面，利奥波德深刻体会到，当美国人对更多面包的追求危及看一朵白头翁花的权利之时，当人们为了鹿和牛群而杀光狼时，沙尘暴就来了，河水就会把未来冲到大海里。[③] 这种对进步中"回报递减率"的发现，既让他反思人类文明的生态影响，进而提出一种约束人类行为的土地伦理，又是辩证生态观的一种很好体现。

　　总而言之，利奥波德对人类作为生态整体中平等一员的理解，对生态整体的尊敬、欣赏和热爱，以及它所提供的旨在约束人类过度干扰的土地伦理，依然散发着催人警醒的智慧光彩。而运用利奥波德的生态意识进行"历史的生态学解释"，不但可以深化对历史上人与自然的认识，从而在人与自然的互动中捕捉一种新的历史动力，寻获一种新的评价标准，而且可以让我们更充分地进行历史与现实的对话，更全面地致力于人与自然的和解。基于上述思考，我们认为今日的环境史学者依然需要"像山那样思考"。

原载《社会科学战线》2017 年第 1 期

---

① 这一看法也得到了梅雪芹教授的指点。
② 利奥波德，前揭书，第 205 页。
③ 利奥波德，前揭书，英文版序第 1 页，第 129 页。

从罪犯到益兽

——民间传说、自然写作与美国狼的形象变化

王玉山

摘　要：自登陆以来,美国人对待狼的态度经历了从罪犯到益兽的变化,这种变化与美国经济、社会变迁过程中出现的人与自然关系的变化是一致的。具体剖析,美国民众对狼的态度则与民间传说和自然写作的影响分不开。考察美国人眼中狼的形象变化,明确其不同阶段变化的经济社会背景与动力,对美国环境史和思想史都有着重要意义。

关键词：美国狼;民间传说;自然写作

在今日美国,狼那悠长的嗥叫被国家公园制成可以反复播放的音频放在网上,以吸引游客前来"探索自然"。[①] 人们不但可以在公园的"访客中心"得到观赏这些神秘动物的最佳地点,还可以在工作人员的指导下了解如何才能获得最好的机会与它们"偶遇"。

回想在殖民时期,新英格兰移民认为"唯一的好狼是死狼",[②]在西进时期,大平原上的赏金猎手声称它们是"文明之敌",[③]甚至在 20 世纪初期,农业部每年花费数十万美元来消灭这个物种,但仅仅在几十年后,美国人就转而喜欢狼,并斥资数百万美元将它们从加拿大请回到包括黄石公园在内的

---

① 参见美国黄石国家公园网站"探索自然"部分中的"音廊",http://www.nature.nps.gov/sound/gallery.cfm。

② Barry Holstun Lopez, *Of Wolves and Men*, New York: Charles Scribner's Sons, 1978, p.171.

③ Bruce Hampton, Shark of the Plains: Early Western Encounters with Wolves, *The Magazine of Western History*, Vol. 46, No. 1 (Spring, 1996), p.2.

原先的栖息地。这一转变程度之大，速度之快，不能不令人叹为观止，而考察这一过程不但可以知晓美国人态度转变的玄机，而且有助于我们了解美国人与自然关系的变化。[①]

一、罪犯与食人魔：
赏金制、民间传说与殖民时期狼的迷思

1620 年，新英格兰移民甫一登陆就发现，这是一块"咆哮的荒野"，"野蛮人"和狼群遍地。由于当时英国等欧洲许多地区的狼已近绝迹，因此移民几

---

①　关于美国狼的形象，笔者在博士论文《美国狼与人、畜的演变研究（1620—1920）》中有所涉及，不过并未作为一个主题来集中讨论。就笔者了解，美国狼的形象，或者说美国人对狼的态度作为一个问题，是在 20 世纪六七十年代受生态学和反思白人殖民史等文化思潮推动下产生的。当时美国的狼濒临灭绝，许多学者开始反思人类的态度。1969 年，蒙大拿大学硕士生爱德华·柯诺在其硕士论文《蒙大拿灭狼史》（Edward Earl Curnow, *The History of the Eradication of the Wolf in Montana*, Master's Thesis, The University of Montana, 1969）中指出，是畜牧业者的夸张宣传造就了边疆居民对狼的病态敌意；美国环境史学者瓦莱丽·M. 福格曼在 1989 年提出，历史上美国人的生产生活方式造成了对狼的"误解"〔Valerie M. Fogleman, "American Attitudes towards Wolves: A History of Misperception", *Environmental Review*, Vol. 13, No. 1 (Spring, 1989), pp.63-94〕；1997 年，作家布鲁斯·汉普顿指出美国人仇恨和迫害狼源于其轻视自然和专享地球的态度，而这种态度又来自其黑暗和跋扈的本性（Bruce Hampton, *The Great American Wolf*, New York: Henry Holt and Company, 1997）。与单纯指责人类不同，自然作家巴里·洛佩兹观察到了历史上狼的胆小、残忍形象与当时作为一个善类形象之间的演变（Barry Holstun Lopez, *Of Wolves and Men*, New York: Charles Scribner's sons, 1978），指出原因在于人类受生产生活方式、认识角度、自身利益和秉性影响，而无法完整地认识狼；美国环境史家托马斯·邓拉普认为美国狼的"恶棍"或"自然平衡者"形象都是宗教或科学等制造的迷思（Thomas Dunlap, *Saving America's Wildlife: Ecology and the American Mind, 1850—1900*, Princeton: Princeton University Press, 1988）；英国布里斯托大学环境史学者彼得·柯茨提到狼等"恶棍"之所以形象大变，与自然作家和生物学家的努力分不开，也与反思白人英雄的文化思潮有关（Peter Coates, "'Usually Canning, Vicious and Treacherous': The Extermination of the Wolf in United States History", in Mark Levene and Penny Roberts, eds., *The Massacre in History*, New York: Berghahn Books, 1999）；圣母大学（University of Notre Dame）助理教授乔·考曼则认为，美国狼、人的"恶棍"与"英雄"形象之所以发生翻转，一定程度上在于故事讲述者由殖民者和西部畜牧业者变成了联邦猎手等（Jon T. Coleman, *Vicious: Wolves and Men in America*, New Haven & London: Yale University Press）。在吸取诸位学者成果的基础上，笔者重点从民间传说和自然写作的作用入手，讨论美国狼形象变化的背景、阶段和动力，以期提出不同看法。

乎没有与狼相处的经验,他们只能依靠大量民间传说来认识新世界的狼,而那些民间传说中最为鲜明的狼的形象包括在《伊索寓言》中出现的各种狡诈的狼、格林童话《小红帽》中残忍的"狼外婆"和中世纪淫暴的"狼人"等。这些欧洲文化遗产影响着移民在新世界对待狼的态度,①但"像海啸一样,欧洲民间传说的力量并未随着殖民者的到来而全部冲到马萨诸塞湾"②。比如狼粪可治疝气和白内障、狼人围村等古怪传说就从未在新大陆获得与欧洲一样的影响。

那么,是什么样的文化遗产,通过何种途径影响了移民对狼的态度呢?这首先要从当地的环境和经济方面说起。就新英格兰地区而言,由于森林、丘陵和草地交叉分布的地貌,畜牧业与伐木业、种植业一起成为殖民时期经济的三大支柱,而畜牧业的主要威胁就是当地的狼。根据时人威廉·伍德(William Wood)的说法,狼在看到猪后不会在吃光其骨头前走开,就像狗见骨头就挪不动步。③ 马萨诸塞湾阿什伯纳姆(Ashburnham)镇居民乔舒亚·亨肖(Joshua Henshaw)则在 1761 年声称:每年被狼等野兽吃掉的小牛、羊和猪的价值比他们上交的税还多。④ 于是在 1630 年 11 月 9 日,马萨诸塞湾殖民地率先颁布了针对狼的赏金法,其中规定:只要是英国人,每杀死 1 只狼,就可从当地每头牛和每匹马身上得到 1 便士,从断奶的每头猪和每只羊身上获取半便士。⑤ 后来各殖民地和村镇都悬赏鼓励杀狼,其内容主要包括:不管是英国人还是印第安人,只要在当地杀死狼,就可以携带狼头向村镇、县和殖民地大议会申请领取奖励,报酬包括现金、大衣、玉米、葡萄酒、子弹和火药等,而司库和治安官负责开具领赏凭证,收取狼头挂在教堂之上或

① 关于形塑移民对狼的态度的欧洲文化遗产研究,更多论述参见拙文《制造"正义":殖民时期美国东北部的杀狼历史与传说》,载《世界历史》2014 年第 2 期,第 75 - 78 页。

② Jon T. Coleman, *Vicious: Wolves and Men in America*, p.38.

③ William Wood, *New England's Prospect*, London: Printed by John Dawson, 1639, p.20.

④ Ezra S. Stearns, *History of Ashburnham, Massachusetts, from the Grant of Dorchester Canada to the Present Time, 1734—1886*, Ashburnham, Mass.: Published by the Town, 1887, p.89.

⑤ Nathaniel B. Shurtleff, ed., *Records of the Governor and Company of the Massachusetts Bay in New England*, Vol. Ⅰ (1628—1641), p.81.

割掉其双耳就地掩埋。①

赏金法的颁布使作为畜牧业危害的狼成了经济罪犯,而基督教则桥接了欧洲文化遗产中对狼的恐惧的内容。志在建立山巅之城的新英格移民不难发现,《圣经》中爬满了贪婪和残暴的狼,他们不但化身异教徒,而且四处劫掠,在肉体和精神上都威胁着"主的羊群",于是科顿·马瑟(Cotton Mather)等教士常以牧羊人自居,号召移民们警惕这群"强盗"。②

除了赏金法和基督教之外,以对狼的恐惧为母题,殖民者讲述了许多途中遇狼的故事。马萨诸塞湾殖民地总督约翰·温斯罗普(John Winthrop)就在日记中提到,在 1642 年 9 月 12 日,一个从多切斯特(Dorchester)镇到沃特敦(Watertown)镇的人晚上迷路,不慎陷入黑暗的沼泽里。到了约 10 点,他听见狼嗥,害怕被狼所食,就大叫救命。③ 康涅狄格的温切斯特(Winchester)镇,有一位莱维诺顿先生(Mr. LeviNorton)入夜后回家,却未曾想到在自己田地上遭遇一群狼。他声称,幸亏他那只壮硕的獒犬听到他的呼喊后及时赶来相助,才把那群"恶棍"吓跑。④ 在缅因的不伦瑞克(Brunswick)镇,塞缪尔·斯坦伍德(Samuel Stanwood)带着午饭外出劳作,但由于不饿,傍晚时又带着饭回家。当他走到一个名叫麦尔溪(Mair Brook)的地方时,被四五只狼尾随。他逐渐扔掉手中食物以减缓狼群的追逼,直到家的附近,他大叫妻子开门,才把追到脚边的狼关在门外。⑤

就殖民时期移民对狼的态度而言,考虑到畜牧业发展和基督教的影响,如果说将狼视为"偷窃"和"劫掠"牲畜的罪犯还情有可原的话,那么众多"途中遇狼"故事所渲染的狼吃人的恐惧则属于迷思了。在美国殖民初期便尽人皆知的是,狼非但不会对人造成伤害,甚至在遇见人时还会表现出胆怯。

① Rick McIntyre, ed., *War against the Wolf*：*America's Campaign to Exterminate the Wolf*, Voyageur Press，1995, pp.29 - 37.

② Bruce Hampton (1997)，*The Great American Wolf*, p.65.

③ James Kendall Hosmer, eds., *Winthrop's Journal*，"*History of New England*"，*1630—1649*, Vol. Ⅱ, New York：Charles Scribner's Sons，1908, p.80.

④ John Boyd, *Annals and Family Records of Winchester*, Conn., Hartford：Press of Case, Lockwood & Brainard, 1873, p.26.

⑤ George Augustus Wheeler and Henry Warren Wheeler, *History of Brunswick*, *Topsham*, *and Harpswell*, *Maine*, *including the Ancient Territory Known as Pejepscot*, Boston：Alfred Mudge & Son, Printers, 1878, pp.88 - 89.

如 17 世纪早期的殖民者威廉·伍德就说,人们从未听说过狼攻击人,殖民者甚至发现狼见人就跑,好像是"害怕我们"。[1]

二、从"平原之鲨"到"末日狼":
畜牧业者、联邦猎手与大平原狼的传奇

1803 年从法国手中购得路易斯安那后,向西部扩张成为这个新生共和国的"天命"。虽然美国探险家泽布伦·派克(Zebulon Pike)和斯蒂芬·郎(Stephen Long)等通过报告等将西部塑造为大沙漠,使西经 98 度左右成为西进的界限,但西进运动时期反常的湿润气候和"雨随犁而来"的信念鼓舞着密西西比河以东的美国人的拓殖热情与乐观主义情绪。

在当时,最早发现西部的狼的是探险者和毛皮商人。1805 年,当远征队到达黄石河(Yellowstone River)附近时,刘易斯注意到,当地的狼比其东部各州的同类更为粗矮,而且只要有野牛群的地方,就会出现这些野牛的"忠诚卫士"。[2] 虽然狼的存在让大平原大煞风景,但詹姆斯·米德(James R. Mead)也发现,它们只是在野牛群周边待机吃掉老弱病残者,从不惹人。[3] 19 世纪早期在落基山做捕手的奥斯本·拉塞尔(Osborne Russell)认为,"狼对人不凶恶,而且会看见人就跑"[4]。基于这样的一些判断,不管在探险还是狩猎过程中,人们很少去杀狼。如 1846—1847 年在科罗拉多南普拉特河(South Paltte River)边宿营的英国探险家乔治·鲁克斯顿(George Frederic Ruxton)半夜被冻醒时,吃惊地发现一只大狼静坐在火堆前,"眼睛闭着,脑袋因困倦而垂在胸前"。但鲁克斯顿并没有打扰它,而是继续睡去。[5]

---

① 王玉山:《制造"正义":殖民时期美国东北部的杀狼历史与传说》,载《世界历史》2014 年第 2 期,第 78 - 79 页。

② Elin Woodger and Brandon Toropov, *Encyclopedia of the Lewis and Clark Expedition*, New York: Facts on File, Inc., 2004, p.374.

③ James R. Mead, *Hunting and Trading on the Great Plains, 1859—1875*, Norman and London: University of Oklahoma Press, 1986, p.56.

④ Osborne Russell, *Journal of a Trapper*, Boise, Idaho: Syms-York Company, 1921, p.131.

⑤ George F. Ruxton, *Adventures in Mexico and the Rocky Mountains*, London: John Murry, 1849, p.279.

也许是察觉到探险者和猎手们等很少在它们身上浪费弹药,狼开始跟随在这些人后面觅食。如在 1819—1920 年斯蒂芬·郎上校的整个落基山长途探险过程中,狼就常出现于营地周边。① 而在鲁克斯顿的旅途中,他也常见到狼来到离火堆不远的地方寻觅肉屑,甚至还跑到帐篷里找食。② 在回忆于落基山地区从事贸易的书中,鲁弗斯·塞奇(Rufus Sage)提到,狼有时会把营地里的壶、锅和其他东西叼走,甚至会在他睡着时叼走其皮帽。③

早期这些与西部的狼接触的人还发现,为了不劳而获,很多狼竟然展现出了极度的温驯与耐心。如从红河(Red River)北上阿拉斯加的路上,鲁克斯顿打到了两只叉角羚(pronghorn)。在剥皮割肉时,6 只狼为血的味道所吸引,在周围打转。它们看来非常饥饿,让鲁克斯顿一度以为它们会从其刀下夺肉而逃,但它们却比想象中更温驯。两只狼慢跑着逐渐接近,偶尔蹲坐下来,舔舔嘴唇。只有当鲁克斯顿扔出一大块肉时,它们才争食起来。当时鲁克斯顿离它们是如此之近,以致他肯定自己可以抓着其中一只的尾巴把它提起来。④ 19 世纪 30 年代的博物学家约翰·K. 汤森(John K. Townsend)也常为狼的耐心和坚韧而吃惊,他提到,有时狼会跟着猎手一整天,吃掉他们可能留下的猎物尸体。而当有猎物被杀,它们似乎记住了操作,隔一段非常敬畏的距离垂着尾巴和耳朵站着,等到猎手把肉切下放到马鞍上,骑上马走了之后,它们才开始吃起来。⑤

在野牛皮贸易初期,猎手和狼保持了和睦的“合作”关系。猎手们的目标是野牛的皮,剥皮之后往往弃其尸体而去,即使作为食物,他们也只拣选野牛身上最嫩和最美味的舌头、背峰(hump)、里脊等部分,其他肉和骨头被

① Howard Ensign Evans, *The Natural History of the Long Expedition to the Rocky Mountains*, *1819—1820*, Oxford: Oxford University Press, 1997, p.72.

② George F. Ruxton, *Adventures in Mexico and the Rocky Mountains*, pp.213 - 215.

③ Rufus B. Sage, *Scenes in the Rocky Mountains and in Oregon*, *California*, *New Mexico*, *Texas*, *and the Grand Prairies*, Philadelphia: Published by Carey & Hart, 1846, p.141.

④ George F. Ruxton, *Adventures in Mexico and the Rocky Mountains*, London: John Murry, 1849, p.212.

⑤ Stanley P. Young, *The Wolves of North America*, *Part I: Their History*, *Life Habits*, *Economic Status*, *and Control*, New York: Dover Publications, 1944, p.125.

扔在原地。① 于是每当枪响，附近的狼不是走避，而是好像将其视为开饭铃声跑来，甚至有时来得过快而惹得猎手不满，狼也因此赢得了"平原之鲨"的诨号。②

不过从 19 世纪 40 年代开始，虽然野牛皮价格更高，甚至高达 8 美元/张，但野牛数量却十分稀少。③ 而这时狼皮开始升值，从 19 世纪初的 1 美元/张涨到 19 世纪 60 年代中期的 2 美元/张，再过 10 年竟然涨到 2.5 美元/张，④于是猎手们纷纷以野牛尸体作为诱饵来毒杀狼以剥皮牟利。博物学家乔治·格林尼尔(George Grinnell)描写了初期狼对猎手这种行为转变危险性的无知：在那些日子，狼不害怕人。它们十几只，甚至更多地围着下毒的猎手，耐心等着他完成工作并走开，它们才开始用餐。⑤ 据说几个人一冬就可杀死 600 只狼，⑥而在野牛尸体上下毒杀狼逐渐成为猎手们的普遍做法。如在 1859 年秋，詹姆斯·R. 米德(James R. Mead)沿圣达菲小路狩猎，就在堪萨斯的斯莫基希尔河(Smoke Hill River)附近看到好几只被马钱子碱毒死的大狼。⑦ 米德也会在野牛尸体上下毒，他甚至一次毒死过 82 只狼，当时狼皮值 2.5 美元一张，⑧他因此获利不菲。

从 19 世纪初期到 19 世纪 60 年代，大平原的狼由见人就跑的"野牛狼"(buffalo wolf)变为在探险者与猎手身后觅食，甚至变成听闻猎手枪响就跑来捡拾零碎的"平原之鲨"，而随着人们在猎物尸体上下毒以获取狼皮牟利，

---

① Wayne Gard, *The Great Buffalo Hunt*, New York: Alfred A. Knopf, 1959, p.23.

② Bruce Hampton, Shark of the Plains: Early Western Encounters with Wolves, *The Magazine of Western History*, Vol. 46, No. 1 (Spring, 1996), p.5.

③ Wayne Gard, *The Great Buffalo Hunt*, New York: Alfred A. Knopf, 1959, pp.48–49.

④ Bruce Hampton (1997), *The Great American Wolf*, p.107.

⑤ George Bird Grinnell, "Wolves and Wolf Nature", in George Bird Grinnell, Theodore Roosevelt, ed., *Trail and Campfire: The Book of the Boone and Crockett Club*, New York: Forest and Stream Publishing Company, 1897, pp.160–161.

⑥ Michael J. Robinson, *Predatory Bureaucracy: The Extermination of Wolves and the Transformation of the West*, Boulder, Colorado: University Press of Colorado, 2005, pp.17–18.

⑦ James R. Mead, *Hunting and Trading on the Great Plains, 1859—1875*, Norman and London: University of Oklahoma Press, 1986, p.51.

⑧ *Ibid.* p.95.

这类野狼消失得最快,此后的大平原狼逐渐变成了以家畜为食的"家畜狼"(cattle wolf)。①

"家畜狼"的出现迫使畜牧业者以赏金为武器来减少经济损失。如1873年怀俄明领地法就规定,杀狼者可从县财政中得到50美分/只的赏金;在成为州之后,怀俄明出台赏金法的频率增加;而从1890—1917年,该州每2年就通过或修订一次赏金法,州赏金的数额也从3美元到15美元不等。用来申请领赏的狼都要交给县书记员(county clerk),为防止欺诈,申请者必须上交整张狼皮,上面的爪子、狼头皮、双耳、上下吻、下颚骨都不能少。② 蒙大拿在1883年第一次立法设立金额为1美元/只的狼头金,③科罗拉多大议会在1889年同意设立赏金,每只狼被悬赏1.5美元,④亚利桑那-新墨西哥领地也在1893年通过了针对狼等食肉动物的赏金法案。⑤ 除了领地、州和县所设的赏金外,各畜牧业协会,甚至私人都纷纷设立杀死狼的赏金,而在赏金的刺激下,狼的数量开始大为减少。在怀俄明,1896年赏金猎手们上交了3 365张皮,1897年下降到1 394张,1899年为4 908张,随后几年的数字也一直很高。⑥

赏金法和牧民的捕猎减少了狼的数量,不过据说赏金猎手所捉到的都是小狼和笨狼,⑦剩下的那些危害巨大的狼总能逃出"法网"。从19世纪80

---

① Michael J. Robinson, *Predatory Bureaucracy*: *The Extermination of Wolves and the Transformation of the West*, pp.62 - 63.

② Peter M. Zmyj, "A Fight to the Finish": The Extermination of the Gray Wolf in Wyoming, 1890—1930, *The Magazine of Western History*, Vol. 46, No. 1 (Spring, 1996), p.18.

③ Edward Earl Curnow, *The History of the Eradication of the Wolf in Montana*, Master's Thesis, The University of Montana, 1969, p.44.

④ Michael J. Robinson, *Predatory Bureaucracy*: *The Extermination of Wolves and the Transformation of the West*, p.37.

⑤ David E. Brown, eds., *The Wolf in the Southwest*: *The Making of an Endangered Species*, p.43.

⑥ Peter M. Zmyj, "A Fight to the Finish": The Extermination of the Gray Wolf in Wyoming, 1890—1930, *The Magazine of Western History*, pp.16 - 17.

⑦ Enos A. Mills, *Watched by Wild Animals*, Garden City, N. Y., and Toronto: Double Day, Page & Company, 1922, p.147.

年代起,人们确实发现剩下的狼与之前极为不同。①

　　首先,猎手、博物学家和畜牧业者最明显的感受就是狼变得机警了。他们发现,在一两代人之前,狼不会费力躲避人,但现在它却绞尽脑汁不被人看到。这种说法后来得到证实,如在 1916 年,美国全国牲畜联合会(American National Live Stock Association)副主席沃利斯·惠狄科帕(Wallis Huidekoper)在抱怨赏金方法的低效时也指出,在猎手们消灭了一些狼之后,剩下的狼变得更加机警,因而通常能够避开猎手。②

　　其次是聪明。与狼"打过交道"的人都非常肯定这些狼会跟人一般思考,主要表现就是它们能识破捕兽夹的机关和诱饵中的毒药。不过,为了习得这种"聪明",狼也付出了不小代价,其中之一就是年老——如老"艾基拉"(Old Aguila)有 8 岁多,"熊泉山的老白"(Old Whitey of Bear Spring Mesa)15 岁多等;其次,它们几乎全都缺趾、少爪,甚至没腿——如"老一趾"(Old One Toe)是在猎手比尔·卡斯托(Bill Casto)的捕兽夹中失去两个爪趾,"老棒爪"(Old Clubfoot)从捕兽夹逃出时丢掉两个爪趾,而"伯恩斯洞老左爪"(Old Left of Burns Hole)则在捕兽夹中失去整个左爪。③

　　狼群数量的减少使得它们无法分享其他同伴的食物,而吃过捕兽夹,特别是毒药的苦头后,为避免再遭暗算,它们又不吃死物,所以这些狼只得更多地捕食,从而给牲畜所有者带来巨大的损失。如在 1916—1924 年,亚利桑那的艾基拉狼被称曾一晚上杀死了 65 只羊,另一晚杀死 40 只;④1912—1925 年,南达科他州北部哈丁县的三趾(Three Toes of Harding County)在两晚上杀死了 66 只羊,截止到被杀时,据称它毁掉了价值高达 50 000 美元的数百头牲畜。⑤ 1930 年,曾做过怀俄明牲畜养殖业者协会(Wyoming

---

①　Enos A. Mills, *Watched by Wild Animals*, Garden City, N. Y., and Toronto: Double Day, Page & Company, 1922, p.150.

②　Peter M. Zmyj,"A Fight to the Finish": The Extermination of the Gray Wolf in Wyoming, 1890—1930, *The Magazine of Western History*, p.19.

③　Philip S. Gipson and Warren B. Ballard, Accounts of Famous American Wolves, Canis lupus, *Canadian Field-Naturalists*, 112 (4), 1998, pp.725 - 735.

④　David E. Brown, eds., *The Wolf in the Southwest: The Making of an Endangered Species*, p.158.

⑤　Stanley P. Young, *The Wolves of North America, Part I: Their History, Life Habits, Economic Status, and Control*, New York: Dover Publications, 1944, p.277.

Stock Growers Association)会长的约翰·肯德里克(John Kendrick)在参议院作证时说:"从一年中打烙印的季节到下个春天赶拢时,……灰狼在这几个月里毁掉的牛犊有时竟高达所产牛犊的 50%。"①

如此非同一般的特点让这些牲畜杀手成了传奇,它们被称为"末日狼"(last wolf),南达科他州卡斯特县的卡斯特狼就是其中的佼佼者。卡斯特狼是个独行客,在其伴侣和幼崽被杀后,它在南达科他西南部的活动区域扩大至 300 多平方英里,有报告说它甚至现身于怀俄明和内布拉斯加。它的捕猎行为也不一般,经常杀死或残害远超其生存需要的牲畜:在 1919 年春的一个周内,它致使 30 头牛死亡或残废,很多牲畜或尾巴被咬掉,或肛门和阴户边的肉被大块撕去。后来,它喜欢吃未出生的牲畜幼崽,因为人们发现,它所杀死的怀孕母牛只有肚子被豁开,胎儿不见踪影,其他地方毫发未损。它还毁掉了数个牧场,导致 500 匹马、牛死亡,使牧场主们的损失高达 25 000美元。有份报纸甚至称卡斯特狼为西部已知的"最残忍、最聪明和最成功的动物罪犯",是"动物世界的罪犯专家"。②

不过联邦猎手的介入改变了牧民、牲畜和狼的互动形势,而且讲述了不同于牧民的狼故事。在牧场主及其组织的呼吁和施压下,1915 年 7 月 1 日,国会终于拨款 125 000 美元用于在国家森林和公地上消灭狼和其他食肉动物,并由生物调查局负责具体操作。生物调查局把西部分为 8 个区,每区由督察员负责,雇佣全职猎手来消灭"末日狼"。这些联邦猎手不受时节、庄稼或牲畜的束缚,他们可以连续数月追踪一匹狼,这让"末日狼"陷入了绝境。不过不受牲畜等束缚的联邦猎手也不领各地的赏金,这就意味着他们不像牧民一样对他们追捕的对象恨之入骨,相反,他们欣赏这些狼的机警、聪明和顽强,以至于产生了惺惺相惜之感。比尔·凯伍德(Bill Caywood),一位传奇性的狼陷捕手和政府猎手,就将最后的狼视为"性情相投之辈"。③ 追捕并消灭了卡斯特狼的哈里·威廉斯(Harry Williams)也曾说,如果卡斯特狼

①　Peter M. Zmyj,"A Fight to the Finish":The Extermination of the Gray Wolf in Wyoming,1890—1930,*The Magazine of Western History*,p.17.

②　Bruce Hampton (1997),*The Great American Wolf*,pp.2-3.

③　Jon T. Coleman,"Animal Last Stands:Empathy and Extinction in the American West",*The Magazine of Western History*,Vol. 55,No. 3 (Autumn,2005),p.7.

不是被捕兽夹夹坏了一只爪子,他不会杀它,而"真的可能放它走"①。

联邦猎手并未放走"末日狼",它们的消失被视为进步的必要代价。此后,"末日狼"与消灭它们的猎手及旧西部一道被牲畜和商人遍地的新西部取代,不过通过联邦猎手的讲述,这些"末日狼"不再是一无是处的罪犯或恶棍,而这是美国人眼中狼的形象改变的开始。

三、英雄和益兽:
自然写作与狼的新形象

在 19 世纪末和 20 世纪初,除了联邦猎手,还有另一批人推动着人们改变对狼的看法,他们就是自然作家。随着工业化和城市化的发展,美国人对自然的兴趣增加。从 19 世纪 70 年代起,描写自然的文章和书籍越来越受到人们的喜爱,于是狼也开始受到自然作家的关注。

起初,自然作家们关注狼是为了平衡进化论对自然观的影响。自 1859 年达尔文的《物种起源》(On the Origin of Species)出版以来,美国科学界不遗余力地宣传进化论。在进化论影响下,自然被呈现为一个麻木不仁、以万物为刍狗的世界,其准则就是生存和适应,不适应者将会被无情消灭。这种阴郁的自然对习惯了维多利亚时代温情主义自然观的读者们来说是一种巨大的冲击,而自然作家们的任务就是在科学化的自然和人类社会的道德情感之间寻找平衡点。自然作家的做法是首先强调自然界的动物不光依靠本能,而且也靠智慧生活。如威廉·郎(William Long)就在 1903 年发表《动物外科手术》(Animal Surgery)一文,为动物拥有智慧的论调提供了证据,如截掉自己被绊住的腿并用树胶来敷伤的麝鼠,用泥巴医治自己的熊和涂泥草混合物来固定断腿的丘鹬等。② 其次,他们指出动物世界和人类世界中的道德与价值是相通的,勇敢、力量、机智等会延续生命,懒惰、浅见和愚蠢则

① Bruce Hampton (1997),*The Great American Wolf*, p.6.

② Lisa Mighetto,"Science, Sentiment, and Anxiety: American Nature Writing at the Turn of the Century", *Pacific Historical Review*, Vol. 54, No. 1 (Feb., 1985), p.40.

会招致死亡。① 出于上述考虑，之前被视为狡诈和顽强的狼成为自然作家们青睐的写作对象，其中以欧内斯特·西顿（Ernest Thompson Seton）所塑造的有情有义的狼王——洛波（Lobo）的形象最为突出。在 1898 年出版的《我所认识的野生动物》（Wild Animals I Have Known）中，西顿描述道：洛波不仅令当地的牧民闻风丧胆，还屡用智慧嘲弄追捕它的猎手；更重要的是，虽在营救爱侣时身中埋伏，但他毅然选择"自杀"以展示忠贞并维护了其尊严。②

西顿等自然作家的写作取悦了读者，却引发了生物学家的不满，后者公开斥责郎等人的写作没有科学价值，而以约翰·伯勒斯（John Burroughs）为首的自然作家也认为西顿等人是在误导读者。1907 年，西奥多·罗斯福（Theodore Roosevelt）发表《自然骗子》（Nature Fakers）一文，抨击了那些以浪漫手法描写野生动物的自然作家，强调了准确在博物学中的重要性。他还嘲弄了郎所提到的丘鹬："看起来遗憾的是"，他说，"那只鸟在脚上装了夹板后，没再给自己做个拐杖用"③。老罗斯福的参与，为有关"自然骗子"的争议画上了句号，自然作家们制造的狼的英雄形象也随之破灭。

在自然作家之后，生物学家也对狼产生了兴趣。由于 20 世纪初西部的狼濒临灭绝，生物学家开始反对生物调查局所实行的灭绝政策，他们认为食肉动物与猎物之间的关系是经过长久适应而形成的，此种关系不但对猎物很重要，而且关系到一个地区所有动物的生命利害。④ 特别是到 1924 年 5 月 16 日，美国哺乳动物学家学会（American Society of Mammalogists）在第六次会议上明确表示反对生物调查局正在全国范围内积极进行的消灭狼等所谓"害兽"的宣传，指出其幕后推手是军火商和其他有经济利害的团体，并

---

① Thomas R. Dunlap, The Realistic Animal Story: Ernest Thompson Seton, Charles Roberts, and Darwinism, *Forest & Conservation History*, Vol. 36, No. 2 (Apr., 1992), pp.58 - 59.

② [加拿大]E. T. 西顿：《西顿野生动物故事集》，蒲隆、祈和平译，南京：译林出版社 2011 年，第 1 - 22 页。

③ Lisa Mighetto, "Science, Sentiment, and Anxiety: American Nature Writing at the Turn of the Century", *Pacific Historical Review*, Vol. 54, No. 1 (Feb., 1985), p.40.

④ Lee R. Dice, "The Scientific Value of Predatory Mammals", *Journal of Mammalogy*, Vol. 6, No. 1 (Feb. 1925), pp.25 - 27.

且认为动物学知识浅薄的人亦起了推波助澜的作用。[①] 不过当时双方的争论尚局限在专业领域之内,没有引起公众的注意。

1924—1925 年冬,美国野生动物管理史上著名的"凯巴伯(Kaibab)事件"发生,在这一经典事件被纳入生物学教科书之后,狼作为维护自然平衡的益兽形象深入人心。

凯巴伯高原(Kaibab Plateau)约 1 200 平方英里,位于科罗拉多大峡谷以北,自印第安人时期起就因鹿而闻名。在建立猎物保护区之前,该地的鹿估计有 4 000 只。1906 年,西奥多·罗斯福总统为保护鹿(black-tailed deer)而建立了大峡谷国家猎物保护区(Grand Canyon National Game Preserve),当时鹿的数量大概有 4 万多只。1906 到 1923 年间,秉持"效率"和"资源保护"等进步时期管理理念的林务员"清除"了 7 811 只山狮、30 只狼、4 849 只郊狼和 554 只短尾猫,导致鹿的数量激增,可能达到了 8 万—10 万只左右。[②] 接着,大量的鹿啃光了森林中的枝叶,然后死于饥饿和疾病。在此后的几十年里,这一事件进入生物学教科书并被描述成一起经典的野生动物灾难,而狼等食肉动物被消灭被视为此种灾难出现的主要原因。

随着类似的"凯巴伯事件"在美国各地出现和增多,奥尔多·利奥波德(Aldo Leopold)、法利·莫厄特(Farley Mowat)和罗杰·卡拉斯(Roger Calas)等也纷纷出书宣传狼的作用,让狼的益兽的形象变得更加家喻户晓。

在 1948 年一篇名为《像山那样思考》的文章中,利奥波德回忆了早年他巧遇群狼,并将其中一只母狼打死的情景。当利奥波德到达那只濒死的老狼身旁时,正好看见一束绿光消失在她的眼中。那一幕场景印在他的脑海里,年轻且总是手痒得想扣扳机的他认为狼少就意味着鹿多,而没有狼的地方就是猎人天堂。但目睹那束绿光消失,特别是亲身经历一个接一个的州消灭了狼,而山林和鹿相继"死去"之后,他相信无论狼还是山都不会同

[①] Hartley H. T. Jackson, "Resolution on Destruction of Vermin and Predatory Animals", *Science*, New Series, Vol. 59, No. 1538 (Jun. 1924), p.548.

[②] Thomas R. Dunlap, "That Kaibab Myth", *Journal of Forest History*, Vol. 32, No. 2 (Apr. 1988), p.61.

意这种观点。杀死狼危及而非创造了天堂，因为狼是山林和鹿群健康的维护者。[①]

1963 年，莫厄特的《与狼共度》(*Never Cry Wolf*)出版，作者以纪实性的自述口吻叙述了他在 1948 年受加拿大野生动物保护局派遣，前往北极冻原研究狼的一段历程。经过与一群狼的接触并对它们进行的考察，莫厄特关于狼的看法被完全改变：它们非但不是传说中的嗜血、野蛮和残忍的杀手，反倒是通过消除弱、病的动物而维护着自然的平衡；它们也并不孤单和阴郁，而是非常快乐、活泼和慷慨。书中还明确指出，北极地区驯鹿大量减少的罪魁并非狼，而是人。[②]

1966 年，卡拉斯出版了《卡斯特狼》(*The Custer Wolf*)，这本书延续了莫厄特的写作思路，它指出狼的世界"万物相联"，猎物的死亡是狼对土地的献礼，而且自然是和谐的，即使有成千上万的死亡，却没有野蛮和伤害。野蛮和伤害来自人类，人类才是杀手和嗜血者，他们企图通过谴责狼来洗刷自己的罪恶。[③]

在自然作家们宣传和浪漫刻画的影响下，狼成为自然平衡的代表和人类认识及体验自然之神秘的引导者，因此受到越来越多人的喜爱。1973 年，美国国会出台《濒危物种法案》(*Endangered Species Act*)将本土的狼（灰狼、红狼和墨西哥狼亚种）列为受保护动物。不仅如此，作为荒野的代表，狼甚至还成为美国民族性格的一部分。1995 年，时任美国内政部长的布鲁斯·巴贝特(Bruce Babbitt)亲自将一只来自加拿大的母灰狼放归黄石公园，并阐述了他们力促狼回归本土的初衷：

> 对狼的重新引入是美国人的一种特殊声明。……它重建了我们与荒野的历史联系，而后者是我们民族性格的核心。它承认了以往的错误，并显示了我们改正它们的愿望。它展现了一幅新的画面：一个发达

---

① ［美］奥尔多·利奥波德：《沙乡的沉思》，侯文蕙译，北京：新世界出版社 2010 年，第 126－130 页。

② 参见［加］法利·莫厄特：《与狼共度》，刘捷译，太原：北岳文艺出版社 1998 年。

③ Thomas Dunlap, *Saving America's Wildlife：Ecology and the American Mind*, *1850—1900*, Princeton：Princeton University Press, 1988, p.106.

社会与其伟大的荒野馈赠之间和睦相处。[①]

美国人对狼从罪犯到益兽的认知变化,反映的是自欧洲移民登陆以来的 300 年间美国人与自然关系的变化。从殖民和西进时期将北美的自然作为生计和商业的舞台,进而清除其中的狼以发展农业和畜牧业,到 20 世纪初,工业化和城市化极大影响了人与自然的关系,自然成为一种重要的休闲资源。之前被狼捕杀的牲畜是拓殖伙伴,甚至家庭成员,后者的被害意味着利益的损失和情感的伤害,在 20 世纪以后,牲畜是跨国公司育肥、屠杀、打包出售的动物蛋白,它们是人工授精的产物,抗生素让它们能吃玉米长大,卡车将它们从一个饲养场运到另一个,直到机械杀戮设备开始将其分解成各种肉类。[②] 在这一经济社会变迁过程的另一面,越来越多受过教育的城里人不再将荒野中的狼视为经济罪犯或生命的威胁,而是把它们看作自然的魅力所在,愿意花钱去国家公园等地倾听它们的嗥叫,甚至经历一次神秘浪漫的"偶遇"。

原载《学术研究》2015 年第 8 期

---

① Martin A. Nie, *Beyond Wolves*: *The Politics of Wolf Recovery and Management*, Minneapolis, London: University of Minnesota Press, 2003, p.1.

② Jon T. Coleman, *Vicious*: *Wolves and Men in America*, p.232.

第四编

"协同发展"环境下的世界史教学与研究

本编作者简介

(1) 陈国兵：正高级教师。江苏省历史研究员，江苏省特级教师，全国优秀教师。江苏省"333人才"培养对象，江苏"人民教育家培养工程"培养对象。长期从事中学历史课程、教材与教法研究，先后主持和参与"普通高中课程教学价值取向定位与实践研究""基础教育学科资源保护开发与应用研究""校本科研引领和促进基础教育质量提升的研究"等全国教育规划课题，《历史教学的价值取向与样态更新》等多篇论文被人大复印资料全文转载。

(2) 陈红：南京市宁海中学正高级教师，教育部"国培计划"首批专家，江苏省特级教师，江苏省世界史学会常务理事，市高中历史名师工作室主持人。主要从事中学历史教学与研究，主持江苏省教育科学规划重点课题"基于博物馆资源提升中学历史课程领导力的行动研究"，发表核心期刊论文20多篇，参编多部高中、初中及小学教材。

(3) 胡斌：南京市鼓楼区高中历史教研员，正高级教师。南京市高中历史核心组成员，南京市历史学科带头人，区名师工作室主持人。南京师范大学教育硕士实践导师。主持并参与多项省、市教研课题，发表多篇核心期刊论文，获南京市中青年拔尖优秀人才、江苏省教科研先进个人等称号，为江苏省"333人才"培养对象。

(4) 金波：南京市第二十九中学高级教师，鼓楼区学科带头人、教师发展中心历史教研员，南京教育学会历史专业委员会副秘书长，南京市中学历史中心组成员。主要从事中学历史教学与研究，主持并参与省、市教研课题，在《历史教学》等期刊发表论文，参编初中教材等。

(5) 张娟：南京市宁海中学高级教师，市优秀青年教师，鼓楼区学科带头人。主要从事中学历史教学与研究，参与省级教研课题，在《历史教学》等杂志发表论文，获"一师一优课、一课一名师"活动教育部优课、南京市高中历史教师优质课大赛一等奖。

"引出":历史核心素养培育的教学实现策略

——从"伏尔泰与启蒙运动"一课的教学实践说起

陈国兵

一

前不久,在扬州市教科院组织的一次"带课视导"①活动中,我执教了"启蒙运动"一课。启蒙运动是 17—18 世纪的一场资产阶级和人民大众的反封建、反教会的思想文化运动,它几乎覆盖了各个知识领域。对于这样一个大场景、宽领域的历史变革,为了避免教学可能带来的空洞和乏味,我没有对启蒙思想家及其思想理论进行全景式介绍,而是以"伏尔泰与启蒙运动"为题,从一位思想家的生活故事开始,逐步走入那个时期的法国和欧洲,与学生一起感悟那场运动的丰富内容和深刻内涵。

教学从对伏尔泰的一句评价开始:"在那个动乱世纪的男女人物中,还有谁能比伏尔泰更活在我们记忆中,常常提到而且对今天还有影响呢?'伏尔泰',乔治·布朗德斯说,'是一个世纪的缩影'。'18 世纪的真正国王',维克多·库辛说,'是伏尔泰'。让我们追随那长明的火炬去洞察他的世纪吧!"②自然地切入发生在他身上的两个故事。

---

① "带课视导"是扬州市教育科学研究院为了增强教研人员的教学体验,提升业务示范能力而开展的一项主题视导活动,其特点是"问题立意、专题解决",各学科教研室的选题可以根据学科自身需要解决的迫切问题确定。本年度历史教学研究室的问题指向是"核心素养的教学实现"。

② [美]杜兰特:《伏尔泰时代》,台湾幼狮文化译,北京:华夏出版社 2009 年,第 2 页。

故事一:为"卡拉斯案"辩护

卡拉斯是法国图鲁兹地区的一名颇负盛誉的商人,一个虔诚的加尔文派新教徒。1761 年 10 月 13 日晚,他的儿子安东尼突然吊死在自家门框上。社会上传闻安东尼曾想放弃新教信仰,改信天主教,是卡拉斯一家人"谋杀"了安东尼。由于一群天主教修士的煽动,大批天主教民众群情激奋,纷纷指控卡拉斯一家。案件落到了一个狂热的天主教徒法官大卫的手中,图鲁兹法院在没能拿出有效证据的情况下,宣判卡拉斯有罪:处以车裂,家产没收,1762 年执行。

其时,伏尔泰正流亡于日内瓦。在了解了事情真相以后,他意识到这是一场赤裸裸的宗教迫害,便立刻着手为卡拉斯案的平反进行辩护。经过几年的努力,伏尔泰的斗争终于取得了成功。1764 年,巴黎高等法院撤销了对"卡拉斯案"的判决。1765 年 3 月 11 日,即卡拉斯被车裂惨死的三周年纪念日,枢密院正式宣布为卡拉斯一家完全恢复名誉,法国国王赐予卡拉斯夫人316 万金币作为抚恤金,卡拉斯一家人重获自由。伏尔泰为卡拉斯冤案的平反付出了巨大的努力,整个欧洲为之震动,人们称他为"卡拉斯的恩人"。

围绕这一事件,我和学生讨论了两个话题。

1. "卡拉斯案"反映出当时法国社会的什么问题?

我提出这一问题的目的是希望学生了解法国社会宗教迫害的严重,以及与之相关的司法昏庸和专制腐败,为认识启蒙运动的社会动因做好铺垫。由于教材中这一内容的严重缺乏,我还作了一些知识补充。

路易十四统治时期,法国是欧洲最强大的国家,为了称霸欧洲,先后与荷兰、西班牙等周边国家交战,国库因此空虚,加上严重的饥荒,人民的生活困苦不堪,国内矛盾突出。为了加强专制统治,路易十四宣扬"王权神授",强化天主教国教地位,取缔新教教派——加尔文教派。1685 年,他又正式宣布撤销"南特敕令",导致国内对新教徒的迫害愈演愈烈,"新教教堂纷纷关闭,教士被驱逐,礼拜仪式一律被禁……在这种大规模的迫害下,20 万新教徒逃离了法国"①。仍然留在国内的新教徒社会地位极低,整天生活在提心吊胆中。他们的孩子们在七岁时被迫带离自己的父母,由天主教徒看护。如果结婚和洗礼是由胡格诺教牧师主持,那么婚姻就得不到法律承认,孩子

---

① 　罗芃、冯棠、孟华:《法国文化史》,北京:北京大学出版社 1997 年,第 99 页。

也会被认为是私生子并失去遗产继承权。新教徒被禁止从事任何自由的职业。政府还利用军队迫害新教徒,士兵被分配驻扎在新教徒家附近,强制他们的孩子接受天主教洗礼以及天主教成人礼,肆无忌惮地侮辱他们的尊严和破坏他们的财产。此外,政府还在教育上打击新教徒,强迫新教徒们履行天主教的教规。在这种社会背景下,宗教迫害的案件不断发生,"卡拉斯案"就是其中之一。

2. 伏尔泰为"卡拉斯案"的辩护为什么能成功?

一个在那个时代很普遍的宗教案件为什么引发了举国震动? 为什么产生了如此深远的影响? 伏尔泰的辩护为何能取得成功? 通过这些问题,我希望了解法国社会的逐步启蒙是这次辩护的有利舆论氛围,伏尔泰作为启蒙思想家持续不懈的努力是冤案得以解决的重要推动力。并在此基础上理解:"启蒙运动"是社会和民众的一场精神的"自我救赎",启蒙思想家是这一场"救赎"的"燃灯者"。

"卡拉斯案"发生时的法国正经历着一场十分普遍的信仰危机。由于饥荒、战争和宗教迫害,法国面临着严重的经济困境和社会矛盾。而同处欧洲的荷兰、英国、德国等新教国家却由于采取了宽松的宗教政策,又进行了有利于资本主义发展的政治改革,经济发展很快。这些所谓的"异端"国家的崛起在法国引起了极大的震撼,也打破了法国人的心理平衡,人们在迷惘和彷徨中感到需要重新审视传统的价值观,重新思考与上帝的关系,并不断地追问:"为何这些讲宽容、讲理性的国度里能有更幸福的生活?"在这种普遍的思潮中,"卡拉斯案"的悲剧引发了社会的强烈关注和人们的广泛同情。加上这一时期自然科学和近代哲学相继取得的重大发展,人们也逐步开始了对宗教狂热的理性审视。

伏尔泰一直痛恨天主教的狂热和迫害,主张宗教宽容。"卡拉斯案"刺激了伏尔泰对于宗教的反感,并产生了为此事平反的强烈冲动。为此他写出了警世之作《论宽容》,呼吁要用理性对待宗教冲突,并抵制那些残酷的宗教迫害。为"卡拉斯案"平反期间,伏尔泰在给友人贝特朗牧师的信中说:我永远都不会停止对宽容的宣扬,只要迫害一直存在,我将会极力宣扬宽容。偏见已经是根深蒂固了,所以理性的发展是缓慢的。毫无疑问,我将不会看到我努力的成果,但是我播下的种子总有一天会发芽的。①

应该说,在启蒙运动期间,政治、经济、文化领域中彪炳史册的事件层出不穷,"卡拉斯案"只不过是这段历史中的一粒"微尘"。伏尔泰是一位伟大的思想家和社会活动家,一生跌宕起伏,为"卡拉斯案"的辩护只不过是其人生一段"插曲"。然而,这粒"微尘"却能帮学生接触到那个社会中实实在在的"人"和实实在在的"冲突",并能体味到"启蒙"对社会的真实改善。

故事二:与卢梭的恩怨

作为"启蒙运动"的杰出领袖,伏尔泰与卢梭都提出了光辉的思想,都受到了人们的广泛尊敬。他们活动在同一个历史舞台之上,同一年去世,一前一后被请进先贤祠,棺木相距不过咫尺。然而,他们生前却互相攻击,成了思想界著名的"冤家对头"。两人在感情上的交恶有性格、兴趣上的原因,根源却在于解决社会矛盾的方案和理论上的斗争。伏尔泰赞成"开明专制",主张实行君主立宪,卢梭主张"主权在民",号召推翻专制王权;在伏尔泰看来,启蒙的旗帜是"理性",而卢梭对"理性"提出质疑,认为崇拜理性、把理性视为真理的向导是不可靠的,主张尊重人的天性,宣扬感情至上,走向了浪漫主义。

伏尔泰一直是卢梭心目中的"导师","有朝一日成为被伏尔泰注意的作家"是青年卢梭写作时的梦想。② 1755 年卢梭给朋友凡尔纳牧师的信中把伏尔泰称作"社会上最可爱的人"③,但 1760 年卢梭在给友人穆尔图的信中却写道:"我对他除了鄙视,只有恨,他的天才是对他的侮辱。"④裂痕为何出现呢? 1755 年,卢梭把自己的论文《论人类不平等的起源》寄给了伏尔泰,这本来是启蒙时代重要的思想成果,与伏尔泰的理性精神也有异曲同工之妙,但伏尔泰没能读懂卢梭,他在给卢梭的信中说:"至今还没有人如此煞费苦心地要让我们与禽兽同类。读了您的著作,人们意欲四足爬行。不过我失去此习惯已逾六十年之久,复习恐怕力不从心。"⑤言语之中充满了讽刺。随

① 高咚咚:《伏尔泰与卡拉斯案》,西华师范大学 2015 年硕士学位论文。
② [法]亨利·古耶:《卢梭与伏尔泰:两面镜子里的肖像》,裴程译,上海:华东师范大学出版社 2008 年,第 11 页。
③ 古耶,前揭书,第 51 页。
④ 古耶,前揭书,第 222 页。
⑤ 古耶,前揭书,第 62 页。

着两人在思想争鸣上的加剧,双方的关系逐渐恶化。1760 年,卢梭给伏尔泰写了最后一封信,信中说:"先生,我一点也不喜欢您,我是您的门徒,又是热烈的拥护者,您却给我造成了最痛心的苦难。""总之,我恨您……别了,先生。"

如果说第一个故事给学生介绍了一个圣人般的伏尔泰,那么第二个故事则给学生带来了一位生活化的伏尔泰:有思想、有"敌人"、有烦恼。我希望学生感受到启蒙思想的复杂和多元,以及在不同思想体系中生活的态度。

为了呼应教材的陈述,我要求学生结合教材探讨两个问题:

1. 伏尔泰与卢梭对社会发展的理解有何不同? 同时期还有哪些其他的观点?

2. 伏尔泰与卢梭的争吵反映出启蒙运动的什么特征?

由于有了故事的铺垫,又有了对教材的细读,学生对第一个问题的解决比较顺利。而对于第二个问题缺少一个思维的"扶手",我便展示了一段言论:"启蒙运动常常被称作'理性时代'。这种说法会引起两种误解。首先,这种说法似乎暗示,启蒙运动的倡导者都是些天马行空的思想家,热衷于乌托邦的设想而不屑于脚踏实地的方案。其次,也是更重要的是,这种说法暗示,理性活动被推崇到了极致,其他一切都俯首称臣:激情、欲望和感觉基本上遭到冷遇。这两种推想都是错误的。无论人们如何评价启蒙运动的设想,其中都贯穿着一种基本情绪,即极度蔑视建立在空洞逻辑之上的抽象答案。"[①]

由于这个"扶手",学生们认识到了启蒙运动的特点:过程的实践性和理论的发展性。至于前者,从第一则故事中伏尔泰的努力可以窥见一斑。对于后者,恰恰是第二个故事中卢梭与伏尔泰分歧的根源。思潮的发展和思想的分野给这一时期的思想家们带来了迷茫,卢梭的好友狄德罗就曾经感觉到自己与卢梭之间产生了一种"天堂和地狱的分裂"[②]。而这种"分裂"恰恰是对这一时代特征的最好概括。

概念中的"启蒙运动"是一个整体的形象,似乎只是历史中一场新旧理

---

① [美]彼得·赖尔、艾伦·威尔逊:《启蒙运动百科全书》,刘北成、王皖强编译,上海:上海人民出版社 2004 年,第 1 页。

② 朱学勤:《书斋里的革命》,昆明:云南人民出版社 2006 年,第 174 页。

念的简单更替。不过,在伏尔泰与卢梭的恩怨中,学生看到了历史的复杂和人性的丰满,看到了历史进步中社会思想的丰富多彩和思想家们"灵魂的挣扎"。

二

从"卡拉斯案"到"与卢梭的恩怨",我走进伏尔泰的生活,"管窥"一段历史,并没有严守教科书。这样的设计不只是为了改变概念教学的枯燥,激发学生的历史学习兴趣,更是为了点燃学生的历史思维,在问题探究中自然而然地"引出"学生的历史素养。

(一) 帮助学生形成基于历史时空的历史了解

由于缺乏系统的通史学习,学生对于"启蒙运动"的时空认识是模糊的,而这种时空感的模糊常常造成对这一时期思想、学说的理解偏差甚至误解。从伏尔泰与"卡拉斯案"切入,除了使历史展开的过程有趣和丰满,更重要的是为学生了解"启蒙运动"提供了一个时空基点,即 1761—1765 年的法国。由此,可以往前了解法国路易十四的专制和政治遗产,向周边了解英国的资产阶级革命及霍布斯、洛克等人的思想影响。这样,伏尔泰等法国思想家的理论就不是无本之木、无源之水,而且,伏尔泰等人的斗争正是符合潮流的一种历史自觉。

至于为什么选择伏尔泰这个历史人物,不仅仅因为他的典型性,更是考虑到复杂的经历可以串起这一时期的绝大多数的启蒙运动的领袖人物,无论是对洛克等人思想的传承,还是对于卢梭的思想争论,他都可以作为了解这个时代的时空坐标。从这个意义上讲,安德烈·莫洛亚所说的"若 17 世纪是路易十四的世纪,那么,18 世纪是伏尔泰的世纪"[①]不仅可以被理解,而且具有了历史时空的参考价值。

(二) 帮助学生形成基于唯物史观的历史理解

唯物史观是揭示人类社会历史客观基础及发展规律的科学史观和方法论。人类对历史的认识是由表及里、逐渐深化的,要透过历史的纷杂表象认识历史的本质。唯物史观使历史学成为一门科学,通过唯物史观的运用,才

---

① 姚鹏:《自由备忘录——对法国大革命基本原则的历史反思》,北京:中国华侨出版社 2013 年,第 69 页。

能在历史学习中对历史形成全面而客观的认识。

对于伏尔泰与卢梭的"恩怨",个人之间观念的冲突只是历史的现象,其背后是不同社会阶层对社会矛盾和社会发展趋势理解的差异,是社会理想的差异。"环视此期众多的启蒙思想家,卢梭是唯一一位在社会底层度过青年时代,从事过各种'卑贱'的工作,甚至像乞丐一样被送进收容所的人。在与他齐名的几位启蒙思想家中,孟德斯鸠作为一个拥有自己庄园,同时又担任过法院院长的穿袍贵族,一生过着安逸的生活;伏尔泰本人就是一个大资产者,家有万贯之财,与之交往的也大多数是社会上层人士;就连狄德罗也是出生于富裕的家庭,他虽然因违抗父命而被迫靠自己的辛勤劳动谋生,但毕竟没有卢梭那样直接来自底层的经历。或许正是这一原因(至少是一个主要原因),使卢梭显得比其他任何一位同道都要激进。"①当然,在两个人的冲突中,学生也可以看到处于社会上层的伏尔泰对处于社会底层的卢梭的蔑视,以及卢梭对这种没落的、贵族气息的反感。

(三)帮助学生形成基于史料实证的历史解释

历史解释是指以史料为依据,以历史理解为基础,对历史事物进行理性分析和客观评判的态度、能力与方法。所有历史叙述在本质上都是对历史的解释,区别只在于解释的正误与深浅。人们通过不同的方式描述和解释过去,通过对史料的搜集、整理和辨析,辩证、客观地理解历史事物,不仅要将其描述出来,还要揭示其表象背后的深层因果关系。

启蒙运动是一场非常深入的社会思潮,他的影响渗透到生活的每一个过程。但是,在概念铺陈的教科书中,学生接触的只有思想家的核心论述,并没有思想在社会中传播的情景。因此,要得出上述认识并作出解释,就必须帮助学生对启蒙思想的传播方式有所了解。其实,"十八世纪的西欧大陆,对启蒙运动的态度,最开放的要推法国。法国当时最强大,巴黎成为欧洲各种文化的汇聚点,新思想一出现,很快便传播出去。各种书籍和思想影响社会心理和习俗,又影响社会生活和艺术,交织成社会变革的信息网络。启蒙思想家伏尔泰看到,通过出版词典和百科全书,通过教育和书刊读者,通过博物馆中的陈列品和科学实验表演,启蒙思想会把社会推上一个进步

---

① 吕一民:《法国通史》,上海:上海社会科学院出版社 2002 年,第 91 页。

的道路"①。当然,不只是伏尔泰,这一时期几乎所有的启蒙思想家也都是传播自己思想的杰出人才。而整个社会对新思潮的渴求和接纳则是这一时期社会启蒙的根本动力。

(四)帮助学生形成服务社会的使命情怀

我们一直呼唤眼中有"人"的历史教育,说明我们已经看到了历史教学"务虚"而不"务实"的弊端。不过,只是看到和尊重学生的主体地位还不够,我们更应该重视帮助学生形成"自我存在"的意识,感觉到"自我发展"的社会责任,从历史学习中形成热爱社会、服务社会的使命担当。对此,教学设计中要有主动的意识和巧妙的安排。

伏尔泰有一句名言:"在任何地点,在任何时代,为公益作出最大牺牲的人都是人们称为最道德的人。"为了与宗教势力和专制特权作斗争,他曾向全欧洲的知识界发出呼吁,请用学者们的笔,用学者们的良知,去"呼唤欧洲那个沉睡的良心"。他的这种责任感和巨大的社会贡献也为他赢得了"欧洲的良心"的美誉。在与学生讨论伏尔泰为"卡拉斯案"辩护的动机时,除了突出他的"宽容"理念,他的那种贡献于社会的伟大情怀是必须重点突出的。

其实,对于社会的担当也是"启蒙运动"历史中重要的精神遗产,彼得·赖尔在《启蒙运动百科全书》的序言中写道:"现代学术研究的成果给我们展示了一幅远比过去的刻板解释更为复杂多样,甚至令人眼花缭乱的启蒙运动画面。有时让人觉得根本没有什么真正把启蒙运动统一起来的东西。但是,在对待人类思想和活动方面,还是存在着可以看作是普遍的'启蒙态度'。这种态度就是,人们通过内省反思、自由发挥自己的能力和积极地承担责任,就能够在这个世界生活得更好,人们能够取得真正的进步。"这种认识用于课堂,对学生肯定有极大的教育意义。②

三

"核心素养的教学落实"是本节研讨课的基本任务。历史核心素养是"在解决真实情境中的问题时所表现出来的必备品格和关键能力","是历

---

①　[荷兰]彼得·李伯赓:《欧洲文化史》,赵复三译,香港:明报出版有限公司2003年,第129-130页。

②　[美]彼得·赖尔、艾伦·威尔逊,前揭书,第3页。

史知识、能力和方法、情感态度和价值观等方面的综合表现"。所以,传统的、以知识传递为主的教学方法已经不能适应课程改革的新要求。基于学生对历史核心素养内在提升的需要,"引出"是一种不错的策略和路径。但是,在教学中如何才能有效地进行素养的"引出"呢? 通过本课我意识到:

(一)"话题"很重要

历史教学的话题是我们基于现实生活对历史的观照,它对历史素养的形成有特殊的重要的意义。一是因为它符合现代人了解历史的起点和动机;二是因为它容易融入现代人学习历史的观念和情感。从这个角度讲,"伏尔泰与启蒙运动"就是一个不错的话题,很容易"入味"。因为,它符合了历史学习者最基本的诉求:这是一个什么样的时代? 这个时代的人怎么思考? 这个时代的人经历了怎样的生活? 这个时代和时代中的人以何种方式影响了历史的进程?

我们在教学中最基本、最常见的困惑来自对教科书的态度,没有教科书心里没底,有了教科书手中没数,总有一种对"教科书没有传达、宣颂到位"的担忧。这其实是一种教学目标的病态,眼中只有知识,没有"人",不知道教学的目的在于"人"的成长。也就是说,没有认识到教学取舍的标准和依据并不在于知识本身,而在于"人"的需要。核心素养概念的提出根本的意义在于进一步明确了历史教学的目标和方向。基于此,围绕素养提升、整合教科书和其他教学资源,形成符合中学生需要的"话题",才能形成有效的历史教学。可以说,不能提出有价值的话题,历史课堂就失去了它存在的意义。

(二)"思辨"很重要

思辨是学习过程最为核心的要素,没有思辨便谈不上学习。因为,以提出问题和解决问题为过程的思辨活动是各种学科素养形成的土壤。对思想史的教学不能停留在空洞的、文化概念的传授上,要给学生一个介入和分析的机会。"宽容"是启蒙运动中的重要思想,它为什么会出现? 伏尔泰为"卡拉斯案"辩护的故事就为学生的思辨提供了可能。"开明专制"和"人民主权"是启蒙思想体系中的重要组成部分,这两种主张区别在哪儿? 持有不同主张的思想家们会因为意见的不同而争鸣吗? 学术的争鸣会影响到他们的生活吗? 当时的人们又是怎么看的呢? 我在教学中用到伏尔泰与卢梭之间恩怨的故事,就是希望学生能从一些表象中看到问题的实质。

在现实的教学活动中,我们对学生的思辨活动显得并不怎么尊重,常常以消灭了问题作为教学成功的标准,这是教学评价理念的根本性错误。核心素养的提出要求培养历史解释的能力,这就对传统的教学观念和模式提出了挑战,也为学生思辨历史提供了可能。比如,卢梭的浪漫主义相对于理性主义是一种历史进步吗? 对这个问题的回答实际上已经触及了启蒙运动的发展特征这个本质问题。

(三)"交流"很重要

教师之于学生和课堂的角色意义在于交流,不能够提供交流,或者不善于与学生交流的教师,其教学的影响力是有限的。核心素养培育的对象是学生,恰当的交流不仅可以了解到学生的素养基础和素养提升的需求,还可以为素养的形成搭建出有趣的平台,从而改变传统课堂学习生活的"野蛮"。同样的教学内容,"引出"是一种手段,"灌输"也是一种手段。而我们不喜欢"灌输"的根本原因就在于它从来不主张把学生当成"人"来进行交流。

当然,健康的交流必须是以教师的先行学习为前提的。教师的先行学习就是要做好知识理解的先行者、互动话题的提出者和问题研究的体验者。有了先行学习,对于知识讲解的角度、问题探究的深度才会有准确的把握,教学策略的制定才能切实有效。比如,为了说明"启蒙"的内涵,我们常常会引述康德的解释:"启蒙运动就是人类脱离自己所加之于自己的不成熟状态。不成熟状态就是不经别人的引导,就对运用自己的理智无能为力。"①但是,在康德的眼里,"不成熟状态"是怎么造成的? 人类又该如何"脱离"呢?深入研读了他的《答复这个问题:"什么是启蒙运动?"》一文,我才知道"不成熟的状态"是因为人类让渡了自己理性自由的权利,而"脱离"就意味着要夺回并"永远有公开运用自己理性的自由"。

一节课,一次实践,开启了一份思考。新的课程标准提出要以"培养和提高学生的历史学科核心素养作为目标",这一课程理念如何形成教学理解、如何在教学中达成和实现,是每一位一线的历史教师和科研工作者探索的关键。如果不能寻找到切实的教学策略,让学生的核心素养在教学中自

_____

① 〔德〕康德:《历史理性批判文集》,何兆武译,北京:商务印书馆1996年,第22页。

然生成,我们的教学依然会回到"灌输"的老路之上去,从"灌"知识到"灌"能力、"灌"价值观念,再到"灌"出概念化的核心素养。那么,我们越努力,就会离理想越遥远。我希望,上述有关"引出"的教学策略和实践能给正在改革路上的老师们一点启发。

原载《历史教学》2017 年第 15 期

"中世纪城市和大学的兴起"教材分析

陈　红

2002年人教版初中《世界历史·九年级·上册》(以下简称"旧教材")仅用一个课时叙述中古时期的欧洲社会。2018年统编初中教材《世界历史·九年级·上册》(以下简称"新教材")同样主题则用了一个单元四个课时,并明确使用"中世纪"这个概念。过去欧洲中世纪被描绘成"无知和迷信的时代""宗教的言论置于个人经验和理性活动上"。这是文艺复兴和启蒙运动造成的印象。20世纪中叶以后,在英语国家专业学者的文献里,"黑暗时期"这个词渐渐地消失。查理·哈斯金指出:"历史的连续性排除了中世纪与文艺复兴这两个紧接着的历史时期之间有巨大差别的可能性,现代研究表明,中世纪不是曾经被认为的那么黑,也不是那么停滞;文艺复兴不是那么亮丽,也不是那么突然。"①欧洲的中世纪有着明显的、不断进步的影像,这也在一定程度上决定了西欧是人类历史上最先进入现代的社会。新教材体现了课程内容的时代性,新增了西欧庄园、大学兴起等内容;虽然旧教材也有城市的兴起,但新教材的叙述变化很大。本文拟就新教材"中世纪城市和大学的兴起"一课,从对比新旧教材入手,以求更好理解部编新教材的新内容及其历史内涵,解读西欧中世纪发展变化的轨迹。

一、城市的出现

旧教材指出:"西罗马帝国灭亡后,西欧城市衰落了。经过几个世纪的

---

① 杨和平:《陈乐民考察"启蒙"的识见与思路》,载《西华师范大学学报》(哲学社会科学版)2018年第2期。

发展,10世纪开始出现作为手工业和商业中心的城市。"新教材这样表述:"从10世纪起,西欧开始恢复,农业技术提高,农业剩余产品增加,商业贸易发展,人口增加,旧的城市开始复苏,新的城市不断产生。"西欧中世纪的新城市出现在10世纪。向前追溯,1—2世纪,罗马帝国境内有几千个城市。但是,3—5世纪的连绵战火、疾病灾害与帝国危机导致西欧一片衰败,许多城市或成废墟,或萧条;农业萎缩、土地抛荒。10世纪前,西欧大部分土地都是森林、荒地、沼泽,伊斯兰世界的封锁、拜占庭帝国的敌对、海盗的劫掠使地中海成为"被封闭的大海"。10世纪是西欧中世纪的"转折时代"。1050—1300年的这段时期,西欧经济复苏,安全形势不断改善,西欧人不再像过去那样担心遭到干扰,可以集中精力改善自己的经济生活了。[1] 城市的兴起既为西欧中世纪盛期奠定基础,又是西欧经济发展、社会进步的一个重要表现。为什么10世纪左右西欧旧的城市开始复苏,新的城市不断产生?

旧教材对中世纪城市兴起的原因含糊其词,新教材明确农业复苏,剩余产品的增加,商业贸易发展,人口增长等因素是城市兴起的基础。关于中世纪城市的兴起有多种说法,过去人们习惯认为中世纪城市革命的首要原因是远距离的贸易,但实际情况比想象的复杂得多,多数城市兴起初期的活力在很大程度上建立在周边地区的财富之上。这些地区向城镇提供了剩余农产品、用于生产商品的原材料,同时还提供了流动人口。换句话说,经济生活普遍加速是城市产生的主要原因。[2] 西欧封建化完成的10世纪也是城市出现的时代,这当然不是一种偶然的巧合,而是经济发展的必然结果。所有的解释不能脱离当时欧洲生产力发展的水平。农业生产的发展是城市兴起的根源。10世纪左右,欧洲经历了一场农业革命:庄园里农业技术提升,重型铧犁、新式牲畜挽具已经出现,水车、风车的应用大大提高了生产效率;农田得到了更好的利用,三圃轮作制减少了休耕面积,增加了农作物的产量;大片的荒地、森林、沼泽得到了开发。农业生产出足够的粮食,养活更多的人口,从而带来了深远的后果,更大的社会分工由此出现。大片土地用于养羊,或者种植葡萄来酿制葡萄酒,棉花种植和染料作物也成为庄园里的新项

---

① [美]菲利普·李·拉尔夫等:《世界文明史》上,赵丰等译,北京:商务印书馆2018年,第536页。

② 拉尔夫等,前揭书,第560页。

目。农业的发展使一部分农民从农业生产中脱离出来,农业和手工业逐渐分离,这个分离造就了城市。手工业是城市的基础,大部分城市居民是手工业者。① 手工业者既是生产者又是商人,后来随着生产的发展,城市内部发生分化,手工业和商业分离,出现了专门的商人,他们控制生产,与银行家等一起构成了城市贵族,而帮工、店员等则成了城市里的平民。马克思和恩格斯曾指出:"物质劳动和精神劳动的最大的一次分工,就是城市和乡村的分离。"②另外,人口的增加和新式工具的出现,意味着无须所有人都待在庄园里,一些人可以迁到新兴的城市,去过一种新生活。新教材指出,城市分布在那些"能够吸引人们聚集的地区"。这些地区交通方便、较为安全、有着各种机会。以现在的眼光看,当时的城市卫生条件很差,粪便遍地、人口拥挤、火灾瘟疫时常发生。但是城市里的居民还是以新生活为荣,比如一位 12 世纪伦敦的居民写了一首诗歌颂伦敦,夸耀它的繁荣兴盛、人们行为虔诚、气候无可挑剔。③

二、自由和自治的城市

除经济发展和精神需要以外,城市吸引人的地方还在于它的"自由",德国的谚语"城市的空气使人自由"被新版教材所引用。意大利谚语"农村产生动物,而城市创造人"说的也是其自由特征。④ 为何要争取自由? 这样的自由从何而来? 自由和自治的城市发展历程是什么? 对西欧社会又产生了怎样的影响呢?

旧教材指出:"西欧城市是在教会或世俗封建主的领地上产生的。随着商品经济的发展,封建主日益贪婪,对城市市民加紧剥削。十一、二世纪,法国一些城市的市民展开了与封建主的斗争。"新教材则认为,"由于城市一般坐落在封建领主的领地上,因此,领主像控制庄园一样。对城市居民任意征税,甚至要求居民像佃户一样履行义务。城市居民采取各种方式反抗,争取城市的自由和自治"。关于争取自由和自治的方式,两个版本教材都指出常

① 马克垚:《世界文明史》上,北京:北京大学出版社 2004 年,第 387 页。
② 《马克思恩格斯选集》第 1 卷,北京:人民出版社 1995 年,第 104 页。
③ 拉尔夫等,前揭书,第 561 页。
④ 齐世荣总主编:《世界史》古代卷,北京:高等教育出版社 2006 年,第 306 页。

用手段包括金钱赎买和武装斗争。新教材在这一基础上继续补充:"13 世纪,许多城市取得了一定程度的自由与特权,成为自由城市。在这样的城市里,市民是自由人,享有财产权,领主不得非法剥夺市民的财产,不得向市民任意征税。部分城市还有权选举市长、市政官员,设立城市法庭,成为自治城市。"两个版本的教材都指出欧洲中世纪城市"自由、自治"的特性。新教材增加介绍了从自由城市到自治城市的历程,特别提到了"城市取得自由和自治的形式是从国王或领主手里争取'特许状'"。中世纪城市并非全能自治,可以说,许多城市是自由城市,而其中一部分是自治城市。所谓自由城市,也可以称作特权城市,即城市从国王或领主那里获得特权证书,享有各自自由特权。①

其实,西欧封建时代通行的原则是"没有无领主的土地",城市多受领主的管辖。有的城市本来就是具有开拓性的贵族们"种"出来的,他们在平地上建起一个城市,以加强贸易发展,或希望从中收税。有的城市就傍着修道院的外墙建起来,有的则围绕着城堡或者其他堡垒发展起来。② 贵族提供保护、维护城市秩序,而商人们缴纳赋税。最坏的情况下,封建领主把商人视为拥有现款的方便财源,在路上拦阻商人,抢劫他们的骡队,征收过河税,或借口提供保护而勒索现金。最好的情况,本意良好的封建领主也不会管理商人的事务,因为封建法和习惯法根本解决不了商人的问题。在这样的情形下,市民在商业活动过程中发展出一种他们自己的"商业习惯法",以处理货币交换、债务与破产、契约、发票和提货单等事务。他们希望拥有自己的手段去追捕盗贼、债务潜逃犯或奸商。因而,他们希望管理自己的城市。③

生活在城市里的市民出于共同利益的需要,希望逐渐摆脱领主的控制,从而形成了一个共同体。维系市民共同体的纽带不是血缘或封赐关系,而是经济利益,由利益驱使达成了某种共识,形成一定的社会契约关系,为了城市发展和生存,不同阶层的市民选择了共同斗争,争取自由、自治。此时,城市居民手里有一个重要的武器——钱。有钱的城市居民讨厌领主的压

① 马克垚:《西欧封建城市初论》,载《历史研究》1985 年第 1 期。

② 〔美〕朱迪斯·本内特、沃伦·霍利斯特:《欧洲中世纪史》,杨宁、李韵译,上海:上海社会科学院出版社 2007 年,第 181 页。

③ 〔美〕R. R. 帕尔默等:《现代世界史:1870 年起》,何兆武等译,北京:世界图书出版公司 2009 年,第 30、31 页。

榨,想摆脱领主的控制,不愿接受无节制的盘剥,他们同领主谈判,要求给一个固定的税额,每年完税后,领主就不去管他们。有些领主愿意这么做,于是双方签订协议,由城市统一收税,收齐了一起交给领主,通常这笔税金会让领主满意,同时又免去领主很多麻烦。这以后,领主就不去管城市的事了,他只管收税拿钱,同时不让其他人来欺负他的城市。

需要指出的是,城市虽然取得一些特权,但并未脱离封建体系,特权来自领主的特许状,每个城市都是一个集体,城市的自由是有条件的。而城市内部并非所有人都是自由的,有的城市对居民身份严格限制,要求必须进入行会或取得市民资格才能自由,这对于逃亡奴隶来说是非常困难的。另外,乡村里也并非所有人都不自由,自由农民也有不少,只是说城市居民多为自由人。城市自由的实质是指城市脱离某种依附地位,有自由行动和自主管理的权利。这种自由既是独立于领主的程度,也指市民个人从业和活动的自由程度,还指城市作为一种社会共同体有集体行动的自由。[①] 在取得财产独立、司法自由的基础上,有些城市进一步发展成为自治城市。自治城市有权选举自己的市政官员,主持管理城市内部的各项事务,选举市长,拥有市政机关和城市法庭。法国的城市在 12、13 世纪曾掀起公社运动,争取自治。其中有的领主不同意,仍然想随时随地都可以到城市去拿钱,无限制地敲诈勒索,市民们觉得自己有力量的时候,就发动武装叛乱,强迫领主接受条件,然后自治。两个版本的教材辅助栏目都介绍了法国琅城取得自治的史事,就是这一情况的表现。

新教材还提到城市兴起之后,"国王给在封建领地上的城市颁发特许状,既削弱了割据势力,又获得城市的拥护。但是,取得自治的城市并不能完全摆脱国王和领主的控制,城市贵族一般也都是国王的支持者"。这是欧洲特殊社会环境的产物。斯塔夫里阿诺斯指出,西欧的城市,因为它是从头开始,而且处于政治上支离破碎的欧洲,而不是坚如磐石的帝国结构中,所以自治市的自由民从一开始就表现出自信和独立,这种自信和独立是欧亚其他大陆、其他任何地区所没有的。[②] 中世纪欧洲的分裂,给了城市特别的

<hr />

① 刘景华:《中世纪城市对近代文明因素的孕育》,载《贵州社会科学》2012 年第 6 期。

② [美]L.S.斯塔夫里阿诺斯:《全球通史——1500 年以前的世界》,吴象婴、梁赤民译,上海:上海社会科学院出版社 1988 年,第 464 页。

生存环境。每一座城市通过自治多少具有共和国性质,城市拥有了财富和权力,对领主的反抗促使他们情愿效忠那些离自己较远的国王,而国王同样为了钱颁给城市特许状,得到特许状的城市就受到国王的保护,城市和国王都乐意这样做,这是一种交换。于是,西欧出现了一个新现象:王权和城市结盟,共同对付贵族。这是利益的结盟,国王收获财富,扩大了权力,削弱了贵族;城市活动受到国王的保护,减少了长途贩运的风险,一种拥护王权、建立统一市场的倾向在各城市中蔓延。他们帮助国王打击贵族,可以说,近代性质的民族国家就是在这种王权和城市的结盟中产生的。这种宽松的氛围和王权的结合,与王权专制下的亚洲城市相比,可谓天壤之别。吴于廑先生指出,中世纪城市兴起时,是封建农本经济的补充和附庸,尔后演变为封建制度的侵蚀物和对立物。[①]

三、城市居民的身份

新教材首先说明:"手工工匠和商人是城市的基本居民,他们一般是从周围农村的农民转变而来的","手工业者主要从事小商品生产……家庭既是生产作坊也是店铺",表明当时西欧城市开始时主要居民是手工业者,而且往往是"前铺后店"既是手工业者也是商人。城市产生的重要因素——手工业与农业的分离,手工业者是城市的创造者,他们成为城市居民中的主要群众,城市最初即是这种小生产者的团体。城市中的商人,则从手工业者分化而来。随着手工业的进步,有些人逐渐脱离手工生产专门从事商业,他们垄断市场、控制生产、发放高利贷等。教材指出城市的"商人专事商业和贸易,通常比手工业者富裕"。这样,从开始起,市民就是指手工业者和中小商人或那些兼营手工业和商业的人,以后这一阶级属性就被肯定下来了。

两个版本的教材还介绍城市手工业者和商人不断分化,出现了富裕的大手工作坊主、商人和银行家等,他们成为早期的资产阶级。同时,"自由的空气"产生了巨大的吸引力,根据当时的"潜规则",只要在城市居住超过一年零一天,农奴就可以获得自由民身份,而不再受制于原来的领主。在城市萌发的过程中,逃亡农奴发挥了重要作用。为了摆脱封建领主的奴役与

---

① 吴于廑:《世界历史上的农本与重商》,载《历史研究》1984 年第 1 期。

剥削,不少农奴特别是其中有某种手艺的人,往往逃到城里谋求生计,成为城市居民的一大来源。许多农奴逃离土地,流入城市,不仅促进了城市的发展,也改变了社会结构。新涌入的农奴,一开始无权参政,大多数沦为流浪汉或苦工,这也是后来无产阶级的前身。

随着城市的发展和工商业的繁荣,市民阶层逐渐壮大,他们成了中世纪西欧新的社会力量。市民阶层成为独立的阶级,为管理城市,他们组织自治政府,选举自己的市议会、市长和法官,制定自己的法律,也有自己的警察、监狱和市徽。城市是一个共同体,它的自由和自治不仅表现在对领主的反抗上,还体现在对于城市自身的管理中。市民自我管理的重要的组织形式是商会或行会。新教材中用"相关史事"栏目,介绍了"行会"组织的产生,明确指出这一组织"避免同行间的竞争,维护行业共同利益,同时防止封建领主的侵犯"。行会是为了保护和促进特别利益而组成的专业联合体。行会的出现,一方面,为公众提供服务,规定产品的质量,提高技师的技艺、保障自己的声誉;另一方面,要保护会员,采取集体的措施对抗或排除附近市镇同行的竞争。无论市镇内人与人之间,还是市镇之间,中世纪经济上的风尚就是防止竞争,闯荡、冒险、投机,统统是不需要的。[①] 行会是排他性的、垄断性的自发组织。"行会"不仅是经济组织,还具有重要的社会功能。它经常起着宗教组织、慈善机构和社交俱乐部的作用。只要有可能,行会就对其成员的种种需要进行帮助。在某些城市里,它们后来变得与微型政府相差无几。[②] 但是,行会内部其实并不平等,成员间身份差异很大。当然,行会中也留给个人一些上升的通道,即学徒培养职业教育方法。新教材也作了相应的介绍。一个刚进入城市的年轻人想要学艺,首先必须拜行东为师,成为学徒,跟行东一起生活七年,满师后可以成为工匠。工匠可以为任何行东工作,领取固定工资,许多工匠在中世纪只能做一辈子工匠。如果这个年轻人十分走运,通过自身努力或联姻等方式也有可能成为行东。这样的机会非常少有,出于自身利益的垄断,许多行会逐渐冻结,行东们对接纳新人变得格外谨慎。

无论是哪种人,进入城市后,获取市民资格,融入市民阶层,获得相应的

---

① 帕尔默等,前揭书,第 30、31 页。
② 拉尔夫等,前揭书,第 562 页。

自由和权利,是中世纪城市的基本特征。这与同时代其他地区的城市截然不同。所有的中世纪城市都是一种社会共同体,或称公社。城市共同体是地缘共同体,共同体成员即市民,多系移民,一般无血缘关系可言,即使有也退居次要地位。把他们结合起来的纽带是一纸契约,或是封建主赐予的特许状,或是大家共同遵守的城市章程。市民们共同享有在本城内经营工商业的权利,并且得到城市的保护。作为共同体成员,所有的中世纪城市市民的法理地位是平等的。以财富为基础的社会等级是开放的、动态的,在名义上给予市民获得财富的机会是平等的。[①]"人人生而平等""法律面前人人平等"的近代文明精髓在中世纪城市里得到了最初的体现。市民阶级的出现,使欧洲政治格局发生改变,在领主和主教之外,增加了第三等级,他们地位虽然低下,但秉性固执,思想自由,富有钱财,不容忽视。12 到 13 世纪,城市的代表开始正式被召唤去和领主、教士一起参加国王的大会议,议会开始形成。[②]

相比中国、印度和中东的一些城市,欧洲中世纪的城市在人口和贸易量上是微不足道的,新、旧两版教材通过"课后活动"和"动脑筋"两个小栏目探讨了同一个话题,即"宋朝时的城市比西欧城市规模大、商业更加繁荣,却没有产生新的阶级,也无法孕育资本主义萌芽"。究其原因,以宋朝的汴京城为例,城市不仅是经济中心,也是政治中心,达官贵族、皇亲国戚在城市里无处不见,工商业户数明显处于劣势。加上君主专制、中央集权的强权控制统治模式,工商业者在城市里的力量愈加显得弱小。[③] 另外,强大的官营手工业,使得商人和手工业者始终无法独立于封建势力而存在,所以很难产生一个自由、自治、独立和法理上平等的市民阶层,也就无法挑战专制体系,孕育新的政治格局。

四、大学的兴起

相比旧教材,新教材中增加了"大学的兴起"这一子目,并且指出"大学

---

① 刘景华:《中世纪城市对近代文明因素的孕育》,载《贵州社会科学》2012 年第 6 期。
② 帕尔默等,前揭书,第 32 页。
③ 杨师群:《宋代城镇工商阶层述论:与西欧中世纪城市市民的比较研究》,载《中国社会经济史研究》1997 年第 1 期。

的兴起被认为是欧洲中世纪教育'最美好的花朵'"。中世纪"大学"一词含义十分模糊,一小群人以任何目的聚在一起就可以叫作"大学"。大学一词由拉丁文——"社团"(universitas)演变而来,学生、教师组成社团的目的是保护自己的利益不受侵犯,它是一种自发组织。大学具有鲜明的社团特点,像早期商人聚集在一起发展成为有组织的行会一样,学生和教师非正式地汇合起来,逐渐发展成各种有组织的学校。大学没有校园和复杂的建筑群,只是一个享有特权的组织,人员包括学生或教师。大学与其他学校相比,区别就在于学生是从很远的地方赶来,集中到一起,从学者那里接受关于医学、哲学和法律等方面的知识,进行更为高深的研究。

　　大学是西欧社会深刻变革的产物。中世纪早期,混乱的战局对罗马帝国造成破坏,西欧人对知识普遍淡漠。旧教材中,介绍了西欧在中世纪初期"老百姓目不识丁的景象,……当时只有教会的主教、神甫等神职人员属于'知识分子',他们长期垄断着西欧的宗教、文化和教育等"。欧洲教育为教会所垄断。为了培养僧职人员,教会在地方兴办僧院学校,在教区设立主教学校。10、11 世纪以后,城市的发展和自由的空气为大学的兴起提供了物质基础和精神条件。城市是学术文化复兴运动的策源地和主要发生地。城市工商业需要各种实用的社会知识,需要掌握读写算基本能力,需要进行行业技巧训练,还需要大量为工商业服务的管理者、律师、医生、教师等专业人员。一些城市的手工业行会和商人公会,以及市政当局,打破教会几百年来对教育的垄断,自发地创办了世俗学校。学校根据城市生产、交换和社会生活的需要,开设文法和计算方面的课程,培养各方面的人才。城市学校的普遍兴起,促进了城市文化教育水平的提高,引起人们对古典艺术、古典哲学和研究罗马法的兴趣。这种新型学校不依靠教会,而是靠学生交纳学费维持学校的经费开支。校长和教师统由行会和市政当局共同聘任。这种新型学校在中世纪得到普遍发展和扩大。同时,城市经济的发展催生了一个专门从事知识研究的阶层。雅克·勒戈夫指出:"在西方国家,中世纪的知识分子随着城市而诞生。在城市同商业和工业(说得谦逊一点是手工业)共同走向繁荣的背景下,知识分子作为一种专业人员出现了,他们在实现劳动分工的城市里安家落户。"①随着知识分子队伍的壮大和聚集,在西欧某些城市学校和主教学校的基础上,以世俗教育为主要目标、专门研究高深学问的大学产生了。

在大学里,学生的课程基本上以七门自由技艺为基础,包括语法、修辞学、逻辑学、天文、几何、数学和音乐,修完这七门后,还可以继续学习医药、哲学或法律。法学是大学里重要的一门学科,古罗马的法律思想在欧洲一直延续,只是 10 世纪以前对于民众的生活似乎作用不大。商品经济的发展、社会流动性的扩大、阶层的分化、人际关系的复杂等因素促使人们重新关注罗马法;教会本身的发展也需要不断完善自身的法律体系;世俗国家的法律也逐渐自成体系,这些法律条文、思想要在大学中进行精深的研究和探讨。博洛尼亚大学就是一所以研究法学而闻名的学校。11 世纪后半叶,一些学者和青年人掀起了重新认识罗马法的热潮,被称为"博洛尼亚辉煌和闪耀之星"的佩波、为《民法大全》作注释的法学家欧内乌斯等一大批闻名遐迩的法学专家都云集博洛尼亚进行教学和著述。"罗马法的复兴""民法的世俗唤醒""教会法从神学中的分离"等一系列法学研究的重大突破,使博洛尼亚成为一座"法学之城"。② 新教材总结大学课程时指出,大学的设置一方面仍受基督教会的影响,另一方面也反映了经济和社会发展的要求。受教会影响是指在 13—14 世纪教会不允许大学传播有悖基督教义的异端学说,学术自由有一定限度。③

大学出现以后,需要建立自己的规则、实行自我管理和保护,它成了城市里除了政府和行会以外的独立机构。后来,国王和教皇也慢慢地认识到大学的价值,大学里能培养出他们所需的官吏、教士和法学家。经过大学培养的人才通过自己的学识而非出身获取社会地位,大学地位得到了多方的认可。因此,国王和教会为大学颁布特许状,如博洛尼亚大学由学生联合组成,得到神圣罗马帝国皇帝腓特烈一世颁发的特许状;巴黎大学则由一群教师联合创办,分别得到了法王和教皇颁发的特许状。通过特许状,大学自治

---

① [法]雅克·勒戈夫:《中世纪的知识分子》,张弘译,北京:商务印书馆 1996 年,第 4 页。

② 贺国庆:《欧洲中世纪大学起源探微》,载《河北大学学报》(哲学社会科学版)2007 年第 6 期。

③ 李艳玲:《中世纪大学的异端和异端学说》,载《经济社会史评论》2017 年第 4 期。

地位得到了确认,拥有免赋税特权、司法特权、教育自主权。新教材提到,13世纪大学的自治权利得到保证。大学有自己的管理人员,教授讲授课程,进行考试并授予学位。大学成为城市精神的"复制品",自由、自治的氛围在大学里弥漫。另外,大学虽是一个清贫的机构,但却可以拥有财产,随着时光的推移,乐善好施的捐赠者的赠予,使大学拥有可观的基金。大学有良好的组织,摆脱了外界的干扰,又享有财产收入,因而能历经人间沧桑成为一种永存于世的机构。[①]

欧洲中世纪城市的兴起,不仅适应了生产力和商品经济发展的需要,也孕育了许多近代因素:追求成功、满足欲望的新观念出现了;市场意识得到了认同;雇工、按劳取酬等原则普遍实行;产生了市议会和陪审法庭;新兴的市民阶层成为挑战封建势力的重要力量等。同时,为保护自己的利益,城市对外奉行贸易保护主义和排外政策,城市自私自利,一直保持足够的警惕,残酷无情,随时为捍卫自己的权利而战,城市间的斗争和角逐,成了后来民族国家斗争的先声。[②] 在大学里,研究学习公共性的知识成为学生的主要任务。为了课程的需要,许多古典著作从希腊文、阿拉伯文翻译成拉丁文,大量的古典著作和知识进入基督教世界。大学为欧洲人打开了一个全新的知识宝库,从而使欧洲的教育很快出现了一个新面貌。

伴随着民族国家的发展和国王的支持,在大学的推动下,民族语言开始出现。基督教思想也在经历着改变,经过大学深入探讨和研究,理性思考与神学发生了奇妙的结合,一种将理性应用于宗教启示的努力——运用哲学概念和逻辑解释、阐明基督教义的尝试,出现了"经院哲学"。大学里独立思考的意识、对理性思想的回归、对世俗知识的渴求最终产生了冲破基督教思想的力量,近代的科学理论也因此发展起来。总之,10 世纪以后,欧洲发生了深刻的变化,城市开始发展、商业逐步繁荣,文盲率逐渐降低,大学教育兴起,旧势力正在衰落,新的文明正在成熟。在教学中,不能将欧洲城市和大学视为古希腊、罗马文明的再生品,它是西欧新兴的文明产物。中世纪城市兴起后,具有越来越多的新品质,在经济、社会、文化、思想和政治等方面

---

① 帕尔默等,前揭书,第 36 页。

② [法]费尔南·布罗代尔:《文明史纲》,肖昶等译,桂林:广西师范大学出版社 2003年,第 301 页。

孕育着近代文明的诸多因素;这些因素在适宜的环境和气候中进一步发展,最终促成了近代西欧文明的诞生。在某种意义上,近代西欧社会是这些文明因素的直接后裔。[①]

原载《历史教学》(上半月刊)2019 年第 7 期

---

① 刘景华:《中世纪城市对近代文明因素的孕育》,载《贵州社会科学》2012 年第 6 期。

"中世纪城市和大学的兴起"教学设计

金　波　胡　斌

摘　要：中世纪城市和大学的兴起对于初中学生来说是一个学习难点，但中世纪的欧洲发展又对近代资本主义的成长有重要的作用，尤其是城市和大学，它们既是生产力发展、社会进步的重要体现，还是近代资产阶级政治、思想和文化发展的勃兴之地。中世纪的城市和大学相互依存、互相促进、有着相通的精神，渗透着自由和自治的理念，对近代社会影响深远。本教学设计着力从初中学生的视角观察中世纪社会发展和变迁，通过典型人物、事件还原历史现场，力图有一定的代入感和现场感，让学生"体验"中世纪欧洲城市和大学的独特生活，从感知到认知。

关键词：中世纪城市；大学；行会；契约

部编版初中历史教材《世界历史·九年级·上册》第9课内容是欧洲中世纪城市和大学，对于九年级学生而言是非常陌生的一课。欧洲中世纪的生活方式、行为习惯和思维方式与现代中国学生相距甚远，学生缺乏感受、体验的环境；城市、大学、行会、契约、公社运动等历史概念充斥其间，给学生理解、认识带来了非常大的挑战，不少教师的教学设计更多是从知识点出发，学生最终落入死记硬背的俗套当中。如何解决这个难题，笔者认为还是要从分析教材入手。本课题目是"中世纪城市和大学的兴起"，首先我们就要搞清楚为什么将城市和大学放在一课里讲解。通过阅读文献和梳理教材，笔者认为，这是提示教师要揭示两者的共同价值，探讨中世纪城市和大学的共通精神，并分析它们对近代西欧社会发展的奠基性影响。抓住这条主线，才能将复杂的概念、散碎的知识，构建为连续的历史。李松林教授指出:"教师在学科理解上的不足和教学内容的粗浅、零散状况、直接降低了课堂教学的品质和深度,导致了粗浅、零散、繁杂和空洞四大突出的课堂学习问题。"①教师只有先对教材内容理解透彻,才能在重点之处设置问题、启发学生。

一、教学立意

就本课而言,教材文本主要呈现学科知识内容,隐含和省略了其中丰富的思维过程,学生认识、理解中世纪欧洲历史有一定困难。这就要求老师在传授知识时,增加趣味性,构建联系,让学生感知历史,对教材的分析不只停留在结论和说明的表述上,在大单元教学的框架下,构建教材内容和教学内容。以本课为例,可以参考课文标题,将三个子目整合为两个子目:中世纪城市、大学的兴起。

城市是现代文明的重要发源地,西欧中世纪城市的兴起有其独特性,其产生于一个独特的环境中,要引导学生从时间、空间角度了解、认识中世纪城市,学会在具体的时空条件下对历史事物进行考察。中世纪城市的发展为大学的产生提供了物质条件,大学通过传授知识和培养人才也推动着城市的进步。中世纪的城市和大学相互依赖、互利互惠、矛盾对抗、共同发展,为近代社会的资本主义果实的成熟准备了条件。在此课内容的学习中,学生要学会用发展的眼光看待世界,既看到世界文明的普遍性,又体会到文明的多样性,了解欧洲中世纪是一个发展、进步的阶段。这一时期的欧洲有自由的城市、大学,文明的空气,此时,历史已经站在了现代世界的大门口。

二、教学过程

【导入】地图:"1300 年左右的伦敦城"②(图略);

课前探究成果汇报:始建于中世纪的世界文化遗产。

设问:根据地图和相关史事,说说 1300 年左右伦敦城的规模。请在地图上指出这两座建成于 11 世纪的建筑的位置,结合课前作业,介绍这两处

---

① 李松林:《深度教学的四个实践着力点》,载《教育理论与实践》2014 年第 31 期。

② 人民教育出版社、中国地图出版社编:《世界历史地图册》九年级上册,北京:中国地图出版社 2018 年,第 27 页。

世界文化遗产及其中最古老的建筑。

设计意图:历史学习是一个从感知历史到积累历史知识再到理解历史的过程。教师在选择素材时,尽可能寻找与当今生活相关联的素材,符合初中学生的认知特点,更容易引起学生的共鸣。伦敦是一座历史悠久的城市,也是中世纪英格兰最大的城市,教师通过布置课前作业,组织学生利用网络了解伦敦保留的中世纪建筑,结合"1300 年左右的伦敦城"地图,引导学生提取关键信息,形成对中世纪城市的初步印象,激发学生的好奇心和求知欲。同时,本课后面的教学,也离不开学生对伦敦城的研究。

西罗马灭亡后,长达 400 年,欧洲的农业、工商业普遍衰落,罗马时代的很多城市变成了废墟。连绵战火、疾病灾害、帝国危机导致西欧一片衰败,大部分土地都是森林、荒地、沼泽,人们大多生活在庄园里,勉强过着"自给自足"的日子。但是,11、12 世纪以后,这片土地上正在发生着一些重要的变化。

> 材料 1:(1287 年)拉班·扫马离开君士坦丁堡前往罗马拜见教皇,从那不勒斯到罗马的一路穿城越村,甚是惊奇,因为他们看到的到处都是建筑。
>
> ——朱炳旭译:《拉班·扫马和马克西行记》①
>
> 材料 2:到 1100 年或稍后的一些,从波罗的海到意大利,从英格兰往东远至波希米亚,整个欧洲都出现了这种中心地区。通常,每隔 20 或 30 英里就有一个中心市镇……每个市镇与其邻近的乡村进行地方性的交易,向本地顾客供应远地的货物。
>
> ——R.R. 帕尔默等:《世界现代史》②
>
> 材料 3:1050 至 1250 年,一切都发生了变化,在这大致二百年的时间里,一场农业革命发生了。他们先犁后耙,经常锄草,又在其轮作年轮中额外翻耕,这些大大有助于地力的恢复。结果农业产量大大增加,欧洲人第一次开始仰赖定期的、稳定的食物供应生活。人口的增加和

---

① 〔伊儿汗国〕(佚名):《拉班·扫马和马克西行记》,朱炳旭译,郑州:大象出版社 2009 年,第 30 页。

② 〔美〕R. R. 帕尔默等:《现代世界史:1870 年起》,何兆武等译,北京:世界图书出版公司北京公司 2008 年,第 29 页。

更节省人力的装置的使用,意味着无须所有的人都待在农庄里。

——菲利普·李·拉尔夫等:《世界文明史》①

设问:结合之前所学内容,谈一谈,与中世纪早期相比,10 世纪以后,欧洲社会面貌发生了什么变化,为什么西欧人会在 10 世纪左右从庄园走向城市。

释义:10 世纪以后,西欧的城市如雨后春笋般涌现,欧洲人的生活也发生了改善,他们吃得更好、穿得更好了。通过阅读教材可以了解到,商业发展还要依赖于农业的进步和人口的增加。只有生产出足够的粮食才能养活众多的城市人口。蛮族入侵后,农业的衰退导致了城市的没落,10 世纪的"农业革命"奠定了城市复苏的基础。农业发展、人口增加、分工日益细致,促使产品更加丰富,带动了贸易和手工业的发展。教师此时可以展示一些中世纪后期的农业进步的图片,如重型铧犁和三圃轮作制。教师可解释,重型铧犁的推广其实适应了欧洲西南部的重型黏土,铧犁和牛耕的出现使农民生产能力大大提升,中世纪农业出现了革命。

设计意图:城市化进程是现代文明发展的重要表现,分析中世纪城市兴起原因对学生之后的学习有一定的启发作用,但是对初中生来说,这是一个难点。情境和问题的设置,目的在于整合本单元内容,引导学生简单梳理西欧中世纪历史,尤其是经济发展的基本历程,了解 10—13 世纪是中世纪的繁荣时期。材料 1,可以从拉班·扫马的视角看到此时欧洲在庄园的基础上有了新发展,人们的生活在改善、城市在兴起、社会在进步。材料 2、3 侧重探究城市兴起的原因:商业和制造业的发展促进了城市的产生并为城市提供了支柱;人口的增加,农村剩余劳动力的出现,意味着一些人可以迁到镇子或城市,在那里过一种新的生活。由于初中学生的思维限制,对历史唯物主义观点和内涵只能渗透其中,不宜使用过于深奥的材料,用学者的结论已足够。通过三则材料,引导学生用发展和联系的眼光看问题,认识到中世纪城市兴起的根源在于生产力的发展,尤其是农业的进步,农业是手工业、商业的基础,农业的发展使大量的劳动力从农业生产中解放出来,为城市化的

---

① [美]菲利普·李·拉尔夫等:《世界文明史》上,赵丰等译,北京:商务印书馆 2018年,第 544 页。

发展提供动力。

让我们通过 12 世纪末的伦敦来了解中世纪城市生活的大致面貌,当时伦敦人口有 4 万左右,是重要的商业中心。

材料 4:一位 12 世纪的法国犹太商人对一位即将前往英国的朋友如此警告说:"你到英国之后,若要经过伦敦,就赶快穿过去……世界上任何污秽邪恶的东西在那里都找得到……如果你不想和作恶的人在一起的话,就别住在伦敦。"①

材料 5:一位伦敦市民在 1175 年这样赞叹道:"伦敦享受着新鲜的空气,笃行着基督的教诲;它拥有坚固的城防以及自然优美的环境;市民以它为荣耀,女人含蓄有礼。伦敦是座幸福的城市。"

——朱迪斯等:《欧洲中世纪史》②

设问:两则材料中,同是 12 世纪的伦敦城,为什么他们对这座城市看法如此迥异?

设计意图:这个问题旨在引导学生结合材料,进行合理的推论。从教师所给材料上看,从不同身份和视角的人会看到城市不同的侧面,引发学生多角度思考历史问题,同时也希望学生能有一定的代入感和体验性,学会考虑史料背后个人的处境及其出发点,同时也能客观分析他人的观点,如初入城市者更多是一个过客和旁观者,看到的是表象,而城市里的人可能有更深层次的追求,以此引出下面的材料和设问。

设问:城市是幸福的也是混乱的,虽然城市看起来环境恶劣,但城里的人却觉得是幸福的,结合教材及材料,谈谈他们的幸福感来自哪里。

材料 6:城市贫民(羊毛工人和其他工人)的家具同样粗糙。我们来看看安托尼奥的财产(1393 年),他是一个羊毛梳洗工(一个很普通的职业),他的八间房子(四间卧室)里有 553 件家什。其中大部分是穿的衣服,但还是有很多件家具,包括九张床,其中至少五张配有床垫和床上用品,七个椅子(所有尺寸加起来大约为 50 英尺),四张凳子,两张桌

① [美]朱迪斯·M.本内特、C.沃伦·霍利斯特:《欧洲中世纪史》,杨宁、李韵译,上海:上海社会科学院出版社 2007 年,第 192 页。

② 本内特、霍利斯特,前揭书,第 191-192 页。

子,一个写字台,更不用说诸如灯、盘子和亚麻制品等较小的家什。

——菲利普·阿利埃斯、乔治·杜比:《私人生活史 2:星期天历史学家说历史——从私人账簿、日记、回忆录到个人肖像全记录》①

材料 7:中世纪西欧农民的日常生活

他们的日常生活,大体上是如下的情况:黎明前进早餐——也许是粗糙的黑面包(可不要品尝)和稀薄的淡色啤酒——然后做父亲的带领年龄大一些儿子们在村子周围的田地里从黎明工作到日暮,按照季节不同,从事犁地、播种、刈草或收割。冬天天寒地冻,男人在家修造工具,妇女则常年照看小孩,喂养牲畜,做全家的针线活计,挤牛奶、制乳酪、烧火做饭。晚餐一般是一盆无肉的菜汤,粗黑的面包(可能有一只鸡蛋),而后早早入睡休息,迎接明天的辛勤劳动。

——C.沃伦·霍莱斯特:《欧洲中世纪简史》

设计意图:通过第 8 课的学习,学生对中世纪欧洲农奴的生活状况有所了解,再通过材料对比农奴和城市市民的生活,进一步加深学生对城市生活的印象。材料中展示的是当时中世纪城市中一个普通羊毛梳洗工的财产记录,在当时这仍然算是相对微薄的家产,不过所有基本的日用品都有:床、椅子和桌子——足够供这个家庭所有成员使用了,说明城市人的物质生活在改善,这是人流动的基本动力,是对美好生活的向往。

设问:城市的魅力仅仅是物质生活好吗?它还有怎样的魅力?

材料 8:城市的空气让人自由。

——中世纪德意志谚语

释义:城市的基本居民有手工工匠和商人,他们一般是从周围农村的农民转变而来的。很多人进入城市以前还是农奴,为了摆脱封建领主的奴役与剥削,不少农奴特别是有某种手艺的人,逃到城里谋求生计,成为城市居民的一大来源,城市改变了他们的"身份",从一个农民变成了自由的市民,因此,自由是城市居民的"天性"。

---

① [法]菲利普·阿利埃斯、乔治·杜比:《私人生活史 2:星期天历史学家说历史——从私人账簿、日记、回忆录到个人肖像全记录》,洪庆明等译,哈尔滨:北方文艺出版社 2013 年,第 162 页。

设计意图：结合之前的材料，城市给人两种不同的观感，有好有坏，但总体上物质生活的富足和精神生活的自由是城里人幸福的源泉。通过材料，学生可以深入探究城市的魅力，同时认识到城市居民是中世纪社会中独特的力量，"人"是历史发展的主角，而城市人的富足、自由又与城市的经济、政治、社会环境密不可分。在此基础上，教师可以进一步追问城市人的自由品质是如何形成的。从而教师引导出自由城市和自治城市的形成这一关键问题。

"城市人"不仅会享受，还是一群天性向往自由的人，生活的改善使城市居民精神面貌焕然一新，他们在物质发展的基础上向往自由和平等，追求幸福、享乐，这是历史发展的必然趋势。自由、平等、幸福是人类历史发展进程中重要组成部分，是人类一直向往的权利。但是，在中世纪，所有的领土都是有领主的，最初的城市也是建立在领主的封地上，由一个或多个领主进行管辖。这与商品经济发展的要求、城市居民的自由品质格格不入。

　　　　材料9：伦敦市民享有充分的权力任命他们所愿的伦敦市民为市长，并任命任何一人或他们所愿的伦敦市民为法官，负责处理按照国王的法令而提出的申诉，遇有讼案即审理；此外无论何人均不得对伦敦人民行使司法权力。凡属市民均不得因任何纠纷而到市区之外进行投诉。

　　　　　　　　　　　　　　　　　　——伦敦城的特许状[①]

设问：阅读材料和教材，小组讨论：城市是如何获得自由和自治的？自由城市和自治城市获得哪些权利？

设计意图：组织学生以小组为单位，依托教材和材料，探究城市获得自由和自治的路径及权利。进而感悟：自由不是别人赏赐的，需要不断斗争，而自由的空气、契约共同体、城市自治等近代文明特征在中世纪城市里已经得到了最初的体现。

　　　　材料10：1345年伦敦马刺业行会规章

---

　　① 冯正好：《中世纪西欧的城市特许状》，载《西南大学学报》（社会科学版）2008年第1期。

……

第三,任何从事本行业之人,若非本城之自由人即不得在本城购买、建造或单独租赁房屋,亦不得开设店铺……

……

第六,任何外国人或本城以外之本国人,除非获得市长、长老及管理员许可,列入本城市民名籍,而且有本行业正直会员证明并担保其为人忠实,品行端方者,皆不得从事或利用本业。

——刘启戈、李雅书选译:《中世纪中期的西欧》

设问:那么,自由、自治的城市就全是好的吗? 结合教材谈谈你的认识。

设计意图:历史发展不是线性的,中世纪城市弥漫着自由的氛围,并不等于说其完美。历史本身是复杂的。其实中世纪城市中各行业间存在一堵无形的墙——行会,行会是商人们进行斗争、保证自己权利与安全团体,它是商人们相互帮助、相互扶持、维护秩序的组织;另外,它也是排他性的,行会只保护本行业内特定人群,而且有严格的等级限制,通过行会章程发现,学徒和工匠是城市的下层,而且很难改变自己的命运。欧洲中世纪城市在为市民提供集体保护的同时,也在侵犯着民主和平等权利。学生思考行会的两重性,理解自由、平等的相对性,认识到城市、行会内部的阶层差异产生阶级分化。

作为行会的一种,大学起初是自发的,后来随着地位的提升、学术价值的体现,获得了教皇或国王的认可并被颁发了特许状,明确规定自己的权利、保护大学的师生,维系大学的发展。巴黎成为中世纪学术的中心不是偶然的,王权的保护、交通的便利、物质生活的富足,使巴黎吸引了来自周边国家的学者。巴黎大学是巴黎教育学术的集中体现,被称为大学之母,是欧洲北部地区大学的模型。国王和教皇慢慢地认识到大学的价值,大学里能培养出他们所需的官吏、教士和法学家,经过大学培养的人才凭借自己的学识而非出身获取社会地位,因此大学地位得到多方的认可。大学培养了高素质的人才,传播了古典文化,为欧洲社会发展奠定了思想文化基础,大学的兴起反映了当时经济和社会发展的要求。

学生或教师为了保护自身权利和经济利益不受侵犯,自发组织行会,这与中世纪城市中的手工业行会和商人行会的性质是一样的。博洛尼亚大学是以学生组成的社团为基础建立起来的,而巴黎大学是由巴黎的教师组成教师行会,选举会长管理学校,这两所大学是中世纪大学中最典型的两种模式。

　　材料11:13世纪的巴黎可能是欧洲最大的城市,它不像那不勒斯、热内亚那种商业城市,也不像罗马那种宗教城市,巴黎的特色是王家气派与文化。如果说王家气派不可与君士坦丁堡同日而语,文化氛围却是其他地方不可比拟的,10万市民中,有3万学者。"这里有3万学者研究基督教教义和世俗之学,即翻译和解释所有的《圣经》和科学,科学系指哲学、修辞学、医学、几何学、算术和星象学。他们经常忙于写作,一切活动都得到国王支持。"

　　　　　　　　——周宁:《中国的马可·波罗——列班·扫马西行研究》①
　　材料12:1345年伦敦马刺业行会规章
　　……
　　第四,本行业任何会员所招收之学徒其学习期间俱不得少于七年,而此类学徒亦必须按照本城惯例进行登记。

　　第五,倘有从事本行业之非自由人按照前条所述年代期限招收正式学徒,即应如前述之例予以处罚。

　　　　　　　　——刘启戈、李雅书选译:《中世纪中期的西欧》

　　设问:中世纪早期,许多欧洲人质疑知识的价值,他们绝大多数是文盲,识字的主要是教士。材料中显示,13世纪的巴黎已经成为"文化之城",尤其是在市民中学者占重要部分,这与巴黎大学的出现密不可分,那么大学又是怎样出现并发展的呢?观察地图"中世纪的城市"和"大学的兴起""12—15世纪大学数量变化图表",②找一找大学的位置,思考为什么大学基本集中在城市里。

　　释义:城市兴起为大学出现创造了条件,城市的工商业者需要不断提升自己的素质,他们要了解材料的特性、要学会绘制地图、要用法律解决冲突、

---

　　①　周宁:《中国的马可·波罗——列班·扫马西行研究》,载《国际汉学》2003第2期。
　　②　中国地图出版社编著:《世界历史地图册》(九年级上册),北京:人民教育出版社2012年,第28页。

要制定自己的行规,这些是教会学校不能满足的。城市需要律师、医生、教师、管理者等专门人才,也需要社会、地理知识,还有培养新的学徒;城市的经济也能支持人们献身于思维活动,大学是在城市发展基础上出现的。

设计意图:材料和问题的设计目的是引导学生通过材料和地图发现大学主要集中在城市中,将两者有机地联系起来。同时,地图的使用旨在提高学生的观察能力,教师可以要求学生从整体上观察大学的发展,也要从图片的局部和细节中,通过对比找到大学与城市的关系。

大学建立需要一定的物质基础,学生学习必须支付高昂的学费,没有一定的经济条件是不可能允许年轻人脱离生产去学习的,那么,当时的大学生是如何生活的?

> 材料13:尊敬的父亲大人:如同您曾经对我的期待一样,我在牛津大学的学业进行得很顺利,虽然课程费用支出不少,但是我觉得这些知识可以使我能够更加接近真理的道路。然而,您可能未必能够相信,这座小城的花销已经超过了您当时所做过的最坏的预期。我当然无意在您的能力上对您进行指摘,您一直以您的睿智指导着我,但是如果您能够为我再增加一些费用,或者每年再增加一镑,或者60先令,我想我就能够更为欢愉地在这座城市里学习,而不必每天忧心忡忡。
>
> ——一位来自温切斯特的学生在1450年前后给他的父亲写的深情款款的"催款单"[1]
>
> 材料14:图片"中世纪大学课堂"[2](略)

设问:从所给材料中想象一下中世纪大学生的生活。

设计意图:大学生活对学生而言是有亲切感的,能够激发学习兴趣;从材料中看出,大学生需要一定的物质基础,而且学习状态相对宽松、自由,可以引发学生思考,大学建立在一定的经济基础上,学生需要脱离生产,甚至是离开家乡学习,没有一定的物质条件是办不到的,另外学生在课堂上的状态,也可以形成大学里有相对自由宽松的环境,图片可以提供更加直观的感

---

[1] 李腾:《中世纪大学生的求学生涯》,澎湃新闻,https://cul.qq.com/a/20170423/005573.htm,2017-04-23.

[2] 《世界历史》(义务教育教科书)九年级上册,第45页。

受,形成对大学的初步认识。

　　大学是传授知识的场所,是教化人心灵的地方,随着时间的推移,随着贸易、经济和政治的发展,越发意识到大学生对于维持城市运作,促进城市发展的作用,许多市民逐渐以他们城市中的大学为荣。但是,大学与城市也有对立、冲突的一面,我们可以让学生发挥想象力,推测大学生与城市居民之间的矛盾。

　　　　　材料 15:1355 年牛津大学圣斯科拉斯提卡节暴动[①]

　　释义:1355 年 2 月 10 日,几位牛津大学的学生在酒吧饮酒时抱怨酒的质量不好,最后竟对店主温德大打出手。温德的朋友迅速通知市政当局,以圣马丁教堂的钟声为号,号召牛津市民好好出一口恶气。大量市民涌入学生居住的区域,并带着弓箭、斧头等武器攻击学生。前来劝架保护学生的牛津大学校长也被射中一箭,无奈前往伍德斯托克向国王求援。就在当夜,盛怒之下的牛津市市长甚至雇用了周边地区的农民增援,市民和学生之间发生了一场大战。许多学校的校舍和学生书籍、物品被焚毁,还有若干学生在冲突中身亡。

　　当时城市居民欺负学生的事件屡见不鲜。比如:突然提高房屋租赁价格,将变质的肉类卖给学生,在啤酒里掺水等。另外,学生们也不是省油的灯。首先,大学生内部会发生许多口角乃至斗殴事件。学生们来自五湖四海,业余生活主要是喝酒,而酒后的群殴事件就数不胜数了。其次,有学生存在偷盗行为,对城市的秩序造成了破坏,引发了对抗性事件,甚至造成伤亡。

　　设问:前述中世纪的大学,对城市有诸多好处,那么大学生和城市居民为什么会产生冲突?

　　设计意图:大学与城市既相互依存又有冲突,以学生当前的生活经验较难理解,学生需要大胆地推测,并作出合理的解释。从材料中可知,大学和城市都有自己运行规则,且有具备自主意识的团体,市民、学生有各自的利益追求、也有权利边界,虽然大学会给城市带来荣耀以及高素质的人才,但

　　[①]　这是 1907 年时牛津市出版的官方明信片(略):1155 年到 1751 年之间,在英国的历法里新年是从 3 月 25 日开始的,所以明信片中标注的是 1354 年。

特立独行的年轻人与市侩的市民之间也会有冲突,激烈的冲突不仅是矛盾的体现,也说明大学和城市作为两个新生事物也要有磨合和妥协的过程,学生在此认识到,历史发展不是直线的,而是曲折的,是充满斗争、不断妥协和发展的结果。像早期商人聚集在一起,逐渐发展成为有组织的行会一样,学生和教师非正式地汇合起来,逐渐发展成各种有组织的学校。这些学校具有鲜明的社团特点,大学出现以后,起初是学生或教师为了维护自身利益而形成的团体,学生、教师组成社团的目的是保护自己的利益不受侵犯,它是一种自发组织。巴黎大学则由一群学者联合创办,后来得到了法王和教皇颁发的特许状。

> 材料 16:1200 年,法王"奥古斯都"菲利普二世授予巴黎大学师生特权,规定大学师生的人身不可受到市民的伤害,普通的法官不能逮捕任何学生,如遇紧急情况,必须马上把案件交到教会法官手中,学生只能由宗教法庭审判。1231 年,罗马教皇格雷高里九世又以谕令授予巴黎大学以"不受宗教法庭干涉"的特权。当时的巴黎大学在神学方面几乎具有绝对的权威,因此,不少有关司法方面的审判裁决权均由巴黎大学施行。
>
> ——宋文红:《欧洲中世纪大学的演进》[1]

设问:大学的"特权"意味着什么?

释义:通过授予特权、发布谕令和颁布特许令的方式来保护大学的师生,从而维系大学的发展。一般来说,这些特权包括师生在城镇的居住权、在司法上的独立自治权、师生的罢课和迁徙权力的自主权。大学里更为自由的氛围,使教师在课堂上享有了相当大的教学自由和自主的权利。在早期大学中可以发现西方大学的基本理念:学术独立、思想自由、科学精神。大学不是谁的附属品,它有自己的组织、自己的规则、自己的运行机制和资金来源,虽然由国王或教会提供保护,但大学是一群有思想、有知识、有追求的人组成的"共同体"。

设计意图:探究与教材中与结论相关的鲜活的素材,有利于加深学生的印象,学生逐步认识到中世纪大学是中世纪城市自由精神和物质发展的产

---

[1] 宋文红:《欧洲中世纪大学的演进》,北京:商务印书馆 2010 年,第 164 页。

物,大学通过斗争和发展获得了免赋税特权、司法特权、教育自主权,进而形成了一些的基本理念:学术独立、思想自由、科学精神,这对于现代世界发展有着重要意义。

作业:大学和城市被称为中世纪的两朵花,这两朵花有什么共通的地方吗? 它们的兴起对近代社会的到来会产生怎样的作用?

设计意图:古代世界文明是多样的,但我们必须承认,进入近代以后,西欧在世界历史的进程中处于领先地位。中世纪城市和大学有着独特的魅力,自治自由的精神、丰富的物质生活、科学思想受到重视、团体意识逐渐觉醒,等等,使西欧社会具有越来越多的新品质,在经济、社会、文化、思想和政治等方面孕育着近代文明的诸多因素;这些因素在适宜的环境和气候中进一步发展,最终促成了近代西欧文明的诞生,13 世纪的欧洲已经站在了"现代世界"的门口。

10 世纪以后,欧洲发生深刻的变化,城市开始发展、商业逐步繁荣,文盲率逐渐降低,大学教育兴起,旧势力正在衰落,新的文明正在成熟。随着市民阶层的崛起,中世纪已经走向尾声,商人们开办银行,为贸易提供更有力的支持;航海家开始探险之旅,贸易的重心转向了地中海之外更为广袤的世界;大学和印刷术的发展,引发了知识爆炸,人们对世界的认知发生了惊人的变化。自由的城市、人文荟萃的大学成为近代欧洲进步的动力源泉。

三、教学反思

最初开展本课的教学时,我们使用了很多教学资源,有些资源对部分初中生有一定的难度,而且全部集中在一节课教学中,也无法完成教学任务。教学中的失败,引发了我们对学生认知能力和不同层次学生的深入的思考。在本文写作过程中,基于课标、统编教材和学生认知能力,我们对教学资源进行筛选,做了多角度、多层次的设计,希望可以用搭积木的方式,在教学过程中选择,以适应不同层次的学生或者班级。

本课的教学素材选择方面,我们也走过弯路。例如,最初的教学和文本设计中,我们选用了一句网络上流传很广的恩格斯的话:"城市是中世纪的花朵",并据此还将本文题目定为"中世纪的两朵花:城市和大学",但是在可靠的经典文献中均没有找到这句话,这就给我们敲响了警钟,在教学中使用素材一定要谨慎,切忌人云亦云,对教学资源要查证源头。此外,针对初中学生的认知能力,应注意收集鲜活的历史素材,用历史的细节魅力打动学生,如拉班·扫马的视角,12世纪不同身份的人对伦敦城的看法,安托尼奥的财产清单,温切斯特的学生写给父亲的信,等等,可以部分还原西欧中世纪人的生活。希望能从历史中的小人物的生活细节去感染学生,加深学生对中世纪城市和大学兴起的感性认识,进而在此基础上理解这一时期的社会发展,给孩子们在探究知识的道路上提供一些视角,培养其进一步探究的兴趣。

在第一次上这一课时,我们对中世纪城市和大学的知识储备不足,仅仅满足于本课教学任务的完成,较为孤立地完成知识的传授。几年的教学积累和写作打磨,打开了我们的眼界:从大单元教学的视角,串联起本单元课程之间的联系,将本课内容放在中世纪欧洲发展的宏观历史背景中探究。从跨单元教学的角度,探究中世纪城市和大学的共通自由、自治精神,为第四单元第13课"西欧经济和社会的发展"和第14课"文艺复兴运动"学习做好铺垫,进而深层次理解中世纪欧洲社会的变化与发展。从跨阶段教学的视野,培养学生学科素养,为学生高中阶段学习奠定基础,促进学生终身发展。

原载《历史教学》2022年第3期

浅析中世纪西欧城市制的起源和发展

姜守明

　　城市是人类文明开启的重要标志。它产生于人类从野蛮时代转向文明时代,从部落制解体到阶级产生、国家形成的过渡时期。作为历史的产物和乡村的对立物,城市的出现是人类社会的重大进步。对于城乡之间的分离,马恩经典作家指出,这是"物质劳动和精神劳动的最大的一次分工"[①]。在古代世界,两河流域的苏美尔人和尼罗河流域的埃及人,都曾创造了古代世界最初的城市文明,或城邦文明。爱琴海区域的希腊人、黄河与长江流域的中国人,以及印度河与恒河流域的南亚人也紧随其后,依次进入了城市生活的发生阶段。及上古时代晚期,罗马帝国将城市文明推向了发展高峰,而从公元 4 世纪中叶起,直到 6 世纪后期,延续两个世纪之久的日耳曼民族大迁徙浪潮,几乎摧毁了希腊罗马创造的古典文明。这样,欧洲又退回到了"粗野的原始状态"。恩格斯认为,中世纪西欧从没落的古代仅仅承袭了基督教和一些失掉文明、破败不堪的城市,一切都从头做起。[②] 这种看法是对"蛮族"迁徙造成破坏性后果的一种判断。随着封建政治秩序的稳定,农业逐渐得到了恢复,商业及手工业有所发展,以此为前提,不仅停滞的罗马城市生活又恢复生机,而且一批新兴城市得以建立,从而有力地促进了欧洲的经济与社会发展,还推动了社会转型和民族国家的建构。

---

①　《马克思恩格斯选集》第 1 卷,北京:人民出版社 1972 年,第 56 页。
②　《马克思恩格斯全集》第 7 卷,北京:人民出版社 1959 年,第 400 页。

一、中世纪西欧罗马城市的复苏

中世纪欧洲的封建社会,是日耳曼因素和罗马因素共同作用的结果。准确地说,日耳曼入侵者在征服罗马帝国的过程中,受罗马文明的影响,逐渐走进了封建社会。6—9世纪,西欧各基督教王国的衍生与演进,使得原来罗马统治下的欧陆社会发生了革命性变化,从经济政治制度到阶级社会结构、从法律道德习俗再到宗教思想文化,莫不如此,主要表现为政治重心从地中海区域向欧洲内陆的转移、经济形态由罗马奴隶制到日耳曼农奴制的转变、精神文明从世俗性和实用性结合的古典文化到东方神秘主义基督教文化的嬗变。

中世纪早期,欧洲尚未脱离蛮族入侵后的衰败与荒凉,或者说还没从日耳曼人的破坏中恢复生机。在生产力低下的自然经济条件下,手工业生产和商品经济远未发展起来,古典时期繁盛的城市生活难觅踪迹。那些幸存的罗马城市,多是主教的驻节地,也即主教座堂(办公室)的所在地,或者仅是罗马旧城墙护卫起来的堡垒而已。人们知道,教会是按照帝国行政区域划分教区的,每个主教管辖区实际上相当于一个城市。[①]"每一个有主教驻节的'城市',现在只不过是教会的行政中心。"[②]就是说,"每个主教管区仍然以其大教堂所在的城市为中心",而城市本身在世俗管理方面的作用不复存在。[③]从理论上讲,中世纪城市兴起是封建社会生产力发展而引起的农业与手工业相分离的结果。及至9世纪初查理大帝时期,随着法兰克社会封建化的完成,西欧确立起了封建制度,并逐渐向四周扩散。10世纪左右,农业经济的恢复、手工业和贸易的发展,直接促进了欧洲城市生活的复兴。关于中世纪城市的起源,西方学界明显形成了"罗马派"与"日耳曼派"的分歧。前者认为罗马时期留下了一定数量的城市,后者则认为中世纪城市是重新兴起的结果。这种笔墨官司纯属口水仗,难有一致的看法。这里,笔者仅摆

---

①　[比利时]亨利·皮雷纳:《中世纪的城市》,陈国樑译,北京:商务印书馆1985年,第7、37页。

②　[比利时]亨利·皮朗:《中世纪欧洲经济社会史》,乐文译,上海:上海人民出版社1964年,第37页。

③　皮雷纳,前揭书,第39页。

出自己的认识:有一点是可以肯定的,就是中世纪西欧的城市主要有两个来源:一是幸存的罗马城市,二是新兴的日耳曼城市。[①]

关于罗马城市的幸存,或"古典时代以来欧洲城市的连续性问题",美国学者汤普逊认为那是一种陈旧的理论。[②] 所谓旧理论,大概是指 20 世纪早期比利时学者皮雷纳提出的看法,因为他认为欧洲城市的罗马起源论本来不是问题,而"所谓蛮族人厌恶城市的说法,是公认的神话,已为事实所揭穿。尽管在帝国的边远地区,某些城市遭到抢劫、焚毁和破坏,然而无可否认的是,绝大多数的城市得以幸存。统计一下今天存在于法国、意大利,甚至莱茵河和多瑙河沿岸的城市,可以证明这些城市中大多数坐落在原来罗马城市所在的地方,而且它们的名字也往往只是罗马城市的名字的变形"[③]。皮雷纳还进一步指出:"日耳曼人入侵以后商业得以保持,同时作为商业中心的城市以及作为商业工具的商人得以保持,这一切是由于地中海贸易还在继续。"[④]他还把城市与城镇和城堡作了区分,指出加洛林时代已不存在严格意义上的城市,"城镇和城堡只是筑垒之地和行政中心",均与工商业活动无关。作为商人阶级的特色住所,城市是 10—12 世纪贸易复兴的产物,而城镇和城堡则是城市的踏脚石。[⑤] 这就是皮雷纳的结论。但是,皮雷纳的看法越来越受到质疑。法国"新史学派"代表人物雅克·勒戈夫就认为:"城市生活在中世纪早期并非完全黯然失色,情况没有这样严重;一座座岛屿般孤独的城市尤其是主教城市,它们继续保持了城市的现实与理想。"[⑥]还有学者认为,"一些在 12 世纪中期作为繁荣的贸易中心的城市原来就是罗马军营,英国北部的约克、法国西部的波尔多和德国西部的科隆就是很好的例子,它们都是在 11 世纪复兴的古老城市"[⑦]。这表明,学界依然不乏中世纪西欧城

---

①　孔祥民主编:《世界中古史》,北京:北京师范大学出版社 2016 年,第 22 页。

②　[美]汤普逊:《中世纪经济社会史》下册,耿淡如译,北京:商务印书馆 1961 年,第 409 页。

③　皮雷纳,前揭书,第 7 页。

④　皮雷纳,前揭书,第 9 页。

⑤　皮雷纳,前揭书,第 47 页。

⑥　[意]卡洛·M. 奇波拉主编:《欧洲经济史》第 1 卷(中世纪时期),徐璇译,北京:商务印书馆 1985 年,第 61 页。

⑦　[美]约翰·巴克勒、贝内特·希尔、约翰·麦凯:《西方社会史》第 1 卷,霍文利等译,桂林:广西师范大学出版社 2005 年,第 489 页。

市有部分起源于罗马时期的看法。

其实,对于罗马城市在中世纪的延续问题,也可以从语源学的角度来考察。涉及城市,有几个英文词语,意义不尽相同。(1) town 指小于城市(city)而大于村庄(village)的城镇,与德文词 Zaun 和古斯堪的纳维亚词 tún 同源,均从日耳曼词语 tūnan 派生而来;而 tūnan 是对凯尔特语 dūnom 的借用,其本意是定居点,后演变为城镇。(2) borough,意即自治市,源于盎格鲁-撒克逊时期古英语,意指有围墙、小于城市的设防之地(burg)。皮雷纳也认为,在现代英语和俄语中,表示"城市"的词 town 和 gorod,其原意都是围子(设防地)。① 诺曼征服后,《末日审判书》以 town 的拉丁语形式 burgus 来指代 11 世纪后期的英国城镇。② (3) city 由拉丁文 civitas 派生而来,指比城镇或村庄更大,或更重要的城市,是"一些格外重要的中心"。③ 在拉丁语中,civitas 有三个基本含义,即"国家(城邦)""(罗马)公民权""城市(外省自治市)",它们反映了罗马人的城市生活面貌,也突显了城市作为地方统治单位的意义。这也从一个侧面告诉我们,中世纪欧洲有部分城市源于幸存的罗马城市的复苏。通过溯源和比较,我们还有一个发现,就是城市、自治市和城镇三个词所涉及的空间范围和人口规模,以城市为最,自治市次之,城镇居末。

中世纪的英国,有许多例证可以说明城市起源于罗马不列颠时期。当时的罗马人,以伦敦为中心,修建了几条向四周辐射的"罗马大道",通往各地作为军事和民事战略中心的罗马城镇。最初,罗马退伍军人还建立了四个殖民地(colonia),将城市生活向外扩散:科尔彻斯特(Colchester)、林肯、格洛彻斯特和约克,均被赋予了相当程度的自治权。这一时期,罗马城镇的规模以伦敦、科尔切斯特和圣奥尔本斯(St. Albans)为最大。像奇切斯特(Chichester)、多尔切斯特(Dorchester)、赛伦塞斯特(Cirencester)、埃克塞特(Exeter)和沃克斯特(Wroxeter)等小城镇,原来多为驻扎罗马士兵的堡垒,商人们因交换之需,便在附近建起了商店、酒馆等房屋设施,逐渐具有了

---

① 皮雷纳,前揭书,第 36 页。

② [英]约翰·坎农主编:《牛津英国历史辞典》,孙立田等译,北京:人民出版社 2018年,参见条目 boroughs。

③ [法]马克·布洛赫:《封建社会》下卷,张绪山译,北京:商务印书馆 2004 年,第576 页。

城镇模样。

盎格鲁-撒克逊时期,不列颠的罗马城市已失去政府管理的重要性,"几乎没有政府职能是基于城镇的,文化生活很少与城市环境相联系,而依赖于城镇的奢侈品贸易衰落了"①。加之,由于8—10世纪维京人的经常性抢劫,幸存城市的生存都已岌岌可危。有人悲观地认为,"城镇生活在750年到1050年的欧洲大多数地方几近消失"②。不过,许多人受到宗教中心的吸引,城镇或城市得以发展起来。"教会神职人员和统治阶级在城市里是相当活跃的。他们在城里召开宗教大会,在会上激烈地讨论着问题,还举办宗教演出,举行宗教仪式,庆祝宗教节日",等等。③ 据《牛津英国历史辞典》,中世纪英国较大的贸易城镇,基本上都形成于罗马要塞遗址附近,吸引着城市中心以外的新的商人定居者。"内地的小城镇也在王宫附近和教堂中心区发展起来,尤其是在大教堂和主要教堂建立之后。"④故而有学者指出:"罗马时期的城市,有着悠久的历史,或者得以完好保存,或者在公元1000年前就得以复兴。这类城市的核心通常为伯爵官邸和主教所在地,周围环绕着主要始于10世纪的城墙。"⑤在伦敦之外,英国最大的城镇是林肯、坎特伯雷、奇切斯特、约克、巴斯、赫里福德等大教堂城市,它们吸引了各种各样的人,尤其是商人和朝圣者。

二、中世纪西欧新兴城市的诞生

中世纪欧洲城市的产生,如上文所述,除了复苏的罗马城市外,还有日耳曼征服者定居欧洲后新建的城市。我们知道,不论是自治市(borough)还是城镇(town),它们均有"堡垒""要塞""设防"等含义,这就意味着中世纪城

---

① Thomas F. X. Noble Barry Strauss, etc., *Western Civilization*: *Beyond Boundaries*, Boston & New York: Houghton Mifflin Company, 2008, p.241.

② [美]罗伯特·E. 勒纳、斯坦迪什·米查姆、爱德华·麦克纳尔·伯恩斯:《西方文明史》I,王觉非等译,北京:中国青年出版社2003年,第295页。

③ [法]埃德蒙·波尼翁:《公元1000年的欧洲》,席继权译,济南:山东画报出版社2005年,第285页。

④ 参见坎农,前揭书,towns条目。

⑤ [法]罗伯特·福西耶主编:《剑桥插图中世纪史》中册(950—1250年),李增洪等译,济南:山东画报出版社2018年,第321页。

市的兴起,与军事意义的设防之地相关联。问题在于,学界对中世纪欧洲新兴城市的创建,可谓看法纷呈,莫衷一是。著名中世纪史学者芝加哥大学汤普逊教授列举了多种假说,诸如"公社"(马尔克)起源说、庄园(采邑)起源说、"市场法"(市场)起源说、免除权起源说、卫戍(城堡)起源说、加洛林王朝地方制度起源说、德意志行会起源说等,并认为它们都"具有不同程度的真实性"。① 还有美国学者不无道理地解释说:"历史研究中最有趣的地方之一,就是研究那些能够从多方面解释的现象和事实,对这些现象和事实往往没有最终的确切的解释。"②

城市的兴起是中世纪欧洲最显著的特征之一。欧洲经济生活的恢复,尤其手工业和商业的发展,直接促进了中世纪城市的兴起和城市生活的复苏。随着流动人口的增加,货物交换的活跃,商人或手艺人因交易的需要而频繁集聚,于是"旧城不断恢复,新城开始建立,以商人和手工业者为居民主体的城市又开始繁荣起来。也就是说,商人与城市的结合,导致了城市的复兴,与此同时,复兴的城市又为商人阶层的存在和发展提供了保障"③。或许,中世纪"欧洲的商业开始于节日教堂附近举行的宗教集市。大型的宴会将远近各地的群众吸引而来,这些宴会上会展出基督教圣徒的遗物。周围乡间的农民蜂拥而来的时候,阿拉伯商人就会摆出摊子,展示他们的商品。一些当地商人就会开始订货,或者安排工匠制造商品以和他们进行交换。工匠们搭起小的手工艺作坊将原材料加工成可以销售的商品。……在市场、港口、渡口或者主教或地方贵族的住宅区,城镇如雨后春笋般发展起来"④。

在谈及中世纪工商业阶级对于都市复兴中的作用时,法国学者指出:"商业和工业复兴与发达的第一个影响,就是引起都市生活的复兴……通常位于大的贸易路线上的以前的罗马城市,有许多已从它们的废墟中兴建起来。在寺院和坚固城堡的庇护下,村镇(burgs)几乎逐日成长起来;在像法

---

① 参见汤普逊,前揭书,第 409 - 413 页。

② 巴克勒、希尔、麦凯,前揭书,第 489 页。

③ [英]大卫·尼科尔:《中世纪生活》,曾玲玲等译,太原:希望出版社 2007 年,第 28 页。

④ 威廉·麦戈伊:《文明的五个纪元:以五个文明划分世界历史》,贾磊等译,济南:山东画报出版社 2004 年,第 73 页。

国的五百个城市中,就有四百二十个是这样兴起来的。有许多起初不过是
庄园的中心(villae),在四周建筑了城垣后,它们就上升到了城市的地位;其
他的则是作为拓殖的安全地带而建立起来的,其名称为新的城市(villes
neuves),自由市镇(villes franches),新村镇(bourgs neufs),新市镇
(sauvtes)和防舍(bastides)。"①这就清楚地表明,一方面,活跃的工商业构成
了城市兴起和城市生活恢复的基础;另一方面,中世纪欧洲的新城,要么以
罗马城市的遗址为依托,要么以修道院或领主的堡垒为凭借。② 中国学者马
克垚指出:"西欧中古城市的兴起问题,严格说来,是一个城市发展问题。因
为城市在那里并不是从无到有的兴起,而是在还保留一些城市的基础上,既
有旧城市的复兴,也有新城市的出现的一种运动。"③当然也有人认为,"许多
城镇聚居地是在中世纪盛期平地而起的"④。其实,我们还可以从不同角度
来理解中世纪欧洲的新兴城市。

　　首先,从时空上看,9 世纪或更早,它们首先在意大利北部和法国南部出
现。10—11 世纪,法国北部、尼德兰、莱茵河流域,以及临近地中海和北海、
波罗的海两大贸易区一带也纷纷兴起了城市。12 世纪,出现了像卢卑克、柏
林、慕尼黑这样全新的城市。14—15 世纪以后,卢昂、亚眠、波尔多、奥尔良、
南特、特里尔、根特、布鲁日、米兰、那不勒斯等城市,逐渐成为地区性或全国
性的经济贸易中心,威尼斯、热那亚、法兰克福、安特卫普、伦敦、巴黎等少数
城市,日益发展为国际大都市。

　　其次,从功能上看,新兴城市可以分为三种形式:⑤一是为了满足地方市
场需要而生产的中小城市,它们既是生产中心,也是消费中心,其经济活动
受到地方市场供求关系的制约;二是主要生产和经营特种专业产品的城市,
主要是为了出口而生产,其经济、政治状况很大程度上为国际贸易所决定,
意大利的佛罗伦萨最具代表性;三是主要从事中介性国际贸易的城市,它们

---

① ［法］P. 布瓦松纳:《中世纪欧洲生活和劳动》,潘源来译,北京:商务印书馆 1985 年,
第 194 页。

② 参见奇波拉,前揭书,第 61 页。

③ 马克垚:《西欧封建经济形态研究》,北京:人民出版社 1985 年,第 292 页。

④ 勒纳、米查姆、伯恩斯,前揭书,第 294 页。—

⑤ 参见［英］M. M. 波斯坦等主编:《剑桥欧洲经济史》第 3 卷(中世纪的经济组织和经
济政策),周荣国、张金秀译,北京:经济科学出版社 2002 年。

不以本城生产的手工业品为贸易的主要对象,商人构成居民的主体,如意大利的威尼斯、热那亚,德意志的汉堡、卢卑克等。

再次,从人口数量上看,西欧城市规模一般不大,小城市多在千人以内,中等规模在数千至万人之间。11 世纪后期,英国的考文垂有 6 000 人,布里斯托尔为 8 000 人,约克有 10 000 人。① 14 世纪初前后,只有五六座城市超过五万人,②而伦敦和科隆(德国)均有四万人,巴黎有八万人,均属于大都市了,而这根本无法与数十万、上百万的东方城市同日而语。意大利的城市规模最大,像威尼斯、米兰、佛罗伦萨、巴勒莫和那不勒斯都在五万人以上。

最后,从市民构成上看,最初的市民(burgenses),多是商人(mercatores)与手艺人(craftsman)一身二任。按照汤普逊的解读,"早期城市的居民,是中世纪时代的商人;他们或者出售别人的生产品——象葡萄酒、谷物、其他国家的商品——或者因为自己是手艺人,出售他们自制的手工制品"③。就是说,手艺人往往是带上自己的产品到市场上去出售,他们从偶然的销售发展为经常化销售,逐渐转变成了主要为市场而生产的专业手工业者,或为销售而销售的商人。后来,市民的成分日益复杂,可以包括上层的城市贵族(土地贵族和教会贵族)、中层的富裕商人和手工业者(工匠)、教士、修士、律师、教师,和下层的帮工、学徒、仆役、破产的工匠等。

中世纪的欧洲城市,不论是复苏的罗马城市,还是获得自由的农奴新建的城市,都具备城墙、市场、法庭、市民和自由五大基本要素。其中,几乎所有的城市和城镇均为城墙所包围,而防卫城墙的存在,既意味着城市与乡村(庄园)的区别,也为城市生活提供了物质上和心理上的安全保障;市场作为商人的经营场所,也是城市最主要功能的表征,还是城市存在的前提和城市生活的重心所在;市民作为城市的创建者,也是城市生活的主体,没有市民就没有城市,也就没有城市生活本身;法庭是市民和城市生活的司法保障,市民通过创立自己的特别法庭,可以摆脱其所属审判管辖区域的领主法庭

---

① [美]克莱顿·罗伯茨、大卫·罗伯茨:《英国史》上册,贾士衡译,台北:五南图书出版公司 1986 年,第 177 页。

② 福西耶,前揭书,第 325 页。

③ 汤普逊,前揭书,第 415 页。

的繁复和束缚;作为"市民阶级的合法身份"的标志,自由"不仅是一种个人的特权,同时也是城市土地所具有的地区特权"①。在这种意义上,这里所谓的自由,不仅是抽象的,也是实在的。抽象的自由指不受约束与限制的状态,实在的自由则表明一种约定俗成的豁免特权。如果说领主和庄园把自由人变成了农奴,那么脱离领主控制的市民和获得自治的城市则把农奴变成了自由人,因为依据对日耳曼人格言"城市的空气使人自由"的解读,一个逃奴只要在城里住满一年的时间,那他的农奴身份在城垣内就将消失殆尽。② 尽管城市的兴起条件不尽相同,但上述五大要素构成了所有中世纪城市的共同特征。

三、西欧城市的"公社运动"及其文化影响

自治是中世纪城市发展中一个值得关注的问题,也是它获得独立与自由发展的制度保障。根据中世纪的通行原则,"没有无领主的土地",城市是建立在领主或教会的土地之上的,这意味着城市和市民必然或多或少地受到教俗领主的束缚和管辖,"无论商人们聚集在哪里,他们都要定居在某个人的土地上,必须从国王或公爵,修道士或主教那里寻求保护,并取得居住和贸易的许可"③。中世纪有复杂的"领主权"(seigneurie),这是一种涉及内容广泛的封建特权,诸如征发劳役和军役、征收实物或货币、招待费以及市场税,禁用权、垄断产品专卖权,以及司法审判权、委派官吏治理城市等。④领主对待其领地上的城市和市民,就像对待其庄园和庄园里的农奴一样,甚至可以处理城市。这也是城市封建属性的重要表现。为了克服险恶的生存条件,市民们从城市诞生之日起,往往进行抗争,"有时是通过和平的方法,有时是通过暴力的方法"⑤,目的在于要求教俗领主"承认城市为一个自治社会",并获得宪章载明的自由。⑥ 这就是 10 世纪晚期至 13 世纪西欧历史上发生的所谓"公社运动"(Communal Movement)。

---

① 皮朗,前揭书,第 47 页。
② 奇波拉,前揭书,第 66 页。
③ 巴克勒、希尔、麦凯,前揭书,第 493 页。
④ 马克垚,前揭书,第 297 页。
⑤ 布瓦松纳,前揭书,第 198 页。
⑥ 汤普逊,前揭书,第 424 - 425 页。

虽然中世纪城市的根本属性是封建性,但这不妨碍"城市基本上是自由的庇护所,所以它被人称为是一个自由天地(franchise)"①。中世纪所谓的自由,本指为教俗封建主所独享、独占的特权。对于获得自治的市民们来说,自由也是一种得到认可的特权,就是他们能够合法地居住在封建主的土地上,并自由地进行贸易。中世纪的城市之所以被称为"自治市"或"自由市"(villes franches, free city),正是就其享有自由权而言的。皮雷纳曾经从人身自由、司法与政治保障、经营自由与安全等方面,概括了城市自由的主要内容。② 市民开始从自在阶级向自为阶级的发展过程,是与反对领主的斗争相伴随的,而其争取自由解放的前景,很大程度上取决于各国王权对封建贵族的支配程度,或者取决于市民阶级与王权联合的程度。通常情况下,市民和王权的联合主要基于他们共同反对地方封建主的利益需求。具体来看,由于诺曼王权相对强大,英国的城市主要通过谈判、国王颁发的特许状等途径,获得了自治权;法国因卡佩王权弱小,城市往往以武力反抗封建主,如琅城公社通过激烈的武装斗争,赢得了自治权。在德意志和意大利,城市因王权软弱而走上结盟之路,发展成为独立的政治实体,如德意志除了许多"帝国自由市"(Free and Imperial Cities, Free imperial city)外,还产生了莱茵、士瓦本、汉萨等城市同盟(leagues of towns);又如北意形成的诸多城邦(city-states)或公社(communia),主要是反对神圣罗马帝国斗争、走向独立的产物;此外,意大利还发展出了独立性更强的城市共和国(city-republic),像热那亚、威尼斯、比萨、佛罗伦萨等就是这样。当然,就获得自治权的时间与享有自治的程度来说,中世纪的城市之间是有差异的,甚至并非所有城市都能达成自治或自由的意愿。③ 这是事实。"人们向往住进中世纪城市,因为它代表着经济进步、社会变迁和法定地位的提升。城市为敢于冒险、有雄心壮志以及精明的人提供了大量机遇。"④

为了控制城镇的贸易、限制自由竞争,以捍卫同行业者的共同利益,批发商或零售商,如布商、布料商、皮草贸易商、奶酪商、水果商、马具商等,

---

① 布瓦松纳,前揭书,第 201 页。
② 参见皮雷纳,前揭书,第 105 页。
③ 马克垚:《西欧封建城市初论》,载《历史研究》1985 年第 1 期。
④ 巴克勒、希尔、麦凯,前揭书,第 499 页。

结成了形式多样的同业公会(merchant guilds);不同行业的工匠,如鞋匠、裁缝、腰带匠、别针匠、厨师、面包师、屠户、金匠、银匠、铜匠、铁匠、钉马掌铁匠、锁匠、木匠、箍桶匠、马鞍匠、织工、染工和漂布工等,组建起各种专业行会(craft guilds)。1216 年,英国有同业公会的市镇已达 40 个;[①]到 13 世纪末,巴黎全城共有 130 种同业公会和手工业行会。[②] 随着城市自治的实现,公会或行会开始控制城镇或城市的管理与经营。同业公会从价格、质量、度量衡等方面,规范从业者的经营行为,"严格限制外地人在城里进行贸易",从而维持着对地方市场的垄断;同时,手工业行会从机具数量、产品质量、帮工和学徒的数目,以及工作时间和工作条件等方面,对会员进行了严格管理。一旦失去公会或行会的资格,工匠或商人因受排斥,无法在城镇谋生。

城市是人类文明的象征。作为中世纪市镇中独特的经济与社会组织方式,公会或行会不仅发挥了重要的经济功能,还发挥着宗教团体、社交俱乐部和慈善机构的多种作用,如像基督教慈善机构一样,把会费和罚款用于组织城市义勇军、修建公共会所和大教堂,用于救济鳏寡孤独、安排婚嫁丧葬,对其成员提供必要的社会福利。中世纪欧洲的商业、手工业和法律组织都设在城市,教会组织和大教堂也都是以城市为基础的。新兴的城镇,不仅是经济发展的驱动力,也是世俗教育与文化兴旺的保证,其主要表现如下。

首先,文化教育的发展。中世纪欧洲的新兴城镇,既是工商业的中心,也是文化教育的中心,因人们的密切交往需要,日益"把知识的赐药所从修道院搬到城市"[③],从而掀起了文化教育复兴运动。这不仅表现为教会办学的复兴和城市修道院学校的发展,还表现为其他各级各类小学校和中学校的举办。查理大帝时代,从各地延揽了一批有名望的学者,如英国人阿尔

---

① 克莱顿·罗伯茨、大卫·罗伯茨,前揭书,第 134 页。

② Thomas F. X. Noble Barry Strauss, etc., *Western Civilization: Beyond Boundaries*, p.253.

③ 奇波拉,前揭书,第 70 页。

昆、意大利人彼得和保罗、西班牙人狄奥多尔夫、法兰克人艾因哈德等,①"他们在欧洲各地建立起了许多学校,并将这些学校划归各地的修道院或天主教会"②。帝都亚琛的宫廷,一时成为西欧提倡知识和学术活动的中心。查理大帝既注重教士们、修士们的教育,又帮助贵族子弟读书识字,学习礼仪,提高修养,为加洛林王朝培养人才。就英国的文化教育来看,史家比德(673—735)时代集中于修道院,11—12世纪开始向大教堂所在的城市集中,大教堂收藏着大量珍贵的档案资料,还设有图书馆和附属学校,从而成为文化教育的中心。当然,不论是修道院学校,还是大教堂学校,或是堂区学校,均为教会所垄断,且无法满足市民阶级日益增长的需要,故而出现了独立于教会的学校,尤其是那些依托行会的城市学校,从而大大提升了中世纪城市文化的影响力。"这种教育的盛行与当时城市人口的增长和城市规模的扩大相联系"③,而"许多中等规模的城镇为初等教育创立了师资雄厚的专业学校",使许多公证人、商人能接受教育。④ 奇波拉指出:"中世纪城市所提供的教育是以后经济发展,也是现代产业革命的先决条件之一。"⑤

其次,大学制度的形成。作为高等教育和研究机构,中世纪的大学位于学校教育和学术研究的顶端。城市和行会的发展,导致了以庄园为中心的封建社会体系的解体。中世纪盛期,欧洲的经济实力不断增强,以城市为表征的世俗社会稳步发展,市民阶级越发产生一种需要,他们要通过教育来培养知识与技能兼备的高质量人才。于是,大学借助教师行会或学生行会的形式,首先在城市经济发达、市民阶级力量强大的意大利和法兰西破茧生长了。学生们通常聚集在有名望的教师周围,如一则关于法国中世纪经院哲学家、教育家彼得·阿贝拉尔(Peter Abelard, c. 1079—1142)的教学故事

---

① 阿尔昆(Alcuin, c. 735—804):约克的诺森伯利亚诗人,出任亚琛学院院长,被艾因哈德称为"最有学问的人";彼得(Peter, 744—799):比萨的法学家和诗人,任查理大帝的拉丁语老师;保罗(Paul the Deacon, c. 720 s—790 s):帕维亚教士兼史学家,著《伦巴第史》;狄奥多尔夫(Theodulf, c. 750—821):奥尔良主教,西哥特的拉丁文作家;艾因哈德(Eginhard, c. 775—840):法兰克朝臣兼传记作家,著有《查理大帝传》。

② 巴克勒,希尔,麦凯,前揭书,第365页。

③ 福西耶,前揭书,第384页。

④ 福西耶,前揭书,第385页。

⑤ 奇波拉,前揭书,第72页。

说,当他因观点有争议而被禁止从教时,"他就爬上一棵树,学生们簇拥在树下听他上课;当他后来又被禁止在空中上课时,他开始在船上讲课,学生们聚集在岸上听他讲课"①。为了如下几个目的,一批巴黎的教师们结社,组成了行会,形成了巴黎大学:一是与主教城市中所有学校的传统负责人,即主教的法律顾问进行协商;二是对学生所要学习的课程进行规范,并设定毕业生的入行要求;三是希望设定指导学生的费用。巴黎大学是在巴黎圣母院教堂学校基础上发展起来的,它以神学和文艺学研究见长,在这里起主导作用的是教师行会。博洛尼亚大学是中世纪欧洲第一所高等学府,它不仅以法律研究见长,而且起主导作用的是为学生服务的学生自治组织,由他们创建了最初的大学。学生们组建了这种特殊的行会,意在设定费用和学习方面的标准,从而避免遭受不良教师"贩卖语言"和亵渎知识的侵害。② 这样,博洛尼亚大学和巴黎大学就成为欧洲各大学的样板。

再次,哥特式教堂的建筑。教堂是基督徒用来举行礼拜仪式和其他活动的宗教场所,其建筑风格前后是有所变化的:罗马帝国时期,采用长方形神殿式的巴西利卡(Basilica),使教堂便于信众聚会、举行盛大的宗教仪式。③日耳曼人接受基督教后,采用了由巴西利卡式演变而来的罗马式(Romanesque)。有学者指出:"巴西里卡式教堂是西欧中世纪教堂建筑的母体,后来,随着思想表现的更高要求在此基础上吸收了其他建筑的因素,加上建筑技术的发展,逐渐产生了所谓罗马式和哥德式教堂的建筑样式。"④中世纪城市兴起后,市民宗教热情不减,教堂建筑风格也为之一变,哥特式开始取代罗马式,在各地流行开来。其中,法国的巴黎圣母院大教堂、兰斯大教堂、亚眠大教堂,英国的索尔兹伯里大教堂、坎特伯雷大教堂、林肯大教堂、德国的科隆大教堂,意大利的米兰大教堂等,都是哥特式教堂建筑的典范。艺术风格的变化,并不是艺术形式的单纯改变,而是社会环境变迁、人的思想观念演进和审美意识迁移的综合反映。如果说罗马式教堂主要是大修道院的象征,那么,哥特式教堂则是城市繁荣的标志。"罗马式建筑是一

---

① 勒纳、米查姆、伯恩斯,前揭书,第 342 - 343 页。

② 参见 Thomas F. X. Noble Barry Strauss, etc., *Western Civilization: Beyond Boundaries*, pp.301 - 302;奇波拉,前揭书,第 70 页。

③ 陈志华:《外国建筑史》,北京:中国建筑工业出版社 2004 年,第 100 页。

④ 王琦主编:《欧洲美术史》,上海:上海人民美术出版社 1985 年,第 113 页。

种严峻清寒和内部昏暗的高墙塔楼,外部没有装饰,是看上去十分简朴的乡村艺术表现形式",[①]与中世纪早期西欧落后的经济发展水平保持一致。与建筑在乡村的罗马式教堂比较,集中于城市的哥特式教堂,显得更复杂、更雅致,也更讲究,而其兼有世俗性与宗教性、理性与非理性、神秘主义与自然主义的多重因素,完全是中世纪欧洲富有的市民阶级与思想上占支配地位的僧侣阶级奇妙结合的产物,从而预示着人文主义时代的到来。

原载《历史教学》2022 年第 7 期

---

① 姜守明、洪霞:《西方文化史》,北京:科学出版社 2004 年,第 118 页。

中世纪欧洲大学制的兴起与发展

姜守明

大学,作为高等教育和研究机构、作为文化的重要传播者,位于学校教育和学术研究的顶端。接受不同学科和专业教育的本科生和研究生,在完成规定学习任务后,通常被授予学士、硕士或博士学位。现代的大学制起源于中世纪欧洲,从 11、12 世纪意大利的博洛尼亚大学和法国的巴黎大学立校时算起,迄今已有近 900 年历史。中世纪大学制度的形成和发展,既是欧洲经济复苏、城市兴起后,世俗国家和教会对高等教育各类专门人才需求的产物,也是市民阶级力量崛起、世俗文化教育兴旺的表现,从而为随后延续数百年之久的西方思想文化运动文艺复兴,作了人才和知识的准备。

一、中世纪城市的勃兴与大学产生

中世纪早期,以罗马文化为代表的古典文明,因日耳曼民族迁徙持续数个世纪之久,遭受了空前大破坏。尽管如此,像罗马、巴黎、里昂、伦敦、科隆、特里尔等城市,并未随着帝国统治的崩溃而消失。同时,由于基督教的幸存,教会保留了拉丁文、修辞学、辩论术和哲学等大量的古典文化。这就奠定了中世纪基督教文明发展和市民阶级文化教育繁盛的基础。

9 世纪起,西欧的农业生产开始恢复,商品交换有所发展,人口增长幅度加快。不仅罗马时代的城市逐渐恢复生机,还陆续兴起了许多新城市,其中以法国南部发展最快,其次是莱茵河流域和法国北部,其他地区相对较晚。在昔日帝国心脏地带的意大利,在反对神圣罗马帝国皇帝斗争中,最早诞生了独立城市。它们少数被称为公社,如热那亚、都灵、拉古萨等,大多则沿用古代城邦名称,有如北部的曼图亚、博洛尼亚、帕多瓦、威尼斯、维罗那、帕尔马,中部的佛罗伦萨、比萨、卢卡等。这些"新兴城镇成为文化复兴的集中点,城市生活促进人类之间的密切交往",并进一步促进了作为中世纪盛期文化教育发展两大标志的大教堂和高等学府的诞生。①

中世纪早期,首先承担起教育责任的是修道院学校(monastic schools)。可以肯定,在西罗马帝国瓦解后,欧洲的古典文化教育系统已荡然无存,而在知识与学术极其匮乏的时代,那些散落在荒郊乡野的修道院学校,一直是最好的文化教育场所。在这里,起着知识传承作用的僧尼们,为受教育者提供了正统的宗教教育,如开设圣经研习、教士作品阅读和抄录经典等课程与训练活动,充实修士们的精神文化生活。为了传授宗教知识和培养剑桥的神职人员,主教们还在座堂建立起了大教堂学校(Cathedral Schools)。早在罗马帝国后期,城市里就已经出现了教堂学校;皈依罗马基督教后,日耳曼人沿袭这种做法,大教堂学校也出现在英格兰的坎特伯雷(597年)、罗彻斯特(604年)、约克(627年)等地。7—8世纪时,以圣徒比德(673—735年)②为代表的人,推动了诺森伯利亚王国,乃至不列颠的整个盎格鲁-撒克逊地区的学术起步和文化创造。

查理大帝时期,延揽了一批有名望的学者,让他们为加洛林帝国效力。受到宠幸的英国人阿尔昆、意大利人彼得和保罗、西班牙人狄奥多尔夫、法兰克人艾因哈德等学人,③讲求学问,兴办学校。他们不仅注重教士们、修士们的教育,还帮助贵族子弟读书识字,学习礼貌修养。帝都亚琛宫廷,一时成为西欧提倡知识和学术活动的中心。这种附庸风雅的举动,引导着西欧

---

① [美]C. 沃伦·霍莱斯特:《欧洲中世纪简史》,陶松寿译,北京:商务印书馆1988年,第147页。

② 英国"历史之父",中世纪日耳曼人最伟大的年代学者。著有《英吉利教会史》,推广以耶稣基督诞辰为起点的公元纪年,并向世人介绍"公元"的缩略形式(A. D.)。

③ 阿尔昆(Alcuin, c. 735—804):约克的诺森伯利亚诗人,出任亚琛学院院长,被艾因哈德称为"最有学问的人";彼得(Peter, 744—799):比萨的法学家和诗人,任查理大帝的拉丁语老师;保罗(Paul the Deacon, c. 720 s—790 s):帕维亚教士兼史学家,著有《伦巴第史》;狄奥多尔夫(Theodulf, c. 750—821):奥尔良主教,西哥特的拉丁文作家;艾因哈德(Eginhard, c. 775—840):法兰克朝臣兼传记作家,撰著《查理大帝传》。

的文化教育风气,故被后世誉为"加洛林文艺复兴"。① 查理大帝已认识到教育之于宗教信仰与宫廷生活的意义,他要求"每一个主教区和隐修院都应兴办小学"。在巴黎、奥尔良、图尔、兰斯、里昂、乌得勒支、科隆、马格德堡等城市的大教堂学校,主要教授文法、修辞、逻辑、算术、几何、天文和音乐"七艺"科目。在教士独占读写技能和文化知识、教会垄断学术的时代,应当充分肯定修道院和教会在保存古典文化和发展教育方面的努力。尽管在中世纪盛期到来之前,"直到 1050 年左右,西欧基础教育的范围仍然很有限,质量也不高"②,欧洲借助于修道院学校和教会学校,让粗野的"蛮族"传统与古典文化逐渐相融合,形成了加洛林文艺复兴,使"拉丁基督教传统深深根植于欧洲各民族的观念之中"③,从而逐渐奠定了现代西方文明发展的基础。

如果说中世纪早期欧洲的教育中心是修道院学校,那么可以说,中世纪盛期的西欧教育逐渐走出僻居各处的修道院,已经向经济繁荣、人口集中的城市中心大教堂转移。有学者指出,11、12 世纪的城市革命,使过去曾为保存文化作出一定贡献的寺院学校逐渐衰败,阿尔卑斯山北部地区为教会学校所取代,在意大利为半世俗性质的地方学校所代替。④ 市民阶级除了满足自身需要外,将积累的财富主要用于四个途径,有力促进了世俗教育的繁荣和学术文化的复兴:一是构筑和加固城防堡垒,维护城市治安和市民生活祥和;二是支持逐渐强大的世俗王权,以对付地方封建主的侵扰;三是兴建高耸挺拔的哥特式大教堂,为自己安放没有着落的灵魂;四是举办慈善医院和世俗学校,满足人们的健康与教育需要。进入中世纪盛期后,大教堂学校已取代修道院学校,占据了教育和学术的主导地位,受教育对象扩大到俗人子弟,这就突破了修士身份的限制。正是由于城市教堂学校的竞争,修道院学校无论是质量上还是名望上,都已黯然失色。显而易见,教堂学校已经为即将产生的世俗大学准备了条件。

---

① [法兰克]艾因哈德、圣高尔修道院僧侣:《查理大帝传》,戚国淦译,北京:商务印书馆 1979 年,中译者序言。

② [美]罗伯特·E. 勒纳、斯坦迪什·米查姆、爱德华·麦克纳尔·伯恩斯:《西方文明史》I,王觉非等译,北京:中国青年出版社 2003 年,第 340 页。

③ [美]约翰·巴克勒、贝内特·希尔、约翰·麦凯:《西方社会史》第 1 卷,霍文利等译,桂林:广西师范大学出版社 2005 年,第 367 页。

④ 霍莱斯特,前揭书,第 299 页。

二、中世纪欧洲大学的两种模式

大学,作为中世纪欧洲的一项伟大发明,不是由教育行政部门建立的,而是自发形成的,例如巴黎大学,"是教会学校的一些教师带领一些学生创建的高等教育场所"①。除了市民阶级推动这个最重要因素外,中世纪欧洲大学建立,还有诸多学术方面肇因:其一,伊斯兰阿拉伯和拜占庭世界的哲学和科学著作的引入;其二,知识分子受到了经院哲学探究兴趣的激发;其三,大教堂学校素有学术传统,包括培养出越来越多的博学者,或一些著名讲座赢得了社会声望。② 事实上,中世纪"世俗大学的兴起是西方教育制度的深刻变革,它们造就了一批主导西方文化事业的知识分子,延续并发展了说理论辩的学术传统"③。这是中世纪欧洲对人类教育事业的重大贡献。

大学兴起是世俗教育的重要起点,也是中世纪欧洲教育制度的深刻变革,它使"教会近千年来第一次失去了对教育的控制"④。在城市与行会组织获得发展的条件下,学者们或师生们为了维护自身权益,自发地形成了像行会或公会一样的高等教育与研究行会,不过它们叫作综合研究所(studia generalia),或大学(university),而不是手工业行会或商人公会。"大学"一词,语出拉丁文 universitas magistrorum et scholarium,意指"教师和学者的联合"。其中,universitas 有"普遍的""综合的""整体的""全部的"等多种含义,当然一般指"由许多人组成的社团、公司、社区、行会"。中世纪大学,最早出现在 11 世纪意大利、12 世纪法国和英国的几个城市,14 世纪德国开始有大学。起初,它们可理解为教师与学生的整体,或指神学、法学、医学、文艺学等多学科的综合。到 15 世纪末,西欧的大学已经有七八十所之多,而意大利以 20 所为最,法国以 18 所紧随其后;神圣罗马帝国和西班牙各有 14 所,苏格兰有 3 所,英格兰有 2 所,葡萄牙有 1 所。

作为学生或教师的一种特殊的自治性行会,大学有权决定学校事务,如

① [美]雅克·巴尔赞:《从黎明到衰落:西方文化生活五百年》,林华译,北京:世界知识出版社 2002 年,第 231 页。

② "University, The Medieval", in Joseph Dahmus, *Dictionary of Medieval Civilization*, New York: Macmillan Publishing Company, 1984.

③ 姜守明、洪霞:《西方文化史》,北京:科学出版社 2004 年,第 113 页。

④ 勒纳、米查姆、伯恩斯,前揭书,第 342 页。

负责训练教师、准予教师授课、颁发文凭等。在教皇、国王或其他诸侯颁授特许状之前,一所大学已自发地形成并发挥作用了,只有在获得官方认可后,它才真正成为一个法律意义上的行会实体。经过了一段时间,它赢得了师生们的尊重,吸引了来自教区范围之外的学生。其中,最古老的博洛尼亚大学和巴黎大学,是中世纪欧洲大学的样板。

博洛尼亚位于意大利北部,亚平宁山脚下、波河以南,初为伊特鲁里亚人古城,后为罗马人军事殖民地。中世纪时期,它发展成为一座自治市,并从中诞生了欧洲第一所大学。博洛尼亚大学(以下简称"博大")以法律(罗马民法和教会法)和医学研究见长,因为它由法律、文学和医学三所专科学校组合而来。早在6世纪,拜占庭根据查士丁尼皇帝指令,编订了欧洲史上第一部系统详备的法典。博大创建的主要目的,就是集中研究1070年在意大利重新发现的《法学汇纂》(The Digest)的核心文本。《法学汇纂》是用拉丁文书写的,共有50卷,为历代罗马法学家的论文集,它构成《民法大全》的重要组成部分。关于博大的创立时间,大多数人认为是1088年,早于巴黎大学。作为欧洲最古老的高等学府,也是欧洲文化的基石和重要界标,博大还有一个鲜明特点,使其与巴黎大学区分开来。它既不由宗教团体举办,也不由教师行会举办,而是由学生自治组织创建、并为学生服务的特殊行会,为后来的整个意大利、西班牙和法国南部等南欧大学的创立,提供了一个重要蓝本。①

中世纪盛期,市民阶级开始冲破文化萧瑟状态,从一枝独秀的基督教神学,走向了繁盛的世俗学术和教育。自从大学独立于教会学校后,博大的学生行会行使着学校的控制权。他们雇佣教师,最初是向受聘教师送上一份"收藏品"(collection)作为礼物;后来,馈赠礼物逐渐转化成为教师薪资。他们还制定规章,规范教师的言行举止,要求教师必须按时上课、下课,完成授课任务。如果玩忽职守,或不称职,学生社团有权处罚或解聘教师。11、12世纪,博大已成为教会法和罗马法学习与研究的中心,享有崇高声誉,这主要归功于在此教书的两位博洛尼亚学者的努力,他们是罗马法传统创始人伊内琉斯和教规律师格拉提安。当然,这也与教皇们对博大提供的庇护分不开。当时的意大利中部和北部,均处于神圣罗马帝国的统治之下。1158

---

① 勒纳、米查姆、伯恩斯,前揭书,第344页。

年,皇帝腓特烈一世向博大颁布了具有特许状性质的《居住宪章》(*Constitutio Habita*),允许博大拥有法律上的自治地位,并承诺帝国保护以研究为目的的学者不受地方当局的干预。后世定义大学的概念,"学术自由"即起源于此。① 日后,巴黎大学、牛津大学、剑桥大学等西欧和北欧的大学,也以这种形式获得了法律上的独立地位。

如果说博洛尼亚大学隐身于意大利城市经济发达、市民力量强大、世俗气息浓烈的喧嚣闹市,它本身就根植于富有商人们建立的地方学校;那么可以说,巴黎大学则退隐到了远离俗世的塞纳河孤岛,它的前身巴黎圣母院(Notre-Dame)教堂学校就坐落于此,而这并不影响其世俗大学特征的彰显。随着卡佩王朝逐渐走上王权强化之路,巴黎也日益成为全国的政治和文化中心。约1150年巴黎大学初现时,它仅是圣母院学校的一个附属机构。当时,法国的天主教会势力非常强大,因而除了宗教,如果要从事文艺、哲学、神学和教会法的教学,任何世俗学校都必须持有教会颁发的许可证。1179年,教皇亚历山大三世发布了一道圣谕,严厉训斥了巴黎圣母院教堂学校校长滥发许可证,从而损害学者的声誉和权利的行为。此后,巴黎大学为人文学科的教师所控制,他们取得了录用教学人员的特权,这一点不同于为学生行会所主导的博大。巴黎大学创设了课程体系,规定了学期长度,确立了考试的内容与形式等。② 据说,后来最强势的教皇英诺森三世,1182年时他21岁,正是巴黎大学的毕业生。从学术上看,巴黎大学以文艺学和神学(基督教哲学)研究见长,加上学生释放出来的求知欲,以及教师呈现的想象力与献身精神,吸引了欧洲基督教世界各地的学者和教师,并使之成为阿尔卑斯山以北所谓北方大学的样板。

1194年,西斯廷三世确认了前任教皇赋予巴黎大学教师的另一项特权,即有关学生的法律案件,不受市民干涉,而由教师组成法庭来审理。1200年,法王菲利普二世又颁令,正式承认巴黎大学作为一个师生合作团体(universitas)的地位,规定它应在教会法的管理下运行,除了未来的学生可以享有住宿条件外,师生们在与俗人的争端中,享有教士的特权。当然,学

---

① https://www.unibo.it/en/university/who-we-are/our-history/university-from-12th-to-20th-century.

② 巴克勒、希尔、麦凯,前揭书,第509页。

生们按规定须身着长袍,剃去头顶的头发,以示与一般俗人的区别。总之,相对宽松的学术环境,独立自由的教学与研究制度,还有知识分子的特权地位,构成了巴黎大学"自治"的主要内容。13世纪早期,英诺森三世和格雷戈里九世承认巴黎大学的法人实体地位,并授权它可自行制定有关学校纪律、教学方法、论文答辩、教授着装、学位颁授的管理法规。随着独立于当地教会的自治权的获得,巴黎大学在神学上、宗教事务上,越来越发挥着权威性的影响,从而与教皇、皇帝相并列,成为欧洲三足鼎立的政治势力。

三、中世纪大学的管理与学生生活

中世纪城市兴起以后,欧洲的市民阶级为了满足自身需要,逐渐脱离地方封建主的控制,赢得了所谓的自由或自治;同时,他们又在教会学校的基础上,创办了为其服务的世俗大学。根据教师授课的不同,博大以学院、院系(faculty)的形式组织起来,形成了四个学院,学生从文学院毕业后,方可进入其他三个学院(法学院、医学院和神学院)继续学习。博大生源广泛,吸引了来自各地的学生,为便于组织和管理,首先形成了山内和山外两个同乡会组织。这里,山是阿尔卑斯山,山内即指阿尔卑斯山以南地区,山外则指阿尔卑斯山以北地区。随着人数不断增多,后来又分出了更多的同乡会组织,诸如:山内包括伦巴德、托斯堪纳、罗马3个同乡会,山外包括高卢、皮卡迪利、勃艮第、普瓦图、图尔内与缅因、诺曼底、加泰隆尼亚、匈牙利、波兰、德意志、西班牙、普罗旺斯、英格兰、加斯科尼等14个同乡会。再如,巴黎大学有四个学院,其中文学院因规模太大,以至于不得不根据语言或地域,将学生们以特定地区(nation)细分,如起初区分为法兰西人、皮卡第人(Picards)、诺曼底人和英格兰人。①

大学制是中世纪欧洲文化繁荣的标志,也是西方教育制度变革的成果,不仅提升了市民阶级的知识水平,丰富了人们的文化生活,还造就了一批又一批主导文化事业的知识分子,奠定了中世纪晚期、近代早期文艺复兴与宗教改革时代世俗文化繁盛、学术自由传统形成的基础。在通常情况下,学生们要用四年时间去学习基础课,如文法、修辞、逻辑等文科课程,这是其他科

① Carton J. H. Hayes, M. W. Baldwin, & C. W. Cole, *History of Europe*, New York: The Macmillan Company, 1956, pp.311-312.

目学习的基础。只有取得文学学士学位(bachelor),方可继续攻读更高级的硕士学位(master)和博士学位(doctorate)。不过,起初的硕士和博士为同义词,没有什么差别,都属于教学执照,约当于今天的教师资格证,只要任有其一,即可谋取大学的"讲师"职位。后来,它们有所区分,且博士学位非常难读。仅苦心攻读还不够,还必须有坚韧的毅力和耐心,在经过冗长、系统和令人折磨的专门训练后,才可摘取博士桂冠。但是,"到中世纪末,巴黎大学神学博士课程延长到十二到十三年。而在这之前大约还要用八年时间攻读神学硕士学位"①。况且,当时还有一个规定,就是禁止将神学博士学位授予35岁以下的求学者。这样算来,一个人要想在40岁以前拿到这个学位,几乎不可能。即使在今天,花十数年时间准备巴黎大学的博士学位,也还是平常事。②

大学,作为中世纪的一种行会组织,是由教师或学生结合而成的特殊团体。当时,各大学多无属于自己的校园、房舍,一般在租赁的教室里授课,因而不论教师还是学生,流动性都较大。"不是所有的学者都很勤奋,也不是所有的学生都认真",尤其那些十四五岁的学生,既远离父母,又年轻气盛,是一群不守规矩、脾气暴躁的人,他们常常与市民发生冲突,原因主要是当地的房东和客栈老板从他们身上揩油。于是,在大学和市镇之间时不时就会发生骚乱,巴黎大学曾因此而一度停办。1200年,法王出面予以调停,并赋予了巴黎大学免受地方当局和市民干预的特权。③ 当然,当一座大学对当地环境条件感到不满时,城市居民经常作出重大让步,因为他们担心学校迁往其他地区。④ 1257年,在法王路易九世的支持下,巴黎大学神学家罗伯特·德·索邦专门为贫困的神学生提供宿舍(college)条件,⑤巴黎大学的核心索邦学院由此形成。12世纪中叶,英王和法王起了争执,来自英格兰的师生开始逃离巴黎大学,他们回国后,汇聚于伦敦西北56英里处的牛津,依照巴黎大学模式,创办了英伦第一所大学牛津大学(1168年)。约翰王时期,牛

---

① 勒纳、米查姆、伯恩斯,前揭书,第344页。

② 参见《六国著名大学》(外国教育丛书),北京:人民教育出版社1979年,第98页。

③ Carton J. H. Hayes, M. W. Baldwin, & C. W. Cole, *History of Europe*, pp.312–313.

④ 霍莱斯特,前揭书,第300页。

⑤ 最初出现于牛津大学,意指宿舍,后来形成为作为大学组成部分的教育教学机构(学院)。

津的学者与市民发生冲突,他们为躲避战乱而离开牛津,在伦敦东北 51 英里处,创办了剑桥大学(1209 年)。

学院制形成后,中世纪大学开始有了必要的管理制度和学习纪律。学生要按时上课,闭门自修,共同进餐,参加礼拜,并在学院里固定的宿舍就寝。就巴黎大学来说,早晨五六点钟,学生们听着圣母院教堂的钟声起床,开始了一天忙碌的学习生活。他们纷纷走出宿舍,挤进了狭窄、喧闹的街头,匆匆前往分散在城内大学区的课堂。教室条件极为粗陋,冬天寒冷,夏天闷热;经常没有桌椅,学生只好席地而坐;因买不起昂贵的教科书,学生只好将蜡制书板放在膝盖上,用来记课堂笔记。那时候,生活标准并不高,可大学生开支却很大,主要用于租赁住房,购置日用品,且所有的花销都必须依赖父母。像今天的大学生一样,中世纪的大学生也有两类人,除了天资聪颖、孜孜不倦的学者型外,还有放荡不羁、寻欢作乐的懒汉类。如巴黎大学,有材料说:"这里的学风异常活跃,有哲学辩论和热烈的知识竞赛,除了口头争论外,还经常在小酒馆里打架,有时发展成学生与市民,或两个对立的学生派别间大规模斗殴。新入学的学生常遭无理戏弄,不受欢迎的教授往往被嘘哄下台,甚至向其投掷石块。"[1]故而,当时流行着这样一种说法:"在巴黎学神学,在博洛涅学法律,在蒙彼利埃学医学,但是无论他们在哪里,他们的生活都不能使上帝高兴。"[2]当然,对于多数大学生而言,如果今后要在医务、法律、教学方面择业,或者效力于教会或政府部门,那接受高等教育就是一种必需;对于整个社会来说,教育进步和大学发展,不仅推动了科学文化事业的繁荣,也奠定了欧洲现代崛起的基础。

原载《历史教学》2022 年第 5 期

---

[1] 霍莱斯特,前揭书,第 300 页。

[2] [美]爱德华·麦克诺尔·伯恩斯、菲利普·李·拉尔夫:《世界文明史》第二卷,罗经国等译,北京:商务印书馆 1987 年,第 67 页。

从"革命"到"革命"：走在历史岔道上的英国

张 娟 胡 斌

摘 要： 17 世纪在英国历史和世界历史的地位极其重要，没有这一时期的奠基，就没有英国后来的辉煌。本文以 17 世纪的英国为主题进行一轮复习教学设计，整合教材内容、打破模块化知识选修、必修编排的界限，思考思辨性问题，引入学科研究前沿成果。在教学方式上，以人物为节点构建课堂教学，串联重大史事，引导学生厘清阶段特征、探寻发展规律。

关键词： 历史教学；17 世纪；英国；革命年代

2021 年 4 月，南京市陈红名师工作室和鼓楼区教师发展中心邀请南京大学英国与英联邦国家研究所所长、英国史研究领域专家刘成教授走进中学课堂，与高中老师一同开设了以"英国史"为主题的教学研究课。大学和高中的教学面向不同的群体，必然有差异，但也并非完全隔绝。普通高中历史课程不仅承担传递基础知识、培养基本能力的基础性教学功能；同时也有着为高校输送高质量人才的选拔性功能。高质量的课堂具有时代性、开放性和学术性，历史学科课程标准中明确要求高中教学"注意吸收历史研究的新成果，使课程内容体现出历史学科的发展，在此基础上，精选基本的、重要的、典型的史事，并为学生提供认识历史的多个角度，注重引导学生对历史的探究"[①]。基础教育和高等教育的差异客观存在，但也并非完全隔绝。刘成教授表示，"历史是客观的。无论是大学老师讲，还是中学老师讲，它都是

[①] 《普通高中历史课程标准》(2017 年版，2020 年修订)，北京：人民出版社 2020 年，第 8 页。

客观的,无法篡改的。只不过在不同的年龄阶段,同学们接触到历史的广度、深度不一样"。他认为,高中生已接近成年,不能仅满足于历史教科书上的了解。"对一个历史事件的了解,一定要站在历史进程、社会背景当中去了解,这样你不仅能理解这个具体问题,而且通过这个事件能够把握我们的今天以及未来。"本文以 17 世纪的英国为主题进行教学设计,谈谈如何整合教材内容、打破模块化知识选修与必修编排的界限、思考思辨性问题,引入学科研究前沿成果,在重大史事和重要人物的教学中厘清阶段特征、探寻发展规律,其中一些内容在听取刘成教授的授课和指导后对原设计进行了部分修改和调整,并力图在设计意图中对这些调整及其间的思考进行展现。

一

近代以来,英国对世界的影响深远,英国史是高中历史教学和考试的一个重要领域。18 世纪首发于英国的工业革命改变了农业社会、改变了时代潮流,使近代社会发生了翻天覆地的变化;19 世纪被称为英国的世纪,英国站上了世界的最高峰,并且让整个世界向英国靠拢,去学习英国,走近代化道路;20 世纪是英国衰落的时代,也是英国真正回归其"应有地位"的时代。本课聚焦在 17 世纪的英国,此时的英国,政治上确立君主立宪制,科技上出现以经典力学为代表的科技革命,思想上进一步解放,这些革新为 18 世纪工业革命的出现奠定了基础,部分回答了为什么是英国率先发展,而不是其他国家。其实 16 世纪时期的英国并不特殊,因为彼时是专制王权时期,法国的发展不比英国差。因此,从这点上来看,英国后来能够引领世界,最重要的改变发生在 17 世纪。如果问英国人英国从哪里来?他们会说:"我们来自 17 世纪。"因此,本设计主题是:"17 世纪的英国革命年代。"

二

设问:据有关报道,2021 年 3 月 16 日,英国政府公布了自冷战以来的一份最全面的关于安全、国防、发展和外交政策的综合评估报告,名为《竞争时代中的全球英国》,这份报告全面描绘了英国对其未来十年在世界舞台上所扮演角色的愿景,很想要塑造一个全球英国的形象。毫无疑问,英国在历史上曾经有着非常辉煌的过去。在看这份报告内容介绍的时候,老师仿佛感觉到了一种怀念的味道,它怀念什么呢?

学生:怀念曾经的大英帝国的辉煌。

追问:那么,如果用一个词或者一句话来形容历史上的辉煌英国,你会怎么形容呢?

学生:议会之母、日不落帝国、殖民霸主、世界工厂、影响近代世界的国家……

学生对英国的殖民扩张、工业革命等史实印象很深刻。这些成就凸显于18、19世纪,这些成就与英国的17世纪一系列重大历史事件有密切关联,可以说是17世纪奠定了英国强大的根基。本课的教学以历史的主角——"人"为线索,勾连17世纪英国的社会背景,一同来认识这个"革命的时代"。

设计意图:以时事新闻报道提问,意在拉近现实与历史的距离,激发学生学习欲望,自然过渡到本课主题。17世纪的英国可以说是一个革命的年代,一个奠基的时代。正是在这个世纪,英国摆脱了专制王权的统治,为它后来实现工业化,成为世界工厂,成为世界第一强国奠定了基础。另外,本次教学面对的是南京市高二学生,使用的仍是人民教育出版社2003年版教材,模块式的编排方式,导致相关的教学内容分散在四本教材中,必修一政治史、必修二经济史、必修三思想文化史和选修四人物。传统的教学组织方式,基本上从单一视角切入,比如说以英国君主立宪制向学生讲授其产生的时代背景、特点等;再如讲人物,会直接讲授某人的生平经历,若干成就。学生很难对时代特征、历史线索有一个透彻、清晰的认知,形成完整的知识结构。这种割裂感,刘成教授将之定义为缺乏历史的"贯通性"。在进入一轮复习的阶段及新课程标准强调时空的延续性和完整性的教学语境下,设计以时代线索为主体的跨单元教学和主题教学成了我们自然的选择。在教学方式上,本课以人物为节点构建课堂教学,串联重大史事,人是历史的主角,"人们的社会历史始终只是他们的个体发展的历史,而不管他们是否意识到这一点"[①]。通过几个关键的人物来重温这段历史,既避免简单累加造成的机械重复感,又能通过人物的出场,设置情境,赋予知识以情感和意境,让知识变得更加有血、有肉、有温度。

---

① 《马克思恩格斯选集》第4卷,北京:人民出版社1955年,第532页。

1."英国文化符号"——莎士比亚

材料1：莎士比亚四分之一世纪的戏剧艺术生涯中，他的创作应该分为5个时期，在这5个创作时期里，莎士比亚创作了历史剧、喜剧、悲喜剧、悲剧、传奇剧等5种类型的作品，形成了既统一又多样的艺术风格。

第一个时期(?—1592)为奠基期。这个时期莎士比亚创作的历史剧获得了最初的成功，……他开始创作的时候正值1588年伊丽莎白女王打败西班牙的"无敌舰队"，举国欢庆的日子。

第二个时期(1593—1600)为发展期。这个时期莎士比亚创作了长诗与十四行诗，奠定了他在英国文学史上的诗人地位……这个时期莎士比亚的历史剧创作仍然沿着时代要求的轨道行进。

第三个时期(1601—1607)为成熟期。……1603年詹姆斯一世即位后，英国的社会矛盾日益加剧，不断演化为激烈的外部冲突。……这时的英格兰已经成了"纷乱的英格兰"，到处充满了冲突与罪恶。这种社会状况的艺术晶体就是莎士比亚的悲剧。这个时期莎士比亚创作了除《哈姆莱特》之外的六部悲剧。

第四个时期(1608—1612)为浪漫期。……为了加强统治，詹姆斯一世的英国政府的戏剧政策更加严格……与以往莎士比亚剧作所不同的是，这些剧本都给人们一种遥远感，他们把读者和观众引入一个古老的故事之中，离奇的故事情节向人们所表明的基本思想是要和解，要宽恕，寻求人生的乌托邦。

第五个时期(1612—1613)为回归期。这个时期莎士比亚创作了《亨利八世》……《亨利八世》以其重大的主题，深刻的思想和完美的艺术构思显示了莎士比亚历史剧所独有的风采，它是莎士比亚一生创作的回响，也是莎士比亚全部创作终结的一块碑石。[①]

设问：(1)为什么同一个人的作品前后会有如此大的变化？

(2)这种变化源自什么？

(3)它折射出了什么样的时代特征呢？

---

① 孟宪强：《莎士比亚创作分期新探》，载《社会科学战线》1996年第6期。

设计意图:一定时期的文化是一定时期政治经济的反映。维多利亚时代的英国,实行重商主义政策,资本主义迅速发展;文艺复兴和宗教改革推动思想解放;1588年,无敌舰队战胜了西班牙,英国开始建立海上殖民霸权,国际地位提高。1603年,进入斯图亚特王朝时期的英国,国王专制加强,破坏议会限制王权的传统,官场黑暗腐败,社会矛盾激化,英国资本主义发展受阻。莎士比亚创作时期,跨越了16世纪晚期到17世纪。通过材料和所学,学生从中理解莎士比亚作品风格的变化是时代发展变化的产物。

设问:从莎士比亚中后期的作品中,我们隐隐地感觉到一场时代的暴风雨就要来了。这场风暴,是否来自斯图亚特王朝?

我们来看看,斯图亚特王朝的两个国王曾经做过什么?

> 材料2:(辉格学派)从维护国会合法的历史地位出发,认为国王查理一世的统治行为违背了英国宪政基本原则和悠久的政治传统,他才是内战灾难的始肇者;而国会只是为了维护合法的宪政传统,迫不得已地同查理一世企图建立专制统治的倒行逆施进行斗争;而且国会与王权的冲突可追溯到17世纪初斯图亚特王朝开国之君詹姆士一世时代,因而内战是一系列宪政冲突、斗争的产物。[①]
>
> 詹姆士一世说:"国王创造法律,而非法律创造国王,国王应该居于法律或议会之上。"查理一世说:"国王是上帝在人间的最高权威。"

设问:(1) 这两位斯图亚特王朝的国王都鼓吹什么?

(2) 引发了何种矛盾?

两位国王都鼓吹君权神授,强调王权的至高无上,不受法律和议会的约束,多次解散议会,他们的所作所为不仅造成了社会矛盾的激化,更严重破坏了英国的政治传统。

教师讲述:1215年,英国有一个非常喜欢打仗的国王叫约翰王,但是他打仗屡战屡败,失去了很多的土地,我们又称他为"失地王",他的统治引发了贵族的不满,贵族迫使他签订了《大宪章》。

---

① 王晋新:《关于17世纪英国内战成因研究的学术回顾》,载《世界历史》1999年第4期。

材料3:《大宪章》中最为精髓的条款是:一、除封建义务所规定的贡款赋税外,"王国内不可征收任何兵役免除税或捐助,除非得到本王国一致的同意";……二、"若不经同等人的合法裁决和本国法律之审判,不得将任何自由人逮捕囚禁、不得剥夺其财产、不得宣布其不受法律保护、不得处死、不得施加任何折磨、也不得令我等群起攻之、肆行讨伐"。国王若对以上规定或基本原则蓄意谋反,则贵族可随时造反,国内任何人亦可随贵族造反。[①]

设问:在13世纪的英国形成了什么样的传统?

学生:王在法下。

教师讲述:国王的统治要受到法律、贵族的约束。1265年,有个贵族叫孟福尔,他打败了国王,然后召集贵族、骑士、市民组成了议会,并且形成了国王收税必须经过议会同意的传统,就是"王在议会"。自从这样的传统形成以后,在英国国王、贵族和议会之间长期形成了一种相对平衡、和谐的关系,这种状态到17世纪被打破了。斯图亚特王朝的专制统治激化了王权与议会的矛盾,当这个矛盾不可调和的时候,革命的发生就成为一种必然。

2."无冕之王"——克伦威尔

1640年英国革命爆发,在这场革命当中,又一个主角人物——克伦威尔登场。

(出示图片:"克伦威尔的雕像")

设问:克伦威尔的雕像如今还竖立在英国议会大厦的前面,左手拿着《圣经》,右手握着宝剑,享受着荣耀的地位。现在,英格兰还有很多的街道都是以克伦威尔的名字来命名的,仅次于维多利亚女王的名字命名的街道。可见他在英国人的心目中的地位比较高,为什么?

学生:克伦威尔有杰出的军事才能,他打败王党军队,还处死了国王查理一世,推翻封建专制,建立资产阶级共和国。在克伦威尔统治期间,在全国建立了有序的行政机构,发展了资本主义工商业,改善法律,扶持文化教育,提倡宗教信仰自由,巩固了革命成果。克伦威尔还颁布过《航海条例》,

---

① 钱乘旦、许洁明:《英国通史》,上海:上海社会科学院出版社2019年,第60、61页。

引发英荷战争,后来荷兰被打败,失去了海上霸权。他还和瑞典、丹麦、葡萄牙签订商约,巩固了英国的海上权威和商业利益。

设计意图:对于克伦威尔的历史评价,可运用学生相关知识储备,总的来说,即其在反封建和发展资本主义方面有着很大的进步性,反封建斗争中的高潮就是处死国王,建立资产阶级共和国。但至此,克伦威尔的历史旅程并未结束,应以设问,深入挖掘,观察时代特点。

设问:(1)在资产阶级共和国建立之后,英国的民众权益得到保障了吗?

(2)各派的利益得到满足了吗?

(3)英国局势稳定了吗?

(4)英国真的形成了"共和"的局面吗?

设计意图:通过设问,指向共和的背后隐藏着的巨大危机,为学生全面观察、深入理解作思维铺垫。

> **材料 4**:战争使一切改革停顿下来,倒退代替了进步。一年内,陆军花费了 150 万镑,海军将近 100 万镑,建立新的护航船需要 30 万镑,财政赤字将近 50 万镑。长期议会为了支付这些费用,重新实施老的方案,没收了将近 650 人的地产以维持海军的不断需求,多数人被迫沦为乞丐……克伦威尔所采取的安抚政策被彻底推翻。……教会重新改组工作也未取得任何进展……法律改革,看来是同样没有希望的……军官委员会敦促议会应"采取迅速及有效的措施",军队准备以武力达到目的。议会看到了危机,却内部纷争,意见不一,少数激进的议员策划企图"保存他们自己永久性权力的计划"方案,并要解除克伦威尔军事统帅的职务。克伦威尔开始策划"取而代之"。[①]

设问:(1)从材料中你可以看出革命后的英国存在哪些问题?

(2)暴力革命能否从根本上解决社会的弊病?

设计意图:传统教学中,革命的重点似乎就是推翻专制王权,师生视野不再由此向后观察事件引发的历史变迁,此即"割裂"。革命后的英国局势很不稳定,在这样的背景之下,克伦威尔建立了资产阶级的军事独裁统治,

---

① [英]查尔斯·弗思:《克伦威尔传》,王觉非、左宜译,北京:商务印书馆 2002 年,第 266—273 页。

担任了终身护国公。

材料5:没有一个宽松、平和与自由的社会环境,经济就不可能继续发展,于是,克服专制王权就成为那些具有早期资本主义萌芽因素的民族国家所面临的最大任务。英国内战就是为了克服专制王权,然而暴力革命的结果是消除了国王,却产生了另一种专制形式,即克伦威尔的个人独裁。①

设计意图:不可否认,克伦威尔难以抵御权力的诱惑,但他组建专制政权也不是对专制王权的简单重复。处死国王以后,当时的英国社会对于国王体制是有着深深的怀念的,部分支持者也敦促克伦威尔尽快接受王冠,"但克伦威尔的良心不允许他这么做,这将背叛他所代表的一切理念,军队也一定不会接受"。因此,他只是接受了"护国公"这个称号,"他接受这个新的称呼时,特意穿了一件普通的黑色外套和灰色的毛绒长裤,以强调这绝非是在加冕"②。克伦威尔建立了资产阶级军事独裁,对内打击了王党和平等派,保证了社会的稳定;对外维护了英国的商业利益,在他统治期间,革命的一些理想还是得到实现的。但是这种靠个人独裁、军事专制维护的安定又是脆弱的、暂时的,各派的利益冲突不能有效化解,社会也无法形成合力,没有妥协和沟通只会为下一次动荡埋下阴影。因此克伦威尔死后,英国人普遍没有悲伤,更多是一种释然,这也表明暴力革命没有从根本上解决社会的弊病。

材料6:尽管斯图亚特家族回来了,可是这个王国已经与1640年前它统治的那个相比发生了很大的变化,英国革命为未来几代英国人留下了一笔永久的遗产,这是一笔宗教、政治和思想的遗产……英国已经无可逆转地分化为国教和非国教,国教教堂和非国教教堂。那些坚持参加非国教的小教堂的人给英国公共生活带来了一种独立的、不顺从的意识,这很大程度上使英国成为自由和个性的发源地。从政治上来

---

① 刘成:《英国兴衰千年回溯》,载《历史教学》2010年第13期。
② [英]罗伯特·莱西:《英雄、恶棍与普通人》,秦川译,北京:北京大学出版社2020年,第267页。

说,革命挫败了绝对主义,确保了议会的永存。[①]

设问:斯特亚特王朝复辟,历史的进程就此倒退了吗?

设计意图:查理二世 1660 年 4 月 4 日发表的《布雷达宣言》中说,他登基后所有的基督徒享有"良心的自由",除了追究处死其父的凶手,他将不念旧恶赦免一切。保障宗教自由并保持在革命期间所获得的财产的所有权。答应同议会共同管理国家。国王不设常备军,只有王宫卫队和驻扎在苏格兰、爱尔兰各据点的人数较少的部队。有学者认为,1660 年是英国史最有意义的一年。这个观点并不是以查理二世的复辟为依据,而是基于大量的其他方面的发展在 1660 年结出的硕果以及现代世界产生的事实。这一年后,英国人不再使用"议会中的国王"(the King in Parliament)的说法,因为这种说法含有国王与议会之间形成某种默契的意思,而是改用国王与议会(the King and Parliament)的说法,彰显了两者之间的差别。封建主义的最后残余在 1660 年被清除。[②] 宗教宽容、政治自由、相互妥协等原则被逐渐接受,不同的政治力量彼此制衡、自我约束,在动荡和冲突中意识到妥协的作用。尤其是国王和议会都意识到对方存在的价值,若一方打破平衡,就可能会有再一次的"革命"。学生可从中理解历史的发展是延续的、不间断的,不能简单地认为复辟是倒退、落后,应客观地看待英国革命中的这个"插曲"。

3."近代科学之父"——牛顿

就在克伦威尔去世的那天晚上,那是个暴风雨的晚上,有一个少年,他在做一件不同寻常的事。测量顺风时的成绩比逆风时的成绩好多少,以便弄清风速对人类行动的影响。这个人就是牛顿。

设问:(1)牛顿被称为上帝的宠儿,为什么?

学生:牛顿在物理学方面创立了经典力学体系,还奠定了光谱学的基础,提出过光的"微粒说";在数学方面提出了二项式定理和微积分的初步算法;他还制作过世界上第一架反射望远镜考察行星运动。

(2)在牛顿以前,历史上也有过很多聪明努力的人,为什么他们没有创

---

① 〔美〕克莱顿·罗伯茨、戴维·罗伯茨、道格拉斯·R.比松:《英国史》上册,潘兴明等译,北京:商务印书馆 2013 年,第 446 页。

② 罗伯茨、罗伯茨、比松,前揭书,第 449 页。

造出那么大的成就呢？

（3）如果牛顿早生 200 年或 100 年，他能做到吗？

在牛顿（1643—1727）出生 200 年前，也有那么一个脑洞大开的人，有很多的奇思妙想，这个人是谁呢？ 他是达·芬奇（1452—1519），研究过机械制造、人体解剖，制造过飞行器，还研究过潜水艇……他有很多的科研成果。

（4）达·芬奇名垂千史是因为他的科技成就吗？

学生：不是，他的绘画成就很高，他是文艺复兴的美术三杰之一，著名的作品有《蒙娜丽莎》《最后的晚餐》等。

教师讲述：达·芬奇坚信科学，他抨击天主教为"一个贩卖欺骗的店铺"，他认为"真理只有一个，它不是在宗教中，而是在科学之中"。为了避免触怒同时代的暴政和宗教裁判官，达·芬奇把自己在胚胎、人体结构、直升机、潜水艇、植物构造的观察与研究成果掩藏起来。通过一种自己设计的特殊反字手写体来撰写手稿，以掩人耳目，这被称为达·芬奇密码。如果牛顿出生在 100 年前的欧洲，又会怎样呢？

（出示图片："布鲁诺被处以火刑""伽利略接受教会审判""欧洲反女巫运动"）

问题探究：布鲁诺（1548—1600）捍卫"日心说"，挑战了教会宣传的"地心说"，挑战了神学的权威，所以被处以火刑。经典力学的奠基人伽利略（1564—1642），也因支持"日心说"被教会处以终身监禁。在那个时代，不仅这些进行科学研究的科学家有这样的遭遇，普通人也不能幸免。15—17 世纪，欧洲有一场反女巫运动，在这场运动中，很多普通的妇女被教会诬陷为女巫，教会和部分民众认为很多事情都是女巫的出现所导致的，比如瘟疫、战争，甚至是一场很浓的大雾，然后就会把这些妇女斩首示众，活活烧死。这就是当时的社会，"黑暗的时代"，教会占主导的时代。所以，牛顿如果早生 200 年，或者早生 100 年，也许他也很难有这么多、这么大的成就。为什么偏偏 17 世纪可以呢？

设计意图：17 世纪随着资本主义经济进一步发展，资产阶级力量也在发展。文艺复兴、宗教改革促进人的思想解放。人们逐渐从蒙昧主义的状态中觉醒，希望能给予自然界的很多现象以合理的解释，他们渴望真理，渴望知识，渴望科学。培根喊出了"知识就是力量"的口号，强调了实验的方法，他大胆地去挑战神学的权威。笛卡尔提出怀疑是理性的始祖，鼓励人们去批判、质疑。由此引导学生认识 17 世纪是一个思想更加自由和开放的时代,伟大的思想需要自由的灵魂,而自由的灵魂也只能出现在"革命"的年代。

教师讲述:内战和共和政体的影响之一就是科学实验不再受到束缚,政治混乱反而给科学家们一个相对宽松的实验环境。查理二世复辟以后终止了政治上的实验,但对科学实验却很感兴趣,对研究自然、探索世界的活动十分关注,他意识到科学实验可能会给英国带来更大的荣耀,于是他成为那个时代最顶尖知识分子的赞助人。

(出示牛顿制作的第一架反射望远镜图)

当查理二世看到这个望远镜的时候,他说:"太神奇了,艾萨克真是一个天才!"1662 年,查理二世颁布了一个特许证给英国皇家学会。这一学会诞生于英格兰内战时期的牛津和伦敦。由于没有固定的活动场所,学会成员通常称呼其为无形学院。查理二世将其命名为皇家学会。在国王资助下,学会为众多出色的精英提供了聚会和交流的平台。[①] 牛顿在这个皇家学会里常年担任会长的职务,可以说,这是当时英国的最强大脑聚集的地方,波义耳、胡克、哈雷等人都曾经加入其中。这些人共同探讨追求真理的有效方法,17 世纪中后期的这场"科技革命"对英国革命的进程会有怎样的深远影响呢?

设计意图:英国皇家学会又叫伦敦皇家自然知识促进会,它的成立成为科学革命的标志。科学革命的影响也超过了科学的范畴。有人说,牛顿缔造了工业革命的钥匙,瓦特拿着这把钥匙打开了工业革命的大门。此外,牛顿的科学成就使宇宙变得有序,一切要符合理性和规律,这为新兴制度的设计提供了思想指引。伏尔泰曾经说过:"如果全部自然界,一切行星,都要服从永恒的规律,而有一个小动物,五尺来高,却可以不把这些定律放在眼中,完全任意地为所欲为,那就太奇怪了。"这场革命荡尽了中世纪的等级制度及其相对应的体系。对于现代人而言,时代的分水岭不是在比德时代、乔叟时代或莎士比亚时代,而是在牛顿时代。[②]

---

① 莱西,前揭书,第 288 页。

② 克莱顿·罗伯茨、戴维·罗伯茨、道格拉斯·R.比松,前揭书,第 450 页。

4. 从革命到革命——威廉和玛丽

1687年,《自然哲学的数学原理》出版,标志经典力学诞生。之后的一年,英国历史上又发生了一件重要的事情——1688年光荣革命。

(出示图片:"威廉三世和玛丽二世的加冕典礼")

设问:为什么在1688年会爆发革命,而不是1687年和1689年呢?

> 材料7:莫代那的玛丽第11次怀孕,并在1688年6月初诞下了一名健康的男婴。他也被命名为詹姆士,并享有威尔士亲王的封号。这位新的王位继承人断绝了他两个信奉新教的姐姐的即位希望。突然间,英格兰似乎将永远被天主教的斯图亚特王朝所统治。[①]

设计意图:光荣革命是议会与国王詹姆士二世矛盾不可调和的产物,带有历史的必然性。但历史也有偶然性,马克思说:"如果'偶然性'不起任何作用的话,那么世界历史就会带有非常神秘的性质",历史进程的"加速和延缓在很大程度上是取决于这些'偶然性'的"。[②] 强调历史的细节,历史的过程才会完整,不完整的过程叙事难以构成合乎逻辑的因果链条,这势必会大大削弱历史叙事的可信度,甚至出现逻辑悖论。[③] 玛丽诞下一名男婴是偶然事件,加剧了议会对将来持续出现天主教政权的担忧,于是革命再次爆发。

> 材料8:人民已经厌倦了战争,因为战争没有给他们带来任何好处。但国王和议会的矛盾必然要以某种方式来解决。当时,不论君主专制者或主张议会主权者都不能取得决定性的胜利。因而,不经过暴力而经过妥协来解决国王与议会间的矛盾是唯一可能的道路。[④]

设问:光荣革命的"光荣",只是因为它"不流血"吗?

设计意图:刘成教授指出,历史不仅要向前看,也要向后看。光荣革命

---

① 莱西,前揭书,第285页。

② 《马克思恩格斯选集》第4卷,北京:人民出版社1972年,第393页。

③ 《普通高中教科书教师教学用书·中外历史纲要》下,北京:人民教育出版社2019年,第212页。

④ 许大华:《论"光荣革命"对英国的历史影响》,载《湖北第二师范学院学报》2008年第1期。

不仅是一场宫廷政变,也是改革和渐进的开始。光荣革命让英国人骄傲的不仅是不流血,而是找到了一个推进历史的更好的方式,就是适时的妥协。这段历史告诉我们,革命不仅需要激情、狂热,不仅是暴力,它还有可能是理性的、睿智的。制度变迁可以用非革命的手段完成,此后,英国历史上几乎不再出现重大的暴力冲突,和平和渐进的改革成为英国历史发展的特色。[①] 光荣革命是英国"保守主义"政治的体现,这里的"保守"不是落后、封闭,是一种强调既有价值或现状的政治哲学。保守主义是相对激进而言的,而不是相对进步而言的。保守主义并不反对变革,只是反对激进的变革,宁愿采取比较稳妥的方式。

设问:光荣革命后,和平渐进的改革成为英国历史发展的特色,可以举例说明吗?

学生:1689年,《权利法案》颁布,以法律形式限制了王权,保障了议会的立法权、军事权、财政权等。1721年沃波尔上台,责任内阁制开始形成,行政权从国王手中转向议会手中。1832年议会改革,使民主权利从贵族手中转向工业资产阶级手中。1969年英国实现普选,民主权利范围扩大到普通公民。

问题探究:回看历史,我们会发现,英国人尝试过暴力,也尝试过和平。显然,我们都希望用和平的方式来推进历史,因为它付出的代价要小得多,有着暴力不可替代的优点。那么,是不是消除战争、减少暴力就是真正的和平呢?

设计意图:对于这个问题的解读,可以结合"和平学"的相关理论。和平学是用科学的方式来研究如何获得持久和平的一门学科,是在第二次世界大战后,为了维护世界和平秩序而产生的新学科。"和平学"认为,如果我们只关注消除战争,减少暴力,这其实只是一种"消极的和平"。"积极的和平"应该是创建更加公平与和平的社会,激发社会各阶层的积极性和创造性,形成全社会的合作体系。革命的目的是平息难以调和的社会冲突,克服限制社会发展的根本障碍,营造有利于国家进步的社会形态。英国现代国家的塑造是通过渐进改革模式完成的,但也未能避免暴力革命。暴力革命是因和平方式无效而被迫采取的极端手段。但暴力并没有真正解决专制问题,

---

① 钱乘旦、许洁明:《英国通史》,上海:上海社会科学院出版社2019年,第192页。

也无法实现现代国家的改造。这些转变的完成最终依赖的是"光荣革命"和其后一系列社会改革,即英国的非暴力变革完成了社会形态的改造。革命不仅是战胜旧制度的短暂决战,更是创建新制度的长久变革,"改革"若实现了社会的根本进步,它就是一场"革命"。①

设问:1689年,议会为了限制王权,颁布了《权利法案》,它标志着英国君主立宪制确立,这一制度的基本架构一直到现在都没有根本上的变化,是否意味着英国迎来了完美的制度,找到了"历史的终点"?

设计意图:其实在人类发展的历史上,有很多人对于完美制度都有过不同的设想。比如说柏拉图的理想国,还有启蒙思想家们的种种构想,17世纪的英国启蒙思想家也认为找到了完美的制度,如霍布斯和洛克等。制度不是一成不变的,它需要从实际出发不断地调整、创新、变革、完善,与时俱进。人类对完美制度的探索还将经历漫长的过程,正如历史的发展没有尽头一样。英国革命推动了英国的现代化转型,将民主、自由、妥协、法治的一些基本原则在政治制度中得以体现,即便如此,也并非意味着它就是完美的、没有再发展和再创造的可能。钱乘旦先生说过:"历史的长河不会有尽头。"②此问题意在引导学生树立发展的历史观,坚持以历史唯物主义思想分析把握历史大势,把握历史的主题、主线、主流和本质,在浩如烟海的历史细节中去伪存真、拨云见日。

结　语

最后,让我们回过头再来看看在这节课中接触到的这些人物,专制国王、文学巨匠、革命主角、科学之父……他们活跃在17世纪的历史舞台上,见证了英国社会各方面的变革与发展。显然,17世纪在英国历史和世界历史上有着极其重要的地位,没有这一时期的奠基,就没有英国后来的地位与辉煌。就在英国发生革命的同时,开始于文艺复兴时期的科学革命也在英国达到了它的高潮阶段。这两大革命由此构成了17世纪的"双元革命"奇

---

① 刘成、李琳莉:《"非暴力革命"更易实现革命目标——对英国革命的再思考》,载《探索与争鸣》2019年第4期。

② 钱乘旦:《西方那一块土——钱乘旦讲西方文化通论》,北京:北京大学出版社2015年,第212页。

观,与 18 世纪的"双元革命"(霍布斯鲍姆首倡此说)——英国工业革命和法国大革命——交相辉映。如果说 18 世纪的双元革命的综合效果启动了整个欧洲乃至全球的现代化进程的话,那么 17 世纪双元革命的综合效果则主要启动了启蒙运动——一场为现代社会勾画蓝图的思想运动,而现代民主政治的一些标准价值观的锻造也是在这个运动中完成的。①

原载《历史教学》2021 年第 11 期

① 马克垚:《世界文明史》上册,北京:北京大学出版社 2004 年,第 561 页。

革命与暴政的悖论:暴君挑起革命、革命抛弃暴君[*]

——17 世纪英国革命史的三重悖论之一

姜守明

革命,本义为革故鼎新,通常指由下层群众发动的、反抗上层统治者政治压迫的暴力运动。暴政,顾名思义,特指统治者的残暴施政。17 世纪的英国革命包括两部分,一是 17 世纪中叶的内战与革命,二是 1688 年的宫廷政变。它不是由英国广大的普通民众自下而上发起的,而是由斯图亚特王朝专制君主以武力形式自上而下挑起的暴力对抗。就是说,17 世纪英国革命的发生,并没有依循常规,革命的直接诱因是斯图亚特专制君主的暴政。革命爆发后,作为广大民众代言人的议会反对派,扮演了被动应战者角色,他们为了捍卫自古就有的自由与权利传统,就宗教信仰自由和国家主权归属的问题,也即主权在王还是主权在民的问题,与斯图亚特暴君展开了殊死较量。

一、主权在王与主权在民的争端

主权,即国家主权,是指一个国家所拥有的最高权力,所以现代民族国家又称主权国家。

启蒙时代,16 世纪法国学者让·博丹在《国家六论》^①一文中,第一次系统阐述了国家主权的基本理论,明确提出主权是作为一个独立国家主要标志的观念。这里所说的国家,即现代意义上的主权独立国家。在客观上,主

* 本文系国家社会科学基金一般项目"16—17 世纪英国宗教政策研究"(16BSS032)阶段性成果。

① [法]让·博丹:《主权论》,李卫海、钱俊文译,北京:北京大学出版社 2008 年。

权国家对内拥有至高无上的司法管辖权,对外享有独立平等的发展权。

在"民族"与"国家"的观念都非常淡薄的中世纪,如果说有主权观念存在,那也是指在教权主义支配下,基督教世界认同的仅是主权在神的信条,而不是主权在君或主权在民的问题。这就自然地排斥了现代国家存在的可能性,也谈不上主权独立、相互平等的民族国家。进入中世纪晚期,当民族意识不断增强后,基督教的普世主义观念日益受到人文主义新思潮的挑战,如尼科罗·马基雅维里(1469—1527)、让·博丹(1530—1596)、托马斯·霍布斯(1588—1679)开始以神权君主取代神化上帝,用皇权主义代替教权主义。因此,人文主义者或启蒙思想家倡导的主权在王观念,就必然地成为民族国家形成时期"新君主制"(New Monarchy)的题中之义。

新君主制,即专制君主制,发轫于15世纪后期,源于中世纪的等级君主制,是一种新型的国家体制。① 在追求民族国家潮流的过程中,都铎王权已成为国家政治向心力的目标指向,诸位君主前后一致,均集行政、立法与司法大权于一身,享有至高无上的专制地位。② 都铎王朝时期,专制主义既是君主追求私利的手段,也是巩固新兴民族国家的工具。在追求专制主义的过程中,都铎新君主制,契合了英国社会转型的现实需要,实现了与民族国家的利益趋同,或巧妙的结合,因而具有历史的进步性。

苏格兰的詹姆斯承袭都铎王位后,不列颠出现了两国共主的局面,英格兰和苏格兰间40多年来争论不休的英格兰王位继承问题暂告一段落。③ 不过,这也埋下了日后两王合并的伏笔。④ 斯图亚特君主不懂此一时、彼一时的道理,严重脱离实际,强力推行专制统治,日益激化与议会的矛盾,逐渐将英伦三岛拖入了多事之秋。早在大宪章时代,英格兰已形成了国王与贵族联合治理封建国家的混合君主制传统。中世纪盛期,由国王、上院和下院共同组成的议会,作为一种混合君主制模式,构成了英国的等级君主制。及至

① 姜守明:《查理一世的"宗教革新"与英国革命性质辨析》,载《北京大学学报》(哲学社会科学版)2013年第4期。
② 钱乘旦:《英国王权的发展及文化与社会内涵》,载《历史研究》1991年第5期。
③ W. H. Frere, *The English Church in the Reigns of Elizabeth and James I (1558—1625)*, New York: AMS Press, 1969, p.286.
④ Allan I. Macinnes, *The British Revolution*, *1629—1660*, Basingstoke and New York: Palgrave Macmillan, 2005, p.3.

中世纪末期近代早期,随着启蒙思想出现和民族国家形成,等级君主制发生转向,开始朝着君主专制和议会民主制的方向转变。这种转向不是悄然或平稳进行的,它引发了上层统治者之间的权力斗争,导致了国王与下院关于国家最高权力即国家主权归属问题的争论。

詹姆斯一世上台后,置英格兰的经济、民生和国家利益于不顾,去强化过时的专制主义,事实上就触碰了主权在君(国王)还是主权在民(议会)的敏感问题。詹姆斯一世不但迷恋中世纪经院神学家阿奎那的"君权神圣"说,还"以一种神学家的自傲和一个国王的自命不凡"[①],相信上帝的赐予是其作为一个外来君主统治英国合法性的根基,[②]从而极力去追逐过时的专制主义。启蒙思想家伏尔泰评论说:"当他被承认为国王以后,他就认为他的君权是神授的。凭这个理由,他以'神圣的国王陛下'自居。"[③]除了论证其承袭英格兰王位的合法性外,他还想通过神化王权的手段来强化其专制统治。他对内实施看似宽容、实则接近天主教的宗教政策,对外则推动所谓的和平主义,实际上是对国际天主教势力的屈从。这不仅违背了中世纪以来英国形成的"王在法下""王在议会"的混合君主制传统,也严重伤害了英吉利的民族国家利益。诚然,他暂时平息了与议会之间的争执,但矛盾并没解决,直至日后酿成的内战与革命。

从表面上看,17世纪英国革命的起因,是斯图亚特王朝这个外来因素偶然作用的结果,而实际上,则是都铎王朝末期以来英伦社会矛盾不断积聚与日益激化的产物。就是说,它自有其发生的必然性,准确地说,是反传统与维护传统的两股力量相互较量的结果。理论上,詹姆斯继承都铎王统属于顺理成章的事情,而问题在于,在推行专制统治的过程中,他出现了严重的水土不服现象;尤其他的儿子查理一世在处理宗教、征税、外交等事务以及偏袒宠臣方面,固执狂妄,独断专行,严重背离了都铎王朝以来君主倚重贵族、国王与议会联合统治的混合君主制传统。在奉行大陆式的绝对专制主义时,如果说詹姆斯是理论上的巨人、行动上的矮子,那么可以说查理是

---

① [法]F.基佐:《一六四〇年英国革命史》,伍光建译,北京:商务印书馆1986年,第20页。

② S. R. Gardiner, *The First Two Stuarts and the Puritan Revolution*, 1603—1660, New York: Charles Scribner's Sons, 1898, p.13.

③ [法]伏尔泰:《风俗论》下册,谢戊申等译,北京:商务印书馆1997年,第334页。

个地道而莽撞的"实干家"。一方面,他利用高教会派国教徒推行所谓"革新"政策,过于纵容国内的天主教徒,残酷迫害遍布朝野的清教徒,严重伤害了国人的宗教情感;另一方面,他从不想召集议会,除非为了财政拨款目的、又不得不求助于议会。"三十年战争"爆发后,英国议会动用其财政审批权来反制查理,只批准了一项14万镑的拨款让他用于海外战争。虽然作为一种安慰和补偿,下院赋予查理为期一年的关税征收权,还是拒绝了他提出的终身征收关税的要求。[①]

二、议会反对派与王党的殊死较量

1625年8月,查理解散了处处对他进行掣肘的议会。他在议会的召集与解散问题上,激化了王权与议会的矛盾。到17世纪40年代初,这种矛盾终于以极端形式爆发了出来。显而易见,英伦内战是斯图亚特专制君主和反专制的议会两股力量相互较量的结果,构成了17世纪革命的重要组成部分,并具有以下一些鲜明的特点,而与传统上人们对英国革命的认识区分开来:

第一,宗教热情与政治主张相结合。内战爆发时,王党和议会反对派的地域分界和宗教分野都非常清晰。从地域分布情况看,王党力量主要集中在英格兰的北部和西部地区,议会力量则散布于英格兰的东部和南部地区。从宗教信仰审视,凡是国教徒和天主教徒都站到了国王及王党一边,而新教不从国教的清教徒则站在了议会一边。在议会反对派阵营内部,既有不同的宗教态度,又有相左的政治诉求。在神学教义和教会组织方面,长老派接近于大陆的加尔文派,他们要求废除国教会的主教制,坚持由选举出来的"长老"来管理教会;在政治诉求方面,他们提倡精英政治,倾向于寡头治国。[②] 法学家白芝浩指出:"如果没有受到宗教理论的推动的话,单单政治原因在当时是不足以激发人们对国王进行这样一种反抗的。"[③]比较而言,激进

---

① Roger Lockyer, *The Early Stuarts: A Political History of England*, 1603—1642, London: Longman, 1989, p.240.

② Christopher Hill, *Society and Puritans in Pre-revolutionary England*, New York: Schocken Books, 1976, p.27.

③ [英]沃尔特·白芝浩:《英国宪法》,夏彦才译,北京:商务印书馆2010年,第287页。

的独立派不承认全国性的教会权威,他们认为各地的教众都可以自由组成独立的宗教团体;①他们不仅主张废除君主制,还质疑贵族统治的合理性。由于各自独立的组织形式和不同的礼拜方式,独立派内部又分成了许多宗派,诸如温和而理性的浸礼派、公理派、教友派,②以及激进与极端的第五王国派、震颤派、平等派等。有一点看起来很奇特,但并不难理解,就是宗教倾向和政治理想相对应,因为对各政治派别而言,宗教信仰在革命过程中发挥了意识形态上的重要作用。这就难怪有学者把英国革命看成一场清教革命。③ 笔者认同这种看法,如钱乘旦先生所言:"英国革命一个重要的特点就是宗教的政治化,当然,政治也宗教化,政治理念都是用宗教语言来表达的。"④

第二,政治分裂并不显示阶级区分。在 17 世纪英国革命中,两个对垒阵营之间没有太大区别,从双方队伍的构成来看,既有贵族、乡绅,也有富商和小商人,还有小土地所有者、手工工匠和佃农。从占比情况而言,两个敌对集团的力量大体相当,而这种分裂局面又使阶级分野变得十分模糊,故而纯粹从阶级角度去判别这场革命的属性,似乎有缘木求鱼、不得要领之惑。有人认为,英国革命属于一场资产阶级性质的革命。⑤ 不过,笔者以为这种看法的不足之处就在于很难判明谁是真正的资产阶级。的确,英国革命的年代,正值原始积累时期,萌芽中的资产阶级不论在经济实力上还是在阶级意识上,均未形成一个独立阶级,所以 17 世纪英国革命之"资产阶级革命"说无法成立。⑥

第三,专制国王扮演了触发革命的角色。从长时段来审视,革命并非英

① George Darke, "The Ideology of Oliver Cromwell", *Church History*, vol. 35, No. 3 (Sep., 1966).

② 又称"贵格派"。基督教新教分支之一,由乔治·福克斯创立。

③ S. R. Gardiner, *History of the Great Civil War*, *1642—1649*, London: Longmans, Green, and Co., 1904; Thomas Carlyle, *On Heroes*, *Hero Worship and the Heroic in History*, London: The Electric Book Company, 2001.

④ 钱乘旦、许洁明:《英国通史》,上海:上海社会科学院出版社 2007 年,第 159 页。

⑤ Christopher Hill, *The English Revolution 1640*, London: Lawrence & Wishart Ltd., 1940;[英]阿·莱·莫尔顿:《人民的英国史》上册,谢琏造、瞿菊农等译,北京:生活·读书·新知三联书店 1976 年。

⑥ 钱乘旦、许洁明,前揭书,第 158 - 159 页。

国史的常态,17 世纪革命只是一个极其偶然的插曲。如果都铎王位不是由斯图亚特君主来继承,如果詹姆斯一世能像伊丽莎白女王那样把英吉利民族作为其统治的依靠,如果查理一世不固执地效法大陆的绝对专制主义,那么,英国或许不会发生涉及信仰自由和国家主权归属的严重危机,革命也就无从谈起。然而,这些假设偏偏能从 17 世纪初叶的英国史上找出凿凿证据,谁都不能对此视而不见,故英国革命的发生在情理之中。1642 年 8 月,查理在诺丁汉的卡斯尔山上举起皇家旗帜,并宣称议会叛乱,标志着英王及王党分子正式向议会反对派和人民宣战,[①]拉开了内战的序幕。10 月 23 日,激战首先在沃里克郡南部边山附近发生,双方有大约 5 000 名士兵战死沙场。[②] 此后,查理率军进入泰晤士河谷地区,把大本营设在与伦敦相距 82 公里之遥的牛津。同年 11 月,王军占领英格兰北部五郡,次年 5 月在康沃尔郡斯特拉顿战斗中又击败议会军。是年秋天,拉尔夫·霍普顿爵士从西部、威廉·卡文迪什从北部、查理从牛津几个方向进军伦敦。开战之初,议会军连遭败绩,主要原因在于:其一,战争由国王挑起,拼凑起来的议会军仓促应战,整体实力不及王军;其二,议会军战略目标含糊,缺乏统一指挥中心;其三,议会军疑虑与国王武装对抗的正当性,故而不敢放开手脚,也不敢打败国王。如东部联军指挥官曼彻斯特伯爵所言,如果我们打败国王 99 次,他仍是国王,他的后代也都是国王;但如果国王只打败我们一次,那么我们就要被统统绞死。[③] 既然清教领袖持这种心态,那可想而知议会军在战争初期连连失利,就并非无以为根由了。

　　虽然内战或革命是英王发动的,但是一旦发动起来,革命就必然地以疾风暴雨的形式呈现出来,它恰似动力强劲的列车,会在强大动力和惯性的作用下,势不可挡地向前猛冲,而想要立刻制动下来,几无可能。为了扭转战场上的不利局面,议会党人尝试与苏格兰人结盟。在北方,苏格兰人反抗查理的专制统治,对于英国革命来说,起到了导火线作用。现在,英国的议会党人谋求与新教长老会支配下的苏格兰人结盟,这种举动也合乎逻辑。根

---

　　①　S. R. Gardiner, *The First Two Stuarts and the Puritan Revolution*, 1603—1660, p.132.

　　②　[英]温斯顿·丘吉尔:《英语国家史略》上册,薛力敏、林林译,北京:新华出版社1985 年,第 642 页。

　　③　王觉非主编:《近代英国史》,南京:南京大学出版社 1997 年,第 53 页。

据 1643 年 8 月签订的《神圣盟约》(*Solemn League and Covenant*),苏格兰盟约派应出兵帮助议会党人,英国议会则须向盟约派提供军费每月 3 万镑,并承诺在苏格兰、英格兰与爱尔兰组建起统一的长老派教会。这意味着英格兰人与苏格兰人联手对抗专制国王,也标志着清教在反对国教的斗争中取得了暂时胜利。反对天主教、实现信仰自由,是 17 世纪英国革命必须解决的核心问题之一。不过,结盟双方是各有所求,如苏格兰牧师罗伯特·贝利所言:"英格兰人追求的是建立一个世俗的同盟,我们的目的却是建立一个宗教同盟。"①为了制服与盟约派联手的议会反对派,查理便向信奉天主教的爱尔兰人寻求帮助。这样,"不仅原来在爱尔兰服役的许多英国兵为他效劳,而且大批爱尔兰人也参加了他的军队"②。尽管如此,战场上的主动权还是由王军渐渐转向议会军。1644 年初,21 000 名苏格兰士兵从边境上渡过特威德河后,在英格兰北方对王军起了牵制作用。7 月初,王军大败于马斯顿荒原大战。次年 6 月 14 日,查理和他的外甥、莱茵选侯之子鲁珀特亲王指挥 7 500 名王军,与费尔法克斯爵士和克伦威尔指挥 13 500 名议会军,在纳斯比战役中对阵并遭败绩,而以"铁骑军"(Ironsides)为核心的议会新军对战胜王军发挥了决定性作用。③

三、革命抛弃查理一世的必然性

第一次内战结束后,由于议会党人、盟约派与他们的共主查理一世进行了数月之久的马拉松式谈判无果,内战再起,王军又告失败,英格兰人将查理押上了审判台。查理之所以最终被历史所抛弃,主要原因如下。

首先,苏格兰人对国王查理的冥顽不化感到极度失望。在内战中,苏格兰人和英格兰人共同打败了他们的国王,但苏格兰盟约派向英格兰议会反对派提供帮助是有条件的,除了要求把长老会定为英国国教外,还提出了给予参战经费补偿的要求。④ 内战初期,英格兰人迫于战争压力,接受了长老

---

　　① Barry Coward, *The Stuart Age: A History of England, 1603—1714*, London: Longman, 1980, p.183.

　　② 伏尔泰,前揭书,第 350 页。

　　③ Christopher Hill, *The Century of Revolution, 1603—1714*, London: Routledge, 2002, p.111.

　　④ Allan I. Macinnes, *The British Revolution, 1629—1660*, 2005, p.152.

会色彩浓厚的《神圣盟约》;内战初告胜利后,长老会顺势取得了英国国教地位。但是,此时的苏格兰人对国王还心存幻想,就是希望能得到查理同样的承诺,他们以为那样的话,长老会就能在英国站稳脚跟。不过,查理自投罗网、遁入苏格兰军营后,只是想找个临时落脚点,无意到苏格兰去避难,更不会满足苏格兰人的愿望。在与苏格兰谈判时,他暗中与法国人往来,甚至还希望爱尔兰人能伸出援手,提供军事支持。此时,苏格兰人已意识到在国王身上榨不出什么油水,便决定予以抛弃,遂于1647年2月将查理交给了英国议会军。

其次,英国的清教独立派和长老派的合作是战胜查理的保证。在与国王谈判中,议会反对派答应恢复查理的王权,前提是他必须接受由威斯敏斯特议会起草的《纽卡斯尔建议》(*Newcastle Propositions*)。该建议的主要精神是废除主教制,惩罚内战中的王党分子,严格实施反天主教法,建立长老会制度,并由议会掌握军事力量、任命国家的主要行政官员和法官。这也是第一次内战结束后议会反对派与查理谈判的条件。查理以为接受这些条件等于束缚了自己的手脚,同时他还考虑到议会本身并非铁板一块,想继续利用长老派和独立派之间的矛盾,[①]拖延谈判,以期获得最大化的利益。三年前,查理从牛津出逃时就说过:"我要诱致长老会派和独立派与我联合,以借此叫两派互相消灭,我是决不放弃这样干的机会的,那样一来,不久我又是国王了。"[②]然而,长老派和独立派在反专制问题上既合作又斗争,合作对他们来说都是权宜之策,这并不能消除他们的矛盾。况且,当他们打败国王、胜利的曙光初现时,在如何对待查理及苏格兰人问题上,他们又产生了新的分歧。独立派深知,长老派与国王、长老派及苏格兰人的共性,远大于他们的差异,故而不仅特别担心长老派与国王的结盟,也对长老派与盟约派的联手感到忧虑。其实,不论出现哪种情况,独立派都害怕他们在战争中获得的一切成果化为乌有。然而所幸在于,他们还掌握着议会军,这是他们手中最强有力的王牌。由于军队赢得了战场上的胜利,他们就以军队来维护胜利果实。因此,独立派和长老派的斗争,就主要表现为军队和缔造他们的议会之间的斗争。8月,新模范军开进伦敦,军队以武力占领了议会大厦,导致力

---

① Allan I. Macinnes, *The British Revolution*, 1629—1660, 2005, pp.171 - 173.

② 基佐,前揭书,第327页。

量的天平朝着军队和独立派一侧倾斜。当时,独立派领袖克伦威尔和高级军官们都对查理寄予希望,并公布了一份与查理谈判的《建议要点》(*Heads of Proposals*),只是遭到了查理的拒绝,因为查理尤为反感《建议要点》中关于限制王权,限制主教权威,由军队、议会和国王三者分享国家权力的条款。

再次,由独立派操控的议会军是反制查理的最重要工具。由于宗教信仰有差和政治态度不同,独立派和长老派只有采取联合一致的行动,才能迫使国王就范,而一旦王党获得喘息的机会,那就意味着专制王权的回归,议会反对派势必前功尽弃,英国也必将完全中断 400 年来形成的议会传统。但是,高级军官对国王的妥协态度,激化了军队内部独立派与平等派的矛盾。1647 年 10—11 月,在伦敦西南部的普特尼召开的全军会议,围绕着内战后秩序重建,尤其国体安排问题,展开了激烈辩论。独立派坚持《建议要点》,主张保留君主制和上院,妥协的色彩极为明显;平等派则提出了激进的政治纲领《人民公约》(*An Agreement of the People*),他们要求废除君主制和上院,建立一院制议会。关于选举权问题,高级军官认为财产是选举资格的必要条件,只有财产才能创造出负责任的选民,确保他们对国家的忠诚。对此,平等派反驳说,生活在英国土地上的所有居民,包括最贫穷者和最富有者,都应当享有与生俱来的天赋权利,故而他们主张实行成年男子普选权。[①] 普特尼辩论越来越激烈,克伦威尔眼看无法收场,只得强行予以终止。

最后,查理与苏格兰人的勾连加速了查理的失败。高级军官压制了平等派势力后,独立派就完全控制了军队。恰逢此时,查理却逃离囚禁地汉普顿宫,逃往与汉普郡南部海岸有几英里之遥的怀特岛。这样,他不但失去了议会和军队的信任,也直接促成了独立派与平等派的重新联合。议会以最后通牒方式提出了四项条件,包括由议会控制陆、海军事力量 20 年及议会自行决定休会时间和开会地点等。[②] 查理予以拒绝后,便很快转向苏格兰人,并于 12 月 26 日签订《密约》,对苏格兰人作出承诺,他将在三年内强行

---

① A. S. P. Woodhouse, *Puritanism and Liberty*, Chicago: University of Chicago Press, 1951, pp.62 - 63.

② [英]查尔斯·弗思:《克伦威尔传》,王觉非、左宜译,北京:商务印书馆 2002 年,第 162 页。

推广长老会教派,镇压独立派和其他异端团体;[1]苏格兰人同意恢复查理王权,还答应将派遣军队帮他与议会军作战。1648 年 1 月多地发生王党暴乱,内战再起,参与者有议员、地主、商人,还有伦敦市民和乡民、主教和长老派,以及苏格兰人、威尔士人等,成分如此庞杂,这是第一次内战中不曾发生的事情。面对严峻形势,克伦威尔不得不向平等派作出让步,答应在战争结束后取消上院、审判国王和释放魏尔事件[2]中被捕的军官。8 月 17—19 日,他率议会军与苏格兰—查理联军在兰开郡普雷斯顿附近决战,并大获全胜,第二次内战基本结束。

但是,议会反对派内部再现分裂的迹象。第二次内战尚在进行时,长老派就暗中勾结苏格兰人及王党分子,因而此刻军队与议会的裂痕进一步扩大。为了阻止议会同查理的往来,军队又开进首都,干脆将司令部设在了王室白厅宫内的国王官邸。他们还把查理从怀特岛押解到了南部海岸一个荒凉海角,将他囚禁在一间黑屋里。虽然军队要求议会停止与查理的谈判,并将他作为一切灾难的罪魁祸首交付审判,但议会仍与他保持着来往。在这种情况下,托马斯·普莱德上校奉军队委员会之命,率军占领了威斯敏斯特宫,把 140 名长老派议员逐出议会。值得注意的是,1640 年 11 月"长期议会"(Long Parliament)召开时,共有议员 490 名;及至内战爆发,已有过半议员转投王党阵营;而剩下的半数议员,又有二分之一遭到清洗。这样,议员总数还有不及 90 名,长期议会竟然变成了"残缺议会"(Rump Parliament)。

革命是暴力斗争,服从暴力是一切革命的逻辑。英国革命也不例外。"普莱德清洗"事件充分表明,暴力在权力斗争中更有威力。在独立派主导下,残缺议会声称查理因"发动战争反对议会和英格兰王国"而犯下叛逆罪[3]。为此,下院决定设立特别法庭,规定该法庭由 3 名法官和 150 名陪审

---

[1] S. R. Gardiner, *The First Two Stuarts and the Puritan Revolution*, 1603—1660, p.147.

[2] 1647 年 11 月 15 日,克伦威尔命令全军在鲁易斯利普荒野、金斯顿和魏尔三个地点接受检阅,并签署效忠最高司令官和军队委员会的声明。平等派的三个团擅自前往魏尔,不仅赶走大部分军官,还在自己的军帽上别上《人民公约》,上面写着"英吉利的自由,士兵们的权利"口号。克伦威尔亲自前往魏尔,逮捕了那些同情平等派的中下级军官和士兵。魏尔事件后,高级军官控制了全军。

[3] 弗思,前揭书,第 186 页。

员组成,但上院否定了下院决议,其理由是国王作为英国的司法之源,是法院的最高长官,不可能对其进行审判。既然如此,下院就索性撇开上院,独自特设法庭,组成人员也减少到至135名。呜呼,查理本是革命的发动者,却不得不接受革命法庭的审判,罪名竟然是叛国罪,或叛逆罪。所谓叛逆,本指臣民涉及危害国王的人身安全及其统治权的行为,而此时,查理作为一国之君,竟然成为叛逆罪的适用对象。虽然残缺议会因组成人数严重不足而失去了作为代议机构的合法性,但它通过暴力手段设立了革命法庭,将合法的君主置于死地,同时为他们处死查理的极端行为作出辩护:"在上帝之下,人民是一切正当权力的来源;在议会里集会的英国下议院是人民选出并代表人民的,在本国有最高的权力……"①即使查理认为该法庭不具合法性,并拒绝作自我辩护,特别法庭依然以"暴君、叛徒、杀人犯及国家的敌人"之罪名,于1649年1月30日将英王查理一世推上断头台。这样,英国革命迎来了第一个高潮。

综上可知,17世纪革命的发起者不是英国人民,而是合法的斯图亚特君主,查理一世因为专制统治,成为他自己挑起的革命的牺牲品。这完全是搬起石头砸自己的脚,咎由自取。查理的受审与受死,不论当时还是后来,都引起了不少的同情。这是事实。然而,他的悲剧根源不在于他是否挑起革命,而在于他非但像他父亲詹姆斯那样笃信君权神授论,还固执地依据这种过时的理论行事,蛮干至极;更为可悲的还在于,他始终都不明白其权力的终极来源不再是中世纪的神权主张,即他和他的先辈所笃信的全能上帝,而是其臣民,即耶和华的万千子民,也是始终没有被他放在心中的英吉利民族。终于,革命将查理,一个独断专行、不可一世君主彻底抛弃。这就是革命的威力,这就是暴力的权威,这就是17世纪英国革命的辩证法。

原载《历史教学》2019年第5期

---

① 引自莫尔顿,前揭书,第336页。

革命与独裁的悖论:以革命之名行专制之实[*]

——17 世纪英国革命史的三重悖论之二

姜守明

　　英国内战的硝烟渐渐散去后,在独立派的操纵下,长期议会以合法的形式——"残缺议会"行使着国家统治权。根据下院决议,由于人民是上帝之下一切权力之源,下院由人民选举产生并代表人民。从理论上,这个决议解决了英国革命的另一个核心问题即国家最高权力的归属问题。其实不然。1649 年 2 月,残缺议会废除了合法的君主制,取消了只剩下 16 名贵族的上院。5 月 19 日,仅保留下院的残缺议会还宣布建立"英吉利共和国"(Commonwealth of England),并称其为"联邦和自由的国家"。议会自称代表人民掌握这个共和国的最高权力,并以人民的名义,指定了隶属于自己的军政长官;同时,它还将国家的行政权交给国务会议行使,而在国务会议的41 名组成人员中,大部分为独立派领袖,包括克伦威尔在内,10 人同时还是议员。不管怎样,经过革命的改造,英国的国体已经发生了实质性的变化,即由一个家族统治的王朝国家,转变成为一个由一院制(下院)的残缺议会、隶属于议会的军政长官和为独立派操纵的国务会议构建起来的共和国。这是又一次宪政实验,^①英国革命再次迎来了高潮。

---

　　* 本文系国家社会科学基金一般项目"16—17 世纪英国宗教政策研究"(16BSS032)阶段性成果。

　　① John Morrill, ed., *The Oxford Illustrated History of Tudor and Stuart Britain*, Oxford: Oxford University Press, 1984, p.54.

一、17 世纪英国革命因盲目而失控

英国革命的实践,生动地告诉人们,革命不是请客吃饭,没有温文尔雅式的温良恭俭让,而是各种政治力量、宗教派别之间的生死较量,是为夺取国家最高统治权而进行的血与火的斗争。虽然查理一世发动了革命,但他绝不是一个称职的导演。当革命发生以后,英伦局势越来越陷于失控状态,他也成为革命的牺牲品。对于被迫应战的议会反对派来说,他们由不同的宗教派别聚合而成,持有不同的政治态度,虽然赢得了对专制王权的胜利,却没有做好执掌国家机器的准备。以克伦威尔为代表的独立派不想废除君主制,其理由可以归结为这样三点:一如在普特尼辩论中克伦威尔多次强调的那样,要加强军纪,并指责平等派的过激要求将会造成"无政府状态";二是克伦威尔、亨利·艾尔顿等高级军官频繁接触查理,说明他们还对他抱有幻想;三是在第二次内战胜利后,克伦威尔表示仍要"尽力为国王效劳",保护国王的自然生命和政治生命。但是,革命有自身的发展逻辑,不会完全受到受某个人或某个党派的左右。在各派力量的反复较量中,查理没能逃脱覆灭的命运,可处死国王和建立共和都是破天荒的大事件,也是革命不自觉发展的结果。此后,英国因"王权虚悬"(Interregnum)而进入了共和国(1649—1653)和护国摄政(1653—1660)的宪政实验期。

革命是暴力斗争,革命成功必须仰赖战争的胜利。无论是共和阶段还是护国摄政时期,真正的掌权者是独立派和军队。军队在战场上打败了国王,理应取得革命的领导权。但是,军队作为独立派手中的枪杆子,只是独立派用以打击敌人或对手的政治斗争工具。虽然军队由议会所造就,但是,军队已不受议会的节制,反而为独立派所控制,成为独立派用以清洗议会的牟利工具。长老派被军队逐出议会以后,独立派独占了革命的领导权。为了让军队走向合法统治的前台,还发生了有趣的一幕:军队不喜欢议会,可又离不开议会,因为军队的合法性源于议会的认可。更有趣的还在于,由于议员人数太少,连议会本身是否合法也成为问题。客观地说,暴力或革命和合法性本来就是一对矛盾。当革命发展到一定程度时,对于握有优势的一方来说,合法性似乎必不可少。英国革命的情形也是这样。无论是处死国王查理还是撤销议会上院,抑或取消安立甘宗的国教地位,独立派在推动极

端措施时,为了寻求革命暴力的合法性,都在利用那个既残缺不全又死而不僵的议会。在理论上,残缺议会第一次公开宣布其作为议会本身所拥有的最高权力,并诉诸文字,加以载明,这对日后西方宪政的发展产生了巨大影响。在实践上,残缺议会将立法、行政、执法三项权力同时置于手中,这就构成了形式上的议会专制,其实是议会军领导人操纵下的军人政治。如此一来,17 世纪的英国革命,开现代军人政治之先河。

作为一种事实上的军人专权政体,英吉利共和国并没有去伸张清教思想家们和革命领袖们所追求的人民主权。这个清教共和国,从诞生之日起,犹如《圣经》中记载的那个巨型海怪利维坦一样,就面临着来自各方面的挑战与威胁,诸如王党、长老派、平等派,以及与查理一世有亲戚关系的欧洲各宫廷。虽然王党已被独立派和军队击垮、处于惶恐不安状态,仍有不少王党分子甘愿冒险,不惜再与清教共和国这个怪兽一搏;而在清教内部,长老派和平等派也对独立派操纵军队和政府的行为大为不满,他们与王党分子一起,共同构成了反对共和体制的主要力量。其中,"作为一个集团,英国的长老派几乎没有明确的政治理论。他们的观点主要是主张贵族政治,因而是保守的,也肯定是保王派的,……他们主要希望在教会里推行长老会教义,一般来说,他们希望通过国王而不是反对国王来实现这一点"①。虽说长老派与独立派联手推翻了君主制,并建立了共和政府,但是共和制度作为革命的重要成果,仅仅体现了独立派的诉求,长老派认为这与己无涉,因而不惜再联合王党,去反对独立派操纵的新政府。当然,长老派和王党的合作也并非天衣无缝,由于长老派无法接受王党恢复君主制的主张,双方根本不存在深度合作的可能性。此外,由于更激进的平等派有通过改革来实现超越时代的民主政治诉求,如成年男子普选权、每年召开一次议会、实行宗教自由等,这就决定了他们与长老派进行深度合作的可能性相当有限。实际上,独立派控制着立法机构和所有的政府部门,还掌握着一支 44 000 人的军队,再加上他们的对手本身不团结,因而依然能以充沛的精力与高昂的斗志去应对共和国的风险,保卫清教革命的成果。

客观地说,17 世纪的英伦革命对欧洲的影响,远不及后世人们想象的那

---

① 〔美〕乔治·霍兰·萨拜因:《政治学说史》下册,刘山等译,北京:商务印书馆 1986 年,第 502 页。

样大,但是当时的大陆欧洲对不列颠事态的反应却出乎预料地负面。不论是新教国家还是天主教国家,如荷兰、法国、瑞典、丹麦等,都在恶化与英国的关系,这就使新生的英吉利共和国立刻陷入了无援的外交困境。爱尔兰人打着维护天主教信仰的旗号,宣布无条件拥立查理一世之子查理王子为新国王,史称"查理二世",目的是想乘机摆脱英国的控制。作为一种强硬的回应,克伦威尔亲率一支万余人的精锐部队,跨海踏上爱尔兰的土地,对当地人的反抗予以坚决镇压。难怪有学者评论说,克伦威尔在爱尔兰的滥杀行为亵渎了上帝,其个人军事才华也由此失去了应有的光辉。[①] 爱尔兰尚未被完全征服时,苏格兰问题又提上了议事日程。虽然苏格兰人也反对专制主义,但他们不能接受审判和处死国王的极端做法,就在查理一世受死后第六天,苏格兰议会也宣布查理之子为新国王。克伦威尔公开指责了盟约派的举动,并告诫他们能"虔信上帝"。1650 年,英、苏战争爆发后,克伦威尔即以 11 000 名兵力,迎战两倍于己之敌。他凭借多年的作战经验,并利用苏军的战术错误,赢得了邓巴战役的决定性胜利。他还利用苏格兰内部矛盾,占领了爱丁堡以及苏格兰低地的整个东部地区。[②]

因与长老派合作,独立派推翻了专制王权,度过了共和时期的外交危机,但是随着苏格兰战事结束,军队与议会的矛盾开始尖锐起来。虽然经过普莱德清洗,议会已悉数为军队中意的人,军队还是嫌他们碍手碍脚,更何况此时的残缺议会已变成了一个利益集团。议员们知道多数英国人并不赞成共和制度,如果要举行重新选举,他们必定失去议席,因而宁愿维持着 90名议员的残缺局面,以便能长久留在议会。其中,那些纯粹的投机者最不愿意重新选举,最希望残缺议会永远存在,这样他们就可以舒舒服服地吃一辈子议会饭。可是,残缺议会违背了自己所倡导的"自由"原则,"已经遭到全体国民的厌恶,加以鄙视"。[③] 它如果永久存在,那就有违民意,只会越来越不得人心。同样,议会军因垄断着政治权力,亦变成了一个维护自身利益的

---

① Allan I. Macinnes, *The British Revolution*, *1629—1660*, Basingstoke and New York: Palgrave Macmillan, 2005, p.190.

② Barry Coward, *The Stuart Age: a history of England*, *1603—1714*, London: Longman, 1980, p.216.

③ [英]托马斯·卡莱尔:《论英雄、英雄崇拜和历史上的英雄业绩》,周祖达译,北京:商务印书馆 2003 年,第 259 页。

职业军事集团。这支军队的变质始于爱尔兰战争,他们在爱尔兰烧杀掳掠,许多士兵得到了土地,却淡忘了政治理想,职业利益日渐增强。尽管如此,只要残缺议会存在,军人就不免感到束手束脚。当革命遭遇到通过正常途径无法克服的危机时,它往往会以极端的方式来解决问题。1653 年 4 月 20 日,克伦威尔带领一队士兵闯入议会大厦,厉声命令议员们立刻离开会议大厅:"你们不再是议会,我说了,你们不再是议会,我要停止你们的会议。"①克伦威尔解散议会时的口气,近似一个国王,完全不可思议,这不由得让人联想到当年查理一世解散议会时的蛮横情景。

以武力方式解散议会,这可以看作世界近代史上最早的军事政变,当然后来许多国家也发生过类似的事件。残缺议会的议员们,所谓的人民代表,在受到武力驱散时,虽然没有引发什么政治风波,他们早已失去了人民的支持,但是,由议会和议会军拱卫起来的共和体制,却遭到了革命领导人克伦威尔的无情嘲弄,英国革命因自身的盲目和极端而完全失控。钱乘旦教授深刻地指出:"自此后,英国革命就迷失了方向:革命是以维护议会的自由权利开始的,反抗国王的专制统治;但现在国王被处死了,议会却也失去了权利,起而代之的是一个强制性的力量,它完全以武力为后盾。革命背离了出发点,相反却走向了反面。这以后革命就走下坡路了,一直走到它的失败。"②

二、克伦威尔的革命理想与宗教情愫

在 17 世纪的英国革命中,充斥着大量的宗教因素,最为鲜明的例子,当属由安立甘宗派生出来的清教情愫。16 世纪都铎王朝的宗教改革,固然受大陆新教派别的诸多影响,但是由于亨利八世早已为安立甘宗定下了中庸的基调,其政治色彩远大于神学意义。除了以英王取代教皇作为英格兰教会的至尊领袖地位外,不论在神学教义还是在礼仪规章方面,英国国教与传统的罗马天主教都无太大差别。不过,那些脱离国教会的清教徒,由于接受了激进的加尔文主义,与国教教神学的分歧十分明显。此外,他们还继承了

① Christopher Hill, *God's Englishman*, *Oliver Cromwell and the English Revolution*, New York: Harper Torchbooks, 1972, p.136.

② 钱乘旦、许洁明:《英国通史》,上海:上海社会科学院出版社 2007 年,第 167 页。

前辈反抗统治权威和挑战教皇权的勇气,从而形成了对抗斯图亚特专制统治的坚定反对派。

奥列弗·克伦威尔正是这个反对派的杰出代表。他作为独立派领导人,是个来自亨廷顿郡的新教乡绅,卡莱尔则说他是个"勤劳而有节制的农夫",并把他尊为不善辞令、不善演讲的先知。① 事实上,奥列弗属于名门之后,他的舅太公就是亨利八世所倚重的著名改革家托马斯·克伦威尔,他的祖父亨利·克伦威尔曾受封为"欣琴布鲁克黄金骑士",②其同名伯父由詹姆斯一世封为骑士。③ 奥列弗的父亲叫罗伯特·克伦威尔,从祖父手中接过了年值300镑的地产,还当过郡守,参加过议会。虽然奥利弗出生时,家境已大不如从前,但也不能归于纯粹的农夫。克伦威尔后来就说过:"从出身来说,我生活过得不是很显赫,也不是很卑微。"④出生后第四天,他在圣约翰教堂受洗。自幼年起,他就接受了严格而刻板的清教教育。每逢星期日,他都无法像邻家孩子那样出去玩耍,上午要跟着父母去做礼拜,下午要规规矩矩地听父亲宣读祈祷文。他曾就读于亨廷顿语法学校,校长托马斯·比尔德博士是个严格的清教徒,总是不厌其烦地举例,极力证明上帝如何惩罚那些纵情欢歌、戏谑玩耍的违反教规者。不过,这位剑桥毕业生的施教活动对克伦威尔的清教思想形成,无疑产生了重要影响。克伦威尔17岁那年,就成为剑桥的西德尼·萨塞克斯学院的一名自费生,⑤而当时的劳德大主教对该学院不屑一顾,斥之为清教主义的渊薮。⑥ 在学习上,他不太刻苦,算不得一个好学生,但他擅长击剑射击,热衷骑马、打猎,这些爱好有助于他日后成长为一名优秀的骑兵指挥官。然而,院长塞缪尔·沃德信奉清教,还有些神经质,他不仅要求学生必须详细笔录其布道词,还经常在大厅中鞭打那些有过

---

① 卡莱尔,前揭书,第239页,第244页。

② Christopher Hill, *God's Englishman: Oliver Cromwell and the English Revolution*, New York, 1970, p.37.

③ [英]查尔斯·弗思:《克伦威尔传》,王觉非、左宜译,北京:商务印书馆2002年,第6页。

④ Thomas Carlyle, *Oliver Cromwell's Letters and Speeches*, London, 1897, Vol. 3, p.133.

⑤ 弗思,前揭书,第8页。

⑥ Christopher Hill, *God's Englishman: Oliver Cromwell and the English Revolution*, p.39.

失的学生。① 在这种严格的宗教环境下,克伦威尔逐渐成长为一个虔诚而坚定的清教徒。②

　　不过,在皈依加尔文教以后,克伦威尔有好几年都处于意志消沉、内心矛盾的痛苦状态,如他所说:"我的思想像无人管束的恶魔;我的灵魂像一只随风飘荡的破船,有时被抛向绝望的远方。"③有个友人描述他说:"这位伟人是从一个极为消沉和痛苦的情况下成长起来的;他是一个在灵魂上受了许多磨难的人,在很长时期中,他的灵魂处于极端恐惧和诱惑之下,与此同时,外部条件也甚为恶劣:他处于这样的苦难的学校之中,直到他学习了耶稣钉死在十字架上的一课;直到他的意志崩溃并屈从于上帝的旨意。"④克伦威尔精神生活的转折点,与其所追求事业的转折相吻合。在 1638 年写给其表妹圣约翰夫人的一封家书中,他完整地表露了自己对信仰的热切与狂喜:"我极有信心,我将以上帝为我的灵魂所作之事来荣耀他,我发现他为寸草不生的荒漠带来了甘泉⋯⋯我的灵魂将与他同在,而我的躯体则存于希望当中,如果我可以用接受磨难等等的方式来荣耀我主,这将会是我莫大的喜悦⋯⋯上帝接纳我成为他的子民,并引领我走入光明之中,他正是那指引我们的光亮,将我们由荒谬与无知中启迪的光亮⋯⋯赞美主,他照亮了我那黑暗的心⋯⋯"⑤作为克伦威尔秉持的清教精神首要内涵,"爱你的邻人"的伦理观是出于他早年热心维护地方农民利益的朴素认识,这也使其在东部各郡名声大振。他凭借良好的声誉,开始投身于政治活动,并于 1628 年第一次入选下院,还参加了宪法和宗教问题委员会的工作。在信仰问题上,他受老师比尔德的影响,曾猛烈抨击温彻斯特主教的天主教说教。在参加短期议会和长期议会时,克伦威尔还算不上什么大人物,但是很快就崭露头角。17 世纪 30 年代,他已萌发了反对专制、追求自由的思想,认为查理一世的宗教政策是要破坏新教信仰。他还把即将发生的革命,理解为"去维护我们作为人的公民权利,去维护我们作为基督徒的宗教自由"。随着革命形势的发

---

　　① 弗思,前揭书,第 7 - 8 页。

　　② John Coffey, *Persecution and Toleration in Protestant England*, *1558—1689*, London:Longman, 2000, pp.147 - 149.

　　③ 弗思,前揭书,第 37 页。

　　④ 弗思,前揭书,第 38 页。

　　⑤ Thomas Carlyle, *Oliver Cromwell's Letters and Speeches*, Vol. 1, p.101.

展,宗教自由的意义显得越来越重要。在克伦威尔看来,"原来是为了反对宗教上的变革的斗争,变成了努力去建立信仰自由的事业"①。内战爆发后,他回到家乡,组建了一支完全由普通农民参加的 80 人骑兵队,后来这支队伍构成了赫赫有名的议会新军"铁骑军"的核心。

克伦威尔是英国革命时期有理想、能指挥和善打仗的军事与政治领袖,他的军事理念主要受到了清教信仰的支撑。他深知宗教力量的强大,因而以清教精神为凝聚力,以对宗教的虔诚和对事业的热忱为标准,招募那些既诚实又笃信上帝的清教徒,不论是普通士兵还是军官,他都是按这种原则来进行挑选的。"他特别注意细心地去挑选那些信仰宗教的人参加他的部队,这些人比普通的士兵具有较高的认识……他们不是为了钱,而是把公共的幸福当作他们的目标,他们在作战中表现得更为勇敢。"他用宗教精神去教育广大官兵,使他们树立这样的信念和理想,即反对国王和封建贵族的斗争就是上帝的神圣事业。他说过:"我宁愿要一个穿着粗布上衣的下级军官,只要他懂得为什么而战并热爱他了解的东西,而不要一个你们称之为'绅士'、其他什么条件都不具备的人。"②他治军极为严格,要求士兵在战斗中英勇顽强,不怕牺牲,为上帝事业而献出自己的生命。他按照清教理想来改造军队,使新军摆脱了地区性、非专业性和派系的缺点,由信仰武装起来的新军懂得他们都是为了理想而战。这种靠信仰支撑起来的军事理念,明显地提升了军队的战斗力,也为克伦威尔成长为独立派的军事领导人提供了重要保障。在马斯顿荒原之战中,他率领的左翼骑兵队对获胜起到了关键作用,但他没有忘记上帝恩典的意义。他说:"英国和上帝的教会在这次伟大的胜利中得到上帝赐予我们的极大的恩典,像这样的恩典是自从这次战争开始以来从来未曾有过的。所有的事例都表明,这次彻底的胜利都是由于上帝给予我们这些虔诚人的祝福而得到的。……把光荣,一切光荣归于上帝。"③次年,他以中将军衔统领骑兵,并担任议会军副司令,地位仅次于司令官费尔法克斯爵士。自 1645 年 4 月通过《自抑法令》(*The Self-denying Ordinance*)后,克伦威尔成为议会阵营中唯一一位既是议员,又是指挥军队

---

① 弗思,前揭书,第 66 页。

② 弗思,前揭书,第 81 页。

③ 弗思,前揭书,第 97 页。

的独立派领导人,军政大权一身二任,为护国摄政体制下的军人政治创造了
条件。

三、护国体制与专制主义的共生

由克伦威尔与残缺议会共同建构的英吉利共和国,是英国史上从未有
过的、全新的宪政实验。为着上帝的神圣事业,克伦威尔一手拿宝剑——独
立派军人的武力工具,一手拿《圣经》——独立派的精神武器,左右着共和国
的走向。议会对独立派和军队的依附性,决定了这个共和国在本质上是一
个军人专政的清教共和国。①

1653年4月,独立派解散残缺议会和驱逐长老派后,开始独掌革命领导
权。在由军官委员会从各地独立派教团提出的建议名单中,选出140名"忠
于上帝事业的人",共同组成了"小议会"(Little Parliament)。克伦威尔以议
会军总司令的名义,向每位议员颁发由他签署的委任状,个人军事独裁由此
初现端倪。这个议会是一个寡头集团,由清一色的清教徒组成,既没有威
信,又缺乏能力,而在温和派议员和军队将领的支配下,仅维持了5个多月,
于12月12日那天,就不得不以"自动退职"的形式宣告解散。在这同一天,
克伦威尔从军队手中接过了军官委员会起草的《政府约法》(Instrument of
Government)。这是英国史上绝无仅有的一部成文宪法,其源头是1647年
夏由独立派高级军官提出的《建议要点》。② 该约法包括下列主要内容:其
一,由选举产生的议会行使立法权,并实行护国主制;其二,由克伦威尔出任
护国主,他通过国务会议行使行政权;其三,议会可以驳回护国主否决的法
案,也可以使某项法律生效,除非该法案与宪法相抵触;其四,实行宗教宽
容,但罗马天主教不在其中;其五,国务会议委员实行终身制,其权力大于
1649年设立的国务会议,其中包括确定护国主继承人的权力。护国摄政体
制这种设计的出发点,意在维持护国主、议会和国务会议三者间的一定权力
平衡,以防止议会或护国主的独裁统治,但是护国主为终身职,所以权力
的天平显然是倾向护国主的。12月16日,在明确拒绝了王冠的诱惑后,克

---

① Christopher Durston, Jacqueline Eales, ed., *The Culture of English Puritanism*, *1560—1700*, London: Macmillan, 1996, p.211.

② Allan I. Macinnes, *The British Revolution*, *1629—1660*, p.209.

伦威尔就任护国主,英吉利共和国寿终正寝。

护国摄政时期,由于克伦威尔只是从形式上"把自己与建立在过去基础上的政治权威的正当性决裂开来",并将宗教上的激进主义同政治上的保守主义结合在一起,①就不可避免地滑向了专制主义。1654 年 9 月,选举产生的第一届护国制议会,尽管受到军队的操纵,还是表现出强烈的共和主义色彩,约有 100 个议员不但不肯宣誓效忠护国政府,反而以咄咄逼人的姿态攻击《政府约法》,攻击规模庞大的常备军,攻击护国主关于宗教宽容的主张。不过,正当议会忙于起草一部新的宪法草案时,1655 年 1 月,克伦威尔解散了这个不听话的议会。接着,他又陆续镇压叛乱的王党分子,还遣散了一千多名新模范军士兵。他还接受陆军少将约翰·兰伯特、陆军上校约翰·德斯伯勒等军队将领的提议,以王党叛乱为借口,推行军人专制的"陆军少将制度"。据此,整个英国划分成 11 个区,每区派一名陆军少将管理,严格执行清规戒律,从指挥民兵、维持治安、逮人判案,到整肃市镇、摊派征税,从推行宗教宽容,到监督道德生活、文化生活、宗教生活,以及禁止斗鸡、赛马,一切事务都由少将决定。② 少将既有军事权、又有民政权,既有宗教权、又有司法权,都直接对克伦威尔负责。他们对教士的活动严加管制,不是"为了建立某种形式的宗教统一",而是为纯洁教会、提高神职人员的传教水平,防止发生谋反。③ 于是乎,英国就变成了一个由军队和警察严厉控制的专制国家。

作为一个虔诚的清教徒,克伦威尔是一个十足的矛盾统一体,他一方面反对专制统治,另一方面又实行个人独裁;一方面崇尚宪政传统,另一方面又推行护国摄政。查理暴政被推翻后,英国人还未来得及感受共和的快乐,就被突如其来的护国摄政弄得目瞪口呆。很快,赤裸裸的军事独裁激起民怨,第二届护国制议会强烈反弹。固然议员们照旧是在军队控制下产生的,但他们一旦集中到议会,就立刻表现出抗拒护国政府、不服从将军意志的政治倾向,并像第一届护国制议会一样,要求修改宪法。作为共和派议员代

---

① ［英］肯尼斯·O.摩根主编:《牛津英国通史》,王觉非等译,北京:商务印书馆 1993年,第 351 页。

② Allan I. Macinnes, *The British Revolution*, 1629—1660, pp.214 - 215.

③ John Stoughton, *Ecclesiastical History of England*, 1640—1660, London, Vol. 2, 1867, p.114.

表,前伦敦市长克里斯托弗·帕克爵士草拟了一份《谦恭请愿与建议》(*Humble Petition and Advice*)文件,主要内容是劝谏克伦威尔接受国王称号,建立世袭君主制,[①]同时在议会中设立"另一院"(Other House of Parliament),以及每三年召开一次议会、征税权归议会、设置国王咨询委员会、削减军队规模,等等。帕克爵士的目的,不是要加强护国主权力,而是想通过建立君主制来限制克伦威尔的个人独裁。在英国人看来,护国主是个说不清、道不明的东西,事实上,克伦威尔作为护国主的权力没有边界,甚至比国王还难以约束。都铎王朝中期就有护国主萨默塞特和诺森伯兰两公爵都曾操纵幼主爱德华六世施政,擅权谋取个人利益,给社会带来了不稳定因素。这令人记忆犹新。由于王制是英国人最熟悉不过的政治文化传统,他们宁愿接受一个权力有限的国王,也不要一个依靠军队进行统治的任性护国主。其实,克伦威尔在威斯敏斯特接受护国主称号时,就已经注定了英国人必须再次面对独裁统治的不幸。

1658 年 1 月,议会在休会半年之后复会,克伦威尔把一些亲信塞进了那个"另一院"。对于下院共和主义者来说,设置"另一院"等于否定了他们在内战中所做的一切努力,包括人民主权,因而拒不承认。2 月 4 日,克伦威尔解散了这个喋喋不休的议会。他以不容置疑的口吻告诉议员们:"我认为这是结束你们的会议的最好时刻,我宣布解散这个议会。让上帝在你们和我之间作出裁决。"[②]到 1658 年夏,护国摄政体制下的军事独裁达到登峰造极的程度。当初,克伦威尔是怀抱清教理想走上反专制主义道路的。在盲目革命的乱局中,他凭借自己塑造起来的威望,掌握了革命的主导权。现在,人们从克伦威尔身上看到了专制国王詹姆斯一世和查理一世的影子。伏尔泰评论说,克伦威尔"虽然不称国王,但比任何一位国王享有更大的权力和更多的荣华富贵"[③]。由于传统的惯性没能使革命跳出旧制度的窠臼,摄政体制终究不过是斯图亚特君主专制的翻版。革命从反抗国王的独裁统治开始,在转了一圈之后,似乎又回到了原点,走向了护国主的个人独裁。也许,这就是英国革命发展的必然逻辑。

---

① Allan I. Macinnes, *The British Revolution*, *1629—1660*, 2005, p.217.

② 弗思,前揭书,第 363 页。

③ [法]伏尔泰:《风俗论》下册,谢戊申等译,北京:商务印书馆 1997 年,第 363 页。

那么,克伦威尔究竟要将革命引向何方呢?在主观上,他想按照清教理想来引导革命,可是在客观上,他也别无良策,而是凭着护国主身份,盲目、任性地主导着处于危难中的国家,重走专制主义的老路。这种悖论是英国人的悲哀!克伦威尔的革命理想破灭了,但他进行革命的故事不是仅属于他自己,而是属于整个英吉利民族。在 17 世纪革命中,英国人进行过多种宪政实验,诸如长期议会独裁、王位虚悬、共和国、护国摄政、陆军少将制等,结果都失败了。革命现在已无路可走,除非再回首,要么强化军事独裁,要么回归世袭制,已经别无选择。从本质上看,护国制与斯图亚特专制一样,没有太大差别。既然"克伦威尔的共和国和严格的清教教义是完全为多数英国人所憎恨的"①,英国革命必然走入了死胡同。1658 年 9 月 3 日,当新的议会准备召开时,克伦威尔因患热病去世,护国主职位由他儿子理查德·克伦威尔承袭。现在,有两个无法克服的难题摆在理查德面前:一是他年纪轻、无战功,军队将领根本不买他的账;②二是财政拮据,到 1659 年春,护国政府累积的 175 万镑债务超过了年可支配经费。虽然第三届护国制议会通过决议,规定军官委员会开会必须经过护国主和议会的同意,所有军官必须宣誓不得以武力解散议会,但是仅仅五天以后,军官们就迫使理查德解散议会。再过一个月,护国主自己也被撵下台。随着护国政治的告终,由革命开始的一系列宪政实验宣告彻底失败。

原载《历史教学》2019 年第 7 期

---

① [英]沃尔特·白芝浩:《英国宪法》,夏彦才译,北京:商务印书馆 2010 年,第 288 页。
② Barry Coward, *The Stuart Age: A History of England, 1603—1714*, p.235.

革命与妥协的悖论:是"光荣革命",还是宫廷政变?[*]

——17世纪英国革命史的三重悖论之三

姜守明

1659年护国摄政体制瓦解后,议会军为了掩饰军人专断的本质,恢复了被克伦威尔强行解散的"残缺议会"。但是议会不买军队账,不仅没有表现出感恩、顺从的意愿,反而以煽动请愿为借口,解除了兰伯特少将和其他几个军官的职务,试图夺取失控状态下国家的主导权。军官们都想由自己来填补后克伦威尔时代的权力真空,他们彼此间的争斗也进一步加剧。值此之机,苏格兰驻军司令乔治·蒙克将军以保卫残缺议会为借口,率领6 000名军人南下,收拾伦敦残局,并积极策划斯图亚特王朝复辟。在王朝复辟的28年间,查理二世,尤其是詹姆斯二世,重弹专制主义老调,这就促成了托利党与辉格党的联合反抗。

一、查理二世重走专制暴政之路

17世纪清教革命进行得轰轰烈烈,宪政实验也搞得有声有色,而英国人的心情却异常复杂,但总体上又保持着平静,他们在耐心地等待着斯图亚特君主的复位。真没想到,这个曾被打翻在地的旧王朝,其复辟过程竟然非常顺利,就好像当年詹姆斯南下那样顺风顺水。特别有讽刺意味的是,此时的革命军不仅力主王朝复辟,而且新模范军主帅费尔法克斯爵士亲率代表团前往荷兰,与流亡的查理二世举行谈判。1660年5月29日,查理二世就在30岁生日那天,在两万名士兵的护送下,回到了阔别已久的伦敦。他首先承

　　* 本文系国家社会科学基金一般项目"16—17世纪英国宗教政策研究"(16BSS032)阶段性成果。

认蒙克将军召集的"非常议会"(Convention Parliament)的合法性,并宣布自己的统治始于他父亲查理一世的受难日。这样,因革命而导致的王位虚悬期,就从官方文件中被一笔勾销,好像英国史上从来没有出现过克伦威尔和他的护国摄政统治一样。次年4月23日,查理在威斯敏斯特大教堂举行加冕礼。随即召开的新议会前后延续18年之久,成为英国史上存续时间最长的议会。由于其中王党分子和国教徒占多数,故而被称为"骑士议会"(Cavalier Parliament)。

不过,复辟后的查理二世没有汲取历史教训,反而步斯图亚特早期君主之后尘,进一步推行专制统治,重新将英国推向危险的境地。

第一,对革命者进行反攻倒算。复位之前,查理曾在流亡地荷兰发布《布列达宣言》承诺,将实行宗教宽容,从政治上赦免40年代的革命者,并维持革命中土地的变更,支付拖欠的军饷等。该宣言称:"广大臣民在长期的悲惨生活之后,要求我们通过和平的手段取得权力,尽量少流血,少给臣民带来危害。"①但是复位以后,查理不仅将革命时期被没收的土地归还原主,保留着一支5 000人的常备军,甚至还背信弃义,对那些有杀父之仇的革命者予以严惩。当年有57人在查理一世的死刑判决书上签字,各有三分之一已离开人世或逃亡海外;在剩下的"弑君者"中,有11人被处死。为了泄愤,复辟政府对克伦威尔、艾尔顿和特别法庭庭长约翰·布雷德肖掘墓鞭尸。

第二,恢复安立甘宗的国教地位。骑士议会下院以228票对103票的表决结果,②废除了革命时期议会党人承认的苏格兰《神圣盟约》,取消了苏格兰长老会的国教地位,恢复了安立甘宗作为国教的主导地位,还恢复了主教职务及其在上院的席位。复辟政府强迫一切教士既要服从国教会,又要服从王权,结果有近千名清教徒被迫从国教中分离出来,而"不从国教者"则形成了不同的新教派别,如教友会、浸礼会、长老会、公理会等。内战爆发前,国教会不管内部有多大分歧,都维持了形式上的统一;内战时期,虽然清教徒举起了反抗的大旗,他们只是要求从内部改造国教会,并未发生出走;

---

① J. P. Kenyon, *The Stuart Constitution*, 1603—1688, *Documents and Commentary*, Cambridge: Cambridge University Press, 1986, p.331.

② Barry Coward, *The Stuart Age: a History of England*, London: Longman, 1980, p.250.

然而复辟时期,国教会正式分裂就构成了英国宗教的最显著特点。

第三,颁布名实不符的《克拉伦登法典》(Clarendon Code)。为了削弱独立派和长老派,1661—1665 年,骑士议会连续通过了一系列排斥性法案,试图以严格限制宗教反对派的办法来防范革命的再次发生。当初,议会反对派就是以清教作为意识形态工具开始反对查理一世专制统治。现在,尽管克拉伦登伯爵作为主要辅臣并不完全赞成查理二世的宗教决策,该法典仍以他的名字来命名;另外,尽管已经取消了革命时期的宗教宽容政策,但随着一个不从国教者群体的出现,都铎王朝以来那种试图将所有新教徒纳入英格兰教会的努力最终宣告失败。

复辟政府要实施有效的专制统治,必须着力解决外交事务和宗教信仰两个棘手问题。就外交问题来看,在克拉伦登的穿梭和法国人帮助下,1662 年 5 月,查理二世与布拉冈扎的凯瑟琳喜结连理,实现了英格兰和葡萄牙两王室的联姻。为此,查理收获了 80 万镑嫁妆费,英国获得了非洲北部的丹吉尔和印度西部的孟买两港口的控制权,英国人势力得以进入东方地区。为了减少政府的财政负担,也为了集中力量反对海上劲敌荷兰人,克拉伦登还把克伦威尔时期夺取的欧洲战略要地敦刻尔克卖给了法国人。[①] 因此,复辟王朝的外交动机遭到了国人的怀疑。敦刻尔克转手后,伦敦又相继发生了大瘟疫(1664—1666 年)和大火灾(1666 年 9 月),人们就把这一连串的挫折归咎于克拉伦登。加之,英军在第二次英荷战争(1665—1667 年)中再遭法国、丹麦、挪威、荷兰四国联盟的重创,英国不得不向荷兰作出贸易权让步,并承认荷兰对南美洲苏里南(荷属圭亚那)的占领。克拉伦登倒台后,英国出现了五位大臣先后掌控政府的局面,人们将克利福德男爵、阿灵顿伯爵、白金汉公爵、沙夫茨伯里伯爵和劳德代尔公爵的姓名首字母放在一起,恰好拼成 Cabal(卡巴尔)一词,意思是"阴谋集团"。这一时期,英王推行矛盾的外交政策。1668 年,查理与瑞典及先前的敌手荷兰结成新教三国同盟,可是 1670 年又与天主教法国签订了《多佛条约》。据此,他答应将派遣 60 艘军舰去进攻荷兰,而法王路易十四则允诺查理,他将每年向英军提供 25 万镑军费、向英王提供 16.7 万镑补助金,并在需要时派遣军队前往英伦去镇压那些反对查理转变信仰的英国人。虽然条约的细节未予公开,但英、法之

---

① [法]伏尔泰:《路易十四时代》,吴模信等译,北京:商务印书馆 1982 年,第101 页。

间的暧昧关系一直受到怀疑,而事实上条约中就含有秘密条款,相关内容涉及查理会在适当时候宣布自己是天主教徒。在得到英王的保证后,路易十四向荷兰宣战,英国随之跟进,于是第三次英荷战争(1672—1674 年)爆发。

就信仰问题来看,就在英、荷开战前两天,查理突然公布了一份《信仰自由宣言》(*Royal Declaration of Indulgence*),表示要对包括清教徒和天主教徒在内的一切非国教徒实行所谓的宗教自由。[①] 虽然这是亲法外交的一个重要举动,一时舆论哗然,可是英王的真实意图还是引起了人们的纷纷猜测。查理有三个偏好,即偏好天主教、偏好法国的事务和偏好绝对专制统治,而英国人则有三个惧怕,就是惧怕天主教复辟、惧怕天主教的法国和惧怕专制主义。[②] 自宗教改革以来,英国人一直把遵奉国教、反对天主教当作基本国策来贯穿,而查理二世却偏离都铎时代英王政府奠定的基调,步"血腥者"玛丽女王以及查理一世之后尘,向天主教信仰靠拢,这就不能不让人感到担心。毫无疑问,不论是《多佛条约》还是《信仰自由宣言》,都会加剧英王与其臣民间日益明显的不信任或对立关系。下院把查理的举动看作对议会立法权的挑战,声称国王无权中止议会法律,并要求他撤回《信仰自由宣言》,否则不会批准他所要求的荷兰战争拨款。查理只好作出让步,不仅撤销了《信仰自由宣言》,还批准了议会通过的《宣誓法》,这就在一定程度上减轻了人们对天主教和专制主义的疑虑,当然也避免了与议会的直接对抗。根据《宣誓法》的规定,非国教徒不得担任公职,一切公职人员都必须宣誓效忠作为国教会至尊管理者的英王,领取圣餐时必须遵从国教礼仪。[③] 由于御弟约克公爵詹姆斯是个公开的天主教徒,而且他拒不宣誓,也就不得不辞去海军大臣职务;克利福德男爵也因信仰问题,依法辞去了财务大臣职务,同样被免职的还有阿灵顿伯爵和白金汉公爵。

第三次英荷战争结束后,丹比伯爵谋求与荷兰执政威廉建立新教联盟,以对抗路易十四的天主教法国。丹比提议将詹姆斯的长女玛丽嫁给信奉加

---

① Andrew Browning, ed., *English Historical Documents*, 1600—1714, London & New York: Routledge, 1996, p.77.

② [美]C. 罗伯茨、D. 罗伯茨:《英国史》上册,贾士蘅译,台北:五南图书出版公司 1986 年,第 527 页。

③ George Clark, *The Later Stuarts*, 1660—1714, Oxford: Oxford University Press, 1956, p.80.

尔文教的威廉,令人颇感意外的是,这个提议得到了查理二世的批准,也就暂时平息了议会的怨气。当然,这也埋下了日后威廉挥师登陆、介入"光荣革命"的种子。不过,丹比还无法阻止英法结盟,致使反天主教情绪在国内的蔓延,还衍生出一个"天主教阴谋案"(Popish Plot)。那是 1678 年夏,有个叫提图斯·奥茨的人报信说,天主教僧团耶稣会士正密谋行刺国王、屠杀新教徒和勾结法军入侵爱尔兰,万一事情败露,凯瑟琳王后的私人医生理查德·巴克将毒死国王,而约克公爵夫人的私人秘书爱德华·科尔曼就受到这个暗杀计划的牵连。尽管根据议会的查证,奥茨作了伪证,但该案的后续影响一直发酵,并引发了包括骑士议会解散和丹比倒台在内一连串的政治事件,[①]最终促成托利党和辉格党在反天主教复辟、反国王专制统治的斗争中走向联合。

二、托利与辉格两党联手合作的基础

1678 年的天主教阴谋案,在英国激起了强烈的反天主教情绪,人们对顽固的天主教詹姆斯继承王位的担忧与日俱增。卡巴尔集团遭到重创后,沙夫茨伯里伯爵由朝廷派转变成为坚定的议会反对派,并形成了与以丹比为首的朝廷派相抗衡的局面。他利用朝臣拉尔夫·蒙塔古指控丹比促成英、法间的秘密谈判,罗列了包括侵吞国库、阻挠议会议程、隐瞒天主教阴谋案、擅自组建常备军等在内的多种罪名,提起对丹比的弹劾。[②] 查理二世为拯救丹比,于 1679 年 1 月解散了骑士议会。可就在此前,议会通过了第二部《宣誓法》,将矛头直接指向了詹姆斯,它规定只有国教徒或接受国教仪式者,方有资格担任公职或接受国王的任命。虽然詹姆斯拥有合法的王位继承权,但多数英国人最不愿意看到这样一个天主教徒登临王位。查理二世有很多子嗣,可是他们均为私生子,无法名正言顺地继承王位。

1679 年 3 月,丹比再遭议会弹劾,并被投进了监狱。此时,反对派还在着手制定《排斥法案》,意在剥夺詹姆斯的王位继承权。就在 7 月 12 日查理解散议会前,他们还抢先通过了一个《人身保护法》,为他们在议会内的正当

---

① Tim Harris, *Politics under the Later Stuarts*:*party conflict in a divided society*,*1660—1715*,London:Longman,1993,p.80.

② George Clark, *The Later Stuarts*,*1660—1714*,p.97.

活动提供法律保障。该法规定,由国王、枢密院等下令而遭监禁的任何人,均可向法庭申请人身保护令状,要求说明被监禁理由;重申不经法庭出示拘捕证,任何人不得被逮捕;不经法庭调查审判,任何人不得被监禁。虽然这些条文只是重复以往的惯例,但它们在很大程度上可以减轻人们对专制权力的恐惧感。1679 年、1680 年和 1681 年《排斥法案》连续三次闯关,均告失败,但是议会围绕着这个法案,明显地分成了以沙夫茨伯里为首的排斥派和由丹比门徒组成的反排斥派。前者坚持宗教改革的原则,反对天主教徒继承王位;后者则坚守王位继承的正统原则,主张保留詹姆斯的继承权。这种党派分歧恰好为查理所利用,采取拉一派、打一派的策略,使托利党变了拥护王权的宫廷党,辉格党则成为遭受排挤的在野党。1681 年 3 月,他解散了只存在了一个星期的牛津议会(3 月 21 日—3 月 28 日),以控制混乱甚至失控的局面。以此为起点,直到他去世为止,查理二世在他统治的最后四年不再召集议会,就像当年查理一世,当然还有克伦威尔所做的那样,走上了无议会的专制主义老路。部分辉格派成员进行了反击,甚至还企图发动武装反抗,无一成功。这样,因内部分裂、沙夫茨伯里出走和 1683 年"黑麦仓阴谋案"[①](Rye House Plot)的影响,辉格派对抗专制王权的力量已大为削弱。

斯图亚特王朝复辟是革命和反革命两个阵营联合造就的结果,他们共同谋求的是对自由和宪政传统的回归,而不是要回到天主教统治和王权专制的状态。查理一世被处死后,护国摄政体制和复辟王朝都是在走回头路,这是辉格党和托利党无法接受的严峻现实。从 1660 年算起,复辟已经过去了 20 多年,可是至今未能解决革命时期遗留下的宪政问题。特别是查理二世临终前公开接受天主教弥撒,更让那些期待自由的人感到失望。不过,这也加速了复辟王朝的失败。1685 年 2 月,约克公爵詹姆斯如愿继位,称詹姆斯二世。在登基典礼上,他声称要以兄长查理二世为榜样,"继续维持依法创建起来的现存的国教会和政府的统治"[②],但他的承诺还是无法消除臣民对其天主教信仰的不安。5 月初,苏格兰又率先发难,第九代阿盖尔伯爵打

---

① 1683 年,有人企图在赫特福郡的黑麦仓刺杀查理二世及约克公爵,后因人告密而失败,一批强硬的辉格党人遭诛杀。

② Peter Earle, *The Life and Times of James* Ⅱ, London: Weidenfeld & Nicolson, 1972, p.142.

出反教皇、反暴君和为上帝与宗教而战的旗号,指责詹姆斯是篡位者,声称出生于荷兰鹿特丹的查理二世的私生子蒙默思公爵才是合法的王位继承人。6月11日,蒙默思打着新教旗帜,率众百余人在英格兰西部多塞特郡沿岸登陆,号召人们推翻詹姆斯的统治。像阿盖尔起义一样,蒙默思暴动也照例被镇压下去了。在詹姆斯的授意下,杰弗里斯男爵对起义者进行了臭名昭著的"血腥审判"(Bloody Assizes),处死约三百人,流放达八九百之众。此后,杰弗里斯旋即被提拔为大法官,但痛恨他的民众称其为"绞刑法官"。各地民众暴乱被平息后,詹姆斯自以为已巩固了统治地位,便露出专制君主的本质,从而把自己推到了整个民族和国家的对立面。

第一,建立和扩充常备军。长期以来,英国没有常备军,革命时期议会建立了自己的军队,就是产生重要影响的新模范军,其人数最多时可达四五万人之众;王朝复辟初期,查理二世控制着一支约五千人的常备军。詹姆斯二世即位后,大力扩编军队,仅驻扎在伦敦周围的正规军就达一万六千人,而"1688年10月人数据说可能达4万"。① 这不禁让人产生疑惑:詹姆斯是否要依靠军队来维持其专制统治呢?

第二,恢复天主教的合法地位。自亨利八世与罗马教廷断绝关系以来,新教和天主教在英国一直处于不共戴天的状态。斯图亚特早期,由于没能处理好信仰问题,发生了清教革命。复辟王朝末期,詹姆斯二世在上台后第二个星期天,就公开参加天主教弥撒,后来又在宫中接待了教廷公使、耶稣会士以及其他天主教人士。为了加快恢复天主教的合法地位,他废除了1673年的《宣誓法》,允许天主教徒担任国家的重要职务、市政机构长官或主教。他还任命天主教徒担任文职和军职官员,仅军中天主教徒就达到一千二百多名。② 约翰·莫里尔在评论詹姆斯时指出:"他一直想为他的同教派的教徒们争取宗教的和公民的平等权。这意味着不仅使他们摆脱刑事法(处罚那些不出席英国国教礼拜仪式的人)和宣誓法(禁止他们担任国王统治下的所有官职和支付薪俸的职位)所规定的处罚和无权状态,而且允许天主教把教堂建立在英国国教堂旁边。这就是说要创建天主教的统治和天主

---

① 王觉非编:《英国政治经济和社会现代化》,南京:南京大学出版社1989年,第165页。

② John Childs, *The Army, James II, and the Glorious Revolution*, New York: St. Martin's Press, 1980, p.21.

教礼拜仪式的主教管区以及公共活动场所。"①对于詹姆斯的所为,辉格党人和托利党人都无法接受,而坚持国教原则和反对詹姆斯的天主教政策,就构成了他们合作的基础。

第三,两度发布《信仰自由宣言》。詹姆斯打着给不从国教者以信仰自由和平等权的旗号,于 1687 年 4 月发布《信仰自由宣言》,承诺让不从国教的天主教徒和新教徒享受充分的信仰自由,他们在自己的教堂,甚至家中按照自己的方式做礼拜,不再受到处罚。他以为这种暗度陈仓的做法很巧妙,这样就可以让天主教获得合法性,也可以得到各派不从国教者的拥护。不料,此举遭到了许多新教徒的强烈抵制,长老会领袖甚至说他们自己"宁愿继续被迫害而不愿意接受一个非宪法的宽容"②。1688 年 4 月,詹姆斯重新发布《信仰自由宣言》,5 月初又要求所有教堂必须连续两个礼拜日宣读该宣言。5 月 18 日,坎特伯雷大主教威廉·桑克罗夫特等七名主教联名上书,"谦卑而诚挚地"恳请国王收回成命,重新审查其宗教政策,③结果竟以煽动诽谤罪名被关进了伦敦塔。6 月 29 日至 30 日,经过高等法院九个小时的审理,七名主教被裁定无罪,予以当堂释放。④ 这一消息迅速传遍了伦敦城,"群众大声叫喊,教堂钟声齐鸣,人们鸣枪并点燃烽火,以为庆祝"⑤。

在民族国家形成进程中,从 14 世纪约翰·威克里夫倡导民族教会主张,到 16 世纪都铎君主自上而下推动的官方宗教改革,再到 17 世纪议会党人积极参与的、反专制主义的清教革命,英国的政治生活长期受到宗教因素的左右。⑥ 护国摄政体制解体后,英国人平静接受王朝复辟的主要原因在于,他们对盲目失控的暴力革命不再存幻想,而是希望复辟王朝能让英国重新回归自由的传统。但是,詹姆斯二世"由于某种不可思议和顽固的蠢举不

---

① [英]肯尼斯·O. 摩根:《牛津英国通史》,王觉非等译,北京:商务印书馆 1993 年,第 359－360 页。

② [英]迈克尔·马莱特:《詹姆斯二世与英国政治》,林东茂译,上海:上海译文出版社 2001 年,第 72 页。

③ Andrew Browning, ed., *English Historical Documents*, *1600—1714*, p.84.

④ Tim Harris, *Politics under the Later Stuarts*: *Party Conflict in a Divided Society 1660—1715*, p.128.

⑤ C. 罗伯茨、D. 罗伯茨,前揭书,第 535 页。

⑥ 姜守明:《英国民族国家形成过程中的宗教因素》,载《世界历史》2008 年第 3 期。

仅激怒了那些一直与他父亲为敌的阶级,而且惹怒了曾经与他父亲为伍的那些人"①。他的倒行逆施,既激怒了清教徒,又伤害了国教徒,既打击了辉格党,也触犯了托利党。因此,当那些原来站在国王一边的主教们公开站出来反抗詹姆斯的独断专行时,国教徒们就找到了与那些不从国教者的共同点——反对天主教和专制主义;而当托利党人与辉格党人从相互敌对走向携手结盟时,新的革命形势又在酝酿之中。

三、请君入瓮:"不流血"革命之谜

对于詹姆斯的天主教政策和专制主义统治,尽管大多英国人心存不满,但是还是在耐心地等待,他们指望老国王死后能将王位传给他的两个女儿,因为他们认为信仰新教的玛丽公主和安妮公主继位后必定能捍卫国教信仰。就在人们为七名主教成功获释而欢欣鼓舞时,突然传来了一个石破天惊的消息:摩德纳的玛丽王后为詹姆斯生了小王子。詹姆斯本是个偏执的天主教徒,来自意大利的玛丽又笃信天主教,这就意味着英国未来的君主爱德华王子必定是个天主教徒。对于那些愿意等待的英国人来说,他们的愿望落空了。不论是专制统治还是天主教复辟,他们都无法忍受。出于恐惧心理和自卫本能,托利党与辉格党暂时撂下分歧,采取了联合一致的行动,就是决意抛弃詹姆斯,以捍卫他们的自由传统。

如果说天主教小王子爱德华是压垮詹姆斯的最后一根稻草,那么,"七主教案"(Seven Bishops)就是通向所谓"光荣革命"之路的最后一道门槛。在该案宣判的当天晚上,海军少将亚瑟·赫伯特化装成一名普通水手,秘密离开伦敦,前往海牙向荷兰政府呈交一封信函。这封信由七位贵族领袖共同署名,其内容是诚邀奥兰治的威廉率军前来帮助英国人。在参与密谋的七位贵族领袖中,有三位是托利党人,三位是辉格党人,还有一位是伦敦主教。威廉是荷兰的执政,又是英王查理一世的外孙,他的妻子玛丽由詹姆斯二世的前妻所生,他们是表兄妹成婚。如果不是同父异母的弟弟爱德华王子横空出世的话,那么玛丽公主理应成为斯图亚特王朝第一顺位继承人。现在,英国的贵族们站出来干预王位继承顺序,要请回信奉新教的威廉和玛

---

① [英]沃尔特·白芝浩:《英国宪法》,夏彦才译,北京:商务印书馆 2010 年,第 288 页。

丽,让他们来取代詹姆斯临朝执政。贵族精英们认为,将"王位的正统原则和新教原则最充分地结合在一起"①,既能维护王统的延续性,又能中止愈演愈烈的天主教复辟危机,乃不失为一种拯救国家于危难之中的上策。

荷兰是欧洲的一个新兴经济强国,在商业与海外贸易方面走在欧洲的前列。为了争夺海外利益,它在 17 世纪 50—70 年代与英国进行了三次战争。民族国家时期,处理国际关系的根本原则是国家利益,而非家族或王朝利益。作为一个新教国度,荷兰在反对天主教法国的争斗中,亟须得到同样尊奉新教的英国的支持。威廉接到来自英伦的诚意邀请,真是喜出望外。1688 年 11 月 5 日,他亲率步兵 11 000 人、骑兵 4 000 人,分乘 200 艘运输舰,在 49 艘战舰的护卫下,从英格兰西南部德文郡沿岸登陆。起初,前来投奔威廉者很少,主要原因是荷军的登陆点,正是三年前"血腥审判"的殃及之地,至今人们对那场大屠杀记忆犹新。但是,很快就有越来越多的头面人物开始转向支持威廉,而在这场推翻专制统治的斗争中,对詹姆斯打击最大者,莫过于约翰·丘吉尔男爵②。他是詹姆斯的宠臣和王军总司令,先前他曾率皇家龙骑兵镇压蒙默思叛乱,为稳固詹姆斯的江山立下了战功。现在他在与威廉对阵时,竟然阵前倒戈,拱手交出了英军的指挥权。这从一个侧面说明,众叛亲离的詹姆斯已经丧失了与威廉进行正面冲突的资本。在四面楚歌的状况下,詹姆斯想起近 40 年前查理受审和受死的情景,就感到不寒而栗。他只好选择一跑了之,最终逃亡去了法国,靠路易十四提供的养老金度过余生。

1688 年英王因出走而逊位,这个历史事件或可称为宫廷政变,而辉格派史家则大加渲染,将其美化为"光荣革命"。他们认为,它是以不流血的方式进行的,避免了 40 年代暴力革命的再现。事实并非如此。除了在英格兰发生过小规模的军事冲突、在爱尔兰引发了血腥的杀戮外,③这次宫廷政变还

① 钱乘旦、许洁明:《英国通史》,上海:上海社会科学院出版社 2002 年,第 183 页。

② 20 世纪英国首相温斯顿·丘吉尔爵士是约翰·丘吉尔的后裔,他和威尔士王妃戴安娜的先祖均可溯及 15 世纪的斯宾塞家族。牛津附近有一处乡村别墅,叫布伦海姆宫(Blenheim Palace),又称丘吉尔庄园,是当年安妮女王赐给约翰的皇家猎场。今天,它已成为世界遗产,丘吉尔首相曾出生于此。

③ Jonathan I. Israel, *The Anglo-Dutch Moment*: *Essays on the Glorious Revolution and its Word Impact*, Cambridge: Cambridge University Press, 2003, p.127.

有一些暴力革命的因素。一方面,威廉是依靠他从荷兰带来的万余人远征军进入伦敦,而不是通过和平手段登上王位的;另一方面,约翰·丘吉尔也率领了一支响当当的皇家军队,只不过在客观现实面前,他选择了顺势而为,没有去激烈抵抗"入侵者"威廉。此外,英国的七位贵族向荷兰执政发出邀约,这本身就极具风险,更何况赫伯特少将去荷兰送信,也冒着生命的危险。显然,从是否流血的角度看,1688年的"光荣革命"并不光荣。当然,由于贵族和乡绅,或议会中的托利党与辉格党,没有像当年议会反对派那样以武力形式来达到目的,詹姆斯二世也没像当年查理一世那样拉起皇家军队进行武装镇压,而是选择遁逃,轻而易举地丢了江山。就是说,本来可能成为最棘手的问题——如何处置国王的事情并没发生,也就避免了激烈的内战和血腥的杀戮。倘若詹姆斯不是选择逃跑,而是进行抵抗并失败,最终的结局就无法预料:如果杀了詹姆斯,那势必要流血,就等于又一次的暴力革命;如果不杀詹姆斯,那他还是一个专制国王,这是人们最不愿意接受的结果。终究两难的局面并未出现,避免了暴力革命的重演,这正是两党所力求避免的结果。这意味着,英国在迈向现代社会的过程中,议会借助于宫廷政变,一举消灭了专制王权,政治上稳妥地前进了一大步。倘若从这个角度来审视,辉格派史家将这场宫廷政变称为"光荣革命",也未尝不可。

1689年1月,新一届议会宣称,"国王詹姆斯二世力图破坏王国的宪法,废弃国王与人民之间订立的原初契约,……侵犯了根本大法,使他自己离开了王国,他退出了政府,因而王位虚悬"[①]。詹姆斯被赶下王位后,英国议会与荷兰的威廉夫妇重新订立了关于王位继承的契约,而他们在登临王位之前,就签署了一份"权利宣言",后来改称为《权利法案》(Bill of Rights)。这份宪法文件谴责了詹姆斯二世滥用王权的种种表现,同时重申了英国人自古就有的自由与权利:(1) 国王无权停止法律或停止法律实施;(2) 征税权属于议会;(3) 臣民可以自由请愿;(4) 议员可以自由发表政见;(5) 反对酷刑和重税;(6) 议会须定期召开。它还明确规定,今后不允许天主教徒继承英国王位,也不允许英国的君主嫁、娶天主教配偶。这样,詹姆斯及其男性后裔就被全部排除出王位继承序列。作为宪法的重要组成部分,《权利法案》以书面形式恢复和记录了"英国人自古就有的"自由与权利,打破了王位

---

①　[英]威廉·亚瑟·斯佩克:《1688年革命》,引自王觉非,前揭书,第170页。

继承顺序的原有传统,颠倒了国王与议会的传统关系,从而确立了英国的议会君主制。

综前所述,17世纪的英国革命可分为四五十年代革命和1688年宫廷政变。由于前者未能解决主权归属问题,革命又退回到它出发前的原点;就后者来说,在形式上,革命是对中世纪混合君主制(立宪君主制)的回归,而实质上,它一劳永逸地解决了英国革命的两大问题,即核心信仰自由和主权归属的问题。值得注意的是,议会战胜了国王,并不是否定或消灭王权,而是限制了王权,最终成功地实现了从君主(国王)主权向议会(人民)主权的根本转变。此后,英国以法律至上为治国理政的根本原则,君主不再享有超越法律的特权。这种制度安排也形成了一种新的宪政传统。由于最高主权的重心从国王下移到议会,这就消除了产生专制政体和复辟天主教的可能,开始推动启蒙理想家推崇的社会契约、主权在民等理论朝着现实的方向发展。在这种意义上,英国人找到了一条适合本国国情来推动政治民主化和走上现代化的发展之路。总之,在从传统的王朝国家向现代民族国家转变的过程中,17世纪的英国革命具有清教和宪政的双重属性。其清教属性主要表现为,革命是在清教理想、清教领袖和清教徒的主导下进行的,由于革命进程渗透着追求宗教自由的清教主义色彩,因而它是一场清教革命;其宪政属性是指,革命主要是围绕国家主权归属问题展开的,由于主权实现了从在王到在民(议会)的转移,因而又是一场宪政革命。在现实世界中,包括人类社会和自然界在内,客观上除了存在着非此即彼、非白即黑的二元对立关系外,还有许多渐进的过渡地带和复杂的多元关系,这就决定了历史的多样性、复杂性和生动性。因此,我们可以从社会转型时期的英国史中,找到关于英国革命双重属性问题的答案。[①]

原载《历史教学》2019年第9期

[①]　姜守明:《17世纪英国革命的双重属性问题》,载《英国研究》第6辑,南京:南京大学出版社2014年。